진중일지로 본 일본군 위안소

진중일지로 본 일본군 위안소

일본군 '위안부' 문제 해결의 돌파구를 찾다

하종문 지음

일러두기

- 국명과 지명은 원칙적으로 각종 자료 속의 당시 표기를 그대로 따랐다. 가령 미얀마는 버마, 양곤은 랑군으로 표기했다. 단, 처음 나오는 곳에 지금의 이름을 병기했다.
- 중지나방면군, 국민학교, 일본군의 계급 등을 비롯하여 역사적인 용어는 당시 표현대로 옮겨 썼다.
- 삿쿠(サック), 매소부, 접객부, 추업(부) 등과 같이 사료 속에 기록된 위안소 관련 용어는 그대로 옮겨 쓰는 것을 원칙으로 삼았다.
- 사단, 여단, 연대, 대대, 중대, 소대, 분대 등 군 조직 단위 이름에서 '제(第)'는 표나 그림, 인용문, 제목 등 복수 표기를 제외한 단위 이름이 처음 나오는 곳에만 표기하고 이후는 생략했다.
- 진중일지의 출처는 지면 관계상 일일이 밝히지 않았다.
- 일본인 이름의 한글 표기 중에는 조사의 한계로 인해 부득이하게 오류가 있을 수 있다.
- 인용문의 밑줄은 모두 인용자가 표시한 것이다.
- 본문에 설명되어 있는 지도상의 위치는 음영선이나 원문자로 표시했다.

책을 펴내며

21세기에 접어들어 세 번째 10년을 맞이한 지구촌은 코로나바이러스감염증이라는 기나긴 터널 속에서 헤어나지 못하고 있다. 마스크를 쓰지 않은 순간이 어색하고 생경하게 느껴질 만큼 현실은 갑갑하기 짝이 없고 출구 또한 요원하다.

미세한 바이러스의 위력은 한일관계에도 짙은 그림자를 드리웠다. 2018년 10월 한국 대법원은 일본 기업이 강제 동원 피해자에게 배상을 하라는 획기적인 판결을 내렸다. 이후 양국 관계는 'NO JAPAN'과 '수출 규제'로 대표되듯이 살얼음판 위에 선 형국으로 강대강의 대결 국면이 이어졌다. 2019년 12월 중국 청두(成都)에서 만난 한일 정상은 함께 '대화를 통한 해결'을 입에 올렸지만 이후 이루어진 여러 만남의 결과는 언제나 '평행선'이었다. 한일관계에 더욱 거친 격랑이 예고되던 2020년 벽두에 코로나바이러스감염증 창궐이라는 돌발 변수가 발생했다. 사태의 심각성과 장기화는 아이러니하게도 양국 관계의 결정적인 악화·충돌을 '동결'하는 완충제 역할을 하고 있다.

작금의 어정쩡한 휴전 상태에서 우리는 무엇을 해야 할까? 한일간의 첨예한 쟁점을 궁구하는 다른 '우회로'는 없는 것일까? 과거를 직시하는 미래는 처음부터 소모적이고 불가능한 것일까? 이 책은 그런 개인적 고민의 작지만 구체적인 결과물이다. 필자는 일본군의 진중일지에 기록된 위안소의 실태를 부각함으로써 일본군 '위안부'(이하 위안부)라는 해묵은 난제를 다루는 새로운 이해와 접근법 창출에 이바지하고자 한다.

이 책의 집필은 코로나바이러스감염증 유행과 함께 시작되었다. 2년이 넘어갈 줄은 짐작도 못 했지만 비대면 수업으로 인해 이동이 줄어들고 가용시간이 늘어난 것이 결정적인 원군이었다. 진중일지 내용을 개략적으로 정리했던 파일을 뒤적이면서 몇 번씩 원문과 대조하며 여백을 메워나갔다.

이 책의 출발은 2000년 12월 도쿄에서 개최된 시민법정 '일본군 성노예전범국제법정'(이하 2000년법정)의 준비 작업에서 비롯되었다. 1998년부터 한국 측 준비단의 일원으로 참가하여 위안부에 대한 '가해'를 역사적으로 추적하고 가시화하는 일에 함께했다. 2000년법정은 '히로히토 천황, 유죄(Emperor HIROHITO, guilty)'를 필두로 가해자의 유죄를 평결함으로써 막을 내렸다.

2000년법정 이후 필자는 개인적으로 숙제를 잔뜩 짊어지고 있다는 느낌을 지울 수 없었다. '가해'를 부대의 운용 체계와 결부하여 파악해야 한다는 문제의식은 있었으나 제반 한계로 인해 아무런 진척을 이루지 못했기 때문이다. 가장 커다란 장애물은 관련 자료의 '부족'이었다. 흔히 군대는 규칙과 규정으로 점철된 집단이라 말한다. 군인들의 회상기라면 일본 내 어느 자료관에 소장되어 있겠지만 부대 운용의 틀이 되는 제반 규정의 탐색은 사실상 한강에서 바늘 찾기 격이었다. 도쿄대학 종합도서관에서 우연히 발견한 미국 공문서관 소장 일본군 관련 자료 목록은 이국땅에 몇 달이고 체재해야 한다는 현실을 일깨워주었다. 그렇게 체념 상태는 몇 년 동안 이어졌다.

이윽고 두 방면에서 전기가 도래했다. 먼저 '목표'의 측면이다. 2007년 당시 아베 신조(安倍晉三, 1954~2022) 수상은 미국 하원에서의 위안부 결의안 채택을 전후로 강제성을 부정하는 언설을 내놓았다. 이를 반박하고자 활동에 들어간 연구 모임은 《한일간 역사현안의 국제법적 재조명》을 펴냈고 필자는 〈일본군 위안소 체계에 대한 국가 관여의 역사적 고찰—위안소의 성격과 위안소 업자·'위안부'의 신분을 중심으로〉라는 논문을 작성했다. 스스로 본문에서 표현했던 과제는 '역사적으로 일본군이 설치·관리한 위안소가 지금도 엄존하는 군 기지 부근의 성매매 관련 업소와는 질적으로 다르다는 사실을 어떻게 논증할 것인가'였다. 결론에서 위안소를 "일본군의 조직 체계와 작전에 깊숙이 결부된 군사시설"로 정의했다. 위안부가 아니라 위안소를 조준선 위에 올려놓게 된 것이다.

두 번째는 '아시아역사자료센터'라는 '수단'을 확보하게 되었다는 점이다. 1994년 당시 무라야마 도미이치(村山富一, 1924~) 내각이 발표했던 '평화우호교류계획'의 일환으로 2001년 개설된 아시아역사자료센터는 지속적으로 대일본제국 시절은 물론 패전 이후의 다양한 공문서까지 디지털화하여 공개하고 있다. 2008년과 2009년부터 필자는 박사논문의 간행을 위해 아시아역사자료센터 소장 자료 검색에 열중하고 있었는데, 우연히 위안부, 위안, 위안소 등의 검색어를 입력했다가 진중일지를 비롯하여 일본군과 위안소의 연계성을 담고 있는 수많은 자료의 존재를 발견했다. 2007년 논문을 작성하는 데 참조했던 진중일지는 아시아여성기금이 펴낸 5권의 자료집을 비롯하여 공간(公刊)된 자료집을 필두로 일본의 시민 단체인 '액티브 뮤지엄 여성들의 전쟁과 평화자료관'(약칭 WAM), '일본의 전쟁책임자료센터' 등의 발굴 성과에 전적으로 의존할 수밖에 없던 터였다. 찰나적으로 '어, 이거 쓸 만한걸'이라는 느낌이 들었다. 그리하여 작업 방향은 진중일지 확보와 분석을 기반으로 위안소의 역사적 실태를 파헤치는 쪽으로 가닥을 잡아갔다.

진중일지는 중대(독립된 소대 포함) 이상의 부대가 동원령을 수령한 날부터 복원을 완료한 날까지 작성이 의무화된 공식 기록물이다. 목적은 전사 편찬은 물론 부대원 개인별 근무 및 승진의 기초 자료와 더불어 군사적인 제반 경험을 남김으로써 장래의 개선 자료로 삼기 위해서였다. 따라서 진중일지에는 해당 부대와 관련 부대를 아우르는 전반적인 일상이 오롯이 담겨 있다. 진중일지에서 위안부 개인이 언급되는 일은 매우 드물다. 반면 위안소에 관한 기술은 적잖이 눈에 띈다. 이 책은 바로 그 부분에 착안하여 씨름한 끝에 도출해낸 성과이기도 하다.

많은 진중일지는 정부 문서와 마찬가지로 패전을 전후하여 조직적으로 소각되었으며 전투 중에 망실된 것도 많다. 현존하는 진중일지의 원본은 방위성 산하 방위연구소가 소장하고 있으며 오키나와(沖縄) 전투에 참전한 부대의 진중일지 일부는 내각부 산하 '오키나와전 관계자료열람실'에서만 검색과 이용이 가능하다. 진중일지가 남겨진 경위를 보면 육군성에서 보관하던 것, 개인이 소장하다가 방위연구소에 기증한 것, 연합군이 노획했다가 반환한 것 등으로 나뉜다. 당연한 이야기지만 진중일지의 유무만으로는 해당 부대가 위안소를 개설하고 이용했는지 여부를 판가름할 수 없다.

진중일지는 요시미 요시아키(吉見義明)의 선구적인 업적《종군위안부(従軍慰安婦)》를 비롯하여 기존의 연구 성과에서도 핵심적인 소재로써 주목을 받았다. 하지만 대부분의 경우 위안소가 등장하는 '당일'의 기록을 소개함으로써 위안소의 실재를 밝히는 증거물로 쓰이는데 그쳤다. 마찬가지 맥락에서 아시아여성기금이 펴낸 자료집에는 위안소와 위안부가 언급된 부분만 수록되어 있다.

그에 비해 이 책은 위안소 내지 위안부가 기재된 진중일지 '전체'를, 해당 부대와 관련 부대의 제반 자료와 접목하여 장기적이고 총체적인 고찰을 시도했다. 진중일지를 읽다보면 위안소의 설치와 이용은 부대의 이동, 주둔, 작전, 훈련 등의 통상적인 족적과 분리할 수 없는 군 행동의 '일부'였음이 명료해진다. 진중일지를 매개로 함으로써 '점'에 지나지 않던 위안소 관련 자료는 '선'과 '면'을 채워나가며 전시 성폭력의 퍼즐을 풀어내고 전시 성노예라는 본질을 증명하는 열쇠일 수 있다고 확신하게 되었다.

이후 대략 10여 년에 걸쳐 주로 방학을 이용하여 중일전쟁 이후 편성된 부대의 편성 체계를 추적하여 정리하고 진중일지를 읽고 주요 내용을 다듬는 작업을 이어나갔다. 방식을 소개하면 먼저 대규모 전투에 즈음하여 반복적으로 조직되는 최상급의 총군(지나파견군, 남방군, 관동군 등) 사령부를 필두로 예하의 방면군·군·사단·여단·연대 규모의 부대까지를 대상으로 편제 내역을 나열해두었다(육군의 경우 전투부대는 기본적으로 연대 단위까지 고유번호 부여). 그런 다음 제○○사단과 보병(포병, 치중병, 공병 등) 제○○연대를 검색어로 삼아 소속된 대대와 중대의 진중일지가 남아 있는지의 여부와 기존 자료집에 수록된 진중일지를 참조하면서 하나하나씩 짚어나갔다. 잔존이 확인된 진중일지의 목록을 만드는 한편, 시간이 날 때마다 탐독하면서 위안소 관련 내용이 거론된 부분을 발췌하는 단순하고 기계적인 작업을 반복했다.

2017년 여성가족부의 지원에 힘입어 진중일지를 분석한 결과 중일부를 바탕으로 보고서를 작성하여 2018년에 완료했다. 이 책의 베이스캠프가 마련된 것이나 다름없었다. 그 연장선에서 〈진중일지 속의 부대 운용과 일본군 위안소 제도〉(이하 논문 1)와 〈진중일지로 보는 싱가포르의 위안소 실태〉(이하 논문 2)의 논문 두 편을 완성했다. 이 책의 골조 공사는 거칠게나마 일단락되었다. 그리고 때마침 도래한 코로나 '방학'에 힘입어 만주사변부터 중일전쟁을 거쳐 아시아·태평양전쟁으로 확대되는 전선 확대와 결부하여 일본군 위안소의 역사적 전개를 톺아보는 기나긴 여정을 마무리할 수 있었다. 마지막으로 이 책의 초고 작업을 마무리한 후에 〈오키다이토섬의 일본군 위안소〉(이하 논문3)를 펴냈다.

앞서 밝혔듯이 이 책의 집필 동기와 목적은 위안소가 평시에 출입하던 민간의 성매매업소와는 질적으로 구별되어야 할, 해당 부대에 부속된 '군시설'이었음을 논증하는 데 있다. 당연히 위안소를 개설하고 운용하는 일은 해당 부대가 수행하는 작전 및 주둔 태세와 밀접하게 연계된 업무의 일환이었다. 위안소에 출입하는 군인 개개인의 행위는 해당 부대의 지휘관이 통제하고 부여하는 '외출'에서부터 근거가 제공되는 공식적인 일과 중 하나였다. 위안소에서 위안부와 군인이 만나는 계기는 외출에 의해 형성되며 지역의 부대는 작전과 주둔 체계의 일환으로 할당되는 휴무일에 맞추어 외출을 허가하고 관리했다. 요컨대 위안소는 전쟁 수행을 위해 기획된 일본군의 제도이자 시스템으로 가동되었다.

일본군이 창안한 위안소는 두 범주의 근거 규정에 토대를 두고 있다. 하나는 천황이 재가한 '군령'으로서의 진중(작전)요무령, 군대내무서(령), 위수근무령이며, 또 다른 하나는 육군의 내부 행정명령인 야전주보규정이다. 전자는 휴무와 외출에 입각하여 위안소에 드나드는 군인과 군속의 '행위'에 공식성을 부여하며, 후자는 위안소라는 공간과 그 안의 위안부를 군 체계 내부에 편입시키는 근거를 제공한다. 일본군의 독창적인 위안소 시스템은 만주사변 시기에 출현하여 중일전쟁 발발을 계기로 정교해지고 체계화되었으며 아시아·태평양전쟁 이후 동남아와 태평양 전선 각지에서 전면적으로 펼쳐졌다. 마지막으로 일본 본토에서의 유일한 지상전이었던 오키나와 전투에 즈음해서는 완성 단계를 맞게 된다.

이 책은 총 7장으로 구성되어 있다. 만주사변부터 아시아·태평양전쟁에 이르는 시간의 축과 함께 중국에서 동남아와 남태평양으로 확대되는 공간의 축을 염두에 두면서 위안소의 '역사성'을 실증적이면서도 생동감 있게 그려내고자 노력했다. 간단히 내용을 개괄하면 다음과 같다.

1장 '위안소 제도의 전사'에서는 논문 1에서 다루었던 자료의 범위를 더욱 확장하여 위안소 개설과 운용, 외출의 근거가 되는 법령과 규정을 추적하고 만주사변기의 특징을 명료화하는 데 중점을 두었다. 진중(작전)요무령, 군대내무서(령) 외에 위수근무령을 추가했으며 야전주보규정 재검토와 내무규정의 사례를 더해 외출과 위안소를 연결하는 제도적 측면의 보강에 힘썼다. 아울러 만주사변에 출동했던 부대의 진중일지와 관련 자료를 발굴하고 분석한 결과를 바탕으로 성병의 심각화를 인지한 군의(軍醫) 쪽의 판단과 견해가 뒤이은 중일전쟁에서 위안소 제도 창안으로 이어졌다는 사실을 역설했다.

2장 '중일전쟁 발발과 위안소 설치'는 난징(南京) 함락 직후 추진된 위안소 설치 움직임을 더욱 정밀하게 그려내는 한편, 위안소 이용과 직결됨에도 불구하고 기존 연구에서 등한시되었던 성병의 실태와 콘돔 조달, 일본군의 급여와 군표에 관해 집중했다. 특히 이 책은 상하이(上海)파견군이 주도했던 위안소 개설과 관련하여 육군성이 긴급히 100만 개의 콘돔을 공수했다는 사실을 처음으로 밝혀냈다. 만연하는 성병의 대책 강구는 군 수뇌부의 고민거리 중 하나였으며 위안소의 필요성은 전쟁의 확대와 보조를 같이했다. 아울러 위안소 내 돈의 흐름을 살피기 위해 일본군의 급여와 군표 체계, 위안소에서의 송금과 저금의 실상을 기술했다.

3장 '위안소 설치와 이용의 실태'에서는 중일전쟁의 초기 국면을 중심으로 위안소가 설치되고 운용되던 양상을 충실히 복원하는 데 주력했다. 논문 1의 작업에 더해 주둔 태세 정립과 같은 부대의 움직임을 상세히 기술하고 주변 부대의 동향과 군인의 회상기 등을 추가하여 완성도를 높였다. 말미에는 새롭게 1938년 초 제11사단의 타이완(臺灣) 위안소 이용 상황을 발굴하여 첨가했는데, 동북아 최초의 식민지이자 일본군의 오랜 주둔지였던 타이완 남부의 위안소는 중국 전선과 다른 분위기를 띠었다는 점이 특징적이다. 고백하건대 이 부분을 써내려가면서 적지 않은 '당혹감'에 휩싸였다. 그 부분을 간파해주기 바란다.

4장 '위안소 체계의 안착'에서는 1938년 봄 이후 대규모 전투가 빈번해지는 상황에서 위안소 개설이 어떻게 논의되고 성사되었는지를 담아냈다. 쉬저우(徐州), 우한(武漢), 광둥(廣東) 전투의 개시에 앞서 육군은 물론 외무성과 내무성까지 위안소 설치에 깊숙이 관여했다. 쉬저우 전투에 참전한 제114사단과 제14사단 예하부대의 진중일지를 찾아내 위안소 설치와 이용의 새로운 실태를 추적했으며 광둥 지역의 위안소에 관해서도 병사의 회상기에 기존 자료를 가미하여 보다 심층적인 분석을 시도했다. 마지막으로 논문 1에서 소개했던 독립산포병 제3연대의 위안소 상황은 관련 부대의 동향을 보태어 정교하게 다듬었다.

5장 '보병 제9여단과 위안소 이용의 장기화'는 논문 1에서 형상화한 보병 9여단의 위안소 이용 실태를 보강한 결과물이다. 쉬저우 전투 시기의 위안소 개설과 이용을 새로 첨가했으며 이후에도 진중일지 검토를 통해 드러난 새로운 사실을 덧붙여서 설명력을 제고했다. 말미에는 인도네시아의 상황을 첨부했다. 말랑(Malang)과 암본(Ambon)에서의 진중일지를 토대로 기존에 알려지지 않았던 위안소를 찾아내는 한편, 보병 9여단의 주둔 체계, 휴무일과 외출의 실태와 연동하여 위안소가 운용되고 개설되었음을 지적했다.

6장 '아시아·태평양전쟁 시기의 지역별 위안소 체계'에서는 중국, 싱가포르와 말레이시아, 버마, 필리핀, 인도네시아 등지에 주둔했던 부대와 위안소의 흔적을 하나하나 좇아보았다. 중국의 경우 상하이의 독립혼성 제17여단, 허베이성(河北省) 셴닝(咸寧)의 제6사단 보병 제47연대, 광둥성 광저우(廣州)의 독립보병 제13여단, 허난성(河南省) 카이펑(開封)의 제35사단, 후난성(湖南省) 사오양(邵陽)의 제116사단 등의 부대가 주둔 및 작전 와중에 설치하고 이용했던 위안소의 실상을 그려냈다. 싱가포르와 말레이시아 위안소는 논문 2의 내용을 첨삭하는 동시에 새롭게 말레이시아의 제4비행단과 보르네오수비군의 위안소 정보를 서술했다. 특히 보르네오에서는 위안소 건물 임대료에 관한 자료를 중심으로 주둔부대가 위안소를 어떻게 관리했는지를 살펴볼 수 있었다. 버마에 관해서는 기존에 알려진 여러 위안소 규정과 주둔규정을 종합적으로 고찰하면서 주둔 체계와 위안소 운용의 불가분성을 부각했으며 몇몇 부대의 위안소 기록과 성병 환자의 실태를 소개했다. 필리핀의 경우에는 지리적 특성상 주요 섬을 단위로 기술했다. 각 섬에 주둔했던 부대의 동정을 파악하고 위안소의 개설·이용을 적시한 진중일지를 그 밖의 다른 관련 자료와 대조하면서 분석의 구체성과 생생함을 높이고자 노력했다. 인도네시아에서는 현존 진중일지의 태부족으로 자카르타(Jakarta), 수라바야(Surabaya), 메단(Medan)에 있었던 위안소의 부분적인 모습을 서술하는 데 그칠 수밖에 없었다.

7장 '오키나와 결전과 위안소'는 위안소 제도의 완성이라는 측면을 강조하면서 전쟁이 끝나가는 무렵 오키나와 각지에 전개된 위안소의 실태를 주둔부대의 진중일지와 관련 자료를 교차하여 작성했다. 오키나와의 경우 자료 발굴뿐 아니라 연구 성과의 축적도 충실한 지역이다. 그래서 활용 가능한 자료를 총동원하여 주둔 시기와 부대, 지역을 종합적으로 고려하여 2개의 지역과 3개의 부대, 즉 이에(伊江)섬, 독립혼성 제44여단, 제62사단, 제24사단, 오키다이토(沖大東)섬의 다섯 파트로 구분하여 집필했다. 아시아역사자료센터는 물론 오키나와전관계자료열람실에 소장된 진중일지의 면밀한 분석을 통해 '결전'에 즈음하여 위안소의 본질이 선명하게 드러난다는 사실을 확인할 수 있었다. 24사단 보병 제32연대의 내무규정은 위안소가 군의 부속시설을 넘어 사실상의 '군사시설'로 변질되어가는 정황을 알려준다. 또 태평양의 절해고도 오키다이토섬수비대는 미군 상륙이 임박하자 섬의 모든 '민간인'을 퇴거시키면서도 상부명령에 따라 위안부를 잔류시켰다. 군시설로서의 위안소에 더해 위안부 또한 '군의 요원'으로도 간주되기에 이른 것이다. 오키나와 전투는 기나긴 전쟁의 마지막 무대인 동시에 전시 성노예라는 위안소 제도의 '귀결점'이 포착되는 순간이기도 했다. 오키다이토섬의 위안소가 지니는 특별함을 부각하기 위해 이 책의 해당 부분을 다소 첨삭하여 논문 3을 간행했다.

이 책의 초고 집필은 2021년 6월 초에 완료되었다. 곧바로 출판에 호의적인 편집자와 함께 준비 작업에 들어갔으나 피치 못할 사정으로 좌절되고 말았다. 그렇게 1년이 지난 뒤 최종적으로 휴머니스트의 배려로 이렇게 세상에 내놓을 수 있게 되었다. 출간을 성사시키기 위해 헌신적으로 노력해준 최인영 팀장에게 진심으로 감사의 말을 전한다. 책은 필자와 편집자의 날갯짓으로 날아올라 독자에게 전해진다는 것을 절감했다.

인문학은 자영업이라는 생각을 자주 한다. 논문 모음집이 아니라 순수하게 공저라는 형식의 협업적인 저술 작업을 해볼 기회가 드문 탓이기도 하겠지만, 무엇보다 가족의 뒷받침과 성원이야말로 생산성과 품질을 좌우하는 절대 요소라는 점을 절실히 느꼈기 때문이다. 아내 이애숙과 시은·유진 두 딸에게 사랑을 담아 이 책을 바친다.

2023년 1월

하종문

차례

3장 위안소 설치와 이용의 실태

4장 위안소 체계의 안착

1장

위안소 제도의 전사

1. 육군의 관계 법령

1) 진중요무령과 작전요무령

'진중요무령(陣中要務令)'은 각급 부대의 진중근무와 여러 병과(참모, 헌병, 보병, 기병, 포병, 공병, 치중병, 항공병 등)의 전투에 관한 지침을 담고 있다. 이는 1889년에 제정된 '야외요무령 초안'이 출발점이었으며 1914년 3월 야외요무령 제1부를 대신하는 형태로 만들어졌다.[1] 진중요무령은 1924년 8월에 제1차 세계대전의 '교훈'과 사단 감축을 계기로 일부 개정되었으며[2] 1929년 2월에는 실제 전투에 관한 교본으로서 '전투강요(戰鬪綱要)'가 작성되었다.

진중요무령은 천황의 이름으로 제정된 '군령육(陸)제6호'다.[3] [그

1) 〈陣中要務令制定, 野外要務令第1部廃止の件〉,《密大日記 4冊の内 2 大正3年》, 아시아역사자료센터. 이하 인용하는 일본군 관련 자료 거의 대부분은 아시아역사자료센터에 소장되어 있다. 따라서 아시아역사자료센터 소장 자료의 경우는 표기를 생략한다.

2) 〈陣中要務令改定に関する件〉,《永存書類甲輯第4類 大正13年》. 이하 동일.

3) 군령에는 여러 의미가 있는데, 여기서는 내각과 의회를 거치지 않고 육해군을 통수하기 위해 제정되는 천황의 명령을 가리킨다. 육해군 공통의 사항은 '군령제○호', 육해군 별도의 사항은 '군령육(해)제○호' 등과 같이 구분된다.

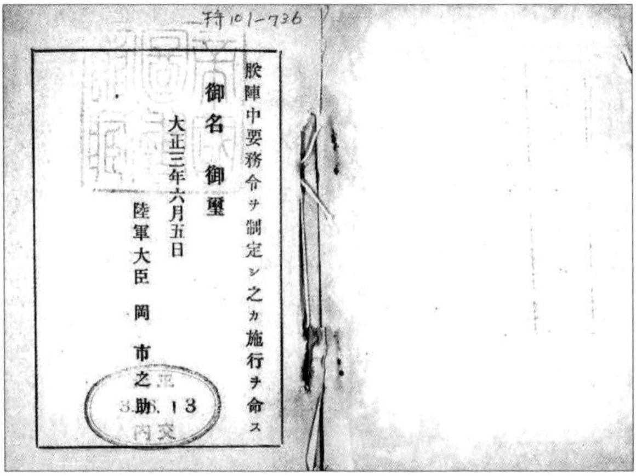
朕陣中要務令ヲ制定シ之カ施行ヲ命ス

御名 御璽

大正三年六月五日

陸軍大臣 岡市之助

[그림 1-1] 군령으로서의 진중요무령

· 출전: 陸軍省 編, 《陣中要務令: 軍令陸第6号》, 兵用図書, 1914년

림 1-1]과 같이 다이쇼(大正) 천황은 육군대신 오카 이치노스케(岡市之助, 1860~1916)에게 "짐 진중요무령을 제정하여 시행을 명"했다. '어명(御名)', '어새(御璽)'는 그런 무게감을 표상한다.

진중요무령의 구성을 열거하면 다음과 같다. 전투서열·군대 구분, 명령·통보·보고, 수색, 첩보, 경계, 행군, 숙영, 통신, 급양(給養)·보충·위생, 전장(戰場) 정리, 철도 및 선박 수송, 헌병, 진중일지·유수(留守) 일지 등의 항목과 부록 따위다.

먼저 '전투서열'은 천황의 명령(대명)에 따라 발령되는 작전군의 예속 관계를 말하며 '군대 구분'은 작전상의 필요에 따라 군사령관이 행하는 예하부대의 개편을 가리킨다. 그리고 '예하'는 어떤 지휘관에게 통솔·경리·위생 등의 사항에서 예속된 상태를 말하고, '지휘'는 예속 관계는 아니지만 '군대 구분'에 따라 배속되어 명령을 받는 상태를 이르며, '구처(區處)'는 명령 계통에 속하지 않는 지휘관의 '지시'(실질적으로는 명령)를 받는 것을 의미한다.

명령은 작전명령과 일일명령으로 나뉜다(제18, 진중요무령의 번호이며 이하 마찬가지). 작전명령은 군대의 작전 행동을 규정하며(제19) 일일명령은 "군대의 내무, 인사, 인마의 보충, 전장 정리, 포로 처리, 여타 근무 중 직접 작전에 관계되지 않는 사항을 규정"한다(제20).

숙영은 사영(舍營), 노영(露營), 촌락 노영의 세 가지 형태로 구분된다(제321). 사영은 병영 이외의 가옥에서 숙박과 휴양을 갖는 것을 말하며, 노영과 촌락 노영은 사영이 불가능할 경우 채택한다. 뒤에서 서술하듯이 전장에서 일본군은 사영(노영, 촌락 노영도 포함) 과정의 일환으로 위안소를 설치하고 운영했다. 사영에 들어가면 사영지와 그 아래의 사영구를 두어 내무, 경비, 숙사 배당 등에 관한 업무를 처리하게 되며(제325) 주류가 길어지면 인마의 교육까지 실시하도록 했다(제333). 사영구의 상급 선임 장교 중에서 임명되는 사영사령관은 "사영구의 내무 및 경비에 관한 사항을 통괄하는 자"이며 '사영명령'을 내리는 주체였다(제337). 한 지역에 길게 체류할 때는 위수지에서와 마찬가지로 각 근무(방공, 위생 등)에 관한 규정을 만들어야 했다(제346).

동원된 각 부대에게 진중일지와 유수일지의 작성은 필수 업무였다. 여기에는 두 가지의 목적이 있었는데, 하나는 전사(戰史) 기록과 공적 심사에 참고하는 것이었고, 또 다른 하나는 군사상의 모든 사실과 경험을 기록하여 장래 개선에 도움이 되도록 한다는 것이었다(제622). 진중일지의 작성 의무는 위로는 대본영부터 중대(독립된 소대도 포함)까지 부과되었으며(제605) 동원명령을 수령한 날부터 기록하기 시작했다(제606).

중일전쟁에 돌입하자마자 육군은 1938년 9월 진중요무령과 전투강요를 합친 군령육제19호 '작전요무령'을 작성하여 시행에 들어갔다. 총 4부로 구성되어 있는데, 1, 2부는 각각 진중요무령의 절반과 전투강요를 주축으로 삼았다. 3부는 1939년 10월에 완성되었는데, 진중요무령의 나머지 분야인 수송, 보급, 병참 등의 항목이 실려 있다. 4부는 1940년 3월에 제작되었고 화학전과 상륙 전투 등의 항목이 수록되어 있다. 진중요무령에 실렸던 내용의 경우는 그리 큰 변화가 없었다.

2) 내무생활에 관한 법령과 규정

군대내무서와 위수근무령

육군 부대 영내 거주자의 기초 단위는 내무반이었고 이들의 일상을 아우르는 용어는 내무였다. 내무반은 조장(曹長)-군조(軍曹)-오장(伍長)의 '하사관'과 병장(1940년 9월 신설)-상등병-일등병-이등병의 서열로 이루어지는 '병' 중 군조 이하의 하사관과 병이 생활하는 공간이었다. 내무반의 행동 규범으로서 1872년에 제정된 '보병내무서'는 1888년 군령육제2호인 '군대내무서'로 개칭되었고 1943년에는 재차 군령육제16호 '군대내무령'이라는 이름과 함께 일부 내용이 바뀌었다. 군대내무서도 만들어진 이후 몇 차례나 소규모 개정을 거쳤는데, 여기에서는 편의상 1934년 9월의 개정판[4]을 토대로 주요 내용을 소개하기로 한다(군대내무령의 내용도 다음의 기술과 크게 다르지 않음).

먼저 제10장 '명령 하달'이다. 명령 하달은 연대장이 정하는 '회보(會報)' 시에 실시하며 부대 부관이나 조장 및 내무반장이 책임을 맡았다(제57). 작전명령과 일일명령의 사안은 제외하고 부대 운용에 관한 제반 지시와 정보는 회보를 통해 전달했다.

제20장은 '기거 및 용의(容儀)'다. 매일의 일과 시한은 원칙적으로 연대장이 정했으며 기상, 점호, 식사, 회보, 소등 등의 시각을 명시했

---

4) 〈軍隊内務書〉,《永存書類 第2 検閲典範令原本 共3 昭和13年》. 이하 동일.

다(제173). 일석점호 시에는 명령, 훈시 등을 전달하도록 했다(제175).

제21장은 '휴일 및 외출'이다. 제일, 축일, 야스쿠니신사(靖國神社) 예대제일(例大祭日),[5] 육군 시무식[陸軍始](1월 8일), 육군 기념일(3월 10일) 등의 의식 종료 후 또는 연말연시, 일요일, 정해진 휴일에는 휴양하도록 했다(제194). 교육과 근무에 지장이 없는 영내 거주자는 휴일에 외출이 가능했다(제195). 외출 시한은 조식 후부터 병은 석식 시한까지, 하사관은 일석점호 시한까지였다. 그리고 1월 1일, 기원절(2월 11일), 천장절(天長節, 4월 29일), 명치절(明治節, 11월 3일), 야스쿠니신사 예대제일에는 병은 일석점호 시한까지, 하사관은 자정까지 외출할 수 있었다(제196). 휴일 근무자 등에게는 대체 휴가를 줄 수 없으나 훈련과 검열 등으로 부대 전체의 휴일이 없어진 경우에는 가능했다(제197). 일반 휴일에 외출하는 병은 내무반장에게 목적지를 알리고 외출증을 받고 귀영 후에는 주번하사관에게 반납해야 했다(제204). 외출증은 양식이 정해져 있었다(제213).

군대내무서에는 주보(酒保)[6]에 관한 규정이 다수 포함되어 있다. 먼저 제12장 '위원'에서 연대는 병기, 경리, 주보, 장교집회소, 준사관·하사관집회소, 공유금 보관, 문고 등에 관한 위원을 둘 수 있었다(제78). 주보위원은 금전을 제외한 주보 관련 업무를 담당하며 '물품 조달'은 수좌(좌관 또는 대위)의 구입명령이나 계약에 따라 시행되었다(제82).

제29장은 독립적으로 '주보'를 다루고 있다. 행군과 훈련은 물론 위수지를 떠나 주둔하는 군대는 필요에 따라 주보를 대동하거나 상

5) 예대제는 1년에 1, 2회 행해지는 신사의 가장 중요한 제사이며 야스쿠니신사의 경우 봄(4월)과 가을(10월)에 두 차례 거행한다.

6) 주지하듯이 주보라는 용어는 한국군에서도 오랫동안 쓰였으며 지금은 매점(또는 PX)이라 불리는 물품 판매소를 가리킨다.

인을 지정하여 주보를 개설할 수 있다(제272). 판매품과 가격 및 주보 내 규정은 연대장의 허가를 받아 주보위원 수좌가 정한다(제276). 주보위원과 조수의 업무는 주보 내 통제와 물품 판매, 상인의 감독에 더해 상세히 규정되어 있다(제278). 날마다 매상고와 재고를 기록하고, 매상금은 풍기위병사령에게 보관을 위탁한 후 다음 날까지 회계장교인 주보위원의 확인을 거쳐 공유금보관위원에게 납부하며, 매월 구입액, 매상고, 재고 등을 기록하여 다음 달 5일 주보위원에게 제출하여 검사를 받는다. 주번사령은 필요시에 판매를 정지하거나 주보를 폐쇄할 수 있으며 즉시 연대장에게 보고하고 주보위원에게 통보해야 한다(제279).

'위수근무령'은 군령육제3호이며 조항 중 일부는 위안소 개설, 운영과도 연관된다. 위수(衛戍)는 육군 부대가 영구히 한 지역에 배비되어 주둔하는 것을 가리킨다. 위수지는 통상 일본 본토의 각지였지만 용산의 제20사단과 나남의 제19사단, 타이베이(臺北)와 타이중(臺中)의 타이완 보병 제1연대와 같이 식민지에 배치되기도 했다. 각 부대는 전쟁으로 점령하여 주둔하게 된 지역에서도 사실상 위수지에 준한 행동을 취했다. 각 부대는 위수지의 경비 및 육군의 질서, 군기, 풍기의 감시 및 육군 건축물 등의 보호 의무를 졌다. 본격적인 출발은 1883년 육군성이 만든 '위수규칙'이었으며 1888년 칙령으로 제정된 '위수조례'는 여러 차례 개정을 거쳐 1937년에 '위수령'으로 개칭·개정되었다. 구체적인 세목은 1891년에 개정된 '위수복무규칙'이 포괄적인데, 1910년 '위수근무령'으로 면모를 일신했다.

내용 중에서 언급할 것은 위수순찰이다. "위병의 근태를 감찰하고, 정해진 장소를 순회하며, 군인·군속의 비위를 다스리거나 재해 또는 비상시에 치안 유지를 위해 지정된 지역을 순시"하는 것이 위수순찰의 정의다(제49), 위수순찰은 다시 '제1종 순찰'과 '제2종 순찰'로 나뉜다(제52). 제1종 순찰은 "주로 위병의 근태를 감찰하고 겸해서 군인·군속의 비위를 다스리며"(제53) 제2종 순찰은 "주로 군인·군속의 비위를 다스리는 것이며 휴일, 기타 임시로 외출을 허가받은 경우에 정해진 구역을 각 부대에서 순찰하는 것"을 말한다(제54). 따라서 제2종 순찰의 임명과 실시는 휴일이 설정되고 외출이 허락된 군인과 군속이 위안소에 출입하는 경우와 맞물리기 마련이다.

참고로 군내내무서에는 제2종 순찰이라는 용어가 등장하지 않는다. 다만 제14장 '주번근무'에서는 주번사령의 일상 업무 중에 "휴일에 영내 거주자 다수가 외출했을 때 필요시 주번사관과 주번부관에게 영외순찰을 명한다"고 되어 있다(제100의 3항 3호).

다시 한 번 강조하지만 진중요무령(작전요무령), 군대내무서(군대내무령), 위수근무령과 위수령은 모두 천황의 재가를 거친 육군의 군령이었다. 군령은 '군사 칙령'을 의미하며 대원수로서 통수권자인 천황이 육해군의 통수에 관해 제정한 규정을 가리킨다.

내무규정의 실례

보병 제57연대(이하 57연대)는 제1사단의 4개 보병연대 중 하나다. 57연대는 사단과 함께 1936년 4월 만주로 이동하여 중일전쟁에 참전한 후 7년 동안 중소 국경의 헤이룽장성(黑龍江省) 헤이허(黑河) 남쪽의 쑨우(孫吳)에서 훈련을 거듭하며 주둔했다. 1939년 4월 30일 57연대는 내무규정을 제정했고(시행일은 5월 1일)[7] 당시 연대장은 기무라

7) 〈内務規定 木村部隊(1)〉, 〈内務規定 木村部隊(2)〉, 《木村部隊(57i)教育関係書類綴 昭和14年》. 이하 별도의 언급이 없는 한 동일.

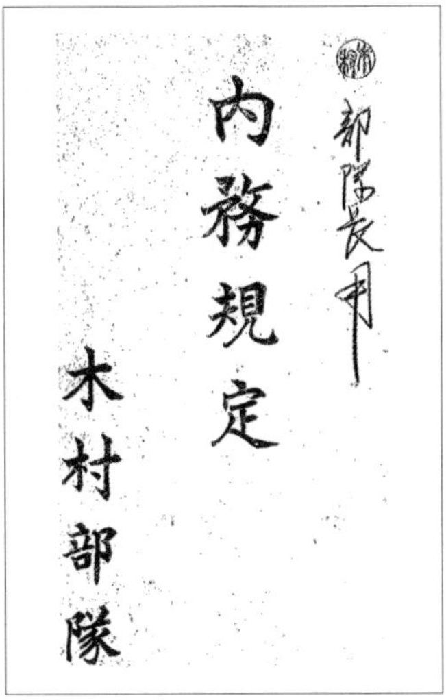

[그림 1-2] 보병 제57연대 내무규정 표지

'기무라부대'는 보병 제57연대의 별칭이며 오른쪽 위에 연대장 '기무라(木村)'의 도장과 함께 '부대장용(部隊長用)'이 표시되어 있다.

· 출전: 〈内務規定 木村部隊(1)〉, 《木村部隊(57i) 教育関係書類綴 昭和14年》

마쓰지로(木村松治郎, 1894~1950) 대좌였다.

57연대의 내무규정은 20장 87조에 이를 정도로 상세히 구성되어 있으며 군대내무서와 상급부대 관련 규정과의 연계를 명시하는 체계성까지 갖추고 있다. 연대 단위 부대의 내무규정은 거의 남아 있지 않은데, 다음에서는 주요 내용을 소개함으로써 내무규정의 특질을 파악해보고자 한다. 표지는 [그림 1-2]와 같다.

1장 '총칙'의 1조는 내무규정에 대한 정의에 해당된다. 내무규정은 "쑨우 주둔간 부대 내무에 관해 군대내무서 및 쑨우주둔지근무규정에 따라 부대장이 규정해야 할 사항을 정"하며 분주(分駐) 병력은 "당해 대장이 소요규정을 설정하여 부대장의 허가를 받"아야 하고 병영 내 타 부대원이나 군속에게도 내무규정이 적용된다. 57연대의 내무규정은 상위 규범으로서 군대내무서와 사단사령부 제정으로 추측되는 '쑨우주둔지근무규정'에 입각하여 명문화했음을 밝히고 있다. 병영 내에 기거하는 모든 관련자에게 적용된다는 점도 놓쳐서는 안 될 대목이다.

3장 '명령 하달'에서 회보시간은 49조 및 부표에 따른다고 적혀 있다(6조). 그리고 회보와 명령을 전달하는 책임자를 군대내무서 및 중대의 규정에 준하여 구체적으로 적시해놓았다(7조).

5장은 '위원'의 업무와 각종 업무 분담에 관한 기준에 관한 내용이다. 부표에는 병기, 경리, 정보, 주보 등 여러 위원과 차출 인원이 명기되어 있다.

7장 '주번근무'에서 눈에 띄는 것은 "군대내무서 제100 3항 3호에 따라 파견하는 영외순찰은 하사관 1명, 병 3명을 배속하며 복무 및 복장은 주둔지근무규정에 따른다"는 구절이다. 앞에서 언급했듯이 영외순찰은 제2종 순찰에 해당되는데, 18장 '보고'의 76조에서는 '제2종 순찰 보고' 시각을 명문화했다.

일과 시한 제정(49조), 복장(52, 53조), 오락(54조) 등을 담은 12장 '기거 및 용의'에 이어 13장에서는 '휴일 및 외출'의 원칙을 밝혀놓았다. 휴일은 외출이 가능하며(57조) 경축일의 외출 시한도 통상의 휴일과 같았다(56조). 하사관 계급인 사관후보생과 간부후보생은 하사관에 준해 외출할 수 있고(57조) '산책 외출 구역'은 쑨우 주둔 지역 내로 영내 하사관 2인 이상이 동행해야 했다(58조).[8] 62조에서는 [그림 1-3]과 같이 외출자가 휴대해야 할 신분증명서, 즉 외출증을 제시해놓았다. 발행자는 각 대장과 부관이었다.

14장 '위생'에서 영외거주자의 신체검사는 4월과 10월 두 차례 실시하는 데 비해(55조), '고용인 및 상인'은 격월로 '엄밀한 신체검사'

8) 군대내무서와 쑨우주둔지규정과 연결되는 조문인 경우에는 해당 번호를 명기해놓았는데, 55, 56조에는 군대내무서의 제195, 196이, 쑨우주둔지규정의 경우 복장에 관해서는 제12, 13이, 주둔지 외의 외출 허가에 관해서는 제11이 부기되어 있다.

를 실시하고 신규 고용인과 상인은 신체 검사를 한 후에 채용 여부를 결정하도록 했다(65조). 그리고 흥미로운 것은 68조다. 보호대, 세면기, 목욕 대야의 경우 전염병 환자용에는 표식을 하도록 했는데, 트라코마는 적색, 전염병은 황색, '화류병'은 남색으로 구분하도록 했다.[9] 주보와 취사장, 목욕탕에서 위생상 주의할 사항을 열거한 70조에서도 '화류병', 전염성 및 피부병 환자는 마지막에 목욕하고 탈의함을 따로 쓰도록 했다.

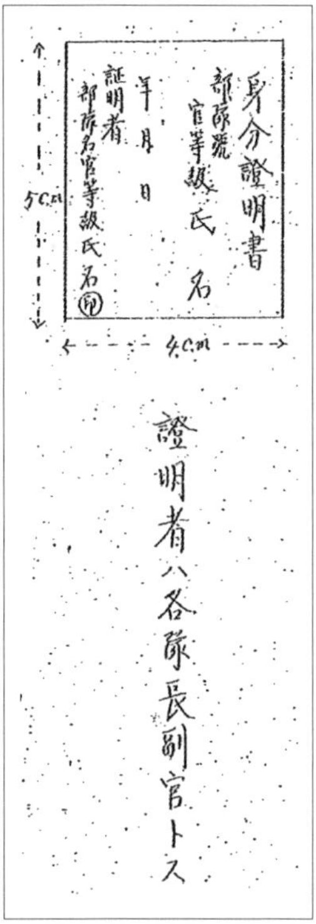
身分證明書
部隊號 官等級 氏 名
年 月 日
證明者
部隊名官等級氏名 印
5cm
4cm
證明者ハ各隊長副官トス

[그림 1-3] 보병 제57연대의 외출증

· 출전: [그림 1-2]와 동일

참고로 외출에 즈음해서 각 부대는 '외출원부(外出願簿)'를 작성했다. 1940년 11월 교도(教導) 제3비행장중대의 경우 [그림 1-4]와 같이 외출증 번호, 교부 시각, 반납 시각, 외출자를 명기한 양식을 사용했다.

외출은 해당 부대의 주둔 행위와 연계되어 실시되고 관리되었음이 더욱 명백해진다.

9) 보호대에는 헝겊(원문은 片布)으로, 세면기와 목욕 대야에는 환상선을 긋도록 했다. 관련하여 57연대는 1939년도 '교육 기획'에서 핵심인 각종 훈련에 더해 기타 항목 중에 '위생법 구급법'을 설정했는데, 각 단위 부대별로 매월 1회 실시하는 위생교육 중 하나는 '화류병 예방법'이었다(〈第1 昭和14年度教育企画〉,《木村部隊(57i)教育関係書類綴 昭和14年》).

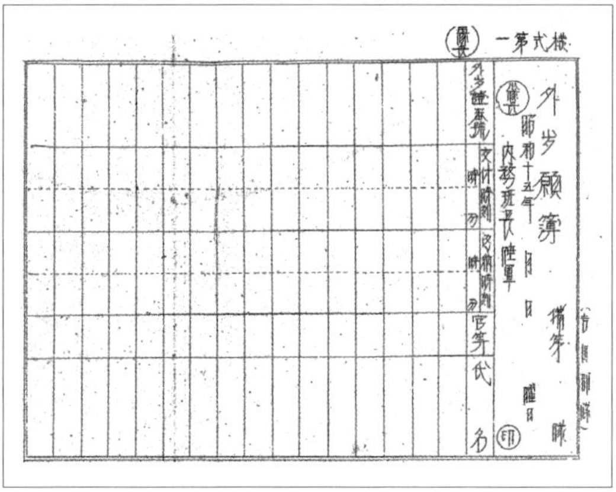

[그림 1-4] 교도 제3비행장 중대의 외출원부

· 출전: 〈服務の指針 40部の内第28号 吉田部隊 昭和15年 11月〉, 《衛生規定, 気象勤務規定, 九九式950馬力発動機関連調査記事, 第258部隊隊 闘演習指導要領, 特殊始動法與熱に就て等》

3) 야전주보규정

위안소와 직접적으로 관련된 제도적 틀은 1937년 9월 29일 개정된 '야전주보규정(野戰酒保規程)'이다.[10] 청일전쟁 중이던 1894년 9월에 제정된 '전시각대(各隊)주보물품중량규정'이 효시였으며 러일전쟁 개전 직후인 1904년 2월 9일에 개정된 야전주보규정을 대폭 손질한 결과물이다. 나가이 가즈(永井和)는 위안소를 "장병의 성욕을 처리하기 위해 군이 설치한 병참 부속시설"이라고 정의하면서 그 근거를 야전주보규정에서 찾았다.[11]

1조는 원래 "야전주보는 전지(戰地)에서 군인·군속에게 필요한 수용품(需用品)을 정확히 염가로 판매하는 것을 목적으로 한다"였는데,

---

10) 〈野戦酒保規程改正に関する件〉, 《永存書類甲輯 第3類 昭和12年》. 이하 별도의 언급이 없는 한 동일.

11) 첫 논문은 〈陸軍慰安所の創設と慰安婦募集に関する一考察〉(《二十世紀研究》 創刊号, 2000)이었으며 이후 보충을 거친 〈日本軍の慰安所政策について〉(http://nagaikazu.la.coocan.jp/works/guniansyo.html#ftn52, 2021년 4월 13일 조사)를 참조했다. 이하 별도의 언급이 없는 한 동일.

"야전주보는 전지 〈혹은 사변지〉에서 군인·군속 〈기타 특히 종군이 허락된 자〉에게 필요한 〈일용품 음식물 등〉을 정확히 염가로 판매하는 것을 목적으로 한다"와 같이 〈 〉 부분이 첨가되거나 바뀌었다('일용품, 음식물 등'은 원래 '수용품'으로 표기되었음). 아울러 "야전주보에 전항 외에 필요한 위안시설을 둘 수 있다"가 새롭게 명기되었다. 기안을 담당한 육군성 의량과(衣糧課)는 1조의 수정 이유로 "야전주보 이용자의 범위를 명확히 하고 적과 대치하는 동안 위안시설을 만들 수 있도록 인정할 필요"를 들었다. 이 점을 근거로 삼아 나가이 가즈는 '위안시설'에 위안소가 포함된다고 판단했다.

아울러 6조의 "야전주보의 경영은 자영으로 한다. 단, 부득이한 경우(일부 음식물 등의 판매는 제외)에는 소관 장관의 인가를 얻어 청부할 수 있다. 평시 위수지에서 대동한 주보 청부인은 군속으로 취급하여 일정한 복장을 갖추게 한다. ……"에도 주목했다. 이를 토대로 나가이 가즈는 "직영이 아닌 군 위안소에서 위안소를 경영하던 매춘업자는 군의 〈청부상인〉이었다는 점, 또 해당 부대장의 판단에 따라 청부업자는 군속이 될 수 있었다"는 결론을 이끌어냈다.

여기서는 나가이 가즈의 선구적인 통찰에 더해 두 가지를 제시하고자 한다. 먼저 새 규정은 야전주보를 설치할 수 있는 문호를 대폭 확대했다. 1조에서 '사변지'가 첨가된 것은 선전포고 없이 사변으로 개시된 중일전쟁의 특성을 반영한 조치였다.[12] 원래 설치 자격은 연대와 독립대대 이상이고, 예외적인 경우에는 육군대신의 인가를 얻도록 한 것(2조)을 대대와 편제 정원 500명 이상의 부대로 확대하고 예외

12) '종군이 허락된 자'는 일차적으로 군인·군속과 더불어 사변지에 거주하게 될 가족을 염두에 둔 조치였다고 추측된다.

적인 인가는 소관 장관이 행하도록 했다(3조). 이와 관련하여 '소관 장관'은 군사령관, 사단장, 병참감에 준하는 병단의 장으로 새롭게 명문화했다(2조). 병단은 여단 이상의 규모이므로 야전주보 설치는 여단장 이상 일선 지휘관의 전권이 된 셈이었으며 나가이 가즈가 언급한 6조의 주보 경영의 청부 또한 마찬가지였다.

또 한 가지 지적하고 싶은 것은 군대내무서와의 연계성을 강화했다는 점이다. 새 규정에서는 군대내무서의 관련 규정에 따른다는 것을 이유로 들면서 야전주보 업무를 담당하는 위원의 임명(4조), 가격 설정(7조), 판매 물품의 종류(8조), 물품과 금전에 관한 장부 정리(14조)를 폐지했다. 나아가 "본 달(達)에 규정되지 않은 사항은 군대내무서 및 전시 제 근무령의 규정을 준용하기로 한다"는 15조를 신설했다. 요컨대 중일전쟁기의 야전주보는 육군성의 자체 규정인 '달'에 따라 설치되었지만 그 운영은 군령으로서의 군대내무서에 입각하여 이루어졌던 것이다.

야전주보규정과 군대내무서의 관련성을 파고듦으로써 중일전쟁 이후 전면화하는 일본군의 위안소는 만주사변기와 확연히 구분되는 해당 부대의 부속된 '위안시설'이었음이 더 분명해졌다. 중일전쟁 이후 각 부대는 군대내무서를 비롯한 군의 공식적인 법령과 규정을 토대로 위안소를 설치하고 운영해나갔으며, 이른바 '위안소규정'이야말로 그런 위안소의 본질을 압축적으로 보여주는 결정적인 증거가 되었다. 그런 구체적인 실태는 내무규정과 관련 주둔규정은 물론 해당 부대의 실제 움직임 속에서 추출해낼 수 있으며 그 소재는 바로 해당 부대의 진중일지다.

2. 만주사변기의 성매매업소

1) 혼성 제14여단의 외출과 성병 대책

파병 초기의 상황

1931년 9월 18일 만주에 주둔하던 관동군은 류탸오후(柳條湖)의 철도를 폭파하는 자작극을 벌이면서 15년에 걸친 전쟁의 서막을 열었다. 해를 넘겨 1932년 1월 전쟁의 불길은 상하이로 번져 상하이파견군이 편성되었으나(제1차 상하이사변) 3월에 접어들면서 수습 국면을 맞았다. 하지만 화북에서는 1933년 5월 탕구(塘沽)에서 정전협정이 체결될 때까지 전투가 끊이지 않았다. 정전이 이루어진 뒤에도 일본은 본토 부대를 교대로 파견하면서 점령 야욕을 노골화했다.

만주사변 발발 당시 관동군의 병력은 약 1만 명에 불과하여 증원군의 투입은 불가피했다. 혼성 제14여단(이하 14여단)은 만주사변 중반 이후 참전한 부대 중 하나다. 14여단은 홋카이도(北海道) 소재 제7사단 병력의 3분의 1을 주축으로 1932년 9월 24일 편성이 완료되었다.[13] 지휘봉을 잡은 것은 7사단 예하의 보병 제14여단장 핫토리 헤이지로(服部兵次郎, 1882~1964) 소장이었다. 보병 제25~28연대에서 1개 대대씩을 차출하고 기병 제7연대 제2중대, 야포병 제7연대 제2대대에 여단통신대, 자동차반, 위생반 등을 거느렸고 주로 관동군의 지휘를 받으며 만주 일대를 오갔다.

14여단 사령부의 진중일지는 동원명령이 하달된 1932년 9월~1934년 1월이 남아 있다.[14] 그리고 여단사령부 소속 2등군의정(軍医正, 중좌) 나카노 오리지(中野織治, 1886~1944)가 작성한《위생업무순보(衛生業務旬報)》가 1932년 9월 3순~1933년 12월 2순이(일부 누락) 남아 있고 관련 문서가 첨부되어 있다.[15] 다음은 앞의 자료를 활용하면서 14여단의 외출 실태와 성병에 관한 제반 대응을 복원한 결과다.

1932년 10월 11일 조만(朝滿) 국경과 가까운 통화(通化)에서 첫 접전을 벌인 14여단은 일찍부터 '화류병'[16] 대책에 심혈을 기울였다. 통화 입성 후인 10월 18일 여단 위생반은 '주군(駐軍) 간의 위생에 관한 주의 사항'을 하달했는데, 그 내용에는 '화류가(花柳街) 지역' 출입 금지, 화류병 예방에 대한 주의와 함께 소대장 이상의 간부가 위생 강

---

13) 〈混成第14旅団将校同相当官職員表(昭和7年9月24日調)〉,《関東軍職員表 昭和7年9月》.

14) 14여단의 진중일지는 두 종류가 보존되어 있다.《混成第14旅団 陣中日誌 昭7.9.19~9.1.20》은 전투와 관련된 주요 사항이 일어난 날을 선택하여 기록한 탓에 매일의 정황을 알기는 어렵다. 통상의 진중일지는《混成第14旅団 陣中日誌 (参謀業務) 昭7年10月》에 1932년 10~11월분이, 동년 12월~1933년 3월분은《混成第14旅団 陣中日誌 昭7.12.1~7.12.31》,《混成第14旅団 陣中日誌 昭8.1.1~8.1.31》,《混成第14旅団 陣中日誌 (参謀業務) 昭8年2月》,《混成第14旅団 司令部 陣中日誌 昭8.3.1~8.3.31》에 각각 수록되어 있다. 이하 인용한 자료는 전적으로 후자를 활용했으며 진중일지가 아닌 자료에 한해서만 출처를 명기한다.

15) 〈[衛生業務旬報]自昭和7年9月24日至昭和8年12月10日〉,《衛生業務旬報》.《위생업무순보》에는 여단의 작전과 이동에 관한 정보도 많이 수록되어 있으며 이하에서는 인용 시에 '1932년 10월 하순' 등과 같은 형식으로 출처 표기를 간소화한다. 참고로《위생업무순보》작성자는 여단사령부 소속 중좌에 해당되는 2등군의정 나카노 오리지였다.

16) 이하에서 사료 속에서 사용된 화류병, 예기, 창기, 샷쿠 등의 용어를 인용할 경우에는 원래대로 표기하는 것을 원칙으로 한다. 참고로 화류병은 1941년 3월 3일 '육군보고규정'을 개정하면서 성병으로 고치도록 했지만 이후에도 상용되었다(〈陸軍報告規程中改正の件〉,《昭和16年〈陸普綴〉》).

연을 하라는 지시가 포함되었다. 10월 하순에는 화류병 환자가 발견되어 각 부대에 검사 실시를 하달했고 11월 초순에는 야간의 외출 및 화류병이 있는 부락에 출입하는 것을 금지했다. 11월 8일자로 작성된 작전 출동에 즈음한 위생 관련 지시에서는 '금욕적 지도'가 부득이한 경우 '이은고(二銀膏, 산화시안수은)'를 매달 2개씩 교부하는 '적극적 예방법' 실시를 요청했고,[17] 이로 인해 "홋카이(北海)의 건아 중 약 반수 이상에 해당하는 동정인 자들을 도발하지 않도록 충분히 유의"할 것을 첨언했다.

10월 말부터 14여단은 '중앙지구토벌대'로서 펑톈(奉天, 지금의 선양瀋陽)과 톄링(鐵嶺) 일대를 오가며 작전을 펼쳤다. 12월 7일부터는 네이멍구자치구(內蒙古自治區)의 후룬베이얼시(呼倫貝爾市) 하이라얼(海拉爾) 일대에서 치안 유지 임무를 띠고 주류하다가 해를 넘겨 1월 24, 25일 이틀에 걸쳐 펑톈으로 복귀했다.

하이라얼 주둔 초기부터 화류병은 주요 관심사 중 하나였다. 12월 13일 14여단은 보병 26연대 제6중대를 파견하는 명령에서 위생에 관해 '화류병 예방용 소요 재료 약간'을 휴대하도록 지시했다.

14여단은 하이라얼에서 '주류규정'을 운용했는데, 이에 관한 언급은 1933년 1월 5일 화재 예방의 근거로서 처음 등장한다. 그리고 오전 11시에 하달된 여단회보를 통해 1월 4일 "거리 한복판에서 여성(원문은 女郎)을 껴안고 마차에 타고 다니는 병사가 있다"고 지적하면서 군기와 풍기의 주의를 당부했다. 1월 7일 회보에는 '외출 복장'에 관한 주의가 언급되어 있는데, 여단 일일명령에는 8일의 관병식(觀兵式)이

17) 나카노 오리지는 관동군 전체에서 1개월에 4,000엔 이상의 비용이 소요되는 탓에 절약방법을 강구하라는 요망도 덧붙였다.

끝난 뒤에 전체 외출을 허가한다는 내용이 담겨 있다. 절반씩 교대로 외출시키거나 반수만 외출시키는 등의 여부는 각 부대장이 결정하도록 했다. 그리고 외출 시각은 '하이라얼주류규정' 제6의 2에 따르도록 했다. 주류규정의 운용이 명시적으로 확인되는 대목이며 병사의 외출이 공식적으로 기록된 첫 사례이기도 하다. 1월 8일 오후 전체 휴무가 시행되었다.[18]

평톈 주둔과 외출 체계

1월 중순부터 평톈 복귀 준비에 들어간 14여단은 1월 하순에 주둔지인 평톈, 톄링, 랴오양(遼陽) 일대에 속속 도착했다. 평톈에서의 여단회보는 1월 26일부터 재개되었다. 1월 27일에는 '평톈주류규정'(이하 주류규정)이 제정되었으며 교부가 완료될 때까지는 하이라얼에서의 규정을 준용하도록 했다.[19] 그리고 회보는 매일 열리던 하이라얼과 달리 월요일·수요일·금요일 3회로 축소되었다. 1월 30일 회보에는 여단 내에 화류병 환자가 없다는 보고에 핫토리 헤이지로 여단장이 기뻐했다는 소식이 담겼다.

주류규정의 목적은 "14여단 내 부대의 내무 경계에 관해 필요한 사항을 규정"하는 데 있으며 주류규정에 없는 사항은 진중요무령의 사영에 관한 조항에 의거한다고 명시되어 있다. 주요 내용을 살펴보자.

일과 시한 중 조식은 오전 7시 30분, 일석점호는 오후 8시 30분이

18) 참고로 12월 30일, 31일, 1월 1일, 2일, 5일 등의 오후에도 휴무 기록이 남아 있다.

19) 〈昭和8年1月27日 奉天駐留規定 混成第14旅団司令部〉, 《混成第14旅団 陣中日誌 昭8.1.1~8.1.31》.

	월	화	수	목	금	토	일
부대	기병 (야포대)	28연대	기병 (통신반, 자동차, 위생반)	26연대 승마토벌대 여단사령부	야포병 (통신, 자동차, 위생반)	28연대	26연대 승마토벌대 여단사령부

[표 1-1] 펑톈 주둔 혼성 제14여단 소속부대의 외출일 할당

· 출전: 〈昭和8年1月27日 奉天駐留規定 混成第14旅団司令部〉, 《混成第14旅団 陣中日誌 昭8.1.1~8.1.31》

다(5, 주류규정 번호, 이하 동일). 외출은 [표 1-1]과 같이 요일별로 부대가 명기되어 있다(6).

각 부대의 반수를 대상으로 수 명이 조를 짜서 외출하며 사령부는 일요일과 제일에는 반나절만 근무했다. 외출 시각은 병이 조식 후~오후 4시, 하사관이 조식 후~오후 7시 30분이었으며, 임시외출은 각 중대장(반장) 이상의 권한으로 허가했고, 대검을 찬 복장이었다. 공용증과 외출증 양식은 군대내무서에 준해 각 부대(반)의 도장을 찍도록 했으며 외출 구역은 펑톈 시내 전체로 정해졌다. 그리고 외출 당일에는 위생부원의 입회 없이도 간부를 지정하여 "화류병 예방의 견지에서 외출자에 대해 신체검사와 함께 국부 소독을 실시하게 했다."(7)

주류규정 말미에는 같은 날짜로 '주류규정에 근거한 사령부 내의 지시'가 첨부되어 있다. 여단사령부가 정한 외출의 세부 규칙이었다. 일직장교는 전체적인 군기·풍기의 취체와 화재 예방을 총괄하고, 일직하사관은 장교를 보좌하고 외출하는 반수를 지정하며, 임시외출 허가권은 부관이 행사했다. 외출 후의 신체검사 및 소독에 대해서는 사령부 소속 군의나 간호장(부재 시는 일직장교나 하사관)이 주재하는 소독소를 사령부 내에 준비하도록 했다.

주류규정에 입각하여 각 부대별로 외출이 허가되었고 외출 병사의 목적으로는 여성과의 접촉이 상정되어 있었다. 성매매업소를 공식적으로 출입할 수 있게 하는 일본군의 근거 규정 또는 '프로토콜', 그것이 바로 주류규정이었다. 2월 초순《위생업무순보》에는 화류병 환자가 적다는 보고와 함께 화류병 예방과 관련하여 펑톈 위수지의 '검미(檢黴, 국부검사)' 상황을 조사하여 '주의서'를 각 부대에 배포했다고 기록되어 있다.

러허(熱河) 작전 참가를 앞둔 2월 15일 14여단 사령부는 위생반장 및 각 부대의 군의관에게 "특별히 휴대해야 될" 위생 재료 중 성병 예방제인 '이은고 2, 3월분'(뒤에서는 2개월분을 지급했다고 되어 있음)을 포함했다. 아울러 화류병 환자는 거의 발생하지 않았다고 자평하면서도 각 부대에게 '삿쿠(サック)', 즉 콘돔을 충분히 준비해가도록 지시했다. 2월 중순《위생업무순보》에는 각 부대에 배부된 이은고의 수량이 실려 있다. 여단사령부 100개, 25·26·28연대 각 1,300개, 기병 7연대 350개, 야포병 7연대 650개, 통신반 150개, 자동차반 110개 등이었다.

성매매업소의 통제

2월 20일 14여단 사령부는 러허 작전에 참가하기 위해 펑톈에서 출발했다. 3월 하순부터는 청더(承德) 동쪽의 핑취안(平泉)에서 만리장성을 사이에 두고 중국군과 대치했으며 5월 하순부터는 베이징(北京) 부근의 샤뎬(夏店)에서 주류하고 있었는데, 정전협정이 체결되었다. 여단의 기간 병력은 6월 하순부터 산하이관(山海關)과 쑤이중(綏中)에 위치했고 사령부는 10월 상순부터 진저우(錦州)로 옮겨갔다. 주변의 치안 유지와 철도 방어를 주된 임무로 삼으며 마적 토벌 같은 국지적인 전투에 종사했다.

《위생업무순보》는 14여단이 주둔하던 곳마다 화류병 환자가 신규로 발생했음을 전해준다. 3월 하순 1명, 4~7월은 3명씩, 8월 7명, 9월 7명, 10월 4명, 11월 1명 등이 기록되어 있다. 핑취안 주둔 시절에 취해진 관련 조치를 살펴보면 중일전쟁 직후 위안소의 제도적 모델이 이미 확립되어 있었음을 알 수 있다.

3월 27일 지시를 보면 핑취안에는 중국 '유곽'이 3, 4곳이고 '창기'가 20명 안팎 있었는데, 감염자가 많으므로 유곽을 출입 금지 가옥으로 정했다(3월 하순). 4월 중순에는 이은고 1만 6,000개를 포함한 하계 위생 재료를 관동군에 요청했으며 조선인과 일본인 '창기' 38명이 핑취안에서 개업함에 따라 4월 16일 검미를 행하고 향후 매주 1회 실시하기로 했다.[20] 검진은 관동군 소속 3등군의정(소좌)과 보병 25연대 제2대대 소속 2등군의(중위)가 담당했다. 예창기에게는 '건강진단표'를 소지한 뒤 제시하도록 지시하고 관련 사실을 병사들에게도 주지하게 했다. 아울러 '성비고(星秘膏, 성병 예방약)'와[21] 삿쿠 사용을 강조하고 외출자는 귀대 후 '승홍수'(昇汞水, 염화제이수은 희석액)로 세정할 것을 하달했다.

검진은 매주 계속 이루어졌다(4월 하순). 4월 23일에 실시된 제2회 검미 결과는 [표 1-2]와 같다. 검진자는 관동군 1등군의(대위)였다.

한 주 만에 일본인 4명과 조선인 2명이 늘어났고 환자는 4명이 증가했다. 급기야 4월 30일에는 경찰서장 입회 아래 '예창기' 전원을 경찰서에 집합시켜 화류병 예방에 관해 설명한 다음 경찰서장 및 헌병

20) 일본인은 예기 1명과 작부 2명이었고 조선인은 예기 2명과 작부 33명이었다. 조선인 작부 중에서 매독과 임질에 걸린 이는 각각 2명씩 발견되었다.

21) 1932년 12월 26일 육군성은 만주사변에 소요될 위생 재료 구입을 결정했는데, 성비고 50만 개도 내역에 포함되어 있다(〈補給用衛生材料購買の件〉, 《昭和8.2.1~8.2.28 〈滿受大日記(普) 其3〉》).

		검사 인원	감염자	임질	매독	기타
일본인	예기	2				
	작부	5				1
조선인	예기	3				1
	작부	34	8	4	4	5
계		44	8	4	4	7

[표 1-2] 핑취안에서의 검진 결과

· 기타 내역에 대한 설명은 없다.

· 출전: 〈[衛生業務旬報]自昭和7年9月24日至昭和8年12月10日〉,《衛生業務旬報》

과 함께 각 기루(妓樓)를 찾아 화류병 예방에 관한 지시를 내렸다. 철저한 성병 진단을 위해 경찰까지 끌어들인 모양새다.

5월 1일 14여단은 4월 28일자로 제정한 10항목의 '예창기작부건강진단실시요령'(이하 요령)을 각 부대 군의관에게 통첩했으며 말미에는 '참고 법규'로서 1900년 10월 내무성이 제정한 '창기취체규칙'이 실려 있다(5월 초순). 요령의 전문은 음미해볼 가치가 충분하다(다음 전문에서 ' '는 인용자).

1. 여단 경비 구역 내(만철滿鐵[22] 부속지는 제외)에서 영업하는 예창기 작부에 대한 건강은 본 요령에 따라 실시한다.
2. 본 건강진단은 군대 방역상 필요에 따라 실시하지만 어디까지나 '인권에 관련된 일'이므로 신중하게 실시하는 것은 물론 헌병이나 경찰관과 잘 협의하여 어긋남이 없도록 한다.
3. 건강진단은 여단사령부 소속 군의정(여단사령부 소재지 밖에서는 고급

22) 반관반민의 남만주철도주식회사의 약칭으로 러일전쟁 결과 러시아로부터 획득한 남만주철도를 관리했으며 관동군을 도우며 만주 침략의 첨병 역할을 수행했다.

군의관)이 지시하는 군의관이 실시한다.

4. 건강진단 실시 횟수는 헌병 또는 경찰관과 협의하여 정하지만 일반 검사는 매월 1회, 국부검사(검미)는 매주 1회 이상 검사를 요한다. 검사 일시, 장소 등은 검사 군의관, 헌병 또는 경찰관과 협의하여 정한다.
5. 검사 군의관은 건강진단 결과 질병에 걸려 가업(稼業)을 할 수 없는 자 또는 전염성 질환을 가진 자를 발견했을 때 내용을 헌병이나 경찰관에게 통보한다.
6. 검사 군의관은 '예창기 작부 건강진단부'(별지 양식 제1)를 준비하여 검사 때마다 소견을 기입하고 날인하여 이후 치료에 기여한다.
7. 방역 필요상 예창기 작부에게는 '건강진단수검표'(별지 양식 제2)를 각자 항상 휴대하게 하여 손님이[23] 요구하면 제시하도록 한다. 검사 군의관은 건강진단을 실시할 때마다 건강진단수검표에 질병의 유무(감염자는 병명을 기입)를 기입, 날인한 후에 본인에게 교부한다.
8. 검사 군의관은 검사 종료 후 되도록 빨리 검사 개황에 '검사성적표'(별지 양식 제3)[24] 4통을 첨부하여 여단사령부 소속 군의정에게 제출한다.
9. 감염자에 대해서는 루주(樓主)로 하여금 빨리 치료를 받게 하도록 지도한다. 단, 지방에 적당한 진료 기관이 없을 경우에는 '관동군지방민시료(施療)실시요령'에 따라 시료를 실시하여 방역에 기여한다.
10. 기루의 화류병 예방시설은 되도록 완비할 수 있도록 지도한다.

---

23) 별지에 소개된 건강진단수검표에는 손님 외에 경찰관과 헌병에게도 제시해야 할 의무가 있다고 명기되어 있다.

24) 별지의 검사성적표에는 일본인과 조선인이 속한 업소명은 니혼테이(日本亭)로 기재되어 있으며 병명은 매독과 임질 외에 연(성)하감과 자궁내막염이 적시되어 있다.

앞의 요령은 중일전쟁 이후 일본군의 필수 조직으로서 위안소가 나아갈 방향과 갖추어야 할 요소를 시사한다. 첫째, 만주사변에 즈음하여 일본군은 화류병의 심각성을 인지하고 신속하고 체계적인 대응을 시도했다.[25] 이에 따라 전투가 끝나고 주둔 태세에 들어간 부대에게 화류병 예방은 위생 업무의 중점으로 자리매김되었다. 그 주체는 14여단을 넘어 관동군이라는 최상급부대까지 해당되었다. 적절한 치료 기관이 없을 경우 관동군의 규정에 따르도록 명기되었기 때문이다. 둘째, 만주사변 단계에서 민간 성매매업소를 이른바 '군 이용' 형태의 위안소로 전용하는 체계가 갖추어졌다. 검진 실시와 사후 조치는 중일전쟁기의 위안소와 별반 다를 바 없었다. '창기취체규칙'에서는 보균자가 가업을 한 경우 3개월 이하의 징역 또는 100엔 이하의 벌금을 부과함으로써 강제력이 발휘되는 데 비해, 요령에서는 헌병이나 경찰관에게 '통보'하고 '지도'한다는 형식을 내걸었을 따름이었다.[26] 같은 차원에서 검진은 '인권에 관련된 일'인 만큼 신중한 실시를 천명했다.

5월 하순에는 관동군으로부터 성비고 1만 1,000개와 삿쿠 1만 8,016개 등의 위생 재료를 수령하여 각 부대에 내려보냈다. 성비고의

---

25) 육군성 운수부장은 정기적으로 육군대신에게 송환 환자에 관해 보고했다. 1932년 6월 30일에 출항하여 7월 4일에 도착하는 선편으로는 화류병 환자 6명을 송환했으며(〈還送患者輸送の件2〉,《昭和7.7.11~7.7.13 〈満受大日記(普) 其16 2/2〉》), 1933년 10월 30일에 출항하여 11월 3일에 도착한 선편에는 화류병 환자 1명이 승선해 있었다(〈還送患者輸送実施の件〉,《昭和8.11.2~8.11.29 〈満受大日記(普) 其16 2/2〉》).

26) 한편, 후지나가 다케시(藤永壯)는 러일전쟁 기간 중에 랴오둥(遼東)수비군이 제정한 '다롄(大連)창기영업취체규칙'에는 다롄군정서의 관장 아래 창기의 등록과 검미가 이루어졌다고 밝힌 바 있다(〈日露戦争と日本による〈満州〉への公娼制度移植〉,《快楽と規制: 近代における娯楽の行方》, 大阪産業大学産業研究所, 1998). 다롄군정서, 랴오둥수비군 등의 군정 조직이 직접 성매매업소를 통제한 것은 전쟁이라는 조건에 따른 조치였으며 만주사변의 경우는 전쟁이 아닌 사변이었으므로 군정 조직이 아니라 경찰관이 주도적으로 개입하고 '창기취체규칙'을 원용한 것으로 추측된다. 보다 엄밀한 분석은 앞으로의 과제가 될 것이다.

경우 보병 25~28연대에 2,000개씩, 기병 7연대와 위생반에 600개, 산포병 제7연대에 1,200개, 통신반·자동차반에 300개씩이었으며 삿쿠는 여단사령부 436개, 보병 25~28연대에 3,720개씩, 산포병 7연대에 1,800개, 통신반·위생반·자동차반에 500개씩이었다. 향후 주둔이 길어질 것에 대비하여 교부한 성비고와 삿쿠는 "사용 기회가 있을 때까지 보관하여 낭비하지 않도록 주의"를 당부했다. 귀환이 예정된 병사에 대해서도 집결지, 승선지, 상륙지 등에서 감염되지 않도록 '절제'와 더불어 "적극적으로 예방구(豫防具)를 풍부하게 휴대"하도록 지시했다.

이후 상황

정전 직후인 1933년 6월 초순 샤덴에 주둔하고 있던 14여단은 핑취안에 보관 중이던 위생 재료를 운반하여 각 부대에 분배했다. 그중 삿쿠는 1만 5,696개를 헤아렸는데, 사령부에 1,716개, 25~28연대에 2,448개씩, 기병 7연대에 1,728개, 산포병 7연대에 1,296개, 통신반·자동차반에 288개씩, 위생반에 168개를 교부했다.[27)]

6월 하순부터 머문 산하이관에서 14여단 군의부는 이질과 함께 화류병 예방이 "현하의 급무이므로 소홀함이 없도록 한층 노력"할 것을 천명했다. 6월 28일 치안유지회[28)] 회장과의 간담회에서는 청결과 위생에 관한 사항에 더해 '창기 검미 실시에 관한 건'이 협의되었다.

7월 상순 '주류규정'에 따라 당초 금지했던 중국인 '유곽' 출입을

27) 6월 7일자 '군의부회보'에서는 삿쿠와 성비고를 다소 많은 양을 분배했는데, 보급이 곤란한 탓에 군의관이 보관하여 "용도에 임해 부족함이 없도록 주의"를 촉구했다.

28) 치안유지회는 일본군이 점령한 지역의 치안 유지를 명목으로 현지 중국인을 앞세워 설립한 행정 조직이었으며 중일전쟁 이후에도 여러 지역에서 실시되었다.

해금해달라는 각 부대의 제안이 잇따랐다. 결국 검미 실시 후 해금으로 정리되어 치안유지회와 교섭을 벌여 승낙을 받았다. 7월 14일 실시된 검미에서는 발병자가 30퍼센트 이상이 나올 정도로 "결과가 지극히 불량"했지만(매주 1회 실시) 16일 "제반 관계상 주류규정에서 출입을 해금하는 것으로 결정"되었다(7월 중순, 환자 치료는 만주국 국경검역소에서 담당). 파병 초기에 염려했던 대로 '자극'은 통제가 불가능해져 주류규정까지 변경해야 할 지경에 이르렀던 것이다.

해금과 관련하여 7월 15일 나카노 오리지가 행한 강연 내용이 흥미롭다(7월 중순). 출정 이래 14여단의 화류병 환자는 47명으로[29] 관동군과 상하이파견군에 비해 낮다고 평가했다. "전투 행동이 급박하여 절화(折花)의 기회가 적었던 것은 이 병(화류병-인용자)이 적다는 것과 큰 관계가 있다"고 해석했다. 하지만 8월과 9월의 화류병 환자는 7명씩이나 생겼다.

8월 중순 나카노 오리지는 산하이관의 조선인·일본인·중국인 '예작부'의 검미 상황과 기루의 화류병 예방시설을 시찰했다. 중국인 '창기'는 유독자가 훨씬 많으면서도 "치료 요구에 응하지 않고" 예방시설도 하지 않아 유독자가 계속 증가하는 상황이었다. 조선인·일본인 '창부'가 다수여서 "공급(원문은 需用)은 충분한 현황이라 간주"하여 중국인 창기의 검미 폐지를 건의하고 각 부대에 통보하여 주의를 촉구했다. 보병 27연대 제1대대(후술)가 주둔하던 첸쒀(前所)에서는 조선인·일본인 '예작부' 중에서 유독자가 다수여서 6곳 중 4곳에 출입금지를 명령했다.

---

29) 내역은 급성임독성요도염 18명, 만성임독성요도염 6명, 연성하감(무른궤양) 겸 횡현 11명, 매독 12명이었으며 인원은 보병 25연대가 14명으로 가장 많았다(이후에도 마찬가지).

9월 20일자로 군의부가 정리한 위생요보(衛生要報) 제2호에 따르면 몇몇 부대에서는 현미경 검사 결과 70~100퍼센트의 유독자가 나왔다. "감염률이 심대한 것은 당연"한 만큼 위생 강화(講話)를 통해 상황을 주지시키고 적극적 예방을 철저히 지도하라는 것이 군의부의 제안이었다. 삿쿠 교부는 1개월에 1인당 4개가 여단의 입장이었는데, 이는 외출이 주 단위로 실시된다는 것을 반영한 조치였다.

14여단은 홋카이도로 귀환하는 여정 중에서까지 성병 대책을 강구했다. 기병 7연대 2중대는 화류병 예방에 관한 위생 강화를 수차례 실시하고 '주보품(酒保品)'으로서 삿쿠를 지급했다.[30] 통신대는 진저우에서 출발하기 전에 개인에게 삿쿠와 이은고를 교부했다.[31] 위생반은 "수송 중의 소요를 고려"하여 이은고 60개와 삿쿠 48개를 준비했으며[32] 자동차반은 1인당 삿쿠 6개를 휴대하게 했다.[33]

2) 보병 제27연대 제1보병포소대의 사례

초기 정황

지금부터는 14여단 소속 보병 27연대 1대대 제1보병포소대(이하 포소대)의 진중일지를 통해 개별 부대의 동향을 살펴보자. 포소대는 동원령이 내려진 1932년 9월부터 조선 북부의 청진에서 수송선을 타고 복원하는 1934년 3월까지 진중일지를 기록하여 남겼다.[34]

---

30) 〈帰還輸送間衛生概況書〉, 《步兵第25·26連隊 衛生概況書 昭和9年》.

31) 〈帰還輸送間衛生概況報告〉, 《步兵第25·26連隊 衛生概況書 昭和9年》.

32) 앞의 글.

33) 〈混14旅自医第53号 帰還輸送間衛生概況書〉, 《步兵第25·26連隊 衛生概況書 昭和9年》.

포소대의 진중일지는 파병 초기부터 화류병 예방과 외출에 관한 정황을 수록했다. 여단 주력과 함께 하이룽(海龍, 펑톈 동북)에 머물던 1932년 11월 9일의 위생 강화 주제는 화류병과 동상, 가스 중독 예방법이었다. 잠시 숙영한 시안(西安, 펑톈 동북)에서는 '사영구 내'에서의 외출이 11월 13일 오전 10시~오후 5시로 허가되었다(포소대의 실시 여부는 불확실). 11월 25일 포소대는 열차 편으로 당도한 펑톈에서 근무자 이외의 인원에게 오전 10시~오후 4시의 외출을 허가했다.

이후 포소대는 소규모의 전투를 치르며 이동을 거듭하다가 12월 7일 하이라얼에 도착하여 2주 동안 체재했다. 12월 11일 포소대가 수령한 통보에는 화류병과 감기 예방의 철저가 포함되어 있었다. 하이라얼에서 하얼빈(哈爾濱)으로 이동한 것은 12월 22일이었고 전체 외출은 25일에 실시되었다. 하사관 인솔 아래 조식 후 석식 시한까지 절반씩 교대로 외출하는 방식이었다.

곧바로 포소대와 1대대는 하얼빈을 떠나 제10사단의 지휘를 받으면서 해를 넘기며 무단강(牡丹江) 인근에서 전투에 임했다. 포소대는 1933년 1월 4일부터 소련과 국경을 맞댄 미산(密山) 인근에서 숙영하며 주변 지역 소탕 작전에 동원되었다.

1대대는 1월 15일부터 미산에서 주둔하기 시작했다. 1월 16일에는 포소대의 미산 주둔 체계가 확립되었다. 오전 8시 30분 1대대장은 경비와 내무에 관한 지시를 하달했고 오후 1시부터는 경비와 내무에 관한 세부 지시가 있었다. 그리고 미산경비대 '내무규정안'이 배포되

---

34) 포소대 진중일지는 1932년 9월~1933년 3월이《步兵第27連隊 第1步兵砲小隊 陣中日誌 2/2 昭7.9.19~9.3.2》에, 1933년 4월~1934년 3월이《步兵第27連隊 第1步兵砲小隊 陣中日誌 1/2 昭7.9.19~9.3.2》에 들어 있다. 이하에서는 출전을 명기하지 않는다.

었다.

1월 18일 내무규정안에 따라 포소대는 하사관과 병에게 성내 산책을 오전 9시~오후 3시로 허가했다. 오후에는 '미산경비규정'이 배포됨과 동시에 포소대의 보초근무도 개시되었다. 1월 21일 포소대장은 다른 장교들과 함께 대대장 숙사에서 경비규정 및 내무규정 안을 손질했다. 1월 22일(일)에는 오전 9시부터 일부 외출이 허가되었고 '미산경비부대내무규정'이 배포되었다. 1월 24일에는 내무 및 위생에 관한 교육이 실시되었다(27일에는 내무에 관한 교육 실시). 1월 25일(수) 오후는 휴양했으며, 26일은 만주의 음력설이어서 대대 전체가 휴양했고, 29일(일)은 포소대 전원이 휴양했다. 2월 1일(수)은 오전부터 휴양했고 저녁에는 위생교육을 실시했다. 2월 5일(일)은 이동 준비 때문에 휴양과 외출이 실시되기 어려웠을 것이다. 이와 같이 미산에서 포소대는 수요일과 일요일에 휴양과 외출을 할당받았음을 알 수 있다.

포소대와 1대대는 행군을 시작하여 하얼빈을 거쳐 2월 17일 랴오양의 14여단에 복귀했다. 포소대는 2월 19일에 휴양하고 20일 조식 후~오후 4시의 외출을 실시했다(1대대 전체). 포소대의 경우 오전과 오후로 구분하여 2인 이상 동행하게 했다.

14여단은 2월 22일부터 이동에 들어갔다. 포소대는 3월에 접어들어 크고 작은 전투를 벌이며 숙영지를 옮겼고 하순부터는 핑취안 인근 고지에서 주둔하며 교전에 종사했다. 5월 중순부터 베이징을 향해 전진하던 포소대는 샤뎬에서 6월을 맞으며 탕구에서 정전협정이 조인되었음을 전달받았다. 그동안 포소대는 4월 5일·18일·24일, 5월 4일·5일·27일 오전 또는 오후를 휴양한 것으로 되어 있다.

휴일과 외출의 체계화

6월 13일 포소대는 이동명령을 받고 행군을 시작했다. 1대대는 탕산(唐山) 일대에 자리를 잡았다. 제1중대의 지휘 아래 탕산 서쪽의 롼저우(灤州) 수비를 맡게 된 포소대는 6월 19일 롼저우 성내에 입성했다. 정전협정 체결로 수비 태세 구축에 들어간 롼저우 주류 시절 포소대의 외출은 체계가 정비되었고 규칙적으로 실시되었다.

6월 25일 포소대는 '롼저우 성내 숙영부대 내무에 관한 지시'에 따라 업무에 지장이 없는 하사관과 병의 외출을 허가했다. 수요일과 일요일은 전체 외출일로 지정되었다. 정오부터 병은 오후 5시까지, 하사관은 일석점호까지 외출할 수 있었으며, 월요일·목요일·토요일·일요일은 하사관의 '업무 간 외출일'로서 정오부터 일석점호까지 외출이 가능했다.

6월 25일은 일요일이자 '전체 외출일'이어서 외출이 이루어졌다. 뒤이어 6월 28일(수) 오후와 7월 2일(일)과 5일(수) 오후에도 외출이 적시되어 있으며(7월 2일과 5일의 외출자는 15명), 7월 9일은 이동 준비에 할애되었다.

성병 관련 기록도 눈에 띈다. 6월 26일 진중일지에는 일등병이 중영창(重營倉) 1일에 처해졌다는 기록이 있다. 4월 10일 차오양(朝陽) 베이퍄오(北票)의 '매창부(賣娼婦)'를 통해 화류병에 감염되어 4월 15일 야전병원에 입원했다(4월은 외출이 어려운 상황이었으므로 출장 시에 출입한 것으로 판단됨). 일등병의 처분 이유는 "평소 훈계한 바를 게을리하여 군인의 체면을 더럽힌 것이 인정"되었기 때문이다. 7월 6일에도 화류병으로 1명이 입원했는데, 감염 경로는 랴오양 출장 중 조선인 '매창부'와 '교접'하여 임질에 걸린 것으로 밝혀졌다(이 병사의 처분 기록은 없음).

7월 10일 포소대는 대대본부와 함께 탕산에서의 숙영에 들어갔다. 7월 11일 포소대가 수령한 '명령회보'에는 향후의 내무규정과 대대장의 주의 사항이 들어 있었다. 7월 15일 오후 7시부터 30분 동안 소대장은 화류병 예방에 대한 교육을 실시했다. 7월 17일(월)의 '외출일'과 7월 19일(수)의 '휴양일'에는 각각 12명과 11명이 외출했지만, 같은 달 24일은 "탕산경비의 내무규정", 26일은 "탕산경비간 내무규정에 따른" 외출일이었음에도 불구하고 부대 개편으로 인해 취소되었다. 7월 31일에는 "탕산내무규정에 따라" 전체 외출이 이루어졌다. 탕산에서의 외출일은 내무규정에서 월요일과 수요일로 정해졌음이 분명하다.

8월 3일 포소대는 이동명령을 수령하고 7일 첸쒀(前所)로 옮겨갔고 당분간은 탕산경비대 시절의 내무규정을 준용하는 것으로 결정했다. 그래서 8월 9일(수) 오후는 첸쒀 동남쪽 해안에서의 해수욕으로 대체되었다. 8월 10일에는 1대대 본부가 작성했을 것으로 추정되는 주류규정을 전원에게 주지시켰다. 8월 11일에는 새 여단장 히라타 주조(平田重三, 1882~1945) 소장이 첸쒀에 도착했다.

8월 13일(일)에는 "유영(留營)규정에 따라" 오후 1시부터 7명이 외출했고, 8월 14일(월)에도 "유영규정에 따라" 외출을 허가했다. 첸쒀에서 휴양과 외출은 일요일과 월요일로 정해졌던 것이다.

8월 19일 포소대장은 첸쒀에서의 주류규정과 경비규정, 여단장 훈시 및 주의 사항을 교육했다. 8월 20일(일)에는 오전에 여단장의 첫 순시가 있었고 오후에는 전체 휴양을 취했다. 8월 21일(월)에도 전체 휴양과 함께 6명의 외출이 허가되었다. 다음 일요일·월요일인 8월 27일과 28일도 마찬가지였다. '휴양일'로 기재된 8월 27일에는 오후 외출이 허가되었고, 8월 28일 역시 '휴양일'로 명기되어 있으며, 12명의 외출이 행해졌다.

8월 29일에는 주류규정 일부가 개정되었다. 외출 구역 서쪽은 다소 넓어졌고 일석점호는 저녁 8시로 바뀌었다. 9월 들어 3일은 '휴양일'로서 외출이 허가되었고, 9월 4일 오후에는 산하이관에서 온 위문단의 공연이 있었다. 9월 10일에는 오후에 전체 휴양을 가졌고, 9월 11일 '휴양일'에는 7명의 외출이 허가되었다. 9월 17일은 '휴양일'이어서 외출을 허가했으며, 9월 18일은 이동 준비에 소요되었다.

9월 19일 포소대는 진저우 부근의 다후산(大虎山)에서 진영을 꾸렸다. 9월 24일에는 회보를 통해 '경비유영(留營)간의 내무규정'이 전달되었고 외출일은 일요일로 할당된 듯하다. 10월 1일은 "일요일이므로" 전체 외출을 허가했는데, 외출자는 10명이었다. 10월 8일에는 전체 휴양과 함께 10명이 외출 허가를 받았고, 10월 15일·22일·29일의 일요일 외에 17일의 신상제(神嘗祭, 궁중 제사)에도 외출을 허가했다. 11월에 들어서는 3일 명치절에 9명이 외출했으며, 11월 10일은 국민정신작흥조서[35] 반포 10주년을 기념하여 전체 휴무했고(10일 근무자는 11일 오전 휴양), 신상제(新嘗祭, 궁중 제사)인 23일에는 오후 1시부터 전체 외출이 허가되었다. 11월 19일과 26일은 각각 '일요일'과 '휴양일'로 외출이 있었다. 12월의 경우 3일 '휴양일'에는 6명에게, 10일 '휴양일'에는 전체에게, 17일 '휴양일'에는 7명에게, 24일에는 별도의 언급 없이 7명에게 외출이 허가되었다. 12월 25일의 다이쇼 천황 기일에는 전체 휴무하고 3명이 외출했으며, 12월 26일에는 군기 배수(拜受) 34주년이어서 오후에 전체 휴무했다. 마지막 일요일인 12월 31일에는 신임 대대장의 환영식 행사가 치러졌다.

---

35) 1923년 11월 10일 당시 섭정이던 쇼와(昭和) 천황이 관동대지진 후의 민심을 수습한다는 목적으로 발한 조서를 가리킨다.

해를 넘겨 1934년 1월의 경우 정기 휴양일인 7일·14일·21일·28일(외출자 8명)의 외출에 더해 원시제(元始祭, 궁중 제사)인 3일의 휴양과 육군기념일인 8일의 외출도 기록되어 있다. 2월에는 4일과 11일에 휴양을 취했으며, 15일부터는 이동을 시작하여 25일에는 홋카이도 오타루(小樽)에 입항했다.

이와 같이 포소대는 각 주둔지에서의 내무규정 내지 주류규정에 따라 설정된 휴양일에 맞추어 외출을 허가했다. 진중일지에는 성매매업소의 출입을 다룬 기술이 존재하지 않지만 앞에서 설명했듯이 잇단 성병 관련 대책과 그 밖의 부대의 성병 발병 상황에 비추어볼 때 의심의 여지가 없다. 만주사변에서 병사들의 성매매업소 출입은 휴양 및 외출과 결부되어 행해졌다.

3) 제7사단과 성병 상황

1934년 1월 20일 참모본부는 7사단의 만주 파견과 제8사단과 14여단의 일본 본토 귀환을 결정했다. 이에 따라 7사단의 기간부대는 1934년 2월부터 순차적으로 홋카이도 오타루에서 청진까지 수송선을 타고 만주로 건너갔다. 먼저 2월 중순에는 14여단과 교대하여 랴오시(遼西)지구의 경비를, 3월에는 주력을 투입하여 8사단이 맡았던 러허성의 경비를 각각 승계했으며, 4월 이후부터는 만주국 서남지구의 방위를 담당했다.

6월 22일 7사단은 출동 이후 예하부대의 위생 상황을 망라하는 보고서를 작성했는데, 거기에는 화류병 현황에 대한 기술이 포함되어 있었다.[36] 1934년 5월까지 20명의 환자가 발생했는데(첨부된 통계에 따르면 5월의 신규 환자는 17명이며 치료에는 25일이 소요되었다), 예방을 위해 "적극과 소극 양 방면에서 힘쓰고 있다"고 기록되어 있다.[37] 질병에 고유 번호가 매겨져 있는데, 화류병은 32번이다.

11월 20일자 상황 보고의 '군기 및 풍기' 항목에서는 병사들의 절도, 도망, 상해 같은 통상적인 일탈 행동 외에 화류병 감염 문제를 특기하면서 "환경의 유혹에 빠져 주색에 기인하는 자가 점점 많"다고 지적했다.[38] 신규 환자 2,162명 중 화류병 환자는 24명이었다.[39]

각 연대가 사단 군의부에 제출한 보고서는 더욱 상세하다. 6월 이후 9월에도 보고서가 작성되었는데, 지금 남아 있는 것은 보병 26연대밖에 없다.

먼저 보병 25연대의 경우 진저우에서 하사관과 병 1명씩 급성임독성요도염으로 입원한 이후에는 환자가 발생하지 않았다.[40] 위생 강연을 통해 예방법을 주지시키며 매월 성비고(이은고)와 삿쿠를 1인당 1, 2개를 지급하고 철저한 사용을 강조했다. 그리고 '접객업부'에게는 매주 1회 검미를 실시했다.

보병 26연대에는 급성임질 1명과 매독 2기 1명이 있었고 출정 후

---

36) 〈昭和9年6月22日 衛生概況書 第7師団〉, 《第7師団関係 衛生概況書 昭和9年》. 이하 별도의 언급이 없는 한 동일.

37) 7사단 소속 보병 14여단의 보고가 알려주는 '적극·소극'의 내용은 "각 부대 모두 예방규정을 만들고 교육 지도와 수양 단련"을 실시하는 것이었다(〈衛生概況書 歩兵第14旅団司令部〉, 《第7師団関係 衛生概況書 昭和9年》). 참고로 7사단은 만주로 이동하기 직전(1933년 12월~1934년 4월)에도 13명의 화류병 환자를 기록했다(〈(甲)団下一般衛生状況報告〉, 《第7師団関係 昭9.6.16司令部隋検に提出せる 主管事項一般状況報告 昭和9年6月16日》). 공병 제7대대의 경우 1932년 3월~1933년 2월의 1년 동안 화류병 신규 환자가 11명 발생했다(〈状況報告 工兵第7大隊〉, 《歩兵第13旅団 第25·26·28連隊 関係状況報告 昭8年》).

38) 〈第1 軍紀及風紀〉, 《第7師団 状況報告 昭9.11.20》.

39) 〈第9 馬衛生〉, 《第7師団 状況報告 昭9.11.20》. 그런데 위생에 관한 서술에서는 32명이라 적시되어 있다(〈第8 人衛生〉, 《第7師団 状況報告 昭9.11.20》).

40) 〈昭和9年6月26日 衛生概況書 歩兵第25連隊〉, 《第7師団関係 衛生概況書 昭和9年》.

발생한 환자는 1명이었다.[41] 대책으로는 "외출 시 화류병 예방약 및 도구를 배포하여 휴대하게 했"다. 9월의 보고에 따르면 이후 급성임질 2명과 혼합성하감 1명이 발생했으며 외출할 때 화류병 예방약 휴대 여부를 점검하여 휴대를 철저히 하게 했다.[42] 검미 상황은 지역마다 달랐다. 영사관 경찰 촉탁의가 시행하고 군의가 입회하며 각 부대에 결과를 배포하여 외출 시 화류병 예방 자료로 활용하도록 했고(청더) 군의가 실시하거나(싱룽興隆, 싸허차오撒河橋) 촉탁의가 맡기도 했다(핑취안).

보병 27연대는 차오양과 링위안(凌源)에 각각 제2대대와 제3대대를 배치했는데, 4월 21일자로 작성된 군의의 보고가 현존한다.[43] 여기에 기록된 급성임독성요도염 환자는 4명이다. 검미에 대한 기록도 자세하다. 차오양의 '접객부'는 100명이 훨씬 넘으며 향후 만철을 포함한 철도 관련자가 들어옴에 따라 '부인'의 유입이 늘어나고 화류병이 유행할 것으로 예상했다. 검미는 당초 매주 1회 츠펑(赤峰, 지금의 네이멍구자치구) 위수병원에서 실시하다가 지방 개업의가 있는 차오양 병원에 위탁했는데, 의사가 사망하여 대책을 마련하던 중이었다. 보병 27연대의 6월 보고서에 따르면 만주로 이동한 이후 "특별히 성교 경험자에 대해 교육을 실시"했으며, 환자가 2명 발생했고, 각 간부가 성비고와 삿쿠를 보관하여 배급하는 등 예방 조치를 취했다.[44] 아울러 성병 관련 약품과 소모품 목록을 보면 만주 도착 직후인 3월 15일과

41) 〈昭和9年6月 衛生概況書 歩兵第26連隊〉, 《第7師団関係 衛生概況書 昭和9年》.
42) 〈衛生概況書 昭和9年9月〉, 《歩兵第25·26連隊 衛生概況書 昭和9年》.
43) 〈衛生概況報告〉, 《歩兵第27連隊 衛生概況書 昭9年》.
44) 〈衛生概況書 歩兵第27連隊(1)〉, 《第7師団関係 衛生概況書 昭和9年》.

16일에는 성비고가 2,950개, 5월 1일에는 성비고 300개와 삿쿠 852개가 적시되어 있다. 그리고 검미는 지역의 일본인 의사가 수행했다.

화류병 환자 6명이 발생한 보병 28연대의 보고서에는 구체적인 정황이 담겨 있다.[45] 화류병 예방을 위해 "외출 시 방독 재료(삿쿠와 성비고 병용)를 휴대"하고 "유흥자는 전원 과망가니즈산 칼륨 희석제로 세정"하게 했으며 "국부검사를 엄밀하게 하"고 정신교육과 위생 강연을 실시했다. 검미의 경우 진저우에서는 위수병원이 담당했고, 진자툰(金家屯)에서는 비행대 군의에 이어 야포대 군의가 입회했으며, 다른 지역에서는 대대의 의무관이 직접 했다.

기병 7연대와 보병 27연대 제5중대가 자리잡고 있던 츠펑 주변에서는 5중대에서만 급성임독성요도염 환자가 4명 나왔다.[46] 각 중대 간부는 예방 대책으로 정신교육과 위생 강연을 실시했으며 '접객업자'에게는 위생시설 완비와 '콘돔' 비치 등을 '강요'했다. 일본인 '접객업부'의 검미는 영사관 경찰서 소관 아래 만철 촉탁의가 매주 금요일에 실시했으며 구호반장과 헌병이 입회했다.

청더에 주둔했던 야포병 7연대는 임독성부고환염 환자 1명에 그쳤는데, 만성 질환자여서 만주에서 발병한 것은 아니었다.[47] 예방책으로는 "화류병에 걸리는 것은 군인의 수치"라는 취지의 정신교육과 함께 위생 강연을 시행했으며 각 중대에서 외출증과 함께 성비고를 나누어주고 귀대 후 의무실에서 외출증을 내고 국부검사를 받도록 했

---

45) 〈衛生概況報告〉, 《第7師団関係 衛生概況書 昭和9年》. 4월 10일까지 화류병 환자는 4명 발생했다(〈昭和9年4月18日 衛生状況報告 歩兵第28連隊〉, 《歩兵第27連隊 衛生概況書 昭9年》).

46) 〈昭和9年6月27日 衛生概況書 大賀警備隊〉, 《第7師団関係 衛生概況書 昭和9年》.

47) 〈衛生概況書(承德) 昭和9年6月13日 野砲兵第7連隊〉, 《第7師団関係 衛生概況書 昭和9年》.

다. 일본인과 조선인만을 대상으로 한 검미는 '지방 의사'가 담당했고 군의는 감독, 입회에 그쳤다.

진저우의 야포병 7연대 제3대대에서는 연성하감 환자 1명이 만주 이동 중에 확인되었으나 도착 후에는 발병되지 않았다.[48] 3대대 역시 정신교육과 위생 강연을 실시하는 한편, "외출자에게는 예방구(삿쿠 및 성비고)를 휴대"하게 했고, 각 중대에 세정기를 비치하여 귀영 후 사타구니를 씻도록 했으며, 월례 신체검사 외에 별도로 국부검사를 실시했다. 검미의 경우 진저우와 진자툰에서 군의가 매주 화요일과 금요일 검사에 입회했으며 검사 결과는 각 부대 의무실에 통보했다.

청더의 공병 7대대 제1중대에는 화류병 환자가 4명 발생하여 정신교육과 함께 예방 조치를 취했다.[49] 첨부된 표에 따르면 3월 27일·28일·29일에 1명씩, 5월 28일에 1명 입원했다. 외출한 뒤에 발병했을 것으로 보인다. 한편, 야포병 7연대와 함께 청더에 주류한 탓인지 검미는 시행하지 않은 것으로 기록되어 있다.

7사단 치중병중대에는 화류병 환자가 발생하지 않았다.[50] 예방책으로는 위생 강연과 함께 삿쿠와 성비고를 사용하게 하고 검미를 실시했다고 적시되어 있다.

---

48) 〈昭和9年6月22日 衛生概況書 野砲兵第7連隊第3大隊〉, 《第7師団関係 衛生概況書 昭和9年》.

49) 〈昭和9年6月24日 衛生概況書 工兵第7大隊第1中隊〉, 《第7師団関係 衛生概況書 昭和9年》.

50) 〈衛生概況書 第7師団輜重兵中隊〉, 《第7師団関係 衛生概況書 昭和9年》.

4) 만주사변에서 배태된 위안소

만주사변 발발에 즈음하여 출정한 병사들은 부대 차원에서 구축한 방식에 따라 체계적으로 성매매업소를 이용할 수 있게 되었다. 성매매업소 출입은 주둔(사영 또는 노영)이 시작되고 관련 규정을 토대로 휴일과 외출이 정비되면서 공식적인 성격을 띠게 되었다. 의무부대는 사전에 주둔지 내 성매매업소를 조사하여 성병 실태를 파악하고 검미, 즉 성매매 여성의 신체검사를 실시했다. 다만 선전포고와 국제법에 입각한 전쟁이 아니라 국지적인 충돌로서의 '사변'이라는 조건을 감안하여 검미 실행은 되도록 군의관이 아닌 민간인 의사에게 맡기려는 태도를 취했으며 일본인·조선인 여성과 중국인 여성 사이에는 검미 압박 정도의 차이가 확연했다. 또한 외출이 허가된 병사들에게는 콘돔과 성비고를 휴대하게 하고 귀대 후에는 세정과 같은 성병 예방 조치를 의무화했다.

이와 같은 제반 정황을 종합했을 때 만주사변기의 성매매업소는 중일전쟁 이후의 위안소와 별도의 체계로 파악해야 한다. 14여단의 성병 대책을 총괄했던 나카노 오리지 2등군의정은 그런 사실을 누구보다 일찍 간파했다. 1933년 7월 29일 14여단 소속 군의관과 약제관이 모인 자리에서 나카노 오리지의 강연이 있었다(7월 하순). 그의 발언에는 중일전쟁 이후 성매매업소를 관리·통제하는 새로운 방식, 즉 위안소 탄생으로 이어지는 두 가지 계기가 담겨 있다.

먼저 화류병 예방을 놓고 나카노 오리지가 "유독부(有毒婦)의 휴업에 관한 단속이 충분히 행해지지 못하는 관계상 혹은 이름을 변경하거나 지역을 바꾸어 계속해서 영업을 하는 자가 있"다고 언급한 부분이 시사적이다. '유독부'의 휴업 단속이 불충분하다는 점은 앞서 설명한 4월 28일자 '예창기작부건강진단실시요령'에서도 지적되었다.

따라서 창기취체규칙에 버금가는 검미의 강제화는 시급한 과제로 대두되었다.

둘째, 병사와 관련된 내용이다. 나카노 오리지는 화류병에 감염된 이유로 술에 취해 '방구(防具, 콘돔)'를 사용하지 않은 경우, 방구가 부족한 경우, 소독법을 사용하지 않은 경우의 세 가지를 거론했다. 그가 제안한 해법은 풍부한 방구 교부와 함께 "교부방법을 연구"하여 서로 나누어 쓰도록 하자는 데 그쳤다. 명시적인 발언은 없었지만 병사에 대해서는 위생교육 증대 정도를 염두에 두었을 것이다. 그런데 중일전쟁부터는 새로운 '교부방법'이 채택되었다. 미리 위안소에 콘돔을 비치하여 병사들의 사용을 강제하는 것이었다.

이와 같이 만주사변을 치르는 과정에서 일본군은 병사의 성욕 처리 방안을 놓고 시행착오를 거듭하며 개선책을 강구해나갔다. 통상적인 성매매업소가 아니라 군이 주도하고 통제하는 '위안시설'로서의 위안소를 운용한다는 측면에서 보면 만주사변은 중일전쟁의 둘도 없는 반면교사였던 것이다.

성병 문제의 심각성은 육군 수뇌부도 인지했고 그에 따라 필요한 긴급 조치를 마련했다. 1936년 2월 육군성은 군대교육령에 따른 별책《위생법 및 구급법》의 내용을 13년 만에 다시 개정했다.[51] 임질, 연성하감, 매독 같은 화류병에 관한 설명은 전보다 훨씬 상세해졌고 예방법이 신규로 추가되었다. 이은고와 삿쿠의 사용, 성교 후 세정과 소독이라는 방법이 있지만 "유효해도 적확하지는 않다"고 한계가 있었

51) 〈衛生法及救急法改正の件〉,《永存書類甲輯 第4類 第1冊 昭和11年》. 1936년판은 1942년 4월(〈衛生法及救急法中の改正の件〉,《昭和17年〈陸普綴 記室〉》)과 동년 11월(〈衛生法及び救急法改正の件〉,《昭和17年〈陸普綴 記室〉》)에 일부 조항이 개정되었지만 화류병 항목은 변함없이 계속 사용되었다.

음을 토로했다. 뒤이어 "절대로 이런 병이 있는 부인과 접촉하지 않을 필요가 있"다고 하면서 "접객부에게는 이 병이 흔하다"고 썼다. '접객부' 이용이 불가피해진 일본군은 중일전쟁 개시와 더불어 성매매업소를 위안소로 변모시키는 일련의 조치를 취했다.

마지막으로 앞으로 이 책을 읽어나가는 데 참조할 수 있도록 위안소와 관련하여 등장하는 당시 용어를 간략히 정리해둔다. 진중일지를 비롯한 사료 속에서 성매매 여성과 성매매 관련 시설은 다양하게 표현되었다. 대표적으로 창기, 예기, 작부는 전자를 가리키며, 후자의 경우 가시자시키(貸座敷), 요리옥(점), 음식점, 예기 오키야(置屋, 출장 형태의 예기) 등이 사용되었다. 지역에 따라 형태와 명칭이 다양했지만 여기에서는 법령과 공적 문서를 토대로 그 내역을 제시함으로써 위안소 실태의 이해에 일조하고자 한다.

1900년의 '창기취체규칙'에서 명문화했듯이 가시자시키는 창기와 직결되며 국가가 공인한 성매매시설과 성매매 여성을 가리킨다. 창기는 창기명부 등록(2조)과 청부현령(廳府縣令)에서 지정한 구역의 거주(7조)와 건강진단(9조)이 의무화되었다는 측면에서 법적으로 명백히 예기, 작부와 다른 범주였다. 이를 반영하여 1931년 내무성 경보국의 자료(이하 경찰자료)에서 사창에 대해 "예기, 작부, 나카이(仲居, 가시자시키 등에서 잡일에 종사), 카페·바 혹은 레스토랑의 여급, 백화점 또는 빌딩 내에서 일하는 판매원 중에도 없지 않"다고 적시했다.[52] 상품

52) 〈公娼と私娼〉,《種村氏警察参考資料第17集》.〈分割1〉/〈分割2〉,《国際連盟婦人児童問題一件 / 東洋ニ於ケル婦女売買実施調査ノ件 第六巻》. 폐창(廢娼)운동, 부인 및 아동의 인신매매 금지에 관한 국제연맹의 동향에 대응하고자 1930년 6월 전국적인 조사를 벌여 수집한 정보를 바탕으로 1931년 2월 경보국이 편찬한 415쪽 분량의 자료다. 공창, 사창, 화류병·소개(紹介)의 세 부분으로 구성되어 있으며, ㊙ 표시가 붙어 있어 공개되지 않은 것으로 보인다. 이하에서는 인용 쪽수를 명기하지 않는다.

판매원은 차치하더라도 경찰 당국은 예기, 작부, 나카이, 여급을 넓은 의미에서 사창으로 간주하고 있었다. 이와 관련하여 1912년 교토부(京都府)의 가시자시키 업자는 "예기, 나카이, 작부도 창기와 마찬가지로 검미를 실시할 필요가 있"다는 탄원서를 사법대신에게 제출하려고 시도하기도 했다.[53)]

경찰 자료에서는 사창의 실례를 소개하고 있다. 1893년 말 군마현(群馬縣)은 공창을 폐지했다가 사창의 묵인으로 선회했는데, '보통'의 요리점은 '갑종(甲種) 요리점'으로, 작부 즉 사창이 있는 요리점은 '을종(乙種) 요리점'으로 구분했다(1930년 6월 말 을종 요리점 348곳, 사창 855명). 그렇게 사창을 둔 업태는 대개 요리점, 음식점이었으며 드물게는 야도야(宿屋, 여관), 세키가시(席貸, 가시자시키와 마찬가지로 단시간의 자리 대여를 뜻함), 다방도 있었고 사창은 작부 또는 나카이를 겸업하는 경우가 많았다. 1925년 오이타현(大分縣)에서는 창기 등록이 어려워진 여성을 요리옥의 작부로 전환하여 고용한 사례도 있었다.[54)]

일본 본토의 창기규칙은 이윽고 식민지에까지 파급되었다. 타이완에서는 1906년 2월 민정장관 통달의 형식으로 '가시자시키 및 창기 취제규칙표준'이 각 지방에 내려짐으로써 전국적인 준거가 마련되었다. 조선에서는 1916년 3월 경무총감부령으로 가시자시키창기취체규칙을 필두로 야도야영업취체규칙, 요리옥음식점영업취체규칙, 예기작부예기오키야영업규칙이 함께 제정되면서 통제 규범이 일원화되었다.

53) 〈貸座敷業者の行動に関する件(京都)〉, 《警保局長決裁書類·明治45年(下)》. 반면에 예기 쪽에서는 반대운동을 벌이기 위해 상경을 준비하던 중이었다고 한다.

54) 〈娼妓登録に関する件(福岡, 大分)〉, 《警保局長決裁書類·大正14年(上)》.

예기작부예기오키야영업규칙에 따르면 조선에서의 용법은 조금 달랐다. 예기는 기생을 포함하는 용어로 쓰였으며 예명은 예기에게만 붙일 수 있었다. 예기와 작부는 야도야와 음식점에서는 영업을 할 수 없었으며 작부는 객석에서 무용과 연주를 할 수 없었다. 또 가시자시키창기취체규칙에서 가시자시키는 창기와 결부되며 영업자와 동반가족은 요리옥, 음식점, 유희장을 겸업할 수 없었다.

2장

중일전쟁 발발과 위안소 설치

1. 개전 초기의 전황

만주사변이 발발한 지 만 6년을 앞둔 1937년 7월 7일 베이징 서남쪽 루거우차오(蘆溝橋)에서는 중일 전면전의 방아쇠가 당겨졌다. 처음에는 현지 양국 부대 간의 국지적인 충돌이었으나 사태 수습은 미궁으로 빠진 채 제2차 세계대전의 전초전으로 비화했다. 일본군은 중국 남부와 북부에서 2개의 전선을 구축하면서 공세의 고삐를 조였다.

화북 전선에서는 7월 말 베이징과 톈진을 장악한 뒤 남하할 기회를 엿보았다. 중국의 반응을 탐색하려는 듯이 8월 9일 5개 사단을 보유한 관동군은 내몽골 쪽 공략에 나섰다. 그리고 8월 31일 중국 북부를 유린할 최상급부대로서 북지나방면군이 신설되었다. 기존의 지나주둔군[1]을 개편한 제1군, 제2군 및 직할부대를 거느린 첫 방면군[2]의

1) 지나주둔군은 1900년 의화단 사건에 따른 베이징의정서를 근거로 파견되어 톈진에 사령부를 두었으며 1936년 4월의 증파로 혼성여단과 비슷한 약 5,600명 규모의 부대였다.

2) 중일전쟁 이후 패전 시까지 일본 육군은 총군-방면군-군-사단-여단-연대-대대-중대-소대-분대의 단위로 편성되었다. 개략적인 인원을 살펴보면 사단 2만 명, 여단 8,000명, 연대 3,000명, 대대 800명, 중대 200명, 소대 50명 정도였다.

창설이었다. 9월 중순 북지나방면군은 남하를 시작했고 10월 10일 1군은 스자좡(石家莊)에 입성했다.

만주사변과 마찬가지로 루거우차오의 여파는 곧바로 상하이에 미쳤다. 결국 8월 13일 중국군과 일본 해군의 육전대(해병대이며 병력은 2,000명 정도)가 격돌했다(제2차 상하이사변). 8월 15일 일본 육군은 2개 사단 동원을 명령함과 동시에 상하이파견군 편제에 나섰고 사령관은 예비역에서 복귀한 마쓰이 이와네(松井石根, 1878~1948) 대장이 맡았다. 제3사단과 제11사단은 8월 23일 상하이 북부 연안에 상륙했다. 중국군의 저항에 부딪혀 사상자가 속출하자 마쓰이 이와네 사령관은 증원 병력을 요청했다. 9월 6일 신임 타이완수비대 사령관 시게토 지아키(重藤千秋, 1885~1942) 소장이 이끄는 시게토지대(보병 5개 대대)가 편성되었고, 9일에는 일본 본토의 제9·11·101사단에 동원명령이 떨어졌다. 9월 11일이 되어 상하이파견군은 5개 사단을 기간으로 진용을 갖추었다. 아울러 10월 9일에는 제6·18·114사단을 주축으로 새로 제10군을 편성하여 중국군 배후에서 공격을 가한다는 계획이 수립되었다.

이제 주전장은 9개 사단이 투입된 화중 지역으로 바뀌었다(화북은 7개 사단). 병력을 보강한 상하이파견군은 10월 중순부터 대대적인 공격을 감행했다. 11월 5일 10군은 상하이 남쪽 항저우만(杭州灣)에 상륙하여 협공에 나섰다. 결국 11월 9일 상하이를 방어하던 중국군 주력은 퇴각해야 했다.

11월 7일에는 화중 전선을 총괄하는 중지나방면군 편성이 시작되어 마쓰이 이와네가 사령관에 취임했다. 이로써 일본군의 양대 전선은 진용을 갖추게 되었다. 11월 20일에는 천황 직속의 최고 통수 기관인 대본영이 설치되었다. 중일의 싸움은 이제 돌이킬 수 없는 단계에 이르렀다. 일본군의 다음 목표는 중화민국의 수도 난징(南京)이었다.

12월 1일 대본영은 상하이파견군과 10군을 중지나방면군의 전투 서열에 편제함과 동시에 “적국 수도 난징을 공략할 것”을 명령했다.[3] 12월 2일에는 황족인 아사카노미야 야스히코(朝香宮鳩彦, 1887~1981) 중장을 상하이파견군 사령관에 임명했다. 중지나방면군 20만 명은 양쯔강(揚子江)을 따라 혈전을 거듭하며 난징으로 쇄도했다. 12월 13일 중국군의 조직적인 저항은 사라졌고 이튿날 도쿄에서는 40만 명이 운집했다는 제등행렬이 벌어졌다. 12월 17일 중지나방면군 사령부는 쑤저우(蘇州)에서 난징으로 옮겨갔고 각급 부대는 패잔병 소탕과 함께 점령지의 치안 확보와 경비 임무를 할당받았다. 10군은 별도로 항저우 일대 공략에 나서 12월 24일 항저우를 점령했고 이후 각 부대별로 주둔 태세에 들어갔다.

난징 전투가 종식된 다음 중지나방면군은 예하부대 재배치를 단행했다. 구니사키(國崎)지대(제5사단 보병 제41연대와 독립산포병 제3연대가 주축)를 비롯한 일부는 원대로 복귀했고 잔류가 결정된 부대들은 각자의 경비지구를 지정받아 점령지의 치안 확보에 나섰다.

양쯔강 남쪽을 보면 난징에 중지나방면군과 상하이파견군 사령부가 각각 자리잡았고 제16사단이 난징의 경비를 맡았다. 난징 동부의 전장(鎭江), 창저우(常州), 우시(無錫)를 포함하는 지역은 3사단이, 인접한 쑤저우에는 9사단이 점령군으로 입성했다. 양쯔강 북쪽의 경우 추저우(滁州)에는 제13사단이, 11사단 보병 제10여단을 가리키는 아

---

3) 전투서열은 육해군 통수권자인 천황의 명에 따른 군의 정식 편성을 가리키며 난징 공략은 대본영 육군부의 대륙명(大陸命)으로 하달되었다. 별도로 중지나방면군은 제3비행단과 통신대, 철도대 등을 직속부대로 거느렸다.

마야(天谷)지대는 양저우(楊州)에 각각 주둔했다. 상하이 시내는 101사단이 11월에 입성한 이래 계속 머물렀다.

10군은 상하이파견군의 남쪽이자 내륙으로 산개하여 경비에 임했다. 난징 남쪽의 우후(蕪湖) 일대는 6사단이, 후저우(湖州)는 114사단이, 항저우는 18사단이 각각 경비를 책임졌다. 지금의 자싱(嘉興) 일대는 제2후비보병단이, 상하이 남부는 제1후비보병단이 각각 주둔했다. 10군 사령부는 항저우에 위치했다.

1938년 2월 14일 대본영은 중지나방면군, 상하이파견군, 10군의 전투서열을 해체하고 중지나파견군을 신설했다. 기간 병력은 제3·6·9·13·18·101사단 등 6개 사단으로 축소되었고 사령관은 교육총감이던 하타 슌로쿠(畑俊六, 1879~1962) 대장이 맡았다. 군사적인 측면에서 중일전쟁의 서장은 막을 내렸다.

2. 중지나방면군과 위안소

1) 위안소 설치의 단초

상하이파견군과 제10군의 움직임

잘 알려져 있듯이 중지나방면군은 난징 공방전 와중에 위안소 설치에 나섰다. 상하이파견군 참모들의 기록이 이를 말해준다. "위안시설의 건, 방면군(중지나방면군–인용자)에서 서류가 와서 실시에 들어가"게 된 것은 12월 11일, 관련 작업을 참모부 제2과장(정보 담당) 조 이사무(長勇, 1895~1945) 중좌에게 의뢰한 것은 12월 19일, 상하이를 다녀온 조 이사무 중좌로부터 "내지인, 중국인을 같이 초치 모집할 준비가 갖추어져 연말에는 개업할 정도"라는 것이 확인되었고(12월 25일), 뒤이어 난징에서의 위안소 개설에 관한 제2과의 안이 심의되었다(12월 28일).[4)]

난징성이 포위된 것은 12월 9일이었고, 11일에는 큰 전투가 종식된 상황이었다. 난징 함락을 눈앞에 둔 바로 그때 중지나방면군은 사령부 차원에서 위안소 설치를 위해 움직였던 것이다. 사실상 위안소 설치의 '빅뱅'이었다.

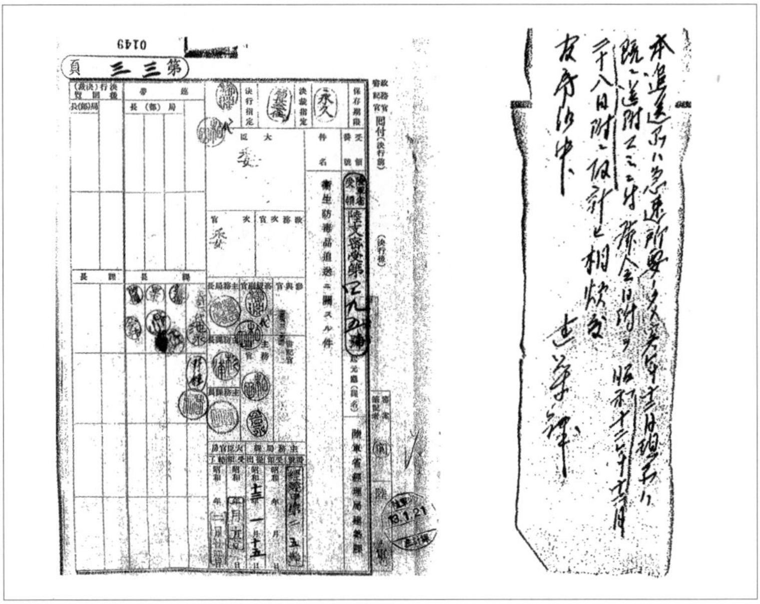

衛生防毒品追送ニ關スル件

陸軍省經理局建築課

[그림 2-1] 상하이파견군에 대한 콘돔 발송 문서

· 출전: 〈衛生防毒品追送に関する件〉, 《支受大日記(密)其8 昭和13年自2月24日至2月27日》

상하이파견군이 위안소 설치를 주도했다는 사실은 콘돔 조달에서도 확인된다. 그 과정에서 육군성의 관여는 직접적이고 적극적이었다. [그림 2-1]의 '육지밀수(陸支密受) 제495' 문서가 그 증거다.[5)]

[그림 2-1]의 왼쪽 자료는 4쪽짜리 문서의 첫머리다. 기안 부서는 육군성 경리국 건축과였으며 '위생방독품'의 추송(追送) 경과를 1938년 1월 15일자로 정리한 문서다.

---

4) 南京戰史編輯委員會 編, 《南京戰史資料集》, 皆行社, 1989, 211, 220, 226, 280쪽. 조 이사무는 중지나방면군 참모를 겸임했으며 전쟁 막바지에 오키나와 공방전을 치른 끝에 자결했다. 참고로 북지나방면군은 12월 22일 '군 점거 지역 치안 유지 실시 요령'을 하달하여 "허용할 수 있는 범위 내에서 진중 위안의 설비를 갖추어 과오가 없도록 한다"고 지시했다(防衛庁防衛研修所戦史室, 《戦史叢書 北支の治安戦〈1〉》, 朝雲新聞社, 1968, 57쪽).

5) 〈衛生防毒品追送に関する件〉, 《支受大日記(密)其8 昭和13年自2月24日至2月27日》.

2쪽에는 육군성 부관이 임시육군도쿄경리부장과 제2화물집적창장에게 보낸 1937년 12월 28일의 통첩 '육지밀 제2660호'(이하 2660호)와 병참총감부 참모장[6]이 상하이파견군 참모장에게 1937년 12월 28일자로 보낸 통첩 '병총을(兵總乙) 제77호'(이하 77호)의 요지가 적시되어 있다. 77호는 "12월 24일 전보로 요구했던 위생방독품을 별지와 같이 추송하기로 정해졌다"는 것이 요지다. 2660호는 위생방독품의 경비 처리방식을 지시한 것이며 위생방독품의 발송 담당인 제2화물집적창장은 소요 비용을 임시육군도쿄경리부에 청구하라는 내용이었다. 3쪽에는 "제2화물창행은 속달편"과 "상하이파견군행은 항공편"이 적시되어 있다.

4쪽은 추송 품목과 수량에 관한 명세서로 2660호와 77호에서 언급된 별지다. 정비부대는 임시육군도쿄경리부, 발송부대는 임시육군도쿄경리부 또는 제2화물집적창, 수령부대는 상하이파견군 야전의량창(野戰衣糧廠)이었다. 품목은 위생방독용 '삿쿠', 수량은 100만 개, 가장 빠른 편으로 송부할 것이 명기되어 있다. 전체 비용으로 계상한 액수는 1만 3,000엔이었다.

[그림 2-1]의 오른쪽은 2쪽에 첨부된 수기(手記) 쪽지인데, "본 추송품은 급속 소요여서 객년(客年) 12월 현품을 이미 송부했으므로 발령 날짜를 1937년 12월 28일로 처리해달라"고 되어 있다. 건축과가 관방(육군성)에 요청한 것이다. 통상적으로는 담당 부서가 기안한 문서를 토대로 결정이 내려진 뒤 발송이 이루어지지만 이는 물품 발송이 선행되고 관련 문서가 사후에 작성되었다는 것을 알 수 있다.

---

6) 병참총감부는 대본영 육군부에 설치되어 육군 전체의 군수품 조달을 총괄했으며 참모장은 참모본부 제1부장이 겸임했다.

[그림 2-1]의 문서를 정리하면 다음과 같다. 1937년 12월 24일 상하이파견군 참모장 이누마 마모루(飯沼守, 1888~1978) 소장이 육군성에 전보로 요청한 100만 개의 콘돔은 12월 29~31일 사이에 항공편으로 상하이파견군 야전의량창에 전달되었다. 12월 말의 위안소 개설에 맞추어 상하이파견군은 화급을 다투어 콘돔 조달을 추진했고 이에 부응하여 육군성은 물품 발송부터 신속하게 처리했던 것이다.

잘 알려져 있듯이 10군의 경우 작전참모(제1과) 데라다 마사오(寺田雅雄, 1895~1988) 중좌의 일기에서 위안소 설치 움직임을 확인할 수 있다. 12월 18일자 일기에 따르면 데라다 마사오 중좌는 헌병을 지휘하여 중국인 여성들을 모집하여 후저우에 '오락 기관'을 설치했다.[7] '위안부' 수는 4명에서 시작하여 18일에 7명으로 늘어났으며 통지도, 표식도 없는 급조 위안소였다.

상하이파견군에 콘돔을 보낸 제2야전화물집적창은 10군에도 성비고 등의 물자를 발송했다. 1937년 12월에는 0.8세제곱미터 규모의 성비고 10상자를 보냈고[8] 이듬해 1월 10군이 수령할 예정이었던 물량은 '성비고 외'라는 품목에 4.150세제곱미터 크기의 30상자였다.[9]

10군 예하인 114사단이 남긴 자료에 관련 정황이 기록되어 있다. 12월 28일부터 배치에 들어간 114사단은 사령부를 후저우에 두고 인근 지역을 4개의 경비지구로 나누어 주둔했다. 1938년 2월 12일에는 상하이를 떠나 화북으로 이동했다(화북 상황은 후술).

---

7) 南京戰史編輯委員會 編, 앞의 책, 411쪽.

8) 〈12月分月報其他提出の件(3)〉, 《支受大日記(密)其8 昭和13年自2月24日至2月27日》. 제2화물집적창은 1937년 12월 31일 당시 성비고 18만 개를 보유 중이었다(〈第2貨物集積廠現員表及主要軍用諸貨物現況表の件〉, 《陸支機密大日記 第2冊 1/3 共7冊 第4号 昭和13年》).

9) 〈1月分月報提出の件(2)〉, 《支受大日記(密)其12 昭和13年自3月19日至3月25日》.

114사단 소속 보병 제115연대 제3대대의 진중일지에는 '위안 설비'에 관한 문서 수령 사실이 실려 있다.[10] 12월 23일 3대대는 우시 서쪽 이싱(宜興)에서 숙영 중이던 연대본부로부터 12월 22일자로 10군 사령부가 발한 '위안 설비에 관한 건, 정집단(丁集團) 부관 사카이 미키오(酒井美喜雄, 1890~1939)'와 '정집참삼(丁集參三) 제52호 위안 설비에 관한 내규' 등의 문서를 전달받았다. 정집단과 정집은 10군의 약칭이며, 사카이 미키오 부관은 보병 대좌로서 10군의 참모 겸 관리부장이었고,[11] 참삼은 후방 또는 병참을 담당하는 참모부 제3과를 가리킨다. 문서 내용은 없으나 위안소 설치 및 운용에 관한 정보 및 지시로 보는 것이 타당하다. 3대대를 포함한 115연대는 12월 30일부터 후저우 서북의 창싱(長興)에서 주류에 들어갔다.

114사단은 11월 상순부터 '전시순보'를 작성했는데, 12월 하순(21~31일)에는 화류병 환자 5명이 발생했다고 적혀 있다.[12] 이전 기록에는 나타나지 않으므로 주둔 시작과 더불어 위안소가 설치되었음을 말해준다.

역시 114사단 예하 치중병 제114연대 소속 제1중대의 진중일지에도 관련 사실이 언급되어 있다.[13] 12월 28일 주둔지 후저우에 도착했

---

10) 114사단 보병 115연대 3대대의 경우 대대본부의 1937년 10월 12일~12월 31일의 진중일지만《金栗敏光史料 陣中日誌(第1号) 步兵第115連隊第3大隊本部》 디렉터리에 소장되어 있다. 이하에서는 출전을 명기하지 않는다.

11) 〈第10軍, 上海派遣軍残務整理員の件〉,《支受大日記(密)其11 昭和13年自3月12日至3月18日》. 이후 사카이 미키오는 1938년 4월부터 보병 제72연대장으로 근무하던 중 '노몬한 사건'의 책임을 지고 자결했다.

12) 〈表紙 戰時旬報 第6号 昭和12年自12月21日至12月31日 第114師団司令部〉,《第114師団戰時旬報 (第1~10号) 昭和12年11月1日~昭和13年2月10日》. 114사단의 전시순보는《戰時旬報綴 第1~26号 昭和12年11月1日~13年7月20日》에도 수록되어 있다.

13) 〈陣中日誌 自昭和12年12月1日至昭和12年12月31日 輜重兵第114連隊第1中隊(4)〉,《輜重兵第114連隊第1中隊陣中日誌 2/14 昭和12年12月1日~12年12月31日》.

는데, 연대장은 강간 사건이 다수에 이르렀다며 주의를 환기했다. 이튿날에는 연대 간부의 훈시 중에 '부인(婦人) 관계에 주의할 것'이 명기되어 있었다.

한편, 일본군이 난징에서 저지른 학살과 성폭력은 대본영으로서도 간과할 수 없는 중대사였다. 그런 정황은 1938년 1월 4일 참모총장 간인노미야 고토히토(閑院宮載仁, 1865~1945, 황족) 대장이 중지나방면군 사령관 마쓰이 이와네에게 보낸 문면에 역력하게 나타나 있다.[14] "군기·풍기 측면에서 혐오스러운 사태가 최근 점점 많이 발생하여 믿고 싶지 않으나 또한 의심하지 않을 수 없는 상황"이었다. 중지나방면군 참모장 쓰카다 오사무(塚田攻, 1886~1942) 소장은 참모총장의 서한을 1월 9일 통첩으로 하달하며 철저한 보고를 지시했다.

1월 13일 쓰카다 오사무 참모장이 육군 차관에게 보고했듯이 상하이 시내에서 육군 군인과 군속의 단속규정을 제정한 것은 그런 연장선의 조치 중 하나였다.[15] 공용 외에 하사관 이하의 단독 시내 출입을 금지하고, 조장 이상이 지휘하는 '인솔외출'만 허용하며, 상하이경비사령관과 상하이동(東)병참사령관은 시내에 순찰을 파견하고 헌병에게 검문을 실시하도록 명했다.

현존 사료로만 보면 해군은 육군보다 위안소 개설이 빨랐다. 중일전쟁 발발 직후인 8월 31일 외무차관은 '불량분자의 도지(渡支) 취체에 관한 건'을 통첩하여 거주지 관할 경찰서장이 발급한 신분증명서나 여권을 소지한 일반인에 한해서만 중국 도항을 허가했다.[16] 이와

---

14) 〈軍紀風紀に関する件〉, 《支受大日記(密)其2 昭和13年自1月14日至1月26日》.
15) 〈上海市内に於ける陸軍軍人軍属の取締規定に関する件〉, 《支受大日記(密)其2 昭和13年自1月14日至1月26日》. 주체는 중지나방면군 사령부였으며 제정 일시는 1월 12일이었다.

관련하여 11월 30일 교토부의 야하타(八幡) 경찰서는 중국 도항에 필요한 신분증명서를 2건 발행했는데, "상하이의 베이쓰촨루(北四川路, 훙커우虹口구 소재) 해군 위안소의 작부가 되"기 위해서라고 도항 목적이 밝혀져 있다.[17]

위안부 모집과 정부 기관의 관여

앞서 언급했듯이 조 이사무 중좌는 상하이로 가서 위안부 모집을 기획하고 준비했다. 상하이파견군이 콘돔 조달과 더불어 위안부 징집을 위해 움직인 정황은 일곱 건의 문서에서 드러난다.[18] 결론부터 말하면 상하이파견군은 물론 일본 본토의 각 성청(省廳) 또한 위안부 모집과 위안소 개설에 깊숙이 관여했다.

중지나방면군이 위안소 설치를 결정하면서 후속 조치가 뒤따랐다. 12월 중순 상하이영사관에서 총영사 오카모토 스에마사(岡本季正, 1892~1967), 육군 무관실장 하라다 구마키치(原田熊吉, 1888~1947) 소장, 헌병대사령관 오키 시게루(大木繁, 1888~1947) 대좌가 모였다(와카야마). 협의 끝에 위안부 동원과 위안소 설치에 관한 주요 방침이 확정

16) (財)女性のためのアジア平和国民基金 編,《政府調査〈従軍慰安婦〉関係資料集成》1, 龍渓書舎, 1997, 3~10쪽. 이하에서는《資料集成》으로 약칭한다.

17)《資料集成》1, 115쪽.

18)〈支那渡航婦女の取扱に関する件(庁府県)〉(《内務大臣決裁書類·昭和13年(上)》)에는 내무성과 각 현의 왕복 문서가 수록되어 있다. 군마(群馬) 현지사(1938. 1. 19)의 〈上海派遣軍内陸軍慰安所ニ於ケル酌婦募集ニ関スル件〉, 야마가타(山形) 현지사(1938. 1. 25)의 〈北支派遣軍慰安酌婦募集ニ関スル件〉, 고치(高知) 현지사(1938. 1. 25)의 〈支那渡航婦女募集取締ニ関スル件〉, 와카야마(和歌山) 현지사(1938. 2. 7)의 〈時局利用婦女誘拐被疑事件ニ関スル件〉, 이바라키(茨城) 현지사(1938. 2. 14)의 〈上海派遣軍内陸軍慰安所ニ於ケル酌婦募集ニ関スル件〉, 미야기(宮城) 현지사(1938. 2. 15)의 〈上海派遣軍内陸軍慰安所ニ於ケル酌婦募集ニ関スル件〉) 등이다. 마지막으로 날짜 불상의 내무성 내부 메모 〈醜業婦渡支ニ関スル経緯〉가 첨부되어 있다. 이하에서 앞의 6종은 현 이름으로, 마지막 문서는 내무성으로 각각 약칭한다.

되었고 관련 서류 양식도 완비되었다.

업무 분장을 보면 영사관은 모집인은 물론 업자와 위안부 선정에 이르기까지 전권을 쥐고 있었다.[19] 일본 본토와 '조선'을 여행하며 업자와 위안부를 모집하는 사람들에게는 영사관에서 신분증명서를 발행하여 여러 기관의 편의를 제공받을 수 있도록 했다. 나아가 업자의 영업 허가와 위안부의 계약은 물론 관련 부처와의 조정과 도항 과정까지 관장했다. 관련 서류를 갖추지 않은 경우에는 상하이 입항을 허가하지 않고 귀국하도록 했다.

영사관의 허가를 받은 업자와 위안부는 상하이 도착 후 곧바로 헌병대에 넘겨졌고 헌병대는 업자와 위안부가 전선까지 이동하는 과정을 책임졌다. 무관실은 위안소 배치와 관련시설을 준비하고 건강 관리 및 성병 검진을 맡았다. 이와 같이 중일전쟁 초기 중지나방면군은 일본 정부 관련 기관들의 논의와 협력 체계를 바탕으로 예하부대에 위안소를 설치하는 첫발을 내디딜 수 있었다. 특히 외무성의 권한이 막강했다는 점을 기억해둘 필요가 있다.

'12월 중순'부터 약 3,000명의 위안부 모집이 시작되었으며(군마), 모집업자들은 일본 본토와 '조선'에서 활동에 들어갔다(와카야마).[20] 그중에서 상하이 거주 도쿠히사(徳久)와 고베(神戸) 출신으로 상하이에서 '매춘업'을 하던 나카노(中野)는 상하이영사관 경찰서장의 증명서와 내무대신 비서관의 명함을 지참하고 12월 27일 효고현(兵庫縣)

19) 외무성 주도라는 측면은 중일전쟁이 사변으로 치러졌다는 사실과 관련이 있다. 아시아·태평양전쟁으로 점령한 동남아 각지에서는 군정을 실시할 수 있었으나 중일전쟁은 사변이었으므로 중국 거주 일본인 통제는 일차적으로 영사관이 맡을 수밖에 없었다.

20) 점령이 완료된 11월 이후 상하이의 성매매업소는 해군 위안소를 주축으로 빠르게 원상태로 돌아갔다고 하며(《資料集成》 1, 450쪽) 12월 말 당시 해군 위안소는 9곳(《資料集成》 1, 446쪽), 조선인이 경영하는 육군 위안소는 1곳 있었다(《資料集成》 1, 462쪽).

경찰에 출두하여 500명의 위안부 모집에 협조를 요청했다(내무성). 특히 나카노의 비중이 컸다. 고베의 매춘업자 오우치(大内)와 오사카(大阪)의 매춘업자 후지무라(藤村)는 나카노의 연락을 받고 움직였기 때문이다.

먼저 오우치는 500명의 위안부 모집에 관한 안내 서신과 관련 서류를 12월 28일자로 관련 업자들에게 발송했다(군마, 이바라키). 이바라키현 태생인 오우치는 1938년 1월 4일 친척 에바타(江幡)에게 서신을 보냈고 에바타는 모집업자 오카와(大川)를 통해 모집된 2명을 1월 19일 고베로 보냈다(이바라키). 1월 5일 오우치는 군마현의 모집업자 소리마치(反町)를 찾아와 관련 서류를 제시하며 모집을 의뢰했다(군마). 야마가타현의 모집업자 도쓰카(戸塚)는 오우치의 의뢰를 받았으나 경찰과 상의한 뒤 관련 서류를 반송했다(야마가타).

나카노와 연결된 후지무라는 오사카의 회사 중역 고니시(小西)와 매춘업자 가나자와(金沢)를 끌어들였고 가나자와는 오사카의 매춘업자 사가(佐賀)와 함께 와카야마현의 모집업자 히라오카(平岡)의 안내로 와카야마현 내에서 직접 위안부 징집에 나섰다(와카야마). 그들은 2명을 모집한 다음 1월 6일 다른 요정에서 중국행을 권유하다가 경찰 조사를 받게 되었다.

도호쿠(東北) 지방의 미야기현에서도 관련 활동이 벌어졌다(미야기). 모집업자 무라카미 겐노스케(村上源之助)는 1월 8일 후쿠시마현(福島縣)의 모집업자 하세가와(長谷川)로부터 20~35세의 여성, 전차금 600엔에 30명을 주선해달라는 엽서를 받은 것이다(무라카미 겐노스케는 응하지 않았음). 16~30세, 500~1,000엔의 전차금(와카야마는 800엔까지), 2년 계약 등의 조건(군마, 야마가타, 이바라키)과는 다르다는 점에서 별도의 경로라고 추측된다. 참고로 위안소 요금은 병사 2엔, 장교 5

엔으로 이미 정해져 있었다(군마, 와카야마).

모집한 위안부를 중국으로 이송하는 데는 군용선이 투입되었다. 1월 3일 나가사키에서는 헌병의 호위 아래 후지무라와 고니시가 모집한 70명의 위안부가 상하이행 육군 '어용선(御用船)'에 올랐다(와카야마). 1월 26일에는 2차로 모은 위안부를 고베에서 군용선으로 보낸다는 계획이 잡혀 있었다(군마). 1월 19일 이바라키에서 모집한 2명의 행선지가 고베였다는 점과 부합한다고 보아야 할 것이다(이바라키). 이와는 별도로 1월 8일 고베에서 출항하는 단고마루(丹後丸)에 20명이 승선할 예정이었고 200명은 육로로 나가사키로 이동한 터였다(내무성).

일본 본토에서의 위안부 모집은 내무성과 지방 경찰 당국의 은밀한 협조·묵인 없이 불가능했다. 오사카 구조(九条) 경찰서장이 밝혔듯이 "내무성으로부터 비공식적이지만 당부(오사카부-인용자) 경찰부장에게 의뢰"가 왔고 와카야마현의 경찰은 가나자와 등 3명이 주장한 '황군 위문소'의 존재를 인정하고 석방했다(와카야마). 고베는 주선업 자격이 없는 도쿠히사와 나카노의 활동을 묵인했다(내무성).

물론 예외는 있었다. 경찰 관료 출신인 고치현 지사 고바야시 미쓰마사(小林光政, 1892~1962)는 모집업자의 활동을 금지하고 위안부에게는 신분증명서를 발급하지 않도록 조치했다(고치).

이와 같이 상하이파견군 위안소의 위안부 모집은 도호쿠, 간사이(關西), 시코쿠(四國)의 여러 현과 경찰 조직이 뒤얽힌 채 수행되었다. 육해군성과 외무성, 내무성 등 중앙 부처 사이에 통일된 방침이 있을 리 만무했다. 지방 기관에서는 "공공 양속에 반하"며 "황군의 위신을 실추"시킨다거나(군마), "후방의 일반 민심, 특히 출정 가정을 지키는 부녀자의 정신에 미치는 악영향"과 "일반 부녀 인신매매 방지 정신에도 반"한다는 인식이 제기될 수밖에 없었다(야마가타). 대책 수립은 시급한 현안일 수밖에 없었다.

내무성이 먼저 움직였다. 위안부 모집을 둘러싸고 지역에서 빚어진 혼선과 혼란을 수습하기 위해 1938년 2월 23일 '지나 도항 부녀의 취급에 관한 건'을 제정했다.[21] "추업(醜業)을 목적으로 하는 부녀의 도항에 즈음하여 신분증명서를 발급할 때는 …… 부녀매매 또는 약취유괴 등의 사실이 없도록 특히 유의"하도록 했으며 21세 이상의 관련 종사자에 한해 '묵인'하라는 방침을 하달했다.

육군도 유사한 대응책을 내놓았다. 육군성 부관은 1938년 3월 4일자로 '군 위안소 종업부 모집에 관한 건'이라는 통첩을 북지나방면군과 중지나파견군 참모장에게 발송했다.[22] "위안소 설치를 위해 내지에서 종업부 등을 모집할 때 …… 모집방법이 유괴와 비슷하여 경찰 당국에 검거되어 취조를 받는 자가 있는 등 주의를 요하는 경우가 적지 않은 데 대해서는 장래 이런 모집에 임해서 파견군에서 통제하여 맡길 인물의 선정을 주도하여 적절히 하고 실시에 임해서는 관계 지방의 헌병 및 경찰 당국과의 연계를 긴밀히 하"라고 지시했다.

2) 주둔과 위안소

상하이의 제101사단

난징 전투가 끝난 뒤 중지나방면군 산하 각 부대는 할당된 주둔지에서 경비와 더불어 부대 점검과 훈련에 들어갔다. 주둔 체계를 확립하는 과정은 위안소를 설치하는 작업과 병행하여 추진되었다. 진중일

---

21) 〈支那渡航婦女の取扱に関する件(庁府県)〉,《内務大臣決裁書類·昭和13年(上)》.

22) 〈軍慰安所従業婦等募集に関する件〉,《昭和13年〈陸支密大日記 第10号〉》.

지 속 관련 서술은 1937년 12월 말부터 나타나기 시작한다.

본격적인 서술에 앞서 상하이파견군 예하부대 중 두 사단의 사례부터 소개한다. 먼저 101사단의 경우다. 중일전쟁 발발에 즈음하여 급조된 탓에 장비와 인원의 질이 떨어졌던 101사단은 난징 공략에 가세하지 않고 상하이 시가지 경비를 맡았다. 12월 10일 이후 항저우 공략에 참전한 101사단의 주력은 해를 넘겨 중지나방면군 예하로 편입되어 재차 상하이에서 토벌과 경비를 이어갔다. 보병 제101·149연대의 보병 제101여단과 보병 제103·157연대의 보병 제102여단이 주축이었고 기병·야포병·공병·치중병 제101연대와 통신대[23] 등으로 구성되었다.

보병 101연대 제2대대(이하 2대대)는 1937년 11월 하순부터 상하이에서 경비와 숙영에 들어갔다. 항저우 공략에 불참했던 2대대는 현재 창닝구(長寧區) 소재 중산(中山)공원 부근인 도요타(豊田) 방적공장에 본부를 두고 황푸강(黃浦江)의 갈래인 쑤저우강 남안의 경비를 맡았다.[24] 1938년에 접어들어 2대대는 "1월 9일부터 페리난로(ペリナン路) 쪽에 위안소(주보)를 설비하여 장병의 보건, 풍기 유지에 이바지"하고자 했다. 페리난로는 지금의 안위안로(安遠路)의 옛 이름 페낭로(Penang Rd, 한자로는 檳榔路)로 추정된다.

2대대 소속 하사관의 일기는 위안소 개설에 관한 정황을 더욱 자

23) 통신대는 101사단 소속이던 1937년 9월~1939년 12월은 물론 상하이 소재 독립혼성 제17여단으로 전출된 1939년 12월 중순~1940년 5월의 진중일지를 남겼다. 다만 101사단 소속 시절에는 외출과 위안소에 관한 기술이 거의 없다.

24) 〈上海附近の警備 警備詳報 自昭和12年11月20日至昭和13年1月4日 步兵第101連隊第2大隊〉, 《步兵第101連隊第2大隊 警備詳報 昭和12年11月20日~13年1月4日》. 이하 동일. 참고로 2대대는 제5~8중대와 기관총대로 편제되었으며, 전투원(장교 22명, 하사관·병 785명)과 비전투원(장교 2명, 하사관·병 107명)을 거느렸다.

세하게 전해준다.[25)] 먼저 1938년 1월 8일 "밤에 대장에게 위안소 개설 이야기를 들"었으며 다음 날에는 중국인 위안부(원문 ピイ) 3명이 왔다. 1월 10일에는 주보가 개점했고, 11일에는 7중대의 군의와 함께 주보 개설 검사에 입회했으며, 저녁 무렵에는 '여급' 2명이 더 왔다. 1월 13일에는 다음과 같은 일이 벌어졌다.

> 오늘 갑자기 주보계(酒保係)를 명받아 주보에 갔다. 전쟁터의 군대는 흥미로운 곳이다. 여급만 있는 주보이니까 말이다. 아직 파는 물건은 한 종류뿐이다. ○○를 사는 사람들이 한꺼번에 몰려와서 오후부터 밤늦게까지 다망하다.

1월 9일 상하이 중심지에는 중국인 위안부로 구성되어 '주보'라 불린 위안소가 설치되었다.

2대대가 위안소에 출입했다는 사실은 성병 환자의 유무로 판단이 가능하다. 1월 9~18일에는 전무했던 화류병 환자가 1월 19~28일에는 1명 발생했기 때문이다.[26)]

2대대는 3월 중순부터 쉬저우 전투에 투입되어 하순에는 양쯔강 북안의 퉁저우(通州, 지금의 난퉁南通시 퉁저우구)에서 경비를 맡았으며 4월 6일에는 '경비대 지정 오락장'을 설치했다.[27)] 3월 하순에는 급

---

25) 吉見義明, 《従軍慰安婦》, 岩波新書, 26~27쪽 ; 田中常雄 編, 〈荻島静夫陣中日記〉, 《追憶の視線》 下, 1989, 102쪽.

26) 〈第2次浦東掃蕩及上海附近の警備 警備詳報 昭和13年1月5日~13年2月17日 歩兵第101連隊第2大隊〉, 《歩兵第101連隊第2大隊 警備詳報 昭和13年1月5日~13年2月17日》.

27) 〈崇明島及東台作戦並上海附近の警備 戦闘詳報 昭和13年2月18日~4月20日 歩兵第101連隊第2大隊[1]〉, 〈歩兵第101連隊第2大隊 戦闘詳報 昭和13年2月18日~13年4月20日》. 이하 동일.

성임독성요도염 환자가 3명 발생했고, 4월 1~7일에는 1명, 8~14일에는 2명의 화류병 환자가 생기자 성비고, 삿쿠를 전원에게 배부했다.

보병 149연대 제3대대 역시 상하이에서 주둔하다가 1938년 3월 10일 쉬저우 작전 개시에 따라 난시(南市, 지금의 황푸구)로 경비지구를 옮겼다.[28] 3월 9~17일의 경비순보에는 화류병 예방에 관해 특히 주의를 기울이며 위생 강화와 검사를 실시한다고 기록되어 있다. 4월 2일에는 각 중대에 '화류병 예방약'을 배급했으며, 4월 5일에는 '제7 위안소'의 위생검사를 시행했고 제9중대에서 화류병 환자 3명이 발생했다.[29]

보병 157연대에서는 제1대대의 전투상보와 제2대대의 진중일지에서 위안소에 관한 정보를 찾을 수 있다. 1대대는 1938년 4월 당시 도요타 방적공장 위의 쑤저우강 북안에서 경비 업무 중이었다.[30] 각 중대의 경비지구는 [그림 2-2]와 같다.

참고로 일본군은 지도상의 혼란을 피하기 위해 중대는 1, 2, 3과 같이 아라비아 숫자로, 대대는 Ⅰ, Ⅱ, Ⅲ과 같이 로마 숫자로 표기했다. 연대 이상의 부대는 아라비아 숫자와 알파벳을 붙였는데, 보병 157연대는 157i로, 101사단은 101D와 같이 알파벳 소문자와 대문자로 구분했다.

157연대와 제2·3대대는 경비지구가 변경되었는데, 4월 16일 1대

28) 〈上海附近の警備 戦闘詳報 第8号 昭和13年2月18日~4月20日 歩兵第149連隊第3大隊(1)〉, 《歩兵第149連隊第3大隊 戦闘詳報 昭和13年2月18日~13年5月31日》. 이하 동일.

29) 〈上海附近の警備 戦闘詳報 第8号 昭和13年2月18日~4月20日 歩兵第149連隊第3大隊(2)〉, 《歩兵第149連隊第3大隊 戦闘詳報 昭和13年2月18日~13年5月31日》.

30) 〈上海附近の警備並に第3次浦東掃蕩 戦闘詳報 自2月18日至4月20日 歩兵第157連隊第1大隊(2)〉, 《歩兵第157連隊第1大隊 支那事変戦闘詳報 昭和12年2月18日~12年4月20日》. 이하 동일.

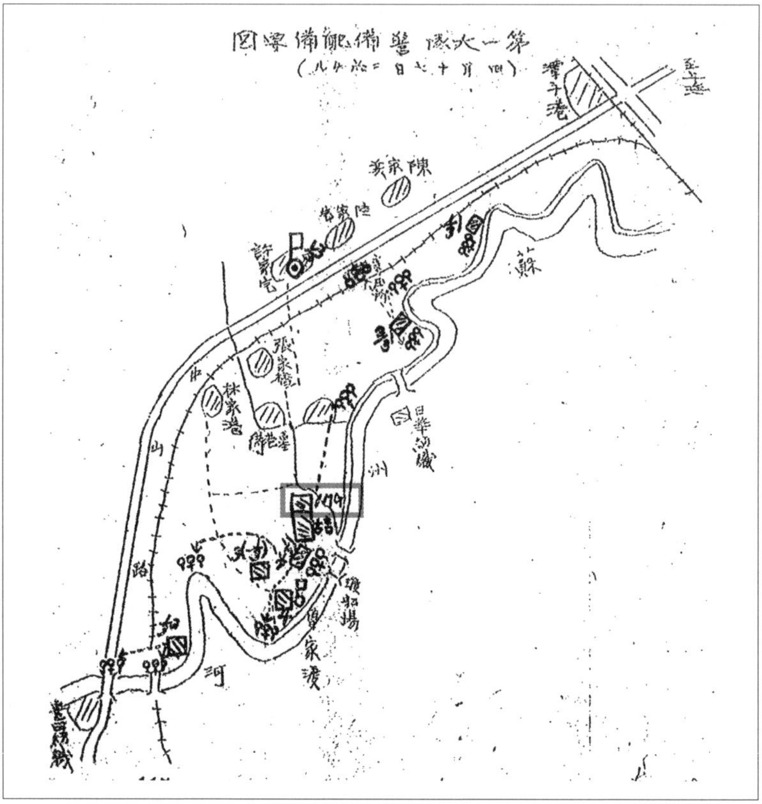

[그림 2-2] 보병 제157연대 제1대대의 경비 배치도

· 출전: 〈上海附近の警備並に第3次浦東掃蕩 戰鬪詳報 自2月18日至4月20日 步兵第157連隊第1大隊(2)〉, 《步兵第157連隊第1大隊 支那事変戰鬪詳報 昭和12年2月18日~12年4月20日》

대는 관련 내용을 작전명령으로 하달했다. 변동이 없던 1대대는 각 중대의 임무를 재확인하면서 기관총중대에게는 "종전과 같이 위안소에 하사초(下士哨)[31]를 배치할 것"을 지시했다. [그림 2-2] 중앙부의 1MG(제1기관총중대)로 표시된 곳 어딘가에 보초가 파견되어 경비하

---

31) 하사초는 통상 지휘자인 하사관 1명과 병 6~8명으로 구성된다.

는 1대대의 위안소가 있었던 것이다.

2대대의 주둔지는 현재 푸퉈구(普陀區) 양자차오(楊家橋) 부근이었다.[32] 1938년 2월 3일 2대대장은 내무규정과 경비규정을 작성하는 위원회를 포함한 각종 위원회의 장을 임명했는데, 위안위원장은 대대 부관이 맡았다. 2월 6일 이후에는 사단의 지시에 따라 '로(ロ)호 순찰' 담당 장교를 매일 1명씩 임명했는데, 3월 4일 명칭은 '제2종 순찰'로 바뀌었다(5월부터는 사라짐).

5월 1일자로 2대대는 칭푸(青浦, 지금의 상하이시 칭푸구)에서 경비에 종사했다. 5월 7일 2대대는 화류병에 대한 주의와 환자 발생을 억제하라는 회보를 하달했다. 5월 25일 경비대장, 즉 2대대장은 부관, 주계소위, 군의소위, 군조를 대동하고 '칭푸 특종위안소'를 순시했다. 경비대장의 순시는 5월 26일 6중대, 5월 28일 제1기관총중대, 6월 4일 5중대에서도 이루어졌다. 다시 말해 위안소 순시도 경비대장의 소관 업무였던 것이다.

군표 사용에 관한 지시도 기재되어 있다. 5월 15일 회보에서는 일본 화폐의 유출을 막기 위해 비용 지불은 군표만 사용하도록 했으며 6월 13일 회보에서는 중국 물품을 구입할 때도 군표를 사용하도록 했고 군표는 주보와 '특수위안소'에서도 유통됨을 전했다.

---

32) 2대대 본부는 1937년 9월 2일~1938년 3월(《步兵第157連隊 第2大隊 陣中日誌 昭和12年9月2日~13年3月31日》), 1938년 5~8월(《步兵第157連隊 第2大隊 陣中日誌 昭和13年5月1日~13年8月31日》)의 진중일지를 남겼다. 이하에서는 출전을 명기하지 않는다.

쑤저우의 제9사단

다음으로 9사단을 살펴보자. 난징에 머물렀던 9사단의 예하부대는 12월 24일부터 순차적으로 새 주둔지로 이동을 시작했다.[33] 산포병 제9연대(이하 9연대)는 연대본부, 제1~3대대, 연대단열(段列)[34]의 5개 단위로 구성되었다. 1대대는 사단사령부를 비롯한 주력부대와 함께 쑤저우에 주둔했으며, 2대대는 쑤저우 북쪽 창수(常熟)에 자리를 잡았다. 경비지구는 동과 서로 나뉘었다. 동경비지구사령관은 보병 제18여단장이, 쑤저우경비사령관을 겸하는 서경비지구사령관은 보병 제6여단장이 각각 맡았다. 12월 28일부터 이듬해 1월 9일까지 13일 동안 걸쳐 행군이 이루어졌다. 1월 9일 1대대는 일본 본토 주둔지에서의 내무규정에 준하여 내무 원칙을 설정했다.

9연대 또한 부대 인원과 장비 정비 및 주둔 태세를 점검하는 작업에 들어갔다. 1월 11일의 '주둔지회보'[35]에는 군기와 풍기의 불철저, 하사관과 병의 외출 태도 불량 등이 지적되어 있었다. 다른 부대에서는 이미 외출이 실시되고 있었던 것이다. 이튿날에는 '주둔지위병복무규정'이 배포되었다. 1월 14일에는 연대명령으로 일과 시한이 바뀌었다(석식 오후 6시, 일석점호 오후 8시 30분). 1월 16에는 '주둔에 관한 규

---

33) 〈支那事変参戦記 昭和12年12月 山砲兵第9連隊第1大隊(4)〉, 《支那事変参戦記 第3巻 昭和12年12月~13年2月》. 〈支那事変参戦記〉는 진중일지 형식으로 기록되어 있다. 이하 개별적인 출처는 생략한다.

34) 단열은 포병이나 전차부대에서 작전에 필요한 보급과 정비 지원에 종사하는 인원을 가리키며 보병부대는 행리(行李)라는 전속 수송대를 대동했다. 사단에서는 수송 업무 전반을 치중병연대가 수행했다.

35) 회보(會報)는 군대에서 상급부대와 상관의 명령을 하급부대와 사병들에게 전달하기 위한 회합을 말하지만 실제로는 회합의 결과를 담은 문서를 가리킨다. 주둔지에서는 주둔지를 책임지는 부대가 주둔지(또는 위수지, 경비지, 경비대)회보를 작성하며 단위 부대의 경우 9연대는 각 대대에 연대회보를 하달하는 동시에 9사단으로부터 사단회보를 수령하게 된다.

정'[36] 중 하사관과 병의 외출 구역 등 일부가 개정되었다(내용 없음). 그리고 1월 17일 외출에 관한 9연대의 규정이 만들어졌다(내용 없음).

1월 18일 사단장은 9연대를 순시하고 다음과 같은 지시를 내렸다. 1월 19일이 9연대의 '첫 외출'이므로 "전체적으로 사전에 주의를 철저히 하여 잘못을 범하지 않도록 할 것"과 사단에서 검사한 결과로 보아도 위안소 '창부'는 거의 전원이 병독을 지니고 있으므로 '화류병' 예방에 특히 주의를 기울이도록 명령한 것이다. 첫 외출이란 "파견 이래 제1회 휴일", 즉 중국 전선에 투입된 이후 맞이한 첫 번째 휴일이라는 의미였다. 1대대는 1월 19일 "규정(1월 17일의 규정-인용자)에 따라 외출을 허가"했는데, 상당한 강우로 인해 외출 희망자가 비교적 적었고 외출 및 귀영 후의 상황은 양호했다. 하지만 '이른바 전쟁 기분'에서 벗어나지 못한 채 단정한 습관이 부족하고 복장이 양호하지 못한 자가 다수 있었다는 부정적인 평가도 기재되어 있다.

1월 19일은 수요일이었고 이후에도 1대대는 수요일을 외출일로 할당받았다. 1월 26일은 패잔병을 토벌하는 병력 편성 때문에 중지되었다고 추측되지만, 2월 2일은 전체 '휴무일'로서 하사관 이하 약 40명이 외출했고, 2월 9일은 전체 휴무하여 하사관 이하 105명이 외출했다. 역시 전체 '휴무일'인 2월 16일은 날이 흐린데다 찬바람이 강하게 불어 외출 인원이 적었으며, 2월 23일은 간략하게 전체 휴무만 기록되어 있다.

이와 같이 외출은 휴무의 연장선에서 실시되었다. 물론 외출이 불허되어 영내 휴무만 갖는 날도 있었다. 1월 30일의 연대명령으로 2월

---

36) 1월 22일 기록에는 '쑤저우 주둔에 관한 규정' 중 제1종 순찰 부분이 변경되었다는 구절로 판단하건대 쑤저우경비사령부에서 작성한 것으로 보인다.

	일본인			조선인			타이완인			합계		
	남성	여성	계	남성	여성	계	남성	여성	계	남성	여성	계
1월	152	22	174	11	47	58				163	69	232
2월	250	115	365	16	58	74	2		2	268	171	439
3월	401	196	597	24	93	117	5	1	6	430	290	720
4월	499	246	745	35	100	135	5	1	6	539	347	886
5월	662	298	960	46	104	150	7	1	8	715	403	1,118

[표 2-1] 1938년 1~5월의 난징 거주자 내역

· 출전: 〈第2/5, 邦人の進出状況〉,《支那事変第2軍兵站関係書類(11分冊の11)》

1일은 1월 1일을 대체하는 임시 휴일로 정해졌고 오후부터 1대대는 회식과 축연, 오락회를 가졌다. 2월 11일(기원절)에도 오후에 영내에서 휴무했다고 되어 있다. 위안소 이용은 해당 부대의 외출방식과 연계되어 요일별로 배당되었다는 사실과 앞으로 수행해나갈 작업의 핵심이기도 하다.

한편, 위안소 설치 및 이용에 따른 문제도 적지 않았다. 1월 28일 거듭된 교육에도 불구하고 성병 감염자가 발생함에 따라 대대에서는 "규정 엄수 및 예방법의 엄중한 이행"에 관해 주의를 촉구했다. 2월 5일에는 연대장이 각 부대장을 집합하여 '폭행·약탈적 행위'가 없도록 하라는 주의를 내렸다. 2월 22일 주둔지회보에서는 하사관과 병의 외출 상황이 양호하지 않음을 지적했다.

참고로 중지나방면군이 발행한 책자에 따르면 1938년 5월 말 당시 난징에는 일본인 940명, 조선인 150명, 타이완인 8명이 거주했다(전쟁 전에는 154명).[37] 이들의 70~80퍼센트는 원래 한커우(漢口) 등 양쯔

37) 〈第2/5, 邦人の進出状況〉,《支那事変第2軍兵站関係書類 (11分冊の11)》. 중지나방면군 보도부가 1938년 11월에 펴낸《南京概況》에 수록되어 있다.

강 상류에 살던 거류민이었으며 직업 내지 업종으로는 식품잡화상이 29퍼센트, 음식점이 19퍼센트였고 가시자시키, 카페, 사진관, 시계포, 무역상, 요릿집 등이 뒤를 이었다. 1938년 1~5월의 월말 누계는 [표 2-1]과 같다.

일본인, 타이완인과 달리 조선인만 예외적으로 1~5월 내내 여성 비율이 남성의 2, 3배에 달한다. 직업의 민족별 통계는 찾을 수 없으나 위안소 관련자라고 봄이 합리적일 것이다.

3. 성병의 실태와 콘돔 조달

1) 성병 환자 상황과 관련 대책

관동군

일본군은 중일전쟁 개시 직후부터 성병 발생에 관해 신경을 곤두세웠다. 그 점에서 앞선 만주사변과는 궤를 달리한다. 예를 들어 어떤 부대가 작성한 중국 상륙 후의 행동 10개 항목 중 마지막에는 "성병 예방에 대해 항상 주의를 게을리하지 않을 것을 요"한다고 되어 있다.[38] 난징을 점령함과 동시에 상하이파견군이 콘돔 100만 개를 요청한 것도 그런 발상의 연장선이라고 보아야 한다.

다음은 군 규모 이상의 부대가 집계한 성병 환자에 관한 정보를 정리한 결과다. 관련 자료는 관동군과 북지나방면군, 남지나방면군의 담당 부서에서 매순(每旬) 또는 매월 육군성에 제출한 보고에 포함되어 있다. 1순은 1~10일, 2순은 11~20일, 3순은 21~30일 또는 31일이다.

---

38) 〈上陸後並行動間に於ける注意事項〉,《衛生に関する指示綴 昭和12年~16年》. 수록된 다른 문서의 내용으로 보건대 6사단 군의부장의 지시로 추정된다.

	1938.4	1938.5	1938.6	1938.8	1938.11	1938.12	1939.3
제4사단	26(509)	18(594)	18(1,034)				
제7사단	2(459)	0	0(1,002)	1(940)			
제8사단	2(321)				6(298)	9(454)	0(587)
제11사단					32(1,422)	21(1,390)	13(2,092)
제23사단				20(1,824)		10(1,288)	
제1독립수비대	13(175)	10(212)	7(267)	5(281)	5(185)	4(202)	
제2독립수비대	7(166)	2(282)	3(169)	7(292)		4(142)	
제3독립수비대	8(190)	9(109)	1(71)	0(142)	4(87)	2(90)	
제4독립수비대	5(167)	10(226)	11(232)		11(159)	3(139)	
제5독립수비대	1(140)	3(196)		0(180)			
독립혼성1여단	10(622)	9(633)					
기병3여단	2(284)	2(235)	4(262)				
제2비행집단		2(338)	2(295)	4(468)			
서남지구방위대						11(133)	
훈춘주둔대					1(151)	2(252)	

[표 2-2] 관동군 소속부대의 신규 성병 환자

* ( )의 숫자는 환자 총수를 가리킨다.

** 제4사단은 1938년 3월에 11(541)명이고, 제7사단은 1937년 8월에 2명이며, 제2독립수비대는 1938년 7월에 2명, 1937년 12월 이후에 63명이고, 제8사단은 1938년 10월에 1(354)명, 1939년 2월에 0(761)명이며, 훈춘주둔대는 1938년 10월에 4(100)명이었다.

*** 제3독립수비대의 경우 1938년 11월 환자는 모두 독립수비보병16대대에서 발생했으며 12월 환자는 독립수비보병14~16대대의 총수다.

**** 1938년 4월의 제1·3독립수비대와 11~12월의 제11사단의 경우 소속부대별 통계도 수록되어 있다.

· 출전: 1938년 4~6월은 〈戦時報告提出の件〉, 《昭和14年 〈満受大日記 第2号〉》 / 〈戦時報告提出の件〉, 《昭和13年 〈満受大日記 (密)〉》 / 〈戦時報告提出の件〉, 《昭和14年 〈満受大日記 第6号〉》이며, 8월은 〈戦時報告提出の件〉, 《昭和13年 〈満受大日記 33の1〉》와 〈戦時報告提出の件〉, 《昭和13年 〈満受大日記 33の1(2의 오류-인용자)〉》이고, 11~12월은 〈戦時報告提出の件〉, 《昭和14年 〈満受大日記 第3号〉》와 〈戦時報告提出の件〉, 《昭和14年 〈満受大日記 (密)〉》, 1939년 3월은 〈戦時報告提出の件〉, 《昭和14年 〈満受大日記 第13号〉》에 수록되어 있다.

관동군 예하부대의 상황을 알아보기 전에 제4사단의 1938년 1월 '전시월보'를 먼저 살펴보자. 1월의 신규 환자는 전월보다 185명 감소한 494명이었고 화류병 환자는 1명이 파악되었다.[39] 4사단은 무단강(牡丹江) 북쪽에서 경비에 종사하던 중이었다.

관동군 소속부대의 신규 성병 환자는 월별로 집계되어 있다. 이를 표로 정리하면 [표 2-2]와 같다.

한편, 제1·2·12사단, 기병집단, 독립수비보병13대대, 관동군포병대, 관동군경리부, 제1전차단은 일정 시기 관동군 예하에 있었지만 성병 환자에 관한 보고는 제출하지 않았다. 따라서 [표 2-2]에 언급되어 있지 않다고 해서 성병 환자가 없었다는 증거가 될 수는 없다.

앞에서 확인 가능한 것은 모든 부대에서 성병 환자가 발생했지만, 특히 제1~5독립수비대 쪽 성병 환자의 비율이 높았다. 독립수비대는 현역을 마친 예비역 병사를 주축으로 독립수비보병 6개 대대를 거느린 탓에 위안소 이용 빈도가 잦고 성병 감염률이 높았던 것으로 추측된다.

북지나방면군

북지나방면군의 성병 환자 통계는 1937년 9월 1순부터 잡혀 있다. 잔존하는 환자 수를 먼저 소개하고 나서 성병 대책 강화를 살펴보자.

1937년 9월 1순은 95(5,312)명,[40] 2순은 94(1,781)명이었고,[41] 11월 3순은 70(1,194)명이었으며,[42] 12월 1순은 114(934)명, 2순은

39) 〈第8 衛生〉,《戦時月報 昭和13年1月1日~13年1月31日》.

40) 〈昭和12年9月第1旬衛生業務旬報送付の件(1)〉,《支受大日記(密)其4 昭和13年自2月1日至2月2日》.

41) 〈戦時旬報提出の件(4)〉,《支受大日記(密)其12 昭和13年自3月19日至3月25日》.

42) 〈戦時旬報提出の件(6)〉,《支受大日記(密)其25 昭和13年自5月27日至5月28日》.

115(1,095)명이었다.[43] ( )는 전투 중 부상을 제외한 숫자를 가리킨다(이하 동일).

1938년은 2월과 3월의 통계만 남아 있다. 2월 1순은 185(1,954)명,[44] 2순은 150(1,576)명,[45] 3순은 112(1,154)명[46]이었다. 3월 1순은 208(1,051)명,[47] 2순은 180(955)명[48]이었다. 1937년 9~12월에 비해 2배를 약간 밑돌 정도로 환자가 늘어났다.

1938년 2월 들어 육군성은 성병 대책 강화에 나섰다. 난징 작전이 종료되고 출정부대의 귀환이 본격화함에 따라 성병에 걸린 군인이 대거 일본 본토에 유입되었기 때문이다. 위안소 개설과 이용을 반증하는 대목이기도 하다.

2월 5일 북지나방면군은 육군성 의사(醫事)과장이 통첩한 화류병 환자 조사를 각 군의부장과 고급 군의에게 이첩했다.[49] 2월 10일 현재의 환자를 조사 양식에 맞추어 작성한 뒤 2월 25일까지 도착하도록 한 것이다. 양식에는 병명의 경우 매독, 연성하감, 횡현(横痃, 제4성병), 임질이 지정되었고 입원 환자와 재대(在隊, 부대 내 수용) 환자를 구분했다.

2월 18일 대본영 야전위생장관(육군성 의무국장)은 북지나방면군

---

43) 〈戦時旬報提出の件(7)〉, 《支受大日記(密)其25 昭和13年自5月27日至5月28日》.

44) 〈戦時旬報提出の件(4)〉, 《支受大日記(密)其54 73冊の内 昭和13年自10月1日至10月4日》.

45) 〈戦時旬報提出の件(4)〉, 《支受大日記(密)其61 73冊の内 昭和13年自11月11日至11月12日》.

46) 〈戦時旬報送付の件(6)〉, 《支受大日記(密)其71 73冊の内 昭和13年自12月21日》.

47) 〈戦時旬報送付の件(5)〉, 《支受大日記(密)其71 73冊の内 昭和13年自12月21日》.

48) 〈戦時旬報送付の件(6)〉, 《支受大日記(密)其71 73冊の内 昭和13年自12月21日》.

49) 〈戦時旬報提出の件(4)〉, 《支受大日記(密)其54 73冊の内 昭和13年自10月1日至10月4日》.

군의부장에게 '성병 환자 대책에 관한 건 지시'를 발송했다.[50] 이를 받아 북지나방면군은 21일 예하부대에 대본영의 통첩을 내려보냈다.[51] 파견부대에서는 성병 예방을 더욱 엄정하게 감독, 지도하고 귀환 예정 부대는 사전에 성병검사를 실시하여 환자는 현지 병원에 수용하고 일본 본토 귀환을 금지했다. 치료 후에도 재발 위험이 있으면 병원장이 시정촌장에게 통보하도록 했다.

3월 14일 북지나방면군 군의부는 난징 전투에 투입되었던 114사단이 복귀하자 화류병 예방에 관한 인쇄물을 송부했다.[52] 이어 3월 17일에는 성병 환자 처리에 관한 야전위생장관의 새 통첩을 예하부대에 이첩했다. 성병 환자 처리방식은 2월 18일자 통첩에 따르며, 제대 후의 치료는 후생성에서 담당하고, 재발 위험이 있는 환자를 출신지에 통보할 때는 야전위생장관에게도 보고하도록 했다. 성병 치료를 지도하기 위해 육군군의학교 교관 호소야(細谷)[53] 군의중좌가 파견된 것도 적시되어 있다.

또한 7월 15일자 참모부 제3과가 정리한 '북지나방면군 병참 현황'이라는 자료에는 "일시적으로 방면군 내에 화류병 환자가 점증하는 경향"이어서 톈진에 특설병원을 개설했다고 쓰여 있다.[54] 이와 관련한 사실은 8월의 참모장 회의석상에서 밝혀진다. 군의부는 3월 이후 톈진에 '특설병원(성병병원)'을 개설하여 본토 귀환부대의 성병검

---

50) 〈戦時旬報送付の件(7)〉, 《支受大日記(密)其71 73冊の内 昭和13年自12月21日》.

51) 〈戦時旬報送付の件(6)〉, 《支受大日記(密)其71 73冊の内 昭和13年自12月21日》.

52) 앞의 자료. 이하 동일.

53) 남방 제1육군병원장으로 패전을 맞이한 호소야 기요시(細谷清, 1892~1951)로 추정된다.

54) 〈戦時旬報送付の件(8)〉, 《支受大日記(密)其54 73冊の内 昭和13年自10月1日至10月4日》. 이 자료는 새로 북지나방면군 참모장이 부임함에 따라 참모부가 업무 현황을 파악할 수 있도록 만든 문건이다.

사를 실시하고 있으므로 귀환부대가 소수라도 성병검사를 확실히 받도록 요망했다.[55] 2월부터 강화된 성병 대책 일환으로 톈진에 성병 치료를 전담하는 병원이 세워졌던 것이다.

1939년에 들어 성병 환자 집계는 '톈진육군병원 특설분원'의 상황으로 대체되며 3월 2순부터는 귀환부대의 검사 결과가 실려 있다. 1939년도 내역은 [표 2-3]에 정리되어 있다.

개설 이후의 누계를 살펴보면 1월 1순과 12월의 차는 약 4,000명에 이른다. 북지나방면군 예하부대에서 매월 300명이 넘는 성병 환자가 발생하고 있었다는 이야기다.

이어 1939년도에 취해진 성병 대책을 살펴보자. 특기할 사항은 두 가지다. 8월 2순에는 베이징영사관, 거류민단, 일본의사회를 움직여서 주로 베이징 거주 일본인에 대해 성병 예방 주간을 실시하고자 준비 중이었으며[56] 관련 캠페인은 그 뒤로도 이어졌다. 12월 2일 북지나방면군은 결핵성 질환, 말라리아와 함께 화류병 환자의 원래 직업을 조사하라는 통첩을 예하부대에 하달했다.[57]

1940년도에도 성병 대책은 계속 강구되었다. 2월 9일과 10일 베이징 주둔부대 간부의 위생교육을 실시했는데, 화류병의 모형 및 사진, 화류병 예방구 및 약품을 공람하고 화류병 예방을 교육 항목에 포함했다.[58] 5월에는 귀환부대 화류병 환자의 경우 앞에서 언급한 1938년

---

55) 〈戦時旬報提出の件(11)〉, 《支受大日記(密)其61 73冊の内 昭和13年自11月11日至11月12日》.

56) 〈戦時旬報(後方関係)送付の件(3)〉, 《陸支受大日記(密)第62号 昭和14年自9月28日至9月29日》.

57) 〈戦時月報送付の件(7)〉, 《陸支密大日記 第15号 3/3 昭和15年》.

58) 〈戦時月報(後方関係)送付の件(7)〉, 《陸支密大日記 第19号 2/3 昭和15年》.

	신규 환자	순말 · 월말 환자	개설 이후 누계	귀환부대 보균자	
				실수	비율(%)
1월 1순	142	1,004	5,893		
2월 1순	129	1,228	6,573		
2월 2순	104	1,143	6,677		
3월 2순	86	864	6,921	26(1,531)	1.70
3월 3순	57	767	6,978	5(1,034)	0.47
4월 1순	25	735	7,007	15(1,471)	1.02
4월 2순	77	682	7,241	54(3,393)	1.59
6월 1순	144	894	7,667	64(7,973)	0.80
7월 3순	104	1,164	8,413	27(1,433)	1.88
8월 2순	95	749	8,574	38(2,843)	1.33
9월 2순	33	536	8,844	14(756)	1.85
9월 3순	305	694	9,149	27(2,569)	1.05
11월	142	492	9,593	67(9,669)	0.69
12월	278	529	9,871	134(13,050)	1.03

[표 2-3] 1939년도 톈진육군병원의 성병 환자와 귀환부대의 보균 실태

* 3월 3순부터 귀환부대의 검사 결과에는 병명 내역도 기재되어 있으나 생략했다.

** 7월 3순과 9월 2순 이후의 귀환부대 검사는 탕구에서 실시되었다.

*** 11월 월보가 제2호인 것으로 보아 10월부터 월보로 전환한 것 같다.

· 출전: 〈戦時旬報(後方関係)送付の件(3)〉, 《陸支受大日記(密)第25号 昭和14年自5月18日至5月19日》; 〈戦時旬報(後方関係)送付の件(2)〉, 《陸支受大日記(密)第12号 2/3 昭和14年自3月22日至3月25日》; 〈戦時旬報(後方関係)送付の件(2)〉, 《陸支受大日記(密)第16号 1/2 昭和14年自4月11日》; 〈戦時旬報(後方関係)送付の件(3)〉, 《陸支受大日記(密)第22号 3/3 昭和14年自5月6日至5月11日》; 〈戦時旬報(後方関係)(5)〉, 《陸支受大日記(密)第33号 2/3 昭和14年》; 〈戦時旬報送付の件(3)〉, 《陸支受大日記(密)第37号 昭和14年自6月10日至6月13日》; 〈戦時旬報(後方関係)(4)〉, 《陸支受大日記(密)第38号 2/3 昭和14年》; 〈戦時旬報(後方関係)(4)〉, 《陸支受大日記(密)第45号 昭和14年》; 〈戦時旬報(後方関係)(5)〉, 《陸支受大日記(密)第46号 4/5 戦時旬報(後方)北支那方面 軍外 昭和14年》; 〈戦時旬報送付の件(4)〉, 《陸支密大日記 第3号 1/3 昭和15年》; 〈戦時旬報(後方関係)送付の件(3)〉, 《陸支受大日記(密)第62号 昭和14年自9月28日至9月29日》; 〈戦時旬報(9中)(3)〉, 《陸支受大日記(密)第71号 昭和14年自11月21日至11月29日》; 〈戦時旬報送付の件(3)〉, 《陸支密大日記 第1号 1/3 昭和15年》; 〈戦時月報送付の件(8)〉, 《陸支密大日記 第15号 2/3 昭和15年》; 〈戦時月報送付の件(7)〉, 《陸支密大日記 第15号 3/3 昭和15年》

2월 18일 통첩에 따라 현지 위생 기관에 잔류시킨 인원 중 은급 연한에 도달한 자는 귀환을 허가해달라는 요청을 야전위생장관에게 상신했다.[59]

1941년 11월과 12월 월보에는 그동안의 성병 환자 집계치가 적시되어 있다. 11월 월보에 따르면 1939년 8월~1940년 7월 1년 동안의 환자는 6,577명이었으며, 1940년 8월~1941년 7월 환자는 3,526명이었다.[60] 12월 월보에 따르면 1939년 11월~1940년 10월 1년간 환자는 4,977명, 1940년 11월~1941년 10월은 3,480명을 헤아렸다.[61]

남지나방면군

남지나방면군은 1940년 2월 창설되었고 모체는 1938년 9월 편성되어 광둥(廣東) 방면을 공략했던 제21군이다. 주력은 18사단과 제104사단, 타이완수비대를 증편한 이다(飯田)지대였는데, 이다지대는 1939년 1월 타이완혼성여단으로 개칭되어 하이난(海南)섬에 주류했다. 남지나방면군의 전시순보에 담긴 위안소 관련 자료는 별도로 다루기로 하고 여기에서는 성병 환자에 관한 사항만 기술하기로 한다.

남지나방면군(정확히는 21군)의 성병 환자 통계는 1939년도분이 현존하는데, [표 2-4]가 그것이다. 야전예비병원은 21군 병참부대 산하의 4·5·18·20·24·26반을 가리키며 제18·104사단과 타이완혼성여단이 보유한 독립적인 의료 기관은 야전병원으로 분류했다.

59) 〈第6 軍医部関係事項〉, 《北支那方面軍戦時月報 (後方関係) 昭和15年5月分》.

60) 〈6 軍医部関係事項(1)〉, 《北支那方面軍戦時月報 (後方関係)》.

61) 〈6 軍医部関係事項(2)〉, 《北支那方面軍戦時月報 (後方関係)》.

	야전예비병원		야전병원		송환 환자
	신규 환자	순말/월말 환자	신규 환자	순말/월말 환자	
3월 2순	15(8)	226(74)	16(1)	80(2)	
3월 3순	15(4)	231(73)			9(38.10), 1(38.11)
4월 1순	25(10)	271(73)			
4월 3순	39(19)	335(119)			
5월 1순	53(25)	221(75)			
6월	148(33)				
7월 1순	40	425	16	42	
7월 2순	24(14)	324(115)	9(2)	35	
7월 3순	44(11)	283(110)			
7월	59(22)	306(120)	43	38	
8월 1순	22(7)	394(98)	11		
8월 2순	19(3)	378(83)			
8월 3순	40	304			
9월 1순	11(2)	308(63)			
9월 2순	25(7)	315(57)			
9월 3순	15(4)	285(63)			
10월 1순	17(5)				
10월 2순	6(6)				
10월 3순	20(7)				
11월 1순	8(3)				
11월 2순	3				
11월 3순	28(2)				

[표2-4] 1939년도 남지나방면군의 성병 환자

* ( ) 안의 숫자는 '군인 이외'라고 되어 있는데, 군속을 가리키는 것으로 여겨진다.

** 3월 2순과 7월 1순은 야전예비병원 6곳을 합친 숫자이고, 3월 3순부터는 하이난섬의 5반을 제외한 숫자이며, 6월과 7월의 경우 '부대 환자'라는 설명만 첨부되어 있다.

*** 7월 2순은 야전예비병원 6곳과 환자요양소 2곳, 7월 3순은 26반 제외, 8월 1순은 26반 제외에 환자요양소 1곳, 8월 2순은 26반 제외에 환자요양소 2곳을 집계했다.

**** 7월 3순은 18반에 환자 8명이 명기되어 있는데, 합계에는 누락되어 있으며, 8월 1순은 야전병원 환자 11명이 〈作戦旬報(後方関係)送付の件(14)〉, 《陸支密大日記 第1号 1/3 昭和15年》에 수록되어 있다.

2) 콘돔 수급

각급 부대의 수급 상황

앞서 살핀 상하이파견군의 콘돔 요청과 처리 경과는 위안소 개설 확대와 더불어 이후에도 지속적으로 관찰된다. 현존하는 자료는 간헐적이고 파편적이기는 하지만 방면군과 군이라는 최상급부대에서 콘돔 수급을 체계적으로 관리했다는 사실을 증명하기에는 충분하다. 시기별로 콘돔과 성병 치료제인 성비고의 수급 상황을 정리하면 [표 2-5]와 같다.

콘돔의 수급 방법에 대해 1940년에는 새로운 방식이 채택되었다. 필요시 산발적으로 수급이 이루어지던 데서 벗어나 1년분(그해 4월~이듬해 3월) 콘돔 소요량을 결정하여 발송하게 된 것이다. 1940년도의 경우 관동군, 북지나방면군, 중지나방면군, 제11군, 남지나방면군의

· 출전: 3월 2순과 3순은 〈戰時旬報(後方関係)送付の件(10)〉, 《陸支受大日記(密)第32号 3/4 昭和14年》이며, 이후는 〈戰時旬報(後方関係)送付の件(5)〉, 《陸支受大日記(密)第34号 昭和14年自6月4日至6月6日》;〈戰時旬報(後方関係)送付の件(8)〉, 《陸支受大日記(密)第34号 昭和14年自6月4日至6月6日》;〈戰時旬報(後方関係)送付の件(6)〉, 《陸支受大日記(密)第47号 昭和14年自7月15日至7月19日》, 6월과 7월 1순은 〈戰時旬報(後方関係)送付の件(4)〉, 《陸支受大日記(密)第68号 昭和14年自10月28日至10月30日》이며, 7월 2순과 3순은 〈戰時旬報(後方関係)送付の件(6)〉, 《陸支受大日記(密)第68号 昭和14年自10月28日至10月30日》이고, 7월과 8월 1순은 〈戰時旬報(後方関係)8月上旬(4)〉, 《陸支受大日記(密)第70号 昭和14年自11月11日至11月20日》이며, 이후는 〈作戰旬報(後方関係)送付の件(14)〉, 《陸支密大日記 第1号 1/3 昭和15年》;〈戰時旬報(後方関係)送付の件(6)〉, 《陸支受大日記(密)第73号 昭和14年自12月6日至12月8日》;〈戰時旬報(後方関係)送付の件(3)〉, 《陸支密大日記 第6号 1/2 昭和15年》;〈戰時旬報(後方関係)送付の件(2)〉, 《陸支受大日記(密)第73号 昭和14年自12月6日至12月8日》;〈作戰旬報(後方関係)送付の件(6)〉, 《陸支密大日記 第1号 1/3 昭和15年》;〈作戰旬報(後方関係)送付の件(2)〉, 《陸支受大日記(密)第71号 昭和14年自11月21日至11月29日》;〈作戰旬報(後方関係)送付の件(3)〉, 《陸支密大日記 第41号 1/2 昭和16年》;〈作戰旬報(後方関係)送付の件(5)〉, 《陸支密大日記 第9号 2/4 昭和15年》;〈作戰旬報(後方関係)送付の件(2)〉, 《陸支密大日記 第1号 3/3 昭和15年》이며, 11월 2순과 3순은 〈戰時月報(後方関係)送付の件(5)〉, 《陸支密大日記 第10号 1/3 昭和15年》이다.

부대	시기	콘돔				성비고	
		요청/수령	배분	재고	용어	요청/보급	재고
타이완군	37년 12월					11,000	
	38년 1월					200,000	
북지나방면군	38년 4~6월	720,000			방독삭쿠		
	39년 3월	60,000					
	39년 12월~40년 2월	120,000					
	39년 11월 20일(승인)	600,000			위생삭쿠		
	40년 4월~41년 3월	370,000			방독삭쿠		
	40년 6월 17일(승인)	◇,600,000			위생삭쿠		
	42년 4월~43년 3월	300,000			방독삭쿠		
관동군	39년 6~9월	48,000			삭쿠	150,000 (4~9월분)	
	40년 4월~41년 3월	350,000			방독삭쿠		
	42년 4월~43년 3월	5,000,000			위생삭쿠	5,000,000	
중지나방면군	39년 11월 20일(승인)	600,000					
	40년 4월~41년 3월	180,000			방독삭쿠		
제11군	40년 4월~41년 3월	200,000					
남지나방면군	39년 3월 3순	280,000	180,000	100,000	위생삭쿠		
	39년 4월 1순			100,000			
	39년 4월 2순	7,200	35,320	71,880			433,000
	39년 4월 3순		32,590	39,390			
	39년 5월 1순		23,490	15,800			
	39년 7월 2순						356,000
	39년 11월 20일(승인)	300,000			위생삭쿠		
	40년 4월~41년 3월	250,000			방독삭쿠		
	41년 4월~42년 3월	170,000					
제25군	41년 10월~42년 3월	120,000			위생삭쿠		
남방군	42년 10월~43년 3월	1,850,000				1,850,000	
	42년 12월 12일(승인)	6,000					

[표 2-5] 방면군과 군에서의 콘돔과 성비고 수급 상황(단위: 개)

* 원문에서는 수량 단위로 12개를 가리키는 타(打)가 사용되기도 하지만 편의상 전부 개로 고쳤다. 다만 1939년 3월 3순의 경우 원문의 타는 개의 오기로 판단했다. 38년 4~6월의 경우 12개들이 상자의 단가는 12센으로 계상되어 있으며 같은 해 2월에 요청한 사안이었다.

** 북지나방면군, 중지나방면군, 남지나방면군의 39년 11월 20일(승인)은 육군성이 1939년 11월 20일자로 "장기 저장에 적합"한 위생삿쿠의 추송을 결정하여 12월 말까지 도착 예정임을 통보한 것이다.

*** 북지나방면군 40년 4월~41년 3월의 37만 개의 내역으로 탕구 30만 개, 칭다오(青島) 5만 5,000개, 롄윈(連雲) 5만 5,000개가 적시되어 있다.

**** 북지나방면군 40년 6월 17일(승인)의 ◇,600,000의 ◇는 판독 불가능을 의미하며 이하 마찬가지다.

***** 남지나방면군의 경우 39년 4월 2순의 7,200개는 창고 조사 시 발견된 것이며, 40년 4월~41년 3월의 25만 개의 내역은 광둥 12만 개, 친저우(欽州) 13만 개였다.

****** 남방군의 1942년 12월 12일(승인)은 남방군사령부의 사용분으로 추정된다.

· 출전: 시기별로 나열하면 타이완군은 〈支那事変用衛生材料(第70次)交付の件〉, 《支受大日記(密)其5 昭和13年自2月5日至2月8日》; 〈1月分月報提出の件(2)〉, 《支受大日記(密)其12 昭和13年自3月19日至3月25日》이고, 북지나방면군은 〈戦時旬報提出の件(11)〉, 《支受大日記(密)其25 昭和13年自5月27日至5月28日》; 〈野戦酒保品追送に関する件〉, 《陸支受大日記(密)第9号 1/2 昭和14年》; 〈野戦酒保品整備追送に関する件〉, 《陸支受大日記(密)第69号 1/2 昭和14年自11月1日至11月10日》; 〈酒保品整備追送に関する件〉, 《陸支受大日記(密)第71号 昭和14年自11月21日至11月29日》; 〈野戦酒保整備追送に関する件〉, 《陸支密大日記 第17号 1/3 昭和15年》; 〈衛生ｻｯｸ其他追送に関する件〉, 《陸支密大日記 第25号 2/4 昭和15年》; 〈昭和17年度野戦酒保品整備追送に関する件〉, 《昭和17年 〈陸亜密大日記 第27号 1/2〉》이며, 관동군은 〈野戦酒保品追送に関する件〉, 《昭和14年 〈満受大日記 第11号〉》; 〈野戦酒保品整備追送に関する件〉, 《陸満密大日記 第6冊 昭和15年》; 〈昭和17年度野戦酒保品整備追送に関する件〉, 《昭和17年 〈陸亜密大日記 第27号 1/2〉》이며, 중지나방면군은 〈酒保品整備追送に関する件〉, 《陸支受大日記(密)第71号 昭和14年自11月21日至11月29日》; 〈野戦酒保整備追送に関する件〉, 《陸支密大日記 第17号 1/3 昭和15年》이며, 제11군은 〈野戦酒保整備追送に関する件〉, 《陸支密大日記 第17号 1/3 昭和15年》이며, 남지나방면군은 〈戦時旬報(後方関係)送付の件(10)〉, 《陸支受大日記(密)第32号 3/4 昭和14年》; 〈戦時旬報(後方関係)送付の件(4)〉, 《陸支受大日記(密)第34号 昭和14年自6月4日至6月6日》; 〈戦時旬報(後方関係)送付の件(5)〉, 〈戦時旬報(後方関係)送付の件(6)〉, 《陸支受大日記(密)第31号 3/3 昭和14年》; 〈戦時旬報(後方関係)送付の件(7)〉, 《陸支受大日記(密)第34号 昭和14年自6月4日至6月6日》; 〈戦時旬報(後方関係)送付の件(5)〉, 《陸支受大日記(密)第47号 昭和14年自7月15日至7月19日》; 〈戦時旬報(後方関係)送付の件(5)〉, 《陸支受大日記(密)第68号 昭和14年自10月28日至10月30日》; 〈酒保品整備追送に関する件〉, 《陸支受大日記(密)第71号 昭和14年自11月21日至11月29日》; 〈野戦酒保整備追送に関する件〉, 《陸支密大日記 第17号 1/3 昭和15年》; 〈野戦酒保品整備追送に関する件〉, 《陸支密大日記 第33号 1/2 昭和16年》이며, 제25군은 〈野戦酒保品整備追送に関する件〉, 《陸支密大日記 第46号 1/2 昭和16年》이며, 남방군은 〈野戦酒保品整備追送に関する件 南方軍へ〉, 《昭和17年 陸亜密大日記 第62号 3/3》; 〈陣中用品交付に関する件 剛, 猛部隊へ〉, 《昭和17年 〈陸亜密大日記 第60号 2/3〉》이다.

각 야전화물창에서 일괄 수령했다. 1941년도에는 남지나방면군과 제25군(1941년 10월~1942년 3월)에 대한 문서가, 1942년도에는 관동군과 북지나방면군에 대한 발송 문서가 남아 있다.

또한 일부이기는 하지만 콘돔 배급 실태에 관한 정보도 실려 있다. 1938년 2월 15일 북지나방면군 경리부가 작성한 '주보품' 보급 품목 목록을 보면 베이징의 시마다(島田, 임시항공병단으로 추정)부대에 2,592개, 주몽(駐蒙)병단의 우시로쿠(後宮)부대, 즉 다퉁(大同) 야전의 량창에 3,000개의 위생삿쿠가 할당되어 있다.[62] 마찬가지 형식의 2월 26일자 주보품 목록에는 1군에 위생삿쿠 21만 6,000개가 적시되어 있다.[63]

쉬저우 전투 와중이던 5월분의 주요 보급품 목록이 있는데,[64] 살펴보면 방독삿쿠의 경우 1군 30만 개, 2군 30만 개, 지나주둔병단[65] 3만 개, 임시항공병단 1만 5,000개, 방면군 직할 병참부대 1만 8,000개, 방면군철도대 1만 6,000개, 방면군통신대 4만 2,000개, 방면군사령부 2,000개, 지나주둔헌병대 900개, 제6무선정보대 270개, 제7무선정보대 290개, 제1야전측량대 300개, 제3야전측량대 300개, 제2야전축성부 600개, 임시야전방역급수부 60개, 임시야전방역부 150개, ◇◇◇◇방역부 120개, 제7정박장 사령부 2,250개, 야전철도사령부 240개, 주몽병단 5만 3,000개 등 총 78만 1,480개였다. 또 5월 중 각 부대에서 올라온 주보품의 청구와 북지나방면군의 배급을 보면 삿쿠의 청구

62) 〈戰時旬報提出の件(12)〉, 《支受大日記(密)其25 昭和13年自5月27日至5月28日》.
63) 〈戰時旬報提出の件(13)〉, 《支受大日記(密)其25 昭和13年自5月27日至5月28日》.
64) 〈戰時旬報送付の件(16)〉, 《支受大日記(密)其71 73冊の内 昭和13年自12月21日》. 이하 동일.
65) 지나주둔보병 제1~3연대를 기간으로 포병대, 전차대, 기병대 등을 거느렸다.

85만 7,316개에 대해 절반을 조금 밑도는 41만 3,424개의 배급이 결정되었다(부대별 내역은 없음).

문서 수발은 앞서 살펴본 상하이파견군의 콘돔 수급 경로를 따랐다. 달라진 것은 문서의 주된 기안자가 의량과였다는 점이다. 그런데 [표 2-5]에서 북지나방면군의 요청으로 1940년 6월 17일 승인된 ◇,600,000개의 건은 의량과가 아니라 건축과가 문서를 작성했다. 이유는 현재로서 불확실하다.

참고로 패전 후의 기록에서도 콘돔에 관한 언급을 찾을 수 있다. 독립보병 제2여단 소속 제196대대는 허베이성(河北省)에서 패전을 맞이했다. 196대대는 1946년 4월 20일자로 '일용품' 중에 위생삿쿠 1만 3,030개를 소모했으며[66] 위생삿쿠 800개의 보급을 받았다는 기록을 남겼다.[67] 후자의 보급은 보유 중인 숫자로 판단된다.

위안소와 콘돔 배급

2013년 버마(Burma, 지금의 미얀마)와 싱가포르 위안소에서 관리인으로 일했던 조선인(이하 관리인)의 《일본군 위안소 관리인의 일기》(이하 《일기》)가 간행되었다.[68] 1943년 1월 1일~1944년 12월 31일이 기록된 《일기》는 위안소는 물론 '삿쿠'가 배급되던 실상을 알려주는 귀한 자료다. 관리인은 자신이 경영하던 버마 서쪽 아키아브(Akyab, 지금의 시트웨)의 위안소 간파치구락부(勘八俱樂部)를 처남에게 맡기고 1943년 5월 말부터 랑군(Rangoon, 지금의 양곤) 북부의 인세인(Insein,

66) 〈日用品消耗払集計表 昭和21年4月20日〉, 《〈昭和20.8 軍需品処理調書〉》.

67) 〈日用品補給受集計表 昭和21年4月20日〉, 《〈昭和20.8 軍需品処理調書〉》.

68) 이하에서 《일본군 위안소 관리인의 일기》의 인용은 쪽수가 아니라 본문 속에서 날짜로 제시한다.

지금은 양곤 시내)에서 영업하던 지인의 위안소 이치후지로(一富士樓)에서 조바(帳場, 관리인)로 일했다.

콘돔 배급에 관한 첫 기록은 1943년 1월 13일에 나온다. 아키아브 시내에 주둔하던 연대본부 의무실에 가서 위생삿쿠 1,000개를 받아왔다고 되어 있다.

인세인에서의 첫 사례는 7월 29일 다른 위안소 경영자와 함께 랑군의 병참사령부에 가서 '삿쿠' 배급을 받았다는 기록이다. 병참사령부로 간 이유는 7월 19일 원래 제5비행사단 소속이던 이치후지로와 다른 위안소가 '병참 관리'로 바뀌었기 때문이다. 이에 따라 위안부의 검미도 병참의 군의가 맡게 되어 매주 월요일에 인세인 남쪽 마양곤(Mayangon)의 위안소 김천관(金泉館)까지 가야 했다(7월 26일, 8월 2일·9일·16일에 검미가 실시됨).

이후 삿쿠 배급은 8월에는 12일 400개, 19일 600개, 26일 800개였고, 9월에는 2일에 배급 사실만 적시되어 있다. 이유는 알 수 없지만 목요일마다 삿쿠 배급이 이루어졌다.

관리인은 1943년 9월 말 싱가포르로 옮겨갔고, 이듬해 2월부터 싱가포르 소재 위안소 기쿠스이구락부(菊水俱樂部)에서 조바를 맡았다. 싱가포르에서는 삿쿠 배급에 관한 언급이 없다.

4. 일본군의 급여와 군표

1) 급여 체계

육군의 급여 체계는 '육군급여령'에 따라 정해졌고 개정을 거듭하며 조금씩 인상되었다. 당초에 준사관 이상에게는 봉급, 하사관과 병에게는 급여를 지급한다고 구별했으나 1943년 7월 29일 제정된 '대동아전쟁육군급여령'으로 급여 체계가 전면 개편되면서 봉급으로 명칭이 통일되었다(이하의 기술에 한해서 급여로 통일). 하사관과 병의 급여만 간단히 정리하면 [표 2-6]과 같다.

[표 2-6]의 자료를 근거로 하사관과 병의 매월 급여를 추정해보자. 먼저 논의의 편의를 위해 중일전쟁 초기에 지급된 수당은 패전 무렵과 같았다고 가정한다. '가족 송금'(원문은 留守宅渡)은 병의 경우 개인의 선택에 맡겼다가 1943년 2월부터 급여 절반의 송금이 의무화되고[69] 강제 저축도 빈번하게 실시되었지만, 이 책에서는 고려하지 않

69) 〈陸亜普第192号 昭和18年2月9日 陸軍軍人軍属の俸給給料等の留守宅渡に関する件達〉, 《陸亜普綴 昭和18~19年》.

	1937년 9월	1941년 4월	1942년 7월	1945년 당시 수당				
				1	2	3	4	5
조장	30~39	30~67	32~75	9.6~45	12.8~56.25	37~75	38~80	41~85
군조	13.5~22.5		23~30	6.9~9	9.2~12	30	31	34
오장	9~10.5		20	6	8	23	24	27
병장			13.5	4.05	5.4	15	16	18
상등병	6.4		10.5	3.15	4.2	12	13	14
일등병	5.5		9	2.7	3.6	10	11	12
이등병	5.5		6~9	1.8~2.7	2.4~3.6	7~10	8~11	9~12

[표 2-6] 일본군 하사관과 병의 급여액(단위: 엔)

* 1945년 수당은 주둔지에 따라 차등을 두었는데, 1은 조선·타이완, 2는 만주, 3은 중국, 4는 타이·인도차이나, 5는 기타를 가리킨다.

** 이등병은 2유형으로, 군조는 3유형으로, 조장은 4유형으로 구분되었다.

*** 수당의 경우 조선·타이완과 만주는 '재근가봉(在勤加俸)'으로, 나머지 지역은 '전지증봉(戰地增俸)'으로 불렸다.

· 출전: 1937년 9월 1일(〈陸軍給与令中ヲ改正ス·(停職俸増額等)〉, 《公文類聚·第六十一編·昭和十二年·第四十巻·官職三十八·官制三十八·官等俸給及給与附旅費》) 외에는 해당 시기의 관보에서 인용했고 1945년의 수당은 http://tingin.jp/kyuyo_shi/gunjin-kyuyo.html (2021년 4월 23일 조사)을 참조했다.

는다. 중국 전선의 이등병은 12.5~15.5엔, 일등병은 15.5엔, 상등병은 18.4엔, 오장은 32~33.5엔, 군조는 43.5~52.5엔, 조장은 67~114엔이다. 신병이라 하더라도 매월 10엔 이상의 급여를 받은 것이다. 그리고 아시아·태평양전쟁 발발 이후 말레이시아, 싱가포르, 인도네시아, 버마 등 동남아의 대부분 지역에서는 이등병부터 매월 20엔 가까운 돈을 수중에 지닐 수 있었다.

2) 군표와 송금

과거 일본이 참전했던 전쟁과 마찬가지로 중일전쟁 이후 일본군은 현지에서의 지불 수단으로 현금 외에 군용수표, 즉 군표를 사용했다(이하 군표로 총칭). 지나파견군의 정리에 따르면 군표의 사용 이유는 정화(正貨, 금) 또는 외화 절약, 군비 조달 및 지불 편의, 본국 통화(은행권) 남발 억제 및 통화 제도 안정, 적국 재정에 대한 타격, 점령지 부흥 촉진, 일본인 진출상 편의 등이었다.[70] 병사의 급여도 현금 내지 군표로 지불되었다. 위안소규정에서 위안소에 출입하는 병사의 이용료는 군표로 지불하도록 한 경우가 많았다. 따라서 군표의 정확한 파악은 위안소의 운영 시스템을 살피는 데 필수적인 요소가 될 수밖에 없다.

중국 전선에서 군표를 발행한 경과는 다음과 같다.[71] 중일전쟁 초기 화북 방면에서는 조선은행권이 통용되고 있었고 화중 지역의 경우 최초로 투입된 상하이파견군은 일본은행권을 휴대했다. 콘돔이 전형적이듯이 군수품은 본토에서 수송하며, 급여 등에는 일본은행권을 사용하고, 쿨리(Coolie, 苦力)와 같이 중국인에 대해서는 현지 통화를 쓰기로 했던 것이다. 하지만 군사비 증가로 인해 1937년 10월 22일 군표 발행에 관한 명문 규정, 정확히는 '군용수표발행요령'(이하 발행요령)이 각의에서 결정되었다. 원칙적인 용처는 "군인·군속의 봉급·급여 이외의 군비" 지불이었으며 종류는 10센, 50센, 1엔, 5엔, 10엔 등이었다. 10월 24일 발행된 첫 군표는 50센으로 22만 5,000엔과 1엔으로 10만 엔이었고, 11월 5일 항저우에 상륙한 10군이 첫 사용자였다. 12월 3일 임시육군도쿄경리부장은 상하이파견군에게 총 100만 엔의

---

70) 〈第1章 軍費支辨通貨としての軍票の意義〉, 《支那事変軍票史 第1巻 昭和12年~18年》. 1943년 11월 지나파견군 총사령부는 8권의 《支那事變軍票史》를 발행했는데, 집필 책임자는 군표대책위원회 위원장과 지나파견군 경리부장의 직함을 갖고 있던 니시하라 미쓰구(西原貢)였다. 아시아역사자료센터는 각 권별로 8개의 디렉터리로 나누었다. 그리고 동남아 지역까지 포함하는 군표 발행의 전모는 岩武照彦, 〈日本軍票の貨幣史的考察(二)〉, 《アジア研究》 27-2, 1980을 참조.

71) 〈第1章·第2節 軍票発行の経緯〉, 《支那事変軍票史 第1巻 昭和12年~18年》. 이하 별도의 언급이 없는 한 동일.

군표 교부를 결정했다.[72]

군표 발행 결정에 앞서 육군은 이미 사용에 대한 원칙을 마련한 터였다.[73] 10월 18일 육군성 경리국 주계과의 '군용수표사용요령'(이하 사용요령)이 그러하다. 첫 번째로 제정된 사용요령은 찾지 못했지만 시간 관계상 발행요령에 맞추어 군인·군속의 급여 지불에 군표를 사용할 수 없었을 것이다. 군인·군속의 급여 부분은 1938년 7월 2일 사용요령의 개정으로 바뀌었다. 북지나방면군의 요청에 따라 화북 일부에서는 급여의 군표 지불을 원칙으로 삼기도 했다.

한편, 1938년에 들어 전선이 확대되면서 장기전·전면전은 부정할 수 없었다. 상하이를 포함한 화중 일대에서 시도했던 신규 통화 설정(원문은 '신통화 공작')은 진전되지 않았고 일본인 진출 확대에 수반된 엔 가치의 하락은 간과할 수 없는 지경에 이르렀다. 그 결과 1938년 9월 23일 각의에서는 군표를 일반 통화로 삼으며 군인·군속의 급여까지 전부 군표로 지불한다는 결정을 내렸다(발행요령의 개정). 간단히 말해 군표가 중국 점령지의 일반 통화로 기능하게 되었다는 것인데, 상하이까지를 포함하는 전면적인 시행은 1939년 10월 이후에 이루어졌다. 이른바 '엔계(円系) 통화'가 군표로 일원화되었다는 의미이기도 하다. 당초 동전으로 썼던 1센, 5센도 1939년 3월부터 군표로 대체했고 1940년 3월부터 2리(厘)와 5모(毛)도 더해졌다.[74]

군표 사용은 일본은행권과의 교환 문제를 수반할 수밖에 없다.

---

72) 〈軍用手票交付の件〉,《支受大日記(密)其13 15冊の内 昭和12年自12月4日至12月7日》. 1939년 4월 조사에 따르면 10군은 61만 3000엔을, 상하이파견군은 300만 엔을 수령했다(〈10軍用手票の流通高調 昭和14年4月末日調〉,《北中南金融打合会議書類綴 住谷悌史資料》).

73) 〈第5号 軍用手票使用要綱(陸軍関係)〉,《支那事変軍票史 第8巻 昭和12年~昭和18年》. 이하 동일.

74) 〈第1章·第4節/2 軍票の種類〉,《支那事変軍票史 第1巻 昭和12年~18年》.

1937년 12월 9일 야전 경리장관은 상하이파견군 경리부장에게 본토로 송환되는 환자의 군표는 현지 부대에서 교환할 것을 통첩한[75] 이래 기본 원칙은 현지 처리였다. 다시 말하지만 군표를 도입한 이유는 일본은행권 사용을 제약하기 위해서였으며 사용요령 개정에 즈음해서도 중국인 주민에 대한 교환은 일단 불허했다. 하지만 일본인의 경제활동이 활발해짐에 따라 개정된 발행요령에서는 교환을 인정한다고 천명했지만 조건과 한도를 설정하여 제약 기조를 이어갔다.

아시아·태평양전쟁 시기에는 개전에 앞서 군표 발행이 추진되었다. 1941년 11월 1일의 대장대신(大藏大臣) 훈령 '남방 외화 표시 군용수표 취급 수속'이 그것이다.[76] 일본은 처음부터 군인·군속의 급여를 군표로 지불하도록 하여 일본은행권 사용을 회피했다. 1943년 4월부터는 중앙은행 격의 '남방개발금고'가 은행권을 발행했지만 실질적으로는 군표의 통용이 주류를 점했다.

동남아에서는 현지 화폐를 딴 '외화 군표', 즉 인도네시아의 휠던(gulden, 네덜란드) 군표, 싱가포르와 말레시아 등지의 달러 군표, 필리핀의 페소 군표, 버마의 루피 군표, 오스트레일리아의 파운드 군표의 5종류를 발행했다. 일본 통화로의 태환은 고려하지 않았지만 회계 처리를 위해 파운드 군표 1파운드를 10엔으로 설정한 것 외에는 모두 1:1로 정해졌다. 점령지에 국한되는 외화 군표를 사용함에 따라 일본 본토 경제와 점령지 경제의 접점은 차단될 수밖에 없었다. 다만 군인·군속과 일본 민간인을 위해 초기에는 외화 군표 대 엔, 외화 군표 대

75) 〈第1章·第3節/3 軍票の計理〉,《支那事変軍票史 第1巻 昭和12年~18年》. 일본 내에서 교환할 방도가 없다는 것이 문제였으며 12월 10일 육군성 경리국장이 본토 각 사단 경리부장에게 같은 취지의 지시를 내렸다.

76) 별도의 언급이 없는 한 이하의 내용은 岩武照彦, 앞의 글, 67~82쪽 참조.

엔계 군표, 외화 군표 간에 1회 10엔을 한도로 교환을 허용했으며 이후 조금씩 완화되었다.

외화 군표의 발행고는 주둔 병력 규모와 작전의 빈도에 비례하여 지역적 편차가 컸다. 1944년 3월 당시 조사에서 버마는 전전 유통고의 4.5배였던 데 비해 인도네시아의 자와(Jawa)는 35퍼센트에 그쳤다. 화폐 증가는 물자 부족과 맞물리면서 각지의 물가 상승을 부추겼고 심각한 인플레이션으로 비화했다. 일본은행 외사국이 작성한 물가지수는 1941년 12월을 100으로 했을 때 1944년 말 싱가포르는 1만 766, 버마의 랑군은 8,707로 집계되었다. 각각 107배, 87배 급등이 기록된 것이며 실제 물가는 더욱 높았을 터다.

마지막으로 살펴볼 것은 송금의 실태다. 1942년 6월 동남아의 육군을 총괄하는 남방군은 군정부의 허락 없이는 본방(本邦), 즉 일본 본토, 조선, 타이완, 남양군도로 송금하는 것을 금지했다(本邦向送金取締規則).[77] 예외 조항 중에서 송금을 언급한 것은 "군인·군속이 군으로부터 지급받은 봉급, 급여 등을 야전우편국을 통해 본방에 송금"하는 경우뿐이었다. 1943년 9월의 개정으로 민간인도 엔을 소지하거나 송금하는 것이 가능해졌다. 일반 여행자는 200엔 이하의 휴대를 허가했고 점령지 체류자는 가족의 생활비·교육비·보험료로 1개월에 각각 200엔 이하의 송금을 허가했다.[78]

77) 大日本軍司令官, 〈布告第二四号 本邦向送金取締規則〉, 昭和17年7月10日. 《岸幸一コレクション》 D3-850. 이것은 일본무역진흥기구 산하 아시아경제연구소가 소장한 '근대 아시아 속의 일본(近現代アジアのなかの日本)'이라는 자료군 속의 '기시 고이치 컬렉션(岸幸一コレクション)'에 수록되어 있으며 D3-850은 문서의 고유 번호다.

78) 〈本邦向送金取締規則改正の件〉, 《戦後財政史資料 酒井(誠)文書 外資局為替関係文書 2 昭和18年 第3号》.

3) 위안소에서의 송금과 저금

이상의 군표와 송금에 관한 방침과 규정에 《일기》 내용을 결부하여 위안소에서의 돈의 흐름을 복원해보자. 결론적으로 위안소는 군시설의 일부로 존재했다는 사실이 더욱 명료해질 것이다.

중일전쟁 초기 단계를 제외하면 중국과 동남아 전선 각지의 위안소에서는 해당 지역에서만 통용되는 군표가 지불 수단으로 사용되었다. 따라서 위안소 경영자와 위안부가 얻는 경제적 이득은 일차적으로 군표로 받는다. 모든 군표는 패전과 함께 휴지 조각이 되었다. 일본은행권이나 조선은행권, 그 밖의의 현지 화폐로 환전하지 않았다면 위안소 경영자와 위안부는 무일푼이 되고 만다는 의미였다. 변수는 송금과 저금밖에 없었다.

《일기》에서 관리인은 랑군에 머물던 1943년 1월 24일 송금 규칙을 언급해놓았다. 야전우편국을 통한 송금은 병참사령부의 허가가 필요하고 1회 송금 한도는 500엔이었다. 은행 송금은 상한액이 없는 대신 군정감부의 허가를 받아야 했다. 곧바로 군정감부의 허가를 받은 관리인은 1월 25일 요코하마정금은행(横濱正金銀行) 랑군 지점에 가서 1월 16일 처남에게 송금을 지시받은 3만 2,000엔을 저금했다(9월 29일 싱가포르에 도착한 관리인은 10월 1일 요코하마정금은행 싱가포르 지점에 랑군 지점에서의 저금 이체를 신청했고 이체가 완료된 10월 26일에 재차 저금했다). 그리고 랑군 북부 인세인에 머물던 6월 8일 관리인은 송금을 위한 항공사령부의 증명서를 발급받은 다음, 6월 9일 야전우편국으로 가서 위안소 경영자가 부탁한 송금을 실시했다.[79]

저금의 경우에는 버마의 위안소에 끌려갔던 문옥주의 사례가 유명하다. 그가 군사우편 저금으로 맡긴 합계는 2만 5,856엔이었다. 《일기》를 보면 관리인은 이따금 은행(주로 요코하마정금은행)에 가서 위안부에게 부탁받은 저금을 대신했는데,[80] 앞의 6월 9일의 경우에는 야전우편국에서 위안소 경영자의 송금과 함께 자신의 돈도 저금했다.

이 책에서 제기하려는 것은 액수의 많고 적음이 아니라 군사우편 저금이라는 수단과 야전우편국이라는 기구의 문제다. 간단히 말하면 위안소 경영자와 위안부라는 '민간인'이 어떻게 야전우편국이라는 군대 조직을 통해 군사우편 저금 또는 송금을 할 수 있었는가를 묻는 일이다. 이는 육군의 규정에서 근거를 찾을 수 있다.

청일전쟁 중이던 1894년 12월 8일 육군성은 '야전우편환규칙'을 제정했다.[81] 1조의 전반부는 "전시 또는 사변에 즈음하여 해외에 파견된 군인, 군속, 기타 군역에 종사하는 자로서 국내 우편환으로 송금하려는 자는 야전우편환을 취급하는 야전우편국에 야전우편환의 발행을 의뢰할 수 있다"고 되어 있다. 군사우편 저금의 근거 역시 1895년 4월 15일 성안된 '야전우편저금규칙'으로 만들어졌다.[82] 1조가 중요하다. "해외에 파견된 군인, 군속, 기타 군역에 종사하는 자는 야전우편환을 취급하는 야전우편국에 야전저금조례에 따라 우편 저금을 예입할 수 있다"고 한 것이다. 군인과 군속 외에 '기타 군역에 종사하는 자'라는 범주를 설정하여 야전우편국을 통해 송금과 저금을 할 수 있도

---

79) 이후 버마에서의 송금 건수는 1943년 9월 7일 한 차례뿐이며 9월 29일부터는 싱가포르에 체류했다. 1944년에는 2월 29일, 4월 14일, 5월 15일, 6월 14일, 7월 20일·27일, 8월 15일·26일, 9월 26일, 10월 13일·24일·27일, 11월 6일·14일·24일, 12월 4일·5일·11일·16일에 각각 송금이 행해졌다. 1944년 5월부터 일본 본토로의 송금은 중앙우편국에서 취급했으며 그 이전에는 주로 요코마하정금은행을 통해서 이루어졌다고 기술되어 있다.

80) 《일기》에서 위안부의 대리 저금 기록은 1943년 6월 2일, 1944년 3월 25일 · 27일, 6월 16일, 7월 27일, 9월 28~30일, 11월 9일 등 총 9회 확인된다.

81) 〈野戦郵便為替規則ヲ定ム〉, 《公文類聚·第十八編·明治二十七年·第三十一巻·軍事門三·陸軍三》.

82) 〈野戦郵便貯金規則ヲ定ム〉, 《公文類聚·第十九編·明治二十八年·第二十四巻·軍事二·陸軍二·海軍》.

록 여지를 두었고 중일전쟁 이후 발현되기 시작했다.

이렇듯 관리인이 야전우편국에서 저금과 송금을 할 수 있었다면 경영자와 위안부로 구성된 위안소는 '군역'에 종사하는 곳이 될 수밖에 없다. 구성원의 이런 특징에 주목한 호리 가즈오(堀和夫)는 "야전우편국 대상은 군인과 군속으로 민간인은 이용할 수 없었으므로 위안부와 위안소 종업원은 군속 대우였다"고 결론짓기도 했다.[83] 《일기》에서 관리인은 1943년 1월 12일 연대본부에 출장증명서를 신청하여 나흘 뒤 수령한 다음 아키아브를 떠나 랑군으로 향했다. 관리인이 민간인이라면 출장증명서가 필요할 리 만무하다. 요컨대 야전주보규정에서 확인했듯이 육군의 여러 규정 속에서 위안소와 그 구성원은 군의 범주에 편입되어 있었음이 더욱 명료해진다.

---

83) 堀和生, 〈東アジアの歴史認識の壁〈再掲〉〉, 《京大東アジアセンターニュースレター》 558호, 2015. 2. 23. 현재 군사우편 저금의 지불을 담당하는 총무성의 홈페이지에도 "이용자는 원칙적으로 군인, 군속에 한정되어 있"었다고 쓰여 있다(https://www.soumu.go.jp/yusei/gunji_gaichi.html, 2021년 5월 20일 조사). 재론할 필요는 없겠지만 버마와 싱가포르의 경우 엔으로 표기되어 있지만 그 실체는 루피 군표, 달러 군표였으며, 폭발적인 인플레이션으로 인해 실제 가치는 매우 낮았다. 또 호리 가즈오에 따르면 1945년 5월 화중과 화남 지역의 경우 수취 금액의 69배를 송금해야 했다고 한다.

3장

위안소 설치와 이용의 실태

1. 야전중포병 제14연대와 위안소

1) 상하이 주둔과 위안소

주둔 체계의 정비

야전중포병 제6여단(이하 6여단)은 10군 예하의 주력 포병대로서 야전중포병 제13연대(이하 13연대)와 야전중포병 제14연대(이하 14연대)를 거느렸다. 여단장은 이시다 모리미치(石田保道, 1886~1967) 소장이었다. 14연대는 1938년 1월부터 상하이에서 숙영하며 경비를 담당했는데, 그 과정에서 독자적으로 위안소를 운영했다. 이런 14연대의 제반 움직임은 제1대대 본부가 남긴 진중일지를 통해 추적할 수 있다.[1)]

2장에서 기술했듯이 난징 전투를 마친 10군은 동진하여 후저우를 점령한 뒤 주둔 태세에 들어갔다. 12월 28일 6여단은 114사단 소속에

---

1) 1대대 본부의 진중일지는 1937년 9월 26일~1940년 1월의 기간 동안 거의 빠짐없이 보존되어 있는데(1938년 3월·8월, 1939년 9~11월은 결락), 위안소 관련 정보가 기재된 것은 1938년 5월분까지다. '야전중포병 제14연대 제1대대 본부'를 검색하면 월별로 디렉터리(예를 들어《支那事変 陣中日誌 第5号 昭和13年1月1日~13年1月31日》)가 설정되어 있으며 이하에서 개별적인 출전은 명기하지 않는다.

서 10군 직할로 복귀함과 동시에 쑹장(松江)의 경비를 명령받아 타이후호(太湖湖) 남쪽을 끼고 이동을 시작했다. 지금의 상하이시 서쪽 황푸강 상류의 쑹장구 일대다. 같은 날 14연대는 6여단으로부터 쑹장 동쪽의 베이차오진(北橋鎮, 지금의 민항구閔行區 베이차오촌에 해당되며 상하이자오퉁대학上海交通大學 서쪽에 위치)에 집결하라는 명령을 받았다.

난징 공방전 당시 14연대장은 이데 다쓰오(井手龍男, 1882~1937) 대좌였는데, 전투가 끝난 12월 15일 전사했다. 난징 전투 전사자 중에서 가장 계급이 높았다. 이후 연대장은 공석이었다가 이동 중이던 1938년 1월 2일자로 마루야마 야쓰카(丸山八束, 1890~1953) 중좌가 부임했다. 1대대는 1월 5일 쑹장에 도착했고 이튿날 베이차오진에 발을 들였다. 14연대 전체의 이동 완료 또한 1월 6일이었다. 14연대는 연대본부, 제1·2대대, 연대단열의 4단위에 2월 2일자 총인원은 장교 70명, 하사관 157명, 사병 2,254명이었다. 그리고 1대대는 제1~3중대, 대대단열로 구성되었고 2월 2일 현재 인원은 장교 28명, 하사관 63명, 사병 895명이었다.

1월 7일 14연대는 주둔 체계 정비에 착수했다. 먼저 제1·2대대에 주보 1곳씩을 개설하고(여단주보는 18일) 판매 시한은 정오~오후 7시로 정했다. 일과 시한도 정했는데, 석식은 오후 6시, 일석점호는 오후 7시였다. 주보의 폐점 시각은 일석점호에 맞춘 것이었다. 연대회보는 오전 11시, 대대회보는 오후 2시로 정해졌다.

같은 날 연대본부는 제1·2대대를 주축으로 경비지구를 2개로 나누어 제1·2대대를 각각 노영사령관으로 임명함과 동시에 경비 구역과 순찰방식을 작전명령으로 하달했다. 연대본부와 함께 1대대는 베이차오진을 주둔지로 삼았고 2대대는 연대단열과 같이 베이차오진의 서쪽, 지금의 마차오진(馬橋鎮) 부근에 병영을 설치했다. 이에 맞추어

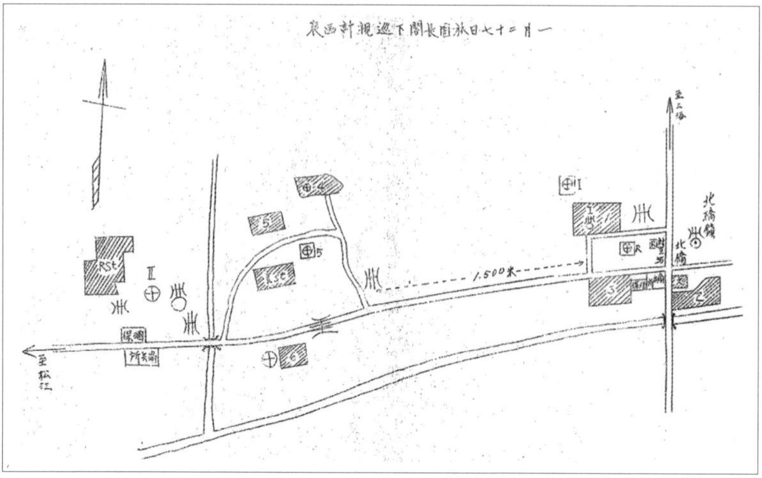

[그림 3-1] 야전중포병 제14연대의 경비부대 배치도

· 출전: 〈陣中日誌第5号自昭和13年1月1日至昭和13年1月31日 野戦重砲兵第14連隊 第1大隊本部(4)〉, 《支那事変 陣中日誌 第5号 昭和13年1月1日~13年1月31日》

1대대는 곧바로 위병 체계와 방어 진지 구축, 대청소 등을 실행했다.

1월 10일 6여단은 쑹장에서의 부대 배치를 담은 작전명령을 발했다. 6여단 사령부는 경비대본부로서 쑹장 동북부의 천주교회(장소 불명) 부근에, 13연대는 쑹장 동부, 여단의 치중대는 쑹장 서부에 각각 자리를 잡았다. 14연대는 쑹장 남쪽의 상하이현, 즉 지금의 상하이시 민항구 서남부 지역을 할당받았다. 4곳의 숙영지는 각각 사영구(舍營區)를 이루었으며 해당 부대장이 사영사령관이 되어 경비를 맡는 한편, 훈련과 전투력 배양에도 힘쓰도록 했다.

1월 12일 마루야마 야쓰카 연대장은 상급부대인 6여단의 사영구 획정에 맞추어 정식으로 사영사령관에 임명되었음을 연대 일일명령으로 통지했다. 14연대 휘하부대의 경비 배치는 [그림 3-1]과 같다. 지도의 오른쪽에 1대대와 연대본부가, 왼쪽에 2대대와 연대단열(Rst)이 각각 자리하고 있다.

위안소 개설 준비

1월 10일 연대본부는 경비지구인 상하이현의 치안유지회 준비위원회를 담당할 위원과 조수를 차출하도록 명령했다(12일 확정). 치안유지회의 목적은 노무자인 쿨리의 조달 외에 숙영지 내에서의 영업 행위 통제였다. 1월 11일에는 숙영지 내에서 치안유지회의 허가를 받지 않은 모든 영업을 정지하라는 일일명령을 내렸다.

1월 11일 14연대는 연대 전체와 4개 단위 부대 각각의 1월 주요 행사 예정표를 작성하고 공유했다(1대대는 1월 13일에 중대와 단열에 지시). 이날 대대회보는 한 사병이 10일 숙영지 밖으로 무단외출했다가 처벌을 받았다는 소식을 전하며 각 중대에 주의를 당부했다. 재론할 필요도 없이 외출은 지정된 시간과 장소에서 행해져야 하는 부대의 공식 행위였기 때문이다. 1월 12일 연대회보는 지정된 구역 밖의 외출을 엄금한다는 소식을 전했다.

위안소 설치의 구체적인 동향은 치안유지회와 마찬가지로 1월 13일의 '위안회 위원' 임명에서부터 관찰된다. 14연대는 연대회보를 통해 아라이(新井) 대위[2]와 노미야마(野見山) 군의소위가 위안회 위원에 임명되었음을 알렸으며 각 본부와 중대, 단열에서는 하사관 1명씩을 선정하여 14일 연대본부에 집합하도록 했다. 14연대 위안소는 군대내무서의 규정에 따라 담당 위원과 조수를 선정하여 직접 개설 작업을 추진한 첫 사례로 확인된다.

---

2) 1월 6일의 연대 일일명령에서 포병반장의 직무대리를 면직한 아라이 효사부로(新井兵三郎) 대위로 추정된다. 이날 연대 부관 직무대리도 면직되었는데, 누가 부관이 되었는지의 기록은 없다. 다만 1938년 9월 12일 당시 14연대 부관은 아라이 효사부로 대위였으므로(〈第9.附表 第4.職員表〉, 《野戦重砲兵第6旅団 武漢攻略戦戦闘詳報 4/4 昭和13年9月21日~13年11月10日》) 1월 6일부터 연대 부관을 맡은 것으로 판단된다.

1월 16일에는 연대명령으로 1월 7일자 일과 시한의 변경이 전달되었는데, 일석점호가 오후 7시에서 8시 50분으로 늦추어진 것이 확인된다. 앞으로 살펴보겠지만 하사관의 위안소 이용시간이 오후 6~8시로 설정된 것과 연관된 조치로 여겨진다.

1월 18일에는 연대회보를 통해 상하이 방면의 통행은 대대장이나 연대단열장의 허가를 받은 다음 연대본부에서 허가서를 교부한다고 통보했다. 그리고 여단회보로는 군기, 풍기의 엄정을 촉구한 간인노미야 고토히토 참모총장의 통첩을 전해왔다.

1월 22일에는 1대대의 병기검사가, 24일에는 연대의 병기검사가 행해졌으며, 26일에는 일주일 연기되었던 연대의 내무검사가 실시되었다. 1월 27일 오전 10시부터는 6여단장 이시다 모리미치 소장의 순시가 이루어졌는데, 이를 전하는 진중일지 기록에는 복장과 관련하여 '내무규정'이 언급되어 있다. 여단 차원의 내무규정이 제정되었음을 말해준다.

이처럼 주둔 초기의 핵심 일정이 착착 진행되면서 위안소 개설과 결부되는 움직임도 가시화되었다. 1월 25일의 대대회보에서는 26일 오전 9시부터 '위안회장' 설비 공사의 사역 인원으로 하사관 2명과 병 10명(목공병 3명 포함)을 차출하게 되었음을 전했다. 대대본부와 1중대에는 하사관 1명과 병 2명씩이 배정되었고, 나머지 부대에는 목공병 1명을 포함한 병 2명씩이 배정되었다. 1대대 하사관은 연대본부에서 부관에게 연락하는 일을 맡았다.

1월 26일 진중일지에는 1대대에서 '풍기위병'에 종사할 인원의 중대별 할당표가 실려 있다. 매일 하사관 1명, 상등병 2명, 병 9명이 1월 26일~2월 6일의 기간 동안 풍기위병을 담당하는 방식이었다. 직전인 1월 13일의 경우 베이차오진을 맡은 부대는 중대 단위로 14~25일에 부대와 포창(砲廠)을 지키는 위병을 차출했는데, 1월 26일부터는 포창위병이 제외되고 1대대 소속 중대만으로 구성된 풍기위병이 더해진 것이다. 2월 7일과 18일에도 풍기위병 차출이 이루어진 만큼 위안소 설치에 즈음한 대책으로 보는 것이 자연스럽다. 1대대에서만 풍기위병을 뽑은 것은 다음에서 확인할 수 있듯이 위안소가 베이차오진에 설치되었기 때문이다.

2) 전속 위안소의 개설과 운용

위안소규정 제정

1월 27일 1대대 본부의 진중일지는 여단장의 순시 소식을 실은 다음 "오늘부터 별지 규정에 따라 위안회장을 개설하다"로 끝난다. 별지 제목은 '특종위안소가(假)규정'(이하 가규정)이다. 다음에서는 "당분간 특종위안소를 다음과 같이 실시한다"(1, 가규정의 번호이며 이하 동일)로 시작되는 가규정의 내용을 검토해보자.

개업은 1월 27일 당일이었고(2), 매월 15일은 정기 휴일이었다(3). 이용시간을 보면 병은 오전 10시~오후 5시로 석식 이전까지 귀대해야 했고 하사관은 오후 6시~8시로 8시 50분의 일석점호에 맞추어 설정되었다(4). 1회 20분의 '유흥료'는 현금과 군표로 지불할 수 있었는데(7), '일본인'은 1엔 50센, '중국인(원문대로임)'은 1엔이었다(5). '유흥부대'는 오전 9시에 하사관 1명을 차출하여 위안소의 단속과 '유흥료' 징수를 맡도록 했다(6). 위안소 출입은 '위원'인 아라이 대위와 노미야마 군의소위 외에 각 부대장, 사영일직장교, 순찰장교, 군의에게만 허용되었다(8).[3] '방독구(防毒具)'의 수령과 사용(7), 음식물 판매 금지(10)와 음주자의 출입 금지(12)가 열거되었고 사고 발생 시에는

	목 (1월 27일)	금	토	일	월	화	수
이용 부대	연대본부 연대단열	제1대대 본부 제1중대	제2중대 제3중대	제1대대 단열 제2대대 본부	제4중대 제5중대	제6중대 제2대대 단열	타 부대

[표 3-1] 야전중포병 제14연대의 위안소 이용 배당일

* 타 부대는 1월 10일자 진중일지에 나오는 '부근 보병경비대'(제1후비보병단의 일부로 추정)와 경장갑차 제9중대라고 판단된다.

· 출전: [그림 3-1]과 동일

연대 부관에게 통보하도록 했다(11).

가규정의 말미에는 1월 27일~3월 15일 동안 각 부대별로 이용 가능한 날이 일단 제시되어 있다. 첫 번째 정기 휴일인 2월 15일까지의 배당 체계를 알기 쉽게 정리하면 [표 3-1]과 같다.

일주일 중 6일은 14연대 소속부대들이 이용하고 하루는 다른 부대에게 할당하는 방식이 채택되었다. 2월 15일(화)은 정기 휴일이므로 6중대와 2대대 단열은 다음 날인 2월 16일(수)에 위안소를 가도록 안배되었다. 따라서 2월 16일부터 이용하는 부대는 하루씩 뒤로 밀리게 되지만 3월 15일(화)은 두 번째 정기 휴일임에도 불구하고 제4·5중대가 배당되어 있을 정도로 엉성했다.

1월 27일에는 14연대 위안소가 문을 열었는데, 6여단 소속 그 밖의 다른 부대도 이미 위안소를 출입하고 있었던 것으로 여겨진다. 1월 28일자 여단회보에 따르면 '특종위안회장'에서 '삿쿠'를 사용하지 않는 자가 있다고 했던 것이다.

---

3) 앞에서 소개한 1월 13일의 '위안회 위원'과 위안소 출입이 가능한 위원의 이름이 일치한다. 이 점을 근거로 1월 13일의 위안회 위원 임명은 상하이파견군과 마찬가지로 위안소 개설의 전초 작업이라고 판단했다.

그런데 1월 31일자 진중일지 마지막에는 또 하나의 위안소규정이 첨부되어 있다. 바로 '특수위안소취체규정'(이하 취체규정)이다. 현존하는 위안소규정 중 가장 이른 시기에 속하며 내용은 대단히 세밀하고 방대하다. 총론 격의 10개 조문에다 '영업 절차', '영업시설', '위생', '영업방법', '금지 제한 및 단속'의 5장에 부칙을 합쳐 41개조에 이르며 각종 관련 서류의 양식이 별첨되어 있다.

진중일지 본문에는 취체규정 작성에 대한 언급이 전혀 없다. 취체규정과 가규정의 관계를 알기 어렵다는 뜻이다. 다만 1938년 1월 27일부터 실시한다고 명기(41조, 취체규정의 번호이며 이하 동일)된 것으로 추측하건대 가규정은 취체규정의 중요 부분을 발췌한 간단한 지침서가 아닐까 싶다.

그리고 취체규정은 세세한 항목과 규격화된 관련 서류 등으로 판단하건대 14연대 또는 6여단이 만들어낸 독자적인 결과물이 아니다. 위안소 개설 및 운용에 관한 체계적인 '매뉴얼'을 참조하여 14연대에 맞게 수정되었다고 보는 것이 합리적이다. 그 주체는 상하이파견군이나 중지나방면군 등의 최상급부대는 물론 육군성까지 상정해볼 수 있다. 어쩌면 사실 여부는 중요하지 않다. 취체규정은 중일전쟁 후 출현하는 위안소의 특징을 오롯이 담고 있기 때문이다.

위안소규정 검토

취체규정은 "본 규정은 베이차오진 특수위안소의 취체를 규정한다"(1조)로 시작된다. 상하이현, 즉 14연대 경비 구역 내에서 특수위안소를 설치하는 권한은 "쑹장지부장이 인정하는 사영사령관"에게만 주어졌다(2조). 쑹장지부장은 쑹장의 병참부대 지휘관을 가리킨다고 보아야 한다. 근거는 두 가지다. 첫째, 3사단의 부대 배치(133~135쪽)에서 확인하겠지만 동, 서, 중앙의 셋으로 구분되었던 상하이파견군의 병참 체계에서 중앙 지부는 우시와 창저우에 설치되었다. 10군도 유사한 병참 체계를 구축했을 것이므로 쑹장에도 그 지부가 설치되었다고 볼 수 있다. 둘째, 1월 5일과 2월 4일의 진중일지에는 실제로 '쑹장 병참부'라는 표현이 나온다. 따라서 14연대의 위안소도 병참부대가 핵심적인 실무를 담당했던 것으로 보아야 한다.

특수위안소 영업자는 통상의 위안소와 음식을 판매하는 곳(이하 식당)을 겸할 수 없었다(3조).[4] 특수위안소의 숙사는 사영사령관이 준비하고 그 밖의 경비는 영업자가 부담했다(4조, 편의 제공은 가능). '전임장교'는 "군부의 사정에 따라" 영업자의 퇴거와 영업장의 제한을 명령할 수 있으며(5조, 이의 제기도 불허) 허가 없이는 영업의 폐지나 휴업도 불가능했고(6조), 상하이현 경비 구역 내에서는 특수위안소와 유사한 영업을 할 수 없었다(7조). 특수위안소는 군인과 군속의 전용이었고(8조) 정기 휴일은 매월 15일이었다(9조).

취체규정은 위안소의 영업 절차를 꼼꼼히 제시했다. 먼저 영업자는 [그림 3-2], [그림 3-3]과 같은 양식의 신청서와 서약서를 작성한 뒤 '접객부'와 맺은 계약서 사본을 첨부하여 사영사령관에게 제출했다(11조).

영업 허가를 얻으면 전임장교의 검사와 검진을 받았고(12조), 영업 개시 전에 접객부 명부(양식 있음)를 제출했으며(13조, 접객부 변동 신고

---

4) 1대대의 진중일지에서는 식당 관련 기술을 전혀 찾아볼 수 없다. 그런데도 취체규정에 굳이 3조를 넣은 것은 물론 10조에서 취체규정을 준용하여 식당 영업자를 통제한다고 적시했다. 17조와 18조에서는 침실, 손님 대기실, 접객부 대기실, 소독실, 영업자 거주실, 목욕장, 취사장, 변소, 기타 등의 내무시설이 열거되어 있지만 앞으로 확인하는 바와 같이 목욕장은 2월 들어 공사가 시작되었다. 존재하지 않는 시설을 규정에 포함하는 도식적이고 사무적인 태도 또한 상급부대의 매뉴얼을 바탕으로 취체규정을 작성했다는 정황 증거가 될 수 있을 것이다.

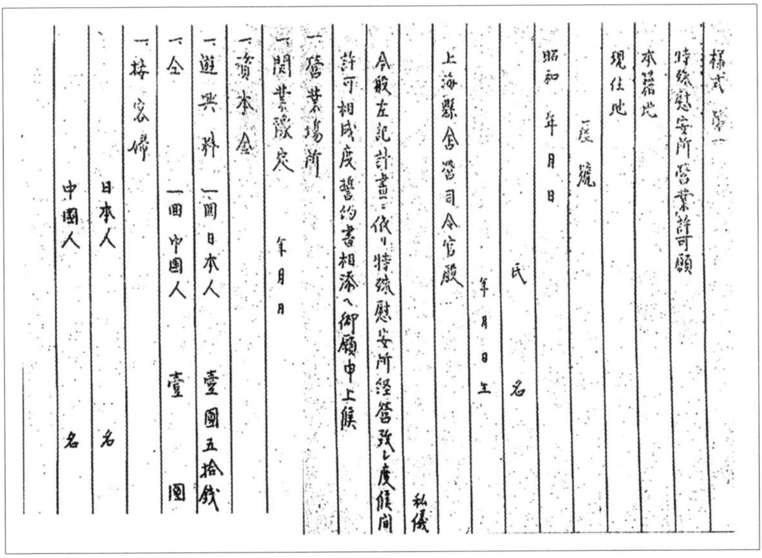

様式第一
特殊慰安所營業許可願
本籍地
現住地
屋號
昭和　年　月　日
氏　名
　年　月　日生
上海縣会営司令官殿
私儀
今般左記許畫ニ依リ特殊慰安所経營致シ度候間
許可相成度誓約書相添ヘ御願申上候
一營業場所
一開業豫定　年　月　日
一資本金
一遊興料　一回日本人　壹圓五拾銭
一仝　一回中國人　壹圓
一接客婦
、日本人　名
中國人　名

[그림 3-2] 위안소 개설 신청서

· 출전: 〈陣中日誌第5号自昭和13年1月1日至昭和13年1月31日 野戦重砲兵第14連隊 第1大隊本部(5)〉,《支那事変 陣中日誌 第5号 昭和13年1月1日~13年1月31日》

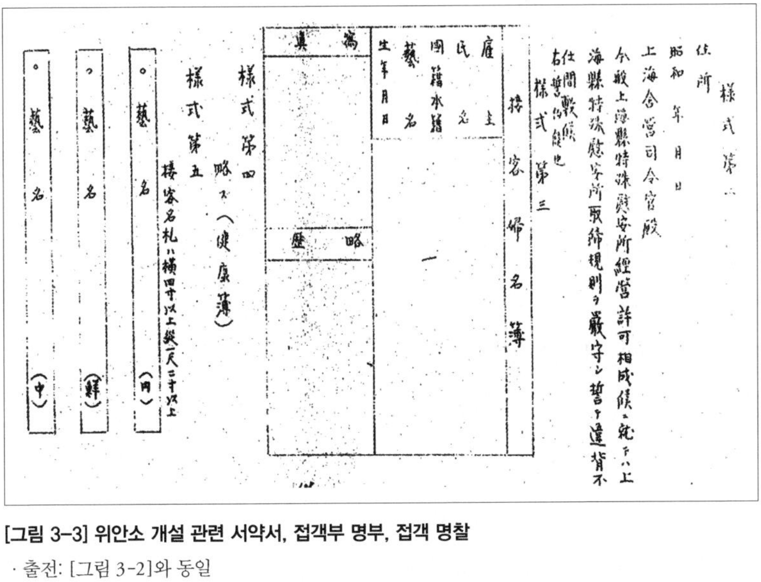

様式第二
住所
昭和　年　月　日
上海会営司令官殿
今般上海縣特殊慰安所経營許可相成候ニ就テハ上
海縣特殊慰安所取締規則ヲ嚴守シ誓テ違背不
仕間敷候
右誓約候也

様式第三
接客婦名簿

雇主	氏名	國籍本籍	藝名	生年月日	寫真
					歴略

様式第四　略ス（健康簿）

様式第五　接客名札ハ横四寸以上縦一尺二寸以上

藝名（日）
藝名（鮮）
藝名（中）

[그림 3-3] 위안소 개설 관련 서약서, 접객부 명부, 접객 명찰

· 출전: [그림 3-2]와 동일

는 14조), 검진에 합격한 접객부의 건강부(健康簿, 양식 있음)를 교부함으로써 허가증을 대신했다(15조).

가옥의 수리와 개조, 장식은 전임장교에게 신고했고(16조), 내부시설의 용도 변경은 허용되지 않았으며(17조), 영업자는 내부시설마다 침구, 시계, 요금표, 간이소화기, 접객부 명찰, 특수위안소규칙 등의 물품을 구비하고 "위안이 되는" 물품의 비치와 장식을 장려했다(18조).

마지막으로 접객부는 정해진 양식의 표식에 예명(藝名)을 기입하도록 했는데(19조), [그림 3-3]의 '양식 제5'가 그것이다. 예명 아래의 '내(內)', '선(鮮)', '중(中)'은 각각 일본인, 조선인, 중국인을 가리킨다.

위생에 관한 조항도 까다롭고 자세했다. 접객부는 매주 토요일 실시되는 군의의 검진을 받아야 했고(20조) 결과는 관계자의 날인과 함께 건강부에 기록되었다(21조, 제시 의무도 명기). 불합격자는 접객이 금지되었고 재검진 비용은 영업자가 부담했다(22조). 검진 내역은 신체검사 외에 화류병(매독, 임질, 연성하감, 제4성병), 결핵, 트라코마, 전염성 피부병 등이었다(23조). 영업자는 본인 부담으로 화류병 예방 용품을 준비하여 손님에게 사용을 권해야 했고(24조) 침구의 청결과 채광·환기 등을 준수해야 했다(25조). 접객부는 접객 후 반드시 국부를 세정하고 소독해야 했으며(26조) 정기 휴일에는 청소와 세탁, 일광 소독을 실시하고 접객부를 휴양하게 했다(27조).

영업방법도 마찬가지였다. 제복을 착용한 군인과 군속만 입장하게 했으며(28조), 대기실에는 접객부가 비번이면 검은 글씨의 명찰을, 접객이 가능하면 빨간 글씨의 명찰을 걸어두었다(29조). 요금은 군표로 미리 받았으며(30조) 영업시간(31조)과 유흥료(32조)는 가규정과 같고 별도의 요금은 청구하지 못했다(33조).

영업 상태를 확인하기 위해 사영사령관은 수시로 군의와 동행하여 검사를 했고(34조) 접객부는 사영사령관의 허가 없이 지정 구역을 벗어나지 못했다(35조). 접객부와의 계약을 이행하지 않는 영업자는 영업 정지에 처할 수 있었고(36조) 음식물 판매(37조)와 주류 휴대(38조)를 금지했다. 사고 발생 시에는 부대본부에 통지했고 규칙 위반 시에는 허가 취소, 퇴거, 영업 정지를 받았다(40조).

취체규정은 만주사변기의 성매매업소와 차별화되는 새로운 위안소의 출현을 웅변한다. 이는 네 가지로 정리할 수 있다.

첫째, 주둔지의 사영사령관과 그 대행자인 전임장교는 위안소 개설은 물론 기존 위안소의 존폐를 좌우하는 절대적 권한을 지녔다. 5조에서 판단의 유일한 기준은 '군부의 사정'으로 단순화되었고 이의 제기의 길은 아예 봉쇄되었다.

둘째, 위안소 개설 권한은 현지 영사관이 아니라 현지 부대장이 행사했다. 취체규정이 단언했듯이 상하이현 특수위안소의 영업 허가는 사영사령관의 의향에 달려 있었다. 중국 도항 단계에서는 영사관의 영향력이 미칠 수 있겠지만 현지에 도착해서는 해당 부대의 방침과 처결이야말로 위안소 존폐를 가르는 결정적인 요소였던 것이다. 이런 경향은 전쟁의 장기화와 더불어 가속화되었다.

셋째, 성병 예방을 위한 검진의 정기적인 실시는 명문화·의무화되었으며 접객부의 건강부를 활용한 개인별 통제가 가능해졌다. 불합격자의 영업을 금지하고 검진과 치료를 영업자에게 부담을 지운 것도 특징적이다. 다만 24조에서 영업자가 콘돔을 준비하여 병사들에게 사용을 권하게 한 것은 군수품의 무상 공여 문제와 결부된 것으로 여겨진다.

넷째, 위안소 내부의 규제는 전반적으로 창기취체규칙의 틀을 준용하면서도 군의 관여를 전면에 부각하지 않으려고 노력했다. 창기취체규칙에서 영업자는 전혀 거론되지 않았지만 취체규정에서 영업자는 위안소 개설과 통제의 '대리인' 역할을 전면적으로 짊어졌다. 해당 부대와 접객부의 접촉면을 최소화함으로써 직접 계약과 고용이 아닌 '하청'의 형태를 취하려 한 것으로 풀이된다.

운용 실태

상하이 주둔이 개시되고 한 달이 지나지 않은 1월 27일 14연대는 전속위안소를 거느리게 되었다. 다른 지역에 비해 주둔 태세 정비는 물론 위안소 개설도 비교적 순조롭게 마무리되었다. 이는 상하이의 상황과 무관하지 않을 듯하다. 점령이 완료된 상하이에서 '예기'는 12월 무렵부터 조금씩 복귀했고 '작부'는 11월 무렵 원래 상태로 돌아갔다고 할 정도로 빠른 회복력을 보였다.[5]

위안소 개설은 부대 운용에도 영향을 미쳤다. 14연대의 2월 행사 예정표는 위안소 이용의 편의를 고려하여 책정된 것으로 판단되기 때문이다. 연대본부와 연대단열의 위안소 이용일은 2월 3일(목)·10일(목)·18일(금)·25일(금)인데, 연대본부는 2월 10일의 집총교련 외에 일정이 없었으며 연대단열은 똑같이 오전의 마술(馬術)과 오후의 '내무 실시'를 하도록 되어 있었다. 제1·2대대 본부의 위안소 이용일의 경우에는 2대대 본부의 2월 28일자 마필검사를 제외하고는 모든 일정이 비어 있었다.

그런데 위안소의 운영 실태는 처음부터 원활함과는 거리가 있었다. 당장 1월 28일에는 연대회보를 통해 정해진 시간 외에 '특종위안장'에 출입하는 사병이 있어 주의를 요하며 순찰 시에 특종위안장의

5) (財)女性のためのアジア平和国民基金 編,《資料集成》1, 447~450쪽.

이름을 기재할 필요가 없다는 지시를 하달했다. 1월 29일 마루야마 야쓰카 연대장은 부대 운영 전반에 걸쳐 주의 사항을 열거했는데, 술에 취해 '특종위안장'에 출입하는 것은 처벌의 원인이 된다며 주의를 촉구하는 한편, 특종위안장에 파견되는 각 부대의 하사관은 티켓 판매 외에 '위안장규정'의 실행을 감독해야 한다고 역설했다. 이를 받아 대대회보에서는 위안소 이용(원문은 '위안회') 시에 술을 마실 수 없으며 정해진 시간 외의 출입은 처벌될 수 있음을 전했다.

2월 1일에는 연대회보로 이튿날 '특수위안장'의 목욕탕 설치를 위해 제1·2대대에서 각각 하사관 1명과 병 5명을 차출하라는 명령을 내리는 한편, 음주자의 외출, 특히 특수위안장 출입을 금지했다. 음주자 문제는 뿌리가 깊었다. 2일 뒤인 2월 3일에는 연대회보에서 '특수위안회장'에 술에 취해서 온 자가 있어 이후 엄벌에 처할 것임을 거듭 강조했다.

2월 12일의 연대회보에 따르면 당분간 각 본부와 중대, 단열은 '특수위안소' 이용일을 '내무 실습'으로 삼아 피복 세탁 등을 실시했고 연대단열의 절반은 타 부대의 이용일, 즉 7일째 날에도 위안소를 갈 수 있게 했다. 연대단열에게 추가로 위안소 이용일이 배당된 것은 인원 규모가 컸다는 점이 작용한 것으로 추측된다. 2월 2일 연대단열의 인적 구성은 장교 6명, 하사관 19명인 데 비해, 병은 350명으로 다른 부대의 2배에 달했으며 현역 경험을 가진 병사의 비율도 높았다.

2월 24일에는 연대회보를 통해 앞으로 주보 및 특수위안소에서 군표를 사용하지 말라는 명령을 전했다. 현금이 병사의 급여로 지불되던 현실을 반영한 조치로 판단되며 취체규정에서 명기했듯이 군은 위안소에서의 지불 수단조차 결정할 수 있었다.

3월 진중일지는 누락되어 상황 파악이 불가능하다. 4월 1일 마루야마 야쓰카 연대장은 이동명령을 내렸다. 14연대가 쑹장 북쪽의 상하이중학교 교사로 이동을 완료한 것은 4월 6일이었으며 모든 부대가 교사 내에 자리를 잡았다. 소재지는 지금의 상하이시 쉬후이구(徐匯區)이며 베이차오진에서 직선으로 11킬로미터 떨어져 있다.

4월 8일에는 14연대의 월중 행사표가 작성되었으나 휴양일은 설정되어 있지 않았다. 4월 9일 연대회보에는 11일에 특수위안소로 통하는 도로를 수리하기 위해 제1·2대대에서 하사관 1명과 병 10명, 연대단열에서 하사관 1명과 병 5명을 차출하라는 명령이 첨부되어 있다. 사역병의 지휘관은 베이차오진 특수위안소의 위안회 위원이었던 아라이 대위였다. 더 이상의 관련 기술은 없었지만 특수위안소도 상하이중학교 부근으로 이동했음을 짐작하게 한다.

2. 제3사단 보병 제68연대 제3대대와 위안소

1) 주둔 태세의 정비

전장의 주둔부대 상황

상하이파견군 예하 3사단은 전장, 창저우, 우시로 삼분되는 경비지구를 할당받았다. 세 지방은 난징과 상하이를 잇는 철도가 통과하는 교통의 요지이기도 했다. 특히 전장은 장쑤성(江蘇省)의 성도였으므로 주둔부대의 규모가 제일 컸다. 3사단 경비지구 내에 배치된 부대의 내역은 [그림 3-4]에서 확인할 수 있다.

[그림3-4]에서 알 수 있듯이 3사단장은 주둔지사령관을 맡았고 할당된 경비지구는 동서로 구분되었다. 전장에 자리한 서쪽 경비지구사령관에는 보병 제5여단장 가타야마 리이치로(片山理一郎, 1885~1965) 소장이, 우시의 동쪽 경비지구사령관에는 보병 제29여단장이던 우에노 간이치로(上野勘一郎, 1888~1974) 소장이 각각 임명되었다. 5여단은 보병 제6·68연대를, 29여단은 보병 제18·34연대를 거느렸다. 그리고 동서 경비지구의 경비는 3사단의 예하부대와 야전중포병 제5여단 소속부대가 공동으로 수행했다.

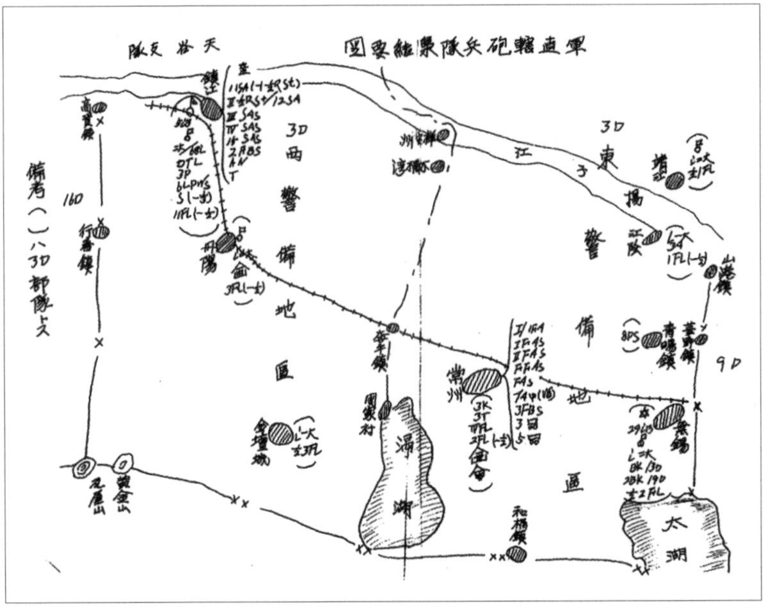

[그림 3-4] 제3사단의 경비지구와 주둔부대

· 출전: 〈陣中日誌 自昭和12年12月1日至昭和12年12月31日 独立攻城重砲兵第2大隊本部(5)〉, 《独立攻城重砲兵第2大隊 陣中日誌 昭和12年12月1日~13年1月31日》

난징 함락 후인 12월 19일 상하이파견군 소속 포병대는 3사단의 경비지구로 이동하여 금후의 작전에 대비하라는 명령을 받았고 야전중포병 5여단이 전체를 총괄하도록 했다.[6] 우치야마 에이타로(内山英太郎, 1887~1973)[7] 소장을 보좌하는 사령부는 포병대 절반(야전중포병 제11연대, 독립야전중포병 제15연대, 독립야전중포병 제2~4대대, 독립기구[氣球] 제2중대, 포병정보대, 치중대[輜重隊])과 함께 전장에 머물렀고, 나머

6) 〈陣中日誌 自昭和12年12月1日至昭和12年12月31日 独立攻城重砲兵第2大隊本部(5)〉, 《独立攻城重砲兵第2大隊 陣中日誌 昭和12年12月1日~13年1月31日》.

7) 우치야마 에이타로는 패전 직전 포로가 된 미군 폭격기 조종사를 살해한 전범 용의자로 체포되어 중노동 30년형을 선고받아 복역하다가 1958년 가석방되었다.

지는 창저우에서 3사단 예하부대와 같이 주둔했다(후술).

아울러 병참 체계는 다음과 같이 세 구역으로 나뉘었다. 동병참사령관은 상하이에, 서병참사령관은 난징에 각각 두었다. 3사단과 아마야지대를 지원하는 중앙병참사령관은 전장에 위치했으며, 지부 2곳은 각각 우시와 창저우에 자리했다.

[그림 3-4]에 나타나 있듯이 3사단의 주력인 사단사령부, 보병 5여단 사령부, 보병 68연대, 사단통신대, 공병 제3연대, 사단위생대, 제1야전병원(절반은 장인江陰)[8] 등은 전장에 배치되었다. 그중에서 보병 68연대(연대장 다카모리 다카시鷹森孝 대좌) 제3대대(이하 3대대)가 남긴 진중일지에는 위안소 개설 및 운용에 관한 기록이 들어 있다. 난징 전투가 종료된 후 보병 68연대는 연대본부를 전장에 두고 예하대대를 각지로 분산 배치했다.

12월 27일 총원 1,109명의 3대대(대대장 나카지마 요시키中島嘉喜 소좌)는 전장 시내 동쪽의 다강진(大港鎭, 지금의 징커우구京口區 동부)에 자리를 잡았다.[9] 3대대는 제9~12중대, 제3기관총중대, 대대포소대 등으로 구성되었으며 12월 31일 당시 총원은 1,109명이었다. 12월 27일 숙영지에 당도한 3대대는 '투산(圖山)경비내무규정'을 제정하여 28일에 배포했다. [그림 3-5]와 같이 숙영 구역 내에 한해 산책은 허용했으나 외출은 금지했다.

1938년 1월 9일 68연대의 작전명령이 내려왔다. 5여단은 아마야지대가 맡았던 양쯔강 북안의 경비를 이어받았고 68연대는 단양(丹

---

8) 통상적으로 야전병원은 사단 아래 3, 4개 있었으며 1곳당 300명 정도의 인원이 근무했다.

9) 3대대의 진중일지는 동원 직후인 1937년 8~9월분, 1937년 11월~1938년 2월분이 남아 있으며 월별로 디렉터리(예를 들어《步兵第68連隊第3大隊 陣中日誌 昭和12年8月14日~昭和12年8月31日》)가 설정되어 있다. 이하에서는 출전을 명기하지 않는다.

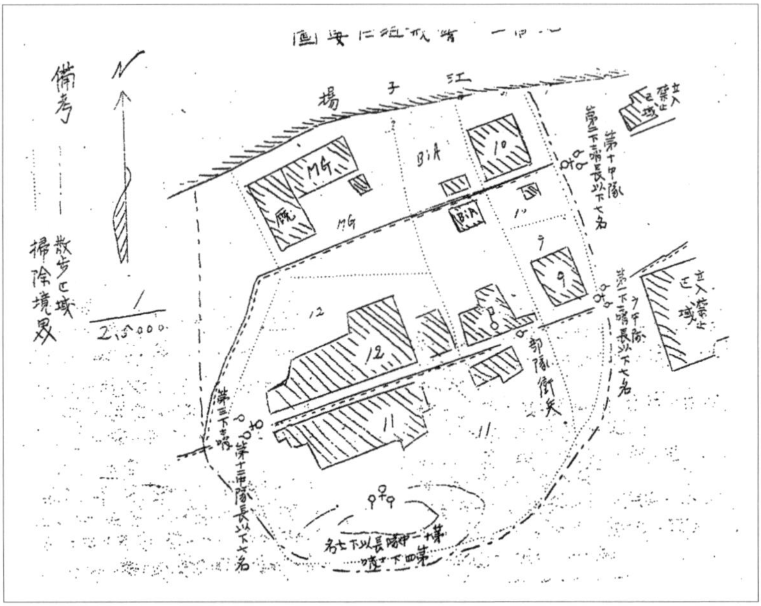

[그림 3-5] 전장에서의 보병 제68연대 제3대대의 배치도(1937년 12월)

· 출전: 〈陣中日誌 第5号 自昭和12年12月1日至昭和12年12月31日 歩兵第68連隊第3大隊本部(3)〉, 《歩兵第68連隊第3大隊 陣中日誌 昭和12年12月1日~昭和12年12月31日》.

陽)으로 이동하여 남소(南小)경비지구대가 된다는 것이었다. 1월 10일 3대대는 5여단의 직할로 편입되어 전장 시내로 옮겨갔다(9중대는 잔류). 제2대대는 연대본부와 함께 단양을, 제1대대는 진탄(金壇)을 각각 새 숙영지로 삼고 패잔병 소탕 임무에 종사했다.[10]

10) 단양에도 위안소가 개설되었다. 68연대의 한 병사는 1월 10일 단양으로 이동하여 "치안 유지를 위한 주둔 선무 공작, 특무 기관을 위한 위안소(유곽)시설을 준비했다"고 증언했으며(郷土部隊史保存会, 《第三師団郷土部隊史》, 郷土部隊史保存会, 1967, 210쪽, WAM) 2대대의 병사는 "위안소는 꽤 시간이 지나 생겼다. 위안소가 생겨서 나도 간 적 있다. 단양이라는 곳이었다. 여자는 조선인이 많았다"고 회상했다(松岡環, 《南京戦—閉ざされた記憶を尋ねて—元兵士102人の証言》, 社会評論社, 2002, 196쪽, WAM). WAM은 '액티브 뮤지엄 여성들의 전쟁과 평화자료관'을 가리키지만 이 책에서는 WAM이 발굴한 자료의 성과를 가리킨다.

외출 체계와 위안소 이용 개시

1월 10일 3대대는 전장에 발을 들였다. 도착한 당일 임명된 제2종 순찰은 이후 15일까지 진중일지에 매일 기록되어 있다(진중일지에 기재된 첫 제2종 순찰로 판단됨). 위안소 출입 여부는 불확실하지만 병사의 외출은 실시하고 있었음을 짐작하게 한다. 그리고 1월 12일 3대대 본부는 3사단 참모부로부터 '위안규정의 건'에 관한 전화 연락을 받았다. 이튿날에는 대대의 내무규정을 작성할 때까지 연대의 규정(1월 16일 진중일지에 '연대전장주류규정'으로 기록됨)에 따른다는 대대회보를 하달했다.[11]

1월 16일에는 3대대의 내무규정을 편찬할 위원장과 위원 2명을 임명하는 일일명령이 내려졌다. 1월 23일까지로 예정했던 작성 작업은 21일 완료되어 22일 배포되었다. '전장주둔간내무규정'(이하 내무규정)이 그것이다.

이제 내무규정의 내용을 살펴보자. 1조에서 전장에서의 내무는 '군대내무서' 외에 내무규정에 준거한다고 명시되었다. '제6 기거 용의'에서는 일과 시한(15조)과 함께 대대 숙영지 내에서 조식부터 석식까지 산책을 허가했다(17조). [그림 3-6]은 숙영지와 산책 구역(×표로 이어진 선)을 나타낸 것이다.

'제7 외출'의 항목은 위안소 이용의 전제조건을 제시한다. 먼저 2인 이상의 공용외출과 더불어 외출은 인솔외출로 한정했다(20조). 인솔외출을 허가하는 구역, 일시, 시한 등에 관해서는 그때그때 지시했으며(21조) 인솔외출 병사는 각자 외출증을 소지하고 반드시 3인 이상

11) '회보'와 '일일명령' 등의 주요 정보는 각 부대의 일석점호 시에 당직하사관 등이 병사들에게 낭독하여 주지시켰다.

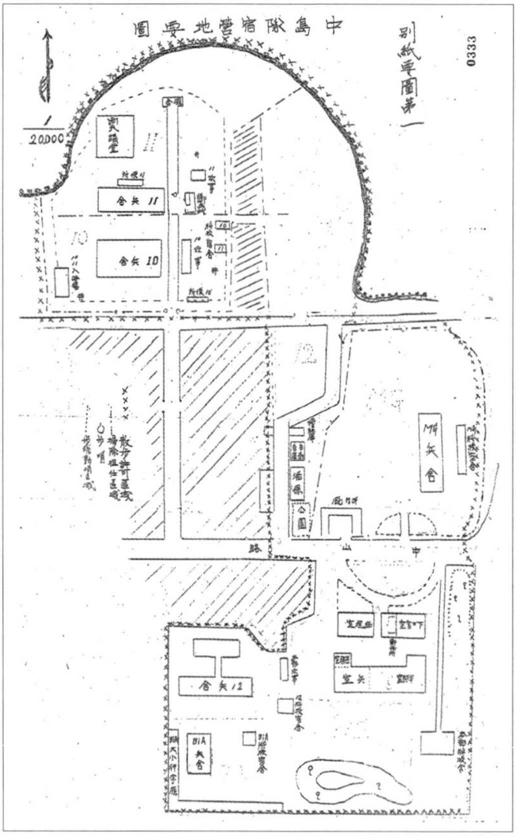

[그림 3-6] 전장에서의 보병 제68연대 제3대대의 배치도 (1938년 1월)

· 출전: 〈陣中日誌 第6号 自昭和13年1月1日至昭和13年1月31日 歩兵第68連隊第3大隊本部(3)〉, 《歩兵第68連隊第3大隊 陣中日誌 昭和13年1月1日~13年1月31日》

이 움직이며 대검과 각반을 착용하도록 했다(22조). 공용증과 외출증 양식은 [그림 3-7]과 같다.

내무규정에는 외출 실시를 전후한 준비 작업도 기록되어 있다. 앞에서 언급한 야전중포병14연대와 마찬가지로 1월 16일에는 군기와 풍기의 엄정을 지적한 참모총장의 훈시가 하달되었다.[12] 1월 19일에

---

12) 〈陣中日誌 自昭和13年1月1日至昭和13年1月31日 独立攻城重砲兵第2大隊本部(2)〉, 《独立攻城重砲兵第2大隊 陣中日誌 昭和12年12月1日~13年1月31日》.

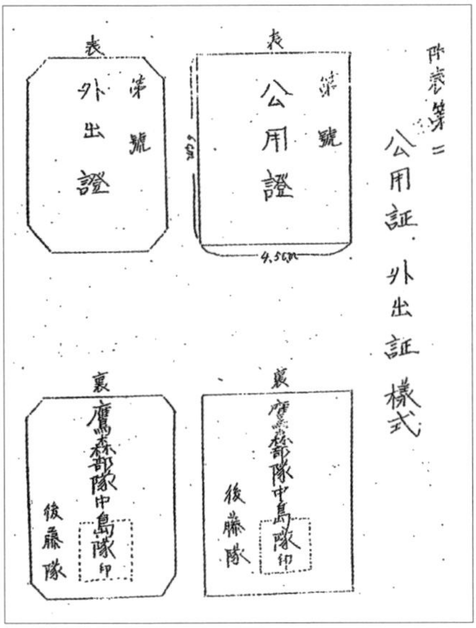

[그림 3-7] 보병 第68연대 제3대대의 공용증과 외출증

· 출전: 〈陣中日誌 第6号 自昭和13年1月1日至昭和13年1月31日 歩兵第68連隊第3大隊本部(3)〉, 《歩兵第68連隊第3大隊陣中日誌 昭和13年1月1日~13年1月31日》

는 순찰자의 명부 및 외출증, 공용증의 견본을 사단과 여단의 사령부 부관에게 제출했으며, 하사관과 병을 대상으로 군의관이 위생에 관한 주의를 전달했다.

1월 18일에는 두 번째 제2종 순찰에 관한 일일명령이 있다. 해당 장교는 1월 22일(토) 정오에 사단사령부에 출두하여 부관의 지시를 받도록 했으며, 1월 22~24일에는 '을(乙) 순찰'이라는 이름으로, 1월 25~28일에는 제2종 순찰에 복무했다(1월 24~28일에는 담당 장교가 교체됨).

앞의 제2종 순찰 근무방식은 1월 23일 3대대가 사단과 여단의 관련 규정을 바탕으로 제정한 '전장주둔지근무규정'에서 확인된다. 제2종 순찰은 시내를 순찰하고 군인·군속의 비위를 다스리도록 했으며 68연대, 즉 3대대는 보병 6연대와 일주일씩 교대로 맡았다.[13] 인원은 장교

13) 2월 18일 3대대는 여단사령부에 2월 19~26일 제2종 순찰에 임할 장교의 이름을 보고했다.

1명과 하사관 이하 10명으로 구성되었다. '제5 기타'에서는 위생, 청결, 청소, 외출에 관해서는 대대별 내무규정에 의거하도록 했다.

이와 같이 주둔 및 외출을 규율하는 규정과 방침이 갖추어지면서 위안소 이용이 개시되었다. 1월 31일 조장은 대대본부 소속 전원을 대상으로 다음 날 실시될 외출에 대비하여 마음가짐과 위생에 관한 주의를 주었다. 2월 1일자 진중일지는 "오늘 본부, 기관총중대, 대대포소대의 외출을 허가하고 위안소를 이용하게 하다"고 적시했다. 3대대 본부의 진중일지에 기록된 첫 위안소 출입이다.

2월 1일 이후 3대대의 진중일지에는 위안소 출입이 언급되어 있지 않다. 2월 6일(일) 3대대는 각 중대로 하여금 병영 안팎을 정돈한 뒤 일부 병사의 외출을 허가하도록 지시했다. 이후 3대대 본부는 일요일 외출로 정해진 것으로 여겨진다. 2월 13일과 20일에는 관련 언급이 없으나 27일에는 대대본부의 외출을 취소한다는 기록이 있기 때문이다.

2월 16일에는 5여단장의 명령이 내려왔다. 2월 17일 난징으로 이동하는 3사단 사령부를 대신하여 5여단장이 전장주둔지사령관을 승계한다는 것이었다.

2) 전장의 위안소 실태

위안소규정

2월 28일 3대대는 '전장위안소규정'(이하 위안소규정)을 배포했다. 내용으로 짐작건대 1월 12일 사단 참모부로부터 전화로 지시받았다는 '위안소규정' 또는 그 개정판이었음에 틀림없다. 주요 사항을 살펴보자.

먼저 [그림 3-8]에 명시되어 있듯이 1938년 2월 20일 당시 보병

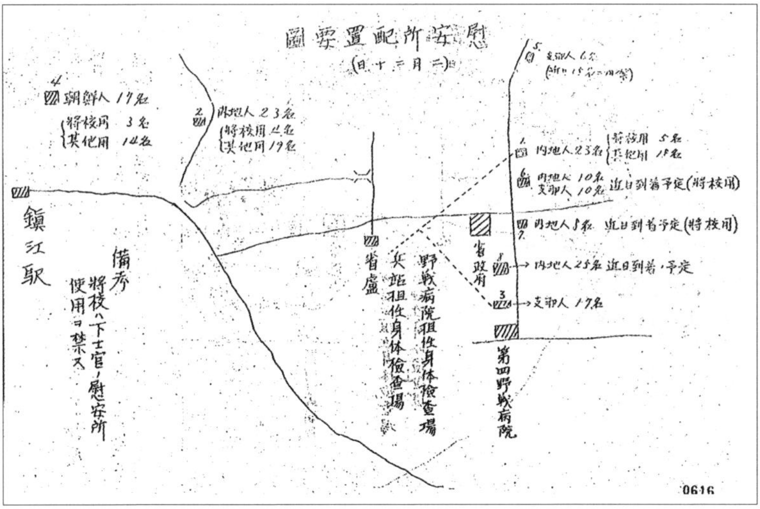

[그림 3-8] 전장의 위안소 배치도

· 출전: 〈陣中日誌 第7号 自昭和13年2月1日至昭和13年2月28日 歩兵第68連隊第3大隊本部(3)〉, 《歩兵第68連隊第3大隊 陣中日誌 昭和13年2月1日~13年2月28日》

5여단 전체와 야전중포병 5여단의 절반 병력이 함께 이용할 전장의 위안소는 계획 중인 곳을 포함하여 총 8곳이 있었다. 제1~5위안소는 이미 영업하고 있었고 제6~8위안소는 개설 준비를 마치고 위안부가 도착하기만을 기다리던 상황이었다.[14] 그 내역은 [표 3-2]와 같다.

위안부는 총원이 139명이었으며, 3분의 2 정도가 일본인이었고, 중국인이 조선인보다 많았다. [그림 3-8]의 전장역(驛) 위치를 염두에 두었을 때 위안소는 지금의 전장시 룬저우구(潤州區)와 징커우구가 접하는 일대에 자리했던 것으로 추정된다.

14) 제8위안소까지 실제로 개설된 것으로 판단된다. 독립공성중포병 2대대 제2중대의 7월 8일자 진중일지에 따르면 "전장 제8위안소(일본인부部)는 내일 7월 9일부터 다시 영업을 개시한다"는 회보가 실려 있기 때문이다(〈陣中日誌 自昭和13年7月1日至昭和13年7月31日 独立攻城重砲兵第2大隊第2中隊(2)〉, 《独立攻城重砲兵第2大隊 陣中日誌 昭和13年5月1日～13年7月31日》.

	일본인	조선인	중국인
제1위안소	23명(장교용 5명)		
제2위안소	23명(장교용 4명)		
제3위안소			17명
제4위안소		17명(장교용 3명)	
제5위안소			6명(15명 증원 예정)
제6위안소(개설 예정)	10명(장교용)		10명(장교용)
제7위안소(개설 예정)	8명(장교용)		
제8위안소(개설 예정)	25명		
합계	89명	17명	33명

[표 3-2] 전장 위안소의 위안부 수

* 장교는 하사관·병의 위안소를 이용하지 못하도록 했다.

· 출전: [그림 3-8]과 동일

위안소 목적은 1조에 천명되어 있다. "완화 위안의 길을 강구하여 군기 숙정(肅正)에 일조하는 데 있다"는 구절이다. 그리고 위안소의 개설 허가 및 감시·감독은 전장주둔지사령관, 즉 보병 5여단장의 방침에 따라 헌병대가 맡았다. 앞의 야전중포병 14연대와 마찬가지로 주둔지사령관은 위안소의 감시와 감독을 넘어서서 위안소의 개설 허가까지 책임지고 있었으며 여단 규모가 넘는 부대의 숙영지라는 점을 감안하여 헌병대가 실무를 담당한 것으로 판단된다. 위안소 업무와 관련하여 각 경비사령관은 헌병대장을 돕도록 했다.

각 부대의 이용시간과 요일 구분 없이 장교는 오후 5시~자정(일요일은 오후 1시~자정), 하사관은 오후 5~9시, 사병은 오전 10시~오후 5시로 정해졌다. 개업 중인 위안소에서는 장교를 상대하는 위안부를 별도로 구분했고 신설 예정인 제6·7위안소는 아예 장교 전용으로 정

	장교	하사관 · 병	군속 · 민간 일본인
일본인	3엔	1엔 50센	1엔 50센
중국인	2엔 50센	1엔	1엔

[표 3-3] 전장 위안소의 요금표

* 장단가는 시간당이었고 장교는 1시간이 늘어날 때마다 2엔을 지불해야 했으며 2시간 이내를 기준으로 했다.

· 출전: [그림 3-8]과 동일

해졌다. 군속 및 신분증명서를 지닌 일본인도 오후 5시~자정에 이용하도록 한 것이 특징적인데, 하사관·병의 위안소를 이용했을 것으로 추정된다.

위안소는 매월 15일과 매주 금요일 오후 5시까지 휴무였다. 위안부 검진이 매주 금요일에 실시되었기 때문이다(제1금요일은 일반 신체검사). 위안소의 위생시설에 관한 비용은 업주가 부담했다. 신체검사 결과와 소요 사항은 전장주둔지사령관에게 보고됨과 동시에 헌병대장에게 통보되었으며 헌병대장은 위안소 상황 및 위안부의 신체검사 결과를 각 부대에 통보했다. 신체검사의 경우 제3·6·7·8위안소는 제4야전병원이, 제1·2·5위안소는 병참사령부 군의가, 제4위안소는 군 포병대 군의가 각각 맡았다.

이용 요금은 [표 3-3]과 같이 일본인과 중국인 두 종류로 책정되었다. [그림 3-8]에서 제4위안소는 조선인으로 채워졌는데, 요금은 일본인과 동일했다는 것을 알 수 있다.

위안소 이용은 현금을 지불하고 표를 산 뒤 안내를 받는 방식이었다. 그 밖의 다른 곳과 마찬가지로 위안소 내의 음주와 음주자의 출입은 금지되었다. 그리고 위안소규정에는 "여자는 모두 유독자라고 간주하여 방독에 관해 주의를 요한다"는 구절이 첨부되어 있었다.

위안소 이용의 실태

야전중포병 5여단 휘하의 독립야전중포병 15연대(이하 15연대) 제2중대 오장(나가이 히토소永井仁左右)은 자신의 수첩에 전장 위안소의 초기 상황을 기록했다.[15] 15연대는 난징 공방전에 참전한 뒤 1937년 12월 24일 쥐룽(句容)을 지나 전장 외곽에서 숙영 준비를 시작했다.

위안소에 관한 기록은 1938년 1월 18일 "전장에 가다"라는 구절에 이어 나오는데, 다음과 같다.

> …… 외출의 목적은 위안소에 있다
> 지난번 개업식에는 제비를 뽑았는데도
> 끝내 다른 사람에게 양보하고 가지 않았다
> 이후 세 번째 기회를 맞아
> 중대장 등 간부들에 떼밀려나갔다
> 오늘은 조선이다
> 처음 마음먹은 대로 (나는-인용자) 들어가지 않았다

앞의 내용을 토대로 몇 가지 사실을 도출할 수 있다. 첫째, "외출의 목적은 위안소에 있다"는 기술은 외출과 위안소 출입의 연계를 압축적으로 표현하고 있다. 외출 체계는 곧 위안소 이용과 직결되기 때문이다.

---

15) 1937년도 일지는 http://www.oshietegensan.com/war-history/war-history_%ef%bd%8a/11078/에, 1938년도 일지는 http://www.oshietegensan.com/war-history/war-history_%ef%bd%8a/11084/에 각각 수록되어 있다(2021년 3월 31일 조사). 이하에서는 출전을 명기하지 않는다.

1월 18일이 화요일이라는 사실과 '세 번째 기회'를 연결하면 첫 번째와 두 번째는 1월 4일과 11일이 되겠지만 "조선의 위안소행 지휘를 명받았다"는 1월 28일은 토요일이다. 그리고 '위안일'이라고 적시된 2월 14일은 월요일이다. 그런 정황은 각 부대의 이용시간과 요일의 구분이 없다는 앞의 위안소규정과 부합된다. 제비뽑기를 했다는 것도 흥미로운 대목이다. 이 부분이 둘째로 지적하고 싶은 점이다.

셋째, 1월 28일 기술에서 '위안소행 지휘'를 맡게 된 것은 그가 오장, 즉 하사관의 신분이었기 때문이다. 위안소 이용은 조별로 대부분 하사관이 인솔하는 외출 형식으로 이루어졌다.

넷째, 1월 18일과 28일에 조선인 위안소가 언급된 것은 이미 영업 중이었다는 사실을 말해준다. 실제로 앞의 위안소규정에서도 조선인으로만 구성된 제4위안소는 2월 20일 당시 운영 중이었다. 오장이 언급한 것도 제4위안소로 보아야 한다.

마지막으로 2월 19일(토) 오장은 제2종 순찰을 나갔다고 되어 있다. 앞서 서술했듯이 2월 19~25일의 전장 시내 제2종 순찰은 3대대 담당이었으므로 오장은 15연대의 외출과 위안소 이용에 맞추어 파견된 것으로 추측된다.

3. 독립공성중포병 제2대대와 위안소

1) 창저우 주둔과 초기 위안소

주둔 개시

중지나방면군의 지시 이후 위안소는 각지에서 잇따라 설치되었다. 진중일지를 살펴보면 관련 움직임은 12월 말부터 포착된다. 특히 군 직할부대로서 창저우에 주둔했던 독립공성중포병 2대대(이하 2대대)의 기록은 중일전쟁 초기 국면에서 부대의 활동과 위안소의 설치·운용에 관한 정보가 매우 풍부하다.

2대대는 대대본부, 제1·2중대, 대대단열에 임시로 배치된 제3견인자동차대를 거느렸다. 총원은 3견인자동차대 100명을 포함하여 652명(1938년 1월 1일)이었는데, 그중 장교는 20명, 하사관은 53명, 병은 579명이었다. 대대장은 만나미 시토미(万波蔀, 1895~?) 소좌였다. 대대본부, 2중대, 대대단열은 중일전쟁 참전 직후인 1937년 7월 27일부터 진중일지를 남겼다.[16]

앞에서 언급했듯이 군 포병대는 3사단의 경비지구로 이동하여 공동으로 경비에 임하게 되었고 야전중포병 5여단장 우치야마 에이타로 소장은 2대대와 그 밖의 부대들에게 12월 20일 창저우로 이동하라는 명령을 내렸다(대대). 다음 날 하달된 5여단의 지시에 따르면 창저우 주둔부대는 다음과 같다(대대). 먼저 3사단 소속으로는 기병 제3연대, 치중병 제3연대, 제2(절반은 우시에 주둔)·4야전병원, 병참 관련 부대가 있고 군 포병대의 절반인 공성중포병 제1연대 제1대대(오가사와라 마사쿠니小笠原勝國 소좌), 독립공성중포병 제1대대(마쓰무라 아키라松村精 소좌), 독립공성중포병 2대대, 독립공성중포병 제5대대(스즈키 시게루鈴木茂 소좌), 독립공성중포병대(가타시마 가즈히코片島一彦 대위), 임시공성중포병중대(오카다 긴이치岡田峮一 대위), 독립기구 제3중대(가미요시 부키치神吉武吉 소좌), 제3견인자동차대(나카노 겐키치中野健吉 중위), 제5견인자동차대(구사카 고조日下光三 중위)가 창저우로 향했다. 앞의 [그림 3-4](134쪽)의 내용과 일치한다.

창저우 경비의 큰 틀은 창저우지구경비대가 작성한 1937년 12월의 '창저우지구경비(위수복무)규정'에서 확인할 수 있다.[17] 항목만 열거하면 경비 및 순찰, 응급 출동, 잔적(殘敵) 소탕, 치안·선무 공작 등이며 매주 수요일과 금요일에 경비지구회보를 작성·발송한다고 되어 있다. 그리고 규정 말미에는 창저우 주둔부대의 상세한 배치를 알려주는 [그림 3-9]가 실려 있다.

2대대의 주둔지는 상단에 2FAS로 표기된 곳이고, 그림의 지역은 지금의 창저우시 톈닝구(天寧區)의 창저우역 남쪽에 해당되며, 동서

---

16) 대대본부의 진중일지는 1937년 7월 27일~1938년 12월과 1939년 6월~7월 3일, 2중대는 1937년 7월 27일~1939년 5월, 대대단열은 1937년 7월 27일~1939년 7월 3일이 각각 남아 있다. 이하에서 진중일지의 경우는 지면 관계상 출전을 생략하고 문서나 괄호 안에 각각 대대, 2중대, 단열로만 표기하며 그 밖의 문서는 출전을 명기한다.

17) 〈常州地区警備(衛戍服務)規定 昭和12年12月 常州地区警備隊〉, 《独立攻城重砲兵第2大隊 陣中日誌 昭和12年12月1日~13年1月31日》.

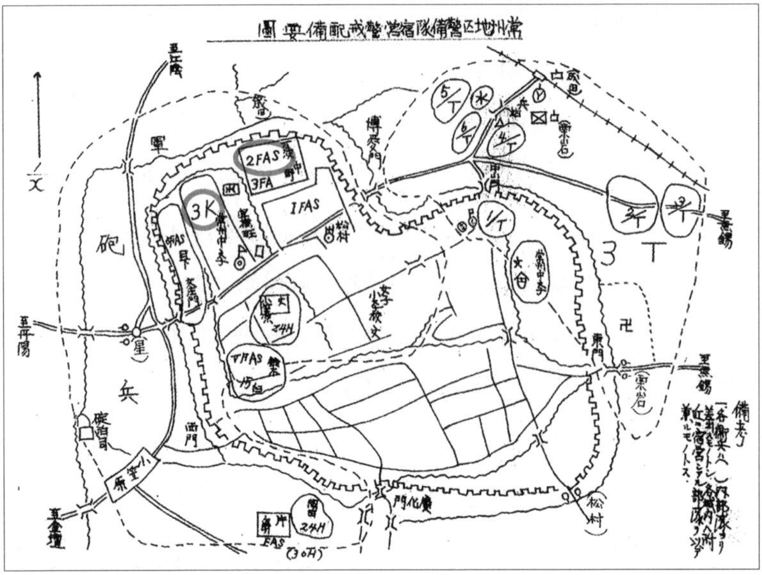

[그림 3-9] 창저우 주둔부대의 배치도

· 출전: 〈常州地区警備(衛戍服務)規定 昭和12年12月 常州地区警備隊〉,《独立攻城重砲兵第2大隊 陣中日誌 昭和12年12月1日~13年1月31日》

와 남북 각각 2킬로미터 정도 되는 주둔지는 구춘(古村)과 그 외곽을 포함한다.

1937년 12월 25일 2대대는 창저우에 도착했다(대대). 창저우의 사영사령관이자 경비대장은 기병 3연대장 호시 젠타로(星善太郎, 1889~?) 중좌가 맡았다([그림 3-9]에서 기병 3연대는 상단의 3K). 이로써 2대대는 상급부대인 5여단으로부터 부대의 작전과 운용에 대한 명령을 받는 한편, 제 사단 소속인 부대들과 공동으로 창저우 경비에 들어갔다. 창저우에 주둔한 포병대 전체의 선임은 1대대가 맡았다.

12월 26일에는 석식 오후 5시 30분, 일석점호 오후 9시 등의 일과시한표가 만들어졌다(대대). 그리고 외출 시에는 공용증과 외출증을 사용하라는 대대장의 주의 사항이 하달되었다. 12월 27일 전장의 5여단은 여단회보를 통해 인솔외출 외의 단독외출을 금지한다는 소식을 전했다(대대). 12월 31일에는 숙영지와 각 부대에 관한 대대장의 순시가 시행되었으며 이듬해 1월 2일에는 5여단장의 순시가 이루어졌다(대대).

1월 5일에는 '1938년 1월 이후 창저우주둔간경비규정'(이하 경비규정)이 하달되었다(대대, 단열에는 하달만 언급). 기병 3연대장이 정한 앞의 '창저우지구경비규정'이 상위에 있었는데, 이는 긴급성의 정도에 따라 2대대가 대응해야 할 태세를 명문화한 것이었다. 1월 8일자 여단회보는 5여단도 주둔의 체계화를 위해 '전상주둔지근무규정'을 운용하고 있음을 전했다(대대).

초기의 위안소

창저우 도착 직후인 12월 29일 창저우경비대가 내린 첫 회보에는 "'오락소'를 병참에서 곧 준비할 것"이라는 내용이 들어 있었다(대대).[18] 이후 해를 넘겨 1월 3일은 '휴양일'이었다는 기록이 있으며 1월 6일 단열장은 "술과 여자에 대한 군인의 자세"라는 제목으로 훈시했다(단열). 그리고 1월 9일에는 창저우성 북쪽의 1대대 주둔지 부근에서 '오락장'이 열렸다(단열). 공교롭게도 앞의 101사단 보병 101연대 2대대와 같은 날짜에 개설되었다. 혼잡을 방지하기 위해 2대대의 이용시간은 9일부터 매번 5일째 날 오전 10시~오후 7시가 할당되었다. "오락을 하는 자는 반드시 '삿쿠'를 사용"하고 "현재 화류병 환자는 출입을 금"한다는 주의 사항이 함께 하달되었다.[19]

---

18) 참고로 각 회보의 시각을 보면 주둔지회보는 오후 1시, 대대회보는 오후 4시, 중대회보는 오후 5시였으며(단열은 기록이 없다) 시차를 두고 주요 정보가 상급부대에서 하급부대로 전달되었다.

19) 1월 14일과 18일, 대대회보에서는 화류병 예방에 주의를 기울이도록 지시했다(대대).

1월 13일에는 외출하는 일반 병사의 복장이 엄격하지 않을뿐더러 경례가 불량하다는 지적이 이루어졌다(단열). 1월 14일에는 휴양에 관한 언급이 없었으나 1월 19일과 24일, 29일에는 "오늘 휴양일이라 조례 후 필요한 주의를 주고 휴양하게 했다"는 문구가 동일하게 기재되어 있다(단열). 1월 16일에는 앞서 언급한 대로 참모총장(황족인 간인노미야 고토히토 대장)의 군기와 풍기 강조에 맞추어 5여단은 외출자의 복장과 태도를 엄정히 하도록 지시했다(대대). 2중대에서는 1월 18일 헌병대가 설치되었으므로 군기·풍기에 유의하고 화류병 예방에 힘쓸 것, 이튿날에는 5여단장 사열이 있는 22일에 무단외출 엄금 등의 지시가 이루어졌다(중대). 명시적인 언급은 없으나 규칙적으로 외출이 실시되고 있었다고 보는 것이 자연스럽다.

5여단장의 2대대 사열에 맞추어 작성된 대대장의 보고[20]에 따르면 1월 20일 당시 창저우의 '위안 설비'로는 병참이 경영하는 곳과 군 직할부대가 경영하는 곳 2곳이 있었다(대대). 각 부대는 정해진 날에 간부의 인솔 아래 1시간 30분 동안 이용했으며 군의를 위생검사에 입회시켜 점검했다. 화류병 환자는 1명이 확인되었다.

위안소 관리는 헌병 분견대가 담당했다. 1월 26일 위수지회보에는 헌병 분견대장의 주의 사항 중 하나로 외출자 복장과 경례의 엄격함이 열거되어 있으며 희망 사항으로는 확실한 외출증 소지와 전체 외출의 통보 외에 "신체검사 결과 불합격된 창부에 대해 행위를 요구하지 말 것" 등이 나열되어 있었다(대대). 이와 연동하여 경비대회보에는 부대가 외출할 때는 경비대에 통보하라는 지시와 더불어 성폭행을 당한 9세 여아를 제4야전병원에서 검사한 결과 화류병 감염이 확인

---

20) 1월 22일 5여단장의 2대대 사열에 맞추어 작성된 것으로 추정된다.

되었으므로 "병참 창부 중 검사에 합격한 자는 합격표(목찰)를 지니도록 할 것이므로 주의"를 요구하는 전언이 첨부되었다(대대). 1월 27일 2중대는 강간 현장을 들킨 병사는 즉시 총살 처분을 받게 된다는 내용을 회보를 통해 주지시켰다(중대).

위안소 이용 개시와 더불어 성병 문제는 본격적으로 부각되었다. 1월 27일에는 2대대원 전체의 신체검사가 진행되었는데, 주안점은 화류병 검사였다(대대). 검사 결과 매독과 연성하감은 없었고 만성임질 환자가 13명이었는데, 신규 감염자는 없는 것으로 나타났다. 같은 날 단열회보에서는 화류병 환자가 많으므로 향후 발병자는 엄벌에 처할 것이며 일직순찰사관에게는 외출자의 복장을 확인하라는 지시가 있었다(단열). 이튿날 대대회보는 화류병 환자는 영창 처분을 받게 되고 군 및 본적지, 재향군인회, 소속 연대구[21] 사령부, 국방부인회 등에 통보한다는 소식을 전했으며(단열) 대대본부 앞에서는 군의관의 위생 강연이 실시되었다(대대).

그런데 1월 29일 단열회보에는 다음의 정보가 들어 있었다(단열).

> 종래 설치된 제1대대(원문은 마쓰무라부대) 앞의 위안소는 현재 폐지되었다.
> 현재는 병참부의 오락장이 있다. 그 오락일은 부대에서 명시된 바 없으므로 오락을 희망하는 자는 근무 일과 등에 지장이 없는 한 오후 1~4시에 가도 상관없다.
> 이에 관해 의무실에 매일 세정 설비가 있으니 이용해야 한다.

21) 각 사단마다 병사의 징병과 동원을 위해 설치한 지역 구분이 사관(師管) 내지 사관구(師管區)였으며 그 아래에 몇 개의 연대구를 두었다.

단, 부대의 휴양일은 본부에서 명령이 없는 한 종래와 같이 한다.

앞의 내용을 종합해보자. 1938년 1월 창저우에는 병참부대, 정확히는 중앙병참사령부의 지부가 개설한 위안소와 군 포병대에서 마련한 위안소 등 2곳이 존재했다. 대대단열이 휴양일에 출입했던 위안소는 포병대의 것으로 보이며 휴양일인 29일에는 포병대 위안소가 이미 없어졌으므로 병참부대의 위안소를 이용하도록 안배했다. 하지만 대대본부 내지 상급부대로부터 위안소 이용 날짜에 관한 별도의 지시를 받지 못했으므로 대대단열에서 독자적으로 근무 상황을 판단하여 오후 1~4시의 이용을 지시했다. 휴양일도 대대본부의 명령이 없는 한 종래대로 실시한다고 정리했다. 주둔 초기인 1월 말까지 창저우에서는 휴양일은 물론 위안소의 개설과 이용방식이 아직 체계화되지 않았다는 것을 알 수 있다.

2월이 되면서 병참 위안소의 운용 체계는 조금씩 가닥을 잡아갔다. 2월 1일에는 대대회보를 통해 '오락소'의 할당 요일이 결정되는 대로 공지할 것과 외출증 소지, 성비고의 배급과 사용 주의를 하달했다(중대, 대대에는 성비고 배급만 기재). 바로 다음 날인 2일 2대대는 1대대로부터 위안소 이용일이 매주 수요일로 정해졌다는 통보를 받았고 각 중대에 시간을 배당했다(대대). 오전 10~11시는 대대본부, 오전 11시~정오는 1중대, 오후 1~2시 30분은 2중대, 오후 2시 30분~4시는 대대단열, 오후 4~6시는 3견인자동차대로 나누었다.[22] 2대대는 이제 정식으로 병참 위안소를 출입하게 되었다.

22) 포병대 위안소의 이용시간도 오전 10시~오후 7시였으므로 병참 위안소의 시간 할당방식을 채택했던 것으로 추정된다.

이로써 위안소 이용의 큰 윤곽이 잡혔다. 첫 병참 위안소 이용일인 2월 2일에 대대단열은 오전 9시 조례 후 병기 손질을 실시한 다음 전체 휴양했고(단열) 2중대의 진중일지에 처음으로 '휴양일'이 기록되었다(중대).

2월 9일은 대대본부의 '위안일'로 명기되었으며 '오락소' 이용에 관해 주의를 주는 한편, 부관이 병참에 관련 연락을 취했다(대대). 대대단열은 하루 전인 2월 8일에 외출 희망자로 하여금 반드시 분대장을 통해 외출 신청서를 내도록 했으며 2월 9일 '휴양일'에는 병기 손질을 검사한 뒤 외출지에서의 행동에 관한 주의를 준 다음 휴양하게 했다. 외출자는 64명에 이르렀다(단열, 16일과 23일에 휴양일 명기). 2중대도 별도의 기술은 없으나 휴양일로 표시되어 있다(중대, 16일과 23일에 휴양일 명기).

2월 11일 대대단열은 휴양일 이외의 위안소 출입을 금한다는 지시를 회보로 전달했는데(단열), 그 이유는 13일의 대대단열회보에 나온다. 휴양일이 아닌 날에 음주하거나 외출증을 소지하지 않은 채 외출하는 병사가 계속 적발되었던 것이다(단열). 이로 인해 2월 14일 외출자는 외출과 귀대를 위병소에 신고했고 위병소는 외출자 명부를 보관하도록 했다(중대). 위안소 이용 체계가 완전히 정착되지 못했음을 짐작하게 한다.

2월의 세 번째 '위안일'인 16일에는 순서를 바꾸어 2중대부터 위안소를 이용하도록 했다(대대). 2월 24일에는 위안소 이용시간 변경이 통보되었는데, 하사관은 오전 10~11시로(대대, 중대), 병의 다음 이용시간은 오후 3~4시로 바뀌었다(중대). 3일 뒤인 2월 27일에 하사관의 위안소 이용시간이 정해졌다며 주의를 준 점을 참작한다면(중대) 2월 말에 이르러서야 하사관과 병의 이용시간대가 분리되었다는 것을 알 수 있다. 2월 28일에는 2중대의 준위가 위안소 이용 감독자로 임명되었다(대대).

위안소 이용이 본격화했음에도 불구하고 성병 환자는 줄어들지 않았다. 2월 20일 대대장은 아침 조례 후에 화류병에 주의하라는 훈시를 했고(대대), 22일에는 임질 환자를 가족에게 통보하고 엄벌에 처한다는 명령이 대대회보에 실렸다(단열). 2월 24~25일에 실시된 신체검사에서는 임독성요도염 환자가 12명(본부 3명, 1중대 1명, 2중대 3명, 단열 4명, 견인자동차대 1명)이 발생했다(대대). 이에 대해 대대단열에서는 2대대 중에서 성병 환자가 제일 많이 발생(4명)함에 따라 '특단의 대책'을 요한다는 기록이 3월 1일자 진중일지에 남아 있다(단열).

2) 주둔 태세 개편과 위안소 이용의 변화

주둔의 장기화

앞서 언급한 대로 2월 14일 중지나방면군이 해체됨과 동시에 중지나파견군이 신설되었다. 화중 전선을 지휘하는 최상급부대가 개편된 것이다. 이에 따라 창저우에 주둔한 포병대의 구성에도 일부 변동이 생겼다. 독립공성중포병 제5대대와 독립공성중포병대는 2월 18일부터 5여단을 벗어나 상하이로 이동하여 중지나파견군 직할부대로 편입되었으며 3월 14일에는 임시공성중포병중대가 일본 본토로 귀환했다(대대).

중지나파견군의 창설은 2대대의 주둔 태세에 지대한 영향을 미쳤다. 3월 6일의 훈시에서 하타 슌로쿠 신임 사령관은 "엄숙한 군기와 차기 작전 준비의 완벽"을 강조했고 참모장 가와베 마사카즈(河辺正三, 1886~1965) 소장은 보다 세부적인 내용을 강연에서 밝혔다(대대, 2

대대는 3월 13일 수령). 이후의 분위기는 대대단열의 진중일지에서 잘 전해지는데, 4월 1일에 "엄숙한 군기와 차기 작전 준비는 신임 군사령관의 대방침으로서 그 구체적 대책으로 군기, 풍기의 철저한 통제 및 제 규정의 제정 등 실적을 착착 올리고 있다"며 압축적으로 표현하기도 했다(단열).

먼저 차기 작전 준비는 훈련의 체계화로 나타났다. 2월 28일 대대본부는 2대대 전체를 단위로 실시할 '3월분 대대 교육 행사 예정표'를 처음으로 만들었다(대대). 교육 내용으로는 매 월요일의 간부교육, 매 금요일의 관측 훈련 등이 열거되어 있다. 중지나파견군도 훈련 강화의 일환으로 3월 5일 '중지나파견군교육규정'을 제정했고 예하사단 및 직할부대에게는 '전지(戰地)교육'의 실시와 더불어 매월 보고를 의무화했다.[23] 3월 11일 5여단도 교육 개요는 매월 30일까지, 3월 행사표는 시급히 제출하라는 지시를 내려보냈다(대대).

3월 10일 대대본부는 각 중대에 중지나파견군의 교육규정을 바탕으로 간부와 병의 교육을 실시하며(대대) 대대의 교육 행사표를 토대로 행사 예정표를 작성하도록 지시했다(단열). 각 부대도 3월의 계획표를 만들었다. 대대본부는 5개반(관측반, 통신반, 무선반, 대공반, 자동차반)마다 매일의 일과를 설정했으며(대대) 2중대는 오전과 오후로 구분하여 사격 훈련, 군기 교련, 소총 전투법 등의 항목을 실행하겠다는 교육 행사 예정표를 작성했다(중대). 대대단열도 마찬가지로 정신 훈화, 자동차 점검과 같은 일정을 오전과 오후로 나누어 기입했다(단열).

---

23) 중지나파견군은 3월 5일 '중지나파견군교육규정'을 제정했다(〈中支那派遣軍教育規程制定の件(1)〉,《昭和13年〈陸支密大日記 第14号〉》.

위안소 이용의 체계화

중지나파견군의 개편과 주둔 태세의 장기화는 위안소 이용방식에도 영향을 주었다. 먼저 3월 1일에는 대대회보를 통해 2대대의 '위안일'이 매주 목요일로 바뀌었음을 알렸다(대대). 이는 창저우 주둔부대 개편에 수반된 변화로 추측되며 대대본부에는 사전에 통보되어 2월 28일에 작성된 대대의 교육 행사 예정표에 목요일이 휴양일로 명시되어 있다. 2중대와 단열의 계획표에도 목요일인 3월 3일·17일·24일·31일이 휴양일로 표기되어 있다(3월 10일은 '육군기념일'이어서 별도 행사가 예정되었는데, 단열은 휴양일로 기재함).

위안소 상황은 엄숙한 군기라는 또 하나의 과제와 무관할 리 없었다. 앞서 언급한 가와베 마사카즈 참모장은 '내무에 관해서'라는 항목 말미에서 "소위 외출에 관해서는 위해, 군기, 풍기, 위생 등의 관점에서 그 밖의 실정에 맞추어 엄격한 규정을 두어 이를 실행하게 하"라고 강연했다(대대). 아울러 3월이 되어서도 2대대의 위안소 이용을 둘러싼 끊임없는 잡음이 진중일지 곳곳에서 기술되었다.

3월 2일 4명의 성병 환자가 생긴 대대단열은 독자적으로 화류병 예방교육을 실시했다(단열). 같은 날의 위수지회보는 외출증 없이 위안소를 이용하는 자가 있으며 각 부대의 위안소 이용일을 엄수해달라는 내용을 담았다(대대). 3월의 첫 휴양일인 3일에는 위안소 감독자인 준위의 통제 아래 하사관부터 이용하게 했고(대대), 2중대는 휴양일의 표기만 남겼으며(중대), 단열은 "휴양일이므로 필요한 주의를 주고 휴양하게" 했다고 기록했다(단열).

3월 3일 단열의 진중일지는 위수지회보를 이어받아 외출증 소지와 위안소 할당일 외에 위안소에서의 음주 금지, 성병에 대한 경각심 등을 전했는데(단열), 2중대의 중대회보에는 다음의 내용이 부기되어 있다(중대).

五. 위안소 규정 중 필요한 사항 및 주의를 이하에 표시한다.

1. 하사관, 병의 입구는 남측 동문으로 한다.

2. 단가

지나인 1엔

조선인 1엔 50센

일본인 2엔

3. 돈은 반드시 지불할 것.

4. 시간은 대략 1시간 이내.

5. 방독에 주의할 것.

6. 음주자의 출입을 금한다.

앞의 내용을 통해 병참부대가 창저우에서 설치한 위안소의 실태를 다소나마 유추해볼 수 있다. 하사관과 병뿐 아니라 장교도 이용했으며 요금이 차별화된 중국인·조선인·일본인 '위안부'를 수용한 복수 또는 대규모 위안소가 존재했다(후술). 이용시간이 1시간 이내로 길게 정해진 것도 특이하다.

3월의 첫 휴양일에 사고가 터졌다. 3월 5일 대대회보에는 1중대 외출 병사의 복장이 불량했다는 소식이 창저우경비대를 통해 전달되었으며(단열, 중대) 향후 그런 통보를 받은 병사는 외출을 금지한다는 명령이 들어 있었다(단열). 그럼에도 불구하고 위안소 이용의 문제점은 꼬리를 물고 불거졌다. 3월 10일에는 대대회보를 통해 "부대의 명예에 관한 행동, 특히 위안소 등에서 주의를 기울이고 외출증은 반드시 휴대할 것"과 위안소에 감시자를 배치하고 관등성명을 대대 부관에게 보고하도록 지시했으며(단열) "타 부대의 위안일에는 절대 위안소에 출입하지 않"도록 했다(대대). 이튿날 대대회보에서도 관련된 지적이 이루어졌다. 휴양일 이외에 위안소에 가거나 오후 6시 이후까지 머무른다는 헌병의 보고를 전하면서 다른 부대의 할당일과 시간 외의 위안소 출입은 절대 없어야 함을 강조했다(단열).[24] 그래서 3월 12일 조례에서 대대장은 "명예를 더럽히지 말라"는 훈화를 했고 대대회보에서는 하사관과 병의 외출에 관해 간부들이 엄하게 단속할 것을 지시했다(대대). 3월 13일 2중대는 회보를 통해 위안소에서 행동을 조심하고 폭행을 금지하도록 했다(중대).

3월 14일 대대회보에서는 창저우 성내 1대대 부근의 중국인 사창이 '발호'하니 방독상 주의할 것과 본토 귀환자는 승선 전에 엄격한 신체검사를 실시하여 화류병 환자는 완치 전까지 귀환을 허용하지 않는다는 방침을 전했다(대대, 단열은 3월 15일).[25] 3월 16일 경비대회보는 위안소에서 지갑과 각반을 습득했다는 것(대대, 중대, 단열),[26] 위안소의 공휴일은 매월 15일(중대, 단열), 헌병 하사관과 병의 위안소 이용시간은 오후 6~9시임을 알렸다(단열).

내무규정 제정

3월 16일 2대대는 위안소 관련 사료 중에서 가장 많이 알려진 '창저우주둔간내무규정'(이하 내무규정)을 제정했다(대대). 여기에는 두 가

24) 진중일지마다 내용이 다소 다른데, 오후 6시 이후 위안소 출입을 엄중히 단속하라고 지시했으며(대대) 하사관 중에 밤에 위안소를 가거나 다른 부대 할당일에 가는 사례가 지적되어 있다(중대).

25) 3월 15일 2중대는 상하이 시내의 외출에 관한 제반 주의 사항을 회보로 통지했다(중대).

26) 대대본부의 진중일지에는 지갑의 발견 장소를 "元慰安所 遠見亭"으로 기재했다(대대).

지 요인이 작용한 것으로 보인다. 3월 11일 5여단에서 '내무규정'을 제출하라는 회보가 내려온 점이 직접적인 요인일 것이며(대대) 위안소 이용을 포함한 주둔 태세 전반에 대한 재정비를 기하려는 의도 또한 앞의 경과로부터 충분히 짐작할 수 있다.

17개의 장과 100개 항목에 이르는 내무규정은 전투와 훈련을 제외한 부대의 제반 행위를 망라하고 있으며 위안소에 관한 언급은 제8장의 '휴일과 외출 출장'에서 시작된다.[27] 휴일은 목요일로 정해진 위안일과 그 밖의 공휴일로 정해졌으며 병은 휴일 외출 때 반드시 외출증을 휴대하도록 했다.

2대대는 위안소 외출을 특화하여 제9장의 '위안소사용규정'으로 엮었다. 내무규정에 포함된 드문 사례이기도 하다. 위안소의 '방침'은 전장위안소규정과 똑같이 "완화 위안의 방법을 강구하여 군기 숙정에 일조"한다고 되어 있으며 위안소 이용의 주의 사항도 표현이 매우 유사하다. 위안소규정의 지침 내지 '매뉴얼'을 참조하여 작성했음에 틀림없다. 주요 내용은 다음과 같다.

위안소 이용은 부대별로 요일을 정하는 방식으로 할당되었다. 기병 3연대인 호시(星)부대는 일요일, 치중병 3연대인 구리이와(栗岩)부대는 월요일과 화요일, 독립공성중포병 1대대와 2대대를 합친 마쓰무라(松村)부대는 수요일과 목요일(2대대는 목요일), 병참 관계 부대를 가리키는 나리타(成田)부대는 토요일, 아치하(阿知波)부대[28]는 금요일, 그리고 야전 창고부대를 총칭한 무라타(村田)부대는 일요일로 표

---

27) 〈常州駐屯間内務規定 昭和13年3月 独立攻城重砲兵第2大隊〉, 《独立攻城重砲兵第2大隊 関係資料 常州駐屯間内務規定警備間教育規定》.

28) 패전 무렵 육군 군의 중좌를 지내고 교토에서 개업했다는 아치하 고로(阿知波五郎)가 책임자인 제4야전병원으로 추정된다.

시되어 있다.[29] 임시 주둔부대의 이용은 별도로 규정한다고 되어 있다. 2대대와 마찬가지로 창저우에 주둔하던 모든 일본군 부대는 위안소에 가는 날을 휴양일로 설정했다.

하사관과 병은 오전 9시~오후 6시의 출입을 허가했고, 1시간 이내 이용에 요금은 중국인 1엔, 조선인 1엔 50센, 일본인 2엔으로 차별화했다(장교는 2배). 위안소에서 직접 현금으로 지불하는 방식이어서 전장에서와 같은 '티켓' 즉 이용권은 사용되지 않았다. 그리고 위안소 감독은 1월의 위안소 설치부터 그랬듯이 헌병 분견대가 담당했다. 영업자로 표기된 '위안부'는 지정 장소 이외의 외출을 불허했으며 위안소의 휴일은 매월 15일이었다. 군 전용이라는 의미에서 중국인의 출입을 금지했다.

위안소는 닛카(日華)회관[30] 남쪽에 있었으며 회관 부속 건물과 하사관·병의 건물로 구분되었다. 하사관과 병은 남쪽 출입구를 이용하도록 했다. 매주 월요일과 금요일 오전 8~10시에 검사를 받았으며 금요일에는 정례적으로 성병을 검사했다. 제4야전병원 군의가 검사 주임관이었고 병참예비병원과 각 부대의 군의가 보조를 담당했다. 검사 주임관은 검사 결과를 각 부대에 통보했다.

내무규정은 두 가지 점에서 매우 시사적이다. 먼저 3월 3일자 2중대의 진중일지에서 확인한 위안소 이용 실태는 앞의 위안소규정에서도 반복되고 있다는 점이다(2대대에 맞추어 일부 조항이 추가되었을 것이

---

29) 〈常州地区警備(衛戍服務)規定 昭和12年12月 常州地区警備隊〉,《独立攻城重砲兵第2大隊 陣中日誌 昭和12年12月1日~13年1月31日》.

30) 닛카회관의 위치는 진중일지에서 확인되지 않지만 큰 규모의 회식 장소로 자주 등장하며(가령 4월 1일과 3일의 대대본부 진중일지) 전장에서도 같은 명칭이 기록되어 있다(5월 26일 대대본부 진중일지).

다). 그런 면에서 위안소규정의 작성 주체는 의심의 여지없이 병참부대였으며 위수지인 창저우를 경비하는 모든 부대에도 적용했을 것이다. 위안소의 설치와 관리는 위수지, 바꾸어 말하면 경비사령부의 업무와 불가분의 관계였다. 둘째, 2대대의 내무규정에 위안소규정이 포함되었다는 것의 함의다. 위안소를 출입하는 2대대 병사들의 행동은 일과 시한과 각종 근무, 명령 하달, 연락, 기밀의 보호·방첩 등을 포함한 부대의 본래적이고 공식적인 업무와 직결되어 수행되었다는 사실이 분명해진다. 그것을 매개하는 것이 '외출'이었다.

앞의 내용을 통해 위안소에 관한 간단하고도 새로운 정의를 내릴 수 있다. 위안소의 이용과 관리는 처음부터 부대의 운용이라는 틀 속에서 계획되고 실행되었으며 병사들은 외출을 통해 부대에서 허가를 받은 공식적인 '위안'을 얻기 위해 위안소를 출입했다. 따라서 군대내무서에 근거를 둔 '외출'은 개인적 행위가 아니라 장교를 포함한 병사와 위안소·'위안부'를 연결해주는, 바꾸어 말하면 일본군 성노예 시스템을 발생시키는 공식적·제도적 행위였다는 결론이 도출된다.

3월 17일은 3월 들어 두 번째로 맞는 휴양일이었다. 대대본부는 "위안일이므로 연병을 실시하지 않"았고(대대), 2중대는 '휴양일'을 명기했으며, 대대단열은 "오늘은 휴양일이므로 필요한 주의를 주고 휴양하게 했다"(단열). 3월 18일에는 2중대에 내무규정이 배포되었다(중대).

3월 20일 대대장은 조례 석상에서 엄정한 군기, 차기 작전 준비, 건강 관리 등에 관해 훈시했다(대대, 중대). 그리고 대대회보에서는 다음과 같이 엄명을 내렸다(단열).[31]

31) 대대본부의 진중일지는 위안소 이용시간 엄수와 감독자 파견을 기록하고 있으며(대대) 2중대에는 중대의 외출 구역이 그대로임을 전하고 있다(중대).

1. 위안일의 단속을 엄중히 할 것.

특히 시간에 대해서는 철저히 할 것.

2. 위안일에는 반드시 단속 책임자를 정하고 그 교대를 확실히 할 것.

3. 하사관은 모든(원문은 何日) 휴양일의 오전 10~11시에 이용할 수 있다…….

3월 23일 위안일을 하루 앞두고 위안소 이용방식의 변경이 통보되었다. 대대본부의 하사관은 오후 5~6시이며(대대), 2중대의 병은 오전 11시 30분~오후 1시이고, 하사관은 오후 5~6시이며(중대), 단열의 병은 오후 1~2시 30분이고, 하사관은 오후 5~6시였다(단열). 병의 위안소 이용시간은 세분화되었고 하사관의 이용시간도 변경되었다. 각 소대별로 하사관이 인솔하고(중대, 단열) 정해진 시간의 외출증만 발급하도록 했다(중대). 특히 대대단열에서는 처음으로 '단열명령'의 형식으로 위안소 이용을 지시했다(단열).

그렇게 3월 24일의 위안일(대대), 휴양일(중대, 단열)이 집행되었는데, 이틀날에 사고자 발생이 알려졌다. 24일 1중대의 위안소 이용자 중에 음주자가 있어 루주가 헌병에 통보했던 것이다(중대, 단열). 3월 31일 역시 위안일(대대), 휴양일(중대, 단열)로 치러졌으나 2중대와 대대단열은 오후부터 휴양에 들어갔다.

한편, 교육 훈련방식은 더욱 세밀해졌다. 3월 23일 2대대는 매달 27일까지 배포될 대대의 교육 행사 예정표를 토대로 3일 이내에 각 중대의 교육 행사 예정표를 제출하고, 다음 달 2일에는 각 중대가 교육 행사 실시표를 제출하면 대대도 3일이나 4일 교육 행사 실시표를 제출하기로 한 것이다(대대). 관련 지시는 3월 25일에 각 중대에 전달되었고(단열) 준비 중이던 '경비간교육규정' 작성도 완료되었다(대대).

교육규정은 이튿날 각 부대에 회람되었다(중대, 단열).

3) 전장에서의 상황

제2대대의 이동

4월이 되자마자 창저우 주둔부대의 이동이 있었다. 3사단 소속인 기병 3연대는 4월 4일 난징으로 이동했으며(3사단은 쉬저우 작전에 참가), 4월 2일 2대대도 11일에 출발하라는 명령을 받았다(대대, 중대). 사실 이동에 관한 정보는 3월 28일 대대회보를 통해 전달되어 준비에 들어간 터였다(중대, 단열). 창저우경비대장은 1대대장이 이어받았다(대대).

4월의 교육 행사 예정표에 따르면 2대대의 휴양일은 3월과 같이 목요일인 7일·14일·21일·28일로 정해졌다(2중대와 대대단열도 동일). 그런데 4월 2일에는 화류병 환자가 많아[32] 당분간 하사관과 병의 외출을 금한다는 대대회보가 전해졌다(중대·대대는 방역 문제를, 단열은 외출 금지만 기술). 그래서 4월의 첫 휴양일인 4월 7일에는 외출과 위안소 이용이 불가능했으며 대대단열만 휴양일임을 기록하고 오후에 숙사에서 휴식을 취했다(단열). 같은 날 위수지회보에서는 단추나 호크를 푼 채 외출하는 사례를 지적하는 한편, 각지에 '밀매부'가 증가하므로 접근하지 말라는 주의를 전달했다(중대, 단열).

2대대는 4월 11일 창저우를 떠났고 이동이 완료된 것은 4월 13일이었다. 전장에서 2대대가 맡은 경비지구와 주둔지는 [그림 3-10]과 같다. 그림에서 확인할 수 있듯이 위안소가 밀집해 있던 룬저우구와

---

32) 3월 말의 진중일지에 신체검사의 기술이 없는 것으로 보아 성병 환자의 증가는 위안소의 검진 결과로 판단된다.

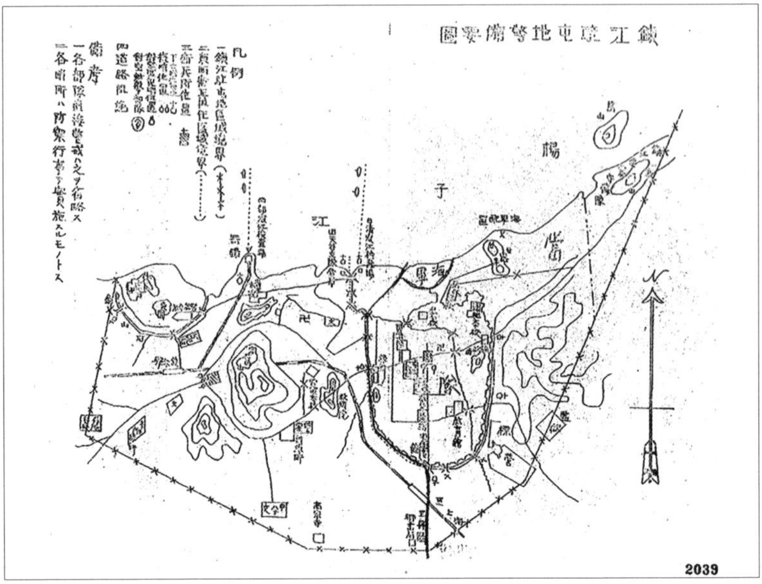

[그림 3-10] 전장에서의 독립공성중포병 제2대대와 그 밖의 부대의 배치도

· 출전: 〈陣中日誌 自昭和13年6月1日至昭和13年6月30日 独立攻城重砲兵第2大隊本部(1)〉,《独立攻城重砲兵第2大隊 陣中日誌 昭和13年6月1日~13年6月30日》

징커우구의 접경 지역이다.

4월 13일 2대대장은 대대회보를 오후 6시로 바꾸는 등의 새 일과 시한을 하달했고(대대) 2중대는 중대회보를 오후 7시 30분으로 정했다(중대). 같은 날짜로 작성된 '전장숙영지위병수칙'은 14일 각 부대에 전달되었다(대대, 중대). 주보는 4월 16일부터 개설될 예정이었는데, 14일에 주보위원 및 조수의 교체와 함께 장교집회소위원과 조수가 임명되었다(대대, 중대).

4월 14일 전장경비사령관은 3사단 보병 5여단장 가타야마 리이치로 소장에서 야전중포병 5여단장 우치야마 에이타로 소장으로 교체되었다. 4월 16일에는 대대장이 각 부대 숙사를 순시했고, 4월 22일에는 우치야마 에이타로 여단장이 순시했다. 그리고 2대대는 4월 26~28일에 우치야마 에이타로 소장의 참관 아래 부대의 대대적인 점검인 '교육 검열'을 실시했다. 2대대에게 4월은 주둔 태세의 정비로 분주한 나날이었다.

위안소에 관한 정보는 이동 도중인 4월 12일의 5여단회보에 실려 있었다(중대, 4월 13일에 기재). 화류병 환자는 신속히 치료하여 근절하고 부대가 본토로 귀환하더라도 환자는 잔류하게 했고(3월 14일 귀환한 임시공성중포병중대에서 몇 명 잔류), 발병자는 위안소 출입을 금했으며, 위안소와 '위안부'의 이름과 날짜를 보고하도록 했다. 4월 13일에는 여단회보를 통해 장교 1명과 하사관 이하 10명으로 편성된 제1종 순찰과 제2종 순찰의 차출이 있을 것임을 지시했다(중대).

위안소 이용 체계

4월 17일에는 회보를 통해 전장에서 2대대의 휴양일은 일요일로 정해졌고 각 부대별로 인솔하여 희망자를 외출시키라고 전달했다(대대, 중대). 그리고 4월 20일에는 '전장주둔간위생방역규정'(이하 위생규정)[33]이, 25일에는 '전장주둔간내무규정'(이하 내무규정)[34]이 각각 제정되었다.

전장과 창저우의 내무규정을 비교했을 때 눈에 띄는 차이점은 위안소규정은 물론 위안소에 관한 언급조차 없다는 것이었다. 제8장의 '휴일, 외출, 출장'에서 휴일은 통상의 일요일과 그 밖의 공휴일로 정하고 영내에서 휴양하도록 했다(44조). 사병은 휴일이라고 해도 외출

33) 〈鎮江駐屯間衛生防疫規定 昭和13年4月 独立攻城重砲兵第2大隊〉,《独立攻城重砲兵第2大隊 関係資料 鎮江駐屯間内務規定》.

34) 〈鎮江駐屯間内務規定 昭和13年4月 独立攻城重砲兵第2大隊〉,《独立攻城重砲兵第2大隊 関係資料 鎮江駐屯間内務規定》.

하지 않는 것을 원칙으로 했으나 특별히 필요한 경우에는 하사관 이상의 인솔 아래 외출할 수 있도록 했다(45조). 내무규정에서는 위안소라는 단어를 찾아볼 수 없었다.

위안소의 이용방식은 내무규정과 결부되어 위생규정에 등장한다. 근거는 '중지나파견군위생방역규정' 2조에 '화류병'이 명시된 데서부터 기인하는데, 구체적으로는 내무규정 45조에 수반되어 설정된 위생규정 15조의 내용이 그러하다. 특별히 외출이 허가되어 위안소에 '등루(登樓)'하려는 경우 외출 전에 당직하사관에게 신고하고 '삿쿠' 및 성비고를 수령하여 반드시 사용해야 했으며, 각 부대는 삿쿠와 성비고를 수령한 자의 이름을 다음 날 오전에 부대 의무관에게 통보해야 했고, 외출자는 부대 밖에서 음식 또는 식료품 구매를 엄금했다.

이 두 규정을 종합하면 전장에 주둔하게 된 이후 2대대는 휴양일인 일요일에 자유롭게 위안소를 이용하게 된 것으로 보인다. 앞에서 설명한 보병 68연대의 '전장위안소규정'과 마찬가지로 위안소 이용은 부대별로 요일과 시간대를 배당하는 방식이 아니었다. 2월 말 당시 8곳의 위안소 중 3곳이 준비 단계였는데, 앞서 설명했듯이 일본인 25명을 수용하려던 제8위안소는 시기는 확실히 알 수 없지만 실제로 영업하고 있었다. 7월 8일 2중대 진중일지에 "전장 제8위안소(일본인부)는 내일 7월 9일부터 영업을 재개"한다는 정보가 실려 있기 때문이다(중대). 그리고 7월 시점에는 전장에 실제로 위안소가 6곳에 '위안부'가 70명에 이르렀다는 기록도 남아 있다.[35] 따라서 요일별 할당

35) 〈丹徒鎮警備日誌 自7月4日至7月31日〉, 《独立攻城重砲兵第2大隊 陣中日誌 昭和13年7月1日~13年7月31日》. 말미에 첨부된 7월 위생월보에 수록되어 있으며 2대대의 군의는 7월 8일부터 전장주둔지사령관의 위촉을 받아 위안소 '창부'의 신체검사와 환자 치료를 겸하게 되었다.

의 필요성은 없었다고 보는 것이 합리적이다. [그림 3-10]에서 2대대의 주둔지가 68연대의 진중일지 부분에서 확인했던 위안소 소재지와 겹친다는 점도 놓칠 수 없는 대목이다.

게다가 위안소의 관리방식이 바뀌었다. 5월 23일 대대회보에서 그런 정황을 확인할 수 있다. 외출하는 하사관과 병에게 수통을 휴대하라는 지시와 더불어 "위안소 및 오락 연예에 관한 사항"은 향후 주둔지사령부가 맡기로 했다는 것이다(대대, 중대는 25일). 자율적인 통제로 이행한 셈이며 위안소의 이용 및 관리 시스템은 안착 단계에 접어들었다고 보아도 무방하다.

위안소 이용 환경의 변화는 진중일지의 기술에도 반영되었다. 4월 내내 진중일지에서 외출은 물론 위안소에 관한 기술조차 드물었다. 4월 24일 휴양일의 외출 기록은 없었으며, 4월 29일 '천장절'에 단열은 오후에 영내에서 휴양했다(단열). 4월 25일에는 대대회보를 통해 향후 외출자의 복장은 각반과 대검을 착용하며 주보와 위안소 등에 외출 중이거나 다수가 집합한 경우에는 경례를 철저히 하도록 지시했다(대대, 중대).

검열 중이던 4월 27일에는 내무규정과 방역규정이 최종 결정되었고(대대, 중대는 내무규정만 언급), 5월 2일에는 작전명령으로 방역규정이 각 부대에 하달되었다(대대, 중대). 같은 날 대대의 5월분 교육 행사 예정표가 작성되었다(대대). 대대본부와 2중대, 대대단열의 교육 행사 예정표의 휴양일은 모두 일요일인 1일·8일·15일·22일·29일이었고 이후 7월까지 바뀌지 않았다.

5월 이후에도 위안소에 관한 기록은 감소하지만 정보 전달의 주요 채널은 대대회보였다. 5월 2일에는 공용외출 중에 몰래 위안소에 출입하는 경우가 있어 엄벌에 처한다는 내용이 대대회보를 통해 전달되었다(대대,[36] 중대). 5월 6일에는 전장 시내의 중국인 경영 음식점과 이발소 중에서 위생 문제가 적지 않으므로 '출입 허가 사토(佐藤)부대인(印)'의 표식이 있는 곳만 출입하라는 통보가 있었다(대대, 중대).[37] 5월 9일에는 외출지에서 군인, 군속의 비위에 대해 취한 조치는 주둔지사령부에 보고한다는 것(대대, 중대)과 5월 16일에는 전염병 및 화류병 박멸 연구를 위한 군의관 회의가 18일에 개최된다는 것을 알렸다(대대).[38] 5월 30일에는 '사창(私娼)'이 출몰하므로 주의를 요한다는 것 등의 소식이 접수되었다.

또한 진중일지에서는 휴양일의 외출 기록이 희박해졌고 위안소 출입에 대한 흔적조차 찾기 힘들었다. 대대본부의 경우 '휴양일'이 명시된 것은 5월 15일이 처음이었으며 오후에는 영화를 관람하게 했다는 기록만 있었다(대대). 5월 22일에는 오후에 준사관이 지휘한 인솔외출을 실시했으며, 29일에는 오후에 휴양을 실시했다고 쓰여 있다(대대). 2중대는 진중일지에 '휴양일'을 표시하면서도 5월 8일과 15일에는 각각 오후 2시부터 60명과 50명이 영화를 관람했으며, 22일에는 오후 2시부터 준사관의 지휘 아래 26명이 인솔외출을 실시했고, 29일에는 소위의 인솔로 27명이 오후에 영화를 관람했다(중대). 대대단열에서는 5월 8일 "오늘 휴양일이므로 조례 후 필요한 주의를 주고 휴양하게 했다"는 기술에 이어 오후에 영화를 보았다고 기록되어 있다(단열).

---

36) 대대본부의 5월 2일자 진중일지 후반부는 〈鎮江駐屯間衛生防疫規定 昭和13年4月 独立攻城重砲兵第2大隊〉(《独立攻城重砲兵第2大隊 陣中日誌 昭和13年4月1日~13年5月31日》) 끝에 첨부되어 있다.

37) 사토 부대는 5월 15일자 진중일지에 나오는 '사토 병참 사무실'로 판단되는데, 상하이파견군의 병참부대였던 제8사단 제1병참사령부 사령관 사토 야에고로(佐藤八重五郎) 대좌로 추정된다.

38) 5월 중에 대대단열에는 새로운 성병 환자가 없었으나 기존의 환자 2명 중 1명은 5월 30일 제3야전예비병원에 입원했다.

5월 15일에는 휴양일이었지만 영내에서 휴양하도록 했다(단열, 오후에는 영화 관람). 22일에는 "필요한 주의를 주고 휴양하게 했"으며, 29일에는 오후 1시부터 일부의 인솔외출을 허가했다(단열). 5월 27일은 '해군기념일'이었는데, 대대본부는 "휴양하게 했다"(대대)고 했고, 대대단열은 "오후는 반내(내무반-인용자)에서 휴양하게 했다"고 했다(단열). 5월의 상황을 요약한 6월 1일자 진중일지에서 대대단열은 "숙영지의 상황을 감안하여 외출을 금지하고 오로지 교육 훈련에 중점을 두"었다가 "5월 말에 경비에 지장이 없는 한 하사관 이상의 인솔 아래 외출을 허가했다"고 기록했다(단열).[39)]

이와 같이 외출과 위안소 출입에 관한 서술이 격감하는 상황을 어떻게 해석해야 할까? 5월 이후 급증하는 영화 관람 쪽으로 외출 병사들이 몰려간 탓일까? 사실은 그렇지 않다.

4월의 세 차례 조사에서 전무했던 성병 환자가 5월 10일 6명이 발생했는데, 임독성요도염 5명(대대본부 3명, 1중대 2명)에 단열의 임독성부고환염 겸 각기 1명이었다(대대). 잠복기가 2~7일인 점을 감안하면 5월 1일 휴양일에 감염된 것이 확실해 보인다. 5월 20일에는 대대본부의 임독성요도염 환자가 1명 줄어 총 5명이었으며, 31일에는 대대본부의 임독성요도염 1명과 임독성부고환염 겸 각기 1명으로 줄었다(대대). 환자 발생은 멈춘 듯 보였다. 그런데 6월 10일에는 임독성요도염 환자가 다시 6명(대대본부 1명, 1중대 4명, 단열 1명)으로 늘어났다(대대). 1중대 4명과 단열 1명을 합쳐 5명의 신규 환자가 생긴 것이다. 6월

39) 5월 26일 위병이 초소에서 중국인 '매소부(賣笑婦)'를 희롱한 사건과 관련하여 2대대는 전장에 이주한 이후 필요 이외의 외출을 금지했다고 표현하고 있다(〈懲罰処分者報告〉, 《独立攻城重砲兵第2大隊 陣中日誌 昭和13年7月1日~13年7月31日》). 7월의 대대단열 진중일지 말미에도 짤막한 경과가 쓰여 있다(단열).

20일과 30일에는 신규 환자가 발생하지 않아 5명(대대본부 1명, 1중대 3명, 단열 1명)의 환자가 기록되어 있다(대대). 잇따라 성병에 걸리는 병사의 존재는 위안소 출입이 지속적으로 이루어졌음을 증명한다(7월은 발병 없음).

부대 운용과 위안소 이용

한편, 5월 19일 쉬저우를 함락함에 따라 2대대의 작전 출동은 인근의 '비적(匪賊) 토벌'에 집중되었다. 5월 25일의 첫 출동에 이어 6월에는 초순과 하순에 두 차례, 7월에 들어서서는 다섯 차례(2일, 4일, 6일, 11일, 17~18일)나 있었다. 당연히 이런 부대의 행동은 위안소 이용에도 직접적인 영향을 미쳤다. 앞서 언급했듯이 휴양일은 일요일이었으며 6월은 5일·12일·19일·26일, 7월은 3일·10일·17일·24일·31일이었다(8월 이후에도 휴양일은 일요일).

대대본부는 6월 5일과 12일에는 아무런 언급이 없다가 19일 휴양일에 영화 관람을 실시했다고 되어 있다. 6월 26일에는 5여단의 명령에 따라 100명 정도를 출동 대기시켰다는 기록만 있다. 7월 3일 출동 대기 부대를 편성하기 위해 오전 11시부터 3시간 교대로 2조로 나누어 인솔외출을 했으며, 10일에는 관련 서술이 없다. 7월 17일의 휴양일은 오전 4시부터 이루어진 토벌 출동으로 인해 무산되었고, 18일에는 20일을 휴양일로 대체하여 일반 휴양일에 준하여 외출을 허가하는 일일명령을 하달했다. 일일명령에 근거한 첫 대체 휴양일인 7월 20일에는 정오부터 인솔외출을 실시했고 휴양일인 7월 24일에도 인솔외출이 이루어졌다. 7월 30일에는 전장 시내에 콜레라 발병이 확인됨에 따라 외출이 전면적으로 금지되었다.

2중대의 외출 관련 기록은 다음과 같다. 6월 들어 첫 휴양일인 5일에는 오후 2시 20명의 영화 관람이 기록되어 있으며, 12일 휴양일에는 하사관 이하 약 50명의 인솔외출이 있었다. 그런데 휴양일이 아닌 6월 9일에도 오후 1시 30분부터 3시간 동안 준사관의 지휘 아래 하사관 이하 52명의 인솔외출이 실시되었는데, 앞서 언급했듯이 위안소 이용일이 지정되지 않았다는 방증으로 여겨진다. 다음 정기 휴양일인 6월 19일에는 오후 2시부터 약 20명이 영화를 관람했다는 기록이 있으며, 26일은 오후 2시 30분부터 약 3시간 동안 하사관 이하 47명이 인솔외출을 행했다. 이와 관련하여 6월 18일 회보에는 18일부터 일주일 동안의 제1종 순찰과 제2종 순찰을 복무할 장교의 명단이 적시되어 있었다.

7월에도 비슷한 상황이 반복되었다. 전날까지 토벌에 나섰던 2중대는 7월 3일 오후를 휴양하여 하사관과 병의 인솔외출을 허가했으며, 7월 10일에도 오후에 하사관 이하 35명의 인솔외출이 이루어졌다. 대대본부와 마찬가지로 7월 17일의 휴양일은 20일로 대체되었고, 오전 중에 하사관 이하 24명의 인솔외출이 있었다. 7월 24일에는 오전과 오후 두 차례로 나누어 하사관 이하 35명의 인솔외출이 실시되었고, 31일은 콜레라 때문에 아무 기록이 없었다.

대대단열의 상황도 다르지 않았다. 6월 5일에는 필요한 주의를 준 뒤 휴양하게 했으며, 12일에는 오후 1시부터 인솔외출을 허가했다. 6월 19일에는 일부의 인솔외출이, 26일 오후에는 단열 절반의 인솔외출이 하사관의 지휘 아래 각각 실시되었다. 7월 3일에는 토벌 병력을 유지하기 위해 오전과 오후로 나누어 인솔외출을 허가했으며, 10일에도 일부의 인솔외출이 이루어졌다. 7월 17~20일로 바뀐 휴양일에는 오전과 오후로 나누어 일부 병력의 인솔외출이 있었으며, 24일에는 일부의 인솔외출이 허가되었다. 7월 31일에는 전염병 때문에 외출을 금지하고 영내에서 휴양하게 했다.

위안소의 관리 주체는 주둔 상황에 따라 변동되었다. 7월 4일 대대회보에 따르면 5월 23일부터 주둔지사령부가 담당했던 "오락 기관의 취급"을 재차 병참이 맡게 되었는데(대대), 이 또한 오래가지 않았다. 7월 25일에는 대대회보를 통해 "7월 17일 이후 위안소의 관장은 헌병분대의 담임이 되었"음을 통보했다(대대). 이유는 7월 15일자로 우한 작전에 대비한 편제 개편 때문으로 보인다. 5여단은 제2군 휘하로 편입되었고 2대대는 5여단을 벗어나 중지나파견군 직할로서 전장 주둔을 이어갔다.

6월 들어 군표 사용에 관한 명령이 발해졌다. 6월 9일 회보에서는 군의 통첩에 따라 봉급의 일부가 군표로 지급되며 외출지에서 일본 화폐의 유출에 주의하도록 전했다(대대, 중대). 6월 13일에도 관련된 정보가 쏟아졌다(대대, 중대). 상하이를 제외한 점령지 내에서는 일본 화폐 사용을 금지하고 군표를 사용하도록 했으며, 각자 소지한 일본 화폐는 군표로 교환해야 하고 6월분 봉급부터 군표로 지급된다는 것이었다. 7월 4일에는 5센 동전의 사용도 통제되었다(대대, 중대). 면도 요금에 5센 군표 대신 5센 동전을 사용했는데, 각 중대는 경리실에서 발행하는 '면도권'을 일본 화폐 또는 군표로 일괄 구입하도록 했다. 해를 넘겨 1939년 1월 6일자 대대회보에서는 "여러 폐해가 있"는 일본은행권의 사용을 엄금했다(중대).

4) 이후의 주요 사항

전장에서의 움직임

8월 내내 2대대 병사들은 콜레라 때문에 외출이 불가능했다. 8월

14일·21일·28일이 휴양일로 명기되어 있었으나(중대, 단열) 영내에서 휴양하게 할 수밖에 없었다(단열). 그럼에도 불구하고 8월 20일 1중대에서 임독성요도염 환자 1명이 확인되었다는 점은 특기할 만하다(대대).[40] 8월 8일과 15일 대대회보에는 공용외출자가 음식점에 출입하는 사례가 언급되어 있는데(대대, 중대), 성병 환자와의 연관성은 불분명하다.

8월 24일 만나미 시토미 대대장은 25일부터 5여단장의 뒤를 이어 전장주둔지사령관에 임명되었다(대대, 중대). 8월 25일에 내려진 '주둔지명령'을 보면 사령부의 업무 분담 중 소위 1명이 '접대 안내', '배숙(配宿)', '연회'와 더불어 '위안에 관한 사항'을 맡았다는 점이 흥미롭다(사령부).[41]

뒤이어 외출 재개를 위한 준비가 이루어졌다. 8월 26일 만나미 시토미 사령관은 8월 27일~9월 말에 실시될 제1종 순찰과 제2종 순찰의 근무 배당을 주둔지명령으로 하달했다(사령부).[42] 그리고 3일 뒤인 8월 29일 주둔지명령에는 7월 30일자로 내려진 일반외출 금지를 30일부터 해제한다는 내용이 포함되어 있었다(사령부, 대대). 8월 30일에는 식당 2곳(南京食堂, アサヒ食堂)의 출입은 허가하고 불결함을 이유로 식당 1곳(樂酒堂)은 출입이 금지되었다(사령부). 식당의 존폐 여부는 전적으로 주둔지사령관의 의향에 달렸던 것이다.

---

40) 8월 10일 임독성부고환염을 앓던 대대단열의 일등병은 입원 치료를 마치고 귀대했으며 13일의 단열회보를 통해 화류병에 걸렸던 병사는 완치되었더라도 오후 6시 이후에 목욕을 하도록 지시했다(단열).

41) 2대대장이 주둔지사령관에 취임함에 따라 별도의 진중일지(《鎭江駐屯地司令部 陣中日誌》)가 9월 20일까지 작성되었는데, 이를 사령부로 칭하여 구분한다.

42) 순찰은 2대대와 나카노(中野)부대와 요코오(横尾)부대가 분담하며, 9월 2일 2대대가 맡은 9월 3~9일의 제1·2종 순찰의 시간표가 내려졌다(사령부).

9월 2대대의 휴양일은 변함없이 일요일이었다. 하지만 대대본부의 진중일지에는 관련 기록이 전혀 없다. 9월 15일에는 중지나파견군 참모부장의 임시 사열이 있었는데, 이튿날 대대 일일명령으로 16일과 17일에 전체 휴양을 지시함에 따라 17일에는 전체 휴양을 했다는 부분이 유일하다.

2중대도 별반 다르지 않았다. 9월 4일과 11일은 휴양일이라는 단어 외에 아무 언급이 없다. 사열 종료 후 주어진 이틀의 휴양일 중 17일만 쉬었으며 18일에도 휴양일만 명기되어 있다.

대대단열은 상반된 움직임을 보였다. 외출 해금을 기다렸다는 듯이 대대단열은 9월 1일을 '위안일'로 설정한 다음 일부는 인솔외출을, 외출하지 않는 자는 숙사에서 휴양하게 했다. 9월 4일 정기 휴양일은 오후에 영화 관람만 실시했으나 6일 근무에 지장이 없는 경우 특별히 오후 3시부터 일부의 인솔외출을 허가했고 잔여 인원은 숙사에서 휴양하게 했다. 9월 11일 오후에는 전원 휴양하게 했으며, 사열에 대한 '위로 휴가'인 16일에는 일부의 인솔외출(영화 관람)과 숙사 내 휴양을 실시했고, 17일에도 영화 관람을 위한 인솔외출을 허가했다. 9월 18일 정기 휴양일에는 오후에 숙사에서 휴양하게 했으며, 24일 오후에는 일부의 인솔외출을 허가했다. 군대내무서에 명문화되어 있듯이 외출 허가는 전적으로 부대장의 재량에 달렸던 것이다.

주둔지사령부의 진중일지에는 외출이나 위안소에 관한 정보가 다수 들어 있다. 9사단을 비롯한 많은 부대가 8월부터 우한 작전에 출정하기 위해 전장을 임시 숙영지로 삼고 있었기 때문이다. 9월 1일에는 주둔지회보를 통해 하사관과 병이 외출지에서 시간 엄수가 철저하지 못하고 경례 상태가 불량함을 거론하며 단속을 지시했다. 야간 행동이 금지되었는데도 음식점과 위안소 등에 다수가 출입하며 순찰장교

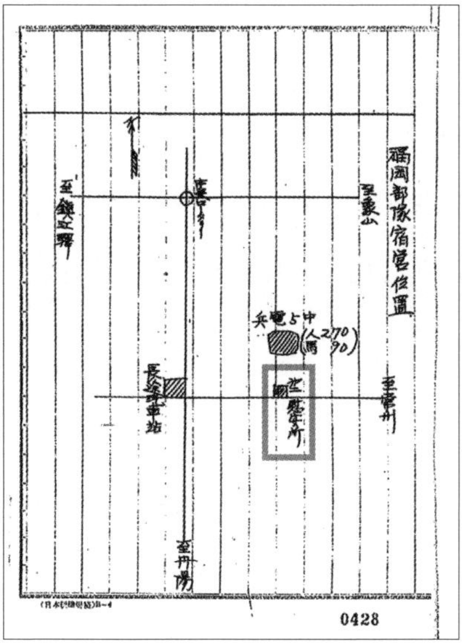

[그림 3-11] 후쿠오카 부대와 제2위안소

· 출전: 〈鎮江駐屯地司令部 陣中日誌 自昭和13年9月1日至昭和13年9月20日〉, 《独立攻城重砲兵第2大隊 陣中日誌 昭和13年8月1~13年9月30日》

나 상관에 대한 경례가 불충분하다는 것이었다. 9월 3일 주둔지회보에서는 순찰장교의 보고를 빌려 임시 숙영부대의 외출 복장과 태도, 경례가 불량하다고 지적했다. 9월 8일에는 시내 외출자의 복장과 태도를 바로잡을 수 있도록 각 부대에서도 순찰장교를 파견하여 지도, 감독에 임하도록 하는 주둔지회보를 발령했다. 9월 13일에는 군인, 군속의 출입을 허가하는 음식점 2곳(大東飯店, 金山飯店)과 출입을 금지하는 1곳(雪園食堂)의 이름이 실려 있다. 9월 15일 주둔지회보에도 외출자의 인솔을 하사관 이하에게 맡겨 복장과 경례가 불량한 사례가 많다는 지적이 있다.

9월 5일 주둔지회보는 임시 숙영부대와 위안소 이용의 관계를 짐작하게 해준다. 회보는 외출 중인 병사의 복장이 불량하다고 지적한 다음에 후쿠오카(福岡)부대, 즉 병참 전신 제5중대의 도착과 임시 숙영지를 알렸는데, 약도에는 [그림 3-11]과 같이 제2위안소의 위치가 표시되어 있다.

제2위안소가 후쿠오카부대에 배당된 것이 아니라면 굳이 숙영 위치에 표시할 이유가 없다고 판단된다. 보다 명징적인 사례는 뒤에서 설명할 독립자동차 제42대대에서 확인할 수 있다. 그리고 그 당시의 제2위안소는 지도상으로 판단하건대 [그림 3-8](141쪽)의 제2위안소와는 다른 곳인 듯하다.

우한과 주장에서의 상황

9월 24일 2대대는 우한 작전 참가를 겨냥하여 11군 휘하로 편입되었다(대대). 그리고 다음 날에는 각 중대에 출동명령이 내려졌고 일부 병력을 전장에 남겨둔 채[43] 28일에는 난징으로 향하는 열차에 올라탔다. 2대대는 난징 숙영지에서 시내 목욕탕을 9월 30일과 10월 1일 양일간 독점하게 되었는데(중대), 대대단열은 9월 30일 오후 목욕과 함께 일부 병력의 인솔외출을 허가했다(단열).

이후 2대대는 우한 전투에 참가했다. 2대대는 전투가 일단락된 뒤 10월 29일부터 우한 시내의 우한대학 근처를 숙영지로 배정받아 경비에 들어갔으며 통상적인 수순대로 30일에는 일과 시한이 정해지고 공용, 특히 허가된 자 외에는 외출이 금지되었다. 11월 초부터 2대대는 보병부대의 화력을 지원하며 전투와 경비를 전전하다가 군 포병대와 함께 우한과 셴닝(咸寧) 사이에서 주둔했다. 11월 14일부터는 셴닝 북

43) 전장의 잔존 병력(2대대 50명과 3견인자동차대 20명)도 2대대의 내무규정에 의거하여 일요일을 휴양일로 삼았는데, 10월 2일과 9일은 오후 휴양, 16일과 23일에는 일부의 외출을 허가했으며(30일은 휴양), 24일에는 경비대회보에 '매창부에 관한 건'이 포함되어 있었다(〈附録3 陣中日誌 自昭和13年自9月26日至10月31日 独立攻城重砲兵第2大隊残置隊〉, 《独立攻城重砲兵第2大隊陣中日誌 昭和13年10月1日~13年10月31日》).

부의 허성차오(賀勝橋) 동부 지역에 있다가 12월 14일 북지구수비대의 일원으로 루후(魯湖) 동쪽 지구의 경비를 맡아 이전했다.

12월 4일에는 처음으로 2중대와 대대단열의 진중일지에 휴양일이 표시되어 있다(중대, 단열은 숙사에서 휴양). 전장의 잔류대와 마찬가지로 일요일을 휴양일로 삼는 방식이 이어져온 것이다. 12월 5일 진중일지에는 2대대가 부관을 진뉴진(金牛鎭)에 보내 "위안 기관에 관해 호리카와(堀川)부대와 연계하도록 했다"고 기술된 부분이 있다(대대). 진뉴진은 2대대 오른쪽에 있으며 호리카와부대는 독립야전중포병 15연대를 가리킨다. 11월 30일까지 전무하던 임독성요도염 환자가 12월 10일 조사에서 1중대와 2중대에 1명씩 발생한 것으로 미루어보아 '위안 기관'은 위안소로 추측되지만 곧바로 이동명령이 떨어진 탓인지 더 이상의 기술은 눈에 띄지 않는다(대대). 또한 북지구수비대장은 호리카와 중좌였다.

대대본부와 2중대는 새 숙영지에서 맞은 첫 일요일인 12월 18일에 휴양일을 가졌다(대대, 중대). 12월 20일과 30일 조사 결과로는 2중대에 임독성요도염 환자가 1명 있었다(대대). 12월 23일 대대단열은 당분간 휴양일을 토요일로 한다는 일일명령을 하달했고, 24일 진중일지에는 "휴양일이므로 전원 휴양하게 했다"고 기록되어 있다(단열). 25일에는 2중대의 휴양일만 명기되어 있다. 31일에는 주보가 영업을 개시했고 2대대도 본격적인 주둔 태세에 들어갔다(대대, 중대).

1939년에 접어들어 2대대의 휴양일은 다양해졌다. 1월 1일에는 2중대의 1월분 교육 행사 예정표에 목요일로 표시되어 있는데, 5일에는 아무 언급이 없으며, 12일과 19일에는 휴양일만 명기되어 있다(중대). 대대단열은 1월 3일 행사표의 일요일을 토요일로 대체했다고 쓰여 있는데, 7일에는 아무 언급 없이 일요일인 15일에 숙사에서 휴양했다고 되어 있다. 다음 휴양일은 토요일인 21일에 가졌고, 1월의 마지막 휴양일은 27일로 바꾸어 실시했다(단열, 28일은 대대장의 자동차검사).[44] 2중대는 2월에도 목요일을 휴양일로 설정했으나 2일 휴양일 표기만 있다(중대). 대대단열도 2월 3일 원래 예정을 바꾸어 휴양일을 가졌으며, 11일에도 전체 휴양을 했다(단열).

2대대는 2월 7일 난창(南昌) 공략전 참가를 위해 이동하라는 명령을 받았다(단열은 2월 20일 출발). 이후 양쯔강 남안을 전전하던 2대대는 3월 말부터 독립혼성 제14여단과 함께 주장(九江) 남쪽의 루산(廬山)에서 전투를 치렀다. 4월 하순에 접어들면서는 휴식과 부대 정비를 위해 주장에서 주둔했다가 6월 18일에는 이동에 들어가 26일에 고베로 귀환했다. 주장경비대사령관은 독립혼성 14여단장(도도 다카히데藤堂高英 소장)이었다.

4월 25일에는 대대회보로 외출자는 반드시 완장을 부착하라는 주장경비대회보를 전했다(중대, 단열). 4월 28일부터는 외출에 대한 기술이 나타난다. 대대단열회보에 따르면 4월 29일 오후 1시부터 '위안외출'을 허가하고 음식점 출입을 금지했는데, 각 소대 외출 희망자를 취합하여 29일 오전에 보고하도록 했고, 하사관을 인솔자로 임명했다(단열). 이튿날 2중대는 오후에 전체적으로 외출을 허가했고(중대) 단열은 오후를 휴양했다(단열).

5월 7일까지 2대대 소속부대는 주장 서쪽 끝의 새 숙영지로 속속 이동했다(중대, 단열). 이후 주장에서 주둔하는 동안 2대대는 과거 창저우와 전장에서와 마찬가지로 외출과 위안소 이용의 전형적인 패턴

---

44) 1939년도 대대본부의 진중일지는 6월분만 남아 있으며 2중대의 진중일지는 5월분까지만 남아 있다.

을 보여주었다.

5월 7일에는 각 부대의 휴양일이 목요일로 정해졌다는 대대회보가 하달되었다(중대, 주류 배급도 주 2회). 5월 5일부터 채워진 대대단열의 5월분 교육 행사 예정표 역시 목요일이 휴양일로 표기되어 있다(단열, 5월 9일에 각 소대에 배포). 5월 10일 대대단열회보에 따르면 향후 '위안외출'을 허가한 경우 외출시간을 다음과 같이 했다(단열, 주류 배급도 주 2회임을 알림). 오전 8시~오후 1시는 부속 2소대, 정오~오후 5시는 제1·3소대, 오후 6~9시는 하사관 등으로 나누었으며 각 소대별로 하사관 이상 지휘자가 동행하도록 하여 귀대시간을 엄수하고 음식점 출입을 엄금했다. 위안외출이 곧 위안소 출입이라는 점은 부인의 여지가 없다.

5월 11일에는 2중대의 휴양일 표시만 되어 있지만(중대) 대대단열은 "휴양일로서 오전과 오후 2회로 나누어 근무원을 제외한 희망자에게 위안외출을 허가"했다고 되어 있다(단열). 5월 17일에는 대대단열회보에 5월 10일의 외출시간 중에서 오전 8시~오후 1시를 오전 9시~오후 1시로, 정오~오후 5시를 정오~오후 4시로 고치고 오전과 오후를 번갈아 사용할 수 있도록 했다(단열). 같은 날 대대회보는 대대주보가 5월 18일부터 개점됨을 알렸다(중대).

다음 휴양일인 5월 18일에 2중대는 오후에 전체 외출을 허가했으며(중대) 대대단열은 근무에 지장이 없는 자를 오전과 오후 두 차례로 나누어 위안외출을 허가하고 전체 휴양하도록 했다(단열). 외출이 일상화되면서 문제도 불거졌다. 5월 24일자 대대단열회보에는 외출 후 귀대시간이 늦지 않도록 하고 각 소대는 귀대자의 외출증을 취합하여 정해진 시간까지 일직사관에게 반납하도록 되어 있다(단열). 5월 25일 역시 2중대는 오후에 전체 외출을 허가했고(중대) 대대단열은 근무자를 제외하고 일반외출을 허가하여 휴양하게 했다(단열). 대대단열은 '해군기념일'인 5월 27일에도 영내에서 휴양하게 했다(단열). 적극적으로 외출을 허가했던 대대단열에는 5월 임독성요도염 환자가 1명 새로 발생했다(단열).

6월 1일 대대단열은 근무에 지장이 없는 자에 한해 절반씩 교대로 '위안외출'을 허가했다(단열). 이것이 주장에서의 마지막 외출이었다. 6월 4일 2대대는 난징으로 이동하라는 명령을 받았고 이튿날에는 주보를 6월 7일자로 폐쇄한다는 결정이 회보로 전달되었다(대대). 6월 6일 2대대는 일본 본토에서 복원된다는 명령을 받았고 이튿날 대대장은 조례에서 관련 정보를 전달했다(대대, 단열). 6월 8일의 휴양일은 실시되지 않았으며 그날 대대본부는 오후 1시부터 화류병 검사를 받았다(대대). 6월 18일 2대대를 태운 수송선은 주장을 떠나 26일 고베에 입항했다.

4. 제11사단과 타이완의 위안소

1) 중일전쟁의 참전

야마무로 소부(山室宗武, 1880~1963) 중장이 지휘하던 11사단은 중일전쟁 발발에 즈음하여 3사단과 함께 상하이 방면에 투입된 최초의 부대 중 하나였다. 보병 제12·22연대의 보병 10여단과 보병 제43·44연대의 보병 제22여단을 주축으로 기병·산포병·공병·치중병 연대를 보유한 본격적인 정예사단이었다.

상하이 상륙을 앞두고 11사단 병력은 두 갈래로 나뉘었다. 10여단장 아마야 나오지로(天谷直次郎, 1888~1966) 소장은 보병 12연대를 기간으로 한 아마야지대를 편성하여 칭다오(青島) 투입을 앞두고 있었고 11사단의 주력은 상하이에 상륙했다. 하지만 3사단과 11사단은 중국군의 견고한 진지에 가로막혀 막대한 사상자를 내었다. 아마야지대는 11사단에 복귀하여 상하이 전선에 급거 가세했다.

난징 전투를 앞두고 11사단은 재차 두 방면으로 병력을 전개했다. 10여단 병력으로 편성된 아마야지대는 12월 4일 상하이파견군의 직할부대로 바뀌었다. 전장에 이어 12월 14일 양저우를 공략한 뒤에는 경비 태세 구축에 들어갔다. 한편, 11월 29일부터 우시에 머물던 11사단 주력은 12월 3일 신설된 제5군(타이완군이 주축)의 지휘 아래 중국 남부 공격에 투입된다는 통보를 받았다. 11사단 주력은 12월 8일 우시를 떠나 12일에 상하이에 집결하여 15일에 수송선에 올랐지만 동중국해를 남하하던 도중 작전 연기명령을 받았다. 행선지는 타이완의 가오슝(高雄)으로 변경되었고 상륙 후 훈련을 실시하며 대기 상태에 들어갔다. 아마야지대의 경우 1938년 1월 8일 양저우 경비를 3사단에게 이양했고, 16일에는 16사단을 대신하여 난징의 경비를 맡았다.

타이완에서 광둥 작전을 준비하던 11사단은 1938년 2월 28일 복원명령을 받았고, 3월 말 원래 주둔지인 가가와현(香川縣)으로 귀환했다. 마찬가지로 아마야지대는 3월 중순 3사단에게 난징 경비를 이양하고 본토로 복귀했다.

중일전쟁 초기 11사단 예하부대의 진중일지는 통신대와 제4야전병원(이하 4병원)만 남아 있다. 통신대의 경우 1937년 8월~1938년 4월이 현존하며 4병원은 1937년 8월~1938년 4월이 남아 있다(2월분 누락).[45] 동원부터 복원까지 11사단의 주요 동정을 파악할 수 있다는 의미이기도 하다. 다음에서는 4병원의 진중일지와 자료를 활용하여 식민지에서의 위안소 출입 실태를 살펴보자.

1937년 12월 8일 통신대는 사단사령부와 함께 우시를 떠나 상하이로 가는 행군을 시작했다. 12월 12일 통신대는 상하이에 도착하여 상하이방적공장을 숙영지로 삼았다. 화중 방면의 작전 참가를 위해

45) 통신대의 진중일지는 단일 디렉터리 《第11師団通信隊 陣中日誌 昭和12年8月14日~13年4月1日》에 전부 수록되어 있다. 반면에 4병원의 진중일지는 월별로 설정된 디렉터리(예를 들어 《陣中日誌第11師団第4野戦病院 昭和12年8月》)에 들어 있으며 내용도 매우 상세하다. 이하에서는 통신대와 4병원을 구분하여 본문에 명기하고 개별적으로는 출전을 표기하지 않는다.

승선한 것은 12월 15일이었다. 4병원은 당초 아마야지대와 함께 움직이다가 12월 8일 사단으로 복귀하라는 명령을 받고 13일 상하이에 도착했으며 18일에 수송선에 올랐다.

12월 11일 11사단은 공용 외에 사영구 밖으로의 외출을 금했고 '일본거리(日本町)' 부근의 외출은 준사관 또는 중대장의 허가증을 지니고 하사관 이상의 인솔에 따라 허가한다는 명령을 내렸다(4병원). 이를 받아 12월 14일 4병원은 공용 외의 외출을 금지했고 일본거리 부근의 외출은 서무주임의 허가를 받으라는 회보를 전했다. 12월 15일 4병원의 하사관 14명과 병 96명은 정오부터 인솔자를 정해 상하이 시내에 외출하여 오후 6시 30분에 귀대했으며 이튿날 역시 하사관 7명과 병 101명이 정오~오후 7시에 상하이 시내로 외출했다. 4병원의 총원은 290명 전후였다.

2) 타이완 주둔의 개시

통신대 상황

11사단을 태운 수송선은 가오슝 남쪽의 여러 항구, 정확히는 가오슝과 인접한 핑둥현(屛東縣) 중부의 해안에 닻을 내렸다. 12월 25일 통신대 본대는 둥강(東港)에 상륙했고 사단사령부도 둥강에 설치되었다. 도착 직후 통신대는 일과 시한과 외출방식을 정했다. 외출 구역은 둥강 숙영구 내였으며 인사계나 장교가 허가한 하사관과 병은 오후 9시까지 외출할 수 있게 했다. 이후 통신대는 타이완을 떠날 때까지 둥강에서 계속 머물렀다.

통신대의 진중일지 기록은 소략하여 위안소는커녕 외출에 관한 언급조차 드물다. 1938년 1월 2일의 휴무, 3월 6일의 오후 휴무와 외출 허가뿐이다. 위안소 이용을 짐작하게 하는 것은 화류병 예방교육과 성병 환자의 발생이다. 두 사안 모두 2월 진중일지에 적시되어 있다.

2월 3일 위생준위는 간부 이하를 대상으로 화류병 예방에 관한 위생 강화를 실시하고 관련 주의를 전달했다. 하지만 2월 9일 일등병이 급성임독성요도염으로 시저우(溪州, 지금의 핑둥현 난저우南州)의 11사단 환자요양소에 입원하는 사태가 벌어졌다. 2월 13일과 24일에도 급성임독성요도염에 걸린 치중특무병과 일등병이 각각 시저우 환자요양소에 입소했다. 2월 26일 위생준위는 재차 전원에게 화류병 위생 강화를 실시했다.

둥강에서의 위안소 이용 실태는 보병 43연대 병사의 다음 회고를 참조할 수 있다.

> 우리가 상륙한 곳은 둥강이었다. 여기는 둥강 군청 소재지 …… 마을은 군인으로 가득 찼다. 급조한 위안소 앞은 특히 많다. 나도 1곳에 들어갔다. …… 내 창기는 17, 8세의 타이완인이었지만. …… 오쓰야(大津屋), 다이이치로(第一樓), 고초로(胡蝶樓), 마쓰킨로(松金樓), 도비엔(東美園) 등등 둥강에 있었던 분이라면 어딘가의 신세를 졌을 법.[46)]

같은 위안소 여부의 확인은 불가능하지만 다이이치로라는 이름은 4병원의 진중일지에서도 확인할 수 있다.

제4야전병원의 외출과 위안소

4병원의 진중일지에는 11사단 예하부대의 주둔 상황이 상세히 기

46) 伊藤一男,《随想 私の戦場》, 私家版, 1973, 293~294쪽, WAM.

록되어 있다. 4병원은 12월 28일 둥강이 아닌 남쪽인 팡랴오(枋寮)에서 하선했다. 같은 날 사단사령부는 일일명령으로 1월 1일의 전체 휴무를 허가했다.

12월 29일 4병원은 차오저우(潮州)로 옮겨갔다. 이동에 즈음하여 병원장은 숙영 지역 내에 "유독 매춘부가 많으므로 화류병 예방에 엄히 주의를 요한다"고 당부했다. 차오저우에서는 노영사령관인 제11치중병연대장으로부터 외출에 관한 지시를 받았다. 외출은 각 부대 모두 일주일에 2회로 하며 시간은 하사관이 자정까지, 병이 오후 10시까지였다. 일과 시한은 각 부대가 정하도록 했다. 관련 언급은 없지만 이후 상황을 보건대 4병원의 휴일과 외출일은 금요일과 토요일로 할당된 것으로 판단된다. 이날 4병원은 사단사령부의 서한 '방문고(防蚊膏) 화류병 예방구 등 교부의 건'(의醫177호)에 따라 방문고 450개와 '화류병 예방구' 2,000개를 수령하여 서류와 함께 약제부에 교부했다.

12월 30일 4병원은 회보를 통해 외출방식을 전달했다. 12월 31일(금)과 1월 1일(토)에는 근무에 지장이 없는 하사관과 병의 반수씩 오후 1~8시의 외출을 허가했으며 각 부(실)는 날짜를 구분하여 외출 인원을 12월 30일 오후 11시까지 보고하도록 했다. 31일의 외출자 상황에 따라 1일의 외출자가 정해졌고 사고가 생기면 외출이 금지될 수도 있음을 알렸다. 장교는 외출 장소를 밝혀두도록 했다.

12월 30일자로 11사단 소속부대의 주둔지는 최종적으로 [그림 3-12]와 같이 배정되었다.

12월 31일 4병원은 차오저우에서 환자요양소를 개설하고 1월 2일부터 업무를 시작한다고 알렸다. 오전 11시 20분부터 하사관과 병 전원을 집합시켜 전염병과 화류병 예방에 대한 위생 강화를 실시한 다음 외출에 대한 주의 사항을 전달했다. 별도로 하사관 전원에게 내린

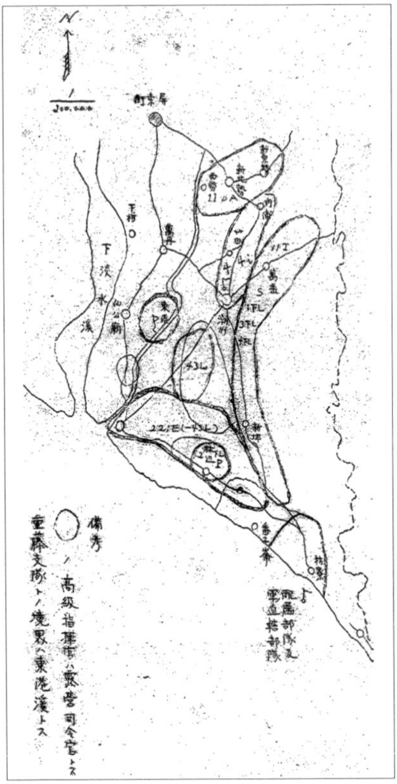

[그림 3-12] 가오슝에서의 제11사단 소속부대의 배치도

· 출전: 〈陣中日誌 昭和12年12月 第11師団第4野戦病院(4)〉, 《陣中日誌第11師団第4野戦病院 昭和12年12月》

주의 사항 중에는 "주색을 반드시 금하지 않지만" 주둔지 부근의 "화류병 침윤(浸潤) 상황을 확인하여 부하 지도에 실수가 없"도록 하라는 내용이 포함되어 있었다. 그리고 낮 12시 35분 근무에 지장이 없는 하사관 이하 반수의 외출이 행해졌다(1월 1일 외출 기록은 없음).

1938년 1월 2일 팡랴오에서 근무하던 병사는 오후 1~7시 30분의 단독외출을 허가받았다. 이날 사단회보에서는 군기와 풍기 문제를 지적하면서 각 노영사령관에게 철저한 단속을 지시했다. 이와 관련하여 하사관 이하의 외출은 오후 9시까지로 축소되었으며(부대장 허가를 받은 하사관은 제외) 외출 시 트럭 이용이 금지되었다. 또한 차오저우의

가게쓰(花月) 요릿집은 원래 장교만 이용하므로 하사관 이하가 출입하지 않도록 했다. 이날 4병원 소속 치중병 2명이 만성임독성요도염과 우(右)임독성부고환염에 걸려 환자요양소에 입원했는데(우임독성부고환염 환자는 1월 31일 퇴원), 이틀 전 12월 31일의 외출에서 발병한 것으로 추측된다.

1월 3일 사단회보가 전하는 군기와 풍기의 심각성은 "사단 전반의 성적은 양호라고 말하기 어렵다. 이것이 일본의 군대인가 여겨질 정도다. 장래가 걱정스럽다"고 토로할 지경이었다. 사단회보에는 며칠 관찰한 뒤 상황에 따라 외출의 전면 금지를 발동한다는 엄포성 문구도 들어 있었다.

1월 4일자 '사단장교회보'에서는 군기와 풍기 문제를 집중적으로 거론했다. 예를 들면 보병 44연대의 병은 외출시간이 아닌 오후 10시 50분에 호라이카쿠(蓬萊閣)에서 음주했으며 병마(病馬)수용소의 병은 공용증을 지닌 채 오후 11시에 다이이치로에 등루했다. 이에 따라 사단사령부는 외출 통제에 나섰다. "이미 성(性) 문제를 해결했다고 판단되므로 각 부대는 내지에서와 마찬가지로 수입과 지출을 감안하여 적당한 방법으로 불미스러운 일이 없도록 할 것"을 주문했다.

이와 관련하여 1월 5일에는 여러 부대가 같은 휴일에 외출하면 혼잡하므로 휴일을 구분하여 실시하라는 사단회보가 하달되었다. 이에 맞추어 4병원도 회보를 통해 공용 이외의 외출을 허가하지 않도록 주의를 촉구했다.

1월 6일 4병원은 회보로 두 번째 외출 실시 계획을 주지시켰다. 1월 7일(금)의 외출 실시에 즈음하여 명단은 1월 6일 오후 8시까지 제출해야 하며 7일 근무자는 8일에 허가한다는 것이었다. 아울러 모든 외출자는 외출증이나 공용증을 소지하도록 했으며 외출 시한의 경우 하사관은 오전 9시~오후 9시, 병은 오전 9시~오후 6시로 제한했다. 서무주임의 주의 사항 중에는 "외출에 즈음해서는 '콘돔'을 지참하게 할 것"도 들어 있었다. 사단 군의부가 발한 '화류병 환자 발생 상황 조사에 관한 건'(의188호)에 맞추어 1월 7일 아침 신체검사를 실시하고 결과를 보고하기로 했다.

1월 7일(금) 오전 9시부터 "화류병 환자 적출을 위"해 오전 10시까지 실시된 신체검사에서 화류병 환자 3명이 발견되었다('감염 경로 조사표'를 작성하여 사단 군의부장에게 보고). 4병원의 외출은 위안소 출입으로 이어졌음이 분명했다. 신체검사 종료 후에는 하사관과 병 187명에게 외출을 허가했고 오후 6시에는 전원 귀대했다(8일 외출 기록은 없음). 그리고 외출에 관한 노영사령관의 명령이 내려왔다. 외출은 휴일 이외에는 금지했으며 외출 시한은 병이 오후 1~9시였고 하사관이 오후 1~11시였다. 외출 시에는 중대장의 외출증(공용증)을 휴대해야 했으며 구역은 노영지구 이내로 제한했다.

이후의 관련 기록은 1월 13일자 장교회보에서 다시 나타난다. 1월 5일 보병 43연대의 일등병은 팡랴오의 요정에서 관리인을 구타했으며 도호카쿠(東方閣)에서는 산포병 제11연대의 병 2명의 "창기 쟁탈전이 발단이 되"어 30명이 가세한 난투극이 벌어졌다. 아울러 화류병 환자가 발생하는 조짐이 있어 적시에 신체검사를 실시하도록 했다.

1월 14일(금) 4병원은 오후 1시에 하사관 이하를 집합시켜 주의를 준 후 외출을 허가했다(15일 외출 기록은 없음). 1월 15일 사단군의부장은 '화류병 예방에 관한 건'(의217호)을 하달하여 주의를 환기했다. 1월 19일자 사단회보에는 밤늦게 외출하여 유흥하는 자가 많으므로 가급적 심야까지 외출을 허가하지 않도록 하라는 명령이 들어 있었다.

1월 20일 4병원은 21일(금)과 22일(토) 오후 1~8시에 하사관과 병의 외출을 허가하고 희망자를 21일 오전 9시까지 보고하도록 회보로 지시했다. 이날 11사단은 회보를 통해 화류병 환자의 약물을 각 부대가 임의로 구입하여 치료하지 말고 군의부에 청구하도록 하며 심야의 외출을 허가하지 않도록 지시했다. 1월 21일과 22일 오후에는 예정대로 근무에 지장이 없는 하사관과 병의 외출이 이루어졌다.

1월 27일 4병원은 회보를 통해 하사관과 병의 외출을 30일과 31일에 실시할 예정임을 알렸다. 1월 29일로 예정된 사단장 순시의 준비작업 때문인 것으로 여겨진다. 하지만 원래 할당된 대로 28일(금) 오후에 하사관과 병의 외출이 허가되었다. 1월 30일 오후 5군 참모장의 순시로 인해 앞당겨진 것이 아닌가 싶다.

3월에는 외출이 더욱 빈번하게 이루어졌다. 3월 1일(화) 4병원은 '화류병 예방구' 1,500개를 위생대에 보급하는 한편, 오후 1시부터 절반에 해당되는 위생부 64명과 행리 68명 등 132명의 외출을 허가했다. 3월 2일(수)에도 오후 1시부터 잔여 인원(위생부 51명, 행리 30명)의 외출이 이루어졌다. 3월 6일(일)과 7일(월) 오후 1~6시에는(6일) 하사관 이하 약 반수의 외출이 실시되었다. 3월 9일에는 10일의 행사가 끝난 후 하사관 이하에게 오후 6시까지 외출을 허가하므로 신청하라는 회보가 하달되었고, 10일 오전 11시부터 하사관 이하 절반(위생부 100명, 행리 112명)이 외출했다. 3월 11일 정오부터는 나머지 인원(위생부 41명, 행리 28명)이 외출한 뒤 귀대했다.

3월 13일에는 "방역 및 화류병 적발을 위"해 장교 이하 전원의 신체검사가 실시되었다. 결과는 급성임독성요도염 1명과 만성임독성요도염 2명, 연성하감 1명 등 총 4명의 환자가 확인되었다. 타이완을 떠나기 직전까지 계속된 외출은 위안소 이용과 직결되었음이 명백하다.

3월 17일 4병원은 두 그룹으로 나뉘어 수송선에 올랐다. 주둔지인

젠쓰지(善通寺)로의 귀환은 3월 26일이었고, 4월 4일에는 복원을 완료했다.

환자요양소와 성병 환자

앞서 설명했듯이 4병원은 1938년 1월 2일 차오저우에 환자요양소를 열었고 귀환을 앞둔 3월 11일에 폐쇄했다. 환자요양소도 독립부대이므로 진중일지를 작성했고[47] 성병 환자 상황에 관한 자료를 남겼다.

환자요양소의 휴일과 외출의 패턴은 본대인 4병원과 동일하다. 1월 6일 회보에서는 1월 7일(금) 하사관 이하의 외출을 허가하므로 희망자는 신청하며 7일 외출 불가능한 경우는 8일에 실시한다고 통보했다. 외출자는 외출증이나 공용증을 휴대해야 하며 외출 시한은 오전 9시부터 병이 오후 6시, 하사관이 오후 9시까지였다. 외출증을 수령하여 1월 7일 이후의 외출자에게 교부할 예정이기도 했다. 마찬가지로 1월 7일의 화류병 검사도 적시되어 있다.

1월 7일과 8일 외출 여부는 언급되어 있지 않으며, 9일 오장 이하 12명이 외출했다고 되어 있다. 환자요양소에서는 화류병 검사에서 환자가 나오지 않았다(6일에 기록됨). 1월 14일(금) 하사관 이하 11명이 외출하여 오후 6시에 귀대했고, 21일 외출자는 10명이었다. 4병원과 마찬가지로 1월 27일 회보에서는 30일과 31일에 외출을 허가할 예정이라고 알렸으나 실시한 기록은 없다.

환자요양소의 외출에서도 위안소 출입이 수반되었다. 타이완 체류 기간 중 소비한 위생 자료의 목록을 보면 4,002개의 '화류병 예방구'

47) 〈潮州患者療養所〉,《陣中日誌 第11師団第4野戦病院 昭和13年1月》. 1938년 1월 2~31일만 수록되어 있으며 이하에서 진중일지는 출전을 명기하지 않는다.

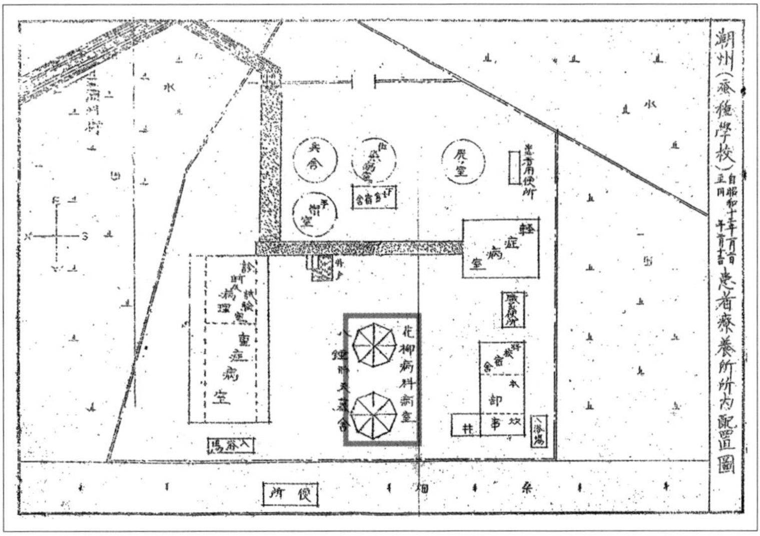

[그림 3-13] 가오슝 차오저우 환자요양소의 내부 배치도

· 출전: 〈附図第1~第3 潮州患者療養所位置他〉, 《台湾高雄州潮州患者療養所第11師団第4野戦病院業務詳報》

를 썼다고 적시되어 있기 때문이다.[48)]

환자요양소가 별도로 타이완에 주둔하는 동안 작성한 업무 기록에는 성병 환자에 관한 정보가 다수 포함되어 있다. 먼저 차오저우의 환자요양소가 성병 치료를 전문으로 했는지 여부는 알 수 없으나 처음부터 관련시설을 보유한 것은 명백하다. [그림 3-13]이 그런 정황을 말해준다.

그림의 하단 중앙에는 '화류병과(科)병실'이 표시되어 있다. 환자요양소 개설 이후 2월 13일까지 이용하던 곳인데, 팔각형 천막 2개가 화류병실이었다. 2월 14일부터는 인근의 차오저우 신사의 경내와 인

48) 〈附表第1~第10 潮州患者療養所第11師団第4野戦病院業務分担表他〉, 《台湾高雄州潮州患者療養所第11師団第4野戦病院業務詳報》.

근 부지로 옮겨갔다.

성병 환자는 날로 증가했다.[49] 2월 2일에는 수술용 천막 1개가 새로 세워졌는데, 1곳뿐인 진단치료실로는 다수의 화류병 환자를 감당할 수 없었기 때문이다. 3월 2일에는 외과 병동에 수용하던 화류병 환자가 증가함에 따라 내과 병동을 분할하는 일까지 벌어졌다(3월 3일자 4병원 진중일지에도 언급).

1월 2일~3월 11일의 환자요양소는 환자 총 634명을 수용했다.[50] 주된 외과 질환은 화류병 환자 162명이었고 환자요양소도 "주둔간 가장 다발한 것은 시국상 매우 유감"이라고 자평했다. 내역은 임질 61명, 연성하감 53명, 경성하감 16명, 횡현 18명, 기타 14명 등이었다.

환자 634명의 내역을 보면 화류병 162명, 말라리아 118명, 감기성 질환 30명, 위장 질환 17명, 전상 10명, 기타 260명 등이었다.[51] 차오저우 환자요양소 환자 4명 중 1명은 성병을 앓았다.

업무 기록 내에는 환자요양소에서 수술을 받은 환자의 명부가 첨부되어 있다(연성하감 겸 횡현 환자가 대부분). 1월 3일~3월 3일에 40명의 수술이 행해졌는데, 절반에 육박하는 19명이 성병 환자였다. 보병 44연대 12명, 산포병 11연대 3명, 보병 43연대와 위생대가 각각 2명씩이었다. 보병 44연대에서 환자가 많이 나온 이유는 [그림 3-12](186쪽)에서 알 수 있듯이 주둔지가 차오저우와 인접했기 때문인 듯하다. 성병의 경우 '부상 월일'은 위안소 이용일로 봄이 자연스러울 것이다. 1937년

49) 〈1 患者療養所一般の行動〉, 《台湾高雄州潮州患者療養所第11師団第4野戦病院業務詳報》. 이하 별도의 언급이 없는 한 동일.

50) 〈6 治療の概況〉, 《台湾高雄州潮州患者療養所第11師団第4野戦病院業務詳報》. 이하 별도의 언급이 없는 한 동일.

51) 〈附表第1~第10 潮州患者療養所第11師団第4野戦病院業務分担表他〉, 《台湾高雄州潮州患者療養所第11師団第4野戦病院業務詳報》. 이하 동일.

12월 29일~ 2월 16일에 분포되어 있는데, 12월이 1명, 1월이 8명, 2월이 9명, 기타(9월 30일 발병으로 기록) 1명이다. 참고로 1월 2일에 발병한 4병원의 성병 환자 2명은 수술 대상이 아니었다.

3) 타이완 사례의 특징

이와 같이 4병원은 1937년 12월 말~1938년 3월 중순의 기간 동안 타이완 핑둥현 차오저우에서 숙영하면서 외출 시에 위안소를 이용했다. 차오저우 소재 위안소의 실태를 알려주는 정보는 전무하지만 중국 점령지와는 사뭇 달랐음을 짐작하게 한다. 다음의 두 가지 사건 때문이다.

3월 4일 가게쓰의 '예기' 몇 명은 환자를 위문하며 꽃다발을 증정했다. 3월 5일에는 호라이카쿠의 '창기' 15명이, 7일에는 교쿠센로(玉泉樓)의 '종업원[仲居]' 이하 13명이,[52] 8일에는 '차오저우 다이이치로'의 주인 이하 '창기' 12명과 교쿠센로 '종업원' 이하 8명이, 9일에는 '차오저우 분메이로(文明樓)'의 '창기' 5명이 요양소를 방문했다(환자요양소는 11일 폐쇄).

3월 26일 4병원은 젠쓰지에 도착함과 동시에 환자요양소 개설과 숙영에 도움을 준 관계자에게 감사 전보를 보냈다. 핑둥의 육군병원장을 제외하면 차오저우의 군수와 가장(街長, 4병원 숙영지는 차오저우가街였음), 우편국장, 소학교와 공학교의 교장, 차오저우 신사 등이며 이름으로 보아 전원 일본인인 듯하다.

52) 교쿠센로의 위문객은 각각 종업원, 주인, 어린이 일동 명의의 선물을 지참했다. 3월 2일과 7일에는 교사의 인솔 아래 학생 110명과 63명이 환자를 위문했다.

위안소의 '예기'와 '창기'가 환자를 위문하는 광경은 4병원이 차오저우의 여러 관공서에 감사 전보를 보낸 사실과 일맥상통하는 바가 작지 않다. 11사단 소속부대 중에서 4병원이 남긴 기록에 한정되기는 하지만 1938년 1~3월에 타이완 남부 핑둥에서 4병원 병사들이 출입했던 위안소의 분위기는 중국과 사뭇 달랐다. 4병원의 행동 패턴은 사실상 '평시'의 위수지(또는 주둔지)에서 취했던 것과 유사해 보인다.

한편, 현존하는 11사단 소속부대의 진중일지와 관련 자료에서 위안소와 위안부라는 단어는 발견되지 않는다. 주둔과 외출의 접목은 확인되지만 위안소규정에 관한 정보가 없는 탓에 위안소 운영을 직접 통제하는 부대의 행태 또한 드러나지 않는다.

왜 가오슝의 위안소는 중국 전선의 위안소와 달랐을까? 그 이유로 우선적으로 고려해야 할 점은 식민지이자 전선에서 멀리 떨어진 후방이라는 공간적 특성과 중일전쟁 발발 직후라는 시간의 측면이 아닐까 싶다. 타이완 남부는 1907년부터 타이완 보병 제2연대의 주둔지였고 타이난(臺南)에는 연대본부가, 가오슝에는 제3대대가 각각 위치했다. 따라서 이제 막 개시된 전쟁이 주는 긴장감보다는 오랜 주둔 기간 동안 부대와 위안소 사이에 형성된 일종의 '친밀감'이 더 지배적이었을 것이다. 그런 면에서 4병원 군인들이 접촉한 '예기'와 '창기'는 중국 전선에 새롭게 설치되기 시작한 위안소의 위안부가 아니라 이른바 평시 '기지촌'의 성매매 여성과 더 유사했다고 보아야 할 터다.

과연 이런 형태의 위안소는 어떻게 자리매김되어야 할까? 결정적 자료는 태부족인데다 분석 시각도 아직은 탄탄하게 정립되지 않은 듯하다. 향후 연구 심화에 기대를 걸 수밖에 없을 것이다.

4장

위안소 체계의 안착

1. 대규모 전투와 위안소 개설

1) 확대되는 전선

난징을 장악한 후 잠시 숨을 고르던 일본군은 다시금 1938년 4월부터 대대적인 공세에 나섰다. 북지나방면군은 1군의 14사단이 후방을 맡았고, 2군의 제5·10·16·114사단은 전위 공격부대로서 남하했으며, 중지나파견군 예하의 제3·9·13사단은 북으로 진로를 잡았다. 총 20만 명의 일본군이 투입된 쉬저우 전투는 2개월 동안 이어졌다. 남북의 양대 전선은 가까스로 연결되었지만 당초 목표로 삼았던 중국군 주력의 포위 섬멸은 이루어지지 않았다. 이후 북지나방면군은 1군 예하부대를 중심으로 주둔 태세를 정비하고 인근의 중국군과 교전을 이어갔다. 해를 넘겨 화북에서는 점령지 확보를 위한 이른바 '치안 숙정'이 본격적으로 전개되었다.

전쟁을 전쟁으로 막을 수는 없는 법이다. 하지만 쉬저우 전투가 종식되기도 전에 대본영은 새롭게 우한 작전과 광둥 작전 수립에 들어갔다. 6월 3일 국민정부는 중국 공산당과 국공합작을 결의했다. 일본에서는 전시총동원체제의 성립이 가속화되었다.

우한 작전은 충칭(重慶)으로 수도를 옮긴 장제스(蔣介石, 1887~1975)의 항복을 받아낸다는 목적으로 추진되었다. 대본영이 정식으로 우한 작전 개시를 명령한 것은 1938년 6월 18일이었다. 서전은 이미 진행 중이었다. 6월 12일에는 안칭(安慶)에 해군과 육군 부대가 상륙했다. 양쯔강을 따라 공세를 이어가면서 7월 4일에는 주장 코앞의 후커우(湖口)를 함락했다.

전면 공격 태세는 7월 4일 중지나파견군과 2군의 전투서열이 개정되고 새로 11군의 전투서열이 내려지면서 갖추어졌다. 제6·101·106사단을 기간으로 신편된 11군에는 오카무라 야스지(岡村寧次, 1884~1966) 중장이 사령관에 임명되었고 얼마 후 제9·27사단이 가세했다. 북지나방면군에서는 2군(제3·10·13·16사단)이 전용되어 중지나파견군 전투서열에 포함되었다. 양쯔강의 남과 북에서 9개 사단으로 구성된 11군과 2군이 우한으로 돌진하며 협공을 가하는 모양새였다. 우한 작전은 총 30만 명 이상의 병력이 동원된 중일전쟁 중 최대 규모의 군사행동이었다.

11군은 7월 12일 난징에 상륙하여 사령부를 개설했다. 7월 19일에 발령된 주장 공략은 3일의 공방전 끝에 26일 아침에 완료되었다. 이후 양쯔강 남북에서 공격부대는 전진을 이어갔다. 8월 22일 대본영은 드디어 한커우[1] 인근을 공략하라는 명령을 내렸다. 중국군의 완강한 저항에 막혀 일시 전황이 불투명해지기도 했지만 10월 26일 6사단이 장제스가 철수한 한커우에 입성하면서 승기를 잡았다. 11월 11일 9사단이 웨저우(岳州, 지금의 웨양岳陽)를 점령하면서 큰 싸움은 막을 내렸다.

---

1) 일본은 한커우와 남쪽의 우창(武昌)을 합쳐 우한이라 불렀고 중국도 1954년에 두 시를 통합하여 우한으로 칭했다.

12월 15일 중지나파견군 전투서열에서 벗어난 2군은 10사단을 제외한 나머지 3개 사단을 11군에 편입했다. 우한지구에는 11군 사령관의 관할 아래 강북은 3개 사단, 강남은 4개 사단이 주둔했고, 주변 지역 확보와 더불어 차기 작전 준비에 들어갔다. 1939년 2월 중순에는 난창 공략전을 벌였고, 5월에는 3개 사단을 투입하여 중국군 주력과 격돌한 샹둥(襄東) 작전을 실시했다.

우한 작전 중에 남중국을 전쟁터로 만드는 광둥 작전이 개시되었다. 목적은 홍콩을 통한 교역과 중국에 대한 지원 차단이었고 9월 16일에는 21군의 편성이 완료되었다. 난징 전투 직후에 추진되다가 중지된 광둥 공략의 책임자 후루쇼 모토오(古莊幹郞, 1882~1940) 타이완군사령관이 재차 지휘봉을 잡았다. 9월 19일 21군의 전투서열(제18·104사단, 제4비행단)과 함께 광둥 공략 명령이 떨어졌다. 작전 목적은 한커우 점령과 연계하여 광둥의 점령과 확보로 한정되었다. 즉 21군의 예하부대는 광둥 점령 후 부근의 각지로 흩어져 경비에 들어간다는 계획이었던 것이다.

10월 12일 21군의 주력은 해군의 지원을 받으며 홍콩 동쪽의 바이어스(Bias, 지금의 다야大亞)만에 상륙 작전을 감행했다. 10월 21일 21군 주력은 광저우에 입성했고 5사단은 주장강(珠江)을 거슬러 11월 2일 포산(佛山)에 이르렀다. 11월 초순이 되어 21군은 광둥 지역의 요충지 제압을 거의 완료했고 각지로 흩어져 주둔과 경비에 들어갔다.

광둥 작전도 광저우 점령으로 끝나지 않았다. 광저우를 근거지로 삼아 각지로 공격부대를 파견했다. 해군의 강력한 요구에 따라 1939년 2월 하이난섬 점령 작전을 실시했고 11월에는 충칭 지원 루트를 끊기 위해 5사단과 타이완혼성여단은 광시성(廣西省)의 난닝(南寧) 공략에 들어갔다.

2) 관련 기관의 협의

쉬저우와 우한의 상황

앞서 화중 지역의 일선부대는 조금씩 위안소 개설에 대한 권한을 확대해나갔다고 밝혔는데, 쉬저우 전투에서는 사전에 조정 작업이 시도되었다. 4월 10일 북지나방면군 참모장으로서 쉬저우 전투를 이끈 오카베 나오자부로(岡部直三郎, 1887~1946)는 육군 차관에게 보고를 올렸다.[2] 군의 작전 지역 내에서의 민간인 통제를 놓고 '영사관 경찰'(이하 영경)과의 업무 분담에 관한 결정이었다.

전쟁 전부터 계속 영경이 배치된 지역에서 민간인 통제는 영경이 맡지만 군사에 관한 사항은 군과 협의하도록 했다. 그 밖의 지역에서는 두 가지 형태로 분류했다. 군이 거주 지역의 제한, 방첩·방공, 유언비어 단속, 작전 지역의 안정을 해하는 행위의 단속, 입성(入城) 단속, 그 밖의 군사상 필요한 사항은 군이 관장하며 필요시 군이 영경의 협조를 요구할 수 있었다. 그리고 군대에 영향을 끼치는 위생 단속, 군사와 관계된 영업 허가, 작전 지역의 안정을 해하는 부정업자의 단속은 군이 관장하며 필요시 시행을 영경에 위탁한다고 정했다. 위안소 개설은 군사와 관계된 영업 허가에 포함되었을 것이므로 군의 관장 사항 중 하나였을 터다.

이와 관련하여 4월 16일에는 난징총영사관에서 육해군과 영사관 관계자가 모여 민간인의 각종 영업 허가 및 통제에 관한 협의회를 열었다.[3] 합의된 결과는 앞의 오카베 나오자부로 보고와 궤를 같이한다.

---

2) 〈邦人取締上領事館警察との分担に関する件〉, 《支受大日記(密)其18 昭和13年自4月21日至4月28日》.

3) (財)女性のためのアジア平和国民基金 編, 《資料集成》 1, 479~481쪽.

육해군에 전속하는 주보 및 위안소는 육해군이 직접 경영, 감독하는 것이므로 영사관은 간여하지 않으나 일반적으로 이용되는 소위 주보 및 위안소는 여기에 해당되지 않는다. 이 경우 업자에 대한 일반적인 통제는 영사관이 그 임무를 맡으며 여기에 출입하는 군인·군속에 대한 통제는 헌병대에서 처리하기로 한다. 단, 헌병대는 필요한 경우 임검(臨檢), 그 밖의 통제를 할 수 있도록 한다…….

장래 병참부의 지도에 따라 신설될 군 전속의 특수위안소는 헌병대가 통제하는 곳으로 하며, 기존의 위안소는 병참부에서 일반 거류민의 편리도 고려하여 그 일부를 특종위안소에 편입·정리할 수 있도록 한다…….

군 전속의 주보 및 특종위안소를 (육해군 공히) 허가한 경우는 영사관 사무 처리의 편리를 위해 해당 군과 헌병이 수시로 업태, 영업자의 본적, 주소, 이름, 연령, 출생, 사망, 그 밖의 신분상의 변동을 영사관에 통보하기로 한다.

육해군 전속의 위안소 인허가에는 영사관이 관여하지 않는 것으로 정리되었으며 민간인이 이용하는 경우 영사관은 업자에 대한 일반적인 통제를 맡았다. 다만 군 전속의 위안소를 허가했을 때는 해당 부대나 헌병대가 업태와 영업자의 인적 사항과 신분 변동을 영사관에 통보하도록 했다.

오카베 나오자부로는 쉬저우 전투가 마무리된 6월 27일 점령지의 치안 회복이 더딘 것을 지적하면서 위안소 설치를 통첩으로 지시했다.[4] 치안 악화의 원인을 "군인 및 군대의 주민에 대한 불법 행위", 특히 "각지에서의 일본 군인의 강간 사건"에서 찾은 오카베 나오자부로는 단속과 함께 "되도록 신속하게 성적 위안 설비를 갖추어 설비가 없는 탓에 본의 아니게 규칙을 어기는 자가 없도록 하는 것이 긴요"하다고 판단했다. 작전 종료에 맞춘 위안소 개설은 쉬저우 전투의 교훈 중 하나였던 것이다.

우한 작전 역시 위안소 개설은 군의 움직임과 결부되어 계획·실행되었다. 9월 14일 상하이영사관과 군 관계자가 회동한 '연락 회의'에서 한커우 점령 후의 민간인 통제에 관한 방침이 결정되었다.[5] 한커우 거류민의 복귀는 우선적으로 인정했으며, 특히 군대 또는 군인·군속을 대상으로 하는 상업 종사자, 음식점업자, 여관업자 및 거류민 단체 임원, 운수업자 등이 열거되었다. 거류민이 아닌 경우에는 수송의 여유가 생긴 뒤로 제한했으나 "군대 위안소 개설을 위해 진출하려는 자"는 예외로 분류했다. 아울러 한커우 방면의 통행허가증은 군사상의 필요에 따라 군대에서 발행한 경우 이외에는 육해군 특무부에서 발행하도록 했다.

11군은 9월 중순부터 주장에서의 위안소 개설에 착수했다. 9월 15일 11군 참모장 요시모토 데이이치(吉本貞一, 1887~1945) 소장은 중지나 파견군 참모장 가와베 마사카즈 소장에게 다음과 같은 문서를 보냈다.[6]

---

4) 통첩의 전문은 보병 제9여단의 7월 27일자 진중일지(〈陣中日誌 自昭和13年7月1日至昭和13年7月31日 歩兵第9旅団(2)〉, 《歩兵第9旅団 陣中日誌 12/12 昭和13年7月1日~昭和13年7月31日》), 보병 9여단 소속 41연대의 7월 13일자 진중일지(〈陣中日誌 自昭和13年7月1日至昭和13年7月31日 歩兵第41連隊(2)〉, 《歩兵第41連隊 陣中日誌 5/5 昭和13年7月1日~昭和13年7月31日》)에 수록되어 있으며, 제3병참부 무카이(向井)지부의 7월 10일자 진중일지(〈陣中日誌 自昭和13年7月1日至昭和13年8月2日 (碭山) 向井支部(1)〉(《第3兵站部向井支部 陣中日誌 昭和13年5月9日~13年10月31日》)에는 수령한 문서 속에 제목만 열거되어 있다.

5) 《資料集成》 1, 121~123쪽.

6) 〈地方人の九江に於ける一般営業の促進及日清汽船九江航行に関する件〉, 《昭和13年 〈陸支密大日記 58号〉》.

주장의 치안, 질서는 이미 거의 회복되었으므로 음식점, 여관, 특종위안소 등이 개점 시기에 도달한 것으로 판단된다. 이에 대해 해군과 협정하여 닛신기선(日淸汽船)[7] 선박을 주장까지 항행하게 하며 일반 영업의 촉진, 특히 구 주장 거주 방인의 영업 부활 등을 꾀하고자 한다. 이에 관해 영업자의 인선 등에 대해서는 충분한 지도와 배려를 청하고자 한다.

그 결과 1938년 11월 1일 당시 주장에는 특종위안소 24곳(조선인 경영 9곳)과 업자가 106명(가족 포함, 조선인 37명), 위안부가 250명(조선인 143명)에 이르렀다.[8]

11군 작전참모였던 미야자키 슈이치(宮崎周一, 1895~1969)가 남긴 일지 형식의 기록물에서도 11월 27일 "특종위안소는 유곽식으로 집결"한다는 구절이 적시되어 있다.[9] 12월 말 당시 우한에는 요릿집과 위안소 업자가 61명, 예기와 작부는 492명을 헤아렸다.[10]

위안소 개설과 내무성

광둥 작전이 일단락되는 시점에 21군은 내무성과 타이완총독부를 움직여 위안소 설치에 나섰다. 1938년 11월 4일 내무성은 21군 참모부 제1과의 구몬 아리부미(久門有文, ?~1942) 소좌와 육군성 징모과장 고마쓰 미쓰히코(小松光彦, 1895~1972) 대좌의 요청을 접수했다.[11]

---

7) 1907년부터 양쯔강 유역에서 선박을 운행하던 일본 기업이었으며 1939년 국책회사인 동아해운에 흡수되었다.

8) 《資料集成》 1, 569~571쪽.

9) 〈作戦に関する覚 宮崎大佐〉, 《第11軍漢口攻略戦に関する覚 昭和13年11月18日~14年1月22日》.

10) 《資料集成》 1, 468쪽.

"남지파견군의 위안소 설치를 위해 필요하므로 추업을 목적으로 하는 부녀 약 400명을 도항"시키겠다는 것이었다. 문서 말미에 구몬 아리부미 소좌의 명함이 첨부된 것은 위안소 설치를 위해 그가 직접 도쿄를 방문하여 내무성의 혼마 기요시(本間精, 1895~1948) 경보국장을 만났음을 의미한다.

내무성은 2월 23일(2장 2절)의 통첩 '지나 도항 부녀의 취급에 관한 건'을 토대로 대응에 나섰다. "적당한 인솔자(포주)를 선정하여 그들이 부녀를 모집하여 현지로 향"하도록 한 것이다. 뒤이어 타이완총독부의 손을 거쳐 300명의 도항 준비가 끝났다는 사실도 적시되어 있다. 21군은 내무성을 통해 일본 본토에서, 타이완에서는 타이완총독부를 움직여 소요 위안부를 모집하고자 했던 것이다. 타이완총독부의 직접적인 관여는 후루쇼 모토오 중장이 타이완군사령관으로 지낸 기간이 1937년 8월~1938년 9월이었다는 사실과 후임 타이완군사령관 고다마 도모오(兒玉友雄, 1881~1961) 중장에게 21군의 병참에 관한 원조를 맡으라는 지시가 내려졌다는 사실 등으로 미루어 짐작할 수 있다.

기안된 문서에서 '천(千)'이 '사백'으로 고쳐진 것을 보면 21군은 1,000명의 위안부 동원을 계획한 것으로 추정된다. 구몬 아리부미 소좌가 경보국장에게 준 명함 뒷면에는 '낭자군(娘子軍) 약 500명'의 광둥 파견 알선을 요청한다는 메모가 적혀 있다(《資料集成》 1에는 명함 뒷면이 누락되어 있다). 내무성의 초안에서는 오사카 200명, 교토 100명, 효고 200명이었는데, 오사카 100명, 교토 50명, 효고 100명에 후쿠오

---

11) 〈支那渡航婦女に関する件〉,《内務大臣決裁書類·昭和13年(下)》. 이하 별도의 언급이 없는 한 동일.

카 100명과 야마구치 50명의 '할당'으로 바뀌었다.[12] 즉 400명은 내무성과 절충한 결과였음을 알 수 있다.

"인솔자(포주)는 현지에서 군 위안소를 설치하게 되므로, 특히 신원이 확실한 자를 선정"하도록 했다. 그리고 일본 본토에서 타이완 지룽(基隆)까지는 "포주의 비용으로 은밀히 연행"한 다음 광둥까지는 수송선 또는 정기선을 이용하도록 했다. 내무성과 지방청은 "부녀의 모집 및 출항에 관해 편의를 제공하는 데 그치"며 "계약 내용 및 현지에서의 부녀 보호"는 군이 맡도록 했다.

연락 체계를 보면 참모본부에서는 제1부 제2과 이마오카(今岡) 소좌와 요시다(吉田) 대위가 담당하고 현지에서는 21군 참모부 미네키(峯木) 제2과장이 담당하는 것으로 되어 있다.[13] 참모본부 제1부 제2과는 작전, 전쟁 지도, 병참을 담당하는 부서인 만큼 위안부의 모집은 광둥 작전의 수립과 연계된 사안이었음을 알 수 있다. 그리고 21군 참모부에는 작전·정보·교육을 맡은 제1과, 병참·통신을 담당한 제2과, 선전·모략에 임하는 제3과가 있었는데,[14] 제2과의 소관 업무 중에는 "병참지에서의 숙사, 위안에 관한 사항"이 있다.[15] 그리고 추후 위안부 모집이 필요한 경우에는 21군이 총괄하여 인솔허가증을 교부하도록 구몬 아리부미 소좌가 귀대 후 각 부대에 지시한다는 합의도 첨부되

12) 참고로 18사단은 후쿠오카현의 구루메시(久留米市)를, 104사단은 오사카를 각각 편성지로 삼았다.

13) 이마오카 소좌는 제7방면군 고급 참모로 패전을 맞이한 이마오카 유타카(今岡豊)로 판단되며 미네키 소좌는 21군 편성 당시 참모 중에서 제2과장 미네키 도이치로(峯木十一郎, 1894~1980)로 보이는데, 당시 계급은 소좌가 아니라 대좌였다.

14) 〈軍参謀部付将校増加の件〉, 《陸支受大日記(密)第20号 昭和14年自5月2日至5月4日》.

15) 〈戦時旬報(後方関係)送付の件(1)〉, 《陸支受大日記(密)第31号 3/3 昭和14年》. 앞의 자료는 1938년 3월 2순의 시점인데, 참모 중에 구몬 아리부미 소좌의 이름은 없다.

어 있다.

11월 8일자로 경보국장은 5개 부현에 통첩 '남지 방면 도항 부녀의 취급에 관한 건'을 하달했다. 내용은 상세하며 시사점도 풍부하다. 공창제를 전담하는 정부 부처 내무성이 이해했던 위안소의 이미지를 파악할 수 있다.

앞서 언급했듯이 내무성은 지방청과 함께 업자의 선정에만 관여한다고 천명했는데, 그 내실은 다음과 같다. 업자에 의해 "은밀히 실시되는 위 부녀(위안부-인용자)의 고용을 허용"하며 인솔자 1명당 10~30명 정도를 설정했다. 21군이 인솔자를 내무성에 통보하면 군의 증명서를 교부하여 부녀 모집을 하도록 했다. 또한 일본 본토 출항 시에는 인솔자 이름, 부녀 수, 출항일 등을 내무성에 통보했으며 내무성은 지룽에서의 선편을 수배하는 방식이었다.

대상은 일본 본토에서 창기나 "사실상 추업에 종사"하는 만 21세 이상 부녀이며 사전에 건강진단을 받도록 했다. 인솔자와 부녀와의 계약은 단기로 하고 전도금은 소액이 되도록 했다. 모집은 영업 허가를 받은 주선인을 통해 '은밀히' 행했으며 "반드시 현지에서 추행에 종사한다는 것을 설명"하도록 했다.

건강에 대한 언급도 자세하다. 예방 접종은 현지에서 군이 행했으며 건강진단은 수시로 군의가 실시했다. 위생 재료는 업자가 부담했지만 현지 사정에 따라서는 군에서 지급하기도 했다. 위안소의 위치와 건물은 잠시 동안 현지 군에서 담당하며 변경할 수 있도록 했다.

앞의 경과에서와 같이 자명하듯이 위안소 설치는 광둥 점령 이전부터 21군 차원에서 계획, 실행되었다. 참모본부는 정부 내의 유관 기관과 접촉하며 업무를 총괄했고 내무성과 타이완총독부 등의 관련 기관도 협조를 아끼지 않았다.[16]

이렇듯 21군은 위안소를 설치했고 1939년 4월 2순 당시 예하부대의 위안부는 "군에서 통제하는 인원 약 850명"과 "각 부대의 향토에서 부른 인원 약 150명"이 있었다.[17] 위안소는 경비대장과 헌병대가 감독했는데, 헌병대가 주류한 지역의 경우 광둥시 동부의 18사단이 222명, 광둥시 북부의 104사단이 129명, 광둥 시내의 군 직할부대가 159명, 허난(河南)의 병참부대가 122명, 포산지대가 41명, 마지막으로 하이커우(海口)의 타이완혼성여단이 180명 등 총 850명이었다. 이 인원은 21군 통제 아래 있었으며 나머지 150명의 내역은 언급이 없다.

위안부 도항과 외무성

중국 전선 확대에 수반하여 위안소는 폭발적으로 증가했다. 하지만 중국 현지의 영사관과 영경의 입장에서 조선인·타이완인을 포함한 재류 일본인의 통제 업무에 더해 군의 입김이 작용하는 위안소 문제의 조율 작업은 쉽지 않았다. 그런 실정은 1940년 1월의 영사관 경찰서장 회의에서 표출되었다. 우쑹(吳淞) 파견소장은 "군 위안소의 영업 상태, 영업주 및 작부의 신분 등에 관해서는 전혀 무관심할 수 없다"면서 '군 위안소의 취급에 관한 건'을 제출하며 '중지(中支)경무부'[18]

16) 후지나가 다케시는 1938년 말 광둥 공략을 위해 타이완에서 또는 타이완을 경유하여 중국으로 동원된 위안부의 사례를 통해 "중일전쟁을 경험하는 가운데 군 위안소의 개설과 그에 필요한 위안부의 동원·조달이 일본군의 작전·보급 계획의 일부로 편입되어 대규모 작전 행동의 입안·계획·실시에 즈음하여 필수적인 항목으로서 매뉴얼화되어 있었다고 추측"된다고 결론지었다(藤永壯, 〈植民地台湾における朝鮮人接客業と'慰安婦'の動員〉, http://www.dce.osaka-sandai.ac.jp/~funtak/papers/taiwan/index.html. 2021년 5월 12일 조사).

17) 〈戰時旬報(後方関係)送付の件(1)〉, 《陸支受大日記(密)第31号 3/3 昭和14年》.

18) 1939년 10월 상하이 일본대사관 내에 설치되어 화중 지역의 영경을 총괄했으며 베이징에는 1938년 7월 이후 북지경무부가 활동을 시작했다. 1942년 11월 대동아성이 신설된 뒤에는 대동아성경찰로 명칭이 바뀌었다.

에 확고한 방침과 규범 제정을 요구했다. 하지만 중지경무부는 군과의 관계를 고려하여 "급속히 실현하는 데는 곤란한 사정이 있다"며 소극적인 태도를 취했다.[19)]

정부 차원의 대책이 강구되지 않은 것은 아니다. 1940년 5월 7일의 각의 결정 '도지(渡支) 방인 잠정 처리에 관한 건'이 그러하다(5월 20일부터 실시).[20)] 도항 억제의 주된 목적은 엔화 유출로 인한 가치 하락 때문이었다. 일반인의 도항 허가에는 영경이 발급하는 '도지사유증명서'가 요건으로 설정되었는데, 외무성 담당관의 표현대로 "중국 도항 허가의 실제 결정은 현지 영사관 측의 재정을 기다리"는 형국이 되었다.[21)]

각의 결정에 입각하여 '취급 방침'과' 허가요령'이 제정, 하달되었다. 취급 방침에 따른 '취급요령'을 보면 "부녀(예기, 작부, 여급 등) 고용을 위해 일시 귀국한 재중 접객 영업자"는 영경이 발급한 증명서에 명기된 인원에 한해 허가하도록 했다.[22)] 이에 대해 중국 현지 영사관에서는 "특수 부녀(예기, 작부, 여급, 군 위안소 고용원, 기타)는 원칙적으로 증명서를 발급하지 않"으며 5월 20일, 즉 시행일 이후의 결원 보충에 한해 폐업과 퇴거 사실을 대조한 후에 도지사유증명서를 발급하라는 방침을 하달했다.[23)]

---

19) 荻野富士夫,《外務省警察史》, 校倉書房, 2005, 802~803쪽.

20) 〈6·満支外地渡航取締例規〉,《6·満支外地渡航取締例規》. 이하 별도의 언급이 없는 한 동일.

21) 〈16.Y/3)藪田武雄〉,《本省並在外公館員出張関係雑件/本省員及在外公館員海外出張ノ部(租借地, 委任統治地域ヲ含ム) 第六巻》.

22) 12세 이상 20세 미만인 여성의 경우는 '청소년고입제한령'과 관련 법령의 저촉 유무를 조사한 다음 지방장관과 직업소개소자가 발급한 증명서를 첨부하도록 했다.

23)《資料集成》1, 137~138쪽. 베이징 총영사관 경찰서의 보고에 따르면 "특수 영업은 전혀 허가하지 않고 오로지 군과 관계된 영업 및 일상생활에 불가결한 영업만을 제한하여 허가"했다고 한다(〈1.欧州/(5)在蘇連邦大使館/分割3〉,《出張報告関係雑件 第三巻》).

각의 결정이 처음부터 한계를 지녔다는 사실은 관련 부처 간의 협의 내용에서 짐작 가능하다.[24] 내무성은 영사관이 없는 지역에서 '특수 부녀'를 초치하는 방법을 물었는데, 외무성의 답변은 해당 부대의 증명서에 따라 가까운 영사관에서 증명서(도지사유증명서 또는 신분증명서)를 받으라는 원칙적인 수준에 그쳤다. 또한 외무성은 현지 헌병대가 발급한 '특수 부녀'의 증명서에 따라 도항시키는 사례의 시정을 육군성에 요망했다.[25]

1940년 9월 타이완에서 불거진 사례로 중국 현지 상황이 달랐다는 것이 수면 위로 드러났다. 시오다 데이이치(鹽田定市, 1886~1940) 소장의 타이완혼성여단 소속 하야시 요시히데(林義秀, 1891~1978)[26] 대좌의 보병 제1연대(이하 1연대)는 영사관을 거치지 않고 직접 위안부 초치에 나섰다.

사건의 경위는 다음과 같다.[27] 광시성 친현(欽縣, 지금의 친저우欽州)에서 1연대 전속 호라이(蓬莱) 위안소를 운영하던 업자는 1연대의 행보에 맞추어 난닝 부근에서 영업을 이어갔다. 1연대는 1939년 11월 친저우에 상륙하여 다음 해 2월부터 난닝에서 주둔하던 터였다. 업자는 "작부 연행 목적"으로 6월 27일자로 발급된 1연대장의 증명서, 헌병분견대장이 발급한 27일자 도항증명서와 28일자 '작부초치증명서'를 휴대한 채 타이완으로 향했다. 인근의 광둥 총영사관에서 발급받

---

24) 《資料集成》 1, 139~143쪽.

25) 1940년 5월 4일 육군 차관은 지나파견군을 비롯한 각 군 참모장에게 5월 7일의 각의 결정과 10일 실시를 전하고 현지의 헌병을 지도하여 사전 준비를 당부하는 통첩을 보냈다(〈渡支邦人暫定処理に関する件〉, 《陸支密大日記 第17号 2/3 昭和15年》).

26) 하야시 요시히데는 전쟁 말기 자행된 필리핀 마닐라에서의 민간인 학살을 추궁하는 전범 재판에서 무기징역을 언도받아 복역하다가 1953년에 석방되었다.

27) 《資料集成》 1, 149~160쪽. 이하 별도의 언급이 없는 한 동일.

아야 하는 도지사유증명서를 누락한 것이다.

업자로부터 중국 도항 신청(업자 외 2명과 작부 6명)을 접수한 가오슝 주지사는 8월 23일 타이완총독부에 문의했다. 호라이 위안소 소재지는 영경에서 멀고 조사도 불가능한 지역이라서 도지사유증명서 취득이 쉽지 않으므로 "단순히 형식적인 것이라 인정"되는 도지사유증명서 발급 대신 "소속 부대장 또는 관할 헌병대장이 발급하는 증명서에 따라 도항시키는 것이 가장 실제적인 처리"라는 견해를 덧붙여 상신했다.

결정은 9월 2일 타이완총독부가 발송한 두 문서에서 확인된다. 외사부장은 가오슝 주지사에게 1연대장이 발급한 증명서로 출원하게 하여 신원과 목적이 확실하면 증명서를 발급하라고 회신하는 한편,[28] 외무성 아메리카국 제3과장에게는 "이번 위안소 종업원의 도항은 시급을 요하므로 특별히 이번에 한해서 허가"했음을 통보했다.[29]

사실 타이완총독부의 지침은 이미 확정된 상태였다. 1940년 6월 1일자로 외사부장은 외무성에 관할 영사관이 없는 전선의 군 위안소 종사자는 도지사유증명서 취득이 불가능하므로 육해군 측의 증명서에 의거하여 신분증명서를 발급해도 좋은지를 문의했다.[30] 외무성의 회신 문서는 남아 있지 않지만 앞의 가오슝 주지사에게 보낸 회신 속에 언급된 6월 8일자 문서(外一第六六二ノ三)로 보이며 내용은 9월 2일 문서와 다르지 않았을 것이다.

중국 현지 부대도 마찬가지였다. 1940년 6월 24일 북지나방면군

28) 앞의 책, 161~162쪽.

29) 앞의 책, 147~148쪽.

30) 앞의 책, 145쪽.

참모장은 육군 차관에게 영경이 없는 지역에서는 "현지 헌병대의 증명서 발급권을 필요로 하며 신속히 성문화할 것을 요"한다는 문서를 제출했다.[31] 이런 기류를 배경으로 최전선 난닝의 1연대와 헌병분견대는 자체 증명서로 위안부 초치를 결행하게 된 것이었다.

이와 같은 흐름을 종합해볼 때 각의 결정 자체는 중국 도항자의 감소에 일정 정도 효과를 발휘했다고 여겨진다. 다만 현지 부대에 전속하는 위안소는 도항 제한 대상에서 사실상 제외되어 있었다는 점도 간과할 수 없다.

---

31) 〈渡支邦人暫定取扱の影響に関する件〉, 《陸支密大日記 第25号 1/4 昭和15年》. 6월 12일 지나주둔군의 지시에 따라 각의 결정 영향을 조사했던 지나주둔군 헌병대사령관은 6월 18일의 보고에서 증명서 발급권 부여를 제안했다.

2. 쉬저우 전투와 위안소

1) 제114사단과 위안소

부대의 개괄

중일전쟁 직후 잠깐 소개했던 114사단은 화북으로 복귀해 1938년 3월부터 사령부를 허베이성 바오딩(保定)에 두고 베이징의 남쪽 지역을 주둔지로 삼았다. 기간 병력은 제66연대와 제102연대를 거느린 보병 제127여단, 115연대와 제150연대로 구성된 보병 제128여단이며 기병 제118대대, 야포병 제120연대, 공병 제114연대, 치중병 114연대, 통신대, 위생대가 가세했다.

부대 명칭을 파악하기 위해 먼저 주요 부대장을 살펴보자. 사단장은 스에마쓰 시게하루(末松茂治, 1882~1960) 중장이었다. 127여단장은 아키야마 미쓰사부로(秋山充三郎, 1885~1944) 소장, 보병 66연대장은 야마다 쓰네타(山田常太) 중좌에서 1938년 7월 오카무라 가쓰미(岡村勝実, 1893~1981) 대좌로 교체되었고, 보병 102연대장은 지바 고타로(千葉小太郎, 1886~1939) 대좌였다. 128여단장은 오쿠 야스오(奥保夫, 1883~1948) 소장, 보병 115연대장은 야가사키 세쓰조(矢

ヶ崎節三, 1893~1982) 중좌에서 1938년 6월 엔도 도라헤이(遠藤寅平, 1889~1943) 중좌로 바뀌었고, 보병 150연대장은 야마모토 시게노리(山本重悳) 중좌였다. 기병 118대대장은 아마기 간시치로(天城幹七郎) 소좌, 야포병 120연대장은 오쓰카 쇼(大塚昇, 1892~1945) 중좌, 공병 114연대장은 노구치 가쓰노스케(野口勝之助) 소좌, 치중병 114연대장은 나카지마 히데쓰구(中島秀次) 소좌(3월부터 중좌)였다.

3월 중순 114사단 소속 보병과 포병 일부는 2군 소속으로 타이얼좡(臺兒莊) 전투를 치렀다. 4월 중순 사단은 지닝시(濟寧市) 동쪽의 옌저우(兗州, 지금의 지닝시 옌저우구)로 옮겨갔으며 하순부터는 주력을 남진시켜 쉬저우 작전에 뛰어들었다. 임무는 공격을 전담하는 5사단과 10사단을 뒤좇듯이 철도를 중심으로 한 후방의 치안을 확보하는 것이었다. 별도로 보병 102연대장은 보병 3개 대대와 야포병 1개 대대를 주축으로 지바지대를 편성하여 10사단장의 지휘를 받도록 했다.[32)]

5월 19일 일본군이 쉬저우를 함락하면서 이후 114사단 소속부대는 쉬저우에서 옌저우에 이르는 구역을 나누어 경비했다. 7월 중순 경비지구를 둘로 나누어 127여단이 북부를, 128여단이 남부를 담당했다. 그리고 1939년 8월 본토로 귀환할 때까지 114사단은 남북으로 구분된 경비 태세를 유지하면서 치안 확보와 주변 지역 토벌에 종사했다.

114사단 예하부대 중 치중병 114연대 제1중대(이하 1중대)는 진중일지를 풍부하게 남겼으며,[33)] 사단의 전시순보 기록에는 성병 환자의

---

32) 〈状況報告 第114師団〉, 《第114師団状況報告 昭和13年1月17日~昭和13年12月17日》.

33) 1중대의 진중일지는 1937년 10월 13일~1938년 12월이 현존하며 이하에서는 출전을 명기하지 않는다.

내역과 대책이 포함되어 있다.[34] 다음에서는 1중대의 진중일지와 전시순보를 교차하여 살펴보면서 주둔 태세와 위안소 개설·운용, 성병 상황을 추적할 것이다. 이와 관련하여 쉬저우 일대에서 근무했던 병참부대의 자료도 함께 소개한다. 치중병 114연대는 제1~4중대, 무선분대로 구성되었으며 1중대의 인원은 440명 정도였다.

쉬저우 전투 전후의 상황

1938년 2월 20일 상하이에서 승선한 1중대는 23일 다롄(大連)에 당도한 뒤 철도로 28일에 바오딩 북부의 이현(易縣)에 도착했다. 4개의 방위대 중 1중대는 115연대장의 지휘 아래 치중병 114연대(이하 114연대) 본대와 함께 주둔했다. 사단사령부는 바오딩에 위치했다.

1중대는 3월 2~4일의 3일 동안 오후에 휴양했다. 3월 3일에는 성병 환자 1명이 베이징 병참병원에 입원했는데, 5일 114연대 일일명령에서 일과 시한 제정과 함께 공용 외의 외출 금지가 적시된 것으로 보아 상하이에서 감염된 것으로 추측된다. 오후를 휴양한 3월 8일에는 사단 군의부장으로부터 화류병 예방에 관한 지시가 내려왔다. 이는 새 숙영지에 '유독천업부(有毒賤業婦)'가 많으므로 엄중한 주의를 촉구한다는 2월 3순(12호)의 전시순보와 연결된다.

실제로 114사단은 성병 환자 증가에 촉각을 곤두세웠다. 3월 1순(13호)의 환자 5명에 이어 3월 3순(15호)에는 화류병 상황의 악화를 전했다. 임질 4명, 연성하감 7명, 경성하감 1명 등 총 12명의 환자가 발생하여 각급 간부에게 방역을 독려하는 중이었다. 4월 2순(17호)에

34) 114사단의 전시순보는 다소 결호가 있지만 1937년 11월 1순의 1호부터 귀환 직전인 1939년 8월 2순의 65호까지 활용 가능하며 이하에서는 출처 표기를 생략한다.

는 임질 2명, 연성하감 2명이 발생했는데, 1순에 비해서는 감소했다고 되어 있다. 4월 3순부터 쉬저우 작전이 본격화함에 따라 전시순보에서 성병에 관한 정보는 자취를 감추었다.

3월 20일부터 1중대는 115연대의 주력과 함께 이현 동쪽에서 이동과 전투를 거듭했다. 4월 12일 1중대는 이현으로 돌아온 뒤 부대를 재정비하고 18일부터 이동에 들어갔다. 114연대는 4월 28일 취푸(曲阜)에 도착했다. 4월 29일에는 일과 시한과 함께 목욕시간 할당표를 만들었다.

5월 1일 1중대는 오후 1~3시의 인솔외출을 허가받아 공자묘를 견학했다. 5월 2일에도 오후 1~3시의 인솔외출을, 5일은 오전 일과를 마친 후 오후 3시까지 인솔외출을 각각 실시했다. 5월 11일에는 본부와 각 소대의 단독외출을 정오~오후 3시 30분으로 허가했다. 반수씩 성내에서 실시하고 성 밖은 하사관이 인솔했으며 1중대의 외출자는 195명이었다. 마찬가지로 다음 날인 5월 12일에는 정오부터 단독외출을 실시했고 1중대에서는 195명이 외출했다. 5월 13일 오후에는 11일 근무자의 외출이 이루어졌다.

5월 12일 114연대장은 주의 사항을 하달했다. 6개 항목 중 마지막은 위생에 관한 것이었는데, 군기와 풍기의 엄정과 더불어 "화류병을 절대로 예방할 것"을 거론했다.

5월 19일 13사단 보병 제65연대는 중국군이 후퇴한 쉬저우 시내에 들어섰다. 1중대와 114연대는 5월 18일 옌저우에서 열차로 남하하여 22일에, 114사단은 하루 전 21일에 각각 쉬저우에 입성했다. 쉬저우 주변의 경비를 맡게 된 114사단은 5월 31일 당시 [그림 4-1]과 같이 예하 병력을 배치했다.

북부경비대는 보병 66연대를 주축으로 한 127여단장 아키야마 미

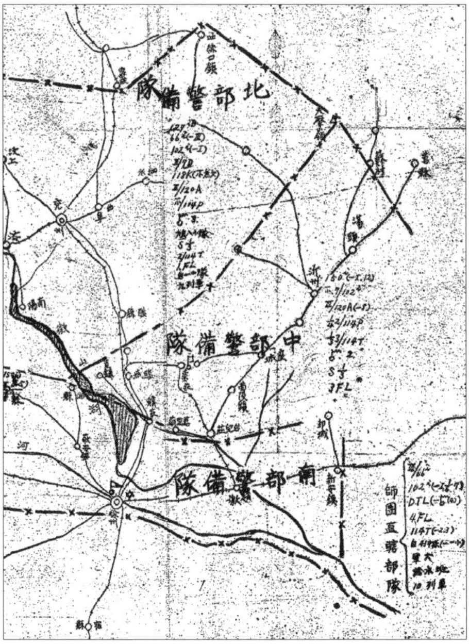

[그림 4-1] 쉬저우에서의 제114사단 배치도

· 출전: 〈戰時旬報 第21号 昭和13年自5月21日至5月31日 第114師団司令部〉,《第114師団戦時旬報（第11~21号）昭和13年2月10日~昭和13年5月31日》

쓰사부로 소장이 담당했으며, 중부경비대는 보병 150연대장 야마모토 시게노리 중좌가 책임자로 진주했고, 남부경비대는 128여단장 오쿠야스오 소장이 야포병 120연대를 거느리고 주둔했다. 114연대 본부는 보병 102연대를 기간으로 한 사단 직할에 소속되었고 제2·3중대는 분산된 채 각각 북부·중부·남부 경비대의 지휘를 받으며 병참 업무에 종사했다.

5월 23일 114연대장은 쉬저우 숙영에 따른 주의 사항과 함께 일과 시한을 하달했다. 하지만 전투가 지속된 탓인지 외출방식의 설정은 지체되었다. 6월 19일(일)이 되어 114연대는 일일명령으로 목욕시간을 할당했고 1중대는 회보를 통해 희망자에게 석식(오후 5시 30분) 후부터 일석점호(오후 8시 30분) 때까지 외출 허가를 전달했다. 외출 시 공용증을 휴대하게 하고 인원을 명확히 하라는 지시도 첨부되었다.

2사단 예하 제3병참치중병중대(이하 3중대)는 2군 휘하의 제4병참부 소속으로 지닝과 쉬저우 북쪽에서 경비와 병참 업무에 종사하다가 6월 13일 쉬저우에 입성했다.[35] 6월 14일에는 회보로 외출 시한은 오전 8시~오후 4시이며 각 소대는 1일 외출자 수를 5분의 1 이내로 하고 외출증을 휴대하도록 지시했다. 6월 26일 제4병참사령관이 순시에 즈음하여 하달한 주의 사항 중에는 외출이 1주 1회로 되어 있지만 3중대의 진중일지에는 '휴업'만 있을 뿐 외출 기록은 없다.

7월 14일 2군 사령부는 난징으로 이동하면서 우한 전투에 돌입했고 3중대는 쉬저우에 계속 머물렀다.[36] 7월 25일 5사단 경비대는 외출자에게 확실히 외출증 또는 공용증을 지참하게 하고 외출 시한은 병이 오후 7시까지, 하사관이 오후 9시까지임을 알리는 회보를 전해왔다(외출 시작 시간에 대한 언급은 없음). 그러나 이틀 뒤인 7월 27일에는 콜레라 발병 때문에 외출이 금지되었다는 회보가 전달되었고, 28일에는 쉬저우 시내의 일본인과 중국인의 음식점·요릿집의 영업이 당분간 정지되었다는 회보가 전해졌다(3중대는 8월 9일 쉬저우를 떠나 우한 전투에 참가).

한편, 쉬저우 북쪽의 쫘오좡(棗莊)에서는 쉬저우 함락 직후에 위안소가 개설되었다. 역시 2군 직속의 제3병참부 무카이(向井)지부는 5월 10일부터 쫘오좡에서 주로 병참 숙사를 관리했다.[37] 5월 21일 사

---

35) 〈陣中日誌 第3号 自6月1日至6月30日〉, 《第2師団第3兵站輜重兵中隊 陣中日誌 昭和13年5月1日~13年7月31日》. 이하 동일.

36) 〈陣中日誌 第3号 自7月1日至7月31日〉, 《第2師団第3兵站輜重兵中隊 陣中日誌 昭和13年5月1日~13年7月31日》. 이하 동일. 7월 13일과 17일에는 회보를 통해 조선은행권과 중국준비은행권을 군표로 교환하라는 지시를 내렸다.

37) 〈陣中日誌 自昭和13年5月9日至 第3兵站部棗莊支部(1)〉, 《第3兵站部向井支部 陣中日誌 昭和13年5月9日~13年10月31日》. 이하 동일.

[그림 4-2] 쫘오좡 사영구의 외출증

· 출전: 〈陣中日誌 自昭和13年5月9日至 第3兵站部棗莊支部(1)〉, 《第3兵站部向井支部 陣中日誌 昭和13年5月9日~13年10月31日》

영회보에는 외출에 관한 규정이 실려 있었다. 외출 시한은 매주 1일로 하사관 이하는 조식 후부터 오후 7시까지였고, 중대장 부관이 발행하는 [그림 4-2]와 같은 양식의 외출증을 소지하고 3인 이상 동행하도록 했다.

쫘오좡에서의 외출이 위안소 출입으로 연결되었다는 사실은 5월 24일의 사영회보에서 확인된다. 5월 23일 밤에 규정된 시간 외에 위안소 부근을 방황하다 처벌을 받은 자가 있으므로 외출에 관한 규정을 엄히 준수할 것을 통보한 것이다.

5월 24일에는 무카이지부도 회보를 시작했다. 병참 숙사에 숙영하는 부대의 외출일은 일요일로 했으며 외출 시한은 오전 8시부터 하사관이 오후 8시까지, 병이 오후 5시까지였다. 외출증 발행은 부대의 장교가 하거나 병참지부에서 맡았고 음주는 절대 금하도록 했다. 5월 29일에는 병의 외출시간을 오후 6시로 연장한다는 사영회보가 전달되었다.

참고로 무카이지부는 6월 15일 쫘오좡을 떠나 24일까지 쉬저우에 머무른 다음 25일에는 쑤저우시(宿州市) 당산(碭山)으로 옮겨갔다.[38]

6월 26일에는 3병참부 당산 지소를 개설하고 일과 시한을 제정했으며 당분간 외출을 금지한다는 회보를 하달했다. 6월 27일에는 5사단 보병 9여단장(구니사키 노보루 소장)과 부대가 도착하여 병참 지원은 물론 병참 숙사 운영을 개시했다.

7월 1일 무카이지부는 당산에서 직접 위안소 설치에 관여했다.[39] 당산선무반(宣撫班)[40]에서 위안소 설치에 관해 요청이 있어 당산경비대장과 상의하여 허가한 것이었다. 위안소 개설 능력을 보유한 병참부대의 특성이 잘 드러난다.

7월 2일 무카이지부는 회보를 하달했다. 근무에 지장이 없는 자는 당산 정차장 부근의 군대 숙영지 내의 외출을 허가했다(당산 성내 제외). 인원은 3분의 1 이내로 제한했고, 외출 희망자는 일직하사관에게 신고했으며, 외출 시한은 오전 8시부터 병은 오후 6시까지, 하사관은 오후 9시까지로 정했다. 당산지부는 7월 12일로 폐쇄되었고 무카이지부는 우한 전투에 참전했다.

산둥성 서부 주둔과 위안소

6월 21일 114연대는 루시(魯西) 작전, 즉 산둥성 서부 토벌 작전에 관한 명령을 하달했다. 보병 102연대 일부, 야포병 120연대 일부를 기

---

38) 〈陣中日誌 自昭和13年6月25日至昭和13年6月30日 (碭山) 向井支部〉, 《第3兵站部向井支部 陣中日誌 昭和13年5月9日~13年10月31日》. 이하 동일.

39) 〈陣中日誌 自昭和13年7月1日至昭和13年8月2日 (碭山) 向井支部(1)〉, 《第3兵站部向井支部 陣中日誌 昭和13年5月9日~13年10月31日》. 이하 별도의 언급이 없는 한 동일.

40) 만주사변이 한창이던 1933년 군속의 신분으로 중국인에 대한 심리전을 수행한 것이 시초였으며, 1937년 8월 9일 만철 사원 52명으로 북지선무반이 조직되었고, 1938년 12월 말 현재 일본인 1,014명, 만주인·중국인 542명이 활동했다(아시아역사자료센터에 소장되어 있는 《宣撫班小史》가 좋은 참조가 된다).

간으로 다시 지바지대가 편성되어 북부경비대의 아키야마 미쓰사부로 소장 지휘 아래 작전에 돌입한다는 것이었다. 114연대에서는 1중대가 선발되었다. 6월 23일 타이안(泰安)에서 전열을 정비한 아키야마지대는 26일 페이청(肥城)에서 집결했다. 작전은 황허강(黃河江) 남안에서 시계 역방향으로 진행되어 7월 13일 지닝 집결로 종료되었다.

7월 13일 1중대는 목욕 할당과 일과 시한을 정하는 회보를 전했으며, 7월 15일자로 아키야마지대의 편성이 해제된다는 연락을 받았다. 7월 14일 1중대는 회보를 통해 인솔외출이 15일 오후 1~4시로 허가되었음을 알렸다. 각 소대의 반장이나 분대장이 인솔했으며 장교와 하사관의 외출도 같은 시간대였다. 7월 15일에는 외출 시 막사 감시자를 남기라는 회보가 전해졌다. 이날 지닝의 사영사령관으로부터 외출자는 중대장이나 부관이 발행한 외출증을 소지하게 하라는 통보가 내려왔다. 7월 17일에도 오후 1~4시의 인솔외출이 이루어졌다.

7월 17일 1중대는 북지구방위대 사령관이 된 아키야마 미쓰사부로 소장에게 지바경비대 예하에서 타이안의 경비를 맡을 것이라는 명령을 받았다. 북지구방위대 구역의 북부는 지바경비대가, 남부는 보병 66연대장의 오카무라경비대가 맡았다. 아키야마 미쓰사부로 소장은 옌저우에 자리했으며 타이안의 노영사령관은 102연대 2대대장인 히라타 겐지로(平田源次郎) 중좌였다.

7월 21일 1중대는 타이안에 도착했고 일과 시한을 제정했다. 이날 저녁 1중대는 경비대본부가 발행하는 허가증 소지자만 성내 출입을 할 수 있다는 지바경비대장의 주의 사항을 회보로 전달했다(콜레라 방역이 원인). 7월 22일자 진중일지에는 공용외출 외의 일반외출은 금지한다는 21일자 경비대명령이 실려 있다.

7월 25일 1중대는 노영회보에서 지시한 대로 외출방식을 하달했다. 일요일과 경축일에는 조식 때부터 석식 시한까지 절반씩 하사관 이하의 외출을 허가했으며 하사관은 중대장이 일석점호까지 허가할 수 있도록 했다. 외출 구역은 타이안경비 구역 내로 하며 외부로의 외출은 불허했고 일반외출자는 성내 출입을 금했다. 외출 희망자는 중대장이 발행하는 외출증을 휴대해야 했고 병의 단독외출은 금지했다. 외출규정은 노영회보를 통해 추후 인쇄하여 배포한다고 알렸다.

7월 26일에는 노영회보로 콜레라 때문에 공용 이외의 외출을 금지한다고 알렸다(27일 사영명령으로 전달됨). 아울러 중대회보로는 하사관 이하에서 야간에 무단외출하여 음식점에 출몰하는 자가 있다는 경비대장의 주의를 전했다. 7월 30일에는 사영회보로 '타이안에서의 경비 및 내무에 관한 규정'이(내용 없음), 지바경비대회보로 '타이안경비대 응급출동 준비계획'이 전달되었다.

7월 31일 114연대 주력과 나카지마 히데쓰구 중좌는 타이안으로 이주하여 지바 고타로 대좌의 지휘를 받게 되었고(도착은 8월 1일) 1중대는 114연대로 복귀했다. 7월 27일 북지구방위대가 지바경비대에 명령한 토벌 작전은 8월 1~23일에 실시되었다. 작전 책임은 히라타 겐지로 중좌가 맡았으므로 사영사령관은 나카지마 히데쓰구 중좌가 이어받았다.

8월 25일 1중대는 회보로 26일부터 목욕이 허가됨을 알렸다. 뒤이어 8월 27일 사영사령관 나카지마 히데쓰구 중좌는 각 부대의 외출일을 할당하는 사영명령을 내렸다. 각 부대는 일요일과 수요일, 목요일에 외출이 가능했으며[41] 외출일 할당은 [표 4-1]과 같다.

각 부대는 인원의 반수를 오전과 오후로 나누어 외출하도록 했으며 외출 시한은 조식 때부터 하사관이 일석점호까지, 병이 석식 시한까지였다. 외출증은 각 부대에서 작성하여 개인별로 휴대하도록 했다.

	부대명
일요일	타이안 주둔부대 전체
수요일	오모리(大森)대, 제2·3대대 잔여, 경비대 본부, 제10중대, 제3기관총중대, 연대기관총중대, 보병포중대, 특별중대, 노나카(野中)대, 치중병 제114연대(본부, 제1~3중대), 야전창고, 사단무선, 야전비둘기 제8소대 1개 분대, 군통신, 정차장사령부
목요일	제1대대, 훗타(堀田)대, 야포병 제120연대 제4중대, 제20야전병원

[표 4-1] 타이안의 지바경비대의 외출일 할당표

* 오모리대, 노나카대, 훗타대는 특정할 수 없으나 각각 제102연대의 제5·7중대, 제9장갑열차(소대 규모)를 가리킨다.

· 출전: 〈陣中日誌 自昭和13年8月1日至昭和13年8月31日 輜重兵第114連隊第1中隊(9)〉, 《輜重兵第114連隊第1中隊 陣中日誌 10/14 昭和13年8月1日~13年8月31日》

외출에 관한 그 밖의 사항은 앞서 언급한 '타이안에서의 경비 및 내무에 관한 규정'에 따르도록 했다. 이로써 114연대와 1중대는 일요일과 수요일의 외출이 가능해졌다.

아울러 사영명령에는 타이안의 위안소 지도도 첨부되어 있다. [그림 4-3]에서 ●로 표시된 4곳이다. 지금의 다이웨구(岱岳區) 타이안역 가까운 곳에 1938년 8월 일본군은 위안소 4곳을 두었다.

8월 28일(일) 1중대는 반수 외출을 허가했다. 주의 사항으로는 5인 이상 집단으로 이동하며 시내에서의 매식 금지, 시간 엄수와 경례·복장의 엄정에 더해 "성병 예방에 주의할 것"이 포함되었다. 위안소 이용의 개시였음에 틀림없다. 이날 중대회보에는 간부의 외출도 반수로 정해져 있었다.

41) 월요일·화요일·금요일·토요일은 타이안에 주둔하던 다른 부대에 할당된 것으로 추측된다. 가령 7월 17일부터 지바경비대에 속했던 7사단 후비보병 제2대대(대대장 호리코시 게이스케堀越圭介 소좌), 8월 15일부터 타이안에 주둔한 독립기관총 제10대대 제1중대 등이 해당되며 별도의 사영구를 구성했으므로 나카지마 히데쓰구 중좌의 사영명령에는 포함되지 않았다.

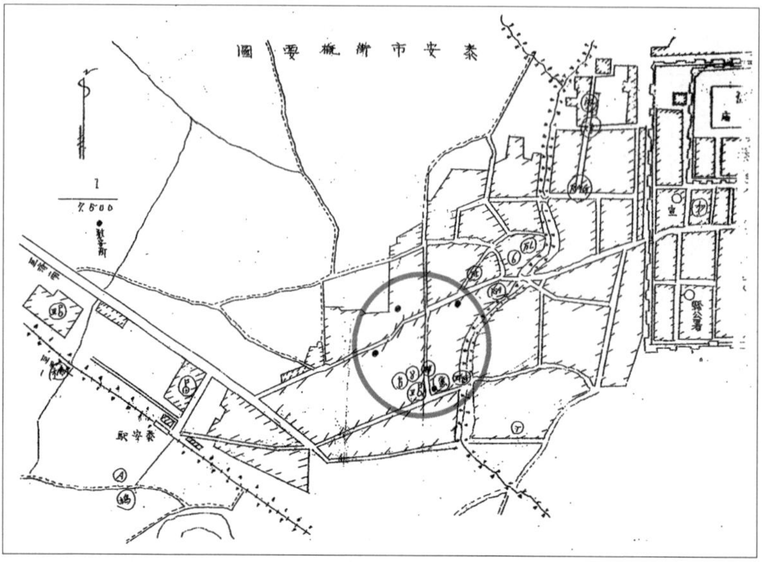

[그림 4-3] 타이안의 위안소 지도

· 출전: [표 4-1]과 동일.

같은 날 북지구방위대는 114사단 전체의 편제와 경비 구역이 변경되었다는 작전명령을 하달했다. 사단은 2군에서 북지나방면군 직할로 편입되었으며 산둥성 북부까지 방위하게 되었다. 지바경비대는 큰 변화가 없었지만(7사단 후비보병 2대대의 이탈) 오카무라경비대는 지바경비대 북쪽으로 이동했고 127여단 사령부도 지난으로 옮겨갔다.

8월 31일(수)은 '휴일'로 외출할 수 있었지만 1중대의 외출이 일요일과 목요일로 규정되어 9월 1일로 바뀌었다고 진중일지에 기록되어 있다. 사단 전체의 방위 태세 변경에 따른 것으로 추정되는데, 114연대 본부와 제2·3중대는 여단 직할이 되어 지난으로 이동하게 되었다(사영사령관은 지바 고타로 대좌로 바뀜). 잔류한 1중대도 재차 지바 고타로 대좌의 휘하에 들어갔다. 9월 1일(목)은 '외출일'이어서 간부 및 병의 반수씩 외출이 허가되었다.

1중대가 단독 주둔으로 전환함으로써 주보 운영에도 변화가 생겼다. 9월 1일자로 '이지마대(飯島隊, 이지마는 중대장)주보규정'을 정한 것이다. 주보위원을 임명하고 전체 운영의 책임은 중대장이 지도록 했다.

9월 3일 1중대에서 뇌수막염 환자가 발생함에 따라 외출은 물론 목욕까지 일주일 동안 금지되었다. 9월 8일 1중대는 9일부터 목욕을 허가하고 외출 금지를 해제했다. 이에 따라 9월 10일에는 11일(일)의 일과 때문에 바쁜 안장공을 제외하고 공병에 한해 오후 반수의 외출을 실시하며 순찰장교와 하사관을 임명했다. 9월 11일에는 일과 시한을 변경했는데, 오후 5시의 중대회보의 경우 일요일은 취소하며 외출자는 불참을 허용했다.

9월 15일(목)은 오후부터 반수씩 외출이 이루어졌다. 9월 18일(일)은 전날 예정에 따라 오전 11시부터 각 소대의 반수씩 외출이 허가되었다. 9월 22일(목)과 다음 날은 수송 임무를 수행했으며, 25일(일)은 오전 9시~오후 3시에 반수씩 외출을 실시했다. 9월 29일(일)에는 오후의 입욕 및 외출 허가가 적시되어 있다.

10월 4일 1중대는 지바경비대로부터 되도록 빨리 쫘오좡으로 이동하라는 명령을 전화로 받았다(114연대의 명령은 10월 3일 하달됨). 10월 6일(목)에는 아침의 말 운동을 마치고 오후 3시까지 타이안에서의 마지막 외출이 있었다. 10월 7일 지바 고타로 대좌는 1중대에게 남지구방위대 사령관 지휘를 받으라는 명령을 내렸다.

산둥성 남부 주둔과 위안소

10월 8일 타이안을 출발한 1중대는 이튿날 쫘오좡에 도착했다. 10월 10일 1중대는 야마모토 150연대장에게 신고했고, 11일에는 일과 시한을 제정했다. 10월 13일 1중대는 회보를 통해 각 소대에 성병 예방에 대한 주의를 지시했다.

10월 25일 진중일지에는 남지구방위대를 담당한 제4야전병원(쫘오좡 이동은 6월 13일)의 문서 '위생에 대한 주의'가 실려 있다. 화류병 환자가 많다고 할 수는 없었지만 현미경으로 엄격히 검사하여 결과에 합격했다고 하더라도 대다수는 임균 보균자로서 안전하다고 할 수 없었다. 성비고가 절대적이지 않았기에 반드시 삿쿠를 사용하도록 했고 귀환자의 화류병 검사를 엄격히 했으므로 환자는 톈진의 병원에서 완치될 때까지 억류한다고 밝혔다.

10월 22일부터 시작된 수송 임무는 이현(嶧縣, 지금의 쫘오좡시 이청구嶧城區)을 중심으로 인근을 오가며 전개되었다. 11월 1일 1중대는 이현으로 복귀하여 2일 조식부터 정오까지 외출을 명령했고, 2일 오전 중에는 목욕 및 외출을 허가했다. 그리고 이날 쫘오좡에 잔류한 인원은 명치절인 3일 오전 9시~오후 4시의 인솔외출을 허가한다는 회보를 수령했다. 1중대는 이현에서 11월 13일 오전 9시~오후 6시에 성내에 한해 오전과 오후 반반씩 외출을 허가했으며, 14일은 전날 중대의 명령에만 오전 중의 외출이 명기되어 있다.

11월 22일 1중대는 1개월 만에 쫘오좡으로 복귀했고 중대회보를 통해 일과 시한을 제정했다. 11월 23일(수)은 신상제여서 오후부터 6시인 석식 시한까지 외출을 허가했으며 다음 날 오후에는 전일 근무자의 외출이 이루어졌다. 그리고 11월 25일에는 치중대의 외출일이 수요일과 토요일로 정해졌으며 반수가 교대로 실시한다는 소식이 중대회보로 전해졌다. 이로써 1중대는 쫘오좡에서의 외출 체계를 갖추게 되었다.

11월 26일(토)에는 정오~오후 4시의 외출이 허가되었다. 앞의 무

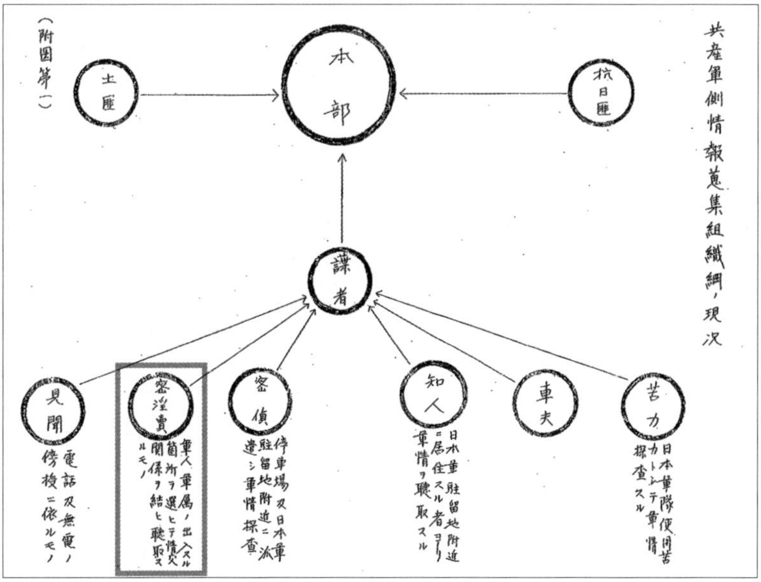

[그림 4-4] 공산군의 정보 수집 체계

· 출전: 〈陣中日誌 自昭和13年11月1日至昭和13年11月30日 輜重兵第114連隊第1中隊(5)〉, 《輜重兵第114連隊第1中隊 陣中日誌 13/14 昭和13年11月1日~13年11月30日》

카이지부 주둔 시절과 마찬가지로 11월 29일 중대회보는 쫘오좡에 위안소가 있었음을 증명한다. 외출자는 각반이 필요하지 않다는 데 이어 사영일직장교의 주의 사항이 나열되어 있다. 하사관 이하가 증명서 없이 시간 외에 외출하는 자가 있으므로 11월 29일은 사영일직장교의 입회 아래 헌병으로 하여금 위안소 등의 각 방을 점검할 수 있으며 순찰자는 위안소 내에서 차를 마셔서는 안 된다고 통지한 것이다.

한편, 11월 26일 1중대는 상급부대인 150연대로부터 정보 관련 문건을 전달받았다. 그 안에는 중국 '공산군'의 정보 수집망을 묘사한 [그림 4-4]가 첨부되어 있었으며, 작성자는 114사단 사령부였다.

그림 속 '밀음매(密淫賣)'의 설명에 따르면 "군인, 군속이 출입하는 곳을 골라 정교(情交) 관계를 맺고 청취한 것"을 첩자에게 전한다고 되어 있다. 따라서 114사단 사령부는 성병 예방은 물론 '방첩'을 철저히 한다는 차원에서도 위안소 설치를 게을리하지 않았다.

12월 2일자 진중일지에는 공무 중에 '특수위안소'에 갔다가 화류병에 감염된 예를 들면서 엄중 감독을 명령한 11월 30일자 사단회보가 114연대 회보에 소개되어 있다. 함께 첨부되어 있는 지난경비대회보에는 외출 시 불량한 태도를 보인 군인의 명단까지 적시되어 있다.

1중대 주력은 12월 4~18일의 토벌 작전에 참가했지만 잔류 인원은 외출방식대로 행동했다. 12월 6일자 중대회보에 명시된 바와 같이 7일(수) 오후에는 근무자 이외 반수의 외출이 허가되었다. 12월 8일 파라티푸스 환자가 발생함에 따라 중대회보는 2주간 외출 금지를 전했고, 10일(토) 오후는 휴양했다. 외출 금지는 12월 16일에 해제되었지만, 17일(토) 오후는 영내에서 휴양했다. 1중대 주력이 작전에서 귀환한 12월 19일에도 오후에 휴양했다.

12월 21일(수)은 오전의 연대장 시찰 때문인지 외출 기록이 없다. 대체 여부의 언급은 없었지만, 12월 23일(금) 오후에는 각 소대 반수의 외출이 이루어졌다. 이것이 12월의 마지막 외출인 것으로 보인다. 12월 26일에는 장티푸스 환자가 발생하여 당분간 외출이 금지되었으며 1중대의 진중일지는 여기서 끝난다.

참고로 전시순보를 통해 114사단 소속 야전병원에 수용된 성병 환자의 추이를 살펴보자. 일본군의 경우 전상(戰傷)과 전염병을 제외한 나머지를 '평병(平病)'이라 칭하는데, 평병 환자 중 1~3위를 정리하면 [표 4-2]와 같다.

환자 수 내역을 확인할 수 있는 1938년 9월 하순~1939년 1월 하순의 평병 중에서 성병 환자가 가장 많았다. 병력 손실이라는 측면에서 보면 전염병과 전상을 뛰어넘는 요인은 바로 성병이었다.

	환자 총수	전상	전염병	위장염	흉막염	기타	성병
1938년 9월 3순	495	16	62	60	35		27(58)
10월 1순	552	20	62	77	46		42
2순	571	18	56	55	30		50
3순	637	27	59	79	45		58
11월 1순	565	30	41	84	20		57
2순	585	24	41	73	19		70
3순	579	68	48	51	20		40
12월 1순	540	43	58	26		25	47
2순	541	42	32	39	27		55
3순	437	30	42	23		25	36
1939년 1월 1순	425	33	38	20	18		40
2순	517	25	31		17	17	79
3순	539	37	26		28	6	62
총계	6,983	413	596	587	305	73	663

[표 4-2] 제114사단 야전병원의 수용 환자 내역

* ( ) 안의 숫자는 각 부대가 집계한 성병 환자를 합친 결과다.

** 기타는 1938년 12월 1순·3순이 각기병, 1939년 1월 2순이 맹장염, 3순이 감기다.

*** 1939년 2월 1순부터는 평병 내역에 대한 수치가 게재되어 있지 않다.

· 출전: 디렉터리만 소개하면《第114師団戰時旬報 (第22~33号) 昭和13年6月1日~昭和13年9月30日》,《第114師団戰時旬報 (第34~42号) 昭和13年10月1日~昭和13年12月3(원문대로)日》,《第114師団戰時旬報 (第43~48号) 昭和14年1月1日~昭和14年2月28日》

2) 제14사단과 위안소

초기 상황

14사단은 중일전쟁 발발 직후 동원령을 수령한 사단 중 하나다. 북지나방면군 소속으로 쉬저우 전투는 물론 화북 전선의 주력부대로 각종 전투를 누비다가 1939년 12월 일본 본토로 귀환했다. 보병 제27여단(제2·59연대)과 보병 제28여단(제15·50연대)이 기간이었으며 기병 제18연대, 야포병 제20연대, 공병 제14연대, 치중병 제14연대, 위생대, 통신대를 거느렸다.

14사단 관련 자료는 턱없이 부족하지만 위생대에 소속된 담가(擔架) 제3중대(이하 3중대)는 1937년 8월~1940년 1월의 진중일지를 남겼다.[42] 다음에서는 3중대의 진중일지를 바탕으로 화북에서 전개된 작전과 위안소 개설·이용의 실태를 추적했다.

1938년 초 14사단은 펑더(彭德)에 주둔해 있다가 3월 중에 허난성 신샹(新鄕)으로 이동했다. 4월 9일 진중일지에 따르면 27여단과 28여단이 동부와 서부로 나뉘어 수비대를 총괄했다. 4월 1일 당시 인마커우(飮馬口, 지금의 훙치구紅旗區)에서 숙영하던 3중대는 59연대장의 노영구에 속해 있었다.

4월 1일 3중대는 회보를 통해 화류병 예방의 견지에 따라 사단 군의부장이 신샹의 '접객업자' 검미를 규정했으므로 숙지하도록 지시했다(내용 없음). 그리고 4월 6일에는 위생대의 외출방식을 통보했다. 외출 시한은 매주 화요일과 금요일에 오전 8시부터 하사관은 일석점호까지, 병은 오후 5시까지였으며 외출증 휴대와 3인 이상의 단체 행동, 분산외출 등을 설정했다. 4월 8일(금) 첫 외출자는 52명이었다.

4월 10일 위생대회보에는 외출에 관한 사항이 실려 있다. 외출 시 경례에 비해 복장의 느슨함을 지적하면서 화북 방면에서 군표 사용은

---

42) 3중대의 경우 '원고' 단계의 진중일지가 현존하며 1호(《第1号 陣中日誌 自昭和12年8月14日~至昭和12年10月28日》)~21호(《第21号 陣中日誌 昭和14年11月》)가 있다. 3호는 누락되어 있으며 20호(第20号 陣中日誌 昭和14年12月)에는 일본 본토 귀환 정황이 기재되어 있다. 아시아역사자료센터의 디렉터리 순서는 防衛省防衛硏究所〉陸軍一般史料〉支那〉支那事変〉北支 다음에 수록되어 있는데, 디렉터리 명칭이 제각각인 점은 주의를 요한다. 이하에서는 진중일지의 경우 출전을 명기하지 않는다. 토벌 작전에 출동한 경우 본대와 유수대 모두 진중일지를 작성했지만 이 역시 별도로 출전을 명기하지 않는다.

불가하므로 소지자는 본부에서 교환할 것, 중국 '기녀(妓女)'의 검미 결과는 대부분 나쁘기 때문에 중국 기루는 출입하지 말 것 등을 주문했다. 4월 12일 위생대회보에서는 규정시간 외에 외출하거나 증명서가 없거나 공용증으로 '화류가'를 다니는 경우가 있다고 전하면서 각 부대의 엄중한 단속을 요청했다. 4월 19일(화) '외출일'에는 중대장 대리가 화류병 예방 등에 대해 강연했으며 이날 32명이 외출을 허가받았다.

4월 하순부터 쉬저우 전투로 출동한 14사단 주력과 3중대는 6월 6일부터 카이펑에 주류했다. 6월 9일 카이펑 성내에 있는 사창의 검사 결과가 유독자로 판명되어 출입을 금한다는 회보가 내려왔고, 12일에도 '부인' 관계로 과오를 범하지 말라는 주의가 회보로 전달되었다.

카이펑에서의 외출명령은 6월 21일 구두로 하달되었다. 6월 21일과 22일의 성내 견학을 위한 외출을 반수의 병에게 오후 5시까지 허가했으며 외출증을 휴대하고 대검을 차도록 했다(외출 시작 시간은 언급 없음). 6월 25일에는 하사관 이하의 외출을 허가했는데, 3중대에서는 일부 희망자만 외출했다.

6월 30일 14사단은 신샹으로 복귀했다. 7월 초부터 콜레라가 맹위를 떨치면서 외출에 관한 기록은 전혀 나타나지 않는다.

화이칭 주둔과 위안소

1938년 8월 30일 3중대는 28여단 사령부, 보병 50연대 등과 함께 신샹 서쪽의 화이칭(懷慶)으로 옮겨갔다. 현재 자오쭤(焦作) 서쪽의 친양(沁陽) 중심가에 위치한다.

9월 4일에는 3중대의 일과 시한과 함께 외출방식이 정해졌다. 매주 수요일과 토요일에 병 반수의 외출을 실시하며 외출 시한은 정오부터 하사관은 오후 8시(일석점호), 병은 오후 6시(석식)까지였다. 일직

장교는 곧 외출이 허가되었는데, 화류병 환자가 다수 발생하여 주의를 당부했다. 참고로 외출방식은 1939년 2월 12일 진중일지에 언급된 화이칭 노영사령부의 '화이칭부근경비계획서'에 명시된 것으로 추측된다(후술).

9월 7일(수)은 첫 외출일이었으나 우천 때문에 신청자가 없었다. 9월 13일부터 3중대는 50연대의 주력과 함께 1개월 넘게 토벌 작전에 출동했다가 10월 20일 화이칭으로 복귀했다.[43]

10월 21일 3중대는 일과 시한을 책정했으며, 다음 날에는 용무를 위한 외출이 9월 4일과 같은 방식으로 허가되었다. 그런데 이날 책정된 노영근무 할당표에는 해당 부대의 외출이 허가된 경우 일직장교가 순찰장교를 겸하도록 되어 있다(11월 11일도 마찬가지). 별도로 제2종 순찰을 운용하지 않았던 것이다.

10월 24일에는 화이칭에서의 새 외출방식이 통보되었다. 외출 시한은 정오부터 하사관은 오후 9시, 병은 오후 6시까지로 정해졌다. 이날 3중대는 25일(화)에 실시될 위생대의 외출일에 경례, 복장, 인원 점검을 철저히 하고 경례 연습을 시킨 후 외출을 허가한다는 회보를 전했다. 10월 25일은 외출일로 전체 휴업이, 11월 1일(화)에도 외출일이 적시되어 있다. 10월 28일에는 정해진 시한 외에 하사관과 병의 '무단 외출 유흥'이 다수 확인되었다고 하면서 외출은 반드시 중대장, 독립 소대장 또는 부관의 외출증명서를 소지하도록 하라는 노영회보가 전달되었다.

11월 3일 3중대는 각 부대의 외출일이 바뀌었으며 위생대는 화요

---

43) 원래 140명 전후의 인원이던 3중대는 10월 20일 이후 차량소대, 대행리, 소행리, 위생부 등을 합쳐 300명 전후의 위생대 제3부로 활동했지만 여기서는 3중대로 통칭한다.

일과 금요일에 실시한다는 화이칭경비대 사령부의 명령을 회보로 통지했다. 10월 24일의 변경이 정식명령으로 내려진 것으로 판단된다.

한편, 명치절인 11월 3일 진중일지에는 흥미로운 자료가 첨부되어 있다. [표 4-3]과 같이 '화이칭일본인회'에서 각출한 국방헌금 명부가 그러하다.

원 자료에는 민족과 업종에 관한 정보가 없어 상호와 이름으로 판단했지만 한 군데의 관련 기록은 존재한다. 1939년 4월 27일 노영회보에는 몇 차례 주의에도 불구하고 '금제품(禁制品, 아편으로 추정됨)'을 밀매한 '요리업 김천관(金泉館)'의 영업을 4월 26일~5월 6일의 기간 동안 정지시켰다는 소식이 실려 있다. 이를 통해 노영사령관이 업소의 개폐를 결정하는 권한을 지녔음을 새삼 확인할 수 있다.

'광의'의 위안소로 추정되는 23곳 중 조선인 업주는 16명에 이르렀고 국방헌금을 낸 34명의 업자 중 3분의 2가 넘는 23명이 조선인이었다. 50엔 이상 납부자도 8명 중 7명이 조선인이었는데, 그중 1명만 사진관 경영자였다. 위안소 등의 업자들은 중일전쟁 발발 1년이 지난 시점에 중국 내륙 깊숙이까지 진출하기에 이른 것이다.[44]

11월 8일 3중대 회보에는 '음식점·요리점 영업자'를 모아 협의한 결과가 실려 있다. 청주는 1홉에 50센, 맥주는 1병에 80센이며, '예창기'의 1시간 '화대(원문은 玉代)'는 병 2엔, 하사관 3엔, 준사관 이상 4엔으로 정해졌다. '예창기'가 있는 곳에서는 주류 판매를 일절 금했

---

44) 한 병사는 "1938, 9년 무렵에 조선인도 있었습니다. 조선 부부가 10명 정도 데려왔다더군요" 하면서 장소로 큰 성이 있는 화이칭 또는 보아이현(博愛縣)을 거론했는데, 큰 성이라는 단어에 착안하면 화이칭일 가능성이 높다고 판단된다(1992·京都〈おしえてください!《慰安婦》情報電話〉, 報告集編集委員会 編, 《性と侵略—〈軍隊慰安所〉84ヶ所 元日本兵らの証言》, 社会評論社, 1993, 69쪽, WAM).

민족	업종	상호	영업자	금액(엔)
조선	위안소	新郷野戰館	金東昶	200
		野戰館	楊聖煥	100
		京城館	鄭順子	50
		つた乃や	金官玉	50
		永和樓	石允奎	50
		花月樓	鄭正度	50
		八千代	韓福吉	30
		祝勝館	趙鳳吉	30
		思君館	李弘龍	20
		金泉館	韓三普	20
		娯樂館	石賢梓	20
		一二三亭	林昌煥	10
		新鄉永樂	姜順愛	10
		戰勝館	李春山	10
	식당, 카페	ミカドカフェー	李京煥	20
		天津食堂	秦英子	5
	기타	アリラン寫眞館	朴潤京	20
		原田寫眞館	文永遠	20
		亞細亞寫眞館	吳學洙	50
		金子時計店	黄龍運	10
		中山時計店	李取信	10
		金岡醫院	尹秀東	10
일본	위안소	大和屋	坂本正衛	10
		三好野	緒方萬	10
		大阪屋	徳川福次	10
		あけぼ乃	山田智江	10
		大和屋	野中鐵之助	3
	식당	日之丸食堂	岩永信夫	20
		精養軒食堂	澤田久輔	5
	기타	50연대 본부 주보	野口政吉	100
		新工舍時計店	馬場清次	20
			森郷藏	10
		平田洋行	朴容乾	10
		㊦洋行	藤田敏馬	5

[표 4-3] 화이칭의 위안소 및 각종 영업 상황

· 출전: 〈陣中日誌(原稿) 第8号 昭和13年11月 第3中隊 西田准尉(1)〉,《第8号 陣中日誌 昭和13年11月》

으며 예창기 중 검진 합격자라고 해도 '무독자'라 할 수 없으므로 '방독' 실시를 지도하도록 했다. 이는 토벌 작전 종료에 맞추어 주둔 태세를 본격화하는 작업의 일환으로 보아야 한다.

11월 13일 헌병분주소는 12일의 검미 결과를 회보로 알려왔다. 중국 측 38명 중 21명은 화류병 환자였고, 17명(명단 생략)은 '건강진단서'를 교부하여 취업을 허가했다. 하지만 '취업 허가자'라고 해도 '무독자'라고 할 수 없으므로 경계를 당부했다.

12월 1일 진중일지에 첨부된 12월 행사표에서 3중대의 외출일은 화요일과 금요일로 되어 있다(1939년 1월도 동일). 이듬해 1월까지 외출일이 적시된 날은 12월 9일, 1월 4일·20일·27일 등이다. 12월 28일 서부경비대(28여단) 회보는 연말연시의 휴일 동안 내무생활과 외출자 통제를 명령했으며, 3중대는 회보로 12월 29일~1월 3일 연휴 동안 병은 오전 10시~오후 5시, 하사관은 오전 10시~오후 9시의 외출을 허가한다고 알렸다. 1월 23일 3중대는 회보를 통해 중국인 '접객부' 중에는 '유독자'가 많으므로 중국인 요릿집 출입을 자제할 것을 지시했다.

2월부터 월중 행사표 속의 외출일은 월요일과 금요일로 변경되었다(이후 동일). 앞서 소개한 대로 2월 12일 노영회보에는 '화이칭부근경비계획서'의 제8항 외출 시한의 개정이 통보되어 있는데, 하사관은 오후 8시 30분까지로 앞당겨졌다.

3월 1일 3중대는 회보로 성병 예방법의 강화를 전했다. 노영지 내에서 허가된 '접객부'와 접촉한 경우 종래의 예방법을 실행하는 외에 귀대 직후 위생부에서 군의의 예방 처치를 받도록 했으며 처치를 받지 않고 감염된 자는 처벌될 수 있음을 알렸다. 3월 중 외출일이 기록된 날은 3일(금)·6일(월)·17일(금)이었으며 23일(목)은 분견대 근무자에게 오후 외출을 허가했다. 31일(금)은 도로 수리로 인해 노영사령관의 허가를 받아 4월 1일로 대체되었다.

3월 23일 3중대는 '경비계획규정'을 제정했다.[45] 외출의 경우 월요일과 금요일에 약 반수를 허가하고 병에게는 증명서를 지참하게 한다고 명기했다. 같은 날짜에 화이칭 노영사령부가 발행한 '화이칭부근경비규정'의 관련 조항을 참조한다는 것으로 보건대 노영사령부의 명령에 따라 급거 준비한 것으로 추정된다.[46]

4월은 14일(금)·21일(금)·24일(월)이 외출일이었고, 28일은 파견대 귀환 준비로 취소한다는 통보가 27일 회보로 하달되었다. 5월에는 15일(월)·19일(금)만 외출일이 적시되어 있다. 그리고 5월 13일에는 노영회보를 통해 성내 각지의 중국인 '밀음매자(密淫賣者)' 대부분은 화류병 환자이므로 출입을 엄금하며 '공인된 자'라 해도 중국인은 '불건전자'가 많으므로 주의하도록 명령했다.

6월에는 2일·5일·10일(9일 대체)·12일·16일이 외출일이었고, 7월에는 3중대 회보에 7일·24일이 외출일임이 기재되어 있다. 8월에는 11일·14일·18일·22일·28일에 외출이 허가되었다. 그리고 8월 21일에는 노영회보에 메이게쓰로(明月樓)의 '재류 방인'이 티푸스에 걸렸으므로 21일부터 출입을 금지한다는 소식을 전했다. 메이게쓰로는 신규로 개업한 위안소로 추정된다. 9월은 10일에 이동명령이 내려진 탓에 4일만 외출이 기록되어 있다.

---

45) 〈警備計画規定他 昭和14年 湯田部隊高橋隊〉, 《開封湯田部隊高橋隊関係綴 昭和14年》. 이하 동일.

46) 1939년 6월 9일의 '상황 보고'에서 3중대는 "화이칭경비규정을 토대로 당대(當隊) 경비규정을 정하여 경비에 만전을 기"한다고 썼다(〈状況報告 昭和14年6月9日 第14師団衛生隊第3部〉, 《開封湯田部隊高橋隊関係綴 昭和14年》). 화류병 환자가 전무하다는 기술도 포함되어 있다.

카이펑에서의 상황

1939년 9월 27일 3중대는 열차를 이용하여 카이펑에 도착했다. 9월 28일 위생대 부관은 장교가 유흥을 목적으로 하사관과 병을 대동하고 외출하여 음식을 같이 먹을 수 없으며 하사관과 병의 정시 외 외출은 노영사령관 외에는 부대장이라고 해도 허가할 수 없다는 통첩을 전해왔다. 9월 29일 3중대장은 간부를 소집하여 위병 설치, 경비, 암구호 등의 협의를 진행했는데, 8번 안건은 "각 대의 외출일에 관한 건(휴무일)"이었다.

카이펑에서의 외출일은 화요일과 목요일로 설정되었다. 10월 1일 오후 회의에서 정해진 10월 행사표에는 화요일과 목요일로 표시되어 있다. 10월 2일 3중대는 3일의 외출일에 인솔외출을 실시하고 성내 지리 숙지, 복장·태도·경례의 엄정, 외출 시한 준수를 회보로 지시했다. 3일(화) 오후 3중대는 인솔외출로 첫 외출을 실시했다.

10월 7일 사단 위생대는 견습사관의 외출을 하사관과 동일하게 취급할 것을 알려왔다. 10월 10일(화) 외출에 즈음해서는 위생대본부에서 인원을 4분의 1로 할 것을 통보해왔다. 오전에 북지나방면군 사령관의 순시가 있었기 때문이다.

10월 11일 3중대는 카이펑에서의 경비와 내무에 관해 '카이펑 유타(湯田)부대·다카하시(高橋)대 숙영지경비규정'(이하 규정)에 따라 실시한다는 작전명령을 하달했다(유타는 위생대장 유타 대좌를 말하며 다카하시는 3중대장을 가리킴). 규정의 골자는 다음과 같다.[47]

규정은 '카이펑 성내 노영구경비규정'과 '유타부대 카이펑숙영지

---

47) 〈開封湯田部隊髙橋隊宿営警備規定等 昭和14年10月 湯田部隊髙橋隊〉, 《開封湯田部隊髙橋隊関係綴 昭和14年》.

경비규정'을 토대로 제정되었으며 노영구사령관은 공병 14연대장이었다. '제8 전비의 도'에서는 휴무·외출 시에도 항상 3분의 1 병력을 숙영지에 대기하도록 했다. '제10 외출'에서는 매주 화요일과 목요일에 경비와 근무에 지장이 없는 범위에서 반수 이내를 교대로 휴무하게 하고 상황에 따라 외출하도록 했다. 외출 구역은 카이펑 성내와 난관(南關)이었고 외출 시한은 오전 10시부터 병이 오후 6시 30분, 하사관이 오후 9시까지였다. 일과 시한의 석식과 일석점호에 맞춘 것이다. 대검을 차고 외출증을 휴대하며 2인 이상 동행을 의무화했다. 일직장교(하사관)는 다수의 외출이 있는 경우 별도의 명령이 없어도 순찰을 실시하도록 했다.

10월 17일 '외출일(휴무일)'에는 4분의 3의 외출을 허가했다. 10월 19일에는 일부를 휴무하게 하고 외출을 허가했다. 그리고 외출에 관한 규정의 일부가 개정되었다. 각 대는 화요일을 휴무일로 하여 근무자 외의 4분의 1 병력을 남겨두고 외출을 허가했으며, 목요일은 화요일에 외출하지 않은 자만 외출을 허가했고, 그 밖에는 휴무하지 않도록 한 것이었다.

10월 24일(화) 외출일에는 4분의 3의 외출이 이루어졌고, 26일(목)에는 근무자 중에서 화요일에 외출하지 않은 자의 외출을 허가했다. 10월 31일(화)은 '외출일(4분의 3)'이어서 총 108명이 외출했다.

11월 2일(목) 외출일은 흐린데다 기온이 낮아 외출자가 적었으며, 3일 명치절에는 화요일 휴무일에 준해 외출을 허가한다는 위생대 본부의 회보가 내려왔다. 11월 10~15일은 토벌대에 참가했고, 11월 16일은 외출일만 명기되어 있다. 11월 21일에는 61명, 28일에는 79명, 30일에는 66명이 외출했다. 12월에는 7일에 67명, 12일에 68명, 14일에 67명의 외출을 허가했다.

12월 17일 위생대 주력은 일본 본토로 귀환하기 위해 칭다오로 향했다. 12월 24일 수송선에 올라서 30일에 고베로 귀환했으며 다음 날 주둔지인 우쓰노미야(宇都宮)에 도착했다.

3. 우한·광둥 전투와 위안소

1) 우한 전투와 위안소

앞서 우한 작전을 수행하면서 전황과 연계하여 위안소 개설 준비가 이루어졌다는 사실을 확인했는데, 우한에서 100킬로미터 정도 떨어진 잉청(應城)에 1938년 11월 15일 위안소가 곧 개설된다는 회보가 전달되었다. 앞에서도 잠깐 소개했던 2사단 병참치중병 3중대(이하 3중대)의 진중일지에 기록되어 있다.[48]

우한 공략에 참전한 3중대는 오카다지대에 배속되었고 지휘관은 2군 예하 10사단의 보병 제8여단장 오카다 다스쿠(岡田資, 1890~1949) 소장이었다. 보병 제39·40연대가 주축인 8여단과 독립기관총 제2대대(이하 2대대)를 거느린 오카다지대는 10사단과 함께 우한 북부를 장

48) 〈陣中日誌 第5号 自10月18日至10月31日〉, 《第2師団第3兵站輜重兵中隊 陣中日誌 昭和13年10月18日~14年2月19日》. 3중대는 1937년 9월 29일 톈진에 상륙하여 화북 전투에 참전했고 진중일지는 쉬저우 작전 중이던 1938년 5월~1941년 2월 20일이 남아 있다. 참고로 3중대의 1939년 2월 20일~7월 5일의 진중일지는 《支那事變 陣中日誌 S14.2.20~14.4.22》와 《支那事變 陣中日誌 昭和14年4月23日~14年7月5日》이라는 별도의 명칭으로 분류되어 있다.

악하는 것이 목표였다. 3중대는 2대대장의 지휘 아래 있었다.

오카다지대는 다베(大別)산맥을 넘어 10월 24일에 지금의 광수이시(廣水市) 중심부인 잉산현(應山縣)을 점령했고, 10월 30일에는 우한 서북쪽의 잉청을 장악했다. 이후 오카다지대는 인근의 치안을 확보하고 주둔 태세에 들어갔다. 11월 2일 3중대는 잉청에 입성하여 서북쪽을 숙영지로 삼고 주변 부대에 대한 보급 업무를 시작했다. 6일에는 일과 시한을 제정했고, 8일에는 오카다지대 소속부대의 배속 변경을 했다. 9일에는 2대대와 3중대의 회보를 실었고, 10일에는 사영명령과 사영회보를 하달했다. 13일에는 잉청치안유지회를 설립하고 성내 주민 약 300명에게 양민증(良民證)을 교부했다.

11월 15일 오전 10시부터 사영사령부에서 장교회보가 실시되었다. 10개 항목 중 3은 '성내 주민 상황'으로 피난을 갔던 '처자'가 돌아오므로 강간·약탈을 엄하게 단속한다는 것이었다. 그리고 5에는 "피야(P屋)를 곧 개설한다"고 되어 있다. 잉청 지역에 위안소가 세워질 예정이었던 것이다. 10사단과 함께 오카다지대가 이동함에 따라 24일 '위안시설에 관한 건'은 2대대가 맡았다. 11월 26일 3중대는 10사단과 경비 교대를 한 기병 제4여단 휘하에 들어갔고, 30일에는 잉청 동쪽의 샤오간(孝感)으로 옮겨감으로써 더 이상의 정보는 없다.

점령 후 우한에는 2군 소속 4개 대대 규모의 경비대가 주둔했으며 한커우경비대 사령관은 13사단 보병 제26여단장 누마타 도쿠시게(沼田德重, 1887~1939) 소장이었다.[49] 경비사령관은 "군기와 풍기의 유지·단속, 위생, 방역, 외출, 위안 등 광범위에 걸쳐 군대의 내무를 구

49) 〈3, 第2軍状況概要 昭和13年12月10日 第2軍司令部(1)〉, 《第2軍の作戦関係資料 昭和12年8月~13年12月 (2分冊の1)》. 이하 별도의 언급이 없는 한 동일.

처”하는 권한을 가졌다. ‘외출, 위안’ 항목은 다음과 같은 상황이었다.

외출은 경비제일주의에 따라 당분간 인솔외출, 위안소 출입을 위한 외출 이외에는 허용하지 않는다. 위안소는 11월 25일부터 개설하여 티켓 제도에 따라 혼잡을 방지함으로써 황군의 면목을 유지하는 데 힘쓰고 있으며 대체로 소기의 목적으로 달성하고 있다고 확신한다.

앞의 보고의 작성 시점인 12월 10일 전적지 탐방과 같은 인솔외출 외에는 위안소 출입이 유일하게 허용된 외출이었다.

우한 점령 초기에 위안소 설립 과정은 다음과 같이 당시 군의의 회상에 잘 나와 있다.

한커우 함락 직후 아직 시내가 혼란스럽던 무렵 중산마로(中山馬路, 장한구江漢區 소재)의 교통로 부근 빈집을 차지하여 병사들을 유혹하며 매춘하던 4, 5곳이 있었다. 그곳은 전투부대를 따라 매춘하면서 입성한 이동위안소였고 1곳에 10명 정도 조선인이 데리고 온 조선 여성들이 있었다. …… 헌병대에서는 이들이 풍기를 해친다는 이유에서 병참사령관에게 처리를 의뢰해왔고 병참은 일행을 전원 지칭리(積慶里)에 수용했는데, 이것이 지칭리 입거 제1호가 되었다. …… 그들(업자-인용자)은 한커우에 도착하면 병참사령부의 지시를 받아 지칭리에 자리했고 11월 중에는 30곳의 위안소와 약 300명의 위안부가 입거했다. …… 위안소는 11월 하순부터 개업했으며 요금은 병참과 후방참모가 합의하여 다음과 같이 정해졌다.[50)]

우한의 위안소를 이용한 부대의 자료는 거의 남아 있지 않지만 제

2야전근무대의 자료는 이용 가능하다. 2야전근무대는 1938년 7월 우한 작전에 맞추어 2군 예하부대의 육상·수상·건축 수졸대(輸卒隊)[51]를 통합·통제하며 병참 업무에 종사했고 11월 하순부터는 본부를 한커우에 두고 활동하다가 이듬해 1월에 해체되었다.[52] 12월 2일 2야전근무대는 '경비 및 복무 규정'을 작성했다.[53] 점령 초기여서 군인과 군속의 야간 통행은 공용으로 한정했다. 그리고 일요일의 외출도 당분간 불허했으나 위안소에 가려는 경우에는 허가증을 교부한다고 되어 있다. 위안소는 점령 직후의 일본군 병사에게 유일하게 허용된 안전한 장소이자 '오락'으로 간주되었음을 알 수 있다.

1939년 1월 17일 11군은 휘하부대의 군의부장을 소집하여 회의를 했다.[54] 11군 군의부장이 성병 예방에 관해 내린 지시는 다음과 같다.

> 근래 화류병 발생이 체증하고 있다. 특히 특종위안부의 검사를 엄정히 하고 설비를 지도, 감독함과 동시에 예방법 실시를 적확하게 하여 특종위안소에서 귀대한 직후 방구(防具) 사용 결과를 조사하여 '삿쿠'가 파손된 경우에는 1일 양의 3분의 1의 내복 치마제(治痲劑)를 3일간 석식 후마다 운용할 필요가 있다. 또 특종위안부 검사는 단지 국부에 그치지

---

50) 長沢健一,《漢口慰安所》, 図書出版社, 1983, 49~50, 54쪽. 저자는 한커우병참사령부 소속 군의였다.

51) 치중병과 함께 치중대를 구성하는 수졸은 치중수졸(1939년부터 치중특무병)이 정식 명칭이며 통상 징병검사에서 체격 조건이 미달인 사람으로 충당되어 차별과 냉대에 시달렸다.

52) 〈第2野戦勤務隊業務詳報 昭和13年7月から昭和14年1月〉,《支那事変第2軍兵站関係書類 (11分冊の10)》.

53) 〈阿部部隊本部警備及服務規程中指示〉,《支那事変第2軍兵站関係書類 (11分冊の7)》.

54) 〈軍医部長会議に於ける軍軍医部長指示 昭和14年1月17日 呂集団軍医部〉,《衛生に関する指示綴 昭和12年~16年》.

	1939년 12월	개업	폐업	1940년 3월
요리점	25	1	2	24
특수요리점	5			5
음식점	159	10	11	158
카페	17	1	1	17
다방	13	2	1	14

[표 4-4] 한커우의 '특수 영업' 상황

* 1940년 3월 말 현재 중국인 성매매업소(樂戶)는 183호에 291명을 헤아렸다.

· 출전: 〈月報送付の件(2)〉,《陸支密大日記 第3号 3/4 昭和16年》

말고 그 밖의 피부병, 결핵 등에 착안하여 전신검사를 할 필요가 있다.

1월 말 당시 한커우총영사는 "병참, 헌병대, 당관(총영사관-인용자)이 허가"한 '군 위안소'는 20곳이며 음식점 214곳, 카페 19곳, 다방 17곳, '요리점' 8곳이 있다고 보고했다.[55] 보고서 말미에서 총영사는 "업자가 증가함에 따라 같이 망할 수 있다는 의심"마저 든다고 지적했다. 한커우총영사의 보고를 바탕으로 외무성은 경시총감과 관동주장관, 각 지방장관에게 한커우 도항을 억제하도록 요청하는 문서를 발송했다.[56]

이와 관련하여 11군 특무부가 파악한 1939년 12월과 1940년 3월의 일본인 '특수 영업' 상황은 [표 4-4]와 같으며 특수요리점은 위안소로 추정된다.

55) 《資料集成》1, 125~126쪽.

56) 앞의 책, 127~130쪽.

2) 광둥 전투와 위안소

주둔 개시와 위안소

1938년 10월 9일 100척의 수송선에 분승한 18사단과 104사단은 타이완을 출발하여 12일에 홍콩 동부 해안에서 전격적으로 상륙 작전을 감행했다. 10월 21일 공격군은 별다른 저항 없이 10여 일 만에 광둥을 장악했다. 또 5사단 일부는 광둥 인근에 직접 상륙하여 11월 2일 광둥 서편의 포산 부근에 집결했다. 광둥 작전의 성공이 확실시되던 10월 23일 대본영은 후루쇼 모토오 21군 사령관에게 광둥 일대를 확보하고 중국의 해외 보급 라인을 차단하도록 지시했다. 이에 따라 11월 상순 18사단은 광둥 북동지구, 104사단은 광둥 북방지구, 5사단은 광둥 남서지구에 각각 집결하여 중국군과 대치했다. 병마에 시달리던 후루쇼 모토오 중장을 대신하여 5사단장 안도 리키치(安藤利吉, 1884~1946) 중장이 배턴을 넘겨받았다. 한편, 11월 19일에는 새로 타이완혼성여단이 배속되었고 5사단은 사단장 교체와 함께 11월 29일 창설된 제12군 소속이 되어 재차 북중국으로 돌아갔다.

앞서 광둥 지역에서 위안소가 세워지던 정황을 소개했지만 광둥 지역 위안소의 구체적인 실태를 알려주는 자료는 거의 없다. 1940년 7월 6일 친저우와 난닝을 관장하는 헌병대장이 근위혼성여단 참모장에게 보낸 군 위안소의 현황 보고서가 남아 있다.[57] 6월 말 당시 난닝의 위안소는 전월에 비해 10곳, 위안부는 100명이 각각 증가했고, 친저우에서도 위안소 1곳과 위안부 1명이 늘었다. 보고서에는 [표 4-5], [표 4-6]과 같이 각 위안소의 위안부 내역과 매상고가 제시되어 있다.

---

57) 〈軍慰安所に関する件報告(通牒)〉, 《欽寧派憲警445号 軍慰安所に関する件報告(通牒) 森川史料》.

	위안부 수			6월 매상	1일 1인 매상	질환 유무	
	전출	전입	현재			무	유
朝日			6	3,141	18.69	5	1
花月			5	3,063	21.88	5	
喜久水	3		6	3,232	12.81	6	
突擊			4	1,920.50	17.15	4	
野戰館			5	2,012	14.37	4	1
オリンピック			5	3,045.50	21.82	5	
小鳩	3	5	9	3,356.10	19.98	7	2
ゑびや	1		11	5,998.60	19.48	10	1
まねき			5	2,082	18.59	4	1
松風	9			2,451.70	16.45		
계	16	5	56	30,302.40	18.12	50	6

[표 4-5] 친저우의 위안소 상황

* 기간은 6월 1~28일이며, 보고서 중에 친저우의 위안소는 11곳이고 위안부는 66명인데, 표에는 10곳에 56명만 기재되어 있다.

** 원문의 경우, 6월 매상의 합계는 30,311.40인데 오류로 판단되어 30,302.40으로 고쳤으며, 1일 1인 매상고에는 단순 합계가 제시되어 있어 평균으로 대체했다.

· 출전: 〈軍慰安所に関する件報告(通牒)〉, 《欽寧派憲警445号 軍慰安所に関する件報告(通牒) 森川史料》

[표 4-5]와 [표 4-6]을 통해 1인당 하루 매상고는 18~19엔 정도였음을 알 수 있다. 위안소 요금은 알 수 없지만 병의 경우 통상 1엔 50센이었으므로 위안부 1인당 하루에 10명 이상을 상대했다는 결론이 도출된다.

아울러 헌병대의 보고서에는 감소 추세이기는 해도 위안소를 찾는 군인, 군속 중에서 복장이 흐트러지거나 음주로 인해 문제를 일으키는 사례가 적시되어 있다. 위안소 부근에서 권총을 쏘거나 '종업부'에게 군도로 상해를 가한 장교가 2명, 위안소 내에서 폭행을 저지른

	위안부 수			6월 매상	1일 1인 매상	질환 유무	
	전출	전입	현재			무	유
寿			7	4,919.90	23.42	7	
新港			8	4,863	20.26	8	
金剛			13	8,283.50	21.24	12	1
松乃家		4	10	6,310	21.03	10	
有明			8	6,019.25	25.08	7	1
欽寧			9	4,059	15.03	8	1
ゑ比すや		3	9	3,330	15.85	8	1
喜福			4	1,970	16.16	4	
花の家		1	8	3,011.75	15.55	7	1
不二	2		10	6,158	19.86	10	
風月	1	3	10	2,474.50	9.52	9	1
千鳥	3	3	6	2,695	14.92	5	1
あたりや	1		11	4,995.50	21.63	7	4
日の出			13	6,101.50	19.43	11	2
幸樂	1		8	4,290	17.88	6	2
花月			6	2,432.50	13.51	6	
毎日			14	7,966	21.07	14	
一富士		1	9	4,465	16.85	8	1
清南			7	5,705.55	27.17	7	
金波	1		8	3,056.70	11.75	8	
廣島屋		11	11	3,502.25	19.89	9	2
朝日		8	8	2,338	18.19	6	2
高雄亭		9	9	1,950.50	30.47	8	1
敷島		14	14	1,689.50	13.41	12	2
福岡		9	9	1,950.50	30.47	8	1
鮮月		6	6	417.50	13.58	6	
竹の家		12	12	356	19.08	9	3
三樂亭		6	6	1,256	20.93	4	2
大和亭		9	9			9	
末廣亭		6	6	355	35.50	5	1
◇花莊		4	4	58.50	14.63	4	
十五榮			23	9,844	14.27	20	3
계	9	109	295	116,824.40	19.28	262	33

[표 4-6] 난닝의 위안소 상황

* 6월 매상고의 경우 원문의 합계는 118,274.40엔이며, 1일 1인 매상고의 경우 원문의 평균은 19.47엔이다.

· 출전: [표 4-5]와 동일

하사관 2명과 병 3명이 있으며, 무단으로 외출하여 복장과 태도가 불량한 병 1명과 군속 1명이 있었다. 위안소 관리인 1명은 "종업부를 학대"한 것으로 보고서에 기재되었다. 이 모든 불상사는 "술기운이나 전시 기분에 휩쓸린 데 기인"한다고 분석되었고 처분은 엄중 경고에 그쳤다. 이는 위안소도, 위안부도 군의 부속시설이라면 감내하는 것이 상식이고 본분이라는 인식 때문이었을지도 모른다.

이런 상황은 육군 중앙에서도 우려스러워했다. 1940년 11월 대본영 육군부 연구반의 보고서가 이를 말해준다.[58] "시민이 피난한 틈을 타서 또는 호기심 및 전장 심리에 이끌리거나 전승국이라는 우월감 등에 기인하여 광저우시 그 밖의 지방에서 약탈, 강간 등 전장 특유의 범죄가 발생"했는데, 치안이 회복되고 주둔 태세에 들어가면서부터는 "요리점, 음식점, 그 밖의 위안시설 등이 점차 증가하게 되어 주색으로 촉발된 군기범(軍紀犯) 및 유흥비가 궁해져서 약탈, 강도, 절도, 도박 등의 파렴치범이 증가"했다. 그리고 "작전 관계 등으로 주류가 길어짐에 따라 근무 태만, 공용외출 중 음주, 폭행, 위안소 등루와 유흥, 중국인 사창굴 유흥 등이 있어 숫자로는 감소해도 점점 악질화되는 경향"이 관찰되었다. 위안소라는 해법은 전시 성폭력 문제의 경감에는 아무런 효과를 발휘하지 못한 명백한 오류였다는 자기 고백이나 다름없었다. 그럼에도 불구하고 제국주의 일본은 위안소를 포기하지 않았다.

---

58) 〈第2章·第1節·其の4 南支軍〉, 《支那事変の経験に基づく無形戦力軍紀風紀関係資料(案) 昭和15年11月》.

전시순보 속 위안소

21군은 물론 일본군 전체 군의에게 위안소에 대한 일차적인 관심사는 성병 억제일 수밖에 없었다. 다음에서는 전시순보에 기술된 위안소와 위안부, 성병에 관한 내용을 포괄했다.

1939년 3월 3순의 전시순보에는 티푸스 예방을 위해 시내 음식점의 위생 감독, 접객업자와 가족의 건강진단 실시가 거론되어 있을 뿐 성병에 관한 언급은 없다. 주된 관심사는 말라리아와 콜레라였다. 여름에 접어들면서 상황이 바뀌었다.

7월 20일 현재 광둥 거주자의 남녀 내역을 살펴보면 일본인 남성 3,065명과 여성 652명, 타이완인 남성 1,520명과 여성 228명인 데 비해, 조선인은 남성 68명과 여성 191명으로 여성의 비율이 비정상적으로 높다.[59] 이와 관련하여 조선·타이완을 포함한 일본인의 직종(실제로는 사업장 내지 가게로 판단)은 총 421곳인데, 식당 45곳, 카페 28곳, 요리업 16곳, 음식점 30곳, 다방 6곳이며, 위안소는 31곳에 이른다.

7월 3순 들어 28일 21군 군의부장은 병원의 수용 환자가 500명에 이르렀다면서 성병 예방에 관해 각 부대에 통첩을 보냈다.[60] 2순 말에 실시한 '현지 창부'의 검미 결과 대략 60퍼센트 안팎의 보균자에 임질이 가장 많았다. 이에 따라 21군은 중국인 '창부'를 1곳에 집결시켜 단속한다는 계획을 세웠으며, 동시에 앞의 통첩을 내렸다. 군 위안소 이외의 '매소부'에 대해서는 특히 주의를 당부했다. 환자는 완치될 때까지 외출을 금지했고 부대 귀환 시에는 야전병원에 수용하여 재발 위

---

59) 〈戦時旬報(後方関係)送付の件(1)〉, 《陸支受大日記(密)第68号 昭和14年自10月28日至10月30日》.

60) 〈戦時旬報(後方関係)送付の件(6)〉, 《陸支受大日記(密)第68号 昭和14年自10月28日至10月30日》. 이하 동일.

험이 있으면 고향에 통보할 것임을 밝혔다.[61]

8월 8일 군의부는 화류병 환자가 계속 증가함에 따라 '위안소 종업원', 특히 질환자의 감독을 철저히 하도록 헌병대와 각 경비사령관에게 통첩했다.[62] 아울러 시내의 일본인(조선인과 타이완인 포함, 이하 동일) 접객업자의 단속을 위해 헌병대, 영사관, 후방주임참모와 회담을 가졌다.

성병 대책은 8월 2순에 가장 강력하게 추진되었다. 8월 13일 쓰치하시 유이쓰(土橋勇逸, 1891~1972) 참모장은 '군 위안소 이외의 접객업자 단속에 관한 건'을 통첩했다.[63] 헌병대와 총영사관이 단속을 실행하고 군의부가 협력하는 형태였다.

먼저 일본인 접객업자에 대한 내용이다. '접객업부(예기, 작부, 여급)'는 매월 1회 건강진단을, 예기와 작부는 매주 1회 검미를 실시하여 환자는 접객을 금지하고 규칙을 어기면 영업을 정지한다. 필요한 경우 총영사관 소관 구역도 군이 직접 접객업부의 건강진단과 위생시설을 검사한다. '여급의 매음 행위'는 금지하고 어기면 영업을 정지한다. 총영사관은 소관 구역 내의 접객업부 인명(이동 시마다), 검미 성적, 여급 단속 상황을 헌병대를 거쳐 군사령부와 각 부대에 통보한다.

중국인 접객업자에 대해서는 군 특무 기관이 중국 기관을 '지도'하며 헌병대는 중국 기관 및 일본인의 실행을 통제한다. '군 특수위안소

---

61) 1938년 11월 포산에서 116명을 검사한 결과 화류병 환자가 가장 많았다. 광둥 메이게쓰카쿠(明月閣)의 경우 1939년 7월 19일 37명 중 27명이 질환자였고, 7월 25일에는 48명 중 31명이 성병에 걸려 있었다고 한다.

62) 〈戰時旬報(後方関係)8月上旬(3)〉, 《陸支受大日記(密)第70号 昭和14年自11月11日至11月20日》. 7월 입원 환자 3,684명 중 말라리아 환자는 581명, 각기병 환자는 458명, 화류병 환자는 134명이었다.

63) 〈作戰旬報(後方関係)送付の件(13)〉, 《陸支密大日記 第1号 1/3 昭和15年》. 이하 동일.

종업부' 이외의 중국 '창부'는 숙영지에서 떨어진 곳에 집결하여 '공창'으로서 정기 검미를 받도록 '지도'하고, 일본인은 '현지인 선박'(원문은 蛋民船)에 들어가 '수상 접객업자'와 접촉하는 것을 불허하며, 해병대는 해당 상황을 매월 1회 군사령부에 보고한다. 각 부대는 경비 구역 내의 음식점, 카페 등을 단속하여 매월 1회 군사령부에 보고한다.

쓰치하시 유이쓰 참모장의 통첩에 부응하여 8월 15일 군의부장은 통첩 '시내 음식점의 위생 순시에 관한 건'을 보냈다. 8월 2일 실시한 음식점 141곳의 위생 순시 결과를 알린 것이다. 경영자 내역을 보면 일본인 100곳, 타이완인 11곳, 중국인 29곳, 외국인 1곳이었다.[64)]

8월 16일 군의부장은 '시내 접객업자의 건강진단 실시에 관한 건'을 '광둥박애회 의원장'에게 통첩했다. 시내의 일본인 접객업자의 건강진단과 검진을 실시하고 군의부, 헌병대, 총영사관에 결과를 통보하도록 한 것이다. 8월 17일에는 군의부장이 참모장의 통첩 내용을 군의 관련자에게 통보하고 주의를 환기했다. 나아가 사령부 방침을 주지시키기 위해 시내 일본인 접객업부를 헌병대 강당에 집결하여 군의는 화류병 예방에 관해, 헌병대 장교는 단속규정에 대해 각각 강연을 실시했다.

21군 참모장의 통첩과 일련의 조치는 위안소가 통상의 성매매업소와 명확히 구분되어 취급되고 있었음을 웅변한다. '성적 위안'과 성병의 통제는 군대의 핵심 사안이었던 만큼 10만 명 이상의 군인이 체류하는 대도시 광둥에서 위안소는 민간의 성매매업소와 차별화되는

64) 위생 불량으로 평가된 음식점은 상호와 위치가 도표로 작성되어 있으며 음식점 구역을 설명하는 도중에 '中央慰安所'라는 위안소가 등장한다. 그리고 콜레라에 걸린 사례를 소개하는 도중에 '田畑慰安所'라는 명칭이 확인된다(〈戦時旬報(後方関係)送付の件(5)〉, 《陸支密大日記 第6号 1/2 昭和15年》).

		2월	3월	4월	5월	6월	7월	8월	9월
일본인	남성	811	2,403	2,704	2,960	3,151	3,438	4,008	3,208
	여성	353	441	488	584	651	660	982	1,294
조선인	남성	50	58	63	68	81	80	103	90
	여성	104	184	187	191	205	204	331	314
타이완인	남성	681	1,044	1,370	1,502	1,664	1,317	2,068	2,292
	여성	118	145	177	211	247	287	488	290

[표 4-7] 1939년 2~9월의 광둥 거주 일본인·조선인·타이완인의 상황

* 8월의 경우 성인과 어린이를 합친 수치다.

· 출전: 〈作戰旬報(後方関係)送付の件(1)〉,《陸支密大日記 第9号 2/4 昭和15年》

군의 부속시설이어야 했던 것이다.

8월 31일 헌병대는 참모장 통첩을 근거로 군 위안소 이외의 접객업자에 대한 단속 방침을 군의부에 알려왔으며(군의부는 관련 기관에 연락) 때마침 이루어진 군사령관의 검열에서는 '다발성 질환(말라리아, 각기병, 화류병)'의 예방 대책이 지적되기도 했다.[65] 9월 23일 저녁부터 다음 날 아침까지 헌병대는 검거한 광둥 시내 중국인 '사창' 530명의 검미를 실시했는데, 85퍼센트가 질환자였다.[66]

10월 3순에는 [표 4-7]에서 보는 바와 같이 광둥총영사관이 조사한 인구통계가 실려 있다.[67]

뒤이어 10월 1일 당시의 직종 상황이 제시되어 있는데, 일본인이

65) 〈戰時旬報(後方関係)送付の件(5)〉·〈戰時旬報(後方関係)送付の件(6)〉,《陸支受大日記(密) 第73号 昭和14年自12月6日至12月8日》. 이하 동일. 원문에는 '南支醫제103호'로 되어 있지만 참모장의 통첩인 '南支參제103호'의 오류로 판단했다.

66) 〈作戰旬報(後方関係)送付の件(6)〉,《陸支密大日記 第1号 1/3 昭和15年》.

67) 〈作戰旬報(後方関係)送付の件(1)〉,《陸支密大日記 第9号 2/4 昭和15年》. 이하 동일.

라는 범주로 묶여 있다. '여관, 요리, 가시세키(貸席), 예기업(藝妓業), 유희장, 영업장'의 항목에서 업자는 남성 229명, 여성 31명이며, 가족은 남성 105명, 여성 130명이다. '예기, 창기, 작부, 기타'의 항목에서는 여성 923명과 가족(여성 4명)이 기록되어 있다.

그리고 [표 4-8]은 광둥과 인근 지역(아모이, 홍콩, 하이커우 등)에 입국한 일본인의 직업을 조사하여 보고한 것이다. 조선인과 타이완인도 일본인의 범주에 포함된 것으로 여겨진다.

참고로 타이완총독부 외사부의 조사에 따르면 1940년 8~11월 내내 광둥의 위안소는 50곳으로 변함이 없었다.[68]

앞의 표에서 한 군데 더 눈여겨볼 대목이 있다. 1941년 3월까지는 '군 위안소, 주보', 4월부터는 '군 주보, 위안소'라는 분류 항목이 설정되었다는 사실이다. 병사들의 회상기에서 주보와 위안소가 혼용되었다는 것과 야전주보규정을 근거로 주보 상인에게 군속 지위를 부여할 수 있었다는 것을 함께 고려한다면 중국 현지 영사관에서는 위안소를 주보와 같은 범주로 분류하고 있었음을 시사한다.

마지막으로 소개할 것은 홍콩총독부의 1942년 4월 전시월보다.[69] 성병 환자가 증가 추세를 보여 "위안소 업자를 일정 지구에 집결하도록 계획하여 위안소 내 위생시설을 정비함과 동시에 군인, 군속의 예방 처치에 만전을 기하"던 상황이었다. 홍콩방위대 소속부대의 4월 신규 환자는 독립보병 제67대대에서 2명, 독립보병 제68대대에서 1명 등 총 3명이었다.

---

68) 《広東居留民営業別調査表(昭和15年9月1日現在調) 南支南洋情報第壱号》; 《広東日本居留民営業別調査表(昭和15年10月1日現在調) 南支南洋情報 第三号》; 《広東日本居留民営業別調査表(昭和15年11月1日現在調) 南支南洋情報 第六号》, WAM.

69) 〈戦時月報に関する件〉, 《昭和17年 〈陸亜密大日記 第24号 1/3〉》. 이하 동일.

		음식 요리업	예작부, 나카이	여급	군 위안소, 주보
1940년	5월	광둥 25	광둥 83	광둥 41	광둥 20
	6월	광둥 8, 아모이 4, 홍콩 3, 하이커우 1	광둥 76, 아모이 1, 홍콩 5	광둥 16	광둥 26
	7월	광둥 11, 홍콩 2	광둥 45, 아모이 5	광둥 17	광둥 18
	8월	광둥 4, 홍콩 1	광둥 34, 아모이 2, 하이커우 2	광둥 16	광둥 11, 홍콩 1
1941년	4월	광둥 6, 아모이 2, 하이커우 2	광둥 25, 하이커우 3	광둥 5	광둥 21, 하이커우 2
	5월	광둥 13, 아모이 1, 홍콩 1, 하이커우 1	광둥 55, 하이커우 2	광둥 27	광둥 17, 하이커우 2
	6월	광둥 8	광둥 71	광둥 21	광둥 7
	7월	광둥 6	광둥 17, 하이커우 2	광둥 3	광둥 5, 하이커우 1
		아모이 10			*아모이 2(위안소)*
	8월	광둥 10, 홍콩 5, 하이커우 1	광둥 28, 홍콩 4, 하이커우 3	광둥 4	광둥 6, 하이커우 1
			아모이 14	아모이 4(여중)	아모이 2(위안소)
	9월	광둥 6, 홍콩 2	광둥 47, 하이커우 1	광둥 31	광둥 4
	10월	광둥 10, 홍콩 1	광둥 12, 하이커우 1	광둥 10, 하이커우 1	광둥 6, 하이커우 1
				하이커우 5	*하이커우 1*
			하이커우 45 (여급, 나카이, 작부)		하이커우 4 (음식점, 군 위안소업)
	11월	광둥 6, 홍콩 1	광둥 76	광둥 15	광둥 12
		하이커우 4, 산아 1	하이커우 8, 산아 3		하이커우 2
	12월		*아모이3*	*아모이1*	*아모이1(위안소)*
1942년	3월	광둥 9, 홍콩 11	광둥 30, 홍콩 33	광둥 31,	광둥 8, 홍콩 14, 하이커우 1
		아모이 3(요릿집, 음식점, 카페)	*아모이 4*	*아모이 2(여중)*	*아모이 2(위안소)*
	4월	광둥 3, 홍콩 2, 하이커우 1	광둥 10, 하이커우 1	광둥 7	광둥 3, 홍콩 3
			아모이 5	*아모이 1*	*아모이 3(위안소)*
	5월	광둥 5, 홍콩 1, 하이커우 1	광둥 18, 홍콩 5	광둥 8, 홍콩 1	광둥 4, 아모이 1, 홍콩 7
	6월	광둥 3, 홍콩 5, 하이커우 1	광둥 21, 홍콩 3	광둥 2, 홍콩 1, 하이커우 1	광둥 7, 홍콩 5, 하이커우 1
	9월	광둥 1, 홍콩 6, 하이커우 1	광둥 11, 홍콩 7, 하이커우 1	광둥 2, 하이커우 6	광둥 1, 홍콩 3
		아모이 1			*아모이 2(위안소)*

[표 4-8] 광동과 인근 지역에 입국한 일본인의 직업

* 별도의 표시가 없는 통계는 산하이관과 광둥의 총영사관이 집계한 것이고, 이탤릭으로 된 부분은 아모이의 총영사관이 취급한 입국자를 집계한 결과다. 밑줄이 쳐진 곳은 하이커우영사관을 통해 입국한 숫자인데, 1941년 11월 통계에는 최종 목적지가 구분되어 있는 데 비해 10월 통계에는 해당 부분이 삭제된 탓에 합계만 제시했다.

** 독자적인 분류방식을 취한 통계는 ( ) 안에 항목을 첨가했다.

*** 여중(女中)은 나카이와 마찬가지로 영업소 내의 잡일에 종사했는데, 사창으로 간주되던 나카이와 구분하기 위해 원문대로 ( ) 안에 표기했다.

**** 별도로 산터우(汕頭)영사관의 보고에 따르면 1941년 11월에 산터우를 목적지로 '여급, 예기, 작부, 여중' 15명이 입국했으며, 1942년 3월의 보고에서는 안부(菴埠)가 목적지인 '군 위안소 경영'이 1명이었고, '예기, 작부, 나카이' 1명은 산터우가 목적지였다.

· 출전: (財)女性のためのアジア平和国民基金 編,《資料集成》1, 487~560쪽

4. 독립산포병 제3연대와 위안소

1) 우한 북부 주둔과 위안소

잉산 주둔 개시

독립산포병 3연대(이하 3연대)는 북지나방면군 예하 1군의 직할부대로 병력은 약 2,000명 전후였고 연대본부, 제1·2대대, 연대단열로 구성되었다. 연대장은 쓰키노기 마사오(月野木正雄, 1888~1972) 대좌였다. 중일전쟁 초기부터 일부 병력은 전투에 동원되었다. 화중 지역에서 10군이 신설되자 3연대는 1대대를 기간으로 병력을 꾸려 구니사키지대의 지휘 아래 상하이를 거쳐 난징까지 진격했으며 작전 종료 후에는 지대와 함께 1938년 1월 칭다오로 이동했다. 6월 들어 3연대는 전체가 합류하여 중지나파견군 예하 11군의 직할부대가 되었으며, 7월에는 모리카와 기요시(森川清, 1887~1972) 대좌가 새 연대장으로 부임했다.

우한 작전 참가에 앞서 3연대는 2군 휘하에 편입되어 앞서 소개한 10사단 예하 오카다지대에 배속되었다. 우한 점령이 성사되면서 3연대는 우한 북쪽의 잉산에서 주둔한 것으로 여겨진다. 11월 말의 부대

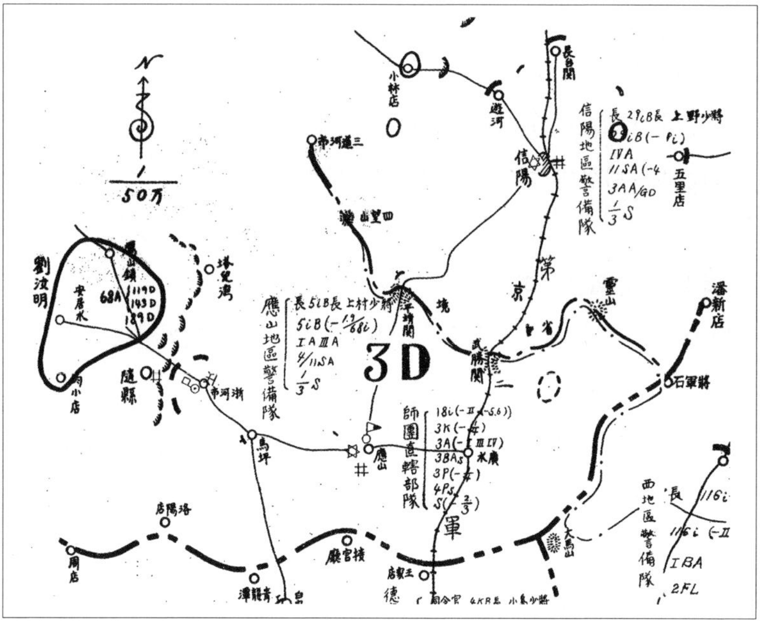

[그림 4-5] 잉산에서의 제3사단 배치도

· 출전: 〈3, 附図 第2軍態勢要図〉, 《第2軍の作戦関係資料 昭和12年8月~13年12月 (2分冊の1)》

개편에 따라 3연대는 3사단 소속으로 바뀌었다.

[그림 4-5]는 12월 7일 당시의 3사단 배치도다.

북쪽 신양(信陽)지구의 경비대는 보병 29여단장이, 서쪽 잉산지구의 경비대는 보병 제51여단장이 각각 지휘를 맡았으며 잉산에는 사단 사령부와 사단 직할부대가 숙영하는 형태였다. 사단 직할부대는 3연대를 제외하고 3사단 예하부대인 보병 제18연대, 기병 3연대, 야포병 제3연대, 공병 제3연대 등으로 구성되었다.

3연대의 진중일지는 1938년 12월부터 남아 있다.[70] 12월 1일 3연대의 진중일지는 잉산 성 밖에서 경비에 종사한다는 언급부터 시작된다. 12월 9일 3연대는 3사단의 명령에 따라 잉산 북쪽 젠성덴(監生店)

이남의 경비를 보병 18연대로부터 넘겨받았고 이튿날 모리카와 기요시 연대장은 제1·2대대장에게 교대로 젠성뎬에 병력을 파견하도록 지시했다. 12월 30일 2대대가 잉산 동쪽을 맡게 됨에 따라 이튿날부터 1대대는 젠성뎬 경비를 전담하게 되었다.

제3사단의 위안소 이용

1938년 12월 23일 3연대는 '사용(私用)외출'을 허가한다는 일일명령을 내렸다. 화요일은 연대단열, 수요일은 그 밖의 부대에게 할당되었다. 그 밖의 부대는 제1·2대대의 주력을 제외한 잉청 북문 밖의 연대본부 등을 가리킨다고 추측된다. 외출 시한은 오전 9시 30분부터 하사관이 오후 9시 30분까지, 사병이 오후 6시 30분까지였으며 외출 구역은 잉산 숙영지 성내로 한정되었다. 외출자는 외출증을 휴대하도록 했다. 위안소라는 단어는 1939년 1월 7일에 처음 나오는데, '위안소 감독 장교'를 차출하라는 명령이 기록되어 있다(내용 없음). 따라서 12월 23일의 외출 허가는 위안소 이용 개시에 맞추어 내려진 것으로 보는 편이 타당하다.

1월 26일 3연대는 11군 직할로 복귀하여 난창 공략전에 동원되었다가 4월 15일에도 3사단 휘하로 들어가라는 명령을 받았다(1대대와 연대단열 절반은 잉청의 16사단에 배속). 3연대 본부는 4월 19일 잉산에 도착했고 21일에는 2대대가, 23일에는 연대단열 절반이 각각 합류했

70) 3연대의 진중일지는 1938년 12월~1939년 12월, 1940년 7월~1941년 3월, 1941년 7월, 1942년 2월, 7~11월이 현존하며 별도로 1942년 9월 22일~10월 10일의 진중일지도 남아 있다. 그런데 1938년 12월과 1942년 2월, 9~11월은《独立山砲第3連隊 陣中日誌 昭和13年12月1日~17年11月30日》에 '독립산포 제3연대'의 명칭으로 수록되어 있고, 1939년 7~8월과 1942년 7~8월은《陣中日誌 昭和14年8月1日~14年8月31日》에 들어 있으며, 나머지는 '독립산포병 제3연대'로 검색이 가능하다. 이하에서는 별도로 출전을 명기하지 않는다.

다. 4월 23일 연대본부가 하달한 일일명령에는 위안소에 관한 내용이 포함되어 있다. 별지로 '특종위안 업무에 관한 규정'(내용 없음)을 발췌, 배포하며 3연대의 위안소 이용일은 매주 월요일인데, 4월 24일은 26일로 변경한다는 것이었다.

4월 26일 3연대는 3사단의 작전명령을 수령했다. 4월 28일 잉산을 출발하여 3사단의 보병 29여단장 지휘를 받으라는 것이었다. 이후 3연대는 1개월에 걸쳐 상등 전투를 치르고, 5월 21일 잉산으로 귀환하여 3사단 직할부대로서 성내와 북쪽에 주둔했다. 5월 27일에는 16사단에 파견되었던 1대대와 연대단열 절반이 복귀했다.

6월 7일 모리카와 기요시 대좌는 간부를 집합시켜 부대 정비에 관한 제반 지시를 하달했다. 이날 진중일지에는 훈련 계획에 관한 내용에 이어 간부에게 내린 지시 마지막 부분에 제1·2대대에 1곳씩 주보 2곳을 개설하고 위안소에 대해 구달(口達)했다고만 기록되어 있다. 내용은 없지만 6월 10일 3사단장에게 제출한 문서 '후방 및 통신에 관한 조사'가 실마리를 제공한다(6월 15일에는 3사단 참모장에게 제출했다고 기록). 그중 하나인 '교통 상황, 정신적 위안, 우편물, 주보 등에 대한 의견'에서 3연대장은 '정신적 위안에 관한 건'에 관해 다음과 같은 요청을 적시했다.

3. 특수위안소 외에 따로 사단에서 판매인을 지정하여 기분 좋은 음식점 또는 카페식 시설을 설치(요컨대 군인 홈)하여 더욱 사병의 위안에 힘써주기 바란다.
4. 현재의 특수위안소는 위안부가 적어 단지 정욕을 채우는 데 지나지 않는다. 앞으로 더 위안부를 늘려 정신적 위안도 할 수 있도록 지도해 주기 바란다.

전투를 거듭할수록 3연대는 사병을 '위안'하는 위안소의 필요성을 절감하게 된 것이다.

잉산 재주둔에 즈음하여 3연대의 휴양일, 즉 위안소 이용일은 금요일로 바뀌었다. 두 가지 사실이 이를 방증한다. 하나는 6월 7일 연대장이 부대 정비의 일환으로 6월 13일까지 교육 훈련 예정표를 제출하도록 지시했는데, 말편자 과목의 '휴양일'이 6월 23일을 시작으로 9월 15일까지 매주 금요일로 설정되어 있다. 또 다른 하나는 6월 30일자 진중일지에 중일전쟁 2주년 기념일인 7월 7일(금)에는 가급적 위안소 이용을 자제하라는 지시가 기록되어 있다.

6월 17일 3연대는 3연대의 주둔 체계를 둘로 나눈다는 연대명령을 하달했다. 잉산 성내의 연대본부는 '잉산 서(西)사영구'에 들어갔고, 주력인 제1·2대대와 연대단열은 '모리카와부대사영구'로 독립하여 '잉산주둔지규정'에 준하여 경비에 임하게 된 것이다. 사영사령관은 1대대장이 맡은 것으로 보이며 '잉산주둔지규정'의 작성 주체는 3사단임에 틀림없다.

3연대의 주력이 독자적인 사영구를 갖게 됨에 따라 7월 1일에는 '모리카와부대사영구규정'(이하 규정)이 제정되었다. 사영구의 근무는 상위 규범인 잉산주둔지규정을 준용하는 외에 규정을 따르도록 했다(제1, 규정의 번호이며 이하 동일). 매주 목요일 오후 4시 1대대 본부에서 사영구회보가 개최되었다(제3). 순찰(제11) 속에는 3연대 소속부대의 휴양일과 위안소에 관한 정보가 포함되어 있다. '일반 휴양일'은 제1·2대대가 금요일로, 연대단열이 월요일로 각각 정해졌다. 일반 휴양일과 특별히 일반외출을 허가한 날에는 순찰 담당 장교가 '제2종 순찰'로 전환되어 오전과 오후 1회씩 잉산의 위안소 구역을 순찰하고 그 결과를 다음 날 오전에 사영사령관을 거쳐 잉산 주둔지사령관에게 보고하도록 했다. 그리고 제2종 순찰로서 위안소 구역에서 복무한 경우에는 사영구의 일반순찰을 생략하도록 했다.

지금까지 상급부대인 3사단의 위안소를 이용하던 시절의 3연대의 관련 기록을 살펴보았다. 이처럼 개별부대의 위안소 이용은 사영구를 주축으로 하는 주둔 체계의 구축 및 변화와 맞물려 계획·실행되었다.

한편, 1940년 5월 무렵이기는 하지만 잉산의 위안소 상황을 전하는 신문기자의 회고록도 있다. 관련 내용은 다음과 같다.

> 우한 작전 종료 후 3사단은 이 잉산에 주둔했기 때문에 '특수위안소'를 만든 것이다. 건물은 십수 채, 여기에는 드물게 일본의 젊은 여성이 많이 있었다. 드물다고 한 것은 전선의 위안부는 대개 조선인이 많았기 때문이다. 이 일본 여성들도 낮에는 사병을 위해 손님을 받는다. 밤에는 장교를 위해 술시중을 든다. 밤이 깊어지면 장교와 같이 잔다. 그것이 특수위안부였다. …… 나는 그 후에도 이런 위안부들로부터 이야기를 들을 기회가 있었는데, 조선인 여성의 경우처럼 강제 연행도 매한가지였다. 아무것도 모르는 소녀들이 전쟁터에 동원되어 성에 굶주린 병사들을 상대로 하루에 수십 명의 '노동'이 부과되는 것이다. 많은 손님을 받다보면 종내는 '죽은' 것이나 다름없어진다. 그래도 살벌한 전쟁터에서 돌아온 병사들은 위안소에 쇄도했다.[71)]

---

71) 小俣行男, 《現代のドキュメント 侵掠 中国戦線従軍記者の証言》, 徳間書店, 1982, 186~187쪽.

2) 우한 동부 주둔과 전속위안소

주둔 태세 정비

1939년 8월 22일 3연대는 3사단의 일부 병력과 함께 다시 11군 직할부대로 옮겨갔으며 30일에는 양쯔강을 건넜다. 3연대의 주력은 제33사단의 지휘 아래에서, 2대대는 6사단에 배속되어 전투를 치렀다. 이후 10월 12일까지 일련의 작전 출동을 마무리하고 우한 인근에 머물렀다. 10월 21일 3연대는 11군 포병대의 지휘 아래 양쯔강 남안의 거뎬(葛店)과 화룽(華容)을 경비하라는 명령을 받았다. 지금의 우한 동쪽에 위치한 후베이성(湖北省) 어저우시(鄂州市) 화룽구에 해당한다. 분산되었던 병력이 집결되자 출발 직전임에도 불구하고 10월 27일 모리카와 기요시 연대장은 28일과 29일 오후에 절반의 인원씩 외출을 허가한다는 일일명령을 내렸다. 이렇게 빈번하게 외출을 허가하는 상황은 이후에도 계속 이어진다.

10월 30일 3연대 병력은 우한을 떠나 이튿날 새 경비지에 도착했다. 첫 연대명령은 11월 6일 회보 때까지 경비 체계를 정비하는 한편, 11월 20일까지 각종 공사와 숙영시설을 완공하라는 것이었다. 일과 시한이 정해졌으며 거뎬의 서(西)사영구 사령관은 연대장이, 동(東)사영구 사령관은 2대대장이 맡았다. 경비대사령관인 연대장과 연대본부는 거뎬에 자리했다.

흥미로운 점은 10월 31일 연대장의 일기에 적시된 "위안소 설비에 관해 상인이 먼저 와서 정찰하고 있었기 때문에 부관에게 따끔하게 말해두었다"는 부분이다.[72] 위안소 업자가 3연대보다 앞서 거뎬에 도착하여 위안소 개설을 준비하고 있었던 것이다. 뒤에서 설명하겠지만 이

72) 独山三荒巻会編集委員会,《我らの青春》, 1983, 18쪽.

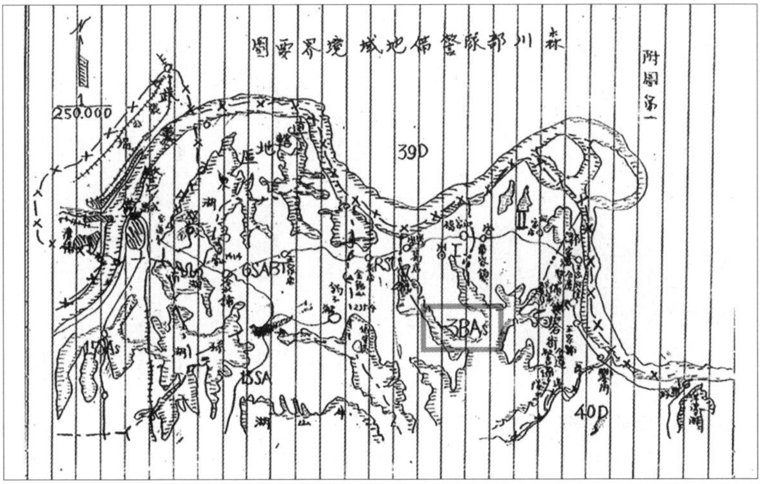

[그림 4-6] 양쯔강 남안 지역의 경비부대 배치도

· 출전: 〈陣中日誌 自昭和14年11月1日至昭和14年11月30日 独立山砲兵第3連隊(2)〉, 《独立山砲兵第3連隊 陣中日誌 昭和14年10月1日~14年12月21日》

업자가 4곳의 위안소를 개설했는지 여부는 알 수 없으나[73] 새 경비지구 할당에 맞추어 위안소 개설이 추진되었다는 것은 분명한 사실이다.

11월 3일부터 정식으로 경비를 시작한 3연대는 11월 6일(진중일지에는 8일로 기록) '모리카와부대경비규정'(이하 경비규정)을 정하여 10일부터 실행했다. 경비대는 거덴(1대대), 화룽(2대대), 신덴(新店, 연대단열)의 세 구역으로 나뉘었다. 인근을 포함한 경비부대 배치도는 [그림 4-6]과 같다. 중앙 아래의 3BAs가 3연대다.

경비규정 22조에서 각 경비대는 "경비에 지장이 없는 범위에서 별책 위안 업무에 관한 규정에 따라 위안소를 이용할 수 있"도록 명문화했다. 경비규정이라는 군대의 명령 체계에 위안소에 관한 조항이 설정되어 공식적이고 일관적인 이용이 가능하도록 한 것이다.

73) 거덴과 화룽에는 원래 제33사단 소속 중(中)지구대가 주둔하고 있었다.

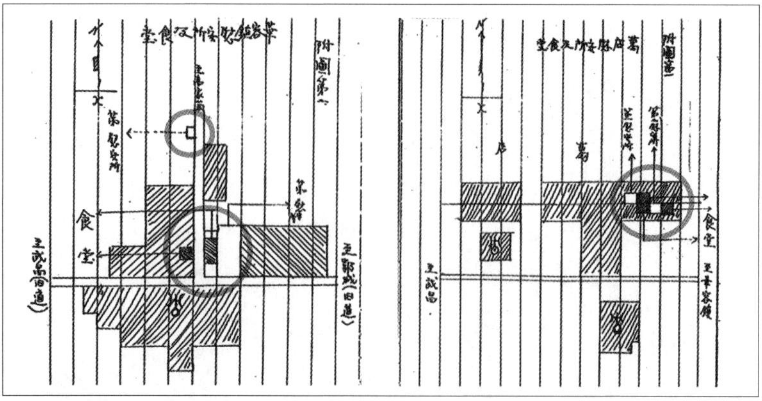

[그림 4-7] 거덴과 화룽의 위안소와 식당의 위치

· 출전: 〈陣中日誌 自昭和14年11月1日至昭和14年11月30日 独立山砲兵第3連隊(5)〉, 《独立山砲兵第3連隊 陣中日誌 昭和14年10月1日~14年12月21日》

전속위안소 개설

'특종위안 업무에 관한 규정'(이하 규정)이 정해진 것은 11월 14일이었다. "장병의 살벌한 기풍을 완화, 조절함으로써 군기 진작에 일조하게 한다"는 개설 취지는 잉산에서의 언행과 궤를 같이한다. 규정은 3연대 경비 지역 내 위안소에 적용되었으며 '특종위안 업무'는 위안소와 식당을 포괄했다. 1939년 11월 바야흐로 3연대는 전속위안소를 거느리기에 이르렀다. 주요 내용은 다음과 같다,

위안소(□)와 식당(■)은 [그림 4-7]과 같이 거덴과 화룽에 각각 2곳씩 설치되었다.

거덴의 제1·2위안소는 1대대와 연대단열이, 화룽의 제3·4위안소는 2대대가 이용했고 중대 단위로 이용일을 할당했다(내용 없음).[74] 사

74) 11월 말에 작성된 12월에서 1940년 2월까지 말편자 수업을 받는 병사에 대한 교육 일정표를 보면 금요일이 휴양일로 설정되어 있다.

임무	차출부대	담당자
위안에 관한 업무의 전반적 통제	연대본부	무라카미(村上) 대위
제1·2위안소 및 식당의 경영 지도		나카시마(中島) 소위 우치다(内田) 중위 하라구치(原口) 준위
제3·4위안소 및 식당의 경영 지도		고가(古賀) 중위 후쿠다(福田) 중위
위안부의 검사 및 위생시설 지도		각 군의

[표 4-9] 거덴·화룽에서의 위안소와 식당의 담당 장교

· 출전: [그림 4-7]과 동일

병은 오전 10시~오후 6시, 하사관은 오후 7~9시에 이용하도록 했다. 석식과 일석점호 시간에 맞춘 것이다. 요금은 장교가 1시간에 3엔, 하사관과 병이 30분에 각각 1엔 20센과 1엔이었다. 위안소와 식당의 이용일과 영업시간은 같았는데, 식당만 첫째·셋째 토요일에 문을 닫았다. 매주 토요일에 위안소는 검진을 위해 정오부터 개업했으며 첫째 토요일에 건강진단을 받도록 했다.

위안 업무의 감독과 지도는 각 경비대장이 맡았으며 업무 전반의 통제를 담당할 연대본부의 장교, 위안소와 식당의 경영 지도와 검진 등을 책임질 각 경비대 소속의 장교와 군의 등이 임명되었다. 자세한 내역은 [표 4-9]와 같다.

위안소와 식당 부근의 경계, 군기·풍기도 두 경비대장이 단속했다.

규정에는 업자가 이행해야 할 규칙이 상세히 열거되어 있다. 삿쿠를 비롯하여 영업에 소요되는 경비는 업자의 부담이었고 입장권과 삿쿠는 연대가 발행하는 '위안허가증'과 요금을 교환하여 내주도록 했다. 업자는 매일의 매상고를 작성하여 매주 일요일에 경비대장을 거쳐 연대본부에 보고해야 했다. 정해진 규칙을 어기는 업자는 영업 정지 또는 퇴거를 당했다.

위안소 운영의 총괄자는 모리카와 기요시 연대장이었다. 위안허가증은 3연대에서 발행했다. 위안부의 외출은 연대장의 허가 사항이었기 때문이다.

12월 16일에는 앞의 규정을 수정한다는 일일명령이 하달되었다. 하사관의 위안소와 식당 이용시간이 오후 10시까지로 1시간 연장되었다. 1940년 1~6월의 진중일지는 없으나 3연대에 전속된 위안소는 자리를 잡아갔으리라 유추된다.

화룽의 위안소를 출입했다는 3연대 병사의 회고담은 흥미로운 두 가지 내용을 담고 있다. 그에 따르면 위안소는 "부대의 이동으로 헤어지지만 작전이 끝나고 경비에 들어가면 또 그 경비지에 따라와서 영업을 시작한다. 주인이 규슈(九州) 출신인 듯하며 부대의 이동지를 좇아오는 식"이었다고 한다.[75] 부대를 따라 종군하는 전속위안소로서의 특징을 잘 보여주는 사례다.

또 하나는 부대의 원래 주둔지와 위안소 설치가 연결된다는 측면이다. 1939년 4월 광둥에 주둔하던 21군 예하부대에는 "군에서 통제하는 인원 약 850명"과 "각 부대의 향토에서 부른 인원 약 150명"이 있었다.[76] 전자는 주로 병참부대의 주도 아래 개설된 위안소일 것이다. 후자는 각 부대가 독자적으로 원래 주둔지와 연락하여 설치된 위안소로 볼 수 있으며, 3연대의 사례도 이와 유사하다고 판단된다. 3연대의 주둔지는 후쿠오카현 구루메시(久留米市)였는데, 규슈 출신의 위안소 업자는 구루메의 유수(留守)부대의 알선과 지원에 힘입어 중국

---

75) 独山三荒巻会編集委員会, 앞의 책, 302쪽.

76) 《資料集成》2, 39~40쪽.

의 오지까지 진출할 수 있었을 것이다.

3) 후베이성 당양 주둔과 위안소

이듬해인 1940년 4월 13일 다시금 3사단에 배속된 3연대의 주력은 이창(宜昌) 작전 참가를 위해 거뎬을 출발했다. 작전이 종료된 뒤 연대본부는 7월 10일 새 경비지인 양쯔강 북안의 후베이성 당양(當陽)에 도착했다. 7월 14일 3연대는 최종적으로 주둔지로 할당된 당양 동쪽의 뤄자저우(羅家州)[77]에 발을 들였다.

당양 주둔이 시작되면서 3연대에는 적지 않은 변화가 생겼다. 먼저 8월 15일에 새 연대장으로 다카모리 고헤이(高森孝平, 1889~?) 대좌가 부임했다.[78] 8월 28일 가야시마 다카시(萱嶋高, 1889~1956) 소장의 독립혼성 제18여단(1939년 11월 편성, 이하 18여단)의 지휘를 받던 2대대가 복귀함과 동시에 3연대 전체는 3사단에서 벗어나 가야시마 다카시 소장의 직할부대 중 하나로 옮겨갔다. 9월 중순 가야시마 다카시 소장의 순시가 있었고 초년병 교육과 본토 귀환병의 처리 등을 포함한 부대의 정비도 착착 진행되었다. 그리고 거뎬에 잔류했던 부대는 최종적으로 12월 9일에 합류했다.

10월 들어서는 경비 업무에 더해 18여단의 지시에 따른 화학전 교육이 시작되었다. 10월 6일에는 석식 오후 6시, 일석점호 오후 7시 등의 새 일과 시한이 책정되었다. 그리고 10월 11일 3연대는 경비지구

77) 현재 표기는 羅家洲로서 이창시 이링구(夷陵區)에 있으며 당양시도 이창시 내에 있다.
78) 다카모리 고헤이 대좌는 만주사변 당시 혼성 14여단 예하 야포병 7연대 2대대장으로 참전했다.

내에서의 "지방인의 영업을 허가"하고 관련 규정을 제정했다. '다카모리부대 특수위안업무규정'(이하 업무규정)이 그것이다. "장병의 살벌한 기풍을 완화, 조절함으로써 군기를 확립"한다는 목적은 승계되었으나 규정 내용은 경비지구의 변경과 새 연대장의 부임, 부여된 임무 등과 연계되어 전면적으로 수정되었다. 위안소의 변화가 해당 부대의 운용 체계 속에 편제되어 있었다는 점이 역력히 드러난다.

업무규정에는 위안소 외에 음식점, 사진관, 시계포를 아우르는 '지방 상인' 전반에 대한 통제 방침이 담겨 있다. 그중에서 위안소에 관한 주요 사항은 다음과 같다.

위안소를 개설하기 위한 조건이 조목조목 명문화되어 있다. 영업 허가를 받기 위해서는 영사관 또는 헌병대의 신원증명서를 지닌 자로서 군(11군으로 판단됨)사령관, 병참사령관, 수송사령관 또는 병단장[79]의 샹시(襄西, 양쯔강 지류인 한수이강漢水江 서쪽)지구 통행허가증, 그 밖의 병단장의 거주허가증, 영업허가증이 있어야 했다. 신원증명서 획득이 일본이나 조선, 타이완 등의 식민지에서 도항 과정에 필수 절차였다면 통행허가증과 거주허가증, 영업허가증은 점령지를 장악한 군 부대와 접촉하여 발급받을 수 있었다. 위안소 개설은 11군이라는 최상급부대가 개입되는 일정한 원칙과 기준에 따라 이루어지는 단계에 이르렀던 것이다.

위안소 업자는 3명이었고 위안부는 군인 100명당 1명의 비율로 산정되었다는 점도 시사하는 바가 크다. 주지하듯이 군의였던 긴바라 세쓰조(金原節三, 1901~1976)의 자료에 따르면 1939년 4월 21군 군의

79) 병단은 혼성여단과 사단 이상의 부대를 가리킨다.

	일	월	화	수	목	금	토
부대	제1중대 제6중대	제2중대 제5중대	제3중대 제4중대	제1대대단열 제2대대단열	제1대대 대행리 제2대대 대행리	연대단열	연대본부 제1·2대대 본부

[표 4-10] 당양에서의 위안소 이용일 할당

* 대행리(大行李)는 수송부대를 말한다.

· 출전: 〈陣中日誌 自昭和15年10月1日至昭和15年10月30日 独立山砲兵第3連隊(5)〉, 《独立山砲兵第3連隊 陣中日誌 昭和15年10月1日~15年10月30日》

부장 보고에 1:100의 비율이 적시되어 있다.[80] 중남부의 중국 전선을 책임진 최상급부대가 위안소 설치를 통제하고 관장했다는 사실이 더욱 명확해지는 대목이다.

또한 업무규정에는 위안소 3곳에 더해 음식점 4곳(여급은 3명이 표준), 사진관 2곳, 시계포 1곳이라는 업자의 규모, 영업장소가 연대·대대본부 인근이라 확정된 점, 위안소와 음식점 개설에 대한 지시 등도 구체적이며 체계적이다. 이는 중일전쟁 발발 후 3년이 지난 시점에 위안소 개설방식이 확실히 정립되어 있었다는 방증이 아닐까 싶다.

이용시간과 요금에는 다소 변동이 생겼다. 사병은 오전 10시~오후 5시로 1시간 줄이고, 하사관은 오후 5~10시로 늘렸으며, 준사관 이상은 오후 10시 이후로 정해졌다. 요금은 30분과 1시간으로 구분하여 병은 1엔과 2엔, 하사관은 1엔 20센과 2엔 40센, 준사관 이상은 3엔으로 하고 자정 이후에는 10엔으로 책정했다. 그리고 군인 이외의 접객을 엄금하는 조항이 신설되었다.

각 부대별로 할당된 요일 내역은 [표 4-10]과 같다.

10월 13일부터 영업을 허가한다고 했지만 업무규정에 기재된 것

80) 日本の戦争責任資料センター, 〈資料調査第一次発表〉, 《季刊戦争責任研究》 創刊号, 1993, 21쪽.

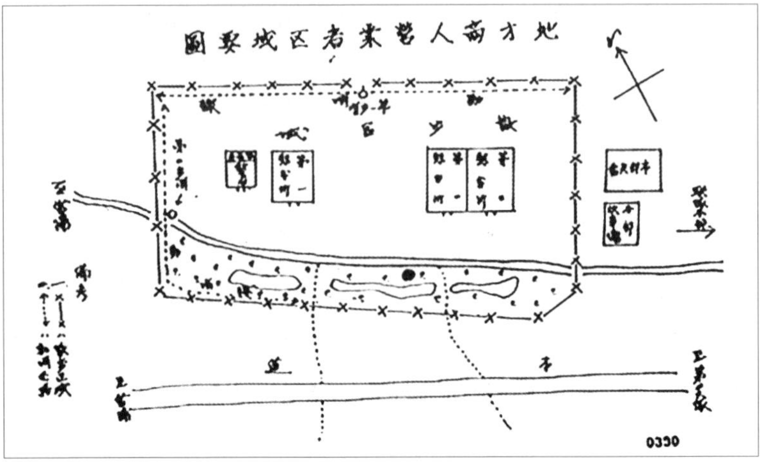

[그림 4-8] 당양에서의 위안소 배치도

· 출전: [표 4-10]과 동일

은 예정된 3곳의 위안소 중 제1위안소의 업자 이름을 포함하여 음식점과 사진관 각 1곳의 업자 이름밖에 없다. 이전 주둔지였던 거뎬과 화룽의 위안소 업자가 아직 합류하지 못했다는 추측도 가능할 성싶다. 참고로 이름으로 보았을 때 사진관 업자는 일본인이었지만 음식점 업주는 조선인이 분명했으며, 제1위안소 업자도 조선인 또는 중국인으로 짐작된다.

위안소 등의 배치도는 [그림 4-8]과 같다. 다른 사례에 비추어 특이한 것은 위안소와 음식점 주위를 거의 24시간 순찰하는 전담 보초 7명이 배치되고 위안부의 산책도 보초의 순찰 구역 내에서만 가능하도록 한 점이다. 거주지 부근을 경계하고 군기와 풍기를 단속한다는 취지라고 적혀 있지만 위안부는 사실상 감금된 것이나 다름없는 처지였다.

그리고 거뎬·화룽 시절과 마찬가지로 [표 4-11]과 같이 위안소와 음식점을 감독하는 장교와 준사관을 임명하여 체계적인 관리, 감독을 꾀했다.

담당 업무	담당 장교
전반	무라카미(村上) 대위
조수	아키야마(秋山) 준위
경계	연대본부 일직사관
위생	고노(河野) 중위
물자 기타	선무반

[표 4-11] 당양에서의 위안소와 음식점의 담당 장교

· 출전: [표 4-10]과 동일

규정이 제정된 직후인 10월 15일, 위안소 이용시간을 변경한다는 명령이 하달되었다. 병은 오전 9시~오후 4시까지, 하사관은 오전 9시~오후 6시까지이며, 준사관 이상은 오후 7시 이후로 바뀌었다. 이유는 상급부대의 지시 때문이었다. 즉 18여단에서 하사관과 병의 외출시간을 오후 7시까지와 오후 5시까지로 각각 설정함에 따라 3연대도 위안소 이용시간을 축소했다. 어쩌면 18여단에서 병과 하사관의 외출시간을 석식과 일석점호까지로 한정한 최상위규정인 군대내무서를 준수하라는 지시를 내린 것일지도 모른다.

1941년 4월 9일 3연대는 '다카모리부대 특수위안업무규정' 중 위안소 이용시간과 요금을 변경했다.[81] 이용시간은 오전 9시부터 병이 석식 1시간 전까지, 하사관이 일석점호 30분 전까지였으며 준사관 이상은 일석점호 후부터 이용할 수 있도록 했다. 요금은 인하되었다.

81) 1941년부터 3연대는 별도로 '을(乙)'이라 부기된 진중일지를 작성하기 시작했다. 거기에는 3연대 소속 단위로서의 연대본부가 수행한 매일의 상황이 기록되어 있는데, 연대본부의 휴일과 외출은 '을' 쪽에 더 자세히 수록되어 있다. 가령 4월 9일 위안소규정의 개정을 통상의 진중일지는 '일일명령'의 문서를 담고 있는 데 비해, '을'에는 내용만 기록되어 있다. 이하에서는 '을' 형식의 진중일지에 한해 출처를 명기한다.

병은 30분에 1엔으로 30분마다 50센을 더 지불하고, 하사관은 30분에 1엔 20센으로 30분마다 1엔이 추가되었다. 장교는 1시간에 3엔으로 추가 1시간에 2엔을 내고 오후 10시 이후 숙박은 8엔으로 정했다.

당양 주둔 시절 3연대 소속 각 부대가 위안소를 어떻게 이용했는지를 알려주는 자료는 남아 있지 않다. 연대본부의 경우에는 원래 휴양일인 토요일을 계속 유지하면서 위안소를 이용한 것으로 보인다. 1941년 1~5월은 대체로 토요일이 휴양일로 기록되어 있기 때문이다. 다만 3월 29일의 경우 3월 1일에 부임한 새 여단장(쓰쓰미 후사키堤不夾貴, 1890~1959, 소장)의 순시가 있어 이튿날인 30일로 대체되는 정도의 변동은 있었다.[82] 그리고 6월 두 번째 휴일부터는 토요일 대신 일요일이 기록되어 있는데, 이유는 적시되어 있지 않다.[83]

4) 아시아·태평양전쟁 시기의 상황

마닐라에서의 외출

1941년 7월 7일 3연대는 새로운 명령을 받았다. 독립혼성 18여단에서 벗어나 11군 소속이 되어 우한으로 이동하라는 것이었다. 7월 20일 다카모리 고헤이 연대장은 11군 포병대를 총괄하면서 우한 남쪽에 위치한 탕쑨호(湯孫湖) 남단 일대의 경비를 맡았다. 주둔은 이듬해 2월 필리핀 전선에 투입될 때까지 이어졌는데, 이 시기의 진중일지는

---

82) 〈陣中日誌 (乙) 自昭和16年3月1日至昭和16年3月31日 独立山砲兵第3連隊本部〉, 《独立山砲兵第3連隊 陣中日誌 昭和16年1月1日~16年1月31日》.

83) 1941년 6월의 연대본부 진중일지는 (을)의 표식이 없으며 통상의 진중일지 마지막에 붙어 있다(陣中日誌 昭和16年6月 独立山砲兵第3連隊(4), 独立山砲兵第3連隊 陣中日誌 昭和16年4月1日~16年4月30日).

남아 있지 않다.

실전 경험이 풍부한 3연대는 1942년 3월 필리핀 공략에 가세했다. 작전은 바탄반도에 상륙하여 전투를 치른 다음 5월 6일 코레히도르(Corregidor) 요새 함락으로 종결되었다. 이후 3연대 본부와 1대대는 마닐라 북쪽의 산페르난도(San Fernando)에, 2대대는 동지구대로서 이웃한 멕시코(Mexico)에 각각 병영을 꾸리고 경비에 들어갔다(1대대장은 서지구경비대장).[84] 5월 12일에는 숙영간 일과 시한이 제정되었고, 15일에는 산페르난도 경비사령관 다카모리 고헤이 대좌의 이름으로 경비규정이 작성되었다. 외출에 관한 언급은 없었는데, 5월 19일 산페르난도에서의 외출일을 할당하는 연대 일일명령이 하달되었다. 일요일 연대본부, 월요일 1대대 본부, 화요일 1중대, 수요일 2중대, 목요일 3중대, 금요일 1대대 단열, 토요일 연대단열 등이었고 동지구대인 2대대는 별도로 정하여 보고하도록 지시했다.

3연대는 적극적으로 외출을 허가했다. 5월 26일 일일명령으로 129명의 하사관과 병에게 27, 28일에 마닐라 외출이 허가되었으며 6월 3일 마닐라 시내에서의 열병식에 참가하는 200명에게도 식이 끝난 후 정오~오후 4시의 단체외출을 허용했다.[85] 연대명령으로 정한 외출규정도 시행되었는데, 연대본부는 31일(일)에 첫 전체 휴양을 취했다.[86] 6월 들어 7일(일) 휴양과 더불어 외출이 허가되었으며 재차 관동군 예하로 편입된다는 명령을 받고 마닐라에 도착한 다음 날인 14일(일)에

---

84) 〈昭和17年5月 第2次'バタン'作戦'コレヒドル'島要塞攻略戦参考資料(1)〉, 《独立山砲兵第3連隊 陣中日誌 昭17.3.1~17.5.31》.

85) 〈昭和17年5月 第2次'バタン'作戦'コレヒドル'島要塞攻略戦参考資料(2)〉, 《独立山砲兵第3連隊 陣中日誌 昭17.3.1~17.5.31》.

86) 〈昭和17年5月 陣中日誌〉, 《独立山砲兵第3連隊 陣中日誌 昭17.3.1~17.5.31》.

도 외출 허가가 이루어졌다.[87] 위안소 출입과 관련된 기술은 없으나 적극적으로 외출을 허가하는 행태는 필리핀에서도 변함없이 지켜졌다.

카이펑 주둔과 외출

7월 1일 다롄에 상륙한 3연대는 이틀을 숙영한 뒤 기차로 이동하여 7월 4일부터 제3군의 예하부대로서 허난성 카이펑에 주둔했다. 다롄 도착 이튿날인 7월 2일에는 시내에 친척이 있는 병사에게 외출이 허가되었다.[88] 외출을 적극적으로 배려하는 3연대의 정황이 새삼 확인되는 대목이다.

7월 4일에는 본격적인 카이펑 주둔에 맞추어 일과 시한이 제정되었고(6일 일부 개정), 8일에는 9일 주보 개점에 앞서 영업시간이 일일명령으로 하달되었다. 영업시간은 평일은 저녁에만, 일요일·휴일·경축일에는 조식부터 석식 사이로 설정되었다.

카이펑 주둔에 따른 외출규정이나 내무규정 등은 남아 있지 않다.[89] 다만, 7월 11일의 일일명령 중 12일은 일요일이므로 전체 외출을 허가한다는 기술은 확인된다. 이후 (을)진중일지에서 연대본부의 외출일은 일요일로 설정된 듯하다. 7월 12일의 문구 "오늘 휴양외출을 허가받다"는 7월 19일과 26일, 8월에 들어서는 2일·9일·23일·30일에 반복되었다.[90]

---

87) 〈独立山砲兵第3連隊 陣中日誌 昭和17年6月1日~17年6月30日/昭和17年6月分 陣中日誌(乙) 連隊本部〉,《独立山砲兵第3連隊 陣中日誌 昭和17年6月1日~17年6月30日》.

88) 〈陣中日誌(乙) 昭和17年7月分 連隊本部〉,《陣中日誌 昭和14年8月1日~14年8月31日》.

89) 7월 22일 '내무규정 편성위원'을 임명한다는 일일명령, 9월 9일 일과 시한을 내무규정대로 실시한다는 지시, 11월 7일 내무규정 중의 일과 시한을 변경한다는 일일명령 등의 기록은 남아 있다.

90) 〈陣中日誌(乙) 昭和17年8月分 連隊本部〉,《陣中日誌 昭和14年8月1日~14年8月31日》.

8월까지 예외도 있었다. (을)진중일지에 따르면 8월 17일(월)에는 영내에서 휴무했으며, 16일(일)에는 운동회를 시행했다. 그 이유는 3연대 진중일지에서 찾을 수 있다. 12일에는 16일에 운동회를 실시한다는 일일명령이 내려졌고, 15일에는 16일의 휴일을 17일로 변경하여 전체 영내에서 휴무하라는 일일명령이 하달되었던 것이다.

그런데 8월 1일의 일일명령은 주목할 만한 사실을 전한다. 핵심은 주보의 영업시간과 영업일을 변경한다는 것이었다. 영업일의 경우 연대본부와 1대대는 월요일·수요일·금요일, 2대대와 연대단열은 화요일·목요일·토요일로 나뉘었고, 일요일은 전원이 이용할 수 있도록 했다. 뒤이어 한 시계상(일본인)에게 부대의 문감(門鑑), 즉 출입증 제3호를 발급했다고 되어 있다.[91] 앞서 후베이성 당양에 주둔하던 1940년 10월 11일 3연대가 제정했던 '다카모리부대 특수위안업무규정'에도 시계상에 대한 언급이 있었다. 그때의 연대장도 다카모리 고헤이 대좌였다. 카이펑에서도 당양과 같은 방식의 주둔 체계가 답습되고 있었던 것이다.[92]

휴일과 외출 허가의 연결은 9월에도 유사한 형태로 진행되었다.[93] 6일의 정기 휴일은 관동군 군의부장의 순시로 인해 영내에서 휴무한다는 지시가 6일에 내려졌고(3연대 진중일지) 이어진 13일 정기 휴일

91) 1943년 3월 1일 작성된 35사단 보병 제219연대 제2대대의 '주둔지경비규정'에 따르면 영내에 출입할 수 있는 사람 중에 "기타 일반 지방인으로서 문감을 지닌 자"라는 항목이 있다(〈駐屯地警備規定〉,《諸規定綴 歩兵219連隊警備隊第7中隊 昭和18年》).

92) 제1·2호에 관한 기술은 없으며(7월 25일 마구간 건축 작업자에게 임시 문감 발행), 문감 발행은 이후에도 이루어졌다. 8월 3일에는 제4~6호가, 6일에는 제7호, 7일에는 제8호, 12일에는 제9호, 20일에는 제10호, 9월 13일에는 제11호를 발행했다. 제4~11호 속에 중국인으로 보이는 이름은 두 명이 있다.

93) 〈陣中日誌(乙) 連隊本部 昭和17年9月分〉,《独立山砲第3連隊 陣中日誌 昭和13年12月1日~17年11月30日》.

또한 이유는 알 수 없으나 영내에서 휴무했다. 이후 20일과 27일은 외출이 허가되었다. 10월 들어 4일·11일·18일·25일의 정기 휴일은 변경 없이 진행되었고,[94] 11월의 1일·8일·15일·22일·29일 역시 "오늘 휴양외출을 허가받다"라는 문구가 적시되어 있다.[95]

9~11월 사이에는 경축일에 따른 외출도 빈번하게 이루어졌다. 9월 24일 추계황령제를 시작으로 10월 16일의 야스쿠니 임시대제와 17일의 신상제(神嘗祭)에 맞추어 외출이 허가되었다(연대본부에는 10월 16일부터 3일 연속 외출 기회가 부여됨). 10월 23일 야스쿠니 예대제와 11월 3일 명치절에는 하사관에게 자정까지, 병에게 일석점호 때까지 외출이 허가되었다. 이런 경축일 외출에 즈음해서는 전날 내지 이틀 전에 일일명령으로 관련 내용이 하달되었다.

94) 〈陣中日誌(乙) 連隊本部 昭和17年10月分〉, 《独立山砲第3連隊 陣中日誌 昭和13年12月1日~17年11月30日》.

95) 〈陣中日誌(乙) 連隊本部 昭和17年11月分〉, 《独立山砲第3連隊 陣中日誌 昭和13年12月1日~17年11月30日》.

5장

보병 제9여단과 위안소 이용의 장기화

1. 중일전쟁 시기의 위안소

1) 중일전쟁 초기 상황

부대의 개괄

중일전쟁이 발발하자 보병 5사단은 제6·10사단과 함께 지나주둔군에 편입되어 전투를 치렀으며 9월부터는 신설된 북지나방면군 소속으로 화북 전선에 투입되었다. 5사단의 주력 보병대는 제11·41연대로 구성된 보병 9여단과 제21·42연대를 거느린 보병 제21여단이었다 (41연대는 1943년 5월 제30사단에 편입). 사단장은 만주사변의 주역 중 1명으로 도쿄재판에서 도조 히데키(東條英機, 1884~1948) 등과 함께 사형당한 이타가키 세이시로(板垣征四郎, 1885~1948) 중장이었다. 앞서 설명했듯이 보병 9여단장 구니사키 노보루(國崎登, 1886~1960) 소장은 5사단 주력과는 별도로 휘하의 보병 41연대를 주축으로 구니사키지대를 편성하여 10군의 지휘를 받으며 상하이와 난징 공략전에 종사했다. 보병 21여단장은 사카모토 준(坂本順, 1886~1950) 소장이었다.

1938년 1월 5사단 주력과 구니사키지대는 산시성(山西省)의 칭다오로 복귀했고 3월부터 5사단은 2군 소속으로 쉬저우 전투에 참전했다. 이어 9월 말부터는 21군의 주력으로 광둥 공략에 참가한 다음 화북으로 돌아와 산둥성 지역에 주둔했다. 이듬해 10월에는 재차 21군 소속으로 베트남 국경 가까운 난닝 공격에 투입되어 전투 종료 후 경비 업무를 담당했다. 이후 5사단은 신설된 남지나방면군 예하의 제22군 소속으로 1940년 8월 프랑스령 인도차이나 북부를 점령했다. 1940년 11월 5사단은 상하이 인근으로 이동하여 1년 동안 경비와 작전 출동, 훈련 등에 임했다.

아시아·태평양전쟁이 발발하자 5사단은 말레이반도 상륙 임무를 부여받아 싱가포르를 장악하고 주둔 태세에 들어갔다. 이후 1943년 2월부터는 오스트레일리아 북쪽 섬들에 포진하며 작전 준비를 추진하다가 종전을 맞이했다. 5사단의 잇따른 출정은 사실상 중일전쟁과 아시아·태평양전쟁의 축소판이나 다름없었다.

앞에서도 조금씩 소개했지만 9여단은 소속부대와 더불어 대량의 진중일지를 남겼다. 9여단의 경우 중일전쟁 투입 직후부터 1940년 3월까지와 1940년 1~3월이,[1] 11연대에서는 연대본부[2]와 제1대대 본

1) 9여단의 진중일지는 여단 규모의 부대 중에서 드물게 잔존하고 기록이 풍부할 뿐 아니라 사료적 가치가 매우 높다. 1937년 7월 27일~1938년 7월은 월별로 《步兵第9旅団陣中日誌 12/12 昭和13年7月1日~昭和13年7月31日》이라는 형식의 디렉터리에 수록되어 있으며, 1938년 8월부터는 역시 월별로 《陣中日誌 昭和14年3月》과 같은 디렉터리에 들어 있다. 1940년 1~3월은 《步兵第9旅団 陣中日誌 昭和15年1月1日~1月27日》, 《步兵第9旅団 (及川支隊) 南寧附近 陣中日誌 昭和15年2月1日~2月13日》, 《步兵第9旅団 (及川支隊) 陣中日誌 昭和15年3月1日~3月26日》과 같이 일부 누락되어 있다. 이하에서는 9여단 소속부대의 진중일지는 출전을 명기하지 않는다.

2) 11연대의 진중일지는 1943년 7월이 《步兵第11連隊 陣中日誌 昭18.7.1~18.7.31》에, 1944년 2~3월, 5~8월, 10~12월이 《步兵第11連隊 陣中日誌 昭19.2.1~19.12.31》에, 1944년 7~8월·11월이 《步兵第11連隊 陣中日誌 昭19.7.1~19.11.30》에, 1945년 1월·3월이 《步兵第11連隊 陣中日誌 昭20.1.1~20.3.31》에 수록되어 있다.

부,[3] 제2대대 본부,[4] 제3대대 본부[5] 외에 1대대의 제2중대,[6] 제3중대,[7] 제4중대,[8] 포소대,[9] 2대대의 제5중대,[10] 제6중대,[11] 제7중대,[12]

---

3) 11연대 1대대 본부의 진중일지는 1943년 2월, 1944년 9월~1945년 3월이《步兵第11連隊第1大隊 陣中日誌 昭18.2.1~20.3.30》에 수록되어 있다.

4) 11연대 2대대 본부의 진중일지는《步兵第11連隊第2大隊 陣中日誌 昭17.12.1~18.6.30》,《步兵第11連隊第2大隊 陣中日誌 昭19.1.1~19.12.31》,《步兵第11連隊第2大隊 陣中日誌 昭20.1.1~20.4.30》에 수록되어 있다.

5) 11연대 3대대 본부의 진중일지는《步兵第11連隊第3大隊 陣中日誌 昭和19年6月1日~20年3月31日》에 수록되어 있다.

6) 11연대 1대대 2중대의 진중일지는《步兵第11連隊第2中隊 陣中日誌 昭19.1.1~ 20.6.30》에 수록되어 있다.

7) 11연대 1대대 3중대의 진중일지는 1937년 7월 27일부터《步兵第11連隊第3中隊 陣中日誌 昭和12年7月27日~12年12月31日》,《步兵第11連隊第3中隊 陣中日誌 昭和13年1月1日~13年12月31日》,《步兵第11連隊第3中隊 陣中日誌 昭和16.1.1~16.5.31》,《步兵第11連隊第3中隊 陣中日誌 昭和16.6.1.~16.10.31》,《步兵第11連隊第3中隊 陣中日誌 昭和16.11.1~16.12.31》,《步兵第11連隊第3中隊 陣中日誌 昭和17.1.1~17.5.31》,《步兵第11連隊第3中隊 陣中日誌 昭和19.7.1~20.4.30》에 수록되어 있다.

8) 11연대 1대대 4중대의 진중일지는《步兵第11連隊第4中隊 陣中日誌 昭19.9.1~ 19.11.30》에 수록되어 있다.

9) 11연대 1대대 포소대의 진중일지는 1937년 7월 27일부터《步兵第11連隊第1大隊砲小隊 陣中日誌 昭和12年7月27日~13年12月31日》,《步兵第11連隊第1大隊砲小隊 陣中日誌 昭和14年1月1日~14年12月12日》,《步兵第11連隊第1大隊砲小隊 陣中日誌 昭和16.1.1~16.5.31》,《步兵第11連隊第1大隊砲小隊 陣中日誌 昭和16.6.1~16.10.31》,《步兵第11連隊第1大隊砲小隊 陣中日誌 昭和17.1.1~17.1.31》,《步兵第11連隊第1大隊砲小隊 陣中日誌 昭和17.2.1~17.6.30》,《步兵第11連隊第1大隊砲小隊 陣中日誌 昭和17.7.1~17.12.31》,《步兵第11連隊第1大隊砲小隊 陣中日誌 昭18.1.1~18.12.31》,《步兵第11連隊第1大隊砲小隊 陣中日誌 昭19.4.1~19.4.30》,《步兵第11連隊第1大隊砲小隊 陣中日誌 昭19.1.1~19.12.31》,《步兵第11連隊第1大隊砲小隊 陣中日誌 昭和20年1月1日~3月18日》에 수록되어 있다.

10) 11연대 2대대 5중대의 진중일지는《步兵第11連隊第5中隊 陣中日誌 昭和18年2月1日~3月31日》,《步兵第11連隊第5中隊 陣中日誌 昭和18年4月1日~9月30日》,《步兵第11連隊第5中隊 陣中日誌 昭和18年10月1日~12月31日》,《步兵第11連隊第5中隊 陣中日誌 昭19.1.1~19.12.31》,《步兵第11連隊第5中隊 陣中日誌 昭19.3.1~19.3.31》,《步兵第11連隊第5中隊 陣中日誌 昭和19年4月1日~20年4月30日》에 수록되어 있다.

11) 11연대 2대대 6중대의 진중일지는《步兵第11連隊第6中隊 陣中日誌 昭和18年6月1日~20年4月30日》에 수록되어 있다.

12) 11연대 2대대 7중대의 진중일지는《步兵第11連隊第7中隊 陣中日誌 昭和17.1.1~17.6.30》,《步兵第11連隊第7中隊 陣中日誌 昭和17.7.1~17.12.31》에 수록되어 있다.

포소대,[13] 3대대의 포소대[14]는 중일전쟁부터 아시아·태평양전쟁 시기까지 남아 있다. 41연대에서는 연대본부[15]와 3대대[16]가 1938년 초 중반까지, 2대대 5중대[17]가 30사단 소속이던 1944년 중반 필리핀에서의 진중일지가 잔존하여 각각 이용할 수 있다. 그 안에는 중국에 이어 동남아 지역으로 확대되는 전황 속에서 부대의 작전 행동과 결부되어 위안소 체계가 어떻게 운용되었는지가 오롯이 담겨 있다.

칭다오 주둔과 위안소 개설

난징 전투가 종식된 후 구니사키지대는 1938년 1월 2일 난징을 출발하여 상하이를 거쳐 14일에 칭다오에 도착했다. 상륙 직후 구니사키 노보루 소장은 41연대장을 남지구사영사령관에 임명하고 공용을 제외한 일반외출을 금지했다. 칭다오는 이미 1월 10일 해군 육전대, 즉 해병대가 상륙하여 점령한 터였다. 5사단은 해군을 대신하여 칭다오와 주변의 경비 및 패잔병 소탕을 임무로 부여받았다. 이를 위해 화북 전선을 전전하던 11연대와 5사단 사령부가 1월 19일 칭다오에 입성했다. 1월 20일 9여단의 구니사키 노보루 소장은 동지구경비대장에 임명되었고 21여단장 사카모토 준은 서지구경비대장을 맡았다. 같은

---

13) 11연대 2대대 포소대의 진중일지는《步兵第11連隊第2大隊砲小隊 陣中日誌 昭和18年11月1日~20年3月18日》에 수록되어 있다.

14) 11연대 3대대 포소대의 진중일지는《步兵第11連隊第3大隊砲小隊 陣中日誌 昭和19年6月1日~20年1月31日》에 수록되어 있다.

15) 41연대 본부의 진중일지는 1938년 3~7월이 월별로《步兵第41連隊 陣中日誌 1/5 昭和13年3月1日~昭和13年3月31日》과 같은 형식의 디렉터리에 수록되어 있다.

16) 41연대 3대대 본부의 진중일지는 1938년 5월이《步兵第41連隊第3大隊 陣中日誌 昭和13年5月1日~昭和13年5月31日》에 수록되어 있다.

17) 41연대 2대대 5중대의 진중일지는《步兵第41連隊第5中隊 陣中日誌 昭和19年4月22日~19年9月29日》에 수록되어 있다.

날 동지구경비대의 명령에 따라 11연대는 지금의 자오저우시(膠州市) 동쪽의 칭다오시 동부를(중사영구), 41연대는 칭다오 시내, 즉 지금의 스베이구(市北區) 일대를 경비지로 삼았다(남사영구).[18]

2월 들어 9여단의 진중일지는 11연대가 주축이 되어 칭다오 인근에서 수행했던 토벌 작전의 보고로 채워져 있다. 2월 하순으로 접어들면서 11연대와 41연대의 경비 구역이 재설정되었고 서지구경비대장은 42연대장으로 교체되었다. 사카모토 준 소장의 21여단은 사카모토 지대를 꾸려 2월 하순부터 산둥성 남쪽을 향해 공세를 이어갔다. 타이얼좡 전투가 개시된 것이었다.

9여단도 서서히 타이얼좡 전투와 뒤이은 쉬저우 전투에 휘말려 들어갔다. 11연대는 2월 26일부터의 훈련에 이은 토벌 작전의 연장선에서 쉬저우 전투에 투입되었고, 4월 초부터는 남은 9여단의 주력도 속속 쉬저우 방면으로 이동했다. 4월 6일 2군은 9여단에 경비부대를 교체할 방침임을 통보했으며 9연대와 41연대 본부는 4월 9일 칭다오에서 철수했다.

이제 9여단의 외출 체계와 위안소 개설을 살펴보자. 1월 22일 9여단은 칭다오에서의 경비 체계를 압축한 '칭다오에서의 경비 및 군기 유지에 관한 규정'을 제정했다.[19] '군기 유지' 항목 중에는 "공용 및 목욕 이외의 일반외출은 당분간 금지"하며 목욕외출도 하사관 이상이 인솔하도록 정해졌다. 이튿날에는 각 부대의 부관이나 장교 1명을 소집하여 첫 경비대회보를 열었는데, 논의 사항 중에는 "병의 외출 건"

---

18) 앞서 기술했듯이 쓰키노기 마사오 대좌가 지휘하는 독립산포병 3연대 병력도 칭다오에 주둔했으며 북사영구를 담당했다.

19) 〈青島に於ける警備並に軍秩維持に関する規定 昭和13年1月〉, 《歩兵第9旅団陣中日誌 6/12 昭和13年1月1日~昭和13年1月31日》.

이 포함되어 있었다. 사병외출의 적절한 통제는 경비 태세 구축의 초기 단계에서 기초적인 요소로 고려되었음을 알 수 있다.[20]

9여단의 1월 30일자 진중일지에는 "장병 위안소시설 설정"에 관한 방침이 전달되었음이 기록되어 있다. "각종 관계, 각종 기관과의 협의 결과 대체로 각 영업자의 양해를 얻어 곧 정식으로 이를 결정"한다는 내용이었다. 곧바로 다음 날 관련 내용이 통보되었다. "명에 따라 2월 1일 이후 각 부대장은 일반외출을 허가할 수 있다는 통첩이 있었다. 이는 위안소 개설 결정에 따라 혼잡을 방지하기 위해 각 부대별로 외출일을 한정한다"고 되어 있었다. '명'의 주체는 5사단일 수밖에 없었다. 3월 8일자 41연대의 회보는 1월 31일자로 하달된 '이타가키부대 갑(甲) 제246호'에 일반외출에 관한 규정이 적시되어 있었음을 전한다. 5사단은 사령부 차원에서 2월부터 위안소 개설을 결정하고 이에 맞추어 부대별로 일반외출을 정하도록 명령했던 것이다.

9여단 소속부대의 실제 외출 기록은 11연대 1대대 소속인 3중대와 포소대의 진중일지에서 확인이 가능하다. 3중대와 포소대가 칭다오에 도착한 날은 1월 19일이었으며 3중대만 1월 31일 오후에 휴양했다고 되어 있다. 2월 1일부터 3중대와 포소대가 속한 1대대는 토벌 작전에 출동하여 2월 8일(화요일) 새벽에 복귀했다. 3중대는 오후에 휴양했고 190여 명 중대원의 대부분인 147명에게 외출을 허가했다. 포소대는 하루 종일 휴양을 실시했으며 13명의 외출을 허가했다. 2월 1일부터 외출을 허가하도록 한 5사단의 방침에 따라 실시된 첫 외출이었다. 2월 14일부터 3중대와 포소대는 출동하여 작전을 벌인 다음 2월 24일

---

20) 1월 21일 5사단장 이타가키 세이시로는 대본영 육군부 막료장과 북지나방면군 사령관의 지적을 거론하면서 군기와 풍기의 숙정을 엄히 통제하라는 훈시를 각 부대에 보냈다.

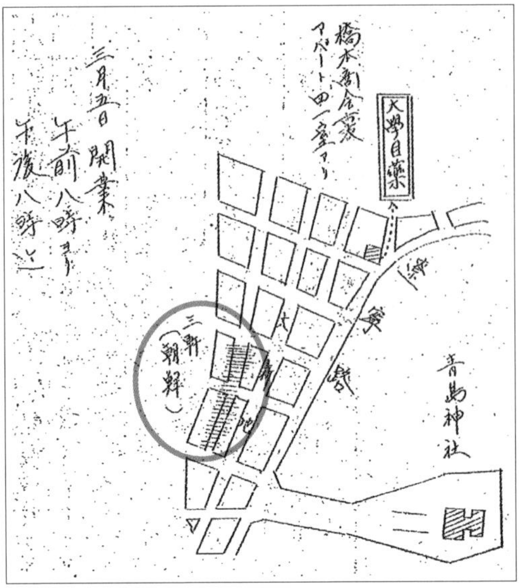

[그림 5-1] 칭다오의 보병 제41연대의 위안소 지도

· 출전: 〈陣中日誌 自昭和13年3月1日至昭和13年3月31日 歩兵第41連隊(1)〉, 《歩兵第41連隊 陣中日誌 1/5 昭和13年3月1日~昭和13年3月31日》

칭다오로 귀환했다. 이튿날인 2월 25일(금) 3중대와 포소대는 오후부터 외출을 실시했다.

3월 3일 41연대는 회보 글머리에서 3월 5일부터 “육군 전용위안소를 개설”한다고 통지했으며 별지에 위안소 위치를 알리는 지도를 [그림 5-1]과 같이 첨부했다.

위치는 칭다오 도심인 스베이구 소재 주수이산(貯水山) 아동공원에 있던 칭다오 신사(青島神社, 1919년 창건) 부근이었다. 신사와 연결되어 현존하는 랴오닝로(遼寧路) 뒤쪽의 아파트 41실에 조선인 위안소 3곳이 개업하며 영업시간은 오전 8시~오후 8시였다.

3월 4일 5사단은 칭다오 주변 중국군을 제압하기 위해 9여단의 보병 2개 대대, 야포병 제5연대 제4대대 등의 병력을 차출하여 서지구 경비대장인 11연대장에게 지휘를 맡겼다. 이에 따라 3월 6일자 41연대의 진중일지에는 칭다오시의 사영지구와 사영사령관을 폐지하며

	해당 부대
일	제9여단 본부, 사쿠라이(櫻井)부대
월	이데타(出田)부대, 니노미야(二宮)부대, 만철
화	제41연대
수	제30야전병원, 나리타(成田)부대, 근위사단 제50야전고사포대, 아사누마(淺沼)대, 곤도(近藤)대, 다나카(田中(無))대
목	독립산포병 제3연대
금	야포병 제5연대
토	제5사단 사령부, 히라노(平野)부대, 다나카(田中(飛))부대, 병참자동차 제51중대, 다니가키(谷垣)대

[표 5-1] 제5사단 예하부대의 외출일(1938년 3월)

* 사쿠라이부대 등은 부대를 특정할 수 없었다.

** 대는 중대 이하, 부대는 대대와 연대를 가리키며, 여단과 사단은 병단을 이른다.

· 출전: 〈陣中日誌 自昭和13年3月1日至昭和13年3月31日 歩兵第41連隊(2)〉, 《歩兵第41連隊陣中日誌 1/5 昭和13年3月1日~昭和13年3月31日》

11연대 소속이던 일부 부대는 41연대로 배속한다는 주둔 체계 변화의 통보 내용이 실려 있다. 그리고 3월 7일 41연대는 회보를 통해 11일(금) 이후 외출일이 변경된다는 것을 알렸다. 5사단 예하부대의 외출일은 [표 5-1]과 같이 정해졌다.

반관반민이기는 하지만 엄연한 만철 근무자에게도 외출일이 할당된 것이 눈길을 끈다.

아울러 주간에는 '신마치(新町) 위안소'를 폐쇄하고 신마치 전체를 병사들의 출입 금지 구역으로 정했다. 신마치는 앞의 아동공원에서 8시 방향으로 상하이로와 우쑹로(吳淞路) 교차로 남쪽 지역에 해당되었다.

3월 8일 41연대는 회보를 통해 3월 10일 육군기념일에 맞추어 오후에 일반외출을 허가하도록 지시했다. 대장과 부관, 그에 준하는 자가 외출 허가를 내렸으며 늦은 시간까지 외출하지 않도록 했다. 같은 날 9여단은 5사단의 규정에 맞추어 1월 22일의 '칭다오에서의 경비 및 군기 유지에 관한 규정'의 일부를 수정하고 3월 9일 정오부터 실시한다는 통첩을 휘하부대에 내렸다(41연대). "공용 및 목욕 이외의 일반 외출은 당분간 금지"한다는 조항을 없애고 외출에 관해서는 앞서 소개했듯이 사단의 1월 31일자 명령에 따른다고 고쳤다. 뒤늦게나마 외출이 실시되는 현실에 규정을 맞춘 것이다.

한편, 3월 19일 9여단 사령부는 '칭다오 주류간 보병 9여단 사령부 내무규정'을 제정했다. 여기에는 외출규정도 포함되어 있는데, 일요일을 휴일로 정하며 근무에 지장이 없는 한 오전 9시부터 병은 오후 5시까지, 하사관은 오후 8시까지(일석점호) 외출할 수 있도록 했다. 당연한 이야기지만 3월 7일 41연대 회보와 내용이 일치하며, 3월 8일 '칭다오에서의 경비 및 군기 유지에 관한 규정' 일부를 수정한 것과도 연계된다. 9여단의 주둔 체계 속에서 외출과 위안소 이용은 확실히 자리를 잡아갔다.

3월 10일 예정대로 육군기념일 오후에는 일반외출이 허가되었다. 3월 17일 회보에서는 '예기, 작부, 여급' 등에게 부주의하게 기밀을 누설하지 않도록 지시했으며, 3월 28일 회보에서는 병사 4명의 이름을 명기하면서 "중국 유곽에 등루하려는 자가 많다"는 사실을 지적하고 주의를 주었다.

3월 31일 경비회보에서는 헌병대로부터 외출증 발행에 관한 지도 감독을 철저히 하라는 통보가 있었음을 전했다(9여단 진중일지에도 수록). 그리고 3월 7일 이래 출입이 금지되었던 신마치 위안소 이용이 4월 1일부터 가능해졌다는 것과 육해군의 이용 구분은 종전의 예를 따르므로 해군 구역 내에 출입하지 말라는 지시를 전했다.

쉬저우 전투 이후의 상황

쉬저우 전투가 대강 마무리된 5월 30일에는 5사단장 교체명령이 내려졌다. 이타가키 세이시로 중장은 육군대신으로 영전되었다. 신임 안도 리키치 중장은 6개월 뒤 광둥 작전이 완료된 11월 초순부터 21군 사령관으로 옮겨갔고 새 사단장은 이마무라 히토시(今村均, 1886~1968) 중장이 이어받았다.

6월 들어 9여단 병력은 둘로 나뉘었다. 41연대는 6월 4일 쉬저우 남쪽의 안후이성(安徽省) 쑤저우에 입성하여 8일부터 남지구경비대를 담당했다. 6월 11일자 41연대 회보에서는 전투 중과 쉬저우 입성 전에 강간 사건이 있었다는 것을 지적하면서 "위안 설비'에 관해서는 현재 연구 중"임을 전달했다. 여기서 '연구 중'은 준비 중이었음을 가리킨다. 왜냐하면 7월 14일의 경비명령에는 "쑤현(宿縣, 쑤저우의 당시 지명) 성내 위안소 및 외출에 관한 규정 중 제2항 외출 지역을 쑤현 성내로 정정한다"는 내용이 들어 있었기 때문이다.

한편, 11연대를 거느린 9여단은 6월 27일부터 쉬저우 동쪽의 당산에 본부를 두고 토벌 작전에 들어갔다. 7월 2일에는 당산을 떠나 산현(單縣), 펑현(豊縣) 등지로 옮겨 다니며 작전을 치렀다. 7월 14일에는 쉬저우 전투의 최종 마무리를 짓고 경비 체계를 재편했다(지난달은 17일). 5사단은 쉬저우에 사령부를 두고 114사단과 독립혼성 제5여단을 묶은 을(乙)방위지구를 구축했고 북쪽의 제110사단은 갑을, 서쪽의 16사단은 병을 각각 맡았다. 21여단장은 북지구경비대를 지휘하며 쉬저우경비사령관을 겸임했으며 9여단은 오이카와 겐시치(及川源七, 1889~1972) 소장을 새 여단장으로 맞이하면서 41연대를 대신하여 남지구경비대를 총괄했다(41연대장도 교체되어 9여단장과 함께 7월 30일에 착임).

7월 20일 9여단은 쑤저우에 입성했고 이튿날에는 9여단 사령부의 내무규정을 제정했다.[21] 칭다오에서와 마찬가지로 '제4 휴일 및 외출' 항목에는 매주 화요일이 휴일이며 외출 구역은 쑤현 성내로 제한한다고 명시되어 있었다. 통상 병은 오전 9시~오후 5시, 하사관은 오전 9시~오후 8시 30분에 외출이 허용되었는데, 하사관의 외출 시한은 일석점호가 오후 8시 30분에 실시되는 것과 연동했다. 앞의 7월 14일자 41연대의 경비명령과 부합되었으며 외출은 사실상 위안소 이용과 직결되어 있었다.

7월 중순의 경비부대 개편에 따라 11연대 1대대 포소대는 쉬저우시 남쪽의 싼바오(三堡)에 주둔했다. 8월 27일 칭다오행 기차를 탈 때까지 진중일지에는 7월 24일(31일은 비상소집), 8월 7일·14일·21일에 휴양이 명기되어 있다. 일요일이 포소대의 휴양일이었던 것이다.

8월 25일 9여단을 포함한 5사단은 칭다오에 병력을 집결하라는 명령을 받았다. 하지만 인근에 출몰한 중국군과의 전투가 빈발해지면서 칭다오 이동은 대거 지체되었고 여단사령부가 쑤저우를 출발한 것은 9월 15일이었다. 9월 18일 칭다오에 도착한 9여단은 21일 21군 사령부로부터 광둥 상륙 작전의 개요를 전달받았다. 첫 주둔 때와는 반대로 21여단은 칭다오 시내에, 9여단은 시 북쪽에 자리했다.

11연대의 경우 3중대와 포소대는 9여단 사령부보다 빨리 8월 30일에 칭다오로 복귀했다. 이후 1개월 남짓 칭다오에 머무르면서 상륙을 상정한 훈련에 들어갔다. 1대대 소속 3중대와 포소대의 휴양 내지 외출 기록은 9월부터 나타난다. 3중대와 포소대가 같이 휴양을 실

---

21) 〈宿縣駐留間步兵第9旅団司令部内務規定 歩兵第9旅団司令部〉,《歩兵第9旅団陣中日誌 12/12 昭和13年7月1日~昭和13年7月31日》.

시한 것은 9월 4일·12일·26일이었으며, 9월 21일에는 포소대만 따로 휴양했다(3중대는 상륙 훈련 중). 그중에서 9월 12일과 26일의 3중대 진중일지에는 전체 외출의 허가와 함께 26일 제2종 순찰 장교가 배치되었음이 적시되어 있다. 양일 모두 월요일인 점으로 미루어보아 포소대에서도 외출자가 있었을 것으로 추측된다. 즉 칭다오 복귀 후 외출일이 월요일로 정해졌다는 것을 알 수 있다.

9여단은 11연대를 주축으로 오이카와지대를 편성하여 9월 30일 칭다오를 떠나 광둥 작전에 참가했다. 5사단은 이마무라 히토시 신임 사단장을 맞이하고 11월 중순부터 포산에, 9여단은 포산 서부의 싼수이(三水)에 주둔했다. 12월 초 5사단은 21군을 벗어나 12군 전투서열에 편입되어 화북으로 이동한다는 명령을 받았다. 12월 중순부터 5사단 부대는 속속 이동을 시작했고 9여단 사령부를 태운 수송선이 칭다오에 닻을 내린 것은 12월 26일이었다. 이전과 동일한 배치를 취해 9여단은 북쪽에, 21여단은 시내에 자리했다.

3중대와 포소대는 리춘강(李村江) 남쪽에 자리를 잡고 기존의 칭다오 주둔방식을 이어갔다. 3중대는 귀환 이튿날인 12월 25일 오후에 휴양을 취했다. 12월 27일은 3중대의 '휴양일'로 전원 외출이 허가되었으며 외출지에서의 주의와 함께 제2종 순찰 장교의 임명이 이루어졌다. 포소대의 진중일지에는 12월 26일 대대의 반수가 칭다오 부근에 외출했음이 기록되어 있는데, 포소대에서는 근무자에게만 외출을 허가했다. 다음 날 12월 27일은 포소대의 '외출일'로 오전 9시부터 외출이 허가되었다. 3중대와 포소대의 휴양일과 외출일은 화요일로 설정되었다.

1939년 1월 중순부터 진중일지가 남아 있는 3월 말까지 41연대를 기간으로 한 오이카와지대는 114사단의 지휘 아래 주로 지난(濟南)

북부 지역에서 토벌 작전에 종사했다. 10월 재차 남중국 파병명령이 떨어질 때까지 5사단은 칭다오에 머물렀다. 상당히 오랫동안 주둔해 있었지만 주둔 상황을 알려주는 자료는 포소대의 진중일지뿐이다.

1월 3일에는 전체 외출이 허가되어 휴양을 실시했는데, 역시 화요일이었다. 1월 10일은 연대장의 순시가 있어 이튿날이 '휴양일'로 정해져 오전 8시부터 외출이 허가되었다. 외출자는 하사관 포함하여 37명이었다. 이후 내내 훈련과 사단장 순시 등으로 휴양과 외출 기록은 찾아볼 수 없다. 1월 27일(금) 영친왕 이은(李垠, 1897~1970)[22]의 칭다오 신사 참배 때문에 오전 9시 30분 이후로 늦추라는 지시를 받아 34명이 외출했다. 2월에도 포소대의 외출일은 부정기적이었다. 1일(수)·13일(월)·16일(목)이 '휴일'이었으나 1일과 13일에만 30명이 외출했고 16일은 전염병으로 인해 외출이 금지되었다.

포소대는 2월 21~24일에 혹한기 행군을 실시했고 뒤이어 21연대에 배속되어 전투에 참가한 뒤 3월 6일 칭다오로 복귀했다. 이후에도 토벌과 작전 출동을 반복했다. 3월 25일부터 포소대의 주둔지는 칭다오 시내로 바뀌었다.

포소대는 3월 말부터 1개월 넘게 쉬저우와 카이펑 등지에서 전투를 벌이고 5월 5일 칭다오로 돌아왔다. 그 이틀 뒤인 5월 7일 대체 휴일의 명령을 받아 시내 외출이 이루어졌다. 5월부터 휴일은 수요일과 일요일로 설정된 듯하다. 10일(수)은 '휴일'로서 외출이 허가되었으며 '휴일'인 17일(수)과 '휴양일'인 21일(일)은 방역 문제 때문에 외출이 허용되지 않았다. 27일(토)에는 방역 문제가 해제되어 출동 예정자 전원에게 특별외출이 허가되었다.

---

22) 당시 북지나방면군 소속 육군 소장으로서 1939년 1~3월에 화북 전선을 시찰 중이었다.

포소대는 5월 말~7월에 걸쳐 산둥성 북부 일대의 토벌 작전을 마치고 7월 26일 칭다오 병영으로 복귀했다. 7월 28일(금)에는 첫 외출이 허가되어 하사관 이하 23명이 외출했다가 귀대했다. 포소대는 다시 출동하여 전투를 치른 뒤 토벌에 나섰다가 8월 2일에 귀환했으며 이튿날 3일(목)은 '대체 휴가'로서 칭다오 시내에 하사관 이하 24명이 외출했다. 이후의 상황으로 보건대 휴일은 수요일로 바뀐 것이 확실하다. 9일(수)은 '대대 휴일'이어서 하사관 이하 21명이 외출했으며, 19일(토)과 28일(월)은 16일(수, 여단장 열병)과 23일(수, 27일 '특수 전투 종합연습'의 예비 훈련)을 대체하는 휴가로서 각각 24명의 외출이 실시되었기 때문이다. 30일(수)의 경우는 북지나방면군 사령관 스기야마 하지메(杉山元, 1880~1945)가 참관하는 특종 훈련 실시로 인해 휴일이 31일로 연기되었으나 스기야마 하지메가 비행기에서 부상을 입어 훈련이 중지되는 바람에 예정대로 휴양하게 되었다. 역시 하사관 이하 24명이 시내에 외출했다.

9월 11일 포소대는 노몬한(할힌골) 전투[23]에 참가하고자 북상하여 9월 말까지 대기하다가 다롄으로 되돌아갔다. 10월 말 수송선에 오른 5사단은 11월 중순 남중국에서의 난닝 전투에 투입되었다.[24] 뒤이어 1940년의 상황을 전하는 진중일지는 9여단의 1~3월분 이외에는 남아 있지 않으며 그 안에 위안소에 관해 특기할 만한 사항은 없다.

---

23) 1939년 5~9월에 만주와 몽골의 국경인 노몬한에서 관동군과 소련군이 격돌했으며 소련의 기계화 부대 앞에 관동군은 참패를 기록했다.

24) 5사단 소속 제1수상수졸대는 1939년 8월 중국의 주둔지에 화류병 환자 2명을 남겨둔 채 일본 본토로 귀환했다(〈内地帰還に際し派遣地へ残置せしむる者に関する件〉, 《陸支受大日記(密)第53号 昭和14年自8月10日至8月15日》).

2) 1941년 상하이 인근에서의 상황

우쑹에서의 외출과 위안소 이용

앞서 설명한 대로 5사단은 1940년 12월부터 1년 동안 후방인 상하이 인근에 머물렀다. 이 시기 11연대 1대대 소속인 3중대와 포소대의 진중일지가 1941년 1월분부터 현존한다. 이동 직후 11연대는 지금의 상하이 중심지에서 북쪽으로 20킬로미터 떨어진 양푸구(揚浦區) 우쑹에 병영을 확보했다. 이후 4월 말부터 상하이 남쪽의 닝보(寧波) 인근에서 주둔하다가 10월 재차 우쑹으로 돌아와 동남아 전선에 투입되었다.

1차 우쑹 주둔 시절 외출방식은 일찍부터 원활하게 가동되었다. 1월 1일과 2일 모두 3중대와 포소대에서는 상하이와 우쑹으로의 외출이 장교나 하사관의 인솔 아래 행해졌다. 120명 전후의 3중대는 매번 상하이와 우쑹 양쪽으로 외출자를 보냈으며 50명 조금 넘는 규모의 포소대는 이따금 우쑹으로만 외출자를 허락한 듯하다. 그리고 3중대와 포소대 모두 정규 외출일로는 금요일이 할당되었으며 연대본부 등은 토요일을 휴일로 삼았다(2월 13일 포소대 진중일지). 이런 외출방식의 근거로 짐작되는 기록은 5사단 회보에서 발견되는데, '외출에 관한 규정'(1월 2일·9일) 또는 '주류규정'(9일) 등이 그것이다. 내용에 관한 언급은 없으나 단독외출이 근절되지 않아 관련된 주의가 하달되었을 정도로 상황은 심각했다(9일). 주류규정은 2월 28일자 포소대의 진중일지에 나오는 1941년 1월 제정된 '상하이 부근 마쓰(松) 제3부대 주류규정'을 가리킨다고 보는 것이 타당하다. 마쓰 제3부대는 11연대의 이른바 '통상 명칭'에 해당된다.

금요일의 정기외출은 철저하게 지켜졌다. 3중대의 경우 3월 23일 훈련과 작전을 위해 우쑹을 떠나기까지, 포소대는 대대 주력과 함께

3월 26일부터 특수 훈련에 들어가기까지 모든 금요일에 외출을 실시했다. 훈련에 따른 외출일도 조정하여 안배했다. 1월 20일 독가스교육을 받을 병사로 선정된 3중대원 14명은 21~24일에 매일 연대본부에 집결했다. 정기외출을 하루 앞둔 1월 23일 연대는 1대대의 독가스 교육 훈련 참가자는 24일 휴일을 25일로 대체하라는 일일명령을 내렸다. 1월 25일 참가자 중 1명을 제외한 13명은 오전 10시~오후 4시 30분에 우쑹으로 외출했다. 2월 1일에는 1월 31일 정기 휴일에 관측과 자동차 교육을 받은 포소대원 13명에게 오전 11시~오후 4시 우쑹으로의 외출이 허가되었다. 3월 14일 3중대와 포소대는 훈련과 점검으로 인해 다음 날인 15일(토)에 외출을 실시했다.

정기외출의 예외는 한 번 있었다. 3월 20일 연대의 일일명령이 내려졌는데, 내용은 21일이 춘계황령제이므로 영내에서 휴무하라는 것이었다(포소대). 역대 천황의 영을 모시는 제의인 탓에 위안소 출입을 금한 것으로 추측되며 실제로 3중대도, 포소대도 외출 없이 영내에서 휴식을 취했다.

임시외출의 기록도 있다. 2월 3일 11연대는 일일명령으로 4일 '위로 휴가'와 외출을 허가하도록 했고 이를 받아 1대대는 4일 오후에 외출을 허가한다는 명령을 하달했다. 3중대는 상하이와 우쑹으로, 포소대는 우쑹으로 각각 외출을 허가했다. 3월 10일 육군기념일에도 3중대와 포소대 병사들은 상하이와 우쑹으로 외출했다.

3중대와 포소대의 진중일지에서 나타나는 외출 관련 기록에는 위안소에 갔다는 직접적인 표현이 없었으나 위안소 출입이 이루어졌다고 볼 수 있다. 그 근거는 다음 내용과 같다.

1월 16일 3중대와 포소대가 수령한 대대회보에는 성병 증가에 따른 주의 환기와 예방법이 강조되어 있다. 특히 3중대의 진중일지에는

"방구를 사용한 후 부대에 가져오는 자가 있으나 방구가 부족하므로 그런 일이 절대 없도록 반드시 소정의 장소에 둘 것"이라는 지시까지 담겨 있다.

성병 증가의 구체적 사례는 포소대와 3중대의 진중일지에서 찾아볼 수 있다. 먼저 1월 17일 포소대의 한 일등병은 연성하감에 걸려 "본분을 다하지 못하"였으므로 중영창 1일에 처한다는 처분을 받았다(일등병은 영창 대신 18일에 21연대 환자요양소로 보내짐). 연성하감의 잠복기는 1~7일이라는 점을 감안하면 1월 10일의 정기외출일 또는 1일과 2일의 특별외출일에 감염된 것으로 보인다. 관련 기록은 전날인 16일에 있다. 일등병의 처벌을 포함하여 '정신 훈화'가 행해졌으며 항목 중 하나로 "위안소 ◇출입"이 명기되어 있다. 오후 9시부터 30분 동안에는 위생병이 성병 예방법을 지도했다. 1월 31일에도 정신 훈화의 항목 중에 성병이 포함되어 있다.

3중대에서도 유사한 일이 벌어졌다. 2월 16일 성병 감염이 확인된 한 상등병에게 중영창 1일을 과하고 곧바로 입감했다. "1월 31일(외출일) 외출이 허가되어 우쑹의 위안소(新上海)에서 창부(이름 불명)와 아무 예방법도 강구하지 않은 채 접촉하여 성병에 걸린 것은 평소 중대장의 훈계에 저촉"된다는 설명이 첨부되어 있었다. 2월 18일 상하이 육군병원에 입원했다는 연성하감 환자는 앞의 상등병인 것으로 판단된다.[25]

이동 중의 외출 체계

1대대를 포함한 5사단의 주력부대는 3월 24일과 26일에 걸쳐 우

25) 16일 진중일지에는 해당자의 이름이 가려져 있는데, 18일 진중일지에는 밝혀져 있다.

쑹을 떠나 일본 본토의 사가현(佐賀縣) 일대에서 대대적인 상륙 훈련을 전개했다. 이후 닝보 공략을 통보받은 5사단은 4월 19일 상륙하여 전투를 치렀다. 4월 22일 사단 직속이 된 3중대는 수색 제5연대 병력과 함께 닝보 서쪽의 츠시(慈谿)[26]를 점령하고 경비에 들어갔다. 한편, 포소대가 속한 1대대와 11연대의 주력은 닝보 경비와 패잔병 소탕에 종사했다. 4월 27일자 연대회보에서는 23일 이후 융장강(甬江) 북안의 부대에서 일곱 건의 강간이 일어났다는 헌병대의 통보와 더불어 닝보 시내의 사창가 출입을 엄금하도록 전했다.

4월 30일 포소대는 영내에서 휴양을 취했다. 5월 3일에는 경비회보로 융장강 북안에 위안소를 개설하는 중인데 별도의 명령이 있을 때까지 출입을 금한다는 내용을 전했다. 같은 날 11연대 주력부대에는 이동명령이 떨어졌고, 5월 5일 오전에 출발 준비를 마친 포소대원에게는 오후의 외출이 허락되었다. 오후 1시에 전원이 외출했다고 기록되어 있는데, 북안의 위안소를 이용했는지는 판가름하기 어렵다. 5월 6일부터 11연대는 츠시 인근에 분산 배치되었다.

각 부대의 진지 구축이 진행되던 5월 15일 11연대는 일일명령으로 외출 체계에 대한 지침을 하달했다. 외출 구역은 츠시 성내로 한정하고 대검과 각반을 착용한 복장에 2인 이상의 동행을 의무화했으며 외출 시한은 군대내무서의 규정을 따르도록 했다. 즉 병은 석식 시한까지, 하사관은 일석점호 시한까지였다. 외출일은 3중대가 목요일, 포소대가 월요일로 각각 설정되었다.

외출 체계 정비에 맞추어 위생 강연이 실시되었다. 내용은 성병이

---

26) 진중일지에 나오는 츠시는 지금의 츠시시가 아니라 닝보시 장베이구(江北區)의 스청(慈城) 일대였다.

주된 주제였다. 5월 16일에는 대대본부, 1중대, 기관총중대, 포소대 등이 참가했고 다음 날에는 3중대를 포함한 다른 부대가 참가했다. 5월 18일 포소대장은 일석점호 후에 외출, 위생, 통신문에 관한 주의를 하달했다. 이튿날 19일 포소대원 전원은 츠시에서 첫 외출에 나섰다. 5월 22일(목) 3중대원 35명은 외출을 마치고 오후 6시에 귀대했다.

이후 3중대는 6월 5일(목)까지 목요일에, 포소대는 6월 2일(월)까지 월요일에 각각 외출을 허가하는 태세를 이어갔다. 다만 3중대에서는 5월 29일의 경우 6월 2일까지 이어진 작전 출동으로 인해 외출일이 하루 앞당겨졌다. 그리고 1대대는 5월 29일 외출일 근무자를 다음 날 외출을 시킬 수 있도록 하는 일일명령을 하달했다(포소대). 포소대는 6월 3일부터, 3중대는 6월 12일부터 근무자의 다음 날 외출을 집행했다.

6월 5일 6일부터 외출일을 변경한다는 대대본부의 일일명령이 내려왔다. 3중대의 외출일은 수요일로, 포소대는 목요일로 각각 바꾼다는 내용이었다. 2중대의 이동에 따른 조치로 추측된다. 그런데 대대의 명령에 따라 3중대는 6월 11일(수)에 휴무일을 가졌는데, 포소대는 원래대로 6월 9일(월)에 외출이 이루어졌다. 그 근거는 6월 7일 개정되었다는 '츠시 부근 경비 및 주류 규정'이 아닐까 싶다.

이후 8월 중순에 이동할 때까지 3중대와 포소대는 외출일과 근무자의 다음 날 외출이라는 방침을 거의 빠짐없이 실행에 옮겼다. 다만 포소대의 진중일지는 두 차례의 변경을 전한다. 7월 14일(월)에는 새 연대장의 순시가 있어 이튿날 외출이 허가되었다. 7월 28일에는 대대의 사격대회로 인해 외출이 하루 앞당겨졌는데, 7월 26일 포소대와 기관총중대의 휴무일을 7월 27일과 7월 29일로 바꾸라는 대대의 일일명령에 따른 조치였다.

우쑹 시절과 마찬가지로 외출한 병사가 위안소에 출입했다는 기록은 남아 있지 않다. 다만 6월 20일 회보는 22일부터 "전 위안소 터에 군인구락부를 개설하므로 이용을 바란다"고 전하고 있다. 츠시에 위안소가 있었다는 증거가 된다. 그리고 7월 27일 포소대장은 일석점호 후 성병 예방과 더불어 외출 시 보행 태도, 단독 행동 금지 등에 관한 주의를 주었다. 외출과 위안소 이용의 연결성을 짐작하게 하는 대목이다. 참고로 앞의 군인구락부는 위안소가 아닌 것 같다. 6월 25일 오후 3중대장을 포함한 38명이 군인구락부에 모여 중대 회식을 가졌기 때문이다.

8월 14일 3중대는 융장강 지류인 위야오강(餘姚江) 남안의 싼자(三家)로 옮겨갔다. 이동 당일 츠시와 동일한 일과 시한 및 휴일의 추후 규정, 산책 구역 등과 같은 주둔의 기본 틀이 마련되었다. 사흘 뒤인 17일에는 휴일규정이 확정되었다. 싼자경비대인 3중대는 수요일, 서쪽의 다인(大隱)경비대는 토요일을 할당받았고, 군대내무서의 규정에 따르며 근무자는 다음 날 외출이 가능하도록 했다. 첫 수요일인 20일에는 전체 휴무만 시행했다.

숨 돌릴 틈도 없이 8월 21일 3중대는 11연대의 직할이 되어 닝보로 재차 이동했다. 경비를 맡은 곳은 위야오강과 융장강이 합류하는 일대였다. 휴일은 싼자에서 통보받은 대로 수요일인 27일부터 실시되어 12명이 외출했다. 수요일 외출은 10월 8일 우쑹으로 복귀할 때까지 한 주도 빠짐없이 시행되었다. 특기하고 싶은 점은 9월 5일 보충병 32명이 3중대에 배속되었는데, 이들의 인솔외출이 9월 17일(30명)과 24일(31명)에 이루어졌다는 사실이다. 위안소 이용에 대한 명기는 없으나 인솔외출은 초년병이 받아야 할 각종 훈련(28일 종료)의 연장선에서 일본군 병사로서의 '통과의례'였을지도 모른다. 닝보에서의 마지

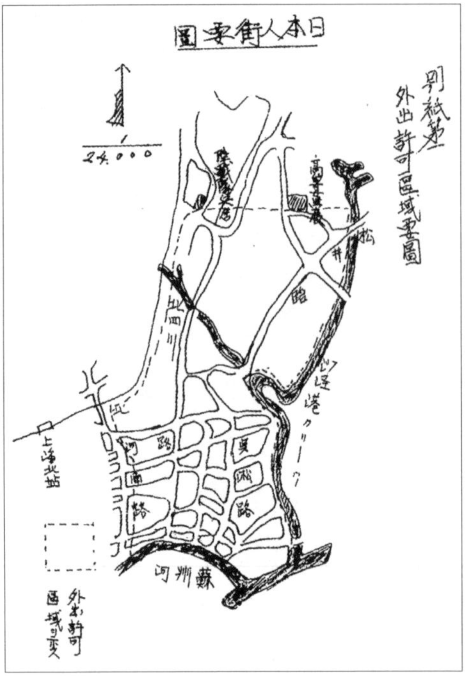

[그림 5-2] 보병 제11연대의 외출 구역(일본인거리)

· 출전: 〈陣中日誌 自昭和16年10月1日至昭和16年10月31日(4)〉, 《步兵第11連隊第1大隊砲小隊 陣中日誌 昭和16.6.1~16.10.31》

막 휴무일인 10월 1일에는 외출자가 51명으로 가장 많은데, 보충병까지 포함된 것으로 판단된다.

포소대 역시 8월 중순 이후 작전 출동을 이어가다가 북상하여 9월 중순부터 대대의 주력과 함께 저우샹진(周巷鎭, 지금의 츠시시 서쪽)에서 주둔했다. 저우샹진에서는 목요일이 휴무일(9월 25일, 10월 2일)로 정해졌으나 콜레라 만연 등으로 외출 기록은 발견되지 않는다. 3중대와 마찬가지로 이동명령이 떨어진 포소대는 닝보를 거쳐 10월 중순 우쑹으로 되돌아갔다.

포소대는 우쑹으로 복귀하고 나서 초기에는 외출이 금지되었다. 10월 13일 포소대의 진중일지를 통해 콜레라가 이유였음을 확인할 수 있다. 전면적인 외출은 10월 23일 연대 일일명령에 따라 10월 26일

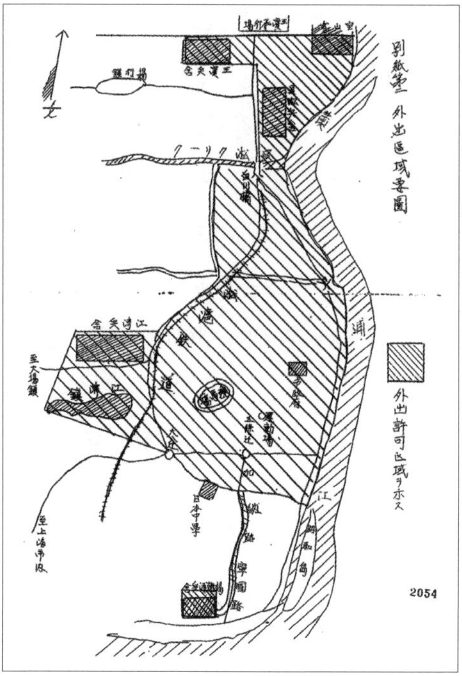

[그림 5-3] 보병 제11연대의 외출 구역(기타 구역)

· 출전: [그림 5-2]와 동일

(일) 외출이 허가되면서 가능해졌다(26일 근무자는 30일 외출, 포소대). 외출에 관한 명령은 꽤 상세하다. 먼저 외출 구역은 [그림 5-2] 상하이 시내의 일본인거리(日本人街, 점선 안쪽)와 [그림 5-3]의 기타 구역(빗금 그은 구역)으로 구분되었다. 현재는 각각 쓰촨북로(四川北路)공원과 공칭(共靑)국가삼림공원 일대에 해당된다.

상하이 시내 외출은 장교의 인솔 아래 대오를 짓도록 했으며 기타 구역에서도 3인 이상이 조를 이루도록 했다. 외출 시한 등에는 군대내무서의 규정이 적용되었다.

10월 26일 3중대의 외출자는 상하이가 13명, 우쑹이 31명이었고 포소대는 각각 23명과 9명이었다. 그런데 포소대의 상하이 외출자 중 19명은 소대장이 직접 인솔했고, 4명은 3중대 소속인 견습사관이 인솔했다. 명백한 근거는 찾지 못했으나 후자는 위안소 이용임이 의심된다. 목적지가 다른 타 중대 병사의 인솔은 현실성이 희박하기 때문이다. 10월 30일에는 26일 근무자의 외출이 허가되었다.

두 번째 전체 외출은 11월 5일의 연대 일일명령에 따라 행해졌다. 1대대는 11월 9일에, 다른 부대는 11월 7일에 외출을 허가했으며, 7일 근무자는 9일에 외출할 수 있도록 했다. 3중대에서는 11월 9일 15명이 상하이로, 47명이 우쑹으로 외출한 후 귀대했다(포소대는 진중일지가 없음). 11월 15일 5사단은 동남아 전선을 겨냥하여 신설된 남방군 휘하의 25군에 편입되었고 예하부대는 곧바로 수송선에 올라 아시아·태평양전쟁 참전을 위해 남쪽으로 향했다.

2. 아시아·태평양전쟁 시기의 위안소

1) 말레이시아 믈라카

말레이반도 상륙

중국 남부 하이난섬에서 대기하던 5사단은 1941년 12월 8일 타이(Thailand) 남부의 송클라(Songkhla)와 빠따니(Pattani)에 상륙한 뒤 남하를 거듭했다. 공략 대상은 말레이반도의 영연방군이었다(말레이반도 전체 상황은 후술). 해를 넘겨 1942년 2월 15일 싱가포르에서 버티던 영국군이 항복했다. 싱가포르에 입성한 25군 사령부는 5사단에게 18사단이 맡은 조호르(Johor)주를 제외한 말레이시아 전역을 할당했고 근위사단에게는 싱가포르 교외를 할당했다. 얼마 지나지 않아 18사단이 버마[27]로 이동하게 되자 3월 말부터 근위사단의 보병 제5연대가 조호르주의 경비를 담당했으며 5연대는 7~11월에 말레이반도 각지의 방위를 맡았다. 싱가포르 시내에는 5사단 9여단 소속 2개 대대(11연대 3대대와 41연대 1대대)를 주축으로 싱가포르경비대가 편성되어 주둔했

27) 현재 버마의 정식 국명은 미얀마지만 사료의 표기방식을 고려하여 버마로 칭한다.

다. 그리고 말레이시아와 싱가포르 전역에 화교 학살이라는 '치안숙정' 임무명령이 내려졌다.[28)]

9여단 소속 11연대는 남경비대로서 쿠알라룸푸르 남쪽의 느그리슴빌란(Negeri Sembilan)과 믈라카(Melaka)의 2개의 주를 맡았다. 남경비대, 즉 11연대 본부는 느그리슴빌란의 주도(州都) 스름반(Seremban)에 자리했다. 믈라카주를 책임진 1대대는 남지구경비대로서 주도 믈라카에 주력을 두고 느그리슴빌란 최남단의 탐핀(Tampin)에 4중대를 보냈다. 1대대 소속인 3중대는 3월 2일부터 연대 직속이 되어 스름반으로 이동했다. 북지구경비대를 할당받은 2대대는 본부를 스름반에 두고 바하우(Bahau), 쿠알라필라(Kuala Pilah), 쿠알라클라왕(Kuala Klawang)에 1개 중대씩을 파견했다.[29)] 쿠알라필라 담당 부대는 7중대였다.

경비 태세 구축이 완료됨과 동시에 11연대 소속 각 부대는 주둔지 내의 '적성분자' 공격과 검거, 처단(살해)에 나섰다. 이후 1942년의 주둔 상황은 1대대의 3중대와 포소대, 2대대의 7중대가 각각 남긴 진중일지를 통해 알 수 있다. 그 안에는 중국 전선에서 축적된 위안소 이용방식과 실태를 동남아에서도 답습하는 일본군의 실태가 고스란히 담겨 있다.

주둔, 외출과 위안소

2월 26일 1대대장은 별도의 명령이 있을 때까지 공용을 제외한 모

28) 9여단장으로 싱가포르경비대장을 맡았던 가와무라 사부로(河村参郎) 소장은 화교 학살의 전범으로 1947년 사형에 처해졌다.

29) 〈陣中日誌 第4号 自昭和17年2月1日至昭和17年2月28日(2)〉, 《歩兵第11連隊第7中隊 陣中日誌 昭和17.1.1~17.6.30》.

든 외출을 금지했다(포소대). 이튿날 '믈라카 경비 및 주류 규정'이 정해졌는데(3중대, 포소대), 거기에서 일과 시한과 더불어 휴일이 확정된 것으로 판단된다. 다음의 두 가지 근거를 들 수 있다. 하나는 스름반 이동 직전인 3월 1일(일) 3중대가 영내에서 쉬는 휴양일을 가졌다는 사실이다.[30] 또 다른 하나는 3월 20일의 대대 일일명령인데, 앞의 '믈라카 경비 및 주류 규정' 중 제5장 제18항을 삭제하고 위안소 이용 배당일에 따라 휴무한다는 것이 골자였다(포소대). 제5장 제18항은 휴일에 관한 규정을 가리킨다고 보는 것이 타당하다. 포소대의 진중일지에는 관련 기술이 없는데, 3월 3~8일과 3월 12~13일 두 차례나 토벌 작전에 종사했기 때문이라 보인다. 다만 육군기념일인 3월 10일 포소대원 37명에게 믈라카 시내 외출이 허가되었다.

앞서 설명한 대로 3월 20일 위안소 이용 체계가 갖추어졌다. 대대 일일명령으로 '위안소에서의 규정'이 통보되었으며 포소대의 휴일은 위안소 할당일인 금요일로 정해졌다. 첫 금요일인 3월 27일에는 37명의 병사가 '고쿠라쿠엔(極樂園)' 및 위안소에 다녀왔으며 이틀 뒤인 3월 29일에는 27일 근무자 11명이 위안소 및 '오락장'을 갔다 왔다. 파견 근무자를 제외한 포소대원 거의 전원의 외출이었다.

4월 3일은 두 번째 휴무일이었다. 오전 11시에 하사관 인솔 아래 35명이 "시내 오락장 및 위안소로 외출했"으며 "오후 2시에 고라쿠엔(娛樂園)에 집합"하여 말레이와 중국의 연극과 말레이 춤을 관람한 뒤 오후 7시에 귀대했다. 이틀 뒤인 4월 5일에는 오전 10시부터 3일 근무자 6명이 "시내 위안소 및 오락장으로 외출"했다. 3월 27일 고쿠라쿠

30) 스름반에서 주둔하게 된 제3중대는 일요일은 3월 15일과 22일을 휴무일로 쉬었는데, 근거 규정은 명확하지 않다.

엔은 4월 3일의 '고라쿠엔'과 4월 29일의 "고쿠라쿠엔에서의 행사" 등의 기술과 결부하여 추측한다면 극장으로 여겨진다. 위안소라는 단어의 사용은 여기까지다. 기존 연구에 따르면 믈라카에는 3곳의 위안소가 있었다.[31)]

이후 날짜에 대한 언급은 없으나 포소대의 휴양일이 바뀌었다. 4월 9일자 기사에 '휴양일(목요일)'로 적혀 있기 때문이다. 하지만 포소대는 4월 9일의 출동명령으로 인해 4월 11일을 대체 휴일로 받았고 35명이 시내로 외출했다. 다음 날에는 근무자 5명이 시내로 외출했다.

4월 중순부터 12월 12일 남태평양 이동을 개시할 때까지 포소대의 휴양일은 목요일이었고 한 주도 빠짐없이 행해졌다. 근무자의 외출은 휴양일의 1~3일 뒤에 허가되었다. 5월 28일자 회보에서는 군인·군속의 '댄스홀' 출입을 금지했으나[32)] 위안소 이용에 관한 지시는 9월 8일 회보에서 '믈라카 군인구락부(런던倫敦 위안소)'를 8일자로 폐업시켰으므로 이후 출입하지 않도록 주의하라는 것뿐이었다.

앞서와 마찬가지로 몇 차례의 휴양일 변동과 임시외출이 이루어졌음을 확인할 수 있다. 6월 10일(수)의 외출은 12일과 13일의 신임 사단장 순시에 앞서 11일 대대장의 점검이 예정되어 있었기 때문이다. 7월 15일(수)과 8월 12일(수), 10월 14일(수)은 이튿날의 출동으로 인해, 7월 22일은 대대장 순시로 인해 각각 앞당겨졌다. 11월 19일의 휴양일은 말레이 상륙전을 다룬 영화 촬영 때문에 이틀 뒤로 대체되었

31) 林博史, 〈マレー半島における日本軍慰安所について〉, 関東学院大学経済学部一般教育論集, 《自然·人間·社会》 15号, 1993. 7. 인용은 동명의 인터넷 논문(http://www.geocities.jp/hhhirofumi/paper09.htm, 2018년 7월 16일 조사)을 바탕으로 했다. 이하 별도의 언급이 없는 한 동일.

32) 댄스홀 출입 금지는 5월 20일의 병단(5사단)회보와 5월 22일 남경비대회보에도 적시되어 있다(7중대).

다. 임시외출은 천황 생일인 4월 29일의 이른바 천장절, 4월 30일의 야스쿠니 춘계예대제, 9월 23일의 추계황령제, 10월 17일의 신상제, 10월 23일의 야스쿠니 추계예대제, 11월 3일의 명치절 등 황실과 관련된 기념일 외에 8월 15일의 싱가포르 함락 반(半)주년, 12월 8일의 '대동아전쟁 1주년' 등의 특별한 날에도 허용되었다. 앞의 임시외출의 근거는 군대내무서(196조)였으며 상급부대인 1대대는 일일명령 형식으로 하달했다.

위안소 이용을 포함한 외출과 주둔의 원칙은 앞에서 소개한 2월 27일의 믈라카 경비 및 주류 규정에서부터 마련되었다. 4월 26일에는 대대 일일명령으로 '믈라카주류규정' 제정 통보가 있었다. 3월 20일의 위안소규정이 첨가되었음은 물론일 터다. 그리고 9월 2일 주류규정 중에서 휴무일이 바뀌었다. 여기에는 조금 상세한 설명이 필요하다.

8월 22일에는 5사단의 이동 계획이 포함된 11연대의 작전명령과 관련된 일일명령이 내려왔다. 다음 날 1대대는 대대본부(23일), 기관총중대와 포소대(24일), 4중대(25일)의 임시외출을 대대 일일명령으로 허가했다. 1대대는 27일과 28일에도 외출을 허가했다. 이동하기 전에 물품을 구입할 기회를 주기 위해서였다.[33] 그런데 8월 30일 이동을 연기한다는 명령이 떨어졌다. 뒤이어 9월 2일 주류규정의 '휴무일 배당표'는 대대 일일명령에 따라 [표 5-2]와 같이 개정되었다.

휴무일 개정의 이유는 수요일의 근보(近步, 근위보병) 소속 이카구라(猪鹿倉)대가 새로 배속된 데서 확인할 수 있다. 8월 30일의 11연대 명령에서는 사와무라(澤村)지대의 보병 2개 중대가 연대에 배속될 것

33) 이를 용편(用便)외출 또는 용변(用弁)외출이라 부른다. 3중대는 8월 28일에 허가했으며 인도네시아로 옮겨가기 직전인 12월 10일에도 있었다.

	일	월	화	수	목	금	토
휴무 부대	경비대본부 제1대대 행리반	기관총중대	제1중대	이카구라대(근보) 헌병대	제1대대 포소대	제4중대	

[표 5-2] 보병 제11연대 제1대대의 휴무일 배당표

* 행리반(行李班)은 소규모 부대에서 탄약과 식량 등의 물자를 운반하는 인원을 가리킨다.

· 출전: 《陣中日誌 第11号 自昭和17年9月1日至昭和17年9月30日(1)》, 《歩兵第11連隊第1大隊砲小隊 陣中日誌 昭和17.7.1~17.12.31》

임을 알리고 있으며(3중대) 8월 31일의 1대대 명령은 8월 31일 0시에 보병 1개 중대가 배속된다는 것을 전했다. 사와무라는 근위사단의 보병 5연대장 사와무라 슌스케(澤村駿甫, 1893~1975) 대좌를 가리키며 보병 1개 중대는 이카구라 가네오(猪鹿倉兼雄) 중위가 지휘하던 중대로 추정된다.[34] 경비부대 운용의 이른바 '매뉴얼'로서 새 부대의 배치에 맞추어 위안소 이용을 포함하는 휴무일의 배당이 바뀌었던 것이다.[35]

9월 3일(목) 포소대원 30명은 오전 10시부터 시내로 외출했다. 3일 근무자(일직하사관, 일직상등병, 소대당번) 3명은 4일 시내로 외출하여 오후 7시에 복귀했다. 그리고 외출은 12월 12일 열차에 탑승 직전인 10일(9명)까지 지속적이고 규칙적으로 실시되었다. 성병을 억제하는 조치도 취해졌다. 12월 5일 오전 10시~정오에 군대에서 성병이 미치는 영향, 성병의 종류 및 형상, 성병 예방법과 대책을 담은 '위생 강화'에 포소대 전원이 참가했다.

---

34) 1942년 2월의 자료에서 이카구라 가네오는 중위로서 5중대 1소대장이었는데(〈附表〉, 《近衛歩兵第5連隊 世紀の進軍 付図付表 昭和16.12.8~17.2.15》), 이후 중대장이 된 것으로 보인다.

35) 이카구라대와 4중대는 10월 27일에 이동하게 되는데, 이에 따른 휴무일 변화는 진중일지에 기록되어 있지 않다. 대규모 주둔지에서 일시 주둔하는 부대에게 위안소를 할당하는 방식은 그 밖의 다른 부대에서도 관찰된다.

2) 말레이시아 스름반

외출과 위안소 이용

이미 서술했듯이 스름반의 상황은 1대대 3중대와 2대대 7중대의 진중일지를 통해 알 수 있다. 3중대는 스름반에 도착한 3월 2일부터 느그리슴빌란주 동쪽 접경의 게마스(Gemas)로 옮겨갈 때까지 훈련과 토벌 출동을 거듭했다.[36] 7중대는 쿠알라필라 1곳에 내내 머물렀으며 4월 22일부터 15킬로미터 남짓 떨어진 바하우에 1개 소대를 파견했다.

3중대의 진중일지에는 3월 15일(일)과 22일(일)에 휴무일로 되어 있으나 외출했다는 기록은 없다. 첫 외출은 3월 26일(목)에 이루어졌다고 되어 있다. '특별공용외출'이라는 명칭으로 30명의 병사가 병영을 나섰는데, 이는 3월 24일과 25일 11연대 병력을 대거 동원하여 실시한 믈라카와 스름반 시내의 '숙정 공작', 즉 화교 학살에 대한 포상인 것으로 여겨진다.[37]

이후 3중대의 진중일지는 스름반을 떠나 게마스로 이동할 때까지 매주 목요일에 18~75명의 외출이 있었음을 알려준다. 목요일 외출의 변경은 세 차례 확인된다. 먼저 5월 28일 오전 10시 15분 40명에게 외출이 허가되었는데, 새 연대장의 부임으로 인해 외출 시한은 오후 3시까지로 제한되어 전원 귀대했다. 연대장 도착은 오후 5시 50분이었다. 6월 11일은 "휴무일이어도 격리 중대가 됨에 따라 외출을 허가받지 못"했다(11일 전후로 격리를 짐작하게 하는 전염병에 관한 기술은 없다). 7월 1일은 게마스 출발에 앞서 2일의 휴무일을 앞당겨 오전 10시~오후 8시에

36) 3중대의 1개 소대는 스름반 동쪽 외곽인 페렌티안 팅기(Perhentian Tinggi)에 주재하며 철도 연선을 지키다가 4월 11일 본대에 합류했다.

37) 7중대의 중대장 이와타 미쓰요시(岩田光儀)와 소대장 2명은 1948년 말레이 화교 학살의 전범으로 교수형에 처해졌다.

75명이 외출했다. 믈라카의 포소대와 마찬가지로 4월 29일과 30일에는 임시외출이 허가되었다(7중대도 마찬가지).

하야시 히로후미(林博史)가 청취한 일본군의 증언에 의하면 스름반 소재 위안소는 2곳 이상이었다고 한다.[38] 현지 주민은 정문에 가로로 '청풍장(淸風莊)', 세로로 '일본군인위안소'라는 간판이 있었으며, 일본어를 하는 여성 7, 8명이 있었다는 증언을 남겼다(주민은 조선인 또는 타이완인으로 추정).

7중대 진중일지에 관련 정보가 담겨 있다. 가장 빠른 기록은 3월 23일 남경비대회보를 통해 전달된 것으로 "병참에서 지정한 위안소 외에 사창 가옥의 출입을 엄금한다"는 내용이다. 다음 날 남경비대회보에서는 태도가 불량한 외출자가 있음을 들어 주의를 주었다. 3월 27일 남경비대회보 역시 '장교구락부'에서 마음대로 하사관이 병을 인솔하여 식사하거나 오락하는 것을 엄금하며 병참지부의 한 하사관이 실내화 차림으로 외출한 사례를 지적했다. 그 결과 3월 28일 2대대는 회보를 통해 "오랜만의 주둔이라서 외출상의 비위 행위가 빈발"하므로 간부들이 군기와 풍기를 엄수하도록 감독하라는 지시를 내렸다. 4월 10일 남경비대회보에서는 향후 휴무일에 외출을 허가한 경우 제2종 순찰뿐 아니라 자체적인 순찰도 실시하여 감독을 철저히 하도록 했다(3중대, 7중대). 4월 24일 남경비대회보에서는 표 없이 위안소를 이용하는 경우가 있어 사전에 표를 구입하도록 하는 한편, 순찰장교에게도 철저한 순찰과 위반자의 보고를 지시했다(3중대).

---

38) 林博史, 〈マレー半島の日本軍慰安所〉, 《世界》, 岩波書店, 1993. 3. 인용은 동명의 인터넷 논문(http://www.geocities.jp/hhhirofumi/paper08.htm, 2018년 7월 16일 조사)을 바탕으로 했다. 이하 동일.

	일	월	화	수	목	금	토
휴무부대	경비대본부 제2대대 본부 헌병	연대포중대 제5중대 제2대대 포소대	속사포중대 제6중대 제2기관총중대	통신대 제7중대 제2방역급수부	제3중대 제8중대 공병	제40야전병원 철도대	병참 건축대 군통신대

[표 5-3] 북지구경비대 휴무일 예정표

* 비고 : 이 표와 같이 예정하지만 숙정 공작 기타 관계에 따라 각 대에서 서로 협정한 후에 변경할 수 있다. 이 경우에는 신속히 경비대본부에 보고하기로 한다.

· 출전: 〈陣中日誌 第5号 自昭和17年3月1日至昭和17年3月31日(2)〉, 《歩兵第11連隊第7中隊 陣中日誌 昭和17.1.1~17.6.30》

이후에도 외출 내지 위안소에서의 군기 문제는 지속적으로 불거졌다. 5월 20일과 22일의 남경비대회보에서는 외출자들의 복장과 태도 불량을 지적했다(7중대). 3중대장은 9월 13일 외출지에서의 경례와 태도의 엄정을, 11월 30일에는 외출에 따른 주의 사항으로 '군인구락부 지정 식당' 이외에서는 식사하지 않을 것과 경례 엄정, 시간 엄수 등을 지시했다. 12월 3일 연대회보에서는 인솔외출이 아니라 단독으로 외출하는 사례, 지정 식당 외에서 식사하는 사례, 위안소와 식당 등에서 폭력을 휘두르는 사례 등을 엄금하라는 명령을 전했다(2대대(후술), 7중대).

앞에서 확인한 대로 3월 23일 당시 남경비대회보에 '병참에서 지정한 위안소'가 언급되어 있던 만큼 위안소 이용에 관한 규정 또한 시급히 제정되어야 했다. 3월 29일 7중대 진중일지는 '북지구경비대 휴무일 예정표'가 [표 5-3]과 같이 준비되었음을 전한다.

[표 5-3]이 '예정'인 이유는 주둔규정이 미정이었기 때문인 것으로 추측된다. '스름반주류규정'은 4월 20일에 제정되었다. 다음과 같이 두 가지 증거가 있다. 하나는 쿠알라필라경비대 책임자인 7중대장이 스름반주류규정을 근거로 4월 25일 '쿠알라필라·바하우 주류규

	일	월	화	수	목	금	토
휴무 부대	경비대본부 제2대대 포소대 우편대	제2대대 본부 제5중대 제2기관총중대	속사포중대 (제6중대) 연대포중대	통신대 (제7중대) 제2방역급수부 제40야전병원 주력	제3중대 (제8중대)	제40야전병원 일부 철도대	헌병 병참 군통신대

[표 5-4] 스름반주류규정 내 부대별 휴무일 할당표

* 비고 : 이 표와 같이 정하지만 숙정 공작, 기타 관계에 따라 각 대에서 서로 협정한 후에 변경할 수 있다. 이 경우에는 신속히 경비대본부에 보고하기로 한다.

· 출전: 〈陣中日誌 第7号 自昭和17年5月1日至昭和17年5月31日(1)〉, 《歩兵第11連隊第7中隊 陣中日誌 昭和17.1.1~17.6.30》

정'(후술)을 제정했다고 언급한 사실이다.[39] 또 다른 하나는 5월 22일자 남경비대 일일명령에 "1942년 4월 20일 남경비대본부 '스름반'주류규정 중 13(부표 제2) 부대별 휴무일 할당표를 [표 5-4]와 같이 정정한다"고 되어 있다는 사실이다.

비고 문구 중에 3월 29일에는 '예정한다'고 기술된 데 비해 5월 22일에는 '정한다'고 명기되어 있다. 5월 22일의 변경은 건축대·공병 대신에 우편대가 주둔하게 된 것과 연계된 조치로 여겨지며 제6~8중대의 괄호가 의미하는 바는 현재로서는 알기 어렵다.

앞에서 설명한 대로 3월 29일 7중대의 휴양일은 수요일로 정해졌다. 3월에는 휴양일을 두 차례 가졌는데, 24일과 27일에는 출동을 전후하여 외출 없이 영내에서 머물렀다. 4월 1일(수) 역시 영내에서 휴양했다. 4월 3일에는 쿠알라필라에 위안소가 개설되었다. 첫 위안소 이용은 4월 8일이어야 했지만 신임 대대장의 순시로 인해 이튿날 "오전 중에 병기·자전거 손질을 마친 뒤 외출지에서의 훈시를 하"고 나서

39) 〈陣中日誌 第4号 自昭和17年2月1日至昭和17年2月28日(2)〉, 《歩兵第11連隊第7中隊 陣中日誌 昭和17.1.1~17.6.30》. 이하 별도의 언급이 없는 한 동일.

특별외출을 허가하여 37명이 오후 6시에 귀대했다. 4월 15일 외출은 정찰 임무 중이어서 불가능했고, 그 대신 4월 20일에 임시외출이 주어졌다. 5월 6일(수)은 콜레라와 종두의 예방주사를 맞아야 했고 이튿날 대체외출 허가가 내려졌다. 이후에도 수요일의 외출과 근무자의 다음날 외출이라는 형태는 9월 2일(수)과 3일까지 거의 유지되었다. 9월 중순에 들어서 16일(수)부터는 수요일에만 휴무일을 갖는 것으로 고정되었고 이동명령(후술)이 떨어지고 난 뒤 12월 9일(수)까지는 외출이 허가되었다.

이와 같이 7중대는 외출 시행에 적극적으로 임했다. 10월 17일은 대체 휴무일로 오후 1~6시에 52명이 외출했는데, 전날까지 토벌에 투입된 탓에 "오랫동안 병에게 외출을 시킬 기회가 없었"다는 것이 이유였다. 직전의 외출은 9월 30일이었다.

7월 3일 3중대는 동지구경비대로서 게마스 주둔에 들어갔다(병참지부, 헌병대, 군통신대가 체재). 제2소대는 별도로 현재 게멘체(Gemencheh) 시내인 캄풍텐가(Kampung Tengah)에 자리를 잡았다. 게마스와 캄풍텐가 사이의 거리는 직선으로도 20킬로미터가 넘는다.

게마스에 체류하는 동안 위안소라는 단어는 등장하지 않는다. 11월 30일 진중일지에 '군인구락부 지정 식당'이라는 표현이 유일하다. 하지만 앞의 하야시 히로후미 논문에는 위안소가 있었다는 병사의 증언이 수록되어 있다. 다음과 같이 외출했던 병사들은 분명 위안소에도 출입했을 터다.

3중대의 첫 외출은 7월 7일(화)이었고 외출자 32명은 오전 10시~오후 5시 20분 게마스 시내에 다녀왔다. 이튿날에는 전날 근무자 5명이 외출했다. 7월은 주변지구에 대한 숙정 공작이 잦아 두 번째 외출은 7월 27일(월)에 이루어졌다. 이후 8월은 18일(중대 전원의 피복검사와 병기 손질) 외에는 월요일 외출과 이튿날의 근무자 외출이 지켜졌다. 8월 말에는 포소대와 마찬가지로 싱가포르 이동 계획과 보류라는 해프닝이 있었다. 9월부터는 교육 훈련에 전념하는 한편, 일요일로 변경된 외출이 한 번도 빠짐없이 허가되었다(근무자는 다음 날 외출). 임시외출도 빈번하게 시행되었다.

게마스 주둔 시절의 외출 중에서 특기할 사항은 캄풍텐가에 파견된 2소대의 행동이다. 7월 12일(일)은 '2소대의 외출일'이므로 외출자를 맞이하기 위해 자동차가 배당되었다.[40] 2소대는 오전 11시 20분에 경비대본부에 도착했고 오후 6시 30분에 자동차로 귀대했다. 2소대 진중일지에도 외출이 허가되어 6명이 자동차로 외출했다가 귀대한 것으로 기록되어 있다. 2소대의 두 번째 외출은 3중대 주력이 숙정 공작 중이던 7월 23일(목)이었으며 외출자 10명의 이동 또한 자동차로 이루어졌다. 7월 31일(금)에는 8명의 외출자가 자동차로 게마스까지 왕복했다. 8월 1일 2소대는 1중대가 지키던 아에르쿠닝(Ayer Kuning)으로 이동했는데, 보름 동안의 짧은 주류 기간 탓인지 게마스 외출은 실시되지 않았다.[41]

2대대의 경우 스름반에 대대본부, 5중대, 기관총중대, 대대포소대를 배치했다. 2대대 본부는 남태평양 출발 직전인 1942년도 12월분 진중일지를 남겼다.[42] 12월 1일 대대회보에는 '대동아전쟁 1주년 기념행사'에 관한 공지가 실렸는데, 8일 '취미전람회'가 열리는 장소는

40) 〈'カンポンテンガー'警備日誌 自昭和17年7月2日至昭和17年7月31日〉, 《歩兵第11連隊第3中隊 陣中日誌 昭和17.6.1~17.12.31》. 이하 별도의 언급이 없는 한 동일.

41) 〈'アイエルクニン'警備日誌 自昭和17年8月1日至昭和17年8月16日〉, 《歩兵第11連隊第3中隊 陣中日誌 昭和17.6.1~17.12.31》.

42) 이하에서 2대대에 관한 기술은 《歩兵第11連隊第2大隊 陣中日誌 昭17.12.1~18.6.30》 디렉터리 내의 진중일지에서 인용했으며, 별도로 출전은 명기하지 않는다.

파당(パダン)광장 옆 구 위안소였다. 그리고 [표 5-4]에서 2대대 본부에 할당된 월요일의 휴무일 규정이 지켜졌음이 확인된다. 월요일인 12월 7일·21일·28일과 이듬해 1월 4일에는 전체 외출을 허가했다. 1월 11일은 대대포소대(월요일)를 제외하고 휴무일이지만 신임 대대장이 착임하는 날이어서 10일의 일일명령에 따라 12일 오후로 변경되었다(1월 1일은 군대내무서 규정에 따라 외출 허가).

12월 2일 독립수비보병 제45대대 제2중대(이하 독수2중대)가 경비 보강을 위해 2대대에 배속되었다. 이튿날 11연대는 관련 지시를 하달했다. 독수2중대의 주력은 스름반에, 1개 분대는 6중대에, 1개 소대는 7중대에 배치한다는 것이었다. 동시에 독수2중대의 휴무일을 목요일로 정한다는 일일명령이 내려졌다(7중대 진중일지에도 수록). 이렇듯 부대의 배치전환은 기존 부대의 휴무일 체계 속에 편입된다는 의미이기도 했다.[43]

주둔규정과 위안소

앞서 소개했듯이 7중대는 4월 25일 '쿠알라필라·바하우 주류규정'(이하 주류규정)을 정했다. 4월 20일에는 6중대와 교대하기 위해 7중대 병력 일부를 바하우로 이동시키라는 명령이 떨어졌고, 22일부터는 1소대의 바하우 주둔이 개시되었다. 이런 변화를 반영하여 주류규정을 작성한 것으로 추정된다. 그 내용을 통해 상급부대 규정과의 층위 및 위안소 이용과의 상관관계를 파악할 수 있다. 구성은 총칙, 경비 및 제반, 군기·풍기, 내무, 비상 및 화재, 위생의 항목과 그림 등이다(위병

---

43) 12월 9일 11연대는 12월 12일부터 병기 수리교육을 받을 대상자 파견을 각 부대에 할당했는데, 말미에 파견자의 휴무일을 일요일로 지정해놓았다.

과 보초 수칙이 말미에 첨부).

휴무일에 관한 사항은 내무 항목에 적시되어 있다. 양 경비대의 외출일은 매주 수요일이었고, 외출 구역은 경비대의 경비 지역 내로 한정했으며, 휴무일의 외출에 관한 사항은 모두 '스름반주류규정'에 따르도록 했다. 공용 및 일반 외출자는 당분간 시내에서의 음주와 음식을 엄금했으나 위안소 내에 설치된 음식점에서의 음식은 허용했다. 위생 문제를 고려한 조치로 보인다.

바하우 경비를 맡은 1소대의 진중일지는 주류규정대로 외출이 실시되지 않았음을 전한다. 8월 15일 1소대는 쿠알라필라로 복귀하여 중대 주력에 합류할 때까지 4월 30일, 5월 14일(목), 6월 10일(수), 7월 14일(화) 총 4회 휴무일을 가졌다. 부족한데다 불규칙하기까지 하다. 유일한 외출은 야스쿠니 대제일이던 4월 30일이며 오후에 특별외출을 허가했다고만 기록되어 있다. 자동차까지 보내 외출을 독려했던 3중대와는 판이한 정황이다. 부대의 규모가 작을수록 외출 시행 여부는 단위 부대장의 의향이 결정적이었음을 짐작하게 한다.

하야시 히로후미는 쿠알라필라의 위안소는 2곳으로 중국인 18명(장교·헌병 5명, 병 13명)이 있었다고 하는데, 사병용 위안소는 '쇼와파크(昭和park)'로 추측된다. 외출지로서 5월 27일·28일, 7월 9일에는 '파크'가, 6월 8일·22일·24일에는 '쇼와파크'가 명기되어 있다. [그림 5-4]의 쿠알라필라 외출 구역(빗금) 내에는 '쇼와파크'가 없다.

게다가 외출 구역은 지금의 쿠알라필라 시내 한복판에 해당되며 사각형의 한 변은 500미터에도 미치지 못한다. 공원이 아니라 위안소로 보는 것이 합리적이다.

앞의 분석을 종합하면 스름반 주둔부대의 외출규정은 위계적으로 정립되었다는 사실이 드러난다. 7중대의 주류규정 상위 규정으로는

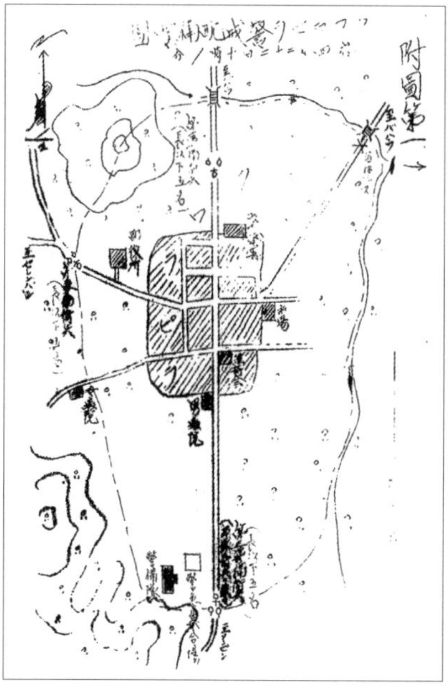

[그림 5-4] 쿠알라필라 외출 구역

· 출전: 〈クワラピラ・バハウ駐留規定 昭和17年4月25日〉, 《歩兵第11連隊第7中隊 陣中日誌 昭和17.1.1~17.6.30》

상급부대인 11연대의 '스름반주류규정'이 있었다. 총칙과 관련된 서술이 명시되어 있다. 주류규정은 '스름반주류규정'을 토대로 "경비 및 육군의 질서, 군기, 풍기의 감시 등에 관한 사항을 정"했으며, 주류규정에 없는 사항은 "위수령과 동 근무령, 작전요무령, 군대내무서 등에 준거"한다는 것이다.

이와는 별도로 5사단이 설정한 '말레이 주류간 외출에 관한 규정'이 존재했다.[44] 두 차례의 남경비대 일일명령이 실마리를 제공한다. 먼저 4월 28일 외출지에서 하사관의 행동 불량을 지적하면서 각 부대에 '말레이 주류간 외출에 관한 규정' 3조의 단서 조항과 같이 외출자

44) 1942년 7월에 제정된 독립자동차 42대대의 '싱가포르주둔규정'에 언급이 없기 때문에 25군이 작성했을 가능성은 낮다고 판단된다.

의 전형을 적절히 하고 철저한 사전교육과 더불어 부대별로 순찰을 실시하라는 명령이 내려졌다(제3·7중대). 6월 22일에는 '스름반주류규정' 중에서 일석점호 시간을 바꾸는 것과 더불어 '말레이 주류간 외출에 관한 규정' 중 하사관 부분이 수정되었음을 통지했다(7중대).

말레이반도의 일본군 중 최상급부대는 25군이었다. 싱가포르에 자리한 25군 사령부는 '군회보'를 통해 각지의 부대에 지시를 내렸는데, 5월 14일에는 군인·군속 중에서 위안소 등을 왕복하는 데 자동차를 사용하지 않도록 주의를 주었다. 이 통보는 11연대 소속 7중대뿐 아니라 싱가포르에 있던 독립자동차 42대대의 진중일지에도 수록되어 있다(후술). 유류 절약이 요점이었지만 외출 내지 위안소 이용이라는 부대의 행위와도 관련 있었다.

다시 한 번 말하면 위안소 이용은 일상적인 부대의 운용 체계와 긴밀하게 맞물려 있었다. 6월 1일자 연대회보가 그런 상황을 알려준다(3중대). 향후 부대 명칭을 '고이(鯉)제5173부대'로 사용하게 되므로 6월 10일까지 공용증 및 외출증을 만든 다음 날인을 위해 연대에 제출하며 이외의 부대 호칭을 기록한 공용증 및 외출증은 6월 15일 이후 사용을 금한다고 지시했다. '고이'는 5사단을 가리킨다. 당연한 이야기지만 부대 명칭의 변화는 위안소 이용방식에까지 여파가 미쳤다.

3) 인도네시아의 말랑과 암본

자와의 말랑

1942년 12월 6일 11연대 본부는 독립수비보병 45대대에 경비 임무를 이관하고 이동 준비에 들어간다는 명령을 하달했다(3중대). 3중대와 포소대를 포함한 1대대는 제1진으로 12월 12일 주둔지를 떠나 싱가포르, 수라바야를 거쳐 31일 말루쿠(Maluku)제도의 중심지인 암본(Ambon)에 도착했다. 7중대가 속한 2대대는 교육 훈련에 매진하다가 해를 넘겨 1월 14일 연대본부와 함께 싱가포르로 가는 열차에 올랐고 목적지 자와의 말랑(Malang, 수라바야 남쪽)에 도착한 것은 1월 27일이었다.

말랑에 당도한 당일 11연대의 일일명령으로 '말랑주류규정'이 제정되었다(2대대). 규정 자체는 수록되어 있지 않지만 2월 1일 연대 일일명령에는 외출일 할당 변경이 포함되어 있다(2대대, 5중대). 일요일에는 연대본부, 2대대, 제1·3대대의 보충병이, 화요일에는 연대포대, 통신중대, 속사포대가 외출한다는 원래 규정을 바꾸어 화요일로 일원화했다. 2대대 본부에서는 2월의 화요일인 2일, 9일, 16일, 23일과 3월 9일의 다섯 차례, 2월 11일 기원절(2월 10일 연대 일일명령에 따름)에 전체 휴무하고 외출이 허가되었다. 5중대에서는 2월 2일·9일·11일·16일에 중대장 또는 준사관(준위)이 외출지에서의 주의 사항을 전달한 후 외출을 실시했다. 말랑에서는 견습사관의 교육이 이루어졌는데, 일정표에서도 매주 화요일은 휴양으로 표시되어 있다(2대대).

연대 일일명령에는 분실된 외출증은 무효화한다는 통지도 포함되어 있었다. 5중대원이 분실한 외출증 제1142호는 2월 12일에(2대대, 5중대), 포소대원이 분실한 제1745호는 2월 13일에(2대대) 각각 무효화되었다. 2월 9일 내지 11일의 외출에 즈음하여 발생했을 것으로 여겨진다.

2월 14일 작전명령(후술)에 따라 연대 직할로 배속된 5중대는 제8중대, 기관총중대, 포소대와 함께 18일 말랑을 떠나 암본으로의 이동을 시작했다. 이동부대가 수라바야행 열차에 오른 당일 사영사령관이 된 2대대장은 '말랑주류규정' 일부를 변경했다. 화요일 외출은 그대로

였지만 일직근무와 위병방식을 새로 구성하고 장교 숙사와 연대본부, 보충병 숙사를 영외(營外)로 설정했다.

말랑에 주둔하던 11연대 병사들이 외출 시에 위안소를 출입했음을 짐작하게 하는 자료는 별로 없다. 그런 면에서 야전고사포 제32대대 소속 한 병사의 회상기는 귀중하다.

> 수라바야항에서 하선, 숙사와 진지 구축 작업도 끝난 뒤 말랑 시내로 외출이 허가되었다. …… 승객을 기다리는 인력거(원문은 羊車)에 오르면 가만히 있어도 위안소에 내려주었다. 말랑 시내에는 일본인과 조선인 유녀(遊女)가 있는 곳과 현지인 유녀뿐인 2곳의 시설이 있었다. …… 일본인과 조선인이 있는 위안소는 커다란 건물에 넓은 대기실이 있어…….[45)]

야전고사포 32대대는 싱가포르에서 1942년 8월 30일 수라바야에 입항하여 패전할 때까지 인근 지역 비행장의 방공 업무를 맡았다. 앞의 회상기는 1942년 9월 무렵 말랑에 위안소가 있었다는 사실을 뒷받침한다.

말루쿠제도의 암본

11연대를 비롯한 5사단 예하부대는 산발적으로 말루쿠제도의 거점인 암본에 집결한 다음 각각 할당된 서(西)뉴기니와 남쪽의 섬들로 흩어졌다. 11연대는 신설된 제19군 직할로 2대대를, 21여단장 스기우

---

45) 笹山良樹, 《チモール島戦記 - 総集編 - 及び'従軍慰安婦'について考えてみよう》, 私家版, 2001, 165~166쪽.

라 에이키치(杉浦英吉, 1889~1977) 소장이 지휘하는 스기우라지대에 1대대를 각각 차출했다. 지대는 보병 42연대(2대대 누락), 야포병 5연대 제3대대를 함께 거느리고 서뉴기니 서남해안과 아라푸라(Arafura)해 섬들의 경비에 들어갔다. 42연대 1대대는 아루(Aru)제도에, 42연대 제3대대는 타님바르(Tanimbar)제도에, 야포병 5연대 3대대는 카이(Kai)제도에 각각 주둔했다. 11연대 1대대는 당초 서뉴기니 서남부 해안의 미미카(Mimika) 방위가 임무였는데, 앞서 언급했듯이 1943년 2월 14일 새로운 배치계획이 하달되었다. 5사단 주력이 직접 서뉴기니 방어를 맡게 됨에 따라 11연대 또한 해군과 연계하여 미미카방위대 등과 함께 테미카(Temika)방위대로서 주둔하게 된 것이다(제5중대).

1대대는 1943년 2월 15일 수송선에 올라 뉴기니로 이동할 때까지 '스기우라지대 암본사영규정'에 따라 주둔과 외출을 실시하며 암본의 제1병영에 머물렀다(1대대 포소대, 이하 동일). 외출에 관한 지시는 1월 10일 지대의 회보를 통해 전달되었다. 1대대는 12일부터 하사관과 병의 외출을 허가했다. 일요일은 미미카방위대 소속부대에게, 금요일은 케이(ケイ)방위대 소속부대에게 할당되었다. 케이는 카이제도를 가리킨다.

첫 외출일은 월요일인 1월 18일이었고 하사관 인솔 아래 41명이 시내로 외출했다. 18일이 '휴무일'로 명기된 것으로 보아 변경에 관한 지시가 있었던 것으로 추측된다. 두 번째 외출도 월요일인 1월 25일로 40명이 시내로 나갔다. 2월부터는 재차 화요일 외출로 바뀌어 2일과 9일에 각각 36명과 42명이 암본 시내를 다녀왔다. 뉴기니에 상륙한 미미카방위대는 3월 3일 방위대명령으로 휴무일을 일요일로 정했고 근무자는 다음 날 휴무할 수 있도록 했다. 포소대는 3월 7일·14일·21일·28일의 휴무일에 외출이 아니라 낚시를 실시했다.

11연대의 주력은 2월 25일 암본에 입항하여 체재한 뒤 3월 13일 뉴기니로 향했다(5중대, 이하 동일). 3월 3일 준비가 끝나는 대로 이동에 들어갈 것이라는 11연대의 명령이 하달되었다. 짧은 주류였던 탓인지 외출 기록은 확인되지 않으며 3월 7~9일 해군이 배려한 단체 영화 관람이 유일하다.

한편, 2대대(제6·7중대, 대대본부)는 3월 29일 암본에 입항하고 나서 섬의 경비를 맡았다(2대대, 이하 동일). 앞의 1대대, 연대 주력과 마찬가지로 벤텐(ベンテン 혹은 辨天으로 표기) 병영에서 숙영했다. 상륙 당일 암본방위대의 명령에 따르면 내무·위생·급양은 주류규정(11연대로 추정)에 따른다고 되어 있었는데, 4월 1일 독자적으로 '암본방위대주류규정'(이하 주류규정)을 제정하고 즉각 실시에 들어갔다.[46]

주류규정 제8장은 '휴일 및 외출'이다. 휴일은 영내에서 휴양하는 것을 원칙으로 하며 외출 허가는 별도로 명령한다(22조). 외출 시한은 하사관이 조식부터 일석점호까지, 병이 조식부터 석식까지였다(23조). 외출 구역은 [그림 5-5]와 같았으며 외출자는 해군 위안소 출입이 금지되었다(24조). 하단 중앙의 실선으로 된 네모가 외출 구역이다.

주류규정의 상위 규정으로는 최상위부대인 19군의 제정으로 판단되는 '암본섬주둔지근무규정'이 존재했다. "'암본섬주둔지근무규정'에 근거하여 벤텐 병영에 주류하는 방위대 및 통과를 위해 숙박하는 부대의 경비, 군기·풍기 유지, 위생, 숙박 등에 관해 필요한 사항을 정" 했다고 되어 있었기 때문이다.

4월 8일 2대대는 당분간 일요일을 휴무일로 한다는 일일명령을 내

46) 〈'アンボン'防衛隊中流規程(원문대로) 昭和18年4月1日付 鯉第5173部隊緒方部隊〉, 《歩兵第11連隊第2大隊 陣中日誌 昭17.12.1~18.6.30》. 그리고 緒方部隊가 아니라 尾形部隊다.

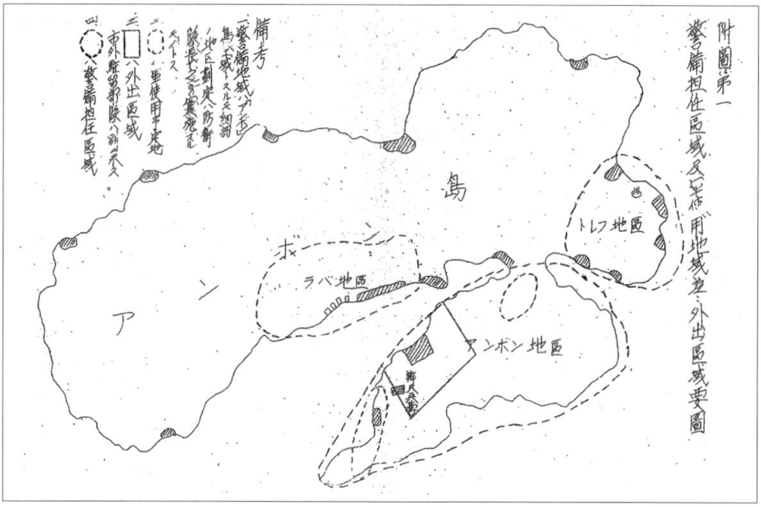

[그림 5-5] 보병 제11연대 제2대대의 암본에서의 외출 구역

· 출전: 〈'アンボン' 防衛隊中流規程(원문대로) 昭和18年4月1日付 鯉第5173部隊緒方部隊〉, 《歩兵第11連隊第2大隊 陣中日誌 昭17.12.1~18.6.30》

렸다. 첫 휴무일인 4월 11일은 영내에서 휴양을 취했다. 4월 14일 대대 일일명령은 다음 날 오후 전체 휴무와 외출 허가를 알렸고, 15일은 오후를 휴무하고 외출을 허가했다. 이어 4월 18일은 전체 휴무하고 외출을 허가했다. 이후 6월까지 현존하는 2대대의 진중일지에는 목요일과 일요일 오후의 휴무와 외출 허가가 거의 빠짐없이 적시되어 있다.

2대대의 외출일 제정 경위는 분명하지 않다. 다만 4월 14일의 대대 일일명령에서 목요일과 일요일의 휴무 및 외출이 지시된 것으로 추측된다. 명령 말미에 "세부에 관해서는 별도로 제시한다"는 구절이 있기 때문이다. 4월 17일 벤텐 병영의 숙박규칙이 제정되었다는 사실도 고려해야 한다.[47] 숙박부대의 외출은 앞의 주류규정에 따른다고 하면서도 하사관과 병의 외출 시 전날 정오까지 외출 인원을 방위대에 통보하도록 했다(26조). 즉 2대대는 소속부대의 외출일을 할당함과 동시에 숙박부대의 외출에 관한 규정까지 정비했던 것으로 보인다.

인도네시아 말랑에서와 마찬가지로 외출증 관리 상황도 진중일지에 수록되어 있다. 6월 28일 방위대회보는 오가타(尾形)부대, 즉 2대대의 외출증 제41호가 무효임을 공지했다(42연대 상등병이 분실).

2대대 소속인 6중대의 진중일지는 1943년 6~8월 말 아루제도로 이동할 때까지 암본에서의 주둔생활을 담고 있다. 매일의 기록에는 휴양이 없는데, 교육 예정표에는 6~8월 말 매주 목요일과 일요일 오후에 휴양이 표시되어 있다. 그리고 6월 28일의 외출증 분실도 기록되어 있다.

암본방위대 시절 2대대 소속부대의 외출은 위안소 이용이 수반된 것으로 판단된다. 앞서 소개한 주류규정에는 해군 위안소만 언급되어 있지만 다음의 두 가지 사실로 미루어보건대 2대대 병사들이 위안소를 이용했을 가능성은 충분하다.

먼저 2대대의 진중일지 속 지도에 그려져 있는 위안소다. [그림 5-6]은 4월 17일 암본을 공습한 연합군 폭격기의 진로와 부두시설을 겨냥하여 투하한 3발의 폭탄이 어디에 떨어졌는지를 나타낸 것인데, 좌하단에 위안소가 표시되어 있다.

그리고 위안소가 있는 도로 서쪽에는 벤텐 병영(←ベンテン兵營)이 있는 것으로 표시되어 있다. [그림 5-5]까지 참조하여 추측하면 [그림 5-6]의 위안소는 암본경비대의 외출 구역 내에 있었다고 보는 것이 합리적이다.

둘째, 성병 환자의 발생이다. 2대대는 4월 25일 당시 '상황 보고'를

---

47) 〈'ベンテン'兵営宿泊に関する規程 昭和18年4月17日 'アンボン'防衛隊〉, 《歩兵第11連隊第2大隊 陣中日誌 昭17.12.1~18.6.30》.

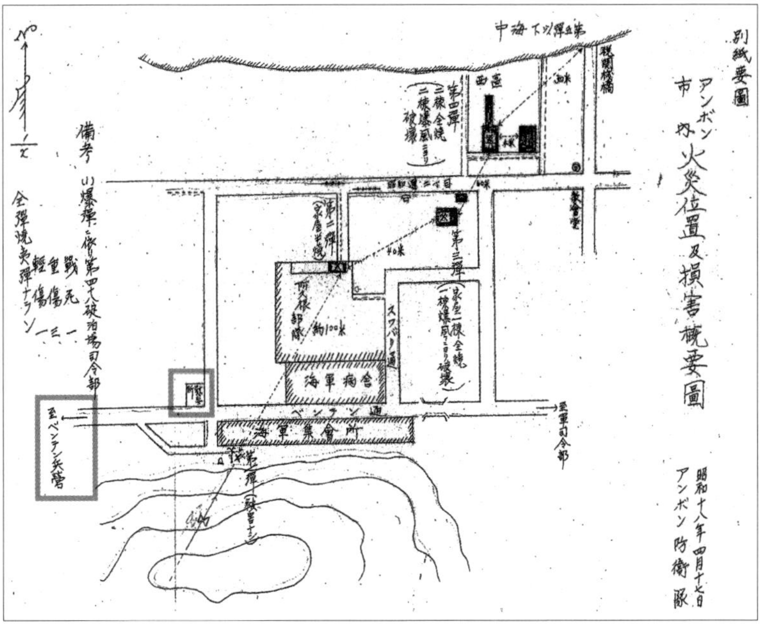

[그림 5-6] 암본의 위안소 지도

· 출전: 〈陣中日誌 第18号 步兵第11連隊第2大隊 自昭和18年4月1日至昭和18年4月30日(1)〉,《步兵第11連隊第2大隊 陣中日誌 昭17.12.1~18.6.30》

작성했는데, 입원 환자 중에서 1명이 성병이었다고 적시되어 있다.[48] 4월 15일 이후의 외출에 즈음하여 출입한 위안소에서 감염되었다고 밖에 볼 수 없다.

---

48) 〈状況報告 步兵第11連隊第2大隊 昭和18年4月25日〉,《步兵第11連隊第2大隊 陣中日誌 昭17.12.1~18.6.30》.

6장

아시아·태평양전쟁 시기의 지역별 위안소 체계

1. 중국 상황

1) 상하이의 독립혼성 제17여단

창설과 주둔

101사단은 중일전쟁 초기에 창설되어 화중의 주요 작전에 참가했고 1939년 11월 복원명령을 받아 이듬해 2월에 폐지되었다. 101사단의 주력은 12월 상하이에서 창설된 독립혼성 17여단(峯, 이하 17여단)에 승계되었다. 17여단은 제87~91대대의 독립보병 5개 대대를 기간으로 포병대와 공병대, 통신대로 편제되었다. 다음에서 자세히 설명하겠지만 통신대는 101사단의 통신대(대장 사카모토 가시로坂本嘉四郎 소좌)를 거의 그대로 물려받았으며 독립보병 제90대대는 보병 157연대에서 차출된 4개 중대로 구성되었다.[1]

17여단은 제13군(登) 예하에서 상하이경비대 기간으로 주둔했고 1942년 5월 작전에 참가하면서 상하이를 떠나 8월부터 후난성(湖南省)

---

1) 〈独立歩兵第90大隊歴史(付第4中隊の行動)〉, 《独立歩兵第90大隊歴史 昭14年11月26日~21年6月20日》.

웨양에서 숙영하게 되었다. 이후 17여단은 주로 화중 지역에서 전투와 경비에 종사하다가 패전을 맞이했다. 초대 여단장이자 상하이경비대 사령관은 하세가와 마사노리(長谷川正憲, 1890~1964) 소장이었다.

17여단에서 진중일지를 남긴 부대는 통신대가 유일하다.[2)] 1939년 11월 중순부터 난창에 있던 통신대는 17여단으로 소속을 옮기는 작업에 들어갔고 난징을 거쳐 12월 12일 상하이에 입성했다. 상하이경비대에는 17여단 외에 독립보병 제46대대와 고사포대 등이 가세했다. 12월 15일 13여단 편성이 완료되면서 각 부대는 번호로 불리게 되었는데, 통신대에는 제13부대가 부여되었다.

12월 25일 통신대는 '제13부대 위생방역규정'을 제정했다.[3)] '상하이경비대위생방역규정' 4조를 바탕으로 세부 사항을 규정했고(1조) '육군전염병예방규칙' 이외에 "직접 전력에 심대한 영향을 미치는 '말라리아', 결핵성 질환, 화류병 등에도 적용"한다고 되어 있다(2조). 부표에는 화류병을 포함한 전염병의 1~3기별로 방역 조치가 열거되어 있다.

12월 30일 통신대는 연말연시의 행사 예정표를 작성하여 일일명령으로 하달했다. 1월 2일에는 오전 9시 30분 상하이 신사 참배 후 시내에 인솔외출을, 1월 3일에도 근무 교대 후 시내에 인솔외출을 각각 허가한다고 쓰여 있다.

외출은 예정대로 이루어졌다. 먼저 1월 1일에는 제2종 순찰을 임

---

2) 앞서 서술했듯이 통신대는 101사단 휘하였던 1937년 9월~1939년 12월에 이어 17여단으로 편제된 1939년 12월~1940년 5월에 이르는 기간까지도 진중일지를 남겼는데, 외출 및 위안소와 관련된 언급은 13여단 시절에 집중된다. 13여단 통신대의 진중일지 디렉터리는 《陣中日誌 昭和14年12月15日~15年2月29日》과 《陣中日誌 昭和15年3月1日～15年5月31日》이며, 이하에서 통신대의 진중일지의 경우 출전을 명기하지 않는다.

3) 〈附録第3 第13部隊衛生防疫規定 昭和14年12月25日 上海警備隊第13部隊〉, 《陣中日誌 昭和14年12月15日~15年2月29日》.

명하는 일일명령이 내려졌다. 2일에는 소위가 오전 10시~오후 2시, 3일에는 중위가 정오~오후 4시에 일본인거리를 순찰하도록 한 것이다. 그리고 2일에는 오전 8시 30분 조장의 인솔 아래 근무자 이외 전원이 상하이 신사에 참배한 후 외출했으며 별도로 진자자이(金家宅, 바오산구寶山區 소재)에 주류하던 제1소대에서도 3분의 1 인원에 대해 인솔외출을 허가했다. 3일에는 전날 근무자를 대상으로 상하이 일본인거리로의 인솔외출이 실시되었다. 제2종 순찰 임명은 외출 실시와 병행된 업무였던 것이다. 1월 14일(일)에는 하사관 이하에게 외출을 허가했다고 적시되어 있다.

통신대 장교의 제2종 순찰 복무명령은 1월 5일에도 하달되었다. 1월 6일에는 공병 중위가 오후 3~6시, 1월 23일에는 보병 중위가 오후 3~6시에 각각 일본인거리를 순찰하도록 했다.

1월 17일 통신대는 '제13부대 내무가(假)규정'을 제정하여 20일부터 실시했다.[4] "군대내무서, 작전요무령, 제13부대 집무규정,[5] 상하이 경비지구 내 군인군속취체규정, 상하이경비대 사령부 내무가규정"이 상위에 위치했다(1조). 외출은 부록인 '제13부대 외출에 관한 규정'에 따른다고 명시되어 있다(34조).

외출에 관한 규정과 운용 실태

통신대가 작성한 '제13부대 외출에 관한 규정'(이하 외출규정)의 요

---

4) 〈第13部隊内務假規定 上海警備隊 第13部隊〉, 《陣中日誌 昭和14年12月15日~15年2月29日》.

5) 1940년 3월 15일 '제13부대 집무가규정'이 제정되어 실행에 들어갔는데, 통신대장 이하 주요 간부의 관장 업무가 나열되어 있다(〈附録第1 第13部隊執務假規定 昭和15年3月15日 第13部隊〉, 《陣中日誌 昭和15年3月1日~15年5月31日》).

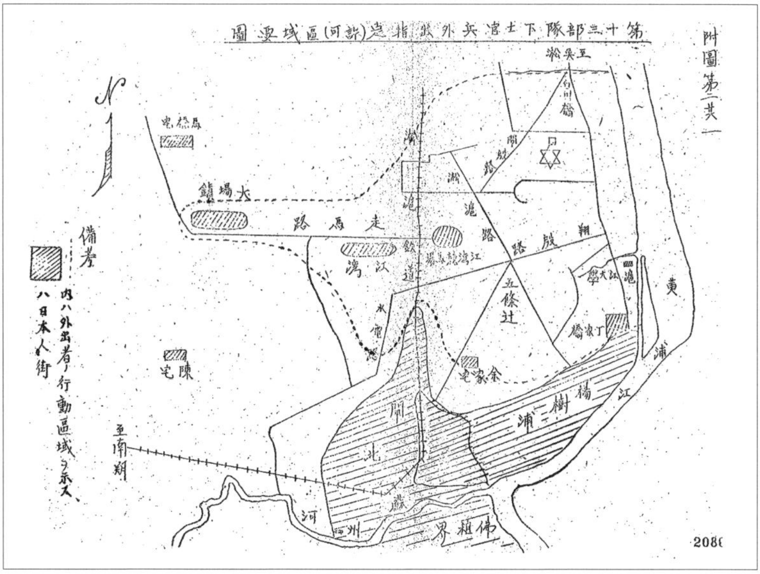

[그림 6-1] 상하이의 독립혼성 제17여단의 외출 구역

· 출전: 附録第2 第13部隊外出に関する規定〉, 〈陣中日誌 昭和14年12月15日~15年2月29日》

점은 다음과 같다.[6] 먼저 상위 규정은 '상하이경비지구 내 군인군속 취체규정'이었다(1, 외출규정의 번호이며 이하 동일). 통신대의 외출 구역(점선 안쪽)은 [그림 6-1]과 같이 설정되었다(3).

일본인거리(빗금)가 통상 외출 구역에서 제외됨에 따라 일본인거리 외출은 대략 1개월에 1회 인솔외출로 제한했다(5). 그리고 진자자이에 주둔 중이던 2소대의 외출 구역은 [그림 6-2]와 같이 더욱 좁았다(점선 안쪽).

외출 시한은 하사관이 조식 후 30분부터 소등 시한까지, 병이 조식 후 30분부터 석식 시한까지였다(7). 휴일과 경축일의 외출 희망자는

6) 〈附録第2 第13部隊外出に関する規定〉, 〈陣中日誌 昭和14年12月15日~15年2月29日》.

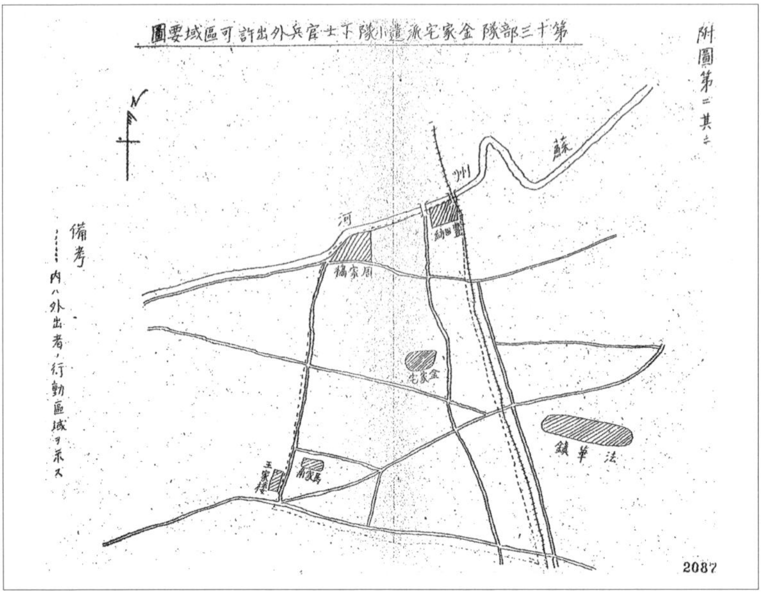

[그림 6-2] 상하이의 독립혼성 제17여단 제2소대의 외출 구역

· 출전: [그림 6-1]과 동일

2일 전의 일석점호까지 [그림 6-3]의 외출원(外出願)을 작성하여 내무반장에게 제출하며, 소대에서는 소대장을 거쳐 통신대장의 허가를 받고, 본부에서는 인사계 준위(부재 시에는 서무계 장교)를 거쳐 통신대장의 허가를 받도록 했다(9).

외출자의 복장은 대검 및 각반 착용과 하절기의 수통 휴대로 정해졌다(10). 일본인거리로 외출을 허가했을 때는 상하이 헌병대장에게도 일시, 인원, 순찰자를 통보하도록 했다(11). 하사관 이하의 외출이 실시되면 대장은 위수근무령 54조에 준하여 순찰을 파견하며(12) 순찰 복무는 위수근무령이 규정하는 제2종 순찰 요령에 준하도록 했다(13).

1월 20일 진중일지에는 내무가규정을 정하여 실시에 들어간다고 적시되어 있다. 1월 21일(일)에는 하사관 이하의 외출이 허가되었고,

28일(일)에는 하사관 이하에게 일본인 거리의 인솔외출이 허가되었다.

1월 14일 이후 통신대의 외출은 일요일이 할당되었으며 외출 구역은 '구역 내'(이하 구역)와 인솔외출이 의무화된 '일본인거리'(이하 일본)로 구분되었다. 2월에는 4일(구역)·11일(일본)·18일(구역)·25일(일본)에 외출이 있었고, 23일에는 소위에게 25일 오후 1~4시에 일본인거리의 제2종 순찰 근무명령이 하달되었다.

3월은 3일(구역)·10일(구역)·17일(구역)·24일(일본)·31일(구역)에 외출이 이루어졌는데, 2월 29일 진중일지에는 3월 중 통신대에게 배당된 제2종 순찰 명령이 기재되어 있다. 3월 6일에는 중위가 오후 1~4시, 27일에는 소위가 오후 7~10시에 일본인거리 순찰을 명령받았다.

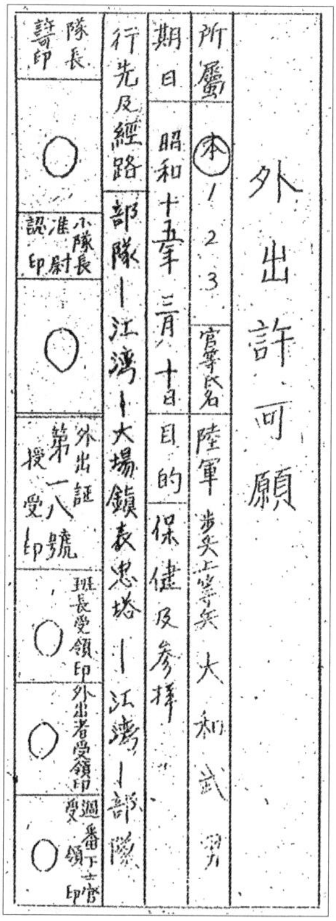
外出許可願
所屬 本 1 2 3
官等氏名 陸軍 歩兵上等兵 大和武
期日 昭和十五年三月十日
目的 保健及参拝
行先及經路 部隊―江湾―大場鎮表忠塔―江湾―部隊
隊長認印
小隊長准尉認印
外出証第八號授受印
班長受領印
外出者受領印
週番下士官受領印

[그림 6-3] 독립혼성 제13여단의 외출원

· 출전: [그림 6-1]과 동일

4월 4일 통신대회보에서는 외출규정의 개정을 전했다. 지정 구역 외, 즉 일본인거리의 외출은 실시 3일 전까지 신청을 받아 2일 전에 명단을 제출하여 허가를 받도록 한 것이 변경된 사항이었다. 4월의 외출은 7일(구역)·14일(구역)·21일(구역)·28일(일본)에 허가되었다. 그리고 순찰 복무는 4월 1일에 조장이 6일 오후 8~11시, 중위가 21일 오후 4~7시에 일본인거리의 제2종 순찰을 각각 배정받았다.

4월 25일에는 소위가 29일 오후 2~5시, 27일에는 중위가 28일 오후 2~5시, 29일에는 조장이 5월 12일 오후 3~6시에 일본인거리의 제2종 순찰을 각각 담당하게 되었다.

5월은 5일·12일·19일에 구역 내 외출이 허가되었고, 26일에는 통신대 본대에게 일본인거리의 외출이, 1소대에게 자딩(嘉定) 성내의 외출이 각각 허가되었다. 그리고 제2종 순찰은 5월 25일에 26일 일본인거리를 조장이 맡으라는 명령이 내려졌다.

진중일지로 보건대 앞의 외출이 위안소 이용으로 이어졌다는 직접적인 언급은 없다. 다만 독립보병 제91대대의 사례는 참조할 가치가 있다. 제1중대 상등병은 1940년 3월 28일 보초근무 중에 위안소(大和亭)에 등루하여 중국인(예명 清子)과 '유흥'을 했으며, 4월 1일에도 근무 중에 일등병을 인솔하여 같은 위안소에 등루하여 후미코(文子)와 '유흥'을 하여 처벌을 받았다.[7]

2) 셴닝의 제6사단 보병 제47연대

1939년까지 상황

6사단은 중일전쟁 초기에 10군 소속으로 상하이와 난징 공략에 참가했고 1938년에 들어 쉬저우 전투와 우한 전투에 종사했다. 1938년 말 이후 우창(武昌), 주장을 거쳐 양쯔강 상류의 웨저우 일대에서 철도 연선을 지키다가 1940년 2월부터는 우한 남쪽의 셴닝시(咸宁市)

---

7) 〈重大なる軍紀違犯事項報告〉, 《陸支普大日記 第16号 昭和15年》. 참고로 독립보병 제87대대 제1중대 일등병은 1942년 8월 30일 후난성 린샹현(臨湘縣)에서 근무하던 중 야밤에 "병사 부근 위안소에 등루"하고자 근방을 배회하다가 제지하던 병사와 싸움을 벌여 처벌을 받았다(〈特別報告〉, 《陸支普大日記 第12号 昭和17年》).

푸치(蒲圻, 지금의 츠비시赤壁市)로 이동하여 숙영에 들어갔다. 보병 제13·47연대의 보병 13여단(47연대는 1940년 11월 제48사단에 배속), 보병 제23·45연대의 보병 제36여단이 주력이었으며 야포병·기병·공병·치중병 제6연대 등이 소속되어 있었다.

6사단 예하부대의 진중일지는 거의 남아 있지 않다. 보병 47연대 제2중대(이하 2중대)의 진중일지는 1937년 9월부터 6사단 소속이던 1940년 10월까지 간헐적으로 현존한다.[8] 다음에서는 2중대의 정황을 푸치 주둔을 전후로 나누어 고찰해보자.

2중대의 외출은 우후 인근에 주둔 중이던 1938년 5월 15일이 처음이었다. 오후 전체 외출이 허가되었는데, "출정 이래 첫 외출로서 오락기관이 전혀 없어도 병은 매우 만족"이라고 기록되어 있다. '오락 기관'이 위안소를 가리키는지 여부는 알기 어렵다.

두 번째 외출은 우한 전투가 종식된 후인 12월 4일 우창에서였다. 2중대는 오전 중에 외출증을 제작하여 정오부터 근무자를 제외한 전원의 외출을 허가했다. 진중일지에는 "출정 이래 허저우(和州, 우후 인근-인용자)에서 1회 외출시킨 적 있을 뿐 1년 4개월 동안 전진(戰塵)에 묻혀 처음으로 맛보는 외출 기분에 일동 매우 만열(滿悅)하다"라고 기재되어 있다. 이를 위해 2중대의 상급부대인 제1대대는 12월 2일 대대의 경비구역을 주간과 야간으로 나누어 순찰장교를 파견하는 새 순찰방식 실시를 명령했다.

우창 주둔 이후 체계적인 외출에 대한 기록은 1939년 9월 14일 웨

---

8) 보병 47연대 2중대의 진중일지는 1937년 9월~1940년 7월, 1940년 10월분이 활용 가능하며 이하에서는 진중일지의 출전을 명기하지 않는다. 그 밖에 보병 47연대 제3중대의 진중일지는 1941년 12월분이 남아 있다.

저우에 도착하면서 개시되었다. 1대대장은 웨저우경비대장을, 2중대는 웨저우 성의 경비를 각각 이어받았다. 9월 16일 2중대는 순찰근무할당표를 책정했는데, 제2종 순찰은 필요에 따라 수시로 명령한다고 되어 있다(관련 기록은 없음).

웨저우 성에서의 첫 외출은 9월 24일(일)에 이루어졌다. 오후 3시부터 고참병 일부의 외출을 허가한 것이다. 10월 1일(일) 오후에도 고참병 일부가 외출했으며, 2일에는 근무 교대자 일부의 외출이 허가되었고, 3일 오후에는 경비대 일부의 외출이 각각 허가되었으며, 8일(일)에도 일부의 외출이 행해졌다.

10월 11일 명령에 따라 1대대는 웨저우에 집결했다. 새로 일과 시한이 제정되었고 외출은 명령이 있을 때까지 금지되었다. 10월 15일 2중대는 1대대 주력과 함께 양쯔강 북안의 토벌 작전 출동에 이어 경비를 맡으라는 명령을 수령했다. 10월 25일 2중대는 '양쯔강북안수비대'인 1대대 휘하에서 바이뤄진(白螺鎭, 원문은 바이뤄지白螺磯이며 웨양 북쪽의 양쯔강 북안에 위치) 수비에 들어갔다.

11월 1일 2중대는 '바이뤄지수비대경비규정'(이하 경비규정)을 제정했다.[9] 경비규정의 상위 규정에는 1대대의 '양쯔강북안경비대경비규정'이 있다. 외출일은 수비대가 일요일·월요일·목요일, 비행대가 화요일·수요일·금요일로 정해졌다. 비행대[10]는 바이뤄진 남쪽에 위치했으며 2중대는 1개 소대를 파견하여 경비에 임했다. 외출 시한은 병이 오전 8시~오후 6시(석식), 하사관이 오전 8시~오후 8시(일석점호)였다.

---

9) 〈白螺磯守備隊警備規定 昭和14年11月1日 白螺磯守備隊〉, 《步兵第47連隊第2中隊 陣中日誌 昭和14年11月1日~14年11月30日》. 이하 동일.

10) 12월 10일자 진중일지에 나오는 '전대장 이마니시(今西) 항공병 대좌'를 바탕으로 추적하면 이마니시 로쿠로(今西六郎, 1892~1954) 대좌가 지휘하던 비행 제75전대로 추정된다.

경비규정의 외출에는 위안소 이용이 상정되어 있었다. 첨부된 위생에 관한 규정에서 '성병 예방'의 내용은 다음과 같이 확고한 물증을 제공해준다.[11]

① 특정한 부녀자 이외의 접촉 엄금
② 〈삿쿠〉 및 성비고 사용
③ 접촉 후 세정
④ 보균 불합격으로 결정된 부녀자에게 접촉해선 안 됨(검미 1주 1회)
⑤ 발병된 자는 엄벌함
⑥ 부정기검사 실시

실제 외출도 경비규정에 따라 이루어졌다. 11월 2일(목) 오후는 휴양하고 전체 외출을 허가했으며, 3일은 명치절이어서 근무자 이외 인원은 휴양과 외출을 실시했고, 12일(일)은 전체 휴무가 적시되어 있다. 이후 외출은 지나파견군 총사령관 니시오 도시조(西尾寿造, 1881~1960) 대장과 지치부노미야 야스히토(秩父宮雍仁, 1902~1953, 쇼와 천황의 동생)의 잇단 순시로 인해 취소된 것으로 보인다.

12월 들어 4일(월)에는 '오락소'[12] 설비를 한 뒤 오후에는 휴양을 취했으며, 11일(월) 오후에도 전체 휴양과 외출 허가가 있었다. 12월 12일부터 시작된 중국군과의 교전은 해를 넘겨 1940년 1월 7일까지 이어졌다. 그로 인해 1월 1~4일은 출동한 병력 외에 휴양을 실시했으

11) 〈衛生に関する注意 白螺磯守備隊〉, 《歩兵第47連隊第2中隊 陣中日誌 昭和14年11月1日~14年11月30日》. 이하 동일.

12) 오락소 설비는 12월 6일에도 기록되어 있는데, 8일 오후 2시부터 '오락실'에서 위문 공연이 열렸다는 것으로 보면 위안소가 아닐 가능성이 더 크다.

며 뒤이어 8일(월), 11일(목), 19일(금)·21일(일)·22일(월) 오후, 28일(일)에도 휴양이 기록되어 있다.

1월 27일 1대대로부터 푸치로 이동할 예정이라는 명령이 내려왔다. 2월 1일 2중대는 바이뤄진을 떠나 웨저우에 도착했고, 2일에는 전체 휴양과 외출이 허가되었다.

푸치에서의 외출과 위안소

2월 4일 2중대는 웨저우를 출발하여 푸치 성내에 들어섰다. 1대대는 푸치지구경비대(이하 경비대)로서 별도의 명이 있을 때까지 외출을 금지했다. 푸치에는 6사단 사령부를 위시하여 여러 부대가 함께 주류하고 있었으며 위안소에 관한 정보는 경비대의 일일명령에 포함된 경우가 대부분이었다.

2월 7일 경비대의 일일명령이 하달되었다. 숙영, 내무는 당분간 구 경비규정에 따른다는 명령에도 불구하고 외출 시한을 어기고 야간의 무단외출이 많아 오늘부터 단속하여 구류하며, 타 부대의 외출일에 외출을 허가하거나 시간 외에 임시외출증명서를 발부하여 외출시키는 부대가 있는데 공용 외에는 외출 금지임을 재차 강조했다. 야간에 다시금 경비대의 일일명령이 내려왔는데, 7~9일에는 성내 수비 구역의 무단외출자를 단속하는 요령이 첨부되어 있었다.

2월 9일 경비대는 외출일 할당 및 일과 시한의 변경 통보(내용 없음)와 함께 다음의 외출 주의 사항을 일일명령으로 전달했다. 위안소, 음식점 등에서 시간 외 외출자에게 주의를 주지 않고 방임하는 장교가 있다, 장교는 하사관·병과 음식점에서 회식해도 되지만 자대 외출일, 외출 시한 내에 실시해야 한다, 여러 부대가 숙영하는 푸치인 만큼 타 부대의 외출일이나 외출 시한 외에 장교의 인솔로 위안소에 등루하거나 요정에서 회식하는 사례는 금한다 등이었다.

2월 10일 경비대는 일일명령으로 2월 11일 기원절의 휴양을 지시했다. 2월 16일 경비대는 사단사령부주보 부속 식당의 특별한 처우를 일일명령으로 전달했다. 6사단의 야전주보규정에 따른 '부대주보 청부 식당'으로 정해져서 하사관은 소속부대장의 허가와 장교의 인솔 아래 자대 외출일 이외에도 회식할 수 있지만 외출 시한 내에 한하며 되도록 자대 외출일에 실시하도록 했다. 사단사령부주보의 부속 식당은 사단사령부가 직접 순찰하므로 경비대는 관여하지 않도록 했다. 6사단 최고 간부의 전용위안소였던 것이다.

진중일지의 기록상 2중대는 2월 18일(일)에 첫 전체 외출을 했다. 다음 날에는 전체 휴양이 기재되어 있다. 2월 23~25일에는 작전 출동이 있었고, 3월 1일(금)에는 전체 외출이 허가되었다. 이후 3월 10일 육군기념일에는 출동부대 외 잔류자는 휴무했고, 15일(금) 오후에도 휴양했다. 토벌대가 귀대한 다음 날인 3월 17일(일) 오후에는 전체 휴무했고, 29일(금)과 31일(일)에는 전체 외출이 이루어졌다.

4월 들어 경비대의 일일명령에서 위안소는 두 차례 언급되었다. 4월 4일 경비대 장교는 공무 외에 '특수위안소'에 출입하는 것을 금했으며, 10일에는 '특수위안소'에서 장교는 등루 시한 내에도 음주를 금하고 10일(원문은 3월 10일)부터 경비대 장교의 특수위안소 출입 금지를 해제했다.

4월 중 2중대의 휴양과 외출 상황은 다음과 같다. 4월 7일(일)의 전체 휴양 및 외출, 11일(목) 오후 전체 휴양, 19일(금) 근무자 이외 외출, 20일(토) 근무자 외출, 21일(일) 전체 휴양, 25일(목) 오후 전체 휴양, 27일(토) 근무자 이외 외출, 29일(천장절) 전체 휴무, 30일(화) 오후 전체 휴양 등이다.

4월 15일에는 푸치지구경비대장이 기병 제6연대장으로 교체되었다. 1대대는 사단 주력과 함께 작전에 동원된 반면, 2중대는 푸치 잔류가 결정되었다. 순찰방식도 순찰장교가 제1종 순찰과 제2종 순찰을 겸하는 것으로 바뀌었다. 4월 22일 경비대는 22~25일에 근무할 2중대의 장교 이름을 통보했다. 관련 명령은 이어져 5월 7일에는 8~12일의 담당 장교, 22일에는 23~25일의 담당 장교, 6월 6일에는 7~9일의 담당 장교, 7월 8일에는 10~12일의 담당 장교, 17일에는 19~21일의 담당 장교를 경비대 일일명령으로 알려왔다. 해당 시기에는 대체로 2중대의 휴양과 외출이 실시된 만큼 군기·풍기를 단속하기 위한 조치였음에 틀림없다.

5월 1일자 경비대회보에서는 외출 시한을 지키지 않는 하사관에 대한 교육 감독을 지시했다. 5월 15일에는 '푸치지구경비대경비규정'(내용 없음)이 배포되어 16일부터 시행된다는 일일명령이 있었다.

2중대의 5월 휴양과 외출은 다음과 같다. 5월 3일(금)은 '휴일'이므로 전체 휴양과 외출을 허가했다. 5월 10일(금)은 오후의 전체 휴무와 외출 허가, 11일(토)은 오후의 외출 허가, 18일(토)은 전체 휴양, 24일(금)은 전체 휴무와 외출 허가, 25일(토)은 전체 외출 허가 등이 기록되어 있다. 경비대장이 바뀐 4월 15일 이후 금요일과 토요일의 휴양과 외출이 잦은 것으로 보아 2중대의 외출일은 금요일과 토요일이었던 듯하다.

2중대는 6월 13~15일, 6월 21일~7월 2일의 작전에 종사했다. 그 와중의 휴양과 외출을 보면 3일(월)은 무기·피복 정비 후 휴양, 7일(금)은 오후의 전체 휴무와 외출, 8일(토)은 '휴일'의 전체 외출 허가, 9일(일)은 오후 전체 휴무, 14일(금)은 오후 휴양 등이었다.

7월 2일 2중대장은 토벌 작전을 마치고 푸치로 복귀했다. 7월의 휴양과 외출은 7일(일)은 전체 휴무, 13일(토)은 '휴일'의 전체 외출 허가, 18일(목)은 체조 후 휴무, 19일(금)은 전체 외출 허가, 20일(토)은 '휴일'의 외출 허가, 26일(금)은 전체 휴무와 외출 허가, 27일(토)은 전체 외출 허가, 28일과 29일은 오후의 휴무 등이 확인된다. 앞에서 7월 8일자로 10~12일의 제1·2종 순찰장교가 임명되었는데, 10~12일의 토벌 작전 실시로 인해 휴무일과 어긋났다고 판단된다.

8월과 9월의 진중일지는 보존되어 있지 않다. 10월에도 2중대는 여전히 푸치에 주류하고 있었다. 10월 5일(토)은 '휴일'이어서 외출이 허가되었고 뒤이어 7일(월)에는 근무자의 외출이 이루어졌다. 10월 10일 2중대는 47연대장의 이동명령을 받았고, 13일은 이동 준비를 마치고 오후에 외출을 허가했으며, 15일에도 경비대장의 허가를 받아 외출을 실시했다.

10월 16일 2중대는 새 경비지인 창안(長安)역으로 이동하여 47연대 직할경비대장을 맡았다. 창안역에서의 순찰도 푸치와 마찬가지로 제1종과 제2종을 겸하는 방식이었다.

3) 광저우의 독립보병 제13여단

초기 상황

제23군은 남지나방면군(1940년 2월 편성)의 후신으로 1941년 6월부터 남중국 전선의 작전과 경비를 맡았다. 그 휘하에는 1944년 2월 창설된 독립보병 13여단(이하 13여단)이 있었으며, 여단장은 오치아이 마쓰지로(落合松二郎, 1885~1971) 소장이었다. 13여단은 보병 제104사단, 독립혼성 제19·22·23여단의 일부 병력을 차출하여 편성되어 광둥성 광저우시 주변의 경비를 전담했다. 총원은 대략 6,000명 정도였으며 독립보병 제239~242대대(이하 ○○○대대로 표기)로 구성되었다. 239대대는 패전까지 광둥 인근의 경비에 종사했으며, 240대대는 광저우시 부근에 주둔했고, 241대대는 이동을 거듭하며 경비 업무를 이어갔다. 구로카와 노부키요(黒川信清) 중좌가 지휘하던 242대대는 중산현(中山縣) 경비를 맡아 중산경비대로 지칭되기도 했다.

242대대 휘하에는 제1~5중대가 있었는데, 4중대는 통상 대장인 도야마 마사요시(遠山正欽) 중위의 성을 따서 도야마대(遠山隊)로 불리기도 했다. 242대대 중에서 유일하게 현존하는 4중대의 진중일지는 상급부대인 242대대는 물론 13여단이 위안소 설치와 운용에 어떻게 연관되는지에 관한 정보까지 제공한다.[13)]

4중대의 진중일지는 임시로 편성된 제4대대에 소속 중이던 1월 20일부터 시작된다. 위치는 광둥성 판위현(番禺縣)의 관춘(關村)인데, 판위현은 지금의 광저우시 판위구다. 장교 이하 226명이 소속되어 있었으며 경비와 더불어 각종 훈련을 일상적으로 수행하는 업무를 맡았다. 임시 편성 단계의 전반적인 통제는 독립혼성 22여단에서 담당했다.

1월 22일에는 대대회보를 통해 임시 일과 시한이 통보되었고 이튿날에는 여단장의 순시가 이루어졌다. 1월 26일에는 대대회보로 각 중대의 휴무일과 외출요령을 담은 '내무규정'이 배포되었다. 대대본부와

---

13) 4중대의 진중일지는 4개의 디렉터리에 수록되어 있는데, 제목과 내용이 다르므로 주의를 요한다. 《独立歩兵第242隊第4中隊 陣中日誌 昭和19年1月1日~19年4月30日》에는 1944년 1~4월 외에 전신인 51사단 보병 제102연대 제11중대의 1942년 11월분과 후신인 특설독립보병 제7대대 제2중대의 1945년 6월분이 들어 있으며 보병 102연대 시절의 상황은 뒤에서 설명할 51사단 쪽에서 검토한다. 그리고 《独立歩兵第242大隊第4中隊 陣中日誌 昭和19年8月1日~19年10月31日》에는 1944년 8~10월, 《独立歩兵第242大隊第4中隊 陣中日誌 昭和19年12月1日~19年12月31日》에는 1944년 11월~1945년 2월, 《独立歩兵第242大隊第4中隊 陣中日誌 昭和20年3月1日~20年3月31日》에는 1945년 3월~5월 20일이 포함되어 있다. 이하에서는 별도로 출전을 명기하지 않는다.

제1·2중대는 일요일, 제3~5중대는 월요일이었다. 외출요령은 다음과 같다. 장교 인솔 아래 행군하여 광둥으로 외출하여 해산하며 광둥에서의 집합 시각은 오후 4~5시 사이였다. 하사관과 병의 외출은 월 2회 이내로 한정되었으며 대검을 찬 복장에 수통을 휴대하도록 했다. 소정의 외출증을 공포할 때까지 외출증 작성은 각 중대의 몫이었다.

1월 31일은 월요일로 4중대의 첫 휴무일이었다. 오전부터 장교의 인솔 아래 175명이 행군으로 광둥 시내로 이동하여 외출했다. 이어진 월요일인 2월 7일과 기원절인 11일에는 '휴양'만 기재되어 있는 데 비해, 14일에는 '휴양, 외출'로 표기되어 있다. 그런데 2월 20일 대대회보에는 전염병 격리로 인해 각 중대의 외출을 금한다는 지시가 담겨 있었다. 다음 날에는 대대회보를 통해 2월 26일까지 하사관과 병이 이용하는 '가난(河南)구락부'의 출입을 금한다는 명령을 전했다. 이 때문에 2월 21일과 28일은 휴양이라고만 기록되어 있다. 2월 28일 대대회보에는 전염병이 세균성 이질이므로 철저한 방역과 더불어 당분간 일반외출을 금지한다는 명령이 실렸다. 3월 6일과 13일에도 휴양만 기록되어 있다.

3월 10일 13여단의 편제 작업이 완성되었다. 군대부호는 절(節)에서 직(直)으로 바뀌었고 4중대의 상급부대인 242대대는 직8144부대로 불리게 되었다. 12일과 15일에는 각각 여단장과 대대장의 순시와 열병식이 실시되었다.

3월 18일에는 대대의 일일명령으로 휴무일이 개정되었다. 일요일은 대대본부, 월요일은 각 중대와 포대, 통신대와 같이 약간의 변화가 관찰된다. 13여단의 편성 완료에 따라 보병포대와 통신대가 결합함으로써 휴무일의 변경이 불가피해졌던 것이다. 외출요령은 그대로였다. 3월 20일에도 4중대는 휴양으로 기재되어 있다.

13여단의 편제 작업이 마무리되면서 경비 업무가 개편되었다. 3월 21일 중산경비대, 즉 242대대의 작전명령에 따르면 13여단은 광둥시와 그 남부지구의 경비를 담당하게 되었고 242대대는 3월 27일 이후 할당된 중산현, 즉 지금의 중산시로 이동해야 했다.

3월 24일 대대회보는 두 가지 소식을 전했다. 하나는 지금의 광저우 시내의 창티(長提, 리완구荔灣區)의 긴카주루(金花酒樓)의 출입이 A형 파라티푸스 발생으로 인해 금지되었다는 것이다. 그리고 광저우시의 군인구락부 메이게쓰카쿠카진(明月閣華人)은 시설과 환경이 위생과 방첩 측면에서 적절하지 못하여 3월 21일부로 폐업되므로 군인·군속의 출입을 금한다는 통보가 있었다. 3월 26일에도 대대회보는 군인·군속에게 카페 신텐치(新天地)와 식당 메자마시(メザマシ)에 출입하지 말라는 명령을 전달했다. 역시 방역 설비의 하자 때문이었다. 그 밖의 다른 지역과 마찬가지로 위안소를 비롯한 유흥 관련 업소의 출입을 통제하는 매체는 회보였다.

3월 25일 대대회보는 26일 대대본부와 각 중대가 휴무하여 외출을 허가해도 된다는 명령을 전했지만 4중대는 휴무하지 않았다. 짐 꾸리는 작업 때문인 것으로 판단된다.

상급부대의 제반 규정

3월 31일 4중대는 새 경비지인 중산현 더우먼(斗門)에 도착했다. 지금의 주하이시(珠海市) 더우먼구 더우먼진으로 추측된다. 대대본부를 비롯하여 제2·5중대, 보병포중대, 통신중대는 스치(石岐, 지금의 중산시 스치구)에 자리를 잡았다.

주둔 및 경비 체계의 정비와 연동하여 각종 규정이 만들어졌다.[14] 기본 틀은 13여단의 '직병단주류규정', 242대대의 '중산경비규정'·'중

산(스치)방공규정'·'스치시경비규정'·'스치시비상경비규정', 그리고 4중대의 '중대 내무 예절(中隊內務の躾)' 순으로 내려가며 정립되었다.

5월 1일부터 실시한 직병단주류규정부터 살펴보자. 규정의 정의는 1조에 밝혀져 있다. "병단(지휘 아래 부대 포함)의 광둥 및 그 부근 주류 간 준수해야 할 사항을 정하"며 "병단 경비 지역 내에 숙영하거나 통과하는 군인·군속 및 부대에게도 적용"된다는 것이다. 독립자동차 42대대의 사례에서 확인했던 바다. 외출과 관련된 순찰 항목의 경우 위수근무령 제53과 제54를 근거로 휴무일에 경비대장이 파견하는 '제2종 순찰', 작전요무령 제344에 따라 경비대장이 필요시 파견하는 '경비 순찰'이 언급되어 있으며(18·19조), 외출 복장으로는 대검, 수통, 철모를 갖추도록 정했다(33조).

'휴일 및 외출' 내용은 다음과 같다. 경비대장은 주 1일 이내의 휴무를 줄 수 있고(대체 불가, 34조), 휴무일 또는 다른 날에 정해진 구역 내의 외출을 허가할 수 있도록 했다(35조). 외출 구역은 경비 지역 내에서 경비대장이 정하고 시한은 하사관이 오후 8시까지, 병(군속)이 오후 6시까지였으며(36조) 3인 이상의 동행외출을 의무화했다(37조).

중산경비규정(4월)에서 242대대에 소속된 모든 부대가 수행해야 할 순찰은 외출과 관련성이 있다. 직접 경비를 담당하는 '제1종 순찰'(제8)에 더해 각 중대는 보초와 위병의 교육 및 "자대 외출일의 군기·풍기 단속을 위해" 수시로 제2종 순찰을 파견해야 한다고 정했다(제9).

스치시경비규정(4월)은 대대의 주력이 주둔하던 스치의 경비에 관한 내용을 담고 있다. 중산경비규정이 아니라 스치시경비규정이 "중

14) 제반 규정은《諸規定綴 (23A独立歩兵13旅団)(広東) 昭和19年度》 디렉터리 안에 있으며 이하에서는 문서명만 적시한다.

산(스치시) 경비지구에 숙영하거나 통과하는 군인·군대·군속에게 적용"되었다는 점은 지나칠 수 없다(제3). 스치의 각 중대는 "일반 휴양일에 한해 외출자의 군기·풍기 단속을 위해 제2종 순찰을 복무"하도록 했다(제5).

중산경비대, 즉 242대대의 휴일 및 외출에 대한 규정은 4월 15일에 제정된 '내무규정'에서 확인할 수 있다.[15] 제6장 '기거와 용의' 중에서 일과 시한부터 살펴보자. 대대의 석식은 오후 6시, 일석점호는 오후 8시(11~4월)와 8시 30분(5~9월)으로 했는데, 일석점호 때는 명령과 회보의 전달이 명시되어 있다(제35). 휴무일에 외출을 허가받은 자의 복장은 대검, 수통, 각반을 갖추도록 정했다(제39의 3). 제7장 '휴무외출'에는 구체적인 방침이 담겨 있다. 먼저 주 1회의 휴무를 허용했으며 스치에서의 외출 구역은 [그림 6-4]에서 점선으로 표시된 구역내로 한정하고 휴무일과 외출 시한은 별도로 정하도록 했다(제50).

경축일의 휴무 여부는 별도로 지시하며 연습과 검열, 토벌 등으로 휴무일이 없어진 경우에는 대대장에게 사전에 보고한 후 대체 휴무를 실시하도록 했다(제51). 3인 이상의 동행과 복장(대검, 각반 착용)을 명문화했고, 외출증의 번호(가령 대대본부 1~100호, 4중대 551~700호, 예비 1051~1200호)까지 확정했으며(제52), 임시 휴무일에는 임시외출증을 소지하도록 했다(제53). 그리고 "외출지에서는 군 지정 이외의 음식점 및 위안소 출입을 금"했다(제54). 하사관 및 사병에게 외출은 곧 위안소에 가는 날이었던 것이다.

나아가 중산경비대는 5월 '군인구락부이용규정'을 책정하여 위안소 이용방식을 더욱 정비했다.[16] 제1군인구락부는 식당이었고 제2군

15) 〈內務規定(1)〉, 〈內務規定(2)〉.

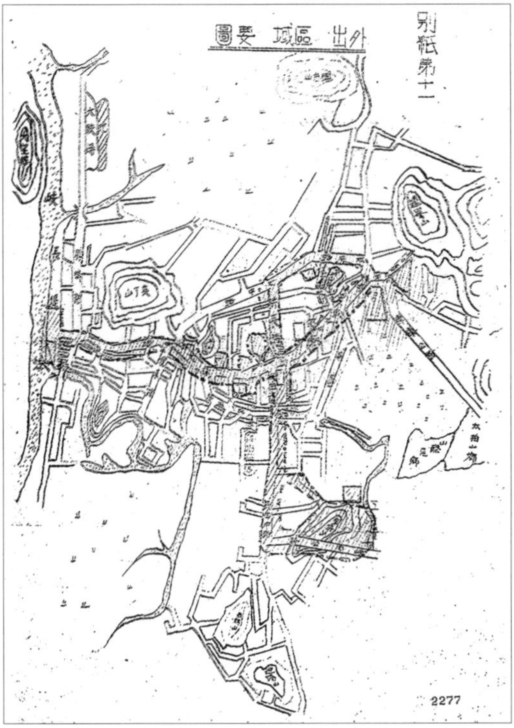

[그림 6-4] 중산경비대의 스치 시내의 외출 구역

· 출전: 〈内務規定(2)〉, 《諸規定綴 (23A独立歩兵13旅団)(広東) 昭和19年度》

인구락부는 위안소였다(2조). 대대의 부관이 군인구락부 업무의 통괄, 감독, 지도를 맡았고(3조), 군의관이 위생에 관한 업무를 담당했으며 (4조), 경리 담당자가 회계 업무를 책임졌다(5조). 제2군인구락부의 이용시간은 병이 오전 9시 30분~오후 3시 30분, 하사관과 군속이 오후 4~8시, 장교와 준사관이 오후 8시 30분~영업시간으로 했으며, 요금은 [표 6-1]과 같다(6조). 기녀(妓女)와 창기(娼妓)의 구분이 특징적이나 기준은 나와 있지 않다.

또 제1군인구락부에서는 종업원을 데리고 나갈 수 없었으며(11조)

16) 〈軍人倶楽部利用規定〉.

	30분	1시간		후반 밤		철야
	기녀	창기	기녀	창기	기녀	창기, 기녀
장교, 준사관, 군속	11.00		17.00		40.00	후반 밤 요금에 자정까지의 시간 요금을 가산
하사관	9.00		14.00			
병	6.00	9.00				

[표 6-1] 중산현 스치 위안소의 요금 체계

* 요금 단위는 저비권(儲備券, 중국의 친일 정권이 발행)의 위안(元)으로 공정 환율은 1엔에 5.6위안 정도였다.

· 출전: 〈軍人倶楽部利用規定〉, 《諸規定綴 (23A独立歩兵13旅団)(広東) 昭和19年度》

영업시간은 오전 10시~자정이었다(12조). 제2군인구락부에서는 음식이 허용되지 않았고(13조), 요금은 현금으로 미리 내야 했으며(14조), 군인·군속 전용이었다(17조, 제1군인구락부는 장교가 동반한 지방인은 출입 가능). 규정을 어긴 이용자는 이후 외출을 금지했다(20조).

제4중대의 위안소 이용

13여단의 주류규정에 더해 242대대가 마련한 내무규정과 군인구락부 이용규정의 체계는 하급부대에 적용되었다. 4중대는 '중대 내무 예절'과 '외출 및 군인구락부에 관한 규정'을 제정했고 대대의 예비대는 '내무 예절'을 작성했다. 그 내용과 함께 외출 상황을 살펴보자.

4월 10일 4중대장 도야마 마사요시 중위는 중대 내무 예절을 정하고 4월 20일부터 실시하도록 했다.[17] 상위규정으로 군대내무령, 스치주류규정이 언급된 것으로 보아(제2) 스치주류규정의 관련 내용을 집약하여 4월 15일 내무규정이 책정되었음을 짐작하게 한다. 제2절 '휴

17) 〈中隊内務ノ躾〉.

일 및 외출'의 내용이 중요하다. 먼저 휴일은 원칙적으로 실시하지 않으나 경축일 및 일요일에 작전에 지장이 없는 한 과업 종료 후부터 일석점호 시한까지 외출과 휴양을 허가할 수 있도록 했다(제33). 외출일과 시간은 병이 일요일 정오~오후 6시, 하사관이 수요일 정오~일석점호로 정해졌고 외출 가능 구역이 명시되었다(제35), 주번사관은 외출일에 제2종 순찰에 임하여 군기·풍기의 취체를 실시하도록 했다(제36). 복장은 수통과 대검을 착용한 단독 군장으로 외출 완장을 차도록 했으며(제37), 단독 행동을 금하고 3인 이상 행동을 지시했다(제38).

외출 및 군인구락부에 관한 규정은 작성 월일 없이 1944년만 적시되어 있다.[18] 하지만 규정 외의 사항은 군대내무령, 중산주류규정, 중산경비대군인구락부규정에 따른다고 명기된 것으로 보아(1조) 5월에 대대가 제정한 군인구락부규정을 토대로 작성되었다고 여겨진다. 외출일 및 시간, 외출 가능 구역, 복장, 제2종 순찰에 관한 내용은 중대내무 예절과 같으나 3인 이상의 동행이 2인으로 줄어들었다(3조). 군인구락부는 군인과 군속만 이용하도록 했으며(7조), 요금은 1시간에 병이 8엔, 하사관이 10엔, 영외자가 15엔, 숙박(영외자만 가능)은 40엔으로 정했다(8조). 화폐 단위는 대대와 마찬가지로 저비권으로 판단된다. 군인구락부의 영업주는 매일의 일보(日報)를 다음 날 오전 중에, 매월 월보를 다음 달 2일까지 경비대에 제출해야 했다(10조). 일보의 양식에는 위안부의 예명, 매상액, 등루 인원(장교·하사관·병), 콘돔 사용 숫자 등이, 월보에는 예명, 매상액, 영업주 수입, 위안부 수입, 위안부 영업일 등이 기재되어 있으며, 쇼게쓰(松月) 군인구락부라는 상호와 더불어 한 하사관의 이름이 군인구락부 담당자로 명시되어 있다.

---

18) 〈外出及軍人倶楽部ニ関スル規定〉.

위안소는 실재했던 것이다.

4월 말, 5월 중순, 7월 초에 242대대는 잇따라 인근 지역에 출동하여 전투를 치렀다. 관련된 전투상보는 존재하는데, 5~7월의 진중일지는 남아 있지 않다. 이후의 진중일지와 대조해보면 4중대는 1개 소대를 대대본부가 있는 스치에 예비대로 파견했다. 이 예비대를 위해 6월 작성으로 표시된 '내무 예절'이 확인되는데, 거기에도 외출과 위안소 이용에 관한 구체적인 규정이 수록되어 있다.[19]

먼저 내무 예절 이외의 사항은 군대내무령과 대대의 내무규정에 따른다고 되어 있다(제2). 휴일에 대한 언급은 원래 소속인 4중대의 내무 예절과 동일하다. 원칙적으로 휴일은 실시하지 않으나 경축일과 '화요일(휴무일)'에는 외출과 휴양을 허가할 수 있도록 했다(제27). 외출일과 시간은 병이 화요일 정오~오후 6시, 하사관이 화요일 오후 3~8시였다(제29). 주번사관의 제2종 순찰과 복장은 동일하지만 예비대의 내무 예절은 외출증 인식표 소지와 3인의 동행외출을 지시했다(제32) 임시 외출일에는 임시 외출증을 휴대하도록 했다(제33). 그리고 "외출지에서는 방첩에 주의하여 군 지정 이외의 음식점 및 위안소 출입을 금한다"고 명기했다(제34). 그리고 예비대의 외출 가능 구역은 [그림 6-4]의 스치 시내의 외출 구역과 같다(343쪽).

예비대의 휴무 및 휴양은 내무 예절에 준하여 실시되었다. 9월 6일부터 제2소대가 예비대로 스치에 주둔했는데, 9월 중의 휴무는 적시되어 있지 않다. 10월 들어서는 17일(화)에 정오~오후 6시, 이튿날에는 17일 근무자로 추정되는 휴무가 역시 정오~오후 6시로 허가되었다. 이후 인근으로 빈번하게 이동한 탓에 휴무 기록이 없다. 11월 5일

19) 〈内務ノ躾〉.

에는 스치로 복귀하면서 휴무가 6일(월)과 7일(화)로 변경되었지만 그다음 주부터 화요일 휴무는 1945년 2월 말까지 거의 예외 없이 실시되었다.

이어서 4중대의 상황을 확인해보자. 4월 5일 4중대는 경비에 관한 인수인계를 마치고 정식 주둔에 들어갔고 후발대도 모두 더우먼에 합류했다. 4월 9일의 첫 휴양은 중대 내무 예절 내용대로 일요일에 이루어졌으나 외출에 관한 언급은 없다. 이후 4월 16일은 '오후 휴양', 23일과 30일은 '휴양'으로만 기재되어 있다. 그리고 4월 18일에는 대대회보를 통해 중산현에 전반적으로 한센병과 화류병 환자가 많은데, 특히 스치시에서 자주 목격되므로 외출 시 접촉하지 않도록 유의하라는 지시를 전해왔다.

8월 1일부터 현존하는 진중일지는 4중대가 여전히 원래 주둔지 더우먼에 머물고 있었음을 알려준다. 8월의 휴무는 토요일 오후로 바뀌어 있다. 8월 5일은 '휴무', 9일(수)은 '휴양', 12일은 기관총소대 휴양, 19일과 26일은 휴양으로 표기되어 있다. 9월 2일은 언급이 없고, 9월 9일은 휴양 기록이 있다. 9월 16일은 전날부터 이루어진 작전 출동 중이었으며, 21일에 귀대한 뒤 23일과 24일은 오후 1~6시에 휴양을 했다.

9월 30일에 야간 행군을 하여 이튿날 10월 1일(일)에는 휴양을 실시했고, 8일과 22일 역시 휴양한 것으로 기재되어 있다. 10월 23일 4중대는 숙영지를 주하이시 샹저우구(香洲區)의 쳰산진(진중일지에는 前山塞)으로 옮겼다가 11월 4일에 더우먼으로 복귀했는데, 이후의 휴양일은 일요일로 정착되었다. 10월 29일, 11월 5일·19일·26일, 12월 3일·10일·17일·24일, 해가 바뀌어 1945년에는 1월 7일·14일·21일·28일, 2월 4일·11일·18일·25일의 휴양 내지 휴무가 확인된다.

이와 같이 더우먼 주둔 시절 위안소를 독점적으로 이용하던 상황 때문인지 4중대의 진중일지에는 외출 및 위안소에 관해서는 거의 언급되어 있지 않다. 하지만 휴양일이나 휴무일에 영내에서 머물렀다고 보기는 어렵다. 11월 16일 대대회보의 기록을 참조할 수 있다. 국민당 이인자였다가 일본에 협력하던 왕자오밍(汪兆銘, 1883~1944)이 사망(11월 10일)함에 따라 12일부터 일주일 동안 연회를 자제하고 외출 시에도 행동에 주의를 기하도록 했다.

4) 카이펑의 제35사단

사단통신대의 상황

중일전쟁의 확전과 장기화에 따라 1939년부터 점령지의 경비와 치안 유지를 전담하는 이른바 '치안사단'이 잇따라 창설되었다. 2월에는 제32~37사단이, 6월에는 제38~41사단이 신설되어 중국 각지에 배치되었다. 보병 4개 연대가 주축인 '상비(상설)사단'과 달리 보병연대가 셋으로 축소된 '특설사단'이었다.

치안사단 중 하나인 35사단(군대부호는 東)은 휘하에 보병 제219~221연대를 거느렸으며 중국 전선에 가세하면서 내내 허난성에 머물렀다. 처음에는 북지나방면군 예하에서 신상에 사단사령부를 두고 황허강 북안 일대에서 작전과 경비에 종사했다. 1940년 10월 사단사령부는 카이펑으로 옮겨갔고, 1942년 4월 이후에는 정저우(鄭州)의 12군(군대부호는 仁)의 전투서열에 포함되어 주둔과 출동을 이어갔다.

35사단 예하부대의 진중일지는 사단통신대, 보병 221연대 소속 제2대대와 제2기관총중대를 제외하고 별로 남아 있지 않다. 먼저 통신대의 진중일지에 기술된 외출 및 위안소 이용 실태에 대해 알아보자.[20]

통신대는 사단사령부와 함께 줄곧 카이펑 성내에 위치했다. 1940년

11월부터 매월 '주요 행사 예정표'를 작성하는데, 휴양일은 표기되어 있지 않다. 1940년의 경우 외출에 관한 기록은 2건이 확인된다. 11월 3일 명치절에는 전체 휴양하고 외출을 허가했으며, 23일 신상제에는 휴무했다는 사실만 기록되어 있다.

1941년에 들어서 2월 4일 통신대는 사단사령부로부터 '카이펑경비대경비규정'의 일부 개정을 통보받았다. 이와 연관된 작업으로 2월 14일 통신대는 '내무 및 경계 규정'(이하 규정)을 제정했다. 13개의 장과 69조의 규정 마련은 통신대의 카이펑 주둔이 안정화 단계를 맞이했다는 증거이기도 했다.

2월 15일부터 시행되는 규정은 '제35사단 카이펑주류규정안' 및 '카이펑경비대경비규정'을 바탕으로 만들어졌다고 되어 있다(1조, 규정의 조문이며 이하 동일).[21] 아울러 위수령, 위수근무령, 군대내무서, 작전요무령의 준용이 적시되어 있다(2조).

제8장의 '휴일 및 외출'의 내용은 다음과 같다. 먼저 휴일의 교육근무에 지장이 없으면 숙영지 내에서 휴양하도록 했다(41조). 그리고 외출은 통상 일요일에 허가하며 하사관과 병의 사용외출은 당분간 허가하지 않는 것을 원칙으로 삼았다(42조). '사용외출'을 허락하지 않는 군대내무서 조항을 그대로 본뜬 모양새다. 외출 시한은 조식 이후 석식 전까지, 하사관은 일석점호가 행해지는 오후 8시까지였다(43조). '사용외출'은 2인 이상 동행하며(44조) 외출 복장은 대검·각반 착용과 외출증 휴대로 정했다(46조).

---

20) 사단통신대는 1940년 11월~1942년 12월의 진중일지를 남겼다. 이하에서 진중일지의 출전 표기는 생략한다.

21) 〈内務及警戒規定 第35師団通信隊〉, 《第35師団通信隊 陣中日誌 昭和16年2月1日~16年5月25日》.

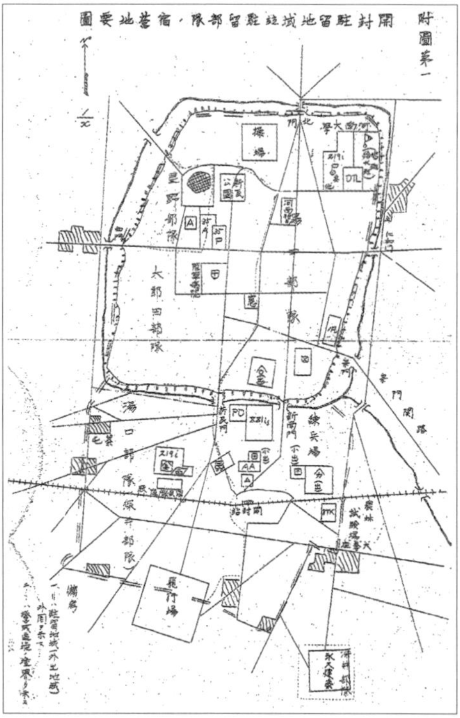

[그림 6-5] 제35사단의 카이펑 주둔지와 외출 구역(1941년 2월 15일)

· 출전: 〈内務及警戒規定 第35師団通信隊〉, 《第35師団通信隊陣中日誌 昭和16年2月1日~16年5月25日》

카이펑 성내의 숙영지와 외출 구역은 [그림 6-5]와 같다. 외출 가능 구역은 이중 점선(==)으로 표시되어 있다.

통신대의 진중일지를 통해서는 규정에 따른 위안소 출입은커녕 일요일의 외출 실시 여부조차 판가름하기 어렵다. 외출 사실부터 언급하지 않는 형태가 내내 유지되었기 때문이다. 9월 7일자 '교육 예정표'에는 일요일인 14일·21일·28일의 휴무가 명기되어 있지만 진중일지에는 아무런 언급이 없다. 휴양에 관해서도 3월 21일의 춘계황령제에 전체 휴양했다는 기록이 유일하다. 따라서 위안소 출입의 증명은 우회로를 통할 수밖에 없다. 성병 환자의 발생과 제2종 순찰의 임명이 그것이다.

1941년에는 2건의 성병 발생이 기록되어 있다. 3월 25일 일등병은 잠복성매독으로 인해 카이펑 육군병원에 입원했으며, 12월 18일에는 상등병이 임독성요도염으로 입원했다. 1942년에는 성병 발병 기록이 더 잦다. 2월 2일에는 초년병의 신체검사를 실시한 결과 연성하감에 걸린 1명이 발견되었다. 5월 20일에는 일등병이 연성하감에 걸려 카이펑 육군병원에 입원했다가 7월 2일 퇴원했다. 8월 19일에는 급성임독성요도염으로 카이펑 육군병원에 입원한 상등병이 10월 14일에 퇴원했으며, 8월 29일과 9월 3일에는 상등병이 1명씩 급성임독성요도염으로 입원했다.

제2종 순찰 장교를 임명하는 통신대의 일일명령은 1941년 9월 20일에 처음 나타난다. 앞에서 기술했듯이 교육 예정표상으로 휴무인 9월 21일(일) 근무자로 조장에게 내려졌다. 12월 18일에는 21일(일)을 담당할 소위를, 28일에는 1942년 1월 2일(금)의 조장과 1월 5일(월)의 소위를 임명했다. 1월 10일에는 11일(일)에 복무할 준위를, 1월 16일과 4월 3일에는 근무일을 지정하지 않고 각각 중위와 소위를 임명했다. 1942년 1월 초를 제외하면 통신대의 외출일에 맞추어 제2종 순찰을 실시한 것이다.

사단이 정한 위안소 체계

보병 219연대 2대대 7중대가 보관했던 자료에는 사단부터 각 지역의 경비대에 이르기까지 주둔에 즈음하여 직접 작성하거나 전달받은 19종의 규정이 수록되어 있다. 다음은 제반 규정을 정리한 것이다.

먼저 사단사령부가 작성한 것으로 '영외시설규정'이 있다.[22] 이 규정은 1942년 7월 12군 참모부가 하달한 '영외시설 확충요강'(仁集參密 제294호)을 바탕으로 영외시설의 건설, 경영, 이용, 감독과 관련하여 사단에서 실시해야 할 주요 사항을 정리한 것이며, 규정 이외의 사항은 육군영선사무규정(規程),[23] 야전주보규정 등 법규를 따르도록 했다(1조). 영외시설은 "영외주보, 특수위안소, 해행사(偕行社),[24] 그 밖의 지방 단체 등의 독지(篤志)에 의해 개설된 군인위안시설"을 지칭했다(2조).

영외시설은 주둔지의 상급부대장(이하 관리부대장)이 관리, 경영 또는 지도, 감독을 맡으며(3조) 각 지구 경비대장은 경비 지역 내의 영외시설을 통괄하도록 했다(4조). 새로운 영외시설은 하급 장교, 하사관, 병에게 역점을 두어 추진하며(5조) 용도는 하사관·병과 장교·준사관으로 구별했다(6조). 영외시설은 전용이 아니라 각 부대 공용으로 설치하며(7조) 개설 준비를 갖춘 후 계통을 밟아 사단장에게 상신하도록 했다(8조). 건설 관련 업무는 사단사령부의 경리부장이 맡으며 비품 조달과 식료품 보급·불하, 담당 요원 고용은 관리부대장이 경리부장과 협의하여 추진하도록 했다(9조). 각 지구 경비대장은 매년 12월 말일에 지역 내 영외시설의 설치, 경영, 이용 등의 상황을 사단장에게 보고해야 했다(10조).

뒤이어 제11~18조는 영외주보에 관한 조항이다. 영외주보는 대대 이상의 본부나 사령부 소재지에 야전주보를 영외에 설치하는 휴게소, 매점, 식당 등을 말하며(11조) 해행사와 달리 전적으로 하사관과 병을 대상으로 한 시설이었다(12조).

---

22) 〈営外施設規定〉,《諸規定綴 歩兵219連隊警備隊第7中隊 昭和18年》. 이하에서는 해당 문서명만 인용하여 적시한다.

23) 1891년 9월 제정되어 육군의 토지와 건조물의 관리, 공사 집행방법을 규정했으며 요새, 포대 등과 같이 전투와 관련된 건조물은 제외했다.

24) 해행사는 일본 육군의 장교와 준사관을 대상으로 친목과 부조를 위해 설립된 재단법인이었고 일종의 거대기업으로 전국 각지에서 군장품 판매시설, 카페, 여관은 물론 학교까지 운영했다.

특수위안소에 관한 규정은 19~24조에 망라되어 있다. 먼저 "중대 이상의 주둔지에서 현지 정황에 맞추어 필요에 따라 위생적이고 염가의 위안을 위해 군인·군속 전용의 특수위안소를 개설할 수 있"도록 했다(19조). 위안소를 '위생적이고 염가의 위안'이라 표현한 것에 주목하지 않을 수 없다. 특수위안소는 부대에서 직영하지 않고 위탁 경영하도록 했다(20조). 건물은 간소한 형태로 경리부장이 별도의 경비로 준비하여 위탁 경영자에게 무상으로 대여하며 이후 유지는 위탁 경영자가 맡도록 했다(21조). 특수위안소 경영에 필요한 음식품은 야전주보에서 불하하고, 약품과 방호용품 등은 관물을 교부하며, 세부 사항은 군의부장이 정하도록 했다(22·23조). 사단사령부 소재지의 특수위안소의 관리와 경영 등은 상기 조항 외에 별도로 정하도록 했다(24조).

그리고 해행사에 관한 규정은 제25~32조로 이어진다. 해행사는 장교를 대상으로 사단사령부 소재지에 개설하며(25조) 숙박부대, 즉 숙소·위안부·식당부·주보부로 구성되고(26조) 민간 이용은 불허했다(30조). 종업원의 신분은 '북지방면군 작전 지역 내에 설립된 해행사 종업원의 군에 의한 신분 취급에 관한 내규'(1940년 12월 1일, 方軍別人 제1018호)에 따르도록 했다(31조).

마지막에는 두 조항이 딸려 있다. 먼저 "외부 단체 또는 개인 등이 영리를 목적으로 하지 않고 위안·위락 시설을 설치하여 군인·군속의 이용에 제공하는 경우에는 앞의 각 조에 준하여 비품의 일부를 대여하거나 필수품을 배급하고 보조금을 교부할 수 있"도록 했다(33조). 외부의 영외시설을 이용하는 경우에도 각 조에 준하여 지원할 수 있었다(34조).

이 영외시설규정은 위안소의 본질을 있는 그대로 제시한다. 위탁 경영자를 개재시킨 특수위안소 설치는 주둔지의 책임자인 관리부대장과 사단사령부의 경리부장, 군의부장이 협의하여 준비를 갖춘 후 사단장에게 보고했다. 관리부대장은 주둔지 내 특수위안소의 전체적인 관리·경영·지도 감독을 맡았고 각 지구의 경비대장은 경비 지역 내의 특수위안소를 통괄하는 한편, 연말에 사단장에게 경영과 이용에 관한 보고를 올렸다. 처음으로 확인되는 사실로서 사단사령부 소재지에서 고급 장교를 상대로 하는 특수위안소는 별도의 규정을 두어 관리했다. 그리고 35사단의 위안소 체계는 상급부대인 12군의 '영외시설 확충요강'을 바탕으로 정립되었다는 사실도 지나칠 수 없다. 의심의 여지 없이 위안소는 사단을 넘어 군사령부가 설치를 주관했던 일본군의 '부속시설'이었던 것이다.

경비 체계와 외출일

그렇다면 35사단에 소속된 병사들은 영외시설규정 내 위안소를 어떤 방식으로 이용했을까? 각급 경비대의 관련 규정들은 그 점을 알려주는 길라잡이라고 할 수 있다.

먼저 1943년 1월 10일 작성되어 실시에 들어간 둥밍(東明)경비대의 '내무규정'이다.[25] 경비대장인 고토(後藤) 소좌는 219연대 2대대장으로 추정되며 219연대장은 유구치 슌타로(湯口俊太郎, 1886~1969) 대좌였다. 둥밍은 지금의 허쩌시(菏澤市) 둥밍현으로 추정되며 정저우시 동쪽에 소재한다. 경비대 2소속으로는 대대본부와 나루사와(成澤)부대, 7중대로 보이는 쓰카하라(塚原)부대가 있었다. 경비에 지장이 없는 한 휴일에 반수의 외출을 허가했으며 외출 시한은 조식 이후부터 병이 석식 때까지, 하사관이 오후 8시까지였다.

---

25) 〈東明警備隊內務規定〉.

둥밍경비대는 3월 1일자로 '주둔지경비규정'을 제정했다.[26] 이는 "둥밍의 경비 및 치안 유지에 관해 필요한 사항을 정"한 이 규정 속의 '부대위병복무요령' 외출과 결부된다. 보초가 근무하는 문의 출입을 허용하는 자 중에 "휴일 외출 시한 내에 출입하는 하사관"과 "병으로서 외출규정 시한 내에 외출증을 지닌 자"가 열거되어 있다.

주둔지경비규정을 제정한 날에 쓰카하라부대, 즉 7중대는 '내무규정 및 예절'도 정했다.[27] 내무에 관한 규정 체계로는 군대내무서와 2대대의 규정과 연동된다는 점이 명기되어 있다. 일과 시한은 경비대본부에 준하며 휴일 및 외출에 관해서도 경비대본부의 규정에 따른다고 되어 있다.

7중대는 5월 6일자로 '창위안(長垣)경비규정'을 제정했다.[28] 창위안은 황허강을 사이에 두고 둥밍과 접해 있으며 지금의 신샹시에 속한다. 경비규정을 제정한 같은 날에 '내무규정 및 예절'도 제정되었다.[29] 군대내무서 및 2대대의 규정을 준용한다고 언급한 구절은 변함없으나 실제 내용은 많이 달라졌다. 일과 시한이 따로 설정되었으며 주보의 판매 시한도 규정 속에 포함되었다. 가장 큰 차이점은 휴일과 외출에 관해 별도의 규정을 만든 것이었다. 일반 휴일 및 경축일에는 중대장의 허가를 받아 근무에 지장이 없는 자의 외출을 허가했다. 그리고 외출 시한은 조식부터 병이 석식까지, 하사관이 오후 8시로 정해졌다. 1월 10일의 대대규정과 내용상의 차이는 없지만 독립경비의 주체가

---

26) 〈駐屯地警備規定〉.
27) 〈内務規定及躾 昭和18年3月1日〉.
28) 〈長垣警備規定 昭和18年5月6日〉.
29) 〈内務規定及躾 昭和18年5月6日〉.

된 7중대는 독자적인 내무규정을 보유하도록 요구한 것이다.

비슷한 시기에 2대대는 허쩌시 남쪽으로 내려와 카오청(考城)의 경비를 맡고 있었다. 카오청은 지금의 카이펑시 란카오현(蘭考縣)의 중심부에 해당된다. 2대대는 카오청경비대로서 5월 10일자로 '주둔지경비규정'을 정비했다.[30] 하지만 둥밍 주둔 시절과 비교하여 내용상의 변화는 거의 관찰되지 않는다.

그런데 카오청 경비에 수반된 내무규정은 두 종류가 존재한다. 날짜는 5월 10일로 같고 내용도 동일한데, 몇 가지 차이점이 있을 따름이다. 카오청 주둔부대 중 나루사와부대, 승마소대는 같으나 나머지 부대 하나가 핫토리부대 또는 미야카와(宮川)부대로 나뉜다. 전자는 규정1, 후자는 규정2로 부르기로 한다. 외출에 관해 규정1과 규정2는 둥밍 시절에 비해 절반 인원의 외출을 허가했다는 부분에서는 동일하다. 다만 규정1은 휴일을 일요일과 경축일로 설정한 데 비해, 규정2에서는 토요일에 미야카와부대와 나루사와부대, 일요일에 대대본부와 승마소대로 구분했다. 앞의 주둔지경비규정에는 규정1과 마찬가지로 핫토리부대가 소속된 것으로 기술되어 있다.[31]

한편, 35사단 사령부는 5월 25일 '카이펑주류규정'(이하 주류규정)을 제정했다.[32] "카이펑 부근에 주류하는 예하 및 지휘, 구처 아래 각

---

30) 〈考城警備隊内務規定〉. 카오청경비대 소속으로 열거된 부대는 나루사와부대 이외에 핫토리(服部)부대, 승마소대뿐인데, 이는 7중대가 창위안 경비를 맡았다는 사실과 부합한다.

31) 주둔지경비규정과 규정1에는 '35부 내 제25호'라고 부기되어 있어 관련 부대에 배포된 공식 문서라고 짐작되며 규정2에는 관련된 표식이 전혀 없다. 참고로 7월 19일자로 작성된 문서를 보면 2대대는 제5~8중대, 2기관총중대를 거느렸으며 중대장 이름을 따서 모리(森)부대, 사가에(寒河江)부대, 쓰카하라부대, 핫토리부대, 나루사와부대로 불렸다(〈昭和18年度大隊第1回 劍術競技会規定〉).

32) 〈開封駐留規定 昭和18年5月25日〉.

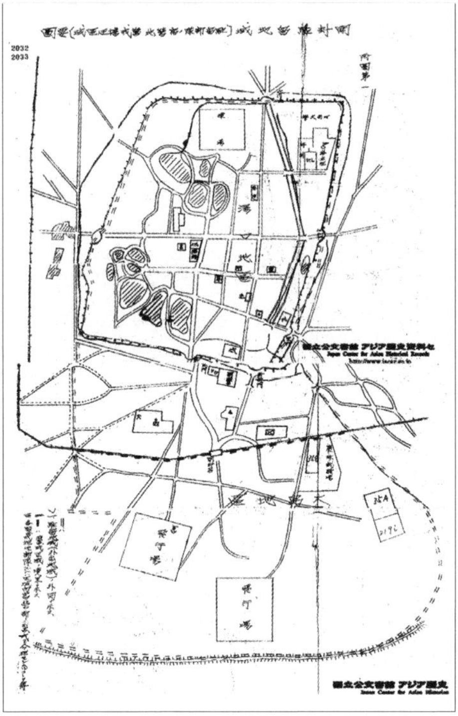

[그림 6-6] 제35사단의 카이펑 주둔지와 외출 구역(1943년 5월 25일)

· 출전: 〈開封駐留規定 昭和18年 5月25日〉, 《諸規定綴 歩兵219 連隊警備隊第7中隊 昭和18年》

부대의 숙영, 경비 및 질서 유지 등에 관해 준거해야 할 상황을 규정" 한 것이었다. 카이펑 주류 지역(이하 카이펑)의 범위와 주둔부대의 배치도는 [그림 6-6]과 같다. 카이펑은 허난대학 남쪽의 시내 중심가에 해당된다. [그림 6-5]와 같이 이중 점선으로 외출구역을 표시했다.

카이펑은 경비 체계상 남지구 내의 특별 구역으로 설정되었고 남지구경비대장을 겸하는 카이펑경비대장이 경비와 질서 유지를 담당했다. 219연대장인 유구치 슌타로 대좌로 추정되는 경비대장은 군인·군속 및 일반 민중의 '비위'를 통제하기 위해 제1종 순찰을 실시하며 일반 외출일에는 주류부대에서 차출한 장교와 하사관에게 제2종 순찰을 담당하게 했다. 카이펑에서의 일과 시한 또한 6~8월, 9~10월과 4~5월,

	외출부대
일	사단사령부, 야전우편국, 병기근무대, 야전철도지부, 육군병원, 군통신대
월	보병 제219연대
화	연습일
수	야포병 제35연대, 야전창고
목	사단통신대, 야전병원
금	병마창(病馬廠), 자동차 제36연대
토	특별훈련대, 병참사무소, 군방역급수반

[표 6-2] 카이펑 주류부대의 외출일 할당(1943년 5월 25일)

* 휴일과 경축일에는 각 부대장이 반수 이내의 외출을 허가할 수 있다.

· 출전: [그림 6-5]와 동일

11~3월 등 세 종류로 설정되었다(석식은 오후 7시, 오후 6시 30분, 오후 6시로, 일석점호는 오후 9시, 오후 8시 30분, 오후 8시로 각각 정해졌다).

주류규정에서 외출에 관한 내용은 다음과 같다. 주류부대는 사단장, 임시 숙박부대는 경비대장의 허가를 받아 하사관과 병에게 휴무와 외출을 허가할 수 있었다. 외출 시한은 조식 후부터 병이 오후 6시까지, 하사관이 오후 8시까지였으며, 대검과 각반을 착용한 복장으로 외출증을 휴대하도록 했다(외출증은 군대내무서 양식). 각 부대장은 외출을 허가한 인원을 미리 경비대장에게 보고(통보)하도록 했으며 경비대장은 필요시 사단장의 승인을 얻어 외출을 중지할 수 있었다. 그리고 각 부대별 외출일은 [표 6-2]와 같이 할당되었다.

7중대의 규정 자료에서 마지막으로 언급할 것은 1943년 9월 15일자로 작성(9월 20일 적용)된 '카이펑경비대경비규정'(이하 경비규정)이다.[33] 경비규정이 개정된 것은 경비대장의 교체가 직접적인 원인이었

33) 〈開封警備隊 警備規定〉.

	외출부대
일	사단사령부, 야전우편국, 병기근무반, 야전철도지부, 육군병원, 군통신대, 보병 제219연대, 야전창고, 사단통신대
목	병마창, 자동차 제36연대, 특별훈련대, 병참사무소, 군방역급수반

[표 6-3] 카이펑 주류부대의 외출일 할당(1943년 9월 15일)

* 휴일과 경축일에는 각 부대장이 반수 이내의 외출을 허가할 수 있다.

· 출전: 〈開封警備隊 警備規定〉,《諸規定綴 歩兵219連隊警備隊第7中隊 昭和18年》

다. 소장으로 승진한 유구치 슌타로 대좌를 대신하여 시미즈 스에사다(清水季貞, 1894~1944) 대좌가 8월에 219연대장으로 새로 착임했다. 그래서 1941년 12월 20일에 배포된 구경비규정을 폐지하고 새로이 개편했던 것이다.

경비규정은 35사단의 주류규정을 토대로 카이펑경비대가 수행할 경비 실태를 명문화한 매뉴얼이었다. 구경비규정은 남아 있지 않으나 신경비규정은 주류규정의 내용을 거의 답습하고 있다.

외출방식과 관련해서는 [표 6-3]과 같이 외출일이 일요일과 목요일로 단순화된 것이 눈길을 끈다.

1943년 5월 들어 35사단은 중국 주둔부대 개편의 일환으로 야포병 35연대를 감축했다. 경비규정의 개정은 이런 변화와 함께 경비 태세를 강화하기 위한 조치로 판단된다. 또한 사단통신대의 경우 5월 25일에는 누락되어 있지만 9월 15일에는 진중일지 기록과 마찬가지로 일요일을 외출일로 했다.

외출일 변동에 맞추어 제1·2종 순찰을 차출하는 방식도 바뀌었다. 제1종 순찰을 파견하는 부대는 219연대, 경비중대, 자동차 36연대, 사단통신대, 군통신대, 배속 야포대 등으로 정해졌다. 제2종 순찰의 경우 일요일에는 219연대, 사단통신대, 군통신대, 육군병원 등이, 목요일에는 병마창, 사단특별훈련대, 자동차 36연대가 위수근무령에 준하여 순찰 구역과 시기를 정해 복무하도록 했다. 경비규정에는 새롭게 부대 배치도와 외출 구역이 그려져 있는데, 외출 구역의 경우 앞의 [그림 6-6](357쪽)과 거의 같다.

보병 제221연대 제2대대와 위안소

보병 221연대 소속 2대대와 2기관총중대(이하 2중대)는 35사단 예하의 전투부대 중 유일하게 진중일지를 남겼다.[34] 진중일지 기록을 토대로 보면 2대대와 2중대는 1942년 5월부터 줄곧 산시성(陝西省)과 인접한 황허강 북안의 자오줘 부근에 머물렀고 연대본부는 자오줘 서쪽의 칭화진(淸化鎭, 지금의 보아이현博愛縣)에 꾸려졌다. 221연대장은 하세가와 쓰토무(長谷川務, 1896~1953) 대좌, 2대대장은 오자와 규헤이(小澤久平) 대위, 2중대장은 시라타케 고지(白武虎次) 대위였다.

통신대와 유사하게 2중대의 진중일지는 휴양도, 외출도 전혀 언급하지 않는 소략한 기술방식으로 일관한다. 결정적인 자료는 2대대에서 하달되는 명령에서 찾을 수 있다.[35] 1943년 11월 9일 오자와부대 회보는 "군인·군속의 오락 기관의 한 시설로 자오줘 군인구락부를 구 헌병대 자리에 설립하고 11월 11일 개업"하며 '자오줘군인구락부사용규정'(이하 규정)에 따라 이용하도록 알려왔다. 규정은 다음과 같다.

---

34) 2대대의 진중일지는 1944년 1월 14일~2월 15일이 남아 있고(디렉터리는《步兵第221連隊 陣中日誌 昭和19年1月14日~19年2月15日》이나 2대대), 2중대의 진중일지는 1939년 11월, 1941년 6~7월, 1942년 5~8월, 1943년 1~5월이 현존한다. 이하에서는 출전을 명기하지 않는다.

35) 〈伝達事項綴〉,《步兵第221連隊 第2機関銃中隊 命令会報伝達簿 昭和18年4月1日~18年11月21日》. 이하 동일.

1. 군인구락부는 자오쮜에 있는 군인·군속을 위해 가장 간편한 위안소로 삼기 위해 통상 출입할 수 있는 자는 제복 착용의 군인·군속으로 한다(단, 일시 주둔 또는 통과하는 군인·군속도 이용할 수 있음).
2. 군연락부 자오쮜 출장소원, 신민회[36] 직원, 영사관경찰서원, 순무군확경대(巡撫軍擴警隊) 직원은 현지 경비대가 발행하는 증명서를 휴대해야 출입을 허가한다.
3. 1조, 2조의 인원과 함께인 경우에는 출입을 허가한다.
4. 영업시간은 다음과 같다. 평일 오후 1~11시, 일요일 오전 9시~오후 11시.
5. 음주 시한은 오후 6~9시(단, 휴일 군인의 경우 오전 9시~오후 10시).
6 특히 필요하여 연회 등을 할 경우에는 경비대장의 허가를 받으며 음주 시한 외에도 음주를 허가한다.
7. 예작부는 2인 이상의 회식 또는 연회를 할 경우 소요 절차를 거쳐 조치할 수 있다.
8. 모든 판매품은 별도의 정가표에 따르며 지불은 현금으로 하고 외상은 엄금한다.

위안부가 상주하는 위안소의 형태는 아닌 듯하지만 2대대의 독자적인 '위안시설'이었음에는 틀림없다.

실제로 2대대는 자오쮜 군인구락부를 연회 장소로 이용했다. 1944년 1월 27일자 진중일지에서 2대대는 전출하는 장교, 준사관·하사관의 송별회 실시를 회보로 공지했다. 준사관과 하사관은 28일 오후 7시

36) 정식 명칭은 '중화민국신민회'로 북지나방면군의 주도 아래 1937년 12월에 발족한 중화민국 임시정부의 '민중 단체'로 조직되어 일본군에 협조했다.

30분부터, 장교는 29일 오후 7시부터였고 장소는 자오쥐 군인구락부였다.

그리고 2월 10일자 2대대 진중일지 속 환자 내역에는 성병 환자가 포함되어 있다. 전체 66명 중 화류병 환자는 5명이었는데, 5중대 1명, 6중대 2명, 7중대 1명, 2중대 1명이었다.

5) 후난성 사오양의 제116사단

부대 개괄과 주둔 체계

제116사단(군대부호는 嵐)은 중일전쟁 확대에 대응하여 1938년 5월 창설되었다. 편성 직후부터 중지나파견군 전투서열에 편입되어 우한 작전에 참가했고 중지나파견군 폐지 후에는 13군 휘하에서 화중에서의 작전과 경비에 임했다. 1944년 1월 116사단은 우창지구로 이주하여 1월부터 11군 휘하에서 경비에 종사하던 중 4~12월에 감행된 '대륙타통(打通) 작전'에 동원되었다.[37] 또한 8월부터는 후난성 바오칭(寶慶, 지금의 사오양 시내) 인근에 진출한 뒤 10월 3일 이후 경비에 들어갔고 12월부터는 편입된 제20군 예하에서 패전을 맞이했다.

116사단의 주력은 보병 제109·120·133연대였으며 야포병 제122연대, 치중병·공병 제116연대 등의 부대로 편제되었다. 사단장은 1943년 6월~1945년 3월에 이르는 기간 동안 이와나가 오(岩永汪, 1889~1960) 중장이 맡았고 사령부는 바오칭에 위치했다. 116사단 예하부대 중에서는 다키데라 호사부로(瀧寺保三郎) 대좌의 보병 109연

37) 116사단의 움직임은 별도의 언급이 없는 한 〈6 第116師団〉(《資料通報 第44, 46号 中国派遣軍 34D, 68D, 116D, 3D 昭和25年9月》)을 참조했다.

대(이하 109연대)와 미나미 기요히코(南喜代彦) 중좌의 치중병 116연대(이하 116연대)의 일부 부대가 진중일지를 남겼다.[38] 그 내용을 보면 드물게도 사오양 주둔 개시와 함께 사단 차원에서 위안소 개설에 관여한 것이 드러난다.

1944년 11월 1일 당시 109연대 본부와 직할부대는 바오칭 서북의 저무톈(柘木田, 지금의 사오양시 베이타구北塔區 저무촌柘木村)에서 숙영하고 있었다. 이날 109연대는 '서북지구경비 및 주둔근무 규정'(이하 규정)을 제정했다.[39] 동시에 연대장의 이름을 딴 '룽경(瀧警)제1호'를 하달한 것을 보면 109연대의 저무톈 주둔은 11월부터가 본격적이었던 것으로 추정된다.

규정은 사단장의 이름을 딴 '이와(岩)병단경비 및 주둔근무 규정'을 토대로 서북지구경비 지역 내의 2개 소지구대와 공통인 사항을 담았다(제1, 규정 번호이며 이하 동일). 연대본부와 소지구대의 주둔지와 소속부대는 [그림 6-7]과 같다.

보병 제109연대와 위안소

규정 내용에서 먼저 주목할 항목은 제2장 '경비'의 '제13 순찰의 파견'이다. '갑(甲)순찰'은 지구대장이 저무톈 부근 숙영 구역을 순찰하도록 하는 것을 말하며, 위수근무령의 제1종 순찰과 제2종 순찰을

---

38) 109연대의 진중일지 중 연대본부, 통신중대, 보병포중대 제2소대는 1944년 11월, 보병포중대는 1944년 11월~1945년 2월, 속사포중대는 1944년 11월~1945년 3월, 승마소대는 1944년 12월~1945년 3월, 작업소대는 1944년 11월~1945년 3월, 제9·10중대는 1944년 11월~1945년 1월, 제12·3기관총중대는 1944년 11월~1945년 2월을 남겼다. 116연대의 진중일지는 제1중대가 1944년 11~12월을, 제2중대가 1944년 11월~1945년 2월을 남겨 열람이 가능하다. 이하에서 진중일지의 출전은 명기하지 않는다.

39) 〈西北地区警備並駐屯勤務規定〉, 《歩兵第109連隊 陣中日誌 昭和19年11月1日~19年11月30日》.

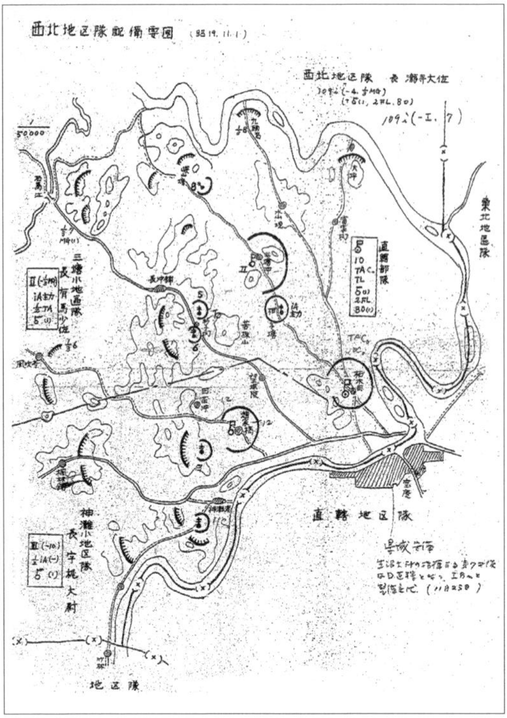

[그림 6-7] 사오양에서의 보병 제109연대 배치도

* 저무텐과 바오칭을 가르며 양쯔강의 지류인 쯔수이강(資水江)이 흐른다.
· 출전: 〈西北地区警備並駐屯勤務規定〉, 《步兵第109連隊 陣中日誌 昭和19年11月1日~19年11月30日》

겸하도록 했다. '을순찰'은 소지구대장이 그 밖의 담당 구역에 파견하는 것을 가리키며 이 역시 제1·2종 순찰을 겸무했다. '병위생 순찰'은 저무텐 부근 직할 숙영지 내에서 필요에 따라 파견하며, "각 부대 및 군 지정 식당 기타 위생시설, 각 개인의 위생 군기, 중국 민가의 위생 지도"를 책임졌다.

제6장 '내무'에서는 '제2절 기거'가 중요하다. 일과 시한(제50)과 함께 제51에는 하사관 이하 3인이 동행하거나 인솔하는 외출방식이 자세히 적시되어 있다. 흥미로운 단어는 '외출 산책'인데, 직할 구역을 '저무텐 산책 구역'이라 칭하고 있다. 따라서 제52에서는 '저무텐 주둔부대의 외출 산책일'이 배당되어 있다. 일요일은 연대본부, 월요일

은 작업소대(군대부호는 iP)·승마소대(군대부호는 iK), 화요일은 통신중대, 수요일은 보병포중대, 목요일은 속사포중대, 금요일은 예비대, 토요일은 '휴일'이었다. 제53에서는 "위안시설의 이용에 대해서는 별도로 정하는 바에 따른다"고 되어 있다. 마지막으로 제7장 '위생'에서는 109연대의 위생방역규정을 준수하는 외에 '군 지정 이외의 식당'에서의 취식과 음식물 구입, 중국 민가의 출입을 금했다(제54).

규정 제53에 등장하는 위안시설은 위안소로 여겨지는데, 규정 제정과 함께 설치된 것은 아니었다. 저무톈의 109연대 직할부대가 휴양했던 요일의 내역을 그 증거로 들 수 있다. 통신중대는 11월 3일(금, 명치절)·6일(월)·12일(일)의 오후에 휴양을 취했다. 저무톈 서북쪽의 간쯔탕(柑子塘)에서 숙영하던 보병포중대는 11월의 경우 3일(금)·5일(일)·12일(일)·20일(월, 16~19일 작전 참가)·26일(일), 12월 4일(월, 3일 작업)·10일·17일·24일과 같이 주로 일요일 오후에 휴양했다(2소대 역시 11월 3일·12일·20일 휴양). 승마소대도 12월에 3일(일)·11일(월, 대체휴양)·17일(일)·24일(일) 오후에 휴양했다. 작업소대[40]의 경우 11월에는 9일(목)·15일(수)·20일(월)·26일(일) 오후 휴양, 12월에는 주간행사 예정표상의 3일(일)과 진중일지에서의 12일(화, 오전)·17일(일)·24일(일)과 같이 일요일 위주의 오후 휴양이 기록되어 있다.

3대대 소속인 제9·12·3기관총중대의 진중일지는 휴양이라는 단어조차 드물다. 다만 앞의 [그림 6-7]에 나와 있듯이 10중대는 109연대 직할부대와 함께 저무톈에 주류했으므로 휴양 기록이 꽤 눈에 띈다. 11월 8일(수)은 '휴양일'로 명기되어 있고, 14일은 15일의 도로 작

---

40) 작업소대는 병력을 둘로 나누어 2분대는 8중대의 경비지로 가서 작업했는데, 여기서는 저무톈의 주력 상황만 기술한다.

업에 대체하여 전원 휴양을, 20일(월)의 오후 휴양에 이어 30일(목)에는 '휴양일'을 가졌다. 12월 들어서는 7일(목)·16일(토, 14일과 15일은 출동했으며 행사 예정표에는 14일 휴양)·23일(토)에 휴양이 이루어졌다. 12월 24일 조장은 109연대의 규정에 대한 교육을 실시했다.

이와 같이 1944년 11월과 12월 두 달 동안 불규칙하던 휴양일은 해를 넘겨 1월부터는 규정에 따라 실시되기에 이른다. 보병포중대는 1월 초·중순에 걸쳐 출동한 탓에 18일(목)에 신년축하 겸 전체 휴양을 가졌다. 이후부터는 규정에서 배당된 '외출 산책일'인 수요일마다(1월 24일·31일, 2월 7일·14일·21일·28일) 오후 휴양을 실시했다.

승마소대의 경우 1월에는 '휴양 산책 허가'라는 표현이 매주 월요일인 15일(오후)·22일(오전 11시)·29일(오전 10시 30분)에 등장한다. 2월은 5일·11일(기원절)·12일(산책)·19일(산책)에 오전 10시 30분부터 휴양했으며, 다시 3월부터는 12일 오전 10시~오후 4시 30분 '휴양 산책 허가', 19일 오전 10시부터 '휴양 산책 허가'로 적시되다가 26일은 오전 10시 30분 휴양만 기록되어 있다.

작업소대도 승마소대와 같이 월요일에 휴양을 가졌다. 1월에는 15일의 종일 휴양에 이어 22일·29일에도 오후에 휴양을 허가했고, 2월에는 5일·11일(기원절)·12일·19일·26일, 3월에는 5일·12일·19일·26일 오후에 휴양이 이루어졌다.

10중대의 1월 진중일지에는 금요일에만 휴양을 실시한 것으로 되어 있다. 1월 12일에는 휴양, 19일 '휴양일'에는 '산책 허가'라는 단어가 각각 사용되었으며, 26일에는 오후 휴양이 기재되어 있다. 그리고 1월 28일~2월 3일의 주간 행사 예정표에는 2일(금) 오후와 야간의 칸에 휴양이 명기되어 있다.

이와 같이 1945년 1월 중순부터 저무텐 주둔부대는 규칙적으로 규정에서 할당된 '외출 산책일'에 맞추어 휴양 또는 '휴양 산책'을 실시했다. 그 이유는 1월 13일 10중대의 진중일지에서 찾을 수 있다. 109연대가 하달한 일일명령 제11호(11호) 말미에는 다음 부분이 첨부되어 있다.

> 4. 저무텐 위안소규정 3조 감독 지휘관 및 동 조수(助手) 중에 주계하사관 1을 추가한다. 한편, 동 규정 13조 하사관의 산책 시한을 오후 9시까지로 정정한다.

109연대 일일명령 내 '산책 시한'은 산책이 위안소 이용의 또 다른 표현 중 하나였음을 웅변한다. 아울러 규정 속의 금요일을 할당받은 예비대는 사실 10중대였음이 분명해진다. 109연대의 직할은 아니지만 예비대로서 저무텐에 주류했던 것이다.

11호는 다른 진중일지에도 등장한다. 보병포중대의 경우에는 11호의 요지를 기재하면서도 저무텐 위안소규정의 변경은 거론하지 않았다. 반면에 속사포중대는 중대장 스기타 준지(杉田順二) 대위가 저무텐 위안소규정 3조에 따른 감독 지휘관에 임명되었음을 기록해놓았다. 이와 관련하여 작업소대장은 1월 18일 오전에 '주류근무규정', 즉 앞의 규정을, 오후에는 '소대 내무 예절(躾)'에 대해 강연했다.

치중병 제116연대와 위안소

116연대는 제1중대(중대장 오모리 마코토大森誠)의 진중일지에 따르면 1944년 11월 1일 당시 사단의 직할지구대로 바오칭 서남지구의 경비를 맡고 있었다. 116연대 제2중대는 남부경비대에 배속되어 지금의 사오양현을 숙영지로 삼고 있었다. 보급을 담당하는 병참부대의 흔한 배치 형태였다.

주둔 초기였던 만큼 109연대와 마찬가지로 휴양은 불규칙했다. 1중대는 116연대에게 일일명령으로 휴양 지시를 받았으며 11월 3일(명치절)과 10일의 두 차례 휴양은 영내에서 이루어졌다. 2중대는 11월 3일 오후 1시 영내 휴양을 가졌을 따름이다.

11월 중순 들어 116사단은 대륙타통 작전의 막바지 국면인 헝양(衡陽, 사오양 동쪽) 공략에 나섰다. 병참선 확보를 위해 116연대는 동부경비대의 임무를 부여받았고 2중대는 116연대 소속으로 복귀했다.

2중대의 새 주둔지(진란사金蘭寺, 현재 위치 불상)는 116연대와 떨어져 있었다. 이 때문인지 비교적 규칙적이기는 했지만 기록된 휴양은 전부 영내에서 실시되었다. 11월 27일, 12월 21일·28일, 1월 2일·3일·21일·27일이 그러하다. 2월 4일(일)이 '휴양일'로 표시되어 있는데다 11일·18일·25일에 휴양이 적시되어 있다. 일요일이 휴양일이 된 것 같지만 모두 영내 휴양이었다.

반면에 연대의 직할로서 1중대는 11월 21일 얀피차오(演陂橋, 지금은 헝양현 얀피진)에 도착하여 물자 조달과 함께 병참 숙사의 조성과 운영을 맡게 되었다. 1중대와 병참 숙사의 배치도는 [그림 6-8]과 같다. 연대본부는 하단의 얀피차오 일대가 숙영지였다.

11월 22일 일과 시한 제정을 필두로 1중대는 본격적인 주둔에 들어갔다. 이후 11월 30일자 동부경비대, 즉 116연대의 일일명령 "암참(岩參) 제84호에 따라 위안소 개설 준비위원장 및 위원을 임명"한다는 통보가 당도했다. '암참'은 116사단 참모부를 가리키므로 사단사령부에서 발신한 명령이었다. 위원장은 대위이며, 위원은 소위 1명, 주계중위 1명, 군의중위 1명, 헌병조장 1명 등 4명이다. 헌병조장을 제외하고 모두 연대본부 소속인 것으로 보인다.

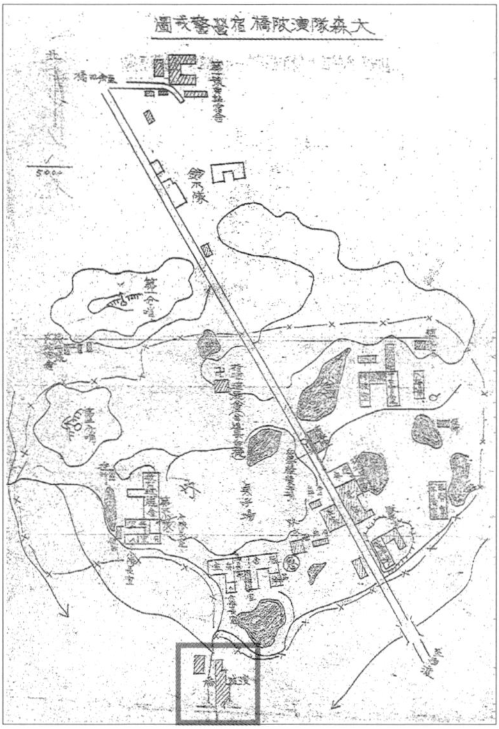

[그림 6-8] 헝양현에서의 치중병 제116연대 제1중대 배치도

· 출전: 〈陣中日誌　自昭和19年11月1日至昭和19年11月30日(1)〉, 《輜重兵第116連隊第1中隊 陣中日誌 昭和19年11月1日~19年12月31日》

이후 관련 기록은 발견되지 않지만 1중대의 휴양 실태가 바뀐 것은 주목하지 않을 수 없다. 12월 들어 3일·13일·23일은 영내 휴양을 가졌는데, 20일의 전체 휴양은 당일 개설되는 '병참시설 식당부'의 이용이 수반되었다. 12월 27일자 진중일지의 '연말연시 행사표'에서 1중대는 12월 29일~1월 3일에 연말연시 휴가를 실시하는데, 1월 2일 오후에는 '휴양(산책)'으로 표기되어 있다. 그리고 12월 31일 동부경비대는 1월 1~3일에 전체 외출을 허가한다는 회보를 예하부대에 하달했다. 12월 하순 이후, 늦어도 1945년 1월부터는 116사단 차원에서 설비한 위안소에 일본군이 출입하게 된 것으로 판단된다.

당시 바오칭 헌병분대장의 회고를 참조할 수 있다.[41] 116사단의 후방 주임참모로부터 위안부 징집 의뢰를 받은 헌병분대장은 부하인 헌병조장에게 일러 밀정을 통해 중국인 위안부 10여 명을 모집했고 사단의 시설 준비가 완료되자 사단의 부관에게 인계했다. 회고 속의 헌병조장은 '암참 제84호'에 기재된 헌병조장일 가능성이 높아 보인다.

6) 단편적인 위안소 관련 자료

광저우의 제51사단

제51사단(基)은 1940년 7월에 편성되어 일본 본토에 주둔하다가 1941년 8월에 '관동군 특종 연습' 참가를 앞두고 전력을 보강하고 만주로 건너갔다.[42] 1941년 9월에는 23군에 편입되어 광둥으로 이동했으며, 1942년 11월에 신설된 제18군 소속으로 파푸아뉴기니의 라바울(Rabaul)로 옮겨갔다. 제51보병단 휘하에 보병 제66·102·115연대가 기간이며 야포병 제14연대와 수색·공병·치중병 제51연대로 구성되었다.

진중일지의 잔존 상황은 다음과 같다. 보병 102연대에서는 제3기관총중대가 1942년 11월분을,[43] 제11중대가 1942년 11월분을 남겼다.[44] 야포병 14연대 제3대대 단열(이하 3단열)의 진중일지는 1941년

41) 吉見義明 編,《従軍慰安婦資料集》, 大月書店, 1992, 31쪽.

42) 1941년 7월 1일~11월 16일에 이르는 기간 동안 51사단장은 영친왕 이은이었다.

43) 디렉터리《歩兵第102連隊第3機関銃中隊 陣中日誌 昭和17年11月~19年9月》에는 1944년 9월분이 있다고 되어 있는데, 보병 102연대가 아니라 보병 제1연대 제3기관총중대의 진중일지다.

44) 앞에서 설명했듯이 11중대는 1944년 1월부터 독립보병 제242대대 제4중대로 바뀌고 1942년 11월분 진중일지는《独立歩兵第242隊第4中隊 陣中日誌 昭和19年1月1日~19年4月30日》에 들어 있다. 이하에서는 출전을 밝히지 않는다.

8월과 1942년 4~12월이 현존한다. 진중일지를 가장 많이 남긴 부대는 치중병 51연대(基2810부대, 연대장 오카다 도라타로岡田虎太郎 대좌, 이하 51연대)다. 연대본부는 1941년 12월과 1942년 1월·3월·7월·9월을 남겼고 제1대대에서는 대대본부가 1941년 12월과 1942년 7월·9월, 제1중대가 1942년 9월, 1중대 제1소대가 1942년 1월, 제2·3중대가 1942년 7월, 제4중대가 1942년 8월·10월을 남겼다. 제2대대에서는 대대본부가 1942년 3월·7월·10월, 제5중대가 1941년 12월, 제6중대가 1942년 10월, 6중대 독립소대가 1941년 12월을 남겼다.[45] 진중일지의 양에 비해 외출과 위안소에 관한 기록은 소략하다.

1941년 8월 23일 3단열은 고베를 거쳐 진저우(錦州)에 당도했다. 8월 27일에는 '진현(錦縣) 부근 주류규정'을 수령했고, 29일에는 3대대장이 '외출지에서의 제 주의'를 포함한 훈화를 실시했다. 8월 31일에는 '진현 부근 주류규정' 중 제14~16을 개정한다는 연대명령이 있었는데, 외출증·공용증 등의 형식을 지정한다는 것이었다.

1941년 12월 6일 난강(南岡, 정확한 위치는 불확실)의 51연대는 중산(中山)대학에 위치한 사단으로부터 일일명령(基日命甲제22호)을 수령했다. 구명령(基日命甲제1호)에 따라 실시 중이던 하사관 이하의 일반 외출 금지를 해제한다는 것이었다. "위안소 및 음식점은 군 지정(육군 지정 음식점이라고 표시가 달려 있음) 이외에는 출입을 금하"며 중산지구에 한해 "기(基)병단주류규정 '제16'과 상관없이 별지 요도 지역의 외출을 허가"한다고 되어 있다. 요도는 [그림 6-9]와 같다.

하단의 다사터우(大沙頭)와 상단의 열사묘(烈士墓)로 판단하건대 지금의 웨슈구(越秀區)의 남쪽 지역임이 분명하다.

---

45) 이하에서는 부대명을 제시함으로써 출전 표기를 생략한다.

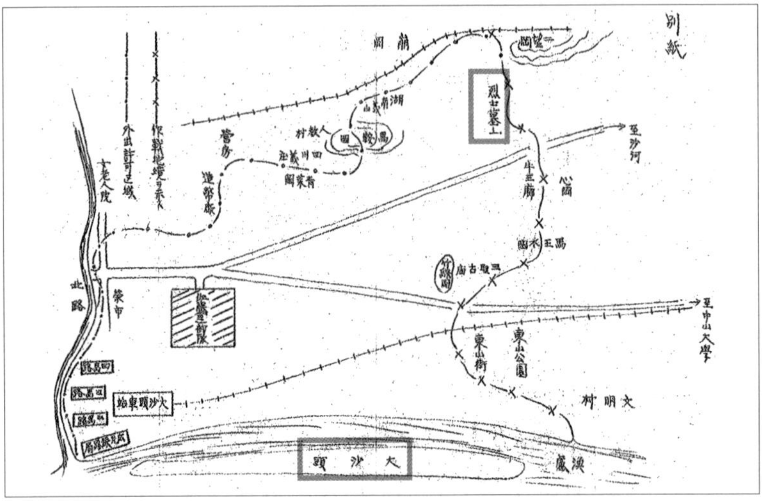

[그림 6-9] 광저우에서의 제51사단의 외출 구역

· 출전: 〈陣中日誌 昭和16年12月 輜重兵第51連隊本部(2)〉,《輜重兵第51連隊陣中日誌 昭和16年12月1日~17年1月31日》

자료상으로는 확인이 불가능한 이유로 금지되었던 외출을 허가한다는 것인데,[46] 예하부대의 외출 지역을 '기(基)병단주류규정' 제16에 따라 할당한 것이 드러난다. 사단 규모의 부대가 직접 외출에 관해 명령을 내린 것이 확인되는 드문 사례이기도 하다.

1942년 1월에 접어들어 51연대는 사단의 배치 변경 명령에 따라 2대대와 함께 둥산(東山, 웨슈구 둥산커우東山口로 추정)으로 이동했다. 1월 8일 51연대 본부는 둥산 이전에 따라 1월 10일 이후 연대의 '휴양일'을 매주 일요일로 변경했다(1중대 1소대 진중일지에도 적시). 이전의 휴양일에 관한 기록으로 미루어보건대 1중대 1소대가 1월 7일(수)에 휴양한 것으로 보아서는 수요일이었던 것으로 여겨진다.

---

46) 구명령이 基日命甲제1호라는 점으로 추측하면 주둔 개시와 함께 외출을 금지했던 것 같다.

이후 둥산의 연대본부와 2대대는 물론 난강에 잔류한 1대대도 일요일에 휴양 및 외출을 실시했다. 1월에는 1중대 1소대가 1월 18일과 25일 오후에 휴양을 가졌다. 3월에는 2대대 본부가 1일(영내, 영내 휴양이며 이하 동일)·8일·15일·22일(영내)·29일에 휴양했는데, 2대대 본부 소속 수리반의 경우 1일(영내)·8일(전체 외출)·15일(전체 외출)·22일(영내)·29일(전체 외출)과 같이 영내 휴양이 아닌 경우 외출을 실시했다. 즉 대대본부도 3월 8일·15일·29일은 외출을 허가했음을 알 수 있다.

8월에는 4중대의 기록만 활용 가능하다. 2일 오후에는 영내 휴양, 9일 오후에는 3분의 2 외출 허가, 16일에는 정오부터 하사관과 병 61명의 외출 허가(오후 6시 귀대)가 이루어졌다.

9월의 경우 2대대 본부는 6일·13일에 전체 휴양을 했고, 20일에는 전체 휴양과 하사관 이하 48명이 외출했으며, 24일에는 추계 황령제 오후의 전체 휴양, 27일에는 전체 휴양이 실시되었다. 이와 관련하여 9월 14일에는 23군 회보를 통해 외출자의 경례를 질책하는 내용을 전달했으며, 21일에는 대대장이 군용 자동차로 '접객부'를 수송하는 것을 지적했다.[47] 수리반도 6일·13일·20일·24일·27일(오후)에는 전체 휴양이 표시되어 있다.

10월에는 4중대와 2대대 본부, 6중대의 휴양과 외출이 행해졌다. 먼저 4중대의 경우 10월 4일 오후에는 하사관 이하 18명의 외출을, 11일 오후에는 하사관 이하 32명의 외출을, 17일 신상제에는 오후에 하사관 이하 28명의 외출을, 18일 오후에는 하사관 이하 17명의 외출

47) 9월 30일 2대대의 진중일지는 29일자 군회보와 30일자 연대회보를 토대로 교육을 실시했다고 되어 있다. 중국 요릿집에서는 방첩에 주의하도록 했는데, 상하이에서 소련의 밀정인 '중국인 미인 25명'을 이용하여 일본군이 출입하는 요정에 들어가 정보를 수집한다는 것이었다. 이런 방첩의 측면에서도 위안소는 '안전'한 군의 부속시설이었다.

을, 25일 오후에는 하사관 이하 48명의 외출을 각각 허가했다. 2대대 본부와 수리반, 6중대는 4일(오후 영내)·11일·17일·18일·25일(오후)에 휴양했다.

1942년 4월부터는 3단열의 진중일지를 참고할 수 있다. 숙영지는 쩡청(增城, 지금의 광저우시 쩡청구)이었다. 3단열의 '휴무일'은 금요일이었다. 4월에는 3일·10일·17일·24일·25일(야스쿠니 신사 임시대제) 오후 2시부터 휴무했다. 5월에도 1일·8일·15일 오후 2시부터 휴무를 가졌으며, 25일 오후 2시부터는 22~24일의 출동 준비 때문에 전체 휴무를 실시했다. 이후 3단열은 51사단 전체가 동원되는 대규모 작전에 참가했으며, 9월 1일 쩡청으로 복귀한 후에는 4일·11일·18일·25일, 10월 들어서는 2일과 9일 오후 2시부터 전체가 휴무했다. 이후 51사단은 남방 이동 준비에 들어갔고, 10월 15일 사허(沙河)로 옮겨간 후 3단열의 휴무는 불규칙해졌다. 10월 22일(목)은 정오부터, 24일(토)과 31일은 오후 2시부터 전체 휴무를 허가했고, 11월 7일·8일(영내)과 9일·14일 오후 2시부터는 전체 휴무를 실시했다. 3단열이 수송선에 오른 것은 11월 19일이었다.

상륙 훈련이 한창이던 51사단 부대의 상황은 중산대학에 머물던 보병 102연대 3기관총중대와 11중대의 진중일지에 담겨 있다. 11월 13일 102연대장은 마지막 외출을 허가했다. 3기관총중대에서는 군조 이하 90명이 외출했고 견습사관에게는 제2종 순찰 근무명령이 내려졌다. 11중대 역시 11월 13일 연대장 지시에 따라 특별 휴무하고 외출했다. 외출 시 중대장은 외출지에서의 주의 사항을 하달했고 군조 이하 97명이 외출했다. 그리고 11월 22일에는 대대장의 허가에 따라 병장 이하 13명의 외출이 실시되었다.

검진과 성병 관련

독립공병 제55대대(쓰네카와 마사이치恒川政市 소좌, 이하 55대대)는 1942년 4월 후베이성 우창에서 편성되어 1943년 5월까지 주둔하다가 만주로 이동했다. 이후 9월 초순까지는 헤이룽장성 푸라얼지(富拉爾基, 지금의 치치하얼시齊齊哈爾市 푸라얼지구)에서 경비와 훈련에 임했고, 9월 중순~10월 25일은 헤이허시(黑河市) 쑨우에서 주류한 뒤 10월 28일에 신의주 대안의 국경 도시인 안둥(安東, 지금의 단둥丹東)으로 옮겼다. 12월 13일에는 남방 전선으로 차출되어 필리핀에서 패전을 맞이했다. 55대대와 2중대는 성병 관련 자료와 진중일지를 남겼다.[48] 다음은 그 내용을 정리한 결과다.

먼저 1943년도 55대대 성병 환자의 수는 [표 6-4]와 같다.

앞의 성병 환자 상황과 진중일지 기록을 대조해보자. 추적이 가능한 것은 1943년 4월까지로 우창과 난징에 머물렀을 때의 상황이다.

1942년 12월에는 13일 낮 12시 30분부터 하사관 이하 38명이 외출했고, 20일과 27일은 영내 휴양, 25일은 오후에 하사관 이하 100명의 외출이 행해졌다. 1943년 1월의 외출은 24일에 하사관 이하 125명이 유일하며, 31일에는 전원 휴양만 적시되어 있다. 2월과 3월 중순까지는 작전 출동이 있었으며, 3월 30일에는 조장 이하 10명이 오전 9시부터 우창 시내로 외출했다. 만주로의 이동 준비에 들어간 4월에는 3일에 군조 이하 137명이 오전 9시부터 우창으로 외출하여 오후 4시 40분에 귀대했다. 난징의 푸커우(浦口)에 체류하던 4월 15일은 중대의 '휴양일'이었다. 오전에는 군조 이하 12명이 오전 9시부터 난징으로,

48) 55대대 2중대의 진중일지는 1942년 5월~1943년 4월과 1943년 12월 중순~1944년 1월 초순이 남아 있다. 이하에서는 출전을 명기하지 않는다.

	1월	2월	3월	4월	5월	6월	7월	8월	9월	10월	11월	12월	계
구환자	1	1				5				1	4		12
신규	3			2	5	4	1	3	2	3	2		25
계	4	1	0	2	5	9	1	3	2	4	6	0	37

[표 6-4] 1943년도의 독립공병 제55대의 성병 환자 내역

* 1942년 12월~1943년 5월의 신규 환자는 8명이고, 1943년 5~11월의 신규 환자는 28명이라는 별도의 통계도 있는데, 차이가 나는 이유는 알 수 없다.

** 7~9월의 경우 〈患者報告綴等(1)〉에는 0명이지만 〈患者報告綴等(3)〉에 있는 숫자를 취했다.

· 출전: 〈患者報告綴等(1)〉·〈患者報告綴等(3)〉,《報告綴 昭和18年1~11月》

오후 1시부터는 병장 이하 80명이 푸커우로 외출하여 전원 오후 6시 30분에 복귀했다.

마지막으로 소개하고 싶은 것은 [그림 6-10]의 문서다. 이 문서는 작성자가 불명인 '예작부 질환 처분명령'이다. 이는 11월 5일에 작성되었으며 11월 12일에 55대대가 수령했다. 11월이면 55대대가 안둥에 도착한 후이므로 안둥에서 55대대에 할당된 위안소의 검진 결과를 전한 것으로 판단되며 55대대의 11월 성병 환자는 앞의 위안소를 출입했을 터다.

10월 8일·15일·22일·29일의 날짜로 보건대 검진은 매주 금요일에 행해졌다. '포주(抱主)'란의 '이치라쿠(一樂)' 등은 위안소의 상호로 여겨지며 맨 아래 비고란에 조선인과 일본인을 각각 '선계(鮮系)'와 '일계(日系)'로 칭하고 있다.

보병 제60연대(이하 60연대)는 보병 제51·67연대와 함께 제15사단(부대기호 祭)의 기간부대였으며, 1938년 4월 편성된 이래 줄곧 화중 전선을 전전했다. 1943년 1월 우후에서 숙영하던 60연대와 15사단은 6월에 제15군에 편입되어 상하이에서 수송선을 탔으며 베트남의 사이공(지금의 호찌민)에 상륙한 후 프놈펜, 방콕을 거쳐 버마에 당도했

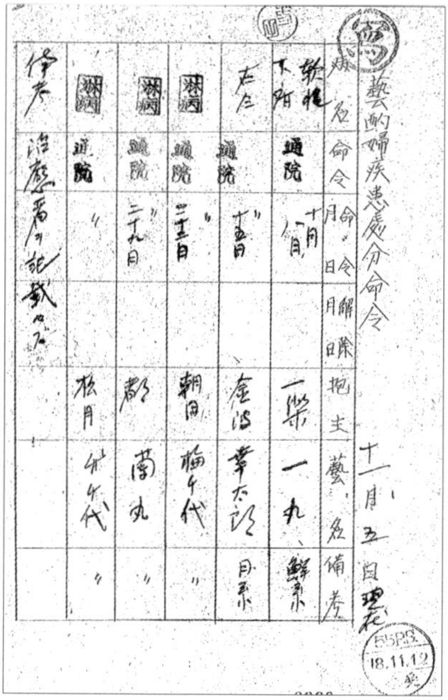

[그림 6-10] 위안소 검진 결과표

· 출전: 〈来翰文書綴り(5)〉, 《患者に関する来翰綴 昭和18年1~11月》

다. 60연대의 진중일지는 이동 중의 부대가 외출을 실시했는지를 잘 보여준다.[49] 다음은 그 내용을 정리한 결과다.

1943년 4월 28일 60연대는 상하이 이동을 명령받았고, 5월 15일에 기차를 타고 우후를 출발하여 이튿날 상하이 외곽의 우쑹에 도착했다. 우쑹에서의 부대 숙사 배치는 [그림 6-11]과 같다.

그림 좌측 하단의 '軍人俱部'는 군인구락부의 오기인 듯한데, 위안소일 가능성이 농후해 보인다.

우쑹에서 60연대는 버마 상륙을 위한 훈련에 들어갔다. 6월 10일 60연대 본부는 전체 외출 허가에 관한 명령을 하달했다. 이틀이 할당되었는데, 목요일은 3대대, 제4·8중대, 보병포중대, 토요일은 연대본

49) 60연대의 진중일지는 1943년 1~10월이 현존한다. 이하에서는 출전을 명기하지 않는다.

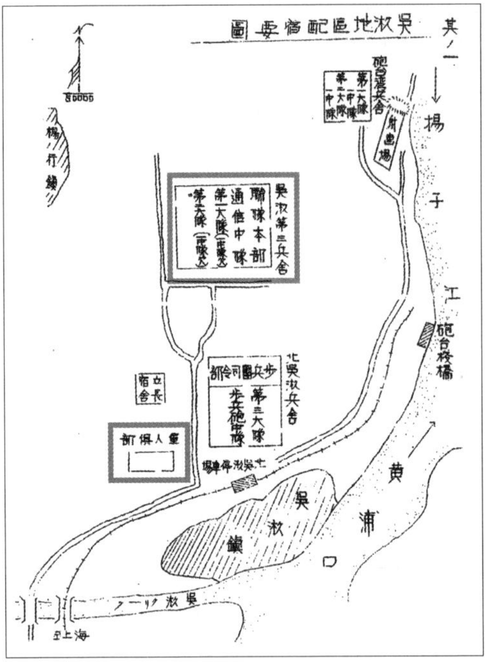

[그림 6-11] 우쑹에서의 보병 제60연대의 숙사 배치도

· 출전: 〈陣中日誌 自昭和18年 5月1日至昭和18年5月31日 (1)〉, 《步兵第60連隊陣中日誌 昭和18.5.1~18.10. 31》

부, 통신대, 제1·2대대(제4·8중대 제외)였다. 외출지구는 우쑹 사영지구 중심구 및 상하이 시가지였으며 3인 이상이 외출하도록 했다.

6월 12일(토) 제3병영은 전체 휴무하고 이주 이래 첫 외출을 허가했다. 3병영은 [그림 6-11]에서 연대본부, 통신중대, 제1·2대대[50]의 숙영지였고 앞의 외출 할당방식과 일치한다. 이후의 외출도 시행되었겠지만 이전의 진중일지와 마찬가지로 특기하지 않은 것으로 추측된다.

60연대 본대는 7월 26일 우쑹을 출발하여 8월 8일에는 사이공, 31일에는 프놈펜, 9월 13일에는 기차를 타고 방콕에 도착하여 숙영했다. 9월 19일 60연대는 '방콕사영구사영규정'을 제정했는데, 외출은

50) 제1·2대대 뒤의 '1中隊缺'은 4중대와 8중대가 별도 소속임을 가리킨다.

별도로 지시하며 위생에 관해서는 성병과 한센병이 일반 부녀자에 만연하여 주의하도록 했다.

방콕에서 60연대의 첫 외출은 9월 29일(수) 오전 10시부터 이루어졌다. 10월 행사 예정표에서는 첫째 수요일인 6일을 제외하고 13일·20일·27일에 휴양이 명기되어 있다. 방콕에서의 외출은 수요일이 배당되었던 것이다. 진중일지의 기록상으로는 10월 6일 오전 10시부터 휴양과 외출이 허가되었고, 16일에는 야스쿠니 임시대제에 따른 영내 휴양, 17일 신상제에는 기념식을 마친 후 외출이 허가되었다.

2. 싱가포르와 말레이시아의 상황

1) 전투의 경과

1941년 12월 8일 야마시타 도모유키(山下奉文, 1885~1946, 전범으로 사형)의 25군 선발대는 말레이시아 북부의 코타바루(Kota Bharu)에 기습적으로 상륙했다. 이듬해 2월 15일 A. 퍼시벌(Percival, 1887~1966)이 지휘하던 싱가포르의 영국군이 항복함으로써 말레이반도 전체가 일본군의 수중에 들어갔다. 제16군과 해군은 1월 11일부터 인도네시아 공격을 개시했고, 3월 12일에는 연합군의 항복을 받아냈다. 말레이반도와 수마트라(Sumatra)는 싱가포르에 사령부를 둔 25군이, 자바는 16군이, 나머지 섬은 해군이 각각 통치와 치안 확보를 책임졌다. 이후 각지에서는 시차를 두고 군정 조직이 설치되었다.

싱가포르에는 야마시타 도모유키 중장을 비롯한 25군 사령부와 직할부대가 주둔했고 명칭을 쇼난(昭南)으로 바꾸었다. 싱가포르 방어와 통치를 위해 보병 5사단 휘하 9여단의 2개 대대, 즉 11연대 제3대대와 41연대 1대대를 주축으로 제2야전헌병대를 합친 쇼난경비대(이하 싱가포르경비대)가 편성되었다. 초대 사령관은 9여단장 가와무라

사부로 소장이었다.

25군은 초기부터 점령 통치를 전담하는 군정부 조직을 편제했다. 부참모장이 군정부장을 겸임하고 말레이반도 각지에는 군정지부를 두었으며 수마트라의 군정까지 도맡았다. 3월 7일자로 특별시 싱가포르와 말레이시아 각 주에는 정청이 설치되었고 싱가포르의 시장에는 내무 관료가, 각 주의 장관에는 군인과 관료가 각각 임명되었다.

7월이 되어 커다란 변화가 생겼다. 먼저 사이공에 있던 남방군 총사령부가 싱가포르로 이전했고 동남아 육군을 총괄하는 최고사령부가 싱가포르로 옮겨왔다. 사이토 야헤이타(齋藤弥平太, 1885~1953) 중장이 25군 사령관으로 새로 부임했다. 아울러 군정 조직의 개편도 이루어졌다. 남방군 군정총감부가 신설되었고, 25군 군정감부(軍政監部)가 말레이시아와 수마트라의 군정을 맡았으며, 25군 참모장이 군정감을 겸임하게 되었다. 군정감부 산하의 조직 구성을 보면 법원과 검찰, 교도소까지 관장하는 사실상의 총독부였다. 1943년 4월 25군이 수마트라로 이동함에 따라 수마트라 군정감부와는 별도로 말레이반도를 책임진 마라이(馬來, 1942년 12월 각의 결정으로 영국령 말레이시아가 마라이로 개칭) 군정감부(이하 말레이 군정감부)가 신설되었다. 이듬해 1월 말레이반도의 방어를 전담하는 제29군이 편성되어 말레이시아 북부 페라크(Perak)주의 타이핑(Taiping)시에 자리하자 말레이 군정감부도 싱가포르를 떠나 말레이시아로 옮겨갔다.

싱가포르의 위안소 실태를 알려주는 핵심 자료는 독립자동차 42대대(이하 42대대)가 남긴 진중일지다. 42대대는 25군의 직할부대 중 하나였다. 명칭에서 드러나듯이 수송부대로서 병참을 전문으로 하는 병과(참모, 헌병, 보병, 기병, 포병, 공병, 치중병, 항공병 등)인 치중병에 속했다. 1941년 10월 일본 도쿄에서 편성된 42대대는 대대본부와 제1~4

중대, 재료창(材料廠)을 거느렸으며 1중대의 진중일지는 편성 직후부터 1943년 10월까지 현존한다.[51)]

1942년 2월 말 42대대의 주력은 말레이시아 북부 페라크주의 타이핑시에서 머물렀는데, 각 중대는 부여받은 임무에 따라 독자적으로 움직였다.[52)] 그중에서 1중대는 3월부터 싱가포르와 인접한 조호르주의 조호르바루(Johor Bahru)에서 물자 수송에 종사하다가 4월 13일 싱가포르에 발을 들였다. 4월 30일 42대대의 주력이 싱가포르에 입성함에 따라 1중대도 복귀했다. 7월 중순부터 1중대는 조호르주의 바투파핫(Batu Pahat), 무아르(Muar)로 옮겨가서 머물다가 9월 말 싱가포르로 되돌아왔다. 그리고 1943년 3월 싱가포르를 떠나 남태평양의 팔라우(Palau)섬으로 향했다. 이처럼 수송부대의 특성상 이동이 잦았던 1중대의 진중일지는 말레이시아 남부는 물론 싱가포르 내에서의 주둔 태세와 위안소 상황에 관한 풍부한 정보를 담고 있다.

2) 독립자동차 제42대대와 위안소

주둔 태세 정비와 위안소 이용

1942년 4월 11일 1중대는 42대대로부터 싱가포르로 이동하여 단독으로 독립자동차 제57대대(이하 57대대) 휘하로 편입하라는 명령을 접수했다. 4월 30일 42대대 주력이 싱가포르에서 집결할 때까지 취해

---

51) 1중대는 진중일지 외에 '행동상보(行動詳報)'라는 이름으로 인원과 차량의 동선에 집중한 기록도 남기고 있어 위안소 이용 실태의 파악에 도움을 준다. 따라서 행동상보의 인용에 한해서만 출처를 명기한다.

52) 〈陣中日誌 第5号 自昭和17年2月1日至昭和17年2月28日(3)〉, 《独立自動車第42大隊第1中隊 行動詳報 昭和17.1.1~17.2.28》.

진 한시적인 조치였다.

싱가포르 주류가 시작되면서 1중대는 57대대를 비롯하여 상급부대인 싱가포르경비대와 25군으로 이어지는 연락망에 포함되게 되었다. 관련 회보의 수령은 그런 변화를 나타낸다. 4월 17일 싱가포르경비대회보에서는 외출 군인 중에서 현지인의 자동차를 세워 편승하는 사례에 대해 주의를 주고 있다. 4월 19일 중대회보에서는 57대대의 회보에 따라 1중대의 외출이 안배되었음을 알렸다. 외출일은 매주 화요일이었다. 외출 시에는 57대대의 것으로 판단되는 '외출에 관한 주의 사항 및 외출에 관한 규정'(생략됨)을 준수하며 외출증은 '군대내무서'에 지정된 형태로 교부된다는 것이었다. 군회보의 수령 기록은 4월 24일이 가장 빠르다.

첫 화요일인 4월 21일에 1중대는 차량을 정비했다. 두 번째 화요일인 4월 28일에도 차량 정비 후에 휴무했다는 언급만 있으며 이튿날에도 천장절 요배식 후 휴무했다고 기록되어 있다. 그런데 4월 27일자 57대대 일일명령에는 28일과 29일 양일 동안 1중대에서 제2종 순찰을 담당할 장교 2명의 이름이 들어 있었으며, 4월 30일 중대회보에서는 "지정 이외의 위안소는 출입을 금지"하며 일본군 암살계획으로 인해 3인 이상의 외출규정을 엄수하라는 중대장의 지시를 전했다.[53] 42대대의 주력이 합류함에 따라 1중대를 포함한 대대 전체에 위안소 이용에 관한 명령이 내려졌음을 짐작하게 한다. 42대대는 4월 말부터

53) 싱가포르 군정 간부의 회고에 따르면 "싱가포르의 치안이 어느 정도 확립되자 군 병참부는 곧바로 오처드(Orchard)거리 뒤와 케언힐(Cairnhill)거리의 모퉁이를 접수하여 군대를 위한 위안소를 열었고 조선에서 데려온 업자(원문은 親方)와 타이완인인 일본명 야마구치 기미코(山口君子)라는 여성에게 경영하게 했다"고 한다(篠崎護, 《シンガポ_ル占領秘録》, 原書房, 1976, 83쪽).

위안소를 출입하게 되었다.

다음 화요일인 5월 5일 1중대는 차량을 정비한 후 휴무한 것으로 기록되어 있다.[54] 그런데 3소대장이 오전 10시~오후 4시에 시내 제2종 순찰을 나섰다는 것은 역시 1중대원의 외출이 있었음을 의미한다. 같은 날 경비대회보는 외출자의 경례와 복장 상태에 대한 주의를 담았고, 다음 날 42대대 회보는 경례 철저에 관한 주의와 더불어 외출일의 시행 방안에 관한 지시를 전했다. 각 부대는 '4일 행동에 1일 정비'라는 틀에 따라 움직이며 일주일에 대략 1일을 외출일(정비일)로 하고 경비사령부에 보고를 요한다면 외출일 실시 하루 전에 보고하라는 것이었다.

5월 11일 경비대회보는 군이 지정하지 않은 식당에 출입하지 않도록 하라는 주의를 전했다. 그리고 42대대는 '싱가포르 주둔간 대대경비규정'을 제정했는데, 외출에 대한 언급은 없다. 싱가포르 전체 경비를 책임지는 싱가포르경비대의 '싱가포르경비규정'이 상위규정으로 자리매김되어 있다.[55]

5월 12일(화)에는 차량 정비 후 휴무를 실시했다. 같은 날의 대대회보는 정비된 외출방식을 전해왔다. 외출 전날까지 대대본부에 보고함과 동시에 경비대에 외출 인원 및 순찰장교의 이름을 문서로 통보하며 수신은 경비대사령관으로 지정했다.

---

54) 〈行動詳報 第7号 自昭和17年5月1日至昭和17年5月31日(1)〉, 《独立自動車第42大隊第1中隊 行動詳報 昭和17.5.1~17.6.30》. 진중일지에는 차량 정비만 언급되어 있다.

55) 싱가포르에는 군용인 텡가(Tengah) 비행장이 있는데, 여기에 주둔했던 부대의 '사영규정'이 남아 있다(〈テンガ飛行場舎営規定〉, 《テンガ飛行場舎営規定 昭和17.5》). 비행장 경비에 즈음해서는 '싱가포르경비규정'을 따르며(6조), 정문 출입이 가능한 군인·군속은 지휘관이 인솔하는 하사관과 병, 공용증이나 외출증을 지닌 자로 한정했다(9조). 외출에 관해서는 외출자가 있으면 순찰장교(또는 하사관)를 파견하고(16조), 공용외출 외에 부대장이 지시한 휴일에는 하사관과 병에게 외출을 허가했으며(23조), 외출 복장은 단독 군장에 수통을 휴대하도록 했다(24조).

이와 같이 외출과 위안소 이용의 연계방식은 서서히 자리를 잡아 갔다. 5월 18일·25일, 6월 2일·9일·16일·23일·30일, 7월 7일·14일 등 매주 화요일의 외출일은 어김없이 지켜졌고 외출 전날은 중대명령으로 휴무와 외출 허가, 제2종 순찰 배치가 이루어졌다.

7월 3일 1중대는 7월 1일자로 작성(시행 개시는 4일)된 42대대의 '싱가포르주둔규정'(이하 주둔규정)을 일일명령으로 전달받았다. 총칙, 경비, 복무, 비상 및 화재, 기거 용의(容儀), 자동차, 검사, 휴일 및 외출, 보고 통보 연락, 우편, 위생, 잡칙 등의 항목에서 드러나듯이 부대의 주둔 체계 전반을 포괄하는 틀이 바로 주둔규정이었다. 따라서 경비에 관해서는 5월 14일에 제정된 '싱가포르 주둔간 대대경비규정'에 따른다(4조)고 명시되어 있다.

휴일 및 외출에 대한 주둔규정의 요점은 다음과 같다. 각 중대장은 일주일에 1회 휴무일을 부여하며(대체 휴가는 불가), 휴무일에는 싱가포르 시내로 외출을 허가할 수 있도록 했고, 외출증 휴대와 2인 이상의 동행을 의무화했다. 외출 시한은 조식 후부터 병이 석식까지, 하사관이 일석점호까지였으며 일과 시한의 내역이 명기되어 있다(19조). 외출자가 다수인 경우 대대의 일직사령은 제2종 순찰을 파견하며 귀영시간 점호를 실시하여 각 중대의 일직사관은 이상 유무를 일직사령에게 보고하도록 했다. 이 부분은 7월 7일자 대대회보에서 재차 강조되어 휴무일 실시 및 외출자 인원을 대대본부에 보고하고 일직사령에게 통보하도록 했다.

한편, 주둔규정 중의 일과 시한은 각 중대의 사정에 따라 조정이 가능했다(19조). 7월 4일 1중대는 일석점호를 오후 9시 30분에서 오후 8시 30분으로 앞당긴다는 명령을 내렸다. 이에 따라 외출시간은 병이 오전 10시~오후 6시, 하사관이 오전 10시~오후 8시 30분으로 바뀌었다. 1943년 1월 9일에는 일과 시한이 변경됨에 따라 외출 시한을 1시간씩 늘린다는 중대명령이 하달되었다. 병은 오전 10시~오후 7시, 하사관은 오전 10시~오후 9시 30분이었다.

이와 같이 7월에 들어 42대대는 주둔규정을 제정하면서 외출의 정례화와 함께 위안소의 규칙적인 이용까지 갖추게 된다. 남방군 총사령부가 싱가포르로 이전하고, 25군 사령관이 새로 부임하며, 군정 체계의 개편까지 이루어진 시점과도 연동되는 변화라고 보아야 한다(후술). 이것은 개별부대에 전속하지 않는 도시 정주형 위안소의 특징이기도 하다.

9월 30일 1중대는 2개월 반에 걸친 말레이시아에서의 임무를 종료하고 42대대 주력이 있는 싱가포르로 복귀했다. 10월 2일 대대본부는 '휴무일의 건'이라는 명령을 하달했다(10월 5일 중대회보를 통해 주지시킴). 외출일은 대대본부와 3중대, 재료창이 일요일, 제1·4중대는 화요일, 2중대는 수요일로 각각 정해졌다. 그리고 휴무일 근무자에게 대체 휴무를 허가할 수 있도록 했으며 외출증명서를 휴대하게 하고 인원수를 대대본부에 보고한 후 일직사령에게 통보하도록 했다.

10월 내내 1중대의 휴일과 외출은 경축일(후술), 제일 외에는 모두 화요일에 이루어졌다. 11월의 경우 진중일지는 남아 있지 않으나 휴일은 수요일로 변경된 것으로 확인된다. 행동상보에는 경축일인 3일 명치절과 23일 신상제를 제외하고 수요일인 18일과 25일에 휴무했다고 기재되어 있기 때문이다.[56] 12월에 들어서도 수요일인 2일·9일·16일·23일·30일, 1943년 1월에는 13일·20일·27일, 진중일지가 없는

---

56) 〈行動詳報 第13号 自昭和17年11月1日至昭和17年11月30日(1)〉, 《独立自動車第42大隊第1中隊 行動詳報 昭和17.11.1~17.11.30》.

2월에도 3일·17일·24일의 휴무와 휴일(17일)의 기록이 행동상보를 통해 확인된다.[57)]

이와 같이 정기적인 휴일의 실시는 1중대와 같은 소규모 부대가 상황에 따라 결정할 수 있었지만 경축일의 전체 휴무 여부는 대대 차원에서 일괄적으로 정했다. 대대본부는 10월 15일 대대회보를 통해 16일의 야스쿠니 임시대제, 17일의 신상제, 23일의 야스쿠니 예대제에 즈음하여 오후에 전원 휴무한다고 알렸다. 뒤이어 16일 대대본부는 17일에 1중대 전일 휴무, 제2~4중대 오후 휴무, 재료창 휴무 없음을 회보로 통보했다. 1중대는 중대명령으로 17일의 휴무와 외출 허가를 당일 결정했고 그대로 시행했다. 23일 1중대는 휴무했는데,[58)] 23일 오후 휴무와 외출이 가능하다는 22일 대대회보를 근거로 내려진 중대명령 때문이었다.

이처럼 외출과 위안소 이용의 연계 시스템이 자리를 잡는 과정에서 대대회보는 관련된 정보를 빈번히 전달했다. 실려 있는 내용은 외출 시의 언행, 시설의 개업·폐업 및 영업시간 변경 등이 주류를 이루었다. 이런 공지를 활용하여 42대대는 주둔지인 싱가포르에서 소속 병사들의 휴일과 위안소 이용을 조정하고 통제하는 임무를 수행했다.

6월 29일에는 군인·군속의 전용인 병참 지정 식당에서 일행인 민간인의 입장을 강요하는 사례, 식당과 구락부[59)]에 출입하는 군속 중 복장과 언동이 불량하다는 것에 대해 주의가 내려졌다(중대회보로도

---

57) 〈行動詳報 第16号 自昭和18年2月1日至昭和18年2月28日〉, 《独立自動車第42大隊第1中隊 行動詳報 昭和18.1.1~18.2.28》.

58) 〈行動詳報 第12号 自昭和17年10月1日至昭和17年10月31日〉, 《独立自動車第42大隊第1中隊 行動詳報 昭和17.10.1~17.10.31》. 진중일지에는 휴무했다는 기술이 없다.

59) 이하에서는 진중일지 등의 사료에서 クラブ로 표기된 것은 클럽으로, 俱樂部라 표시된 것은 구락부로 표기한다.

전달). 8월 7일에는 싱가포르 시내에서 군인·군속의 경례가 불량하다며 외출자나 근무자는 경례를 확실히 하라는 지시를 내렸다. 특히 경례(또는 복장)에 대한 지적은 군회보의 '단골' 메뉴 중 하나였으며 이를 받아 8월 내내 중대회보에서도 경례 철저가 강조되었다(8월 21일·25일·28일).

시설 이용 상황에 관한 정보로는 해행사 별관 식당의 예약을 알리는 것이 많다. 이를테면 25군이나 남방군, 제3항공사단[60]과 같이 상급 사령부나 사단 차원에서 이용하므로 출입을 삼가라는 전달이 그러하다(7월 3일·13일·21일, 8월 3일, 1943년 1월 11일).

위안소의 변동 상황을 담은 공지는 8월부터 군회보나 경비대회보, 병참회보에 자주 등장하지만(후술) 대대회보에도 적잖이 존재한다. 7월 19일에는 영외에 "구락부가 개설됨에 따라 휴무를 이용하여 가보"라는 내용이, 7월 24일에는 군인·군속의 전속 음식점으로서 식당 다이겐(大源)[61]은 24일부터, 요릿집(진중일지에는 料理屋) 기라쿠(喜樂)는 26일부터 개업한다는 소식을 전했다. 10월 16일에는 야스쿠니예대제가 열리는 10월 23일에 해행사, 군이 지정한 음식점과 위안소는 휴업한다고 알렸다. 12월 19일 대대회보에는 하사관과 병이 이용할 수 있는 클럽으로 나고야클럽(名古屋クラブ)이 난신칸(南進館) 자

60) 7월 21일 회보에는 '隼部隊'에서 80명의 회식이 예정되었다고 기록되어 있는데, 하야부사(隼)는 3비행사단의 부대부호이며 말레이 침공의 주력 항공부대였다. 참고로 싱가포르에서는 7월 23일 3항공사단과 제5항공사단을 주축으로 남방군 예하 제3항공군(부대부호 司)의 편성이 완결되었다. 신편된 3항공군이 신청한 '진중 용품' 목록의 제일 마지막에 '위생삿쿠' 4만 개가 있었으며 수송은 일본 본토에서 정비 중이던 비행 제12전대(중폭격기)가 직접 맡았다(〈陣中用品交付に関する件〉,《〈昭和17年 〈陸亜密大日記 第42号 2/2〉》). 3항공군의 성병 환자는 7월에 22명, 8월에 20명이었다(〈第9 衛生〉,《第3航空軍戦時月報 昭17.7.23~17.8.31》).

61) 이하에서 나오는 위안소나 식당 상호의 한글 표기는 필자가 독자적으로 했으므로 오류의 가능성이 있음을 밝혀둔다.

리에서, 긴조클럽(金城クラブ)이 와카바(若葉) 자리에서 12월 18일에 개업하며 구니이치클럽(國一クラブ)은 12월 12일에 폐업했다고 기재되어 있다. 26일 대대회보는 조선인 위안부의 존재를 알려준다. 하사관과 병의 구락부로는 '반도인'으로 채워진 스에히로구락부(末廣俱樂部)와 난신구락부(南進俱樂部)가 각각 원래 자리와 야치요구락부(八千代俱樂部) 자리에서, 장교구락부로는 '현지인'이 있는 쇼게쓰구락부(昭月俱樂部)가 미야코구락부(都俱樂部) 자리에서 12월 22일에 개업했다는 것이다.

식당이나 위안소는 앞에서 인용한 곳 이외에도 다수 존재했다(후술). 그런데도 대대회보에서 특별히 공지한 이유는 42대대 소속 병사들이 외출하여 자주 이용하거나 이용이 할당된 곳이었기 때문이라 여겨진다. 요컨대 병사들의 위안소 출입은 부대의 주둔지 행위와 연계되어 실시되었던 것이다.

임시 주둔지에서의 외출과 위안소

1942년 내내 1중대는 싱가포르 외에 3곳에서 임시로 주둔하며 임무에 종사했다. 첫 번째는 3월부터 머물던 조호르주의 조호르바루시였다.

4월 5일 1중대는 남지구경비대로부터 '조호르주남지구주류규정'을 수령했다. 이 규정을 바탕으로 1중대는 숙영지의 영내와 영외의 경계선을 획정했다. 남지구는 조호르바루 동쪽의 쿠큽(Kukup), 코타팅기(Kota Tinggi)를 포함한 지역이며 상위규정으로 지대장이 관장하는 '조호르주주류규정'이 존재했다. 조호르바루는 말레이시아와 싱가포르를 연결하는 교통의 요지였다.

남지구주류규정에는 일과 시한이 제시되어 있다(각 부대에서는 일부 변경 가능). 위안소 이용과 연관되는 석식은 오후 7시, 일석점호는 오후 9시로 되어 있다. 각 부대장은 '군대내무서'에 준해 하사관과 병에게 일주일에 1회 주둔지 내의 외출을 허가할 수 있었다. 외출을 허가한 경우 부대장은 경비대 및 헌병대에 통보함과 동시에 순찰을 파견하고 그 결과를 경비대장에게 보고해야 했다. 일반외출은 3인 이상의 동행이 의무적이었고 중대장(또는 독립소대장)이 발행한 외출증을 휴대하도록 했다. 외출이 가능한 곳은 "위안 또는 음식을 목적으로 하거나 일용품을 판매하는 군 특설 또는 지정하는 구락부, 요리점, 상점"으로 한정되었다.

4월 10일 남지구경비대는 경비회보를 통해 재차 규정 중의 외출에 관한 항목을 주지시켰다. 외출자의 복장과 태도가 불량함을 지적했으며 일반외출은 3인 이상임을 강조했다. 그리고 외출 실시 전날 경비대에 통보하고 외출 시에는 순찰을 파견하도록 했다.

하지만 1중대는 조호르바루에서 단 한 차례도 외출하지 못했다. 앞서 기술한 대로 싱가포르로 이동하라는 명령을 받았기 때문이다.

7월 16일 1중대의 주력은 다시금 말레이시아로 병영을 옮겼다. 1개월 예정으로 조호르주 중부에 위치한 바투파핫에 주둔하면서 고무의 수집과 수송을 담당하게 된 것이다. 일과 시한에는 변동이 없었다.

7월 17일 중대장이 바투파핫경비대를 방문하여 업무 협의를 진행하는 동안 '바투파핫주둔규정'이 전달되었다. 내용 중에서 무엇보다 '사와무라(澤村)지대 조호르주주류규정' 및 '조호르주경비계획'을 토대로 주둔지에서 지켜야 할 규정을 담았다는 1조의 문구가 눈길을 끈다. 11연대의 관련 기술을 참조하면 '조호르주남지구주류규정'의 상위 규정인 '조호르주주류규정'의 작성 주체는 앞에서도 언급한 근위사단의 보병 5연대장 사와무라 슌스케 대좌였다. 각 주둔부대는 규정을 참

	일	월	화	수	목	금	토
외출 부대	사사키(佐々木)부대 절반 하야부사(隼)부대 일부		병기창 절반		사사키부대 절반 하야부사부대 일부		나카무라(中村)부대 병기창 절반

[표 6-5] 바투파핫경비대의 외출일 할당표

* 하야부사부대는 제3항공사단 소속부대로 추정되며 사사키부대가 경비대의 주축이었다고 판단된다.

· 출전: 《陣中日誌 第10号 自昭和17年7月1日至昭和17年7月31日(2)》, 《独立自動車第42大隊第1中隊 行動詳報 昭和17.7.1~17.7.31》

조하여 필요한 세부 사항을 정할 수 있었으며(3조) 규정은 바투파핫에서 숙영하거나 통과하는 부대의 군인에게도 적용되었다(6조). 각 부대는 지정된 날에 제1·2종 순찰, 위생 순찰을 실시할 담당자를 차출해야 했다(13조).

일과 시한 중 석식은 오후 7시, 일석점호는 오후 9시였다(19조). 그리고 일반외출에 관한 항목 중 중요한 것은 다음과 같다. 먼저 외출 시한은 병이 오전 9시~오후 6시, 하사관이 오전 9시~오후 9시였으며 할당일은 [표 6-5]와 같다(21조).

2인 이상 동행하고 복장(각반과 착검, 수통 착용)과 더불어 외출증을 휴대하도록 했다(22조). "구락부의 이용시간은 외출 시한 내"였고(22조) "일반외출에서 위안 목적이라면 극장, 구락부 및 경비대 지정 음식점 이외에는 출입을 금"했다(23조). 경비대가 지정한 상점은 5곳(新瓊珍, 公昌, 陳齊, 茗香, 別有天)이었다(34조). 그리고 바투파핫에 주둔하던 부대와 극장, 경비대 지정 음식점(○ 안에 シ로 표시된 5곳)의 위치는 [그림 6-12]와 같다.

이렇게 안배된 외출 체계 아래에서 1중대의 외출은 한 차례만 이루어졌다. 7월 20일 중대명령으로 21일의 휴무와 인솔외출이 허가되

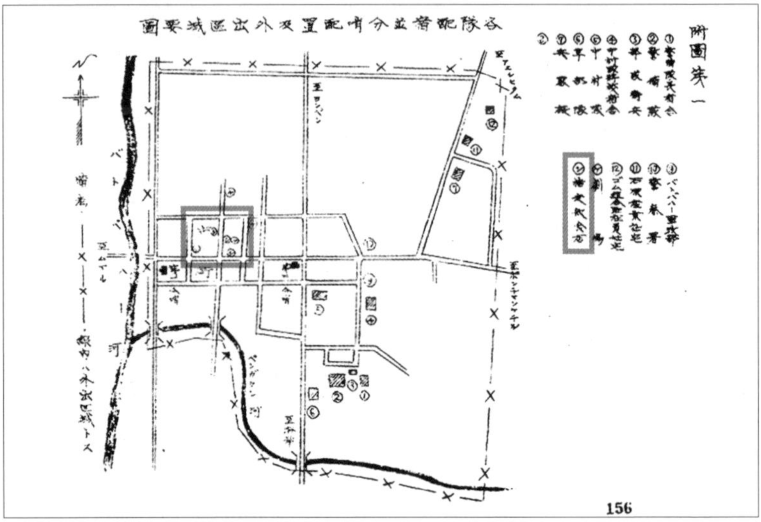

[그림 6-12] 바투파핫 주둔부대와 각종 업소 위치

· 출전: [표 6-5]와 동일

었던 것이다. 싱가포르에서와 마찬가지로 화요일인 7월 21일에 차량 정비 및 외출이 행해졌다.

7월 26일 1중대는 플라카주와 인접한 무아르로 옮겨갔다. 당일 일과 시한은 '싱가포르주둔규정'을 준용하며 외출일 이외에 외출할 때는 공용 완장을 차도록 하라는 중대명령이 내려졌다. 다음 날 중대명령에는 28일(화) 오전 연습 후에 휴무와 외출 허가, 제2종 순찰 배치 등이 열거되어 있었다. 외출에 즈음하여 무아르 시내에서 지정 음식점 이외의 출입을 금한다는 주의 사항이 전달되었다. 28일 오전 9시에 교련이 실시된 후에 정오부터 1중대는 휴무했으며 오후 1시부터 2소대장이 무아르 시내를 순찰했다.

1중대의 무아르 주둔은 9월 말까지 이어졌다. 그동안 8월 4일·11일·18일 등의 화요일 정기외출 외에도 부정기적으로 21일·24일의 외출이 허가되었다. 이후 9월의 상황은 진중일지가 현존하지 않아 파악하기 어렵다. 행동상보에서는 불규칙한 '차량 정비'의 기록만 확인된다.

3) 제25군과 위안소

위안소 체계의 정립

1중대의 진중일지는 상급부대인 42대대뿐 아니라 말레이반도의 일본 육군을 총괄하는 25군과 싱가포르경비대 차원에서 위안소 문제가 거론되고 있었음을 알려준다. 이는 진중일지에 수록된 군회보, 경비(대)회보, 병참회보 등에 언급되어 있다. 관련 내용을 살펴보면 25군과 같은 일선의 최상급부대가 위안소의 개설과 이용에 깊숙이 관여하고 있었다는 사실이 명백해진다.

앞에서 지적했듯이 42대대는 7월 1일 '싱가포르주둔규정'(4일부터 시행)을 책정했다. 이어 7월 4일자 군회보(6일 수령)에는 "군에서 설치한 특수위안소"에서만 "특수위안"을 구하라는 지시가 담겼다. "군기, 풍기의 숙정 및 방첩과 악질(惡疾) 예방을 위해" "특히 사창굴"의 출입을 금지한 것이다. 1중대는 이 내용을 7월 6일 중대회보를 통해 주지시켰다.[62] 때마침 25군 사령관의 교체와 남방군 총사령부의 이전과 더불어 군정 조직의 개편이 이루어졌다. 따라서 42대대의 주둔규정 제정과 '사창굴' 출입의 금지, '특수위안소' 이용의 철저는 싱가포르 주둔부대의 전면적인 재정비와 연동하여 추진되었다고 보는 것이 자연스럽다. 이런 해석을 보강해주는 자료로 7월 5일자 경비대회보는 '병참 지정 영업자에 대한 규정'(내용 없음)을 전달해왔다. 요컨대 싱가

62) 사료에는 7월 5일로 표기되어 있는데, 6일의 오류로 보는 것이 타당하다.

포르의 위안소 체계는 7월부터 본격적인 궤도에 오르게 되었다.

7월 17일에는 스즈키 소사쿠(鈴木宗作, 1891~1945) 25군 참모장이 초대 군정감에 취임했고 군정 조직이 개편·확충되었다. 같은 날 '제25군 지정영업규정' 중 일부가 개정되어 식당 경영자 등의 취체 감독 업무가 군정감부로 이관되었다.[63] 8월 9일에는 일본인(조선인 포함)이 경영하는 음식점 등의 개설과 단속 요령을 정함과 동시에 요리점, 식당, 여관, 어용상인 등의 영업 허가 및 감독을 싱가포르 특별시장과 각 주의 장관에게 위임했다.

7월 이후 각종 회보에는 위안소에 관한 기술이 넘쳐난다. 크게 구분하면 위안소에서의 언행에 대한 지적과 위안소 이용에 관한 정보가 그러하다. 전자는 다음 절에서 살펴보고 먼저 후자에 대해 알아보자.

횟수와 내용이 풍부한 것은 위안소 관련 안내다. 먼저 8월 10일부터 '병참 통보'의 형식으로 "가업부(稼業婦) 검미 건 통보"(내용 없음)가 이루어졌다. 이튿날에도 같은 이름의 통보가 있었으며 이후 8월 16일·24일과 1943년 1월 19일에도 기록되어 있다. 병참부대에서 각 부대에 위안부의 성병 보유 여부와 건강 상태를 고지했던 것이다.

위안소 및 음식점의 개설과 폐업에 관한 공시는 제때 이루어져야 했다. 8월 13일자 경비대회보에서는 장교구락부와 하사관·병 구락부의 공휴일을 [표 6-6]과 같이 변경했음을 알렸다(8월 14일).

장교위안소 6곳과 사병위안소 17곳을 합쳐 23곳의 위안소가 싱가포르에서 영업하고 있었다. 이들 위안소를 각각 두 그룹으로 나누어 휴일을 부여했고 그 변경을 주둔부대에 알린 것이다.

---

63) 이하의 내용은 별도의 언급이 없는 한 富集団司令部, 〈戦時月報〉 昭和17年8月末日, 《岸幸一コレクション》.

		상호	공휴일
장교 구락부	제1	眞砂, 昭月, 大和家	4일, 24일
	제2	濱廻家, 白牡丹, 浪花	5일, 25일
하사관·병 구락부	제1	丸芳, 明月, 若葉, 彌生, 曙, チャンギ, 旭, ミス京都, 第三浪花樓	4일, 14일, 24일
	제2	菊水, 南進館, 末廣, 八千代, 丸豊, 第二白牡丹, 船員俱樂部, 第二浪花樓	5일, 15일, 25일

[표 6-6] 싱가포르 시내의 위안소와 공휴일(1942년 8월 13일)

* 하야시 히로후미에 따르면 4월 18일자《쇼난일보(昭南日報)》에 탄종카통(Tanjong Katong)거리의 아사히(旭)구락부 하마다 지타로(濱田次太郎) 이름으로 4월 16일자로 '화인(華人) 접대부 수십 명'의 모집 기사가 실렸다고 한다(林博史, 〈シンガポールの日本軍慰安所〉, 《季刊戦争責任研究》4號, 1994, 35쪽).

· 출전: 〈陣中日誌 第11号 自昭和17年8月1日至昭和17年8月31日(2)〉, 《独立自動車第42大隊第1中隊 行動詳報 昭和17.8.1~17.9.30》

8월 16일과 20일에는 '구락부 개설 영업의 건'이 병참회보로 통보되었다(내용 없음). 그리고 앞서 소개한 8월 24일자 군회보에는 장교위안소 마사고(眞砂)의 영업을 25일과 26일 양일 동안 정지하므로 이용을 금한다는 내용이 실렸다. "종업부의 감독이 철저하지 못"했다는 것을 이유로 삼았다.

10월 7일에는 경비대회보를 통해 '구락부 공휴일 변경의 건'을 전해왔다(내용 없음). 10월 30일 군회보에는 향후 매월 8일 대조봉대일(大詔奉戴日)에 병참 여관, 군 지정 음식점과 식당, 클럽 등에서의 주류 판매를 중지한다고 실려 있었다.

12월에는 대대회보와 마찬가지로 위안소 관련 기술이 대폭 늘어난다. 12월 1일에는 9월 28일자 군회보에 따른 군 지정 상점 및 별지(내용 없음)에 추가한 군 지정 음식점 이외에서 군인·군속의 음식과 위안을 금한다고 군회보로 공지했다. 그리고 군 지정 상점에는 흑색의 표식(/\/\)이 부착되어 있다고 알려왔다. 12월 15일에는 7월 14일 대대

회보에도 나온 바 있는 식당 다이겐의 군 지정이 해제되며 호시노야(星の屋) 본점의 '사용 한정'을 풀어 일반 장교구락부로 한다는 소식이 군회보에 실렸다.

그리고 앞의 대대회보에서 확인했듯이 12월 20일을 전후로 위안소의 개업과 폐업이 줄을 이었다. 12월 19일 대대회보에서는 난신칸 자리에 나고야클럽이, 와카바 자리에 긴조클럽이 생겼으며, 구니이치클럽이 12월 12일에 문을 닫았음을 알렸다. 구니이치클럽은 8월 13일 당시 목록에는 존재하지 않는데, 앞에서 소개한 8월 16일 또는 20일에 통보된 병참회보에는 있었을지도 모른다. 12월 26일 대대회보에 따르면 조선인 위안부가 있는 스에히로구락부와 난신구락부가 각각 스에히로구락부와 폐업한 야치요구락부 자리에서 영업했으며, 쇼게쓰구락부는 미야코구락부 자리에서 12월 22일 장교위안소로 개업했다([표 6-7]에는 군인·군속을 위한 위안소로 표기되어 있음).

뒤이어 12월 27일 군회보는 위안소 관리방식에 변동이 생겼음을 전한다(12월 28일). 하나는 싱가포르의 '군 지정 상인'의 관리가 군정감부로 이관되었다는 점이고, 다른 하나는 군 지정 상인을 '군 전용'과 '군 이용'으로 구분했다는 점이다.

군 전용이란 "군에서 극력 원조하여 일부 음식품을 불하하여 경영하게 한" 곳으로 육군 군인·군속(대우자는 제외, 이하 동일) 이외에는 출입을 엄금했다. 군인·군속 이외의 출입자는 퇴거시켰고 위반한 업자는 병참에 통보하고 상당한 벌칙을 가하도록 했다. 민간인의 동반 출입 또한 불가능했다. 그리고 군 이용은 "단지 군인·군속의 출입을 허가하고 위생상의 감독을 군에서 실시"하는 곳이었다. 원래 병참에서 개설했다가 군 이용이 된 경우에는 군인·군속의 요금을 변경할 수 없도록 했다.

		군 전용	군 이용
요릿집 구락부	장교·고등문관	立花屋, 鶴屋, 眞砂, 大和屋, 浜ノ家	
	군인·군속	第一白牡丹, 名古屋, 金城, 美登利, 一力, 菊水, 丸芳, 富士, 末廣, 南進館, 花園, 大洋, 都, 櫻, 昭月	旭会館, 旭俱樂部, 星之屋本店, 第二星之屋, 第三星之屋, 第四星之屋, 平壤館俱樂部, 第二白牡丹, 曙俱樂部, 日映俱樂部, チャンギ俱樂部, 丸豊俱樂部
식당	군인·군속	喜樂, 帝國園, 大丸食堂, 昭南プール, 昭南驛食堂	日之出食堂, 東京食堂, 綠寶食堂, 美合食堂, 好萊瑪食堂, 稻荷屋, 南星園, 大衆樂食堂, 新和食堂, 山水園, さくら, カフェーウィン, 美古谷食堂, サツキ食堂, 天國食堂, 光食堂, フルサト, 有明食堂, 南明莊, スイン食堂, 瑞穗食堂, 南都ホテル, 圖南俱樂部, 紅櫻食堂, 日光食堂, 菊水食堂, 靜乃家, 櫻花園
여관		南明閣, 昭南旅館, 昭南驛ホテル, 富士ホテル	

[표 6-7] 싱가포르 시내의 위안소, 식당, 여관의 내역(1942년 12월 27일)

* 밑줄 표시는 맥주, 사이다 및 식사시설이 있는 곳을 가리킨다.

· 출전: 〈陣中日誌 第15号 自昭和17年12月1日至昭和17年12月31日(3)〉, 《独立自動車第42大隊第1中隊 行動詳報 昭和17.12.1~17.12.31》

위안소 개설은 12월 말의 시점까지 이어졌다. 12월 28일 군회보에서는 이날부터 장교와 고등문관을 상대로 하는 군 전용 요릿집 2곳(立花屋, 鶴屋)이 신설됨을 알렸다. 요금은 별표(내용 없음)로 첨부했으며 병사들의 출입을 금했다. 군 전용, 군 이용의 형식과 해행사·구락부, 식당, 여관 등의 업태를 망라하여 1942년 12월 말 당시 싱가포르에는 [표 6-7]과 같은 업소들이 존재했다.

장교용 5곳과 사병용으로 군 전용 15곳, 군 이용 12곳까지 총 32곳으로 늘어났다. 장교용은 줄었지만 8월 이후 사병용은 10곳이 신설되었다.

12월 29일 군회보는 군 전용 요릿집, 구락부, 식당의 연말연시 영업일을 공지했다. 12월 31일과 1월 1일은 임시 휴업하며 대신에 구락부의 공휴일인 1월 4일과 5일은 영업을 한다는 것이었다. 휴업일 공지는 하루 만에 변경되었다. 이튿날 임시 휴업은 1월 1일뿐이라는 내용이 군회보에 실렸다.

1943년 1월 7일 군회보에는 '평양구락부(平壤俱樂部)'([표 6-7]의 평양관구락부平壤館俱樂部로 여겨짐)에서 분실된 총검의 번호가 공지되었다. 1월 16일 군회보에서는 장교구락부의 공휴일 변경을 알렸다. 8일과 제3목요일을 쉬는 곳(鶴屋, 眞砂), 8일과 제3토요일을 쉬는 곳(立花屋, 大和屋, 浜の家), 그리고 나머지는 현행대로 휴일을 갖도록 한 것이다. 1월 30일에는 하야부사 식당이 군 지정 인가를 받았으며 별관의 2월 중 휴업일 1일을 4일로 바꾼다는 소식이 군회보에 실려 있었다(2월 진중일지 없음). 3월 1일 군회보는 당일부터 싱가포르 시내 요릿집 등에서 오후 5시까지 주류를 판매하지 않는다는 것과 1일의 별관 정기휴일이 2일로 연기되었다는 것 등을 공시했다.

위안소 이용 병사의 통제

싱가포르를 지키는 25군의 입장에서 최우선의 관심사는 식당, 위안소 등의 시설의 안전 여부였다. 4월 30일 1중대 회보에 일본군 암살을 운운한 이야기가 실렸는데, 7월 5일 경비대회보(6일 수령)는 장교 암살을 시도한 단체를 검거했다고 전했다. 취조 결과 장교구락부·술집 고용인을 매수하여 독약을 사용하려고 했다는 것이 밝혀졌다.

앞에서 경례 불량에 대해 군사령부가 신경을 썼다는 사실을 언급했는데, 군사령부 나아가 남방군 총사령부가 있는 싱가포르의 경우 위안소의 설치와 이용에 즈음한 이른바 '외출 군기' 문제는 다른 지역

보다 훨씬 민감한 사안이었다.

외출에 관한 지적은 일찍부터 일었다. 경비대회보에서는 4월 17일에 외출한 군인 중에 지방인의 자동차에 편승하는 사례를 거론했으며, 5월 5일에는 경례와 복장에 관해 외출자에게 주의를 주도록 요청했다. 수통 휴대의 철저(8월 10일, 군회보의 작성일은 8일이지만 수령된 날짜를 따랐으며 이하 별도의 언급이 없는 한 동일), 공용외출자의 완장 휴대(8월 20일), 외출자의 복장 불량과 군대내무서의 관련 규정에 따른 외출 시한과 외출증(8월 24일)이 언급되었다.

그리고 5월 14일 군회보에는 위안소 왕복에 자동차를 사용하는 군인·군속에 대한 지적이 담겨 있다.[64] 자동차의 사적 이용 문제는 이후에도 거론되었다. 6월 14일 경비회보는 위안소 왕복에 자동차를 사용할 경우 처벌될 것임을 고지했고, 6월 18일 군회보에는 자동차 사용자를 회보에 게재한다고 쓰여 있었다. 같은 날 군회보(수령 19일)에는 17일 심야에 자동차로 위안소를 왕복한 장교 4명의 이름은 빼고 소속과 계급이 공시되었다.

위안소 개설과 이용이 본격화됨에 따라 위안소 내에서의 비행 또한 자주 지적되었다. 7월 31일자 병참회보(8월 3일 수록)에는 "구락부에서 가업부, 업자에게 폭력을 휘두르거나 비치 물품을 훼손"하지 않도록 자숙할 것, "구락부에서는 자정 이후 유흥을 접수하지 않"는다는 것 등이 실렸다. 8월 24일에는 군인·군속 중에 군용차나 인력거에 현지 부녀자 또는 위안부를 동승시켰으며, 음식점이나 위안소에서 맥주

64) 이 군회보는 말레이시아에 주둔하던 5사단 소속 보병 11연대 제7중대의 진중일지에도 수록되어 있다(〈陣中日誌 第7号 自昭和17年5月1日至昭和17年5月31日(1)〉, 《歩兵第11連隊第7中隊 陣中日誌 昭和17.1.1~17.6.30》).

병과 컵을 고의로 파손했다는 내용이 군회보를 통해 전해졌다. 1943년 1월 26일자 군회보에서는 외출자가 '사창굴'과 '무용장(舞踊場)'[65]을 출입하지 않도록 주의를 주었다.

12월 30일 군회보는 '총괄' 격이었다. 경례 불철저, 복장 불량, 공용외출의 사용화(私用化), 인솔외출의 지휘 불량, 군이 지정하지 않은 음식점 출입 등은 엄하게 지도하도록 지시했고 1중대에서도 복장과 태도가 불량했던 하사관과 병참위안소에서 복장과 태도가 불량했던 병을 거명하며 주의를 환기했다. 해가 바뀌어 1월 19일과 26일 군사령부는 유사한 지적을 거듭했다.

한편, 군사령부는 1943년 1월 13일자 군회보에서 '시내외출자에 대한 주의'를 하달하며 지휘관의 느슨한 외출 통제 문제를 언급했다.[66] 먼저 임시외출은 근무자에게 대체로 허가해주는 것이 아니고, 유흥 등의 목적으로 허가해서는 안 되며, 증명서에는 직명(대장, 부관, 주번사령 등)을 명시해야 한다고 적시했다. '인솔외출'에 대한 잣대도 엄격해졌다. 인솔외출은 도중에 해산하여 각자 행동을 허락하는 것이 아니며, 위안소 등에 이르러 유흥하게 하는 것도 바람직하지 않다고 되어 있다. '각종 작업장' 등에서 부근 음식점을 출입하거나 개인 용무를 보게 한다는 부분은 병과 용인(傭人, 군속의 한 부류)에게 외출증 없이 외출을 내보낸다는 지적과 연결된다. 참고로 앞에서 언급한 인솔

---

65) 무용장은 1942년 8월 29일 25군 참모장이자 군정감이 내린 명령과 관련된다. 8월 28일 군정감부는 현지인을 위해 개설을 허가한 댄스홀에 군인과 군속이 출입하지 않도록 지도했으며 싱가포르 이외에서도 실시하도록 했다.

66) 아시아여성기금이 펴낸 자료집(《政府調査〈従軍慰安婦〉関係資料集成》 3권)에서 행동상보에서 인용했다고 쓴 것은 오류로 실제로는 진중일지에 수록되어 있다. 그리고 군회보의 주장은 군대내무서의 관련 규정을 근거로 삼고 있으며 전년 8월 21일자 군회보에서도 외출 시한과 외출증 양식은 군대내무서 규정에 따르도록 지시했다(8월 24일).

외출은 위문 공연이나 영화 등의 단체 관람을 가리키는 것으로 판단된다.

또한 군회보에는 앞에서 설명한 해행사 별관 식당(이하 별관)의 대관을 둘러싼 통지도 잦았다. 6월 4일 군회보에서는 별관의 봉사료가 6월 5일부터 인상됨을 전했으며(1시간에 일본인 여급은 1엔 10센, 현지인 여급은 40센), 7월 17일에는 별관의 '경영요령 및 메뉴 정가표'가 실렸다. 8월 8일에는 교통 문제와 관련하여 별관, 요리점, 식당 앞에 대기중인 승용차가 많다면서 병참이 제공하는 버스로 별관을 왕복하라는 내용이 담겼다. 해를 넘겨서는 별관의 2월 중 정기휴일이 1일에서 4일로 바뀌었다거나(1월 30일), 3월의 정기휴일인 1일을 2일로 연기하고 3일에는 25군이 이용한다고 알렸다(3월 1일).

4) 군정 조직의 위안소 관리

말레이 군정감부의 관리 체계

앞서 소개했듯이 25군이 1943년 4월 수마트라로 이동함에 따라 25군 참모장의 군정감 겸임은 폐지되었다. 수마트라와 분리되어 남방군 직속으로 신설된 말레이 군정감부의 초대 군정감은 이소야 고로(磯矢伍郎, 1896~1993)가 맡았고, 8월부터는 총무부장 후지무라 마스조(藤村益蔵, 1895~1978) 소장이 이어받았다.

이 무렵 말레이반도의 방어는 1942년 9월에 편성된 제12독립수비대가 맡고 있었다. 그리고 1943년 10월부터는 과달카날 전투를 마친 보병 제2사단 소속부대들이 말레이반도로 속속 들어왔고, 이듬해 1월 버마로 이동할 때까지 사령부는 쿠알라룸푸르에 두었다. 같은 달에 말레이반도 방어를 전담할 29군이 편성되자 말레이 군정감부도 2월에 싱가포르에서 말레이시아로 옮겨갔고 후지무라 마스조 군정감이 참모장을 겸하는 방식으로 되돌아갔다.

1943년 11월 11일 말레이 군정감 명의로 '위안시설 및 여관 영업 취체규정'(이하 영업규정)이 제정되었다.[67] 이는 12월 1일부터 실시했으며 1개월 전인 10월 5일에 제정된 동명의 규정은 폐지되었다. 앞서 지적한 대로 1942년 12월 말로 '군 지정 상인'의 관리는 군정 조직이 담당하는 것으로 바뀌었지만 위안소를 비롯한 위안시설은 전적으로 군의 의향에 따라 관리·운영되고 있었다.

먼저 위안시설은 '오락시설(영화, 연극, 연기, 독서, 음악, 운동)'과 '음식시설(다방, 식당, 요릿집)', '특수위안시설(위안소)'의 세 종류로 구분되었다(4조). 그중에서 음식시설과 특수위안시설은 "필요 최소한도에 그치고, 나아가 술 문제를 일으키기 쉬운(예를 들어 일본식 카페) 시설은 피하"도록 했다(5조). 음식시설과 특수위안시설은 "영업 장소 등을 고려하여 현지인에 대한 문화 시책에 악영향을 주지 않"도록 했으며(6조) 경영자는 원칙적으로 일본인(조선인 포함)으로 한정하고 종업원은 되도록 현지인을 활용하도록 했다(7조).

위안시설은 일본인의 출입 이용을 제한하는 '군 전용'과 일반인의 출입·이용은 허용하나 군인·군속에게 특히 편리를 부여하는 '군 이용', 그 밖의 '기타 영업'의 세 종류로 구분했다(8조). 군 전용과 군 이용의 인정은 군이 행하며(9조) 여기서 군은 2사단장 또는 2사단장이 지정한 독립수비대장을 가리킨다(10조). 그 밖의 다른 지역과 마찬가지로

---

67) 이하의 내용은 별도의 언급이 없는 한 〈11 軍政規定集(第1号~8号まで第2号欠) 馬来軍政監部 自昭和18年9月1日至昭和19年2月24日(1)〉과 〈11 軍政規定集(第1号~8号まで第2号欠) 馬来軍政監部 自昭和18年9月1日至昭和19年2月24日(2)〉,《軍政部内諸規定 部内関係書類綴 3/3 昭18.6~19.6》을 참조했다.

해군 소관의 위안시설과 여관은 군정 기관에서 관여하지 않았다(11조).

영업의 허가·금지·정지, 영업의 양도와 이전 허가, 가업부의 취업 및 변경 허가, 영업자와 가업부의 폐업 허가는 지방장관이 처리했다(12조). 지방장관은 군 지정과 군 이용의 인정·취소의 필요에 즈음하여 군정감에게 보고하고(13조) 군정감은 의견을 붙여 군에 요청했다(14조). 영업자와 종업원의 전업·전적(轉籍)에 관한 허가 신청을 받은 지방장관은 의견을 첨부하여 군정감에게 상신했다(15조). 영업자와 종업원의 조치는 지방장관이 군정감에게 보고한 뒤 결정에 따라 처리하며(16조) 군정감은 의견을 덧붙여 군에 신청했다(17조). 지방장관은 군의 요망이나 군정감의 지시가 있는 경우 위안시설의 개설에 관한 가옥 설비의 대여 등을 알선하며, 영업 정비 및 영업자·종업원의 처분에 관해 군의 요망이 있는 경우 이를 따르도록 했다(18조). 위안시설의 판매 가격, 대금, 서비스료 등은 별도로 정했다(20조). 위안시설 종사자는 월 1회 정기검진을, 가업부는 매주 1회 검미를 받도록 했고(21조) 위생 관리에 관해서는 관계 군대의 원조를 받을 수 있었다(22조). 위안시설의 영업을 비롯한 제반 감독의 책임은 지방장관에게 있었다(23~29조). 영업규정에 설정된 말레이반도에 설치된 위안소 관리의 실무 책임자는 지방장관, 즉 싱가포르 특별시와 각 주였던 것이다.

영업규정에 더해 위안소 운영의 세부 사항까지 규율하는 '위안시설 및 여관 영업준수규칙'(이하 영업규칙)이 설정되었다. 25군 시절과 동일하게 작성된 군 전용과 군 이용의 표식을 내걸어야 했으며(2조) 영업자는 업종별로 조합을 조직하여 지방장관의 인가를 받도록 했다(5조). 가업부의 채용에 즈음해서는 '예기, 작부의 고용계약규칙'에 따라 계약을 맺고 지방장관의 인가를 받도록 했다(6조). 영업자에게는 호객 금지, 손님과의 동반외출 불가, 영업시간(정오~자정) 등의 자세한

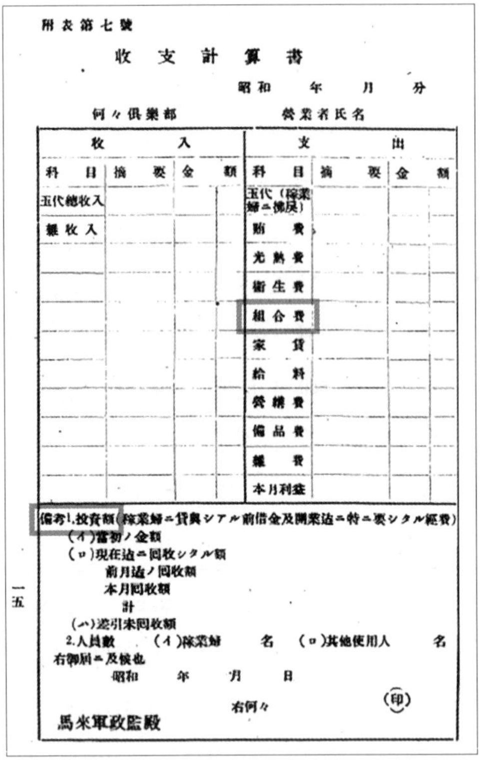

附表第七號

収支計算書

昭和　年　月　分

何々俱樂部　營業者氏名

收入			支出		
科目	摘要	金額	科目	摘要	金額
玉代總收入			玉代（稼業婦ニ拂戻）		
雜收入			賄費		
			光熱費		
			衛生費		
			組合費		
			家賃		
			給料		
			營繕費		
			備品費		
			雜費		
			本月利益		

備考1.投資額（稼業婦ニ貸與シアル前借金及開業迄ニ特ニ要シタル經費）
（イ）當初ノ金額
（ロ）現在迄ニ回收シタル額
前月迄ノ回收額
本月回收額
計
（ハ）差引未回收額
2.人員數　（イ）稼業婦　名　（ロ）其他使用人　名
右御屆ニ及候也
昭和　年　月　日
右何々　（印）
馬來軍政監殿

一五

[그림 6-13] 위안소의 매월 수지계산서

· 출전: 〈11 軍政規定集(第1号~8号まで第2号欠) 馬来軍政監部 自昭和18年9月1日至昭和19年2月24日(1)〉, 《軍政部内諸規定 部内関係書類綴 3/3 昭18.6~19.6》

규칙을 부과했다(7조). 취업 허가를 받지 못한 영업자나 감염자는 손님을 받지 못했다(11조). 영업자와 종업원의 전업·전적, 폐업은 지방장관을 경유하여 군정감의 허가를 받아야 했다(12·13조).

위안소 영업자는 [그림 6-13]과 같은 매월의 '수지계산서'를 작성하여 익월 10일까지 군정지부를 거쳐 군정감에게 제출했다(18조).

내용 중 흥미로운 부분은 조합비가 책정되어 있다는 점(후술)과 비고의 '투자액'에 대한 내역까지 관리 대상이었다는 점이다. 투자액은 위안부에게 대여한 전차금과 개업에 소요된 경비를 합친 것이며 당초 금액을 매월 '회수'하는 방식으로 관리한 후 최종적으로 이익을 산출하도록 했다. 매월 회수되는 지출 항목은 '회비(賄費)'로 추정된다. 군이 위안소의 수익 여부까지 파악하고 통제하고 있었던 것을 알 수 있다.

'예기, 작부의 고용계약규칙'(이하 고용규칙)은 앞과 같이 영업자와 가업부의 수익에 대한 통제까지 망라하고 있다. 강제 저금을 제외한 매상고 중에서 영업자와 가업부의 배당분을 지정했는데, 채무 즉 전차금이 1,500엔 이상이면 6:4, 1,500엔 미만이면 5:5로 나누었으며 전차금이 없는 경우에는 4:6으로 나누도록 했다(1조). 가재도구, 식비와 의료비 등의 비용은 영업자가 부담했다(2조). 월 매상고의 3퍼센트를 가업부 본인의 명의로 저금하여 폐업 후 가업부가 갖도록 했다(3조). 전차금 변제는 매월 배당분의 3분의 2 이상으로 했으며 잔금 용도는 가업부에게 일임했다(4조). 가업에 따른 임신과 분만, 질병은 절반씩 부담하며 그 밖의 것은 가업부가 부담하고 영업자는 위문금을 내도록 했다(5조). 손님에게 받은 금품은 가업부의 소유였으며(6조) 미불 유흥비의 보전은 영업자의 몫이었다(7조). 가업부가 폐업하면 당일까지의 수익을 정산했지만(8조) 가업부가 6개월 이내에 해약하는 경우에는 위약금을 보상했다(9조). 영업자는 가업부 개인별로 대차계산부와 매상고일기장을 2통씩 작성하여 1통은 가업부에게 교부했고(10조) 가업부가 별도로 100엔 이상의 채무를 원할 때는 지방장관의 인가를 받아야 했다(11조). 가업부의 취업지 변경과 폐업, 별도 채무의 인가, 계약 변경, 장부의 재작성 등에 즈음해서는 대차계산부와 매상고일기장을 지방장관에게 제출하여 검열을 받았다(12조).

위안부 관리를 둘러싸고 영업규정과 영업규칙, 고용규칙에 이르기까지 매우 엄격하고 상세하게 제도를 설정한 것은 유럽인까지 포함하여 싱가포르에 거주하는 주민의 평판을 고려한 결과로 보는 것이 타당하다. 그런 측면은 영업규정에서도 읽을 수 있다. "현지인에 대한 문화 시책에 악영향을 주지 않"도록 위안시설의 장소를 선정하도록 했으며(6조), 인력 부족 탓에 위안시설의 종업원은 되도록 현지인을 고용할 수밖에 없었기 때문이다(7조).

이후 말레이 군정감부와 위안소 운영에 관한 자료는 거의 없지만 콘돔 배분에 관한 기록은 남아 있다. 말레이반도 각지에 매월 배분된 의약품 중에는 '삿쿠'가 포함되어 있다. 1943년 7월에는 느그리슴빌란주에 1,000개, 페라크주에 1만 개,[68] 8월에는 믈라카주에 5,000개, 슬랑오르(Selangor)주에 1만 개, 피낭(Pinang)주에 3만 개,[69] 9월에는 군정감부에 5,000개, 아사노(淺野)물산 및 에이후쿠(永福)산업에 1,500개,[70] 10월에는 에이후쿠산업공사에 1,000개, 피낭 정청에 2만 개, 싱가포르시에 1만 2,000개,[71] 11월에는 믈라카주 정청에 5,000개가 배급되었다.[72] 그리고 군정감부가 페라크주로 이동한 이후인 1944년 2월에는 "군 전용 특수위안소, 요릿집, 클럽용" 1개월분 삿쿠 7만 5,000개와 과망간산칼륨 7킬로리터를 각 지역의 위안부 수에 맞추어 배급했고 향후에도 매월 보급할 예정이라고 적시되어 있다.[73]

---

68) 〈戰時月報(軍政関係) 馬来軍政監部 昭和18年7月31日/衛生〉, 《戰時月報(軍政関係) 昭18.4.19~18.7.31》. 7월 기록 중에는 화류병 예방시설의 확충을 위해 1943년도에 싱가포르시에 예방 및 치료 시설 예산으로 10만 달러를 교부했다는 부분도 있다.

69) 〈戰時月報(軍政関係) 馬来軍政監部 昭和18年8月31日/衛生〉, 《戰時月報(軍政関係) 昭18.4.19~18.7.31》.

70) 〈戰時月報(軍政関係) 馬来軍政監部 昭和18年9月30日/衛生〉, 《戰時月報(軍政関係) 昭18.4.19~18.7.31》. 아사노물산은 일본 굴지의 종합상사 마루베니(丸紅)의 전신이다.

71) 〈戰時月報(軍政関係) 馬来軍政監部 昭和18年10月31日/衛生〉, 《戰時月報(軍政関係) 昭18.4.19~18.7.31》.

72) 〈戰時月報 馬来軍政監部 昭和18年11月30日/内政/3.衛生〉, 《戰時月報(軍政関係) 昭18.4.19~18.7.31》.

73) 〈軍政月報 馬来軍政監部 昭和19年2月29日/第2 内政〉, 《戰時月報(2~3月) 昭19.2.29~19.3.31》.

위안소 내부의 상황

다음에서는 앞에서도 언급한《일본군 위안소 관리인의 일기》(이하《일기》) 내용을 검토해보자. 앞에서 설명한 군정감부의 관련 규정과 연계하여 싱가포르 위안소의 실태를 보다 명확히 파악하기 위해서다.

관리인은 1943년 9월 19일 버마를 떠나 29일에 싱가포르에 도착했다. 얼마 후 해행사에서 택시 관련 업무에 종사하다가 위안소 기쿠스이구락부의 조바, 즉 관리인으로 일하게 된 것은 1944년 2월 2일부터였다. 그해 12월 16일 싱가포르를 떠날 때까지 10개월 넘게 관리인으로 일했다. 기쿠스이구락부는 1942년 8월 8일에 개업한 뒤(1944년 8월 8일이 개업 2주년이었음) [표 6-6]과 [표 6-7](395, 397쪽)에서 알 수 있듯이 사병 전용의 위안소로 영업을 이어갔다.

《일기》는 앞에서 검토한 군정감부의 영업규정, 영업규칙, 고용규칙이 거의 어김없이 지켜지고 있음을 보여준다. 그 주요한 내용만 지적하여 살펴보자.

영업규정에서 위안소 관리 업무는 지방장관의 담당이라고 했는데,《일기》에 따르면 싱가포르 특별시 정청 경무부 보안과의 영업계와 여행(증명)계가 실제 창구 역할을 했다. 12조에 규정된 가업부의 취업 및 변경의 허가, 영업자와 가업부의 폐업 허가 업무는 영업계 소관이었고 귀국에 필요한 절차는 여행계에서 처리했다. 관리인은 자신이 종업원인 조바가 되었다는 신고를 3월 9일에 제출했으며[74] 조바를 그만두고 귀국하기 위한 해고 신고는 10월 10일에 했다.

4월 10일 관리인은 새로 채용한 위안부 2명의 취업허가원을 냈

---

74) 신분증명서계에 직업이동변동서를 제출했다고 하는데, 신분증명서계는 3월 9일밖에 나오지 않는다. 3월에는 배급했다는 기록이 없다.

으나 군의의 진단서를 첨부하여 다시 오라는 이야기를 들었다. 그중 1명은 수마트라의 팔렘방(Palembang)에서 싱가포르로 건너와 기쿠스이구락부에 합류하게 되었다(4월 18일). 이후 경과를 보면 4월 21일에는 진단서 관계로 병원을 찾았으며, 22일에는 취업허가원을 제출했다. 4월 24일에는 두 사람의 재류 신고를 했는데, 한 사람의 병원 기록을 요구받았다. 5월 8일에는 영업계를 찾았으나 담당자가 없어 이튿날 취업 허가를 받았다.

폐업한 사례도 수록되어 있다. 7월 9일에는 두 자매가 폐업을 원해 영업자의 승낙을 받아 폐업계를 작성하여 11일에 영업계에 가서 수속을 밟았다. 7월 12일에는 두 사람의 여행 증명에 필요한 서류를 수령했고, 14일에는 여행계에서 여행 수속에 필요한 용지를 받아왔다. 7월 20일에는 여행계에 가서 두 사람의 귀환여행증명에 관한 서류를 제출했지만 미비점이 있어 도로 가져왔고, 8월 7일에는 두 사람의 여행증명서가 나와 남방운항회사에 승선 신청을 했다. 8월 9일에는 두 사람의 송금 허가를 신청했고, 14일에 두 사람은 일본 본토로 가는 배에 올랐다.

보안과의 영업계, 여행(증명)계와 더불어 중요한 조직은 영업규칙 5조에 따라 조직된 '구락부조합'이다. 매월 초 전월의 매상고와 대금을 결산한 '월표(月表)'를 작성하여 구락부조합사무소에 제출했다는 기록이 3~12월에 확인된다. 영업규칙 18조에 의무화된 수지계산서의 보안과 제출은 세 차례(5월 10일, 8월 10일, 9월 10일) 적시되어 있는데, 이유는 분명하지 않지만 12월 10일에는 조합사무소에 제출했다고 되어 있다. 조합장 선거가 3월 25일과 11월 11일 2회 실시되었음이 기록되어 있으며, [그림 6-13](404쪽)의 지출 항목 중 조합비는 구락부조합에 납부한 것임이 틀림없다.

군 전용 위안소의 공휴일은 원래 월 3회(4일, 14일, 24일)였는데, 3월부터 2회로 줄었다. 기쿠스이구락부는 8일과 19일로 정해졌는데, 일요일인 경우에는 손님이 많은 탓인지 변경되기도 했다(10월 8일은 10일로 변경).

《일기》는 영업규정 21조에 명시된 검진 시행의 기록을 담고 있다. 종업원 전체를 대상으로 한 '신체검사'는 3회(2월 23일, 3월 28일, 6월 5일) 확인되며 위안부를 대상으로 매주 실시되는 검미도 마찬가지였다. 《일기》에는 보균자가 있는 4회에 한해서만 언급되어 있는데(3월 7일, 5월 12일), 6월 들어 2일과 9일의 기록을 통해 매주 실시되었음을 알 수 있다.

그리고 《일기》에는 위안소에서 소란을 피우는 군인의 모습이 두 차례 언급되어 있다. 2월 22일에는 취객이 칼을 뽑고 폭행을 벌였으며, 9월 9일에는 창기 포로수용소의 군속이 무단으로 외출하여 기쿠스이구락부에 들렀다가 헌병에 발각되는 일이 벌어졌다.

마지막으로 《일기》를 해제한 안병직은 싱가포르의 위안소 10곳(菊水, 大洋館, 興南俱樂部, 名古屋俱樂部, 共榮俱樂部, 圖南俱樂部, 富士俱樂部, 花園俱樂部, 第一白牡丹, 勝鬨俱樂部)이 일기에 등장한다고 밝혔다. 하지만 3월 8일 도나리구미(隣組)의 상회(常會)가 열렸다는 야마토야(大和屋)는 [표 6-6]과 [표 6-7]에 나오는 장교 전용 위안소인 야마토야(大和家 또는 大和屋)를 가리킨다고 추측된다. 6월 24일의 창기구락부(チャンギ俱樂部, 경영자 金沢)는 [표 6-6]과 [표 6-7]에 상호가 등재되어 있다. 관리인의 《일기》를 충실히 복원하면 싱가포르 소재 위안소가 최소 12곳에 이르렀다는 것을 알 수 있다.

5) 말레이시아의 상황

제4비행단과 위안소

4비행단은 일본 육군의 항공 전력 중 하나로 중일전쟁 초기에 북중국에 자리했다. 비행단은 2개 이상의 비행전대를 거느린 보병부대의 여단에 해당되었다. 1937년 11월 비행단장은 후지타 도모(藤田朋, 1888~1978) 소장으로 교체되었으며 12월 들어 광둥 공략을 맡은 5군 전투서열에 편입되어 타이완 가오슝으로 이동했다.[75] 이듬해 2월 5군이 해체됨에 따라 4비행단은 북중국으로 복귀한 후 쉬저우 전투의 항공 지원에 가세했다. 뒤이어 우한 작전에 참가했고 8월에는 난징을 주둔지로 삼았다.

8월 15일에는 '제4비행단사령부경비규정'이 제정되었다.[76] '난징주둔지근무규정'을 토대로 4비행단의 경비에 관한 사항을 정한 것이다(제1). 외출을 언급한 것은 '제6장 기타'다. 단독외출을 금하며, 하사관의 인솔 아래 "전적 또는 명승을 견학"하게 하고, "특히 위안이 필요한 경우에는 부관의 허가를 얻어 실시"하도록 했다.

우한 작전이 마무리 국면에 접어들자마자 4비행단은 10월부터 광둥 작전에 투입되었다. 이후 4비행단의 행적은 알 수 없으나 1940년 12월부터는 치치하얼의 신설 5비행사단 휘하에 편입되었다.[77] 5비행

---

75) 이하의 내용은《第4飛行団戦時旬報綴 其1 昭12.10~13.4》과《第4飛行団戦時旬報綴 其2 昭13.5~13.8.上》,《第4飛行団戦時旬報綴 其3 昭13.8.中~13.10.中》,《第4飛行団戦時旬報綴 其4 昭13.11.中~13.12.上》에 수록된 4비행단의 전시순보를 참조했으며 전시순보의 세부 출전은 명기하지 않는다.

76) 〈第4飛行団司令部警備規定 藤田(朋)部隊 昭和13年8月15日調製〉,《第4飛行団戦時旬報綴 其3 昭13.8.中~13.10.中》.

77) 이하의 내용은〈戦史資料 第5飛行師団司令部(ロンデン) 第5飛行師団参謀長 栾塚城〉(《航空作戦記録(第2編後期) 緬甸作戦の部 昭和20.8》)과〈第8章 第5飛行師団作戦経過の概要〉(《緬甸方面航空作戦の概要 S17.1.15~18.8》)를 참조했다.

사단은 1941년 11월 타이완으로 이동하여 필리핀 상륙 작전에 참가한 후 1942년 1월 방콕을 근거지로 하여 버마 전투에 투입되었다.

1943년 7월 당시 4비행단 사령부는 말레이시아 북부 케다(Kedah) 주의 숭가이페타니(Sungai Petani)에 위치했다. 비행단장은 1942년 8월부터 나카니시 료스케(中西良介, 1892~1975) 소장이 맡고 있었다. 7월 1일 비행단은 '제4비행단사령부복무규정'을 개정하여 15일부터 시행했다.[78] 말레이시아로 주둔지를 옮김에 따라 규정을 고친 것이며 타이완 주둔에 맞추어 책정한 1941년 9월 30일자의 '제4비행단사령부복무규정'과 '동 병사(兵舍)내무규정'은 폐지되었다.

'제4비행단사령부복무규정'은 전체 14장 73조로 구성되어 있으며 외출방법은 제9장 '휴일 및 외출'에 제시되어 있다. 휴무일에 부관은 각 실(반)의 하사관과 병의 반수씩 교대로 외출을 허가했다(45조). 주류지의 외출 구역을 결정하는 것도 부관이었고 외출자는 외출증 또는 외출증명서를 소지해야 했다(46조). 외출 구역은 [그림 6-14](굵은 점선 표시 구역)와 같다.

외출지에서의 주의 사항은 부록에 제시한다고 명기했는데(49조), 그 내용은 다음과 같다.[79] 반드시 2인 이상 동행하고 주민이 경영하는 음식점의 출입은 금지되었다. 외출 구역은 엄수하며 "위안소에서는 예방책을 강구하여 뒤처리에 특히 주의할 것"을 지시했다. 4비행단 사령부는 숭가이페타니에서의 주둔 태세 구축의 일환으로 외출과 위안소 이용에 대한 원칙을 강구했던 것이다.

---

78) 〈第4飛行団司令部服務規定 昭和18年7月1日〉,《諸規定綴 昭和17.2~18.7》.

79) 〈附録〉,《諸規定綴 昭和17.2~18.7》.

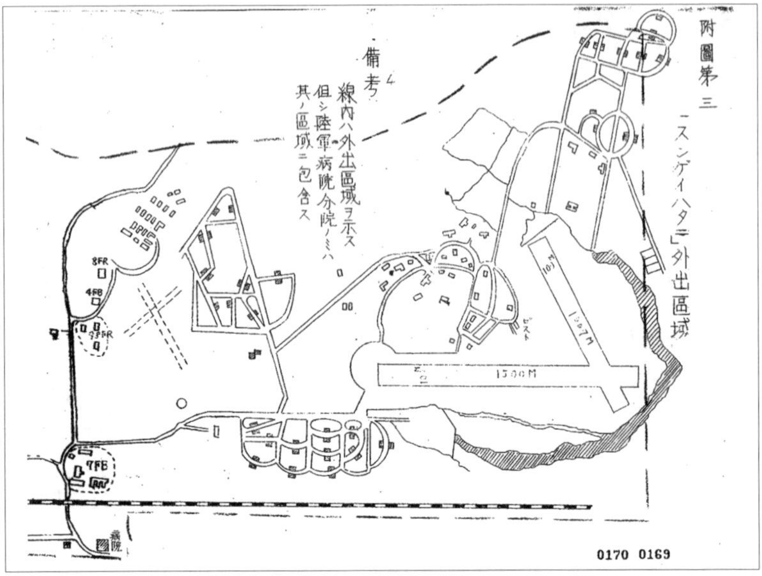

[그림 6-14] 숭가이페타니에서의 제4비행단의 외출 구역

· 출전: 〈附図〉, 《諸規定綴 昭和17.2~18.7》

보르네오수비군과 위안소

현재 인도네시아, 말레이시아, 브루나이가 분할 영유하는 보르네오(지금의 칼리만탄)섬은 아시아·태평양전쟁 발발 직전에 남부와 동부는 네덜란드령, 북서부는 영국의 식민지였다. 일본의 전쟁 목적 중 하나가 동남아의 석유와 각종 광물 자원 획득이었던 만큼 보르네오를 빠뜨리지 않았다. 1941년 12월 16일 18사단 보병 제35여단을 주축으로 한 공격대는 현재 말레이시아령인 사라왁(Sarawak)주의 유전 지대인 미리(Miri)에 상륙했고 열세에 몰린 영국과 네덜란드 연합군은 1942년 4월 1일 항복했다. 이후 영국령은 '북보르네오'로 개칭하여 육군이, 네덜란드령은 '남보르네오'로 부르며 해군이 각각 점령 통치를 시작했다.

작전이 종료된 후 영국령에는 보르네오수비군(부대기호 灘)이 편성되었고 주력인 독립혼성 제4연대의 일부는 9월부터 독립수비보병 제40·41대대로 개편되어 주둔을 이어갔다. 그 밖에 제1항공연대, 제4정박장 사령부, 제11육군병원, 남방연료창지창, 보르네오포로수용소, 보르네오헌병대, 통신대 등이 각지에 배치되었다. 애초에 사령부는 미리에 있다가 7월부터 쿠칭(Kuching)으로 옮겨갔다. 1944년 9월 보르네오수비군은 제37군으로 확대되어 연합군을 맞이했다.

동남아 각지와 마찬가지로 보르네오에서도 군정 조직이 설치되어 "주요 국방 자원의 개발 취득"을 위시한 점령 정책을 수행해나갔다.[80] 보르네오수비군 참모장인 군정총감 아래에 총무·경무·교통·산업·재정·조사의 6부를 두었고, 별도로 해사국과 통신국이 설치되었으며, 지방은 5주 14현으로 나누어 장관과 지사를 임명했다.

보르네오를 특별히 거론하는 이유는 위안소 건물의 임대료라는 생소한 사안에 관한 자료가 존재하기 때문이다.[81] 임대료 책정을 위한 조사가 실시되어 업주와 상호 등의 정보가 남게 된 것이다.

1943년 1월 16일 쿠칭주의 장관은 참모장에게 보고서를 발송했다(①, [표 6-8] 내 번호이며 이하 동일). 민간인에게 대여한 쿠칭시 소재 적산(敵産)가옥의 현황을 조사했으며 임대료 징수를 위한 준비 작업으로 추측된다. 1월 24일 수비군 병참반은 쿠칭, 미리 등지에서 계약이 체결된 현황을 보고서로 제출했다(②). 1월 28일 참모장은 쿠칭주에 보낸 문서에서 적산가옥의 관리를 계속 맡고 임대료를 소급하여 징수

---

80) 이하의 내용은 별도의 언급이 없는 한《北ボルネオ 軍政概要 昭和17.10.1》에 수록된 내용을 참조했다.

81) 임대료 관련 자료는《土地建物関係書類綴 昭和18.1》에 수록된 3개의 문서이며 이하에서는 출전을 명기하지 않는다.

소재지	업주	업태	상호	1943년				1944년		
				①	②	③	④	⑤	⑥	⑦
쿠칭	松木淺次	병참여관	병참여관	○	○		○	○		
		요정	翠雲莊	○	○		○			
	村瀨近市	위안소	櫻俱樂部	○	○		○	○		
	白川エン	위안소	大和俱樂部	○	○		○	○		
	島田豊三	요정/위안소	見晴亭	○	○		○	○		
	王長水	요리점		○		○				
	山中莊一	요정	灘俱樂部		○		○			
미리	浜崎靜藏	병참여관	병참여관		○		○			
	浜田ウノ	위안소	花月		○		○			
		요정	花月亭				○			
	近藤重太郞	위안소	ミリ俱樂部				○			
	禹聖姬	위안소	玉泉亭				○			
라부안	松本淺次	병참여관	병참여관		○		○	○		○
	金江泰助	위안소	櫻支店				○	○		○
		위안소	南進館					○		○
브루나이	吉田勝	병참여관	병참여관				○	○		○
쿠알라블라잇	浜崎靜藏	병참여관	병참여관				○	○		○
	高崎よつ	주보위안소								○
세리아	近藤重太郞	위안소(?)	賑◇俱樂部				○			
아피	竹川金次	병참여관	병참여관		○		○	○		
	鐵原小岩	위안소	櫻支店				○			
	加藤博	다방	小休止				○			
쿠닷	鐵原花子	위안소	櫻支店				○			
산다칸	太田音彦	병참여관	병참여관		○		○	○	○	
	太田音彦	요리업	翠光園					○	○	
	豊川晃吉	위안소	基隆樓		○		○			
	釜崎進	위안소	博多屋		○		○			
	太田音彦		산다칸俱樂部						○	
시부	下山田益三	병참여관	병참여관					○		

[표 6-8] 보르네오수비군 주둔지의 병참여관과 위안소 상황

* 아피(Api, 지금의 코타키나발루)는 영국령 시기에 제셀턴(Jesselton)으로 불렸으며 다른 지명의 영어 표기는 쿠칭(Kuching), 미리(Miri), 라부안(Labuan), 쿠알라블라잇(Kuala Belait), 세리아(Seria), 쿠닷(Kudat), 시부(Sibu), 산다칸(Sandakan)과 같다.

하도록 요청했다(③, 미리주에도 발송). 2월 8일 미리주 장관은 참모장에게 1월 25일자로 조사한 적산가옥의 대여 상황을 보고했는데, 희미하여 판독하기 어렵지만 미리에 위안소 4곳, 블라잇(Belait, 쿠알라블라잇으로 판단됨)에 위안소 2곳이 있었다고 되어 있다([표 6-8]에서는 생략).

4월 1일자로 수비군 병참반은 임대료 계약 상황을 집계했는데, 전체 상황을 거의 망라하고 있다(④). 이후 7월 당시에는 중앙적산처리위원회(위원장, 참모장, 설치일은 불상)가 대규모 부동산에 대한 처분을 결정했으며 지방적산처리위원회도 조직되어 활동했다.

1944년 1월 31일 참모장은 각 주 장관에게 4월 1일부터 병참여관과 위안시설 건물의 관리방식이 변경된다는 것을 통보했고 5개 주의 임대 상황에 대한 집계를 첨부했다(⑤). 관리 주체는 군령에서 군정으로 바뀌었으며 임대료는 임시군사비 회계에서 군정 회계의 수입금으로 취급하게 되었다. 그리고 경리부 고급장교와 업자 간의 계약에서 주의 적산관리관이 계약을 체결했는데, 1년 계약에 매월 5일까지 군표로 주청에 선납하며 전기·가스·수도 사용료는 업자가 부담했다.

4월 17일 참모장은 산다칸이 속한 도카이(東海)주[82] 장관이 3월

** 업주는 중간에 바뀐 경우가 있지만 생략했으며 업주의 이름 표기도 여러 종류이지만 하나로 통일했다.

*** 1944년부터는 쿠칭의 위안소 사쿠라구락부(櫻倶樂部)는 아케보노구락부(曙倶樂部)로, 야마토구락부(大和倶樂部)는 도모에구락부(巴倶樂部)로 명칭이 바뀌었으며 요정과 위안소를 겸했던 미하루테이(見晴亭)의 경우 위안소는 미하루 별관으로, 요정(원문은 요리업)은 미하루로 구분되어 있다.

· 출전: 〈土地建物関係書類綴 昭和18年1月/分割1(久財第10号 民間貸与敵産家屋調査に関する件~灘敵産第52号 旧'ブルネイ'国有土地使用料徴収に関する件通牒)〉, 〈土地建物関係書類綴 昭和18年1月/分割2(灘敵産第29号 敵産不動産処分に関する件認可~シブ財第19号 敵産の認定に関する件)〉, 〈土地建物関係書類綴 昭和18年1月/分割3(灘敵産第12号 兵站旅館及慰安施設の用に供する建物管理替に関する件通牒~大庶第174号 敵産管理家屋取壊他に転用方の件申請)〉, 《土地建物関係書類綴 昭和18.1》

31일자로 상신한 자료를 바탕으로 병참시설과 위안시설의 임대료를 결정하여 하달했다(⑥). 마찬가지로 참모장은 5월 6일 미리주 장관이 4월 24일자로 신청한 임대료를 최종 결정하여 송부했다(⑦).

앞의 ①~⑦의 자료에 제시된 병참여관과 위안시설 정보를 바탕으로 보르네오수비군 주둔지 상황을 정리한 것이 [표 6-8]이다. 위안소만 14곳이 넘으며 요정이나 요리업의 경우에도 사실상 위안소와 다름없이 성매매가 일상적이었다.

한편, 1944년 2월 19일자로 작성된 군에서 사용 중인 적산가옥 일람표에는 보르네오수비군 사령관 청사로부터 시작되는 가옥 내역 속에 본관, 별관, 요정(원문은 溜家)으로 나뉜 미하루, 병료(유희장, 식당부), 그리고 위안소 3곳(巴, 曙, 明星)이 포함되어 있었다. 일람표는 쿠칭 시내의 적산가옥 현황을 집계한 것으로 추측되는데, 묘조(明星)는 나다구락부(灘俱樂部)의 후신이 아닐까 싶다. 아울러 "상사(商社)는 유료로 적산가옥을 사용한다"라고 수기된 문구를 고려하면 무료여야 하지만 [표 6-8]의 자료 ⑤에 위안소 미하루 별관은 80엔, 요정 미하루는 70엔의 임대료가 책정되어 있다.

임대료는 냈지만 미하루테이는 '별격'이었다. 육군성에 남방 위문을 신청했던 도쿄 분쿄구(文京區) 하쿠산(白山)의 유곽 미우라케(三浦家)는 보르네오수비군에 배속되어 1942년 9월 26일 쿠칭에 도착했다.[83] 당시 쿠칭 시내의 위안시설은 현지인이 경영하는 2곳과 사령부와 함께 도착한 오모리(大森) 요정 쇼센(松淺)의 병참 숙사뿐이었다

---

82) 일본군은 영국령 보르네오를 쿠칭, 시부, 미리, 도카이, 사이카이(西海)의 5개 주로 나누어 지배했으며 도카이주는 현재 사바(Sabah)주에 해당된다.

83) 浪江洋二,《白山三業沿革史 白山創立50周年記念》, 雄山閣, 1961, 209~210쪽, WAM. 이하 동일.

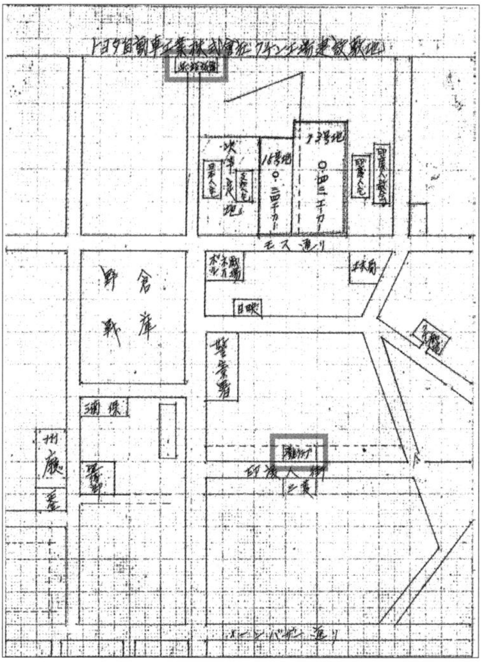

[그림 6-15] 쿠칭의 위안소 지도

· 출전: 〈土地建物関係書類綴 昭和18年1月/分割1(久財第10号 民間貸与敵産家屋調査に関する件~灘敵産第52号 旧'ブルネイ'国有土地使用料徴収に関する件通牒)〉, 《土地建物関係書類綴 昭和18.1》

(업주 마쓰키 센지松木淺次의 병참여관으로 추정됨). 예기 20명을 포함한 31명으로 상호를 미하루테이로 정하고 미하루테이, 별관, 예기 숙사를 마련한 후(①에도 본관, 별관, 숙사 3채로 기록됨) 장교와 고등문관, 군속을 대상으로 영업을 이어갔다.

마지막으로 [그림 6-15]는 요정으로 분류된 나다구락부의 위치(지도 하단)를 나타내고 있으며 지도 상단의 병참여관(兵站旅館)은 [표 6-8]의 쿠칭의 병참여관(업주 마쓰키 센지)으로 여겨진다.[84)]

84) 라부안의 위안소 2곳(櫻支店, 南進館)은 현재 섬의 중심 도로인 잘란 툰 무스타파(Jalan Tun Mustapha, 남북 방향)와 잘란 파타우파타우(Jalan Patau-Patau, 동서 방향)에 있었던 것으로 추정된다.

3. 버마의 상황

1) 전투의 경과

버마 점령은 말레이반도 공략과 더불어 계획, 추진되었다. 군사적인 차원에서는 연합국이 버마-중국 국경을 통해 장제스에게 군수물자를 수송하는 이른바 버마 루트(Burma Route 혹은 Burma Road, 일본어로는 援蔣ルート, 중국어로는 滇缅公路)를 차단하는 것이 목표였다. 1941년 11월 신편된 15군(사령관 이다 쇼지로飯田祥二郎 중장)은 제33사단과 제55사단을 거느리고 타이에 진주하며 전투에 돌입했다. 주력은 1942년 1월 20일 국경을 돌파하여 버마 남단의 모울메인(Moulmein, 지금의 몰라민Mawlamyine)으로 진주했다. 영국군과 인도군이 정면 대결보다 퇴각을 택한 탓에 15군은 별다른 전투 없이 3월 8일 수도 랑군에 입성했다. 한편, 말레이 작전이 예상보다 신속하게 마무리되자 대본영은 18사단과 제56사단을 버마에 급파하여 공격부대를 강화했다.

4월 중순부터 일본군은 중국군과 영국군, 인도군을 상대로 본격적인 공략전을 펼쳤다. 왼쪽에 33사단, 중앙에 18사단과 55사단, 그리고 오른쪽에는 56사단 등 세 방면에서 북쪽으로 공세의 고삐를 조이며 점령지를 확장해나갔다. 5월 1일 중부의 요충지 만달레이(Mandalay)를 함락했고 56사단 병력은 버마-중국 국경을 넘어 윈난성(雲南省)까지 쳐들어갔다. 5월 말까지 버마 전역은 일본군의 수중에 들어갔다.

15군은 방위 태세 구축에 들어갔다. 버마 전역을 북, 중, 서, 동, 남의 다섯 구로 나누고 각각 56사단, 55사단, 33사단, 18사단, 제73병참지구대에게 경비와 치안 확보의 책임을 맡겼다. 1943년 초 56사단은 윈난 정면의 중국군을 상대하도록 하고 18사단은 북부로 전진 배치함과 동시에 두 지역에 방위관구를 설정했다.

1942년 말부터 영국군의 반격이 개시되었다. 전장은 아키아브를 중심으로 한 버마 서부 지역이었다. 전세가 뒤집힐 정도는 아니었으나 일본군은 15군의 보강을 서둘렀다. 1943년 3월 버마방면군을 창설하고 중국 전선의 병력을 차출하여 수송선에 태웠다. 그럼에도 불구하고 1943년 말부터는 북부와 서부에서 연합군의 공세가 거세지면서 일본군이 밀리는 상황까지 벌어졌다. 병력 증파가 불가피해짐에 따라 1944년 1월에는 버마 남부를 담당하는 제28군이, 4월에는 버마 북부를 관할하는 제33군이 편성되었다. 이제 버마방면군은 10개 사단, 3개 독립혼성여단을 아우르는 대부대로 변신했다.

1944년 4월 일본군은 기선 제압에 나서 인도 내 영국군 거점 임팔(Imphal)을 직접 공격하는 대대적인 작전을 감행했다. 험준한 산맥을 넘는 강행군은 일본군의 전투력을 약화했고 보급의 결핍으로 전의마저 상실했다. 굶주림과 질병은 허약해진 병사의 퇴로는 물론 목숨까지 앗아갔다. 버마 북부에서도 일본군은 중국군과 미군의 공세에 밀려 패배했다. 결국 1944년 5~8월의 미치나(Myitkyina) 전투, 6~9월의 바모(Bhamo, 拉孟)와 텅충(Tengchong, 騰衝) 전투는 모두 일본군 수비대의 옥쇄라는 결말을 초래했다. 이렇듯 버마의 일본군은 북부와 서부에서 연합군의 공세에 밀리며 전면적인 후퇴를 거듭하다가 패전을 맞이했다.

인도네시아와 마찬가지로 버마 주둔 일본군도 진중일지를 거의 남기지 않았다. 다음은 한정된 자료를 잇고 조각난 정보를 엮어 주둔 체계와 위안소의 관련성을 최대한 복원하고자 시도한 결과물이다.

2) 만달레이의 위안소

주요 부대의 개괄

버마 정중앙의 만달레이는 국토를 남북으로 가르듯 흐르는 이라와디(Irrawaddy, 지금의 에야와디Ayeyarwady) 강변에 자리하며 랑군에서 출발한 기차가 만달레이에서 갈라져 미치나와 라시오(Lashio)에 당도하는 교통의 요지였다. 마지막 왕조의 수도로 왕궁이 남아 있으며 현재 인구는 미얀마에서 두 번째다. 그리고 버마 지역에서 일본군의 주둔 체계와 위안소의 접점이 잘 드러나는 사례 또한 만달레이가 유일하다.

제5야전수송사령부(이하 5수송)는 만달레이 주둔 일본군 중 최상급부대였다. 1941년 7월 편성이 완료된 5수송은 만주의 무단강에 있다가 남방 전선에 투입되어 1942년 3월 버마에 발을 들였다. 랑군, 퉁구(Toungoo), 포브웨(Pyawbwe)를 거쳐 1942년 12월~1944년 중순(3~10월 임팔 작전 등에 참가)에 이르는 기간 동안 만달레이에 주둔하며 병참 업무와 더불어 만달레이 방어를 책임졌다. 초대 사령관은 하라구치 신이치(原口真一, 1886~1958) 소장이었고, 1943년 8월부터는 다카다 기요히데(高田清秀, 1896~1945) 소장이 맡았으며, 1944년 6월부터는 모모세 주사쿠(百瀬重作, 육사 26기) 대좌가 그 뒤를 이었다.

제2야전수송사령부(이하 2수송)는 1943년 6월 편성이 완료되어

7월 랑군에 상륙했다. 이후 임팔 작전을 비롯한 여러 작전에 참가했으며 1944년 말 무렵부터 5수송과 교대하여 만달레이 주둔지사령부 임무를 승계했다. 가스야 도메키치(粕谷留吉, 1891~1972, 1944년 8월에 소장 진급) 대좌가 패전 때까지 지휘봉을 잡았다.

5수송과 2수송이 기록한 문서가 만달레이의 주둔 체계와 위안소 규정을 담고 있다면, 야전고사포 제51대대(이하 51대대) 소속부대의 진중일지는 실제로 운용되던 양태를 알려준다.[85] 51대대는 1941년 7월 중국 동북의 쑤이양(綏陽)에서 편성을 완료한 후 아시아·태평양 전쟁에 참전했다. 싱가포르 공략전을 치른 뒤 1942년 3월부터는 버마에 투입되어 북부의 최전선까지 올라갔다가 9월부터 줄곧 만달레이에 머무르면서 방공 업무를 수행했다.

만달레이 주둔부대 중에서 마지막으로 언급할 부대는 무라오 도모키요(村尾朝清) 대좌가 지휘하던 제53병참지구대(이하 53지구대)다. 53지구대는 1943년 6월 편성을 마치고 사이공, 싱가포르를 거쳐 10월 랑군에 상륙하여 15군 직할에 편입되었다. 만달레이에 도착한 1943년 10월 말 이후 주둔을 이어갔으며, 1944년 12월에 대부분 병력을 병참

85) 51대대 본부의 진중일지는《野戦高射砲第51大隊 陣中日誌 昭和16.12.1~18.12.31》에 1941년 12월과 1943년 10~12월이,《野戦高射砲第51大隊 陣中日誌 昭和19.1.1~19.7.31》에 1944년 1월과 5~7월이 수록되어 있으며,《野戦高射砲第51大隊 陣中日誌 昭和19.5.1~19.9.2》은 임팔 작전을 수행한 별동대의 진중일지다. 대대단열의 경우는《野戦高射砲 第51大隊 段別陣中日誌 昭和16年7月28日~16年11月4日》에 편성부터 1941년 11월까지,《野戦高射砲第51大隊段列 陣中日誌 昭和16.12.1~17.5.31》에 1941년 12월~1942년 5월이,《野戦高射砲第51大隊段列 陣中日誌 昭和17.6.1~17.12.31》에 1942년 6~12월이,《野戦高射砲第51大隊段列 陣中日誌 昭18.1.1~18.1.31》에 1943년 1~5월의 진중일지가 남아 있다. 제1중대는《野戦高射砲第51大隊第1中隊 陣中日誌 昭和19.12.1~19.12.31》에 1944년 12월이, 제2중대는《野戦高射砲第51大隊 第2中隊資料 昭和17.11.1~18.7.31》에 1942년 11월과 1943년 7월이, 제3중대는 1942년 12월이《野戦高射砲第51大隊 第3中隊資料 昭和17.12.1~17.12.31》에 들어 있다. 이하에서는 부대명을 밝히는 것으로 출전을 대신한다.

요원으로 차출한 후 1945년 3월에는 잔존 병력마저 독립혼성 제105 여단에 이양하고 해체되었다.

51대대 본부의 진중일지는 만달레이의 주둔 체계가 1943년 10월에 들어와서 대폭 바뀌었음을 알려준다. 먼저 10월 7일 15군은 51대대의 지휘부대를 제31사단장에서 5수송 사령관으로 바꾸었다. 이것은 각 사단에게 할당된 방위관구를 사단 작전지구와 후방지구로 구분하고 후방지구에 군직할로서 방위사령관대행관을 두는 데 따른 조치였다.[86] 따라서 51대대를 지휘하는 5수송 사령관은 제7방위사령관후방지구대행관을 겸했다. 10월 16일 5수송 사령관, 즉 다카다 기요히데 소장은 병참지 근무의 대부분을 관장하는 제7방위사령관후방지구대행관과 함께 중(中)병참지구 사령관이 되어 기존의 병참 업무를 이어가게 되었다. 51대대는 중병참지구대의 군대 구분에 들어감과 동시에 새로 중병참지구대 소속으로 만달레이에 도착하는 53지구대장의 지휘를 받게 되었다. 요컨대 51대대는 53지구대-5수송-15군의 지휘 계통 아래 놓이게 된 것이다. 아울러 53지구대장은 만달레이지구경비대장을 겸하게 되었다. 관련 내용은 다음에서 다시 살펴볼 것이다.

1944년에 접어들어 만달레이의 주둔 체계는 임팔 작전을 전후하여 두 차례 더 개편되었다. 먼저 1944년 중반 53지구대장은 5수송 사령관을 대신하여 만달레이 주둔지사령관을 담당했으며 그해 말에는 2수송 사령관이 만달레이 주둔부대의 지휘봉을 잡았다.

첫 번째 변화는 51대대 진중일지의 기술 내용을 통해 확인할 수

86) 31사단 예하 보병 제138연대 제3대대의 진중일지에 따르면 이 조치는 각 사단이 작전에 전념할 수 있도록 후방 방위 임무를 분리하려는 목적을 지니고 있었다(《陣中日誌 (甲.乙) (第6号) 昭和18年11月21日~30日(2)》, 《歩兵第138連隊第3大隊 陣中日誌 昭和18.10.1~18.12.31》. 그 당시 일본군의 주력은 임팔 작전 준비에 돌입했음을 알 수 있다.

있다. 1944년 2~4월의 진중일지는 망실되고 없지만[87] 주요 사건의 추적은 그리 어렵지 않다. 3월 15일 51대대는 중병참지구대사령관, 즉 5수송 사령관의 명령에 따라 이튿날 만달레이를 떠나 임팔 작전에 참가했다.[88] 3월 하순부터 52사단 예하 독립혼성 제24여단에 배속되어 방공 업무에 종사하던 51대대는 4월 23일 새로운 지침을 수령했다.[89] 주력은 만달레이에 복귀시키고 별동대를 선별하여 임팔 작전에 투입하라는 것이었다. 5월 3일 51대대 주력은 별동대를 남겨두고 만달레이 복귀 행군에 들어갔다. 이와 같이 임팔 작전에 종사하는 동안 51대대는 여러 작전명령을 내렸는데, 3월 15일 이후 보고처 명단에서 5수송은 사라지고 53지구대만 남아 있다. 4월 23일 작전명령 보고처에도 독립혼성 24여단과 53지구대만 명기되어 있다. 요컨대 5수송이 51대대의 지휘 계통에서 빠진 것이다.

51대대 본부의 진중일지는 5~7월이 남아 있는데, 그사이에 만달레이 주둔지사령관이 53지구대장으로 교체된 것으로 확인된다. 5월 26일 '제53병참지구 사령부'의 부관이 대대본부를 찾아와 '부대 지휘 관계' 및 방면군사령관의 만달레이 통과에 관해 협의를 진행했다. 53지구대가 주둔지사령부로 승격되었음을 암시한다. 6~7월에 내려진 51대대의 작전명령 보고처는 53지구대 1곳뿐이다. 7월 9일 51대대는 '森6020駐警제167호'에 따라 만달레이의 방공시설 강화에 들어갔다. '森6020'은 53지구대를 가리키는 '통칭호(通稱號)'로 버마방면군을 의

---

87) 다만 2월분의 초고로 여겨지는 자료(〈陣中日誌資料〉, 《陣中日誌》)가 현존하지만 공식적인 진중일지라고 볼 수는 없다.

88) 〈野高51大作命第253号 野戦高射砲第51大隊命令 3月15日 等〉, 《第53師団独立混成第24旅団 野戦高射砲第51大隊 作命綴 昭19.3~19.12》.

89) 〈野高51大作命第283号 野戦高射砲第51大隊命令 4月23日 等〉, 《第53師団独立混成第24旅団 野戦高射砲第51大隊 作命綴 昭19.3~19.12》.

미하는 森에 고유번호 6020을 붙인 것이다. 결정적으로 7월 25일자 진중일지에는 '주둔지사령관 무라오 대좌'라는 표현이 나온다.

53지구대장의 만달레이 주둔지사령관 취임은 5수송 사령관의 교체가 원인이었던 것 같다. 6월 23일 51대대 본부는 버마방면군 병참감에 임명되어 랑군으로 향하는 다카다 기요히데 소장의 교통편을 지원했다(임명일은 6월 10일). 7월 30일 51대대 부관이 연락을 위해 5수송에 출두한 것으로 보아 5수송의 일부는 여전히 만달레이에 체재한 것으로 여겨진다. 한편, 무라오 도모키요는 이미 1934년에 대좌(오무라大村연대구 사령관)였으므로 신임 5수송 사령관 모모세 주사쿠 대좌보다는 선임이었음에 틀림없다. 이런 정황을 종합해보면 만달레이 주둔부대의 최선임이 무라오 도모키요 대좌였던 탓에 모모세 주사쿠 대좌가 주둔지사령관을 승계하지 않은 것으로 판단된다. 참고로 1944년 7월 상순에 시작된 '전기 이와(磐) 작전'에서 33사단 배속부대 중에 중병참지구대의 명칭이 있는 것으로 보아 중병참지구대는 이때까지 존속한 것이 분명하다.[90]

1944년 12월 말에서 이듬해 1월 2일 사이에 만달레이 주둔지사령관은 다시금 2수송 사령관 가스야 도메키치 소장으로 바뀌었다. 그 근거는 다음과 같다.

1944년 8월 이전의 작성으로 추정되는 북병참지구대의 소속부대 현황이 남아 있다.[91] 북병참지구대장은 가스야 도메키치 대좌였고

90) 〈感状 第33師団〉, 《ビルマ戦線感状賞詞》. 31사단 참모는 1944년 8~10월을 전기 이와 작전, 10~12월을 후기 이와 작전으로 분류했다(〈緬甸派遣 第31師団作戦〉, 《第31師団戦史資料 昭和18.5.上~20.8.15》).

91) 〈北兵站地区隊輸送隊軍隊区分〉, 《ビルマ北兵站地区隊 輸送隊軍隊区分》. 가스야 도메키치 대좌의 소장 진급이 8월 1일자였다는 점을 참작하여 8월 이전으로 추정했다.

53지구대 '절반'과 함께 5수송 소속이던 일부 부대(독립자동차 제59대대, 가교재료 제22중대)까지 거느렸다. 53지구대 '절반'과 경비보병중대 등을 합친 병참지구대 지휘관은 53지구대의 소좌였다. 11월 16일 시점이기는 하지만 북병참지구대장이자 2수송 사령관은 만달레이에서 북쪽으로 300킬로미터 떨어진 운토(Wuntho)에 있었다.[92]

51대대의 작전명령 중 가장 늦은 1944년 12월 25일의 보고처는 15군과 만달레이지구대였는데, 만달레이지구대는 2수송이 아니라 53지구대로 추측된다.[93] 일주일 뒤인 1945년 1월 2일 가스야 도메키치 소장은 만달레이 주둔지사령관으로서 '만달레이주둔지업무규정(森6020防제70호)'을 폐지하고 '만달레이주둔지근무규정'을 제정했다(후술). 森6020, 즉 53지구대의 임무를 승계하여 새 규정을 작성했다고 명기되어 있다. 요컨대 임팔 작전 이후 잇단 작전을 치렀던 2수송은 연말연시에 53지구대를 대신하여 만달레이 주둔지사령부를 맡게 된 것이다.

이렇듯 만달레이 주둔지사령관은 초기의 5수송 사령관에서 임팔 작전을 전후하여 53지구대장으로 교체되었고, 1944년 12월 말 2수송 사령관이 이어받았다. 중국과 동남아 각지가 그랬듯이 만달레이에서도 주둔 체계의 변경은 위안소에 관한 규정과 운용에 신속하게 반영되었다. 이 메커니즘을 알려주는 것이 다음의 네 자료다. 만달레이주둔지사령부는 1943년 5월 26일자로 '주둔지위안소규정'(이하 위안소규

92) 〈森10725作命甲第105号(森10719作命丙第194号) 北兵站地区隊命令 11月16日 等〉,《第53師団独立混成第24旅団 野戦高射砲第51大隊 作命綴 昭19.3~19.12》.

93) 1945년 1월 21일 만달레이지구대가 연합군의 폭격에 따른 피해 상황을 2수송에게 보고한 문서가 있는데(〈号外 13日空襲に因る損害調査の件通牒 昭和20年1月17日(3)〉,《第2野戦輸送司令部来翰綴 昭20.1.17~20.2.16》), 만달레이지구대는 53지구대를 가리키는 것으로 여겨진다.

정)을, 10월 31일에는 '제5야전수송사령부 주둔지업무규정'(이하 43규정1)과 '만달레이주둔지업무규정'(이하 43규정2)을, 1945년 1월 2일에는 '만달레이주둔지근무규정'(이하 45규정)을 각각 제정했다.[94)]

위안소에 관한 규정

먼저 살펴볼 것은 위안소규정이다. 위안소규정은 총칙, 경영, 위생, 잡칙 및 기타 등 4개의 장으로 구성되어 있다. 내용은 현존하는 그 어떤 규정보다 방대하고 상세하다.

만달레이 위안소의 특징은 일본군과 군속의 이용을 원칙으로 하면서도 만달레이 거주 일본인에게도 개방했다는 점이다(2조). 싱가포르와 마찬가지로 후방 대도시의 위안소에서 관찰되는 패턴이다. 밤 12시 30분 이후에는 장교의 이용료를 지불했으며 사전에 허가증을 발부했다.[95)]

군속인 이용자의 범위를 세분한 것도 특징 중 하나다. 장교는 준사관, 견습사관, 고등문관, 동 대우 촉탁을, 하사관은 판임문관, 동 대우 촉탁, 동 고원(雇員)을, 병은 대우가 정해지지 않은 촉탁, 동 고원 및 용인(傭人)을 지칭했다(3조).

위안소의 군기·풍기·비위 행위의 단속은 원칙적으로 순찰장교 또는 주둔지사령부의 오락계 장교, 하사관이 실시했다(4조). 만달레이 위안소는 주둔지사령부, 즉 5수송의 오락계 담당 장교와 하사관이 관

---

94) 앞서 소개한《資料集成》4(281~337쪽)는 네 자료의 일부를 발췌한 데 그쳤으며, 이 책에서는 WAM에 수록된 전문을 활용했다. 이하에서 출전은 자료 약칭의 명기로 대신한다. 참고로 네 규정 모두에 51대대 부관(야마다山田)과 장교들의 인수 또는 회람 도장이 찍혀 있는 것으로 보아 51대대의 수령분인 것으로 여겨진다.

95) 예외적으로 예정시간, 자격, 이름을 기입한 증명서를 일본인 회장으로부터 받은 사람은 개업 시간 내에 이용할 수 있도록 했다.

	시간	유흥시간	유흥 요금
병사	오전 10시~오후 5시	30분	1엔 50센
하사관	오후 5~9시	40분	2엔
장교	오후 9시~자정	50분	3엔
	자정~다음 날 오전 8시	숙박	8엔
비고: 상사 관계 이용자는 규정 2조를 엄수하도록 한다.			

[표 6-9] 만달레이 위안소의 이용시간과 요금

· 출전: WAM(K_BA_055, WAM에서 붙인 자료 번호이며 이하 동일)

장했음을 알 수 있다.

위안소 이용일은 하사관과 병의 경우 각 부대의 외출일로 했으며(5조) 외출증을 지참해야 했다(6조). 위안소에서 영업자 또는 위안부로부터 부당한 취급을 받거나 금전 등의 강요를 받은 경우에는 소속 부대장을 거쳐 주둔지사령부에 보고하도록 했다(7조). 위안소 내 규정을 어기면 이용을 금지하고, 주둔지회보를 통해 고지하며, 해당 부대의 이용을 일시 정지할 수 있었다(8조).

경영 항목에서는 요금과 시간, 비용에 관한 사항을 규정했다. 위안소 요금은 군이 정한 군표에 의거하며 그 밖의 물품으로는 대체할 수 없게 했다(9조). 첨부된 군인·군속의 수칙에서는 루피나 달러 군표를 사용하도록 했다. 각각 버마와 말레이시아에서 통용되던 군표를 가리킨다.

위안소의 이용시간과 요금은 [표 6-9]와 같지만 변경할 수 있도록 했다(10조).

위안소 경영자는 위안부의 방 입구 등에 위안부의 예명(藝名) 및 검진의 합격·불합격 여부를 게시했다(11조).

설비비 및 환자의 치료비는 전부 경영자가 부담했지만 간단한 영

월 일~ 월 일 위안소 매상고 보고 위안소명 경영자 성명			
	유흥 인원	매상고	적요
장교			
하사관			
병사			
계			
비고: 현재 있는 위안부 이름을 본란에 기입한다.			

[표 6-10] 만달레이 위안소의 매상고 보고 양식

· 출전: [표 6-9]와 동일

선은 군에서 실시했다(12조). 화물창 등으로부터 교부받는 조미료 등 그 밖의 필수품은 1개월 전에 주둔지사령부에 청구하도록 했다(14조). 그리고 경영자는 매달 매상고를 다음 달 5일까지 [표 6-10]의 양식에 따라 주둔지사령부에 제출했다(13조).

위생에 관한 조항도 세세하다. 경영자는 반드시 소독소(消毒所)를 설치해야 했으며(15조) 관수기(灌水器)에 1만 배의 과망간산칼륨을 채워두도록 했다(16조). 삿쿠(성비고)를 사용하지 않는 자의 유흥을 금했으며(17조) 군인과 위안부는 매회 소독소에서 소독을 실시했다(18조).

영업 개시 전에 위안부는 군이 실시하는 일반 신체검사 및 국부검사를 받도록 했다(19조). 위안부는 매주 1회 신체검사를 받았고 합격과 불합격으로 구분된 증표를 소지해야 했다(20조).

잡칙 및 기타는 두 항목이다. 위안소 관리부대는 군인·군속의 주의 사항을 영업소에 게시했다(22조). 위안부는 영업자가 날인한 외출증(원문은 他出証)을 휴대하고 외출했다(23조).

이와 같은 '위안소규정'은 총 69개 부대에 배포되었음이 확인된다.[96] 그런데 1943년 6월에 편성이 완료된 2수송 예하부대들이 1개월 전의 위안소규정 배포처에 포함되었다는 점, 43규정2에도 동일한 명단이 첨부된 점 등으로 짐작하건대 다른 문서의 배포처 명단으로 보아야 할 것 같다.[97]

1943년의 주둔 체계와 위안소

이제 1943년 10월 31일에 제정된 43규정1과 43규정2, 1945년 1월 2일자 45규정을 구체적으로 분석해보자. 3개의 규정은 주둔지에서 각 부대가 취해야 할 행동 체계가 전황에 따라 시계열적으로 어떻게 변해갔는지를 추적할 수 있게 해준다.

먼저 시도할 것은 같은 날 정비된 43규정1과 43규정2의 분석이다.

---

96) 방면군은 버마방면군을 가리키며 괄호 안의 네 자리 또는 다섯 자리 숫자는 버마방면군의 통칭호 森 뒤에 이어져 각 부대를 식별하는 기호가 된다. 방면군(7900), 방면군 노무부, 방면군 해사국, 방면군 전정국(電政局), 방면군 야전병기창(10357), 방면군 야전자동차창(10358), 방면군 야전자동차창연락소, 방면군 화물창(10359), 방면군 平本隊, 15군(1611), 15군(10719), 15군(1611) 桐谷隊, 만달레이헌병대, 5수송(7024) 谷川隊, 5수송 谷岡隊, 5수송 野口隊, 53지구대(6020), 53지구대 의무실, 53지구대 단독 숙사, 53지구대 寶塚여관, 2수송(1035) 渡部隊, 2수송 小山隊, 2수송 副官部, 2수송 經理班, 2수송 醫務班, 2수송 駐◇班, 13병참 병마창(4632), 제18야전우편대(7054), 야전중포병 제3연대(3766), 야전중포병 제9대대(12222), 전차 제14연대(8993), 제23야전도로대(4839), 제2철도감부(5801), 철도 제7연대(2143), 철도 제9연대(5806) 相◇隊, 중계수송대, 독립자동차 제333중대(12236), 독립자동차 제334중대(12237), 환자수송 제58소대(6948), 환자수송 제62소대(7008), 환자수송 제95소대(12240), 제105병참병원(7131) 竹ノ内隊, 제105병참병원(7131), 2야전병원(10711), 光機關(인도 국민군을 지원하던 특무 기관), 수상근무 제33중대(4827), 9126(병참자동차 제190중대), 특별자동차 제1중대(10415), 특별자동차 제9중대(10423), 가교재료 제21중대(5885), 환자수송 제69소대(5269), 53사단(10016) 연락소, 53사단(7901) 연락소, 53사단 제4야전병원(10039) 제1중대, 53사단 제4야전병원 제2중대, 전신 제19연대(10700) 和田隊, 전신 19연대 통신소, 제3항공통신연대 제1중대(9616), 18사단(8900), 보병 제134연대(8906), 독립속사포 제13대대(10717), 독립치중 제53중대(1353) 등이며 1314(1374면 가교재료 22중대), 7361 연락소, 11075, 12629의 통칭호는 파악하지 못했다. 15군은 1611과 10719, 53사단은 7901과 10016의 통칭호를 겸용했다.

97) 배포처의 제일 마지막에 2수송 예하부대가 열거된 것을 토대로 보건대 45규정의 배포처였을 것이라고 추정된다.

내용을 해부하기에 앞서 주목해야 할 점은 두 자료의 성격이다. 43규정1의 작성자에 당시 5수송 사령관이던 다카다 기요히데의 이름이 명기된 데 비해, 43규정2에서 다카다 기요히데는 중병참지구사령관이라는 직함을 달고 있다.

그 간략한 해답은 43규정2의 첫머리에 표현되어 있다. 1943년 12월 1일부터 시행되므로 5수송의 이전 규정(1942년 12월 20일의 '만달레이주둔지근무규정'과 1943년 3월 20일의 '만달레이 부근 통제지구 방공잠정규정') 및 관련 명령(曼駐日命제2호)은 1943년 11월 30일자로 폐지한다는 부분이다. 53지구대가 만달레이지구경비대로 배치되면서 주둔지사령부로서 5수송이 관장하던 업무의 재조정이 요구되었고 그 결과로 제정된 것이 43규정1과 43규정2였던 것이다.[98]

제1장 '총칙'에서 43규정1은 5수송 사령관이 주둔지사령관인 경우 주둔지 업무 집행에 필요한 '일반적 사항'을 설정한 것이며, 주둔지 실정에 따른 세부 사항은 별도로 정하도록 했다(1조). 43규정1의 상위규정에는 1942년 11월 28일에 제정된 '15군(원문은 林集團) 방위규정'이 있었다(2조). 주둔지사령부는 원칙적으로 5수송 내에 두지만 타 부대에 둘 수 있으며(4조), 주둔지사령부 업무는 5수송이 겸하는 것이 원칙이지만 배속된 병참지구대가 겸할 수도 있다(5조).

제2장은 주둔지사령관(이하 사령관)의 직역에 관한 내용이다. 근무

98) 43규정1과 43규정2의 배포처도 똑같이 다음의 33개 부대다. 15군 사령부, 5수송, 53지구대, 51대대, 수상근무 33중대, 육상근무 제79중대, 특설수상근무 제21중대, 특설육상근무 제10중대, 제3특설수상수졸대, 제5특설철도공작대, 제8특설철도공무대, 제11특설철도운수대, 제5특설철도교량대, 가교재료 22중대, 특설건축근무 제28중대, 독립자동차 59대대, 환자수송 58소대, 환자수송 제71소대, 15군 화물창, 15군 병기창, 15군 자동차창, 병기창지창, 화물창지창, 자동차창지창, 제7항공지구대 출장소, 제20야전항공보급창지창, 제13병참병마창, 만달레이헌병대, 전신 19연대 제5중대, 18사단 경리부출장소, 제303야전우편소, 만달레이 노무부, 제161정차장사령부 등이다.

집행 구역은 사령관이 정하며(7조) 관장 업무는 경비, 질서, 군기·풍기 감시, 건축물 자재 보호, 방역 등이다(8조). 주둔지에 일시 체류하는 군인·군속은 사령관이 정한 규칙을 준수한다(10조).

제3장은 경비를 다루고 있다. 주둔지 경비는 방위사령관 또는 경비대장의 요청에 따른다(15조). 경비는 주로 위병과 순찰을 통해 이루어지는데, 순찰에 즈음한 주요 착안점으로 "경례, 답례, 공습경보 시 대피 행동, 복장, 위안소 상황, 청결, 방공시설 상황, 위병수칙의 이해도, 위병소시설" 중에서 1, 2건을 명시하며 순찰을 차출하는 부대장은 사전에 앞의 항목을 주지시킨다(16조). 방첩 행동은 7개의 항목에 걸쳐 열거되어 있는데, 그중 하나가 "시가지의 식당, 위안소 등에 대한 순찰을 힘쓴다"이다(20조).

제4장은 질서와 군기·풍기를 담고 있다. 주둔지에 주둔 또는 일시 체류하거나 이동하려는 부대는 미리 사령부에 연락을 취하며 도착 후에는 장교로 하여금 사령관에게 신고하도록 한다(22조). 외출지에서는 군기·풍기 유지를 위해 군대내무령에 따른 제2종 순찰을 파견하여 군기 엄수, 경례 엄정, 복장 단정에 중점을 두어 감시한다(36조). 주둔부대의 일반외출일은 일주일에 1일로 하며, 일시는 사령관이 통제하고, 일시 체류부대의 외출이나 주둔부대의 임시 일반외출은 미리 사령관의 허가를 받아야 위안소를 이용할 수 있다(37조). 일과 시한, 위안소 설치 및 이용일 할당, 소총과 화포 사격장에 관해서는 필요시마다 사령관이 정한다(39조). 외출 중인 군인·군속의 행동 지침으로 공습경보가 발령되면 가까운 부대로 대피하고, 사상자는 통보하며, 군이 지정한 음식점을 이용하고, 위안소 이용자는 규정을 준수하며, 군인의 명예를 지켜야 한다(41조).

제5장(건물, 군수 자재)에서 부대의 숙박 구역은 군대내무령을 토대

로 영내·영외를 명료하게 표시하고 해당 구역 내에 일반 관민의 자유로운 출입을 엄금했다(45조).

제6장(방역·위생)에서 사령부 담당자는 자주 군 지정 음식점, 과일가게 등의 엄중한 검사를 실시하도록 했으며(51조) 방역과 군기 진작을 위해 군의장교 등으로 구성된 위생 순찰을 파견하도록 했다(55조).

제7장 기타에서는 두 가지가 주목을 끈다. 주둔지 내 모든 부대의 부관 또는 서무장교(하사관)가 출석하는 주둔지회보를 필요에 따라 실시한다(57조). 필요시 각 부대장은 5수송규정과 사령관이 정한 그 밖의 다른 규정을 토대로 세부규정을 작성하며 2부를 사령부에 제출한다(59조).

별지에는 제2종 순찰과 위생 순찰 등의 보고서 양식이 첨부되어 있다. 위생 순찰 보고서 양식에는 지정 항목 중 하나로 "군인 출입 음식점 및 위안소의 상황"이 설정되어 있다.

앞의 개괄에서 파악 가능하듯이 43규정1은 만달레이라는 주둔지를 관장하는 5수송 사령관의 입장에서 경비, 질서와 군기·풍기, 건물과 군수 자재, 방역, 위생의 항목에 걸쳐 주둔부대 및 일시 체류부대에 요구되는 행동을 망라한 것이다. 특히 37조와 39조의 내용은 5수송 사령관이 주둔지 업무의 일환으로 위안소의 설치와 관리, 통제를 담당하고 있었다는 사실을 잘 보여준다. 위안소는 군의 부속시설이라는 본질이 여실히 드러나 있다.

43규정1이 5수송 사령관의 업무 내용을 풀어낸 것이라면 43규정2는 5수송 사령관이 중병참지구사령관으로서 53지구대장의 업무와 역할이 무엇인가를 설정한 결과물이다. 그런 면에서 두 규정은 불가분의 보완 관계에 놓여 있다(두 문서의 배포처도 동일).

그런 43규정2의 특징은 제1장 총칙에 명기되어 있다. 중병참지구

사령관이자 만달레이 주둔지사령관으로서 업무의 '세부 사항'을 규정했으며 43규정2 이외의 사항은 43규정1을 참조하도록 했다(1조). 만달레이 주둔지사령부(이하 사령부)는 53지구대 본부(이하 본부)에 있었다(2조). 그리고 사령부의 업무는 본부가 '겸장'하며 필요시 5수송의 인원이 가세했다(3조). 43규정1의 1조 '일반적 사항'은 43규정2의 1조 '세부 사항'과 짝을 이루며 43규정1의 4·5조와 결부됨으로써 43규정2의 2·3조는 효력을 지닌다.

만달레이 주둔지사령관은 5수송 사령관인데, 사령부는 53지구대에 둔다는 기묘한 결합은 앞서 소개한 51대대의 1943년 10월 16일 기록 내용과 연결된다. 43규정2의 3조에는 관련 설명을 해놓았다. 43규정1은 주둔지 업무를 명시한 것이며 통과부대의 숙박, 급양, 위생 등은 병참지 업무에 해당된다. 병참시설이 없으면 주둔지 업무 속에 병참지 업무가 포함되지만 병참시설이 있으면 별도로 구분되어야 한다. 그런데 10월 들어 15군은 병참지구, 즉 중병참지구를 설정하면서도 방위지구를 존치한 탓에 주둔지사령관과 병참지부장을 동일인으로 할 수 없어 53지구대가 "실질적으로 사령부의 업무를 겸장"하도록 안배했다는 것이다. 어떤 면에서 '겸장'이라는 단어는 43규정1과 43규정2를 잇는 접착제나 다름없다.

제2장에는 병참지구대장의 직역 설명이 등장한다. 53지구대장은 사령부 업무를 겸장함으로써 주둔지사령관 '보좌'의 책임을 지며 업무의 원활한 진행을 위해 주둔지사령부의 부관은 5수송 부관과 53지구대 장교 중 1명이 겸무하는 등의 조치를 취한다(4조). 만달레이 주둔부대와 통과부대는 43규정1과 43규정2 모두를 준수해야 하며 그 이행은 43규정2의 2조와 4조를 근거로 어디까지나 지구대장이 관장하는 병참지 업무 내지 경비지 업무라는 '형식'임을 강조한다(5조). 주둔

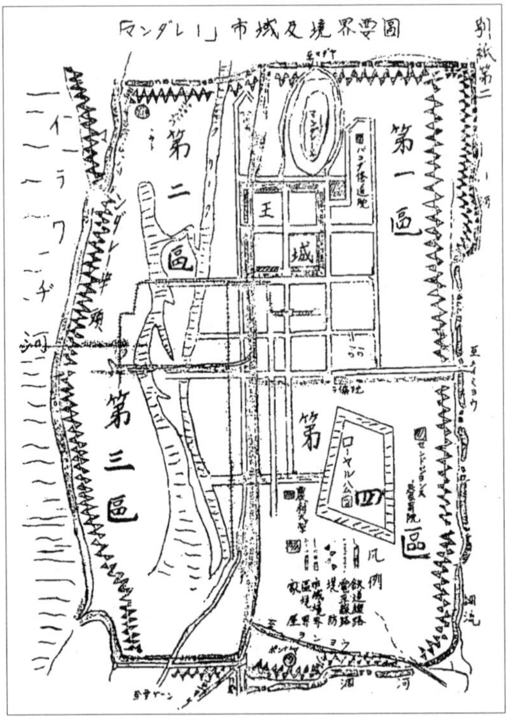

[그림 6-16] 만달레이의 시내 구역 지도

· 출전: WAM(K_BA_057)

지 업무가 집행되는 구역을 정하고 시가지를 [그림 6-16]과 같이 1~4구로 구분했다(6조). 왕성 부근이 1구이며, 시계 반대 방향으로 2구, 3구, 4구를 설정했다.

제3장부터 실제 업무의 내용으로 들어가는데, 전체적인 기조는 앞의 1조 표현처럼 '세부 사항'이 적시되어 있다. 제3장 경비 항목의 경우 위병 복무는 지구대장의 '구처'를 받으며(7조), 순찰 또한 마찬가지였다(8조). 특히 제2종 순찰의 경우 매일 적어도 1개조를 파견하며, 시내 1개구 이상을 돌고, 10일에 1회 시외도 순찰하도록 했다.

'질서, 군기, 풍기'에 관한 제4장에서는 외출일에 관한 내용이 매우 상세하다. 각 주둔부대에게 [표 6-11]과 같이 외출일을 할당했고 신

부대명	비율	일	월	화	수	목	금	토	비고
제50야전수송 사령부	1	○							
제53병참지구대	1/2	○					○		
제161정차장사령부	1/2						○	○	
제8특설철도공무대	1/2		○	○					
야전고사포 제51대대	1/3	○		○				○	
독립자동차 제59대대	1							○	
가교재료 제22중대	1/2			○		○			
제13병참병마창	1/2				○		○		
야전화물창 만달레이지창	1							○	
야전병기창 만달레이지창	1		○						
야전자동차창 만달레이지창	1			○					
독립치중병 제55중대	1					○			신규
가교재료 제21중대	1/2					○	○		신규
환자수송 제71소대	1				○				
수상근무 제33중대	1/3		○		○		○		
육상근무 제79중대	1/2	○	○						
특설수상근무 제21중대	1/2						○	○	
전신 제19연대 제5중대	1					○			
특설건축근무 제28중대	1					○			
제303야전우편소	1	○							
제18사단 경리부출장소	1	○							
특설자동차 제50중대	1							○	신규
특설자동차 제51중대	1							○	신규
제200야전항공보급창	1/2		○	○					
제7항공지구 사령부 만달레이출장소	1/2		○		○				
제5특설철도교량대	1/3	○	○	○					
제121병참병원 만달레이요양소	1			○					신규
제5특설철도공작대	1/2	○		○					
제11특설철도운수대	1/3	○	○		○				
버마방면군 노무부 만달레이출장소	1	○							
제5특설철도용◇대 만달레이지부	1			○					신규
독립자동차 제59대대(병보)	1	○							
수상근무 제33중대(병보)	1/3		○		○		○		
특설수상근무 제21중대(병보)	1/2						○	○	
특설건축근무 제28중대(병보)	1/2				○	○			
제200야전항공보급창(병보)	1/2		○	○					

[표 6-11] 만달레이 주둔부대의 외출일 할당표

* 비고에는 15군 사령부를 제외한 배포처와의 중복 여부를 가려내 배포처에 없는 부대를 '신규'로 표시했다. 배포처 부대 중에서 특설육상근무 제10중대, 15군 화물창, 환자수송 제58소대, 제3특설수상수졸대, 15군 병기창, 15군 자동차창의 6개 부대가 누락된 것은 원문 표 속의 "53站駐警22호에 따라 정정한 결과"와 관련된 것으로 추측된다.

** 병보(兵補)는 버마와 인도네시아 등지에서 현지인으로 편성되어 전투 요원 또는 노동력으로 활용되었으며 법적으로는 군인이 아니라 군속에 준하는 신분을 지녔다.

· 출전: [그림 6-16]과 동일

규 주둔부대는 신속히 본부에 연락하여 결정을 받도록 했다(16조).

외출 시한은 하사관(판임관)이 오전 10시~오후 9시, 병(병장, 고용인)이 오전 10시~오후 7시였으며, 하사관과 병은 외출증을 지참하도록 했다(17조).[99] 외출자의 복장도 지정되었고(18조), 일과 시한의 기준이 제시되었으며(19조), 위안소에 관해서는 앞서 소개한 위안소규정에 따른다고 되어 있다(20조). 21~23조에서는 사격장 이용에 관한 안내와 방법을 열거해놓았다.

제5장(건물, 군수 자재)에서 신규 주둔부대의 숙소 배당은 지구대장이 안을 내어 사령관의 승인을 거쳐 주둔지부관이 통지하고(24조) 임시 체류부대의 숙소 배당은 지구대장이 결정하고 통보했다(25조). 만달레이 최고책임자는 5수송 사령관이라는 모양새를 유지한 것이다.

제6장 '방역과 위생' 항목에서는 군인·군속의 출입이 허용된 음식점과 과일가게의 명단이 첨부되어 있으며 그 증감은 지구대장의 권한이었다(29조). 첨부된 명단에는 군이 지정한 음식점 6곳인 만달레이 식당, 긴스이카쿠(錦水閣), 전우식당(戰友食堂), 히노마루야(日の丸屋), 병참주보(兵站酒保), 가조엔(瓦城園)이 기재되어 있다. 그리고 상황에 따른 출입 금지 구역 설정은 지구대장이 정했다(30조). 위생 순찰의 편성, 복장, 실시 요령은 제2종 순찰에 준하며 일주일에 1회 정도의 운용방식은 지구대장이 정하도록 했다(33조).

제7장 기타에서 주둔지회보는 지구대장 또는 부관이 주최하여 결과를 사령관에게 보고하며 주둔부대장회보는 사령관이 주최했다(35

---

99) 외출증 지참 부분은 이후 개정되었는데, "병, 영내 거주 하사관 이하(군속 포함) 외출자는 군대내무령 제193호에 따라 외출증 등을 지참해야 하"고, "군대내무령 제184에 따른 외출 구역은 만달레이 주둔지 근무 집행 구역(6조 및 별지 1)과 같다"의 내용이 수기로 기재되어 있다. 외출일 할당표가 개정된 것과 같이 필요에 따라 수시로 변경되었다고 보아야 한다.

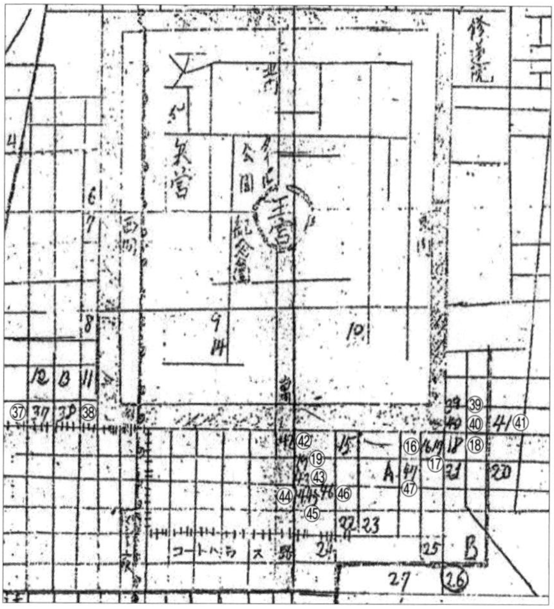

[그림 6-17] 만달레이의 위안소(1943년 10월)

· 출전: [그림 6-16]과 동일

조). 매월 1일, 11일, 21일의 3회 실시가 통례였다.

별지에는 [그림 6-17]과 같이 만달레이 주둔지 내 부대와 위안소의 위치를 명기한 지도가 수록되어 있다.

[그림 6-17]에서 37-만달레이 식당, 38-가조엔, 42-병참주보, 43-긴스이카쿠, 45-히노마루야, 46-전우식당은 앞서 언급했듯이 군 지정 식당이다. 위안소는 5곳으로 왕성의 남문 쪽에 44-라쿠텐지(樂天地)가 있고 그 오른쪽으로 47-기라쿠소(喜樂莊)가 보이며, 해자 가까이 39-훈노야(芬乃家), 40-홋카이로(北海樓), 41-버마관(ビルマ館)이 붙어 있다. 그리고 나머지 아라비아 숫자는 전부 주둔부대를 가리킨다. 가령 43-긴스이카쿠 위의 19는 만달레이 병참지부이며, 40-홋카이로 아래의 16, 17, 18은 각각 53지구대, 5수송 사령관 관사, 7항공지구 사령부 만달레이출장소다. 부대와 뒤섞이듯 배치된 지도만 보더

라도 위안소가 군의 부속시설이라는 사실을 부인하기는 어려울 것이다. 모든 위안소는 [그림 6-16](434쪽)의 만달레이 1구에 자리했으며 왕성 인근의 도로망은 거의 변함이 없어서 지금도 그 위치를 특정할 수 있다.

1945년의 주둔 체계와 위안소

마지막으로 45규정에 대해 살펴보자. 1월 2일에 제정된 45규정이 1월 11일부터 시행됨에 따라 '만달레이 주둔지업무규정(森6020防一제60호)'은 1월 10일부로 폐지되었다. 신규정 시행에 즈음하여 폐지될 구규정은 43규정1과 43규정2가 아니었다. 아울러 '森6020'은 53지구대를 가리킨다. 다시 한 번 말하지만 1944년 5~7월의 어느 시점부터 53지구대는 5수송과의 공존 관계를 청산하고 만달레이 주둔지사령관 임무를 전적으로 맡게 되었다.

내용을 검토해보자. 목차에서 달라진 점은 제7장에 '정례 보고'가 신설된 것 정도인데, 특기할 것은 없다.

제1장 총칙은 2수송이 만달레이 주둔지사령부를 전관(專管)한다는 점을 분명히 했다. 사령부는 2수송 본부 내에 두며(3조), 사령부 업무는 2수송 본부가 겸장하고(4조), 주둔지부관은 2수송 부관이 겸무했다(5조).

제2장에는 사령관의 직역이 정리되어 있다. 사령관은 15군 사령관의 감독 아래 예하 또는 지휘 관계가 없는 주둔지의 부대를 구처할 수 있었다.

제3장 방위 항목에서 순찰 부문은 각 부대의 개별 통제 쪽에 무게가 실려 있다. 순찰은 각 부대장이 일일명령으로 수시로 복무하도록 했으며, 제2종 순찰 또한 각 부대가 외출일에 맞추어 주둔지 질서, 군

기, 풍기의 단속에 힘쓰도록 했다(11조). 대신에 전황의 악화를 반영해서인지 공습 대책과 등화관제 쪽의 조문이 많아지고 사령관의 일원적 통제가 강조되어 있다.

질서, 군기, 풍기를 서술한 제4장에서도 사령부보다는 개별부대 역할에 방점이 찍혀 있다. 군의 질서 유지와 군기·풍기 확립을 위해 각 부대장은 본인 책임 아래 부하 감독에 유감이 없도록 하며 장교는 다른 부대의 군인·군속까지 다스릴 의무가 있다고 되어 있다(28조).[100)] 물론 일주일에 1일(근무 교대의 경우 2일) 주어지는 외출일은 사령관이 통제하며 지정일 이외의 대체외출은 사전에 사령관의 인가를 얻도록 했다(34조). 외출 시한은 병(고용인)이 오전 10시~오후 7시, 하사관(판임관)이 오전 10시~오후 9시이며 하사관(군속 포함) 이하 외출자는 외출증을 휴대하도록 했다(35조). 외출자에 대한 주의 사항 중에는 군 지정 음식점 이외의 출입을 금하고 위안소 이용자는 주둔지 위안소규정(별책)을 준수하도록 했다(39조). 뒤이은 40~42조에서는 43규정2와 마찬가지로 소총과 화포 사격장의 이용방법을 명문화했다.

제5장(건물, 군수 자재)에서 숙소 배당은 사령부가 관장한다고 정함으로써(44조) 43규정1과 43규정2에서 보이던 혼선은 사라졌다.

제6장의 방역과 위생에 나오는 위안소에 관한 내용은 편의상 별도로 다루기로 하고 그 밖의 사항을 살펴보자. 방역을 위한 출입 금지 구역 설정(52조), 위생 기관이 없는 환자의 진료(54조) 등은 사령관이 통제했다. 위생 순찰은 사령관의 직할로 제2종 순찰에 준하여 운용했다(55조).

---

100) 나아가 30조에는 "주둔지에 소위 유병(遊兵)을 체재시키지 않기 위해 주둔지근무에 임하는 모든 사람은 자기 책임 아래 단속하도록 한다"고 되어 있다.

제8장 기타에서 주둔지회보는 기존대로 매월 1일, 11일, 21일에 실시했다(57조).

앞의 39조에 언급된 주둔지 위안소규정은 1943년 5월의 위안소규정과 다르다고 여겨지는데, 현존하지 않는다. 아울러 34조에 나오는 지정외출일 할당에 관한 자료도 없다. 이전과 마찬가지로 45규정에서도 군인과 군속이 출입할 수 있는 음식점과 과일가게 등을 증감하는 권한은 사령관에게 있었지만 [표 6-12]와 같이 '군 지정'과 '군 준지정'으로 구분하여 운용한 것은 달라진 부분이다(51조).

[표 6-12]에 뒤이어 [그림 6-18]에는 위안소와 식당의 위치가 표시되어 있다. 버마 병보 전용위안소인 신멘칸(新緬館)은 누락되어 있는데, 그 이유는 뒤에서 설명하기로 한다.

앞서 소개한 [그림 6-17](437쪽)과 비교하면 위안소와 식당은 9곳으로 각각 4곳과 3곳이 늘어났다. 위안소의 경우 숫자의 증가뿐 아니라 위치 변동도 확인된다. 동남쪽 해자에 인접했던 39-훈노야, 40-홋카이로는 폐업 또는 합병을 거쳐 우메노야(梅乃家)로 바뀐 듯하다. 인근의 41-버마관은 남문 아래로 이전하여 신설된 동아구락부(東亞俱樂部), 아사히구락부(朝日俱樂部), 반라이카(萬來家)와 함께 집결지를 이루고 있으며 남문 밖에는 새로 기쿠엔(菊園)이 개업했다. 변함이 없는 것은 44-라쿠텐지와 47-기라쿠소 2곳뿐이다.

[표 6-12]의 정보까지 참조하면 1943년 10월 당시 만달레이 시내에는 버마인 위안소 3곳과 일본인 또는 조선인 위안소가 2곳 있었다. 1년 3개월이 지난 1945년 1월 조선인 위안소는 3곳으로 늘었고 중국인 위안소와 버마인 위안소는 각각 1곳이 새로 문을 열었다. 버마방면군이 거느린 병력이 증가함과 동시에 만달레이의 위안소도 증설되었음을 알 수 있다.

	상호	내역	정기 휴일	적요
군 지정 위안소	梅乃家 ①	일본인	8일, 23일	장교 위안소
	萬來家 ②	광동(廣東)인	11일, 26일	
	東亞俱樂部 ③	조선인	12일, 28일	
	朝日俱樂部 ④	同	5일, 20일	
	菊園 ⑤	同	9일, 24일	
군 준지정 위안소	樂天地 ⑥	버마인	5일, 30일	
	ビルマ館 ⑦	同	12일, 28일	
	喜樂莊 ⑧	同	1일, 16일	
	新緬館	同	8일, 23일	버마 병보 전용
군 지정 식당	戰友食堂	일본 요리	1일, 16일	낮에만 영업
	宮川食堂	同	8일, 23일	同
	マンダレー食堂	중국 요리	13일, 28일	야간은 연회만
	菊屋食堂	일본 요리	5일, 20일	오후 7시~자정
	寶塚食堂	同	11일, 26일	同
군 준지정 식당	慶芳酒家	중국 요리	9일, 24일	낮에만 영업
	昭和製粉	과자	15일, 30일	同
	進軍餠屋	떡	3일, 18일	同
	瓦城園	다방	11일, 26일	同

[표 6-12] 만달레이의 위안소 및 식당 내역

* 상호 옆의 숫자는 [그림 6-18]의 위치를 나타낸다.

· 출전 : WAM(K_BA_058)

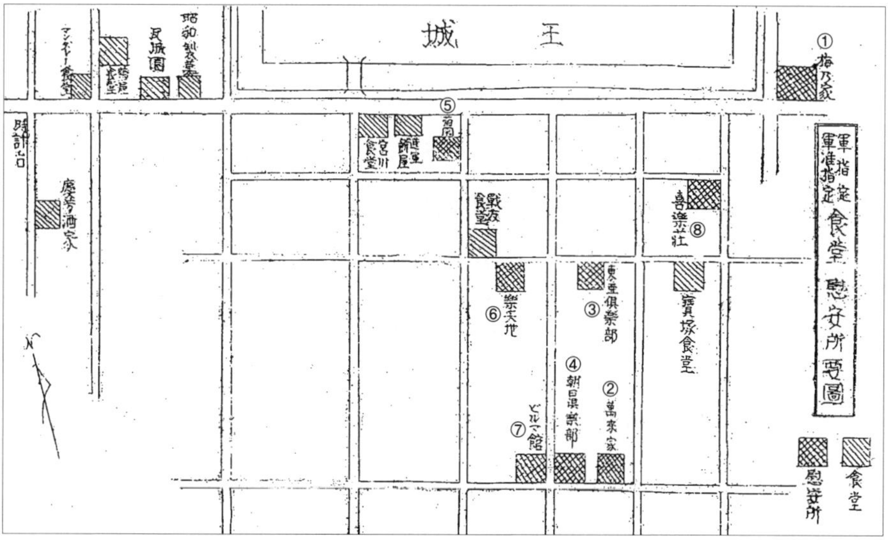

[그림 6-18] 만달레이의 위안소(1945년 1월)

· 출전 : [표 6-12]와 동일

[그림 6-18]에서 부대 위치는 표시되어 있지 않지만 다른 자료를 보면 [그림 6-17]과 마찬가지로 외출 군인은 부대 바로 옆 위안소에 출입했음을 알 수 있다. [그림 6-19]는 1945년 1월 13일 만달레이 공습으로 입은 피해를 도식화한 것이며 1~3은 피해의 전체도이고 4는 3과 마찬가지로 병참 숙사 부분만을 따로 표시한 것이다.

그림 1에서 눈에 띄는 '위안소 및 타 부대' 내 위안소는 1943년 10월부터 자리를 지키고 있던 버마인 위안소 기라쿠소(①, 번호는 [그림 6-19]에 표시한 것과 같음, 이하 동일)이다. [그림 6-18]을 참조하면 위안소는 네 발의 소이탄이 떨어졌다고 표시된 건물로 추정된다. 그림 1 아래에는 병참여관인 다카라즈카(寶塚) 여관과 부속 식당(②)이 자리한다. 그런데 공습 피해 보고서 중에는 다카라즈카 여관 지배인이 작성하여 만달레이 주둔지사령관에게 제출한 것도 첨부되어 있다.[101] 병참 여관은 명칭도, 운용도 병참시설 그 자체였던 것이다.

그림 3 좌측 하단의 군 지정 식당(③)은 병참 숙사의 피해 상황을 별도로 기술한 그림 4에 표시된 긴스이카쿠(④)로 판단된다.[102] 하지만 [표 6-12]와 [그림 6-18]에는 누락되어 있으며 [그림 6-17]의 43-긴스이카쿠 자리에는 전우식당이 위치해 있다. 현재로서는 이유를 가늠하기 어렵다.

한편, 이후의 폭격 피해 보고서에도 위안소가 언급되어 있다. 2월 2일 森8613부대, 즉 독립치중병 제3연대장은 2수송 사령관에게 1월

---

101) 〈号外 13日空襲に因る損害調査の件通牒 昭和20年1月17日(2)〉,《第2野戦輸送司令部来翰綴 昭20.1.17~20.2.16》. 다카라즈카 여관은 앞에서 살핀 위안소규정과 43규정2의 배포처 명단에도 포함되어 있다.

102) 병참 숙사의 관리를 담당한 53지구대 소속부대(南本隊)의 보고서에도 병참 숙사 좌측 하단에 긴스이카쿠가 표시되어 있다(〈号外 13日空襲に因る損害調査の件通牒 昭和20年1月17日(1)〉,《第2野戦輸送司令部来翰綴 昭20.1.17~20.2.16》).

1

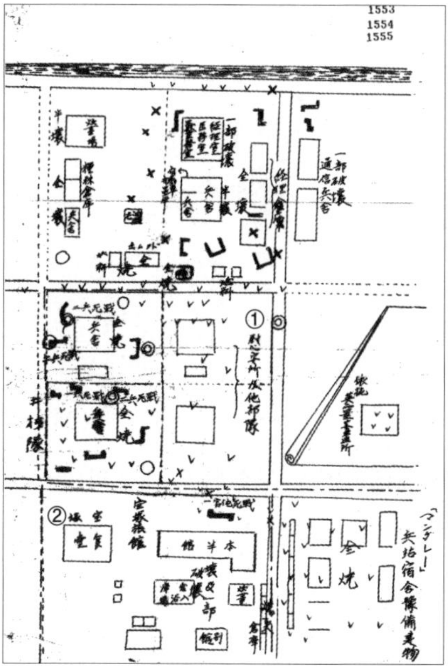

2

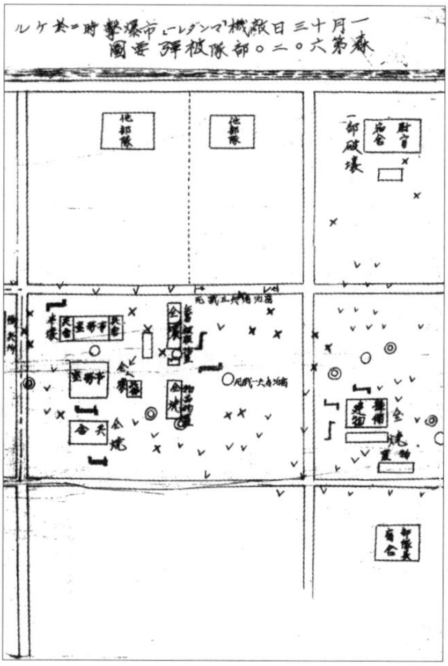

3

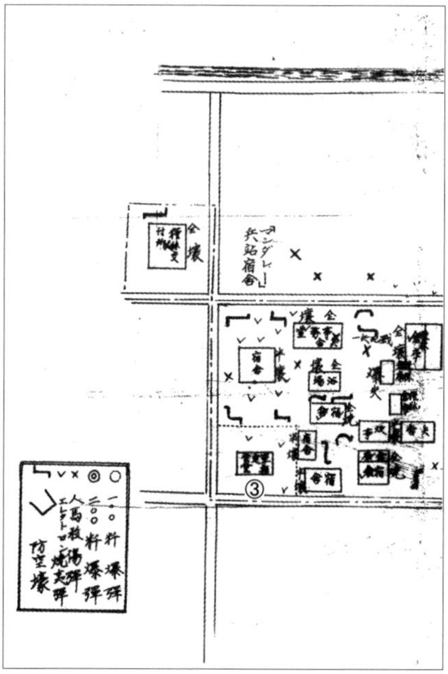

4

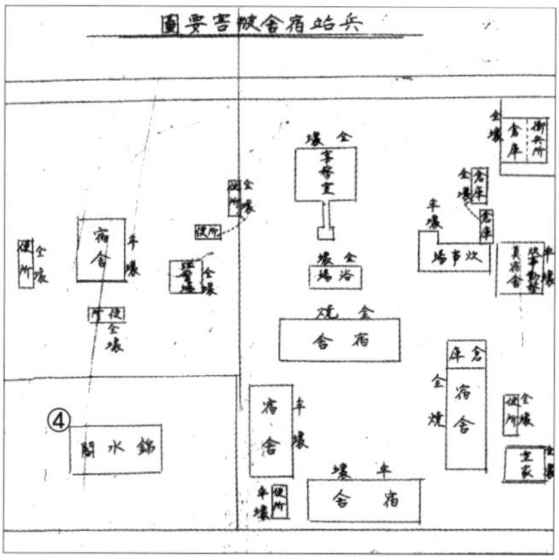

[그림 6-19] 만달레이 공습 상황과 위안소 위치

· 출전: 〈号外 13日空襲に因る損害調査の件通牒 昭和20年1月17日(3)〉(그림 1~3), 〈号外 13日空襲に因る損害調査の件通牒 昭和20年1月17日(4)〉(그림 4), 《第2野戦輸送司令部来翰綴 昭20.1.17~20.2.16》

31일 차우세(Kyaukse, 만달레이에서 4시 방향) 주둔부대의 피해 상황을 전했는데, 거기에는 위안소 히나기쿠(雛菊)에 관한 기술이 포함되어 있다.[103] 위안부 13명 중 5명은 폭격과 동시에 남하하는 자동차에 편승하여 행방불명된 모양이고 8명은 차우세 병참에서 수용 중이라는 내용이었다.

야전고사포 제51대대의 상황

다음에서는 야전고사포 제51대대, 즉 51대대 진중일지의 내용에 대한 소개 및 분석이다. 제1~3중대와 대대단열로 구성된 51대대의 행적을 좇음으로써 위안소의 존재와 이용 패턴을 결정짓는 주둔 체계 및 외출의 상관관계를 파악할 수 있다.

1942년 3월 중순 버마 전선에 투입된 51대대는 5월 10일 만달레이에 도착했고 이후 56사단과 함께 북상을 거듭하여 중국 영토까지 들어갔다가 6월 10일 국경선이 지척인 뮤즈(Muse, 芒市)로 이동했다(대대단열, 이하 1942년 11월까지는 모두 대대단열).[104] 총성이 아직 그치지 않은 시점이어서 외출 없이 휴무만 8월부터 기록된다. 일요일인 2일과 9일에 이어 금요일인 21일과 28일, 9월 6일(일)에 하루 종일 휴무했다(22일과 30일은 오전 휴무). 휴무일이 일요일에서 금요일로, 다시 일요일로 바뀐 이유에 관한 정보는 없다.

8월 30일 56사단의 명령에 따라 51대대 주력(1중대는 56사단 휘하)은 이동에 들어갔다. 51대대는 9월 11일 만달레이에 도착했고, 14일

103) 〈森10359福庶第45号 爆撃被害の件報告 昭和20年2月1日〉,《第2野戦輸送司令部来翰綴 昭20.1.17~20.2.16》.

104) 51대대 본부를 위시한 주력은 제56보병단 사령부 소속으로 중국 윈난성의 룽링(龍陵)에 주둔해 있었다(〈別紙/56師作命甲第173号〉,《第56師団戦時月報 甲 昭17.6.1~17.6.30》).

(월)에는 전원 휴무하고 외출을 허가했다. 9월 15일에는 새 대대장으로 사타 기미마사(佐田公正) 소좌가 착임했으며, 17일에는 파코쿠(Pakokku)로 이동할 때까지 55사단장의 구처를 받으며 방공에 종사하라는 명령을 접수했다. 이후 10월 5일 이동을 시작할 때까지 휴무는 불규칙했고(9월은 19일·20일·24일·25일·30일, 10월은 2일·5일) 외출은 10월 2일만 적시되어 있다. 10월 5일 51대대는 이라와디강을 건너 11월 말까지 파코쿠에 머물렀다. 파코쿠에서는 10월 18일·23일에 전원 휴무했고, 11월에는 1일·3일·8일·14일·21일·28일에 전원 휴무를 실시했다. 그리고 외출은 11월 21일 한 차례만 했다.

한편, 2중대는 파코쿠 체류 기간인 11월분 진중일지를 남겼지만 휴무와 외출 기록은 전혀 없다. 즉 대대단열의 휴무와 외출이 어떤 명령 체계로 이루어졌는지는 판단하기 어렵다.

12월 3일 51대대 작전명령에 따르면 2중대는 재차 56사단으로 옮겨갔고 주력은 만달레이를 담당할 18사단의 지휘를 받게 되었다(대대단열, 이하 동일). 이와 관련하여 18사단 사령부도 타웅지(Taunggyi)에서 메묘(Maymyo, 지금의 핀우르윈Pyin Oo Lwin)로 옮겨갔다. 12월 9일 51대대 주력은 만달레이로 복귀했다. 이후 대대단열은 12월 18일(금)에 전원 휴무하고 일부 외출을 허가했으며, 22일(화)과 25일(금)에는 절반씩 휴무하고 외출을 허가했다. 그리고 12월 29일에는 51대대의 휴무와 외출을 할당하는 일일명령이 내려졌다. 토요일은 전체 휴무일이었으며, 월요일·화요일·토요일은 3중대와 임시고사포대가, 화요일·토요일은 대대본부와 대대단열이 휴무하고 외출하는 날로 정해졌다. 임시고사포대는 18사단의 명령에 따라 51대대가 교육을 맡은 부대였다.

51대대의 외출일 배당은 5수송의 만달레이 도착 시점과 맞물린다. 앞에서 설명한 43규정2의 글머리에 따르면 1942년 12월 20일 '만달레이주둔지근무규정'이 제정되었다. 그리고 대대단열의 1943년 1월 11일 진중일지에는 "만달레이주둔지근무규정 일부 추가 정정의 건 통첩"과 주둔지회보를 수령했다고 쓰여 있다.[105] 이는 5수송이 주도한 주둔 체계 정비와 결부되어 외출일 할당이 이루어졌다고 보는 것이 합리적이다.

1942년 12월의 상황은 3중대의 진중일지가 보강해준다. 주력과 떨어진 3중대는 만달레이 남쪽에 있는 메이틸라(Meiktila)에 체류하다가 12월 14일 만달레이로 복귀했다. 메이틸라에서는 수요일인 12월 2일과 9일에 전체 휴무하고 외출도 허가했다. 3중대는 만달레이로 돌아와 앞의 대대단열과 마찬가지로 12월 18일·22일·25일 전체 휴무와 더불어 외출까지 실시했다. 그리고 외출과 휴무를 정한 12월 29일에는 대대 일일명령도 기재되어 있다.

1943년 전반기의 상황 파악은 전적으로 대대단열의 진중일지에 의존해야 한다. 12월 29일 일일명령에 따른 대대단열의 첫 휴무는 1월 9일(토)이었고 일부 외출까지 이루어졌다. 1월 19일(화)에는 고사포대 엄체 구축 작업으로 취소된 휴무를 대체하여 전원 외출을 허가했으며, 23일(토)에는 오후 휴무와 외출이, 26일(화)과 2월 3일(화)에는 전일 휴무와 외출이 각각 실시되었다.

1월 31일 56사단에 배속되었던 1중대는 만달레이로 복귀했고, 2월 6일에는 보충대 125명이 8일에 도착한다는 연락을 받았다. 주둔 병력이 증가함에 따라 2월 7일 대대본부는 12월 29일의 일일명령을 변경

---

105) 1월 14일 대대단열의 준위는 주둔지방역회보에 참가했으며, 1월 11일에 이어 18일·22일·27일·28일에는 주둔지회보, 21일에는 주둔지명령의 수령이 기재되어 있다. 5수송의 주둔지 업무가 본격화되었음을 의미한다.

했다. 토요일 대신 일요일을 휴무일로 하고 일요일·월요일·화요일은 제1·3중대와 임시고사포대의 외출일로, 일요일·화요일은 대대본부와 대대단열의 외출일로 정했다.

바뀐 방식에 따른 첫 휴무와 외출은 2월 21일에야 이루어졌고 이후에는 기록이 없다. 짐작건대 보충병의 교육과 함께 대대본부의 민게(Myintnge, 시내 남쪽) 이전, 3중대의 고크테이크(Gokhteik, 만달레이에서 10시 방향) 급파와 같이 여러 업무가 겹쳤기 때문이 아닐까 싶다. 대대단열에 한정된 것인지는 모르겠지만 5월까지 휴무는 4월 29일 천장절의 영내 휴양이 유일하다.

한편, 3월 19일 버마방면군 편성에 수반된 것으로 추측되는 15군의 명령이 하달되었다. 51대대는 5수송 사령관의 지휘 아래로 들어갔고[106] 재차 3중대는 51대대의 지휘에서 벗어나 18사단 직할로 편입되었다.

1943년 하반기 이후의 길라잡이는 두 종류가 있다. 2중대의 7월분 진중일지가 현존한다는 점과 51대대 본부가 10월~이듬해 1월, 5~7월의 진중일지를 남겼다는 점이다.

1942년 12월 56사단 휘하에 편입된 2중대는 1943년 7월 당시 민게에 있었다. 전체 휴무는 일요일인 4일·11일·18일·25일에 실시되었고 일부 인원은 만달레이 시내에 외출했다가 귀대했다. 2월 7일 대대 일일명령에 따른 외출일 방식이 계속되고 있었던 셈인데, 대대본부의 진중일지(1944년 1월 3일)에 따르면 7월 22일자 일일명령 89호 제2항을 통해 휴무일과 외출일이 바뀌었다(후술). 공교롭게도

106) 진중일지의 원문에서 사령관 앞의 세 글자는 희미해서 판독할 수 없으나 관련 사실을 참작하여 '5수송(또는 제5수)'이라고 판단했다.

2중대의 기록에 88호와 90호는 있지만 89호는 누락되어 변경 내용을 알 수 없다.

10월 1일 당시 51대대는 31사단장의 지휘를 받고 있었는데, 3월에 5수송 휘하에 편입된 후 변동이 생겼다(이하 별도의 언급이 없는 한 대대본부). 앞에서 설명한 대로 51대대는 10월 7일 재차 5수송 휘하에 들었고, 16일에는 만달레이에 도착할 53지구대의 지휘를 받게 되었다. 작전명령의 보고처도 10월 7일의 5수송과 15군에서 16일에는 53지구대까지 부가되었다. 11월 1일에는 53지구대장의 첫 순시가 있었다.

11월 10일 51대대 부관은 본부 근무자에게 개정된 '만달레이주둔지근무규정'에 대한 설명과 함께 교육지도를 했다. 43규정1과 43규정2의 제정 경과와 부합되는 움직임이었다. 43규정2에서 확인한 [표 6-11]의 외출일 할당은 앞서 언급한 대로 1944년 1월 3일의 일일명령을 통해 확정되었다. 일요일은 휴무일이었고 외출일은 제1·2중대가 화요일·토요일·일요일, 대대본부와 대대단열이 화요일·일요일로 구분되었다. 말미에는 "태도, 복장, 경례를 엄정히 하고 외출일과 시한 및 위안소 이용시간을 엄수해야 한다"는 주의 사항이 명기되어 있다. 다시 한 번 강조하지만 외출은 위안소 이용과 직결되는 사안이었다.

대대본부 자체의 휴무와 외출 기록은 1944년 5월부터 명기되어 있다. 1월 3일의 일일명령, 즉 43규정2가 실시되기 이전의 경우 1943년 11월 21일(일)의 외출이 시종무관장의 시찰로 금지된 것으로 보아 일요일이 휴무일이었던 것 같다. 43규정2가 발효된 후인 1944년 1월 16일(일)에는 초년병 30명에게 외출이 허가되었다. 5월 7일·21일과 6월 4일·18일·25일 등 외출은 모두 일요일에 행해졌다. 7월 7일(금)은 신임 대대장의 사열 종료에 맞추어 부여된 위로 휴무였으며, 9월 1일(금)은 임팔 작전에서 귀환한 별동대에게 내린 특별외출이었다.

한편, 51대대는 43규정1과 43규정2에서 규정한 대로 제2종 순찰자를 차출했다. 43규정1의 36조에서는 제2종 순찰자의 임무로 군기 엄수, 경례 엄정, 복장 단정이 열거되었는데, 일일명령의 내용은 물론 순찰 지역에서도 위안소 이용의 실태를 엿볼 수 있다.

먼저 1943년 10월~이듬해 7월의 순찰이 이루어진 지역을 정리하면 다음과 같다. 10월 10일(9, 일일명령 날짜이며 이하 동일)·15일(14)과 11월 6일(3)·21일(19)은 민게, 11월 30일(27)과 12월 4일(3)·9일(5)·13일(11)·30일(25)은 민게와 아마라푸라(Amarapura, 만달레이에서 7시 방향), 12월 21(21)일은 만달레이 3구였다. 1944년에 들어와 1월 4일(1)·14일(14)은 아마라푸라와 사가잉(Sagaing, 아마라푸라의 이라와디강 건너편), 1월 9일(6)부터 5월 9일(8)·21일(21)과 6월 2일(5.31)·9일(4)·14일(12)은 만달레이 1·2구, 7월 2일·9일은 시내, 26일(21)은 주둔지(일일명령에는 만달레이 1·2구)로 기재되어 있다. 6월 30일은 일일명령만 있었고 실시되지는 않았다(후술). 51대대 소속부대들이 만달레이 시내는 물론 인근 지역까지 분산, 배치된 것과 연관된다.

다음은 일일명령에 첨부된 순찰자의 '착안점' 내용이다. 초기에는 순찰 실시만 기록되다가 12월 9일(5)에는 '군기, 풍기'가 등장한다. 12월 13일(11)의 민게와 아마라푸라의 순찰에서 처음으로 "복장 태도, 특히 경례 여행 상황, 무허가 외출, 위안소 등에서의 하사관·병의 행동 태도"가 적시되었다. 동일한 내용의 착안점은 12월 21일(21)과 30일(25), 이듬해 1월 4일(1)과 9일(6)의 일일명령까지 5회 연속 열거되었다. 1월 14일(14) 이후부터는 43규정1의 문구처럼 복장, 태도, 경례 등이었고, 6월 14일(12)·30일, 7월 26일(21)에는 무단외출 단속까지 포함되어 있다.

위안소가 명기된 5회의 순찰을 좀더 자세히 살펴보자. 순찰이 이루어진 지역은 민게, 아마라푸라, 사가잉, 만달레이 1~3구였다. 민게에 위안소가 있었음을 말해주는 자료는 없다. 아마라푸라에는 버마인 남성이 증언한 15명 규모의 위안소가 있었으며[107] 사가잉의 경우에는 임팔 작전 중인 1944년 5월 한 병사가 초만원이던 위안소를 목격한 바 있다.[108] 따라서 민게·아마라푸라 또는 아마라푸라·사가잉의 순찰 착안점에서 위안소는 필수적이다.

만달레이 1·2구의 순찰은 대부분의 위안소가 1구에 있었다는 사실과 연결된다. 그런데 1943년 12월 21일(21)의 3구 순찰에서 위안소가 거론된 이유는 무엇일까? 가장 합리적인 답은 [그림 6-18]에서 표시가 누락된 신멘칸이 3구에 소재했다는 추론이다. [그림 6-17]에서 신멘칸이 누락된 이유는 간단하다. 3구의 대부분 구역은 [그림 6-16]에 그려져 있지 않기 때문이다. 아울러 43규정2의 외출일 할당표에는 독립자동차 59대대 등 5개 부대 소속 병보의 외출일이 명기되어 있다. 이와 같은 사실을 종합해보았을 때 1943년 10월 당시 만달레이 주둔지 내의 위안소는 5곳이 아니라 6곳이었을 가능성이 농후하다.

앞서 기술했듯이 6월 30일자 일일명령에는 7월 3일의 제2종 순찰자가 거명되었는데, 실제로는 7월 2일 대대본부의 조장(曹長)이 오후 4시부터 시내의 제2종 순찰을 실시했다. 7월 1일의 일일명령으로 제2종 순찰방식이 변경되었기 때문이다. 대대본부와 대대단열에서는 주번사관이 일요일에, 2중대 역시 주번사관이 화요일 또는 금요일에 오전 10시~오후 10시 내에서 3시간 이상 근무하라는 명령이 내려졌

---

107) WAM에 수록된 위안부 연구자 모리카와 마치코(森川万智子, 1947~2019)의 인터뷰를 참조했다.

108) 井坂源嗣,《弓兵団インパール戦記》, 光人社, 1987, 98~99쪽, WAM.

다. 착안점은 "경계, 복장, 태도, 방첩에 관한 사항 및 제 규정의 이행" 이었다.

이 점에 착안하면 7월의 제2종 순찰에는 2개의 방식이 혼용되어 있음이 드러난다. 먼저 대대본부는 외출일, 즉 일요일인 7월 2일·9일·23일에 주번사관을 제2종 순찰자로 파견했다. 주번사관은 전원 대대본부 소속 조장과 군조였다. 7월 18일(화) 진중일지에는 2중대 중위가 오전 10시부터 만달레이의 제2종 순찰을 근무한 다음 오후 1시 10분에 대대본부를 방문했다고 쓰여 있다. 2중대의 외출일인 화요일에 주번사관이던 중위가 제2종 순찰을 복무했던 것이다.[109] 당연한 이야기지만 주번사관의 순찰이므로 일일명령은 내려지지 않았다. 기존 방식의 제2종 순찰 기록은 1회 남아 있다. 7월 21일 일일명령에서 임명된 소위는 26일 만달레이 1·2구를 순찰했다.

3) 그 밖의 지역의 위안소

타야와디의 제15사단 수색 제54연대

제54사단(兵)은 1943년 2월 인도네시아의 16군에 편입되었다가 9월부터 이라와디 강변의 프롬(Prome)에 사령부를 두고 남서부의 방위를 책임졌다. 1944년부터는 방위 지역을 북으로는 아키아브, 남으로는 탄드웨(Thandwe) 사이로 옮기고 방위와 작전에 종사했다. 주력은 제111·121·154의 3개 보병연대와 수색·야포병·공병·치중병 제54연

109) 그런 점에서 7월부터 시행된 제2종 순찰 방식의 변경은 51대대에 할당된 외출일이 일요일과 화요일·금요일로 바뀐 데 수반되는 조치였고 앞의 변경은 53지구대의 주둔지사령관 승계와 연동하여 행해졌다고 추측된다. 1중대의 1944년도 12월 진중일지에 따르면 일요일인 12월 10일·17일에 전원 휴무를 실시했다.

대였다. 수색 54연대(이하 54연대)에 소속된 본부와 통신소대, 제1~4중대의 진중일지는 다수 현존하지만[110] 위안소의 기록은 드물다.

54연대의 주력(본부, 제1·2중대, 통신소대)은 1943년 6월 일본 본토를 떠나 타이완, 사이공을 거쳐 7월 29일 싱가포르에서 하선한 후 이틀 뒤에 말레이시아 조호르주 코타팅기(Kota Tinggi)에서 체류했다. 반면에 제3·4중대는 8월 3일까지 사이공에서 머물다가 8일에 싱가포르에 도착했다.

54연대 주력은 7월 31일 숙영에 관한 작전명령을 내렸는데, 일과 시한과 더불어 외출에 관한 지시도 포함되어 있었다. 일주일에 1회, 반수씩 준사관 이상의 지휘로 오전 10시~오후 7시의 외출을 허가하며 차량은 제1·2중대에 2대씩, 본부·통신소대에 1대씩 배당되었다(본부, 1중대, 통신소대). 외출 주의 사항으로는 군기, 풍기를 엄정히 하고 화류병 예방에 만전을 기하도록 했다(본부, 통신소대).

첫 외출은 8월 8일에 이루어졌는데, 기록 내용은 부대마다 조금씩 차이가 있다. 본부는 장교 지휘 아래 인솔외출을 했으며 1중대는 오전 10시부터 견습사관의 지휘 아래 62명이 싱가포르 시내에서 전적지를 견학하고 무용담을 듣고 오후 6시 30분에 복귀했다. 2중대는 오전 10시 30분~오후 5시에 싱가포르로 인솔외출을 실시했고 통신소대는 오전 11시부터 소대장 이하 33명이 '부근'의 전적지를 견학하고 오후 7시에 귀대했다.

---

110) 연대본부는 1943년 3~9월, 1중대는 1943년 3월(단, 8월은《陣中日誌 第6号 昭和18年8月1日~昭和18年8月31日》에 수록)~1944년 9월, 2중대는 1943년 3~5월, 7~10월, 1944년 2~8월, 3중대는 1943년 3~12월, 1944년 1~5월, 7~9월, 4중대는 1943년 3월~1944년 9월, 11~12월, 통신소대는 1943년 3~5월, 7~11월, 1944년 1~9월이 각각 남아 있다. 이하에서 진중일지는 부대 이름을 명기하고 출전은 생략한다.

8월 15일에 실시된 두 번째 외출은 제3·4중대도 함께했지만 기록 내용은 다르다. 다른 부대는 전적지를 방문하는 인솔외출 정도로 그친 데 비해, 3중대는 자세히 기록했다. 오전 9시 50분에는 전적지 견학을 위해 중대장이 인솔하여 싱가포르로 출발했으며, 오후 1시에는 해산하여 각자 자유행동을 허가했고, 오후 5시에는 집합하여 6시 20분에 복귀했다고 되어 있다. 전적지 견학으로만 끝난 것이 아니라 위안소 출입이 가능하도록 자유행동이 주어졌던 것이다. 싱가포르로의 외출은 8월 22일에도 이루어졌다.

8월 25일 54연대는 사단사령부와 함께 싱가포르를 출항하여 9월 11일 랑군에 입항했고 14일에 주둔지인 타야와디(Tharrawaddy, 랑군 북북서)에 도착했다. 9월 24일 54연대 주력은 타야와디지구방위대로 주둔한다는 명령을 받았고 별도로 1중대는 보병 121연대장의 지휘를 받으며 프롬 남쪽에 위치한 슈웨다웅(Shwedaung)에 주둔했다.

9월 23일에는 타야와디 숙영부대에 '주둔지가근무규정'과 '주둔지내무규정'이 하달되었다. 전자에서는 5조에서 필요시 제2종 순찰을 실시하도록 했다.[108] 후자에서는 제8장 '위생' 항목에서 위안소를 설치했을 경우 예방법을 강구하여 이용하고(21조) 사창 이용을 금했다(22조). 또한 '잡칙' 항목에서 외출은 필요시 지시한다고 정해졌다(37조).[112]

이와 같이 타야와디의 54연대 주력의 진중일지에서는 위안소의 개설과 이용을 말해주는 서술을 발견하지 못했다. 일요일 오후에만 휴무했으며 외출 기록은 거의 없다. 다만 2중대가 11월에 제정한 '중대내무규정'의 '9 휴일 및 외출' 내용은 참조할 만하다.[113] 54연대의

111) 〈駐屯地勤務仮規定 兵第10115部隊〉,《捜索第54連隊内務関係資料 昭18.9》.

112) 〈駐屯地内務規定 兵第10115部隊〉,《捜索第54連隊内務関係資料 昭18.9》.

외출규정으로는 '연대 외출에 관한 심득(心得)'이 있었으며(27조), 외출 구역은 타야와디 시내와 남쪽의 톤제(Thonze)로 한정되었다(28조). 휴일에는 오후만 휴무하고 외출을 허가했으며(29조) 외출자는 전날까지 각 소대별로 외출부에 기입하여 신청하도록 했다(30조).

슈웨다웅을 지키던 1중대의 기록에는 외출이 등장한다. 9월 22일에 "숙영지규정 및 교육에 관한 지시의 연구를 했다"고 되어 있는데, 숙영지규정에 휴무와 외출에 관한 명령이 있었던 것 같다. 9월 25일(토)을 필두로 10월에는 2일·5일·9일·12일·16일과 같이 화요일·토요일 오후에 일부 병사의 외출을 허가했다. 10월 15일에는 다음 날 조장이 제2종 순찰을 복무하라는 일일명령이 내려왔다.

10월 19일 1중대는 보병 121연대장 대신 야포병 54연대장의 지휘 아래에서 보병 154연대 제2대대가 담당했던 프롬 경비를 이어받게 되었다. 동시에 휴무와 외출은 화요일 오후로 축소되었다. 10월은 26일, 11월은 2일·9일·16일·23일·30일, 12월은 7일·14일·21일 오후에 휴무와 외출이 이루어졌다(11월 23일은 일과 예정표에는 있지만 당일 외출 기록은 없음). 11월 23일과 30일에는 각각 견습사관과 준위가 제2종 순찰관으로 근무했다.

12월 25일에 책정된 일과 예정표에는 휴무일이 월요일 오후로 변경되어 27일에 외출이 실시되었고, 1월 2일에는 신년 휴무와 외출이 허가되었다. 1월 13일에는 프롬방위대 사령관이 치중병 54연대장으로 교체될 것이라는 명령이 하달되었지만(1월 29일 실행) 1중대의 화요일 휴무방식은 유지되었다. 1월에는 4일·11일·18일·25일, 2월에는

---

113) 〈中隊内務規定 兵第10115部隊山根隊 昭和18年11月〉, 《捜索第54連隊第2中隊 参考綴 昭和18.4.5~18.11》.

8일·22일·29일(1일은 일과 예정표에만 있고 15일은 작업 원조로 인해 14일로 변경), 3월 7일까지 화요일 오후 외출이 기재되어 있다.

2월 27일에는 1중대가 사단 직속으로 편입되는 등 프롬방위대 전체의 개편명령이 떨어졌다. 이로 인해 3월 12일의 일과 예정표에는 목요일·금요일 오후의 일부 휴무가 정해졌고, 16일·17일에는 마지막 외출이 실시되었다. 3월 22일 1중대는 이라와디강을 건너 벵골만으로 이동했다.

이와 같이 슈웨다웅에서 주둔하는 기간 내내 1중대는 규칙적으로 외출을 허가했다. 위안소가 직접 거론된 적은 없지만 관련된 기술은 1건이 확인된다. 1944년 2월 14일 병장 1명이 매독이 의심되어 제4야전병원에 입원했다. 한 병사는 슈웨다웅에 조선인 위안부 5명, 버마인과 중국인 혼혈 위안부가 있었다고 회상했으며[114] 버마인 주민도 위안소와 함께 일본인·조선인 위안부의 정보를 남겼다.[115]

54사단이 이동한 후 2사단이 타야와디 일대로 옮겨왔다. 예하부대 중 야포병 제2연대 제1대대단열(이하 단열)의 진중일지가 1944년 7~12월이 잔존하지만[116] 타야와디에서의 주류는 8월까지였다. 1944년 7월과 8월의 단열 휴일은 일요일과 수요일 오후였다. 7월은 2일·9일·12일·16일·19일·23일·26일·30일, 8월은 6일·9일·13일에 '오후 휴무(휴일)'가 거의 빠짐없이 기재되어 있다. 타야와디 북쪽에서 별도로 숙영했던 제1소대의 경우에는 7월 16일의 휴무만 이루어졌다.

---

114) 筒井修·今原旭 編,《最後の騎兵隊》, 私家版, 1984, 441쪽, WAM.

115) '従軍慰安婦'問題を考える女性ネットワーク,《ビルマに残る性暴力の傷跡-日本軍慰安所について現地調査報告》, 私家版, 1998, 19쪽, WAM.

116)《野砲兵第2連隊第1大隊段列 陣中日誌 昭和19.7.1~19.12.31》에 수록되어 있으며 이하에서는 출전을 생략한다.

슈웨보의 제4야전비행장설정대

1941년 7월 동원령이 내려진 제4야전비행장설정대(이하 4설정대)는 만주에서의 단기 체류에 이어 아시아·태평양전쟁에 투입되었다.[117] 1942년 3월부터는 버마로 옮겨가 비행장을 건설하고 정비를 맡았다. 점령지 확대에 맞추어 4설정대는 이동을 거듭하고 비행장별로 파견대를 조직하여 업무를 이어나갔으며 5비행사단 소속 7항공지구 사령부(이하 7항공)의 지휘를 받았다. 1943년 1월 이후에는 인도네시아 각지를 전전했다.

1942년 4월부터 마궤(Magwe)비행장 건설에 전력을 집중하고 아키아브에 파견대를 보냈던 4설정대 본대는 8월 중순 만달레이 북쪽의 슈웨보(Shwebo)로 이동했다. 휴무일을 살펴보면 5월에는 일요일(7일·14일·21일·28일), 6월에는 수요일(3일·10일·17일·24일), 7월에는 비행장 작업이 완료된 13일과 화요일(14일·21일·28일)에 실시되었고 외출 기록은 없다. 8월에는 상황이 바뀌었다. 8월 2일 진중일지에는 "작업 동안 갈망하던 성리(性理) 방면의 위안에 관해 주둔 각 부대와의 협의를 거쳐 위안소 설치에 이르러 이용 허가를 받았다"고 기재되어 있다. 마궤에도 위안소가 설치된 것이다.[118] 특히 '주둔 각 부대와의 협의'는 위안소 개설이 주둔부대의 필요성에 개시된다는 것을 증명하는 자료가 된다. 하지만 이미 이동명령이 떨어진 4설정대는 8월 6일(목) 휴양 사실만 적시해놓았다. 8월 12일 마궤비행장은 완성되었

---

117) 4설정대의 진중일지는 본대가 1941년 7월~1942년 12월, 1943년 8월과 12월이, 아키아브파견대가 1942년 5~6월, 미치나파견대가 1942년 8~10월이 각각 현존한다. 이하에서는 진중일지의 인용인 경우 부대명을 명기함으로써 출전 표기를 대신한다.

118) 1997년 8월 모리카와 마치코가 수행한 현지 조사에서 주민들은 위안소가 있었음을 증언했을 뿐(WAM) 마궤에 위안소가 있었음을 나타내는 문서나 회상기는 없는 것 같다.

고 이틀 후 잔존 인원은 슈웨보를 향해 출발하여 다음 날 당도했다.

7월 25일 4설정대는 슈웨보로 전진하라는 7항공의 명령을 받았고, 30일에는 슈웨보 이동 준비와 마궤비행장의 작업 마무리를 하달했다. 8월 1일 자동차로 출발한 슈웨보 선발대 30명은 만달레이 왕성 내에서 숙박하고 다음 날 외출을 실시한 후 3일에 슈웨보에 도착했다. 4설정대는 슈웨보에서 제15비행장대대를 필두로 제9비행장중대, 독립자동차 제35대대 제3중대와 함께 주둔하게 되었다.

8월 15일 본대까지 합류한 4설정대는 15군이 지시한 슈웨보비행장 정비 작업을 본격화했다. 8월 24일에는 미치나파견대가 조직되어 이튿날 출발했다. 8월 내내 바빴던 탓에 외출은 거의 없었다고 기술된 데 비해 화류병 환자는 1941년 8월에 1명, 1942년 8월에 1명(공원)이 발생했다.[119] 이는 만주의 바오칭(寶淸)은 물론 마궤에서 위안소 출입이 이루어졌다는 것을 증명한다.[120] 9월부터 4설정대는 슈웨보에서 외출 허가와 위안소 이용을 체계적으로 시행했다.

9월 1일(화)은 호우로 인해 2일(수)의 휴일을 앞당겨 오전과 오후 2교대로 2월 4일 타이에 상륙한 이래 첫 외출을 실시했다. 뒤이어 슈웨보에도 '반도인 위안소'가 개설되어 오늘부터 개업했다는 기록이 등장한다. 4설정대의 첫 외출은 위안소 이용과 결부되었음이 자명하다. 슈웨보의 4설정대 주력의 휴양일 겸 외출일은 수요일이었다. 9월은 9일의 '휴일'이 비 때문에 하루 앞당겨져 8일에 시행되었고, 16일 '휴양일'은 2교대로 작업과 휴양·외출을 실시했으며, 23일 '외출일'은 오

119) 〈別紙〉, 《第4野戦飛行場設定隊 陣中日誌 昭17.8.1~17.8.31》.

120) 슈웨보에서의 발병을 배제한 이유는 말라리아를 포함한 대부분의 환자가 마궤에서 발생했다고 기술되어 있기 때문이다(〈第5 展開配置並に戦力の現況 第6 経理衛生〉, 《第4野戦飛行場設定隊戦闘詳報 昭17.7.24~17.8.31》).

전과 오후 교대로 휴양했고, 30일도 교대로 휴양했다.

10월 들어서는 수요일 휴일 체계가 변경되었다. 9월 말에 15비행장대대와 제19비행장대대의 교대명령이 내려졌고, 10월 4일에 19비행장대대장이 도착했으며, 이튿날에 장교회보에서 '내무 개정'이 결정되었기 때문인 것으로 여겨진다. 10월의 휴무 기사는 비행장 작업이 일단락된 17일(토)과 강우로 전체 휴양이 결정된 21일 두 차례뿐이었다. 외출 기록은 10월 29일(목) 오전 11시 40분 폭격으로 인해 "반수의 외출 인원은 외출지에서 바로 귀대"라고 한 부분과 오후에 "외출 중지하고 전원 출장 임무에 복귀"라는 부분이 유일하다. 목요일의 2교대 외출로 변경되었음을 짐작하게 한다.

11월에는 세 차례의 휴양과 외출이 이루어졌다. 11월 3일 명치절에는 전체 외출이 허가되었고, 22일(일)과 30일(월)에는 작업이 일단락되어 2교대로 슈웨보 시내의 외출이 실시되었다. 12월에는 7일·15일·22일(월)의 전체 휴무가 기재되어 있다. 4설정대는 12월 28일에 이동명령을 받았다.

미치나파견대는 11월 10일 본대에 복귀하기까지의 휴양 기록만 남아 있다. 9월 3일 위생병장은 55사단 제2야전병원(미치나 소재)에 가서 진단과 월례 신체검사 등의 의료 부문과 더불어 '외출 배당일'에 관해 협의했다. 첫 휴양은 9월 5일(토)이었고 이후에는 토요일·일요일 2교대로 휴양이 실시되었다. 9월에는 12일·13일, 19일·20일, 26일·27일 등이었고, 10월은 3일(토) 외에 10일·11일을 마지막으로 불규칙적인 패턴을 보였다. 미치나파견대에서의 특별한 점은 9월 4일·18일·25일 3회의 성병 검사임에 틀림없는 '주례 음부검사'가 이루어졌다는 사실이다. 위안소 이용을 추측하게 하는 대목이다.

슈웨보의 위안소 정보는 군인의 회상기에서 얻을 수 있다. 먼저 시기는 불확실하지만 육군항공대 군의는 "시내 동쪽에 비행장이 있"었고, 주보와 위안소에는 "각각 공군임을 살려 쓰바사(翼)와 하쿠운소(白雲莊)라는 이름이 붙여졌"으며, "슈웨보에는 조선인뿐"이었다고 한다.[121] 4설정대가 완성한 비행장과 일치하며 조선인만 있는 위안소도 마찬가지다.

앞의 증언을 보완해주는 정보는 제34비행장대대(이하 34대대)의 병사(군의로 추정)가 남겨놓았다.[122] 광둥에서 머물던 34대대는 1943년 10월 사이공에 상륙한 뒤 타이를 거쳐 12월부터 5비행사단에 배속되어 슈웨보에서 주둔했다. 1944년 6월과 7월의 위안소 검진 기록이 진중일지에 적시되어 있는데, 34대대가 관장하는 쓰바사는 6월 17일·19일, 7월 6일·30일에, 15군 관리 아래 개업 예정이던 우메노야(梅の家, 업주 일본인)는 6월 17~19일, 개업 당일인 7월 9일에 13명의 위안부를 대상으로 검진이 실시되었다.[123] 두 증언을 종합하면 1942년 9월 1일에 개업한 조선인 위안소는 쓰바사로 판단된다.

그 밖의 부대의 상황

버마 주둔부대는 대부분 진중일지가 망실되었는데, 33사단도 마찬가지다. 보병의 경우 제213~215연대가 주축이었는데, 215연대 제1대

121) 貝塚侊,《細菌から象まで 一軍医のビルマ戦記》, 大雅, 1982, 120~121쪽, WAM.

122) 第34飛行場大隊·戦友会,《第三十四飛行場大隊史》, 第34飛行場大隊史編集委員会, 1993, 94~95, 156쪽, WAM.

123) 임팔 작전 말기 15군이 개설한 일본인 위안소에 관해서는 다음의 두 증언이 흥미롭다. 슈웨보 교외에 있던 15군 사령부는 일본인 위안부 50명를 메묘에서 데려와 세이메이소(淸明莊)를 열었으며(千田夏光,《従軍慰安婦〈続編〉》, 三一書房, 1978, 67~68쪽, WAM) 비슷한 시기에 15군이 슈웨보에 설치한 위안소의 위안부들에게 참모들이 송금했다고 한다(菊池嶢,《狂風インパール最前線》, 叢文社, 1982, 251~252쪽, WAM).

대 제2중대의 진중일지 1943년 1~8월이 현존한다.[124)]

1943년 1월 1일 1대대는 연대본부와 함께 만달레이 서쪽의 친드윈강 동안의 몽유와(Monywa)에 위치했다. 전년 10월 이래의 주둔이었으나 이미 이주명령을 접수한 상태였다. 위안소 관련 기록으로는 1월 8일에 군의에게 성병 강연을 들은 것이 유일하며 일요일로 정해진 듯한 휴양의 실시 기록도 드물다. 2월 중순 1대대는 타웅지 서쪽의 아웅판(Aungpan)으로 옮겨가서 5월 16일 재차 몽유와로 복귀할 때까지 머물렀다. 아웅판에서 체류하는 동안 일요일을 중심으로 휴양은 실시되었지만 외출 기록은 없다. 5월 16일 몽유와로 돌아온 뒤에도 6월 13일 '휴일'이라는 단어가 기재된 것으로 보아 휴무일은 일요일인 듯하다. 외출은 6월 2일(수), 7월 13(화)을 제외하고 일요일인 5월 30일 오후, 6월 6일, 7월 18일과 25일에 실시되었다.

215연대 제3중대의 병사는 몽유와에 위안소가 있었다고 회상했다.[125)] 1943년 5월 재차 몽유와지구에 이주한 후 연합군의 폭격이 치열했는데, 한번은 위안소에 폭탄이 떨어져 수 명의 희생자가 나왔다고 한다. 2중대의 진중일지 또한 5월 이후 폭격이 빈번하게 있었음을 전한다. 5월부터 확인되는 2중대의 외출은 위안소 이용과 결부되었음을 짐작하게 한다.

제49사단은 가장 뒤늦게 버마 전선에 투입된 부대 중 하나였으며 3개 보병 연대(제106·153·168)에 기병·산포병·공병·치중병 제49연대를 거느렸다. 사단사령부의 경우 1944년 6월 편성이 완료되어 용산,

---

124) 《步兵第215連隊第2中隊 陣中日誌 昭18.1.1~18.8.31》에 수록되어 있으며 이하에서는 출전을 명기하지 않는다.

125) 竹沢定男, 《歩兵第二一五聯隊第三中隊戦記》, 第3中隊戦記編纂委員会, 1979, 297쪽, WAM.

부산을 거쳐 7월에 싱가포르에 상륙했다. 이후 타이 국경을 넘어 8월 20일 랑군에서 91킬로미터 떨어진 북동쪽의 페구(Pegu, 지금의 바고 Bago)에 도착하여 차우탄(Kyauktan, 페구 남쪽) 부근의 경비를 맡았다.

보병 106연대(이하 106연대)는 사단사령부보다 1개월 늦게 차우탄에 집결하여 페구 인근 경비에 종사하다가 1945년 1월부터 전투에 참가했다. 106연대 소속부대의 진중일지는 연대포중대의 1945년 2월분이 유일하다.[126] 128명 규모이던 연대포중대는 차우탄 북부 병사에 주둔 중이었다. 연대포중대의 휴무일과 외출일은 수요일이었다. 2월 7일(오후)·14일·21일(오후)에는 하사관 인솔 아래 각각 18명·13명·34명이 외출했으며, 2월 28일에는 오전 중 휴양만 기록되어 있다. 위안소 이용을 짐작하게 하는 기술은 2월 23일의 회보에 등장한다. "위안소 부근에 개설된 현지인 매점에는 일체 접근하지 않도록 지도"하라는 지시였다.

치중병 49연대(이하 49연대) 소속 각 중대는 흩어져 병참과 수송 임무에 종사했다. 소속부대의 진중일지 역시 제1중대의 1945년 2월분만 남아 있으며 앞의 연대포중대와 마찬가지로 주둔지는 차우탄이었다.[127]

2월 1일에는 "부대내무규정 제24조를 다음과 같이 수정"한다는 일일명령이 하달되었다. 진중일지 내 정보를 종합하건대 부대는 49연대를 가리킨다고 여겨진다. 외출은 토요일 오전 11시부터 병이 석식 시한까지, 하사관이 오후 11시까지고, 별도로 "하사관은 (군대내무-인

---

126) 2월분 진중일지는《步兵第106連隊·連隊砲中隊 陣中日誌 昭20.2.1~20.2.28》디렉터리에 수록되어 있다.

127) 〈2月〉,《輜重兵第49連隊第1中隊 陣中日誌 昭和20.2.1~20.2.28》. 2월 3일 49연대장이 주둔지사령관 대리를 맡은 것으로 보건대 차우탄에는 여러 부대가 주둔했을 것이다.

용자)령 제184조에 따라 금요일 오후 6~11시의 외출을 허가한다"고 적시되어 있다. 하사관과 병의 전체 외출은 토요일인데, 군대내무령에 따라 하사관에 한해 금요일 야간외출을 허가한다는 의미로 여겨진다.

개정을 뒷받침하는 조치는 같은 날 전달된 회보에 들어 있다. 먼저 49연대의 휴일이 토요일로 바뀜에 따라 내무규정 23조의 일요일은 평일과 같이 복무한다는 것이었다. 그리고 이번에 차우탄 위안소를 개설함에 따라 몇 가지 이용 수칙을 강조했다. 언어불통으로 여성을 구타하지 않을 것, 관물을 여성에게 주거나 여성의 물건을 받지 않을 것, 건물을 손상하지 않을 것, 방독 및 소독을 철저히 할 것, 이용시간 및 이용시간 구분을 엄수할 것, 위안소에서의 일을 부대로 돌아와서 이야기하지 않을 것 등이었다. '언어불통'에 주목하면 버마인 또는 조선인 위안소로 추측된다.

외출 기록은 2월 2일만 금요일 오전 11시부터이며 나머지 10일·17일·24일은 토요일로 각각 오후 1시, 오전 11시, 오후에 외출이 허가되었다. 2월 2일의 외출은 3~5일에 전원 사료용 풀베기를 실시했다는 기록으로 보아 대체 휴무였던 것으로 판단된다. 주류지 순찰장교 차출은 7일·17일·27일에 적시되어 있다.

독립혼성 제72여단은 1944년 11월 동원령이 내려져 12월 유전 지대로 유명한 예난자웅(Yenangyaung)에서 보병 제61연대를 기간으로 삼아 편성을 완료했고 이듬해 3월까지 머물렀다. 소속부대 중에서 통신대의 진중일지가 1944년 12월 중순~1945년 3월이 남아 있다. 12월 20일 일석점호 시 내무규정의 요지가 하달되었다. 통신대에게는 일요일의 휴양 및 외출이 배당되었다. 12월 24일 오후 22명, 해를 넘겨 1월 7일 오후 10명, 14일 15명, 21일 영내 휴양, 28일 40명이 외출했다. 2월부터는 작전에 돌입하면서 외출은 물론 휴무 기록도 발견되지 않는다.

마궤 북쪽의 예난자웅에는 일찍부터 위안소가 개설되었다. 1942년 33사단 제213연대 제1대대 병사는 부대에서 4킬로미터 떨어진 곳에 위안소가 성업 중이었다고 전한다.[128]

야전중포병 제5연대(이하 5연대)는 1941년 7월 편성되어 줄곧 만주의 소만 국경에 머무르다가 1944년 6월 부산을 거쳐 7월 말 사이공에 도착했다.[129] 5연대는 10월 8일부터 버마 남부 몰라민 남쪽의 탄뷰자야(Thanbyuzayat)에서 초년병 교육과 경비에 종사하다가 12월 몰라민 북쪽의 타톤(Thaton)으로 이동했다. 제2대대는 제4~6중대 단열과 본부로 구성되었다.

4중대는 1944년 9월 7일 사이공을 출발하여 9일 프놈펜에 도착했다. 9월 30일 방콕행 열차를 탈 때까지 13일·15일·17일·21일·24일에는 휴무했고, 15일에는 인솔외출을 했다.

4중대는 11월 내내 탄뷰자야에 주둔했다(11월 30일 당시 인원은 186명이었다). 11월 3일 명치절에는 전체 휴무만 적시되어 있지만, 7일에는 '탄뷰자야주둔지근무령'이 배포되고 회보를 통해 외출일이 할당되었다. 월요일은 대대본부와 무타쿠치(牟田口)대, 수요일은 4중대와 이토(伊東)대, 목요일은 아리마(有馬)대와 우메모토(梅本)대, 토요일은 대대본부와 각 부대 근무자의 외출이 가능했다. 월요일·수요일·목요일·토요일 4일 동안 다른 부대에서도 약간의 외출이 허용되었으며, 외출 인원은 100명을 기준으로 삼았고, 근무자의 외출은 전날 대대본부에 해당 인원을 보고하도록 했다. 제2종 순찰은 외출부대가 담당하

128) 井坂源嗣,《弓兵団インパール戦記》, 光人社, 1987, 20쪽, WAM.

129) 5연대의 경우 제2대대 제4중대의 진중일지 1944년 9월이《野戦重砲兵第5連隊第4中隊 陣中日誌 昭19.9.1~19.9.30》에, 11월이《野戦重砲兵第5連隊第4中隊 陣中日誌 昭19.11.1~19.11.30》에 남아 있다. 이하에서는 출전을 명기하지 않는다.

여 장교 이하 소요 인원을 차출하도록 했다.

11월 8일 대대장은 '외출 10훈'을 제정했는데, 열 번째 위생 항목에서는 성병에 걸리지 말 것을 지적했다. 11월 11일(토)에는 오후 3시에 전체 휴무했지만 외출은 없었다. 할당된 외출일인 수요일, 즉 15일·22일·29일(오전)에는 전체 휴무와 함께 매번 60명이, 근무자의 경우 토요일인 18일에 30명, 25일에 35명이 각각 외출했다.

탄뮤자야의 위안소 상황은 병사의 회상기에 의존할 수밖에 없다. 한 병사는 탄뮤자야에 버마인 위안소가 있었다고 전하며[130] 1944년 49사단 산포병 제49연대 제2대대 소속이던 조선인 학도병은 황군 특수위안소에 조선인 위안부가 있다는 이야기를 들었다.[131]

성병 환자의 실태

위안소의 개설과 운용은 성병의 발생을 초래하기 마련이다. 다음은 그 실태를 알려주는 자료를 검토한 결과다.

성병 환자에 관해서는 제16병참위생대가 가장 많은 자료를 남겼다. 16병참위생대는 1941년 9월에 편성되어 말레이반도의 전투를 치렀으며 1942년 3월 15군에 배속되어 4월 21일 랑군에 상륙한 후 각 사단 소속 야전병원은 제외하고 군 직속 병참병원의 지휘부 역할을 수행했다.

1943년 6월까지 버마의 병참병원은 제105·106·107·121 등 4개였고,[132] 1942년 12월에도 마찬가지였으며, 당초 화류병 처리는 랑군

130) 浜田芳久, 《ビルマ敗戦記》, 図書出版社, 1982, 33쪽, WAM.

131) 李佳炯, 《怒りの河 ビルマ戦線狼山砲第二大隊朝鮮人学徒志願兵の記録》, 連合出版, 1995, 58쪽, WAM. 한국어 원본은 르포소설 《분노의 강》(경운, 1993)이다.

의 제105병참병원이 전담했다.[133] 제105병참병원은 1943년 1월 중부의 타웅지로 이동한 후인 3월 당시에도 화류병 환자의 치료를 도맡았다.[134]

성병 환자의 통계는 3개가 남아 있다. 먼저 1942년 4~10월의 월별 발생 환자는 49명, 49명, 10명, 80명, 74명, 113명, 11◇명 등이었고, 10월 31일 당시 입원 중인 환자는 156명이었다.[135] 156명이라는 숫자는 말라리아, 이질, 각기병에 이어 제4위에 해당된다. 1943년 6월 5일 제105병참병원에 수용된 환자 중에서 화류병은 말라리아(140명), 전상(58명)에 이어 55명으로 세 번째로 많았다.[136] 마지막으로 1943년 12월 1일에 개설된 제121병참병원의 라시오 분원의 경우 1944년 2월 14일까지 전상과 전염병을 제외한 725명의 환자 중에서 화류병은 9명이었다.[137]

버마 작전에 초기부터 참전했던 33사단은 1943년 5월 11일의 부대장 회동 시 두 종류의 통계를 제출했다. 하나는 1942년 7월~1943년 4월에 이르는 기간 동안 성병에 걸려 처벌을 받은 사례를 집계한 결과다.[138] 1942년 7월에 병 1명, 8월에 하사관 1명과 병 5명 등 총 7명이

---

132) 〈衛生概況書 第16兵站衛生隊本部 昭和18年6月〉, 《第16兵站衛生隊状況報告綴(鷺第3992部隊) 昭和16年》.

133) 〈部隊概況書 第16兵站衛生隊本部 昭和17年12月26日〉, 《第16兵站衛生隊状況報告綴(鷺第3992部隊) 昭和16年》.

134) 〈部隊概況書 昭和18年3月〉, 《第16兵站衛生隊状況報告綴(鷺第3992部隊) 昭和16年》.

135) 앞의 자료.

136) 〈概況書 第105兵站病院〉, 《第16兵站衛生隊状況報告綴(鷺第3992部隊) 昭和16年》.

137) 〈概況報告 第121兵站病院ラシオ分院 昭和19年2月13日〉, 《第16兵站衛生隊状況報告綴(鷺第3992部隊) 昭和16年》.

138) 〈団隊長会同席上参謀長口演要旨 昭和18年5月11日〉, 《第33師団訓令訓示綴 昭和18.3.23~18.8.29》.

연/월	41/12	42/1	2	3	4	5	6	7	8	9	10	11	12	43/1	2	3	4
환자	1	3	4	4	0	0	1	2	3	0	1	1	1	6	2	3	0

[표 6-13] 第33사단의 성병 환자 내역

* 각 부대의 환자월보를 통해 군인 환자만 집계한 결과다.

· 출전: 〈団隊長会同席上軍医部長説明要旨 昭和18年5月11日〉, 《第33師団訓令訓示綴 昭和18.3.23~18.8.29》

며, 9월부터는 보고된 사례가 없다. 또 하나는 [표 6-13]과 같이 군의부장이 제시한 1941년 12월~1943년 4월의 월별 환자 발생 규모다.[139]

성병 환자는 버마 작전에 투입된 초기부터 발생했다. 1942년 4월과 5월은 랑군 북부를 무대로 치러진 공방전 때문인지 환자가 없었지만 주둔과 경비 태세에 들어간 이후에는 환자가 꾸준히 발생했다. 다만 [표 6-13]의 수치와 처벌된 성병 환자가 일치하지 않는 원인에 대한 언급은 찾을 수 없었다.

139) 〈団隊長会同席上軍医部長説明要旨 昭和18年5月11日〉, 《第33師団訓令訓示綴 昭和18.3.23~18.8.29》.

4. 필리핀의 상황

1) 전투 경과와 주둔부대의 개괄

1941년 12월 8일부터 혼마 마사하루(本間雅晴, 1887~1946) 중장이 이끄는 제14군 병력은 루손(Luzon)섬 각지에 상륙했다. 14군은 말레이반도 상륙을 1개월 앞둔 11월 6일 육군의 최상급부대인 남방군과 함께 새로 편성되었다. 12월 22일 16사단, 48사단 등 기간 병력은 루손섬의 링가옌(Lingayen)만에 상륙했고, 1월 2일 무방비 도시를 선언한 마닐라를 손쉽게 점령했다.

더글러스 맥아더(Douglas MacArthur, 1880~1964)가 이끌던 미군과 필리핀군은 마닐라만 건너편의 바탄(Bataan)반도로 거점을 옮겨 끈질기게 저항을 이어갔다. 바탄반도의 주력부대는 4월 9일에 항복했고, 에스파냐 통치 시절부터 철벽 요새를 자랑했던 코레히도르(Corregidor)섬은 5월 6일에야 항복했다. 맥아더와 소수 관계자는 이미 어뢰정으로 오스트레일리아로 탈출한 뒤였다. 5월 18일 남방군은 작전 종료를 선언했다. 6월 초까지 각지에 흩어져서 전투를 벌이던 미군과 필리핀군 대부분은 무기를 내려놓았다. 예정보다 대폭 지체된 결

과였다. 8월 들어 혼마 마사하루 중장은 바탄 공략 차질의 책임을 지고 예비역으로 편입되었다.[140)]

루손섬 작전과 병행하여 1941년 12월 20일 최남단 민다나오(Mindanao)의 중심지 다바오(Dabaw)에 일본군이 상륙했다. 해를 넘겨 2월부터는 중부의 비사야(Visaya)제도와 민다나오 공략을 위해 4사단을 필두로 한 증원부대가 속속 상륙했다. 4월에는 세부(Cebu)섬과 파나이(Panay)섬에 일본군 부대가 진주했고, 5월에는 민다나오 전역을 장악했다.

미군과 필리핀군의 조직적인 저항은 막을 내렸지만 일본군이 수중에 넣은 것은 여러 섬의 주요 도시와 해안의 거점 정도에 지나지 않았다. 필리핀군과 민간인들은 미군이나 공산당의 지도 아래 결집하여 각지에서 게릴라 활동을 전개했다. 7,000개가 넘는 섬 전부를 점령하고 치안을 확보하기란 사실상 불가능했고 요충지를 발판 삼아 일본군 수비대는 이동을 거듭하며 게릴라 소탕 작전을 펼쳤다.

창설 당시 14군은 16사단, 48사단, 제65여단 등의 보병부대를 거느렸다. 마닐라 점령 후 48사단은 인도네시아 공략을 맡은 16군에 편입되었다. 필리핀 주둔 일본군의 실질적인 주력인 16사단은 보병 3개 연대와 야포병 제22연대, 수색 제16연대가 주축이었으며 사단사령부는 마닐라 남북을 오가며 위치했다. 당초 루손섬 북부의 방위는 마닐라 북쪽의 바기오(Baguio)에 사령부를 둔 65여단의 3개 보병연대가 맡았다. 1942년 11월 이후 여단사령부와 2개 연대는 차례로 남태평양으로 옮겨갔다.

1942년 8월 31일 당시 14군의 개략적인 배치를 보면 루손 북부에

140) 혼마 마사하루와 포로 이송 책임자는 패전 후 포로를 학대한 전범으로 교수형에 처해졌다.

는 65여단이 자리했고 산타크루스(Santa Cruz)와 발레르(Baler)만을 잇는 선의 남쪽 지역과 민도로(Mindoro), 마스바테(Masbate)는 16사단 예하부대가 맡았다.[141] 구체적으로 보병 제9연대는 루손 남단의 나가(Naga)에 본부를 두고 루손 남부와 비사야제도를, 보병 제20연대는 마닐라 동남방 루세나(Lucena)에서 마닐라 남부 지역을, 보병 제33연대는 마닐라 북쪽 타를라크(Tarlac)에 본부를 두고 마닐라 북부의 경비를 담당했다. 그리고 비사야제도는 보병 제62연대를 주축으로 한 나가노(永野)지대가, 민다나오는 제10독립수비대가 각각 주둔 체계를 구축했다.

10독립수비대에 이어 1942년 말부터 제11·17독립수비대가 편성되어 세부와 루손 섬 북부에 배치되었다. 1943년 11월 필리핀의 3개 독립수비대는 각각 독립혼성 제30~32여단으로 개편되었고 65여단 소속으로 필리핀에 잔류했던 보병 제142연대는 독립혼성 제33여단으로 개편되었다.

미군의 상륙에 대비하여 1944년 중반 필리핀의 일본군은 대대적으로 확충되었다. 5월 21일 남방군 총사령부는 싱가포르에서 마닐라로 옮겨왔고, 7월에 14군은 제14방면군으로 승격되었다. 6월에는 앞에 기술한 4개 독립혼성여단이 제100·102·103·105보병사단으로 재편되었고, 8월부터는 보병 제8·10사단을 위시하여 대대적인 병력 보강이 이루어졌다. 9월에는 말레이반도 공략의 주역 야마시타 도모유키 대장이 14방면군 사령관에 취임했다. 10월 20만 명이 넘는 미군이 레이테섬에 출현한 이후 일본군은 패주를 거듭했다.

---

141) 〈第14軍態勢要図 (於第一期の末期)〉, 《第14軍態勢要図 S17.8.31》.

2) 남부 도서의 위안소

파나이

5사단의 보병 41연대를 기간으로 한 가와무라(河村)지대[142]는 1942년 4월 16일 파나이섬에 상륙했다. 미군과 필리핀군은 정면 대결을 피한 채 산악 지역으로 물러나 장기전 태세를 구축했다. 당초 계획대로 독립수비보병 제33대대(이하 33대대, 대대장 세노 야스미瀨能保美 중좌)는 파나이섬의 중심 도시 일로일로(Iloilo)에 자리잡고 치안 확보와 경비를 맡았다.[143] 33대대는 2월에 편제된 10독립수비대(민다나오 주둔) 소속의 독립수비보병 5개 대대 중 하나였으며 항공지구대, 헌병대, 군정부, 선전반, 보급 관련 부대까지 거느리며 파나이섬의 구리, 석유 등을 노획하는 임무도 부여받았다(광산 관계자는 처음부터 공격부대 수송선에 승선했음). 한편, 4월 29일 41연대를 비롯한 가와무라지대는 파나이섬을 33대대에 맡기고 남하하여 5월 3일 민다나오를 급습했다.

6월 6일 33대대는 나가노 가메이치로(永野亀一郎, 1890~1958) 소장의 나가노지대(제21사단 보병 62연대 주축)의 예하에 편입되었다. 나가노지대는 비사야제도(파나이, 네그로스, 세부, 보홀, 레이테, 사마르) 전반의 경비를 책임졌으나 10월 중순에 이르러 제11독립수비대(사령부는 세부)와 교체되었다. 10월 16일 일로일로를 중심으로 파나이섬 남서부 지역은 11독립수비대의 독립수비보병 제37대대가 맡게 됨에 따라 33대대는 이동하여 산호세(San Jose)를 중심으로 한 북서부를 담당하게 되었다.

---

142) 지대장은 싱가포르경비대 사령관 가와무라 사부로 소장이었다.

143) 이하 33대대 동향에 관한 기술은 별도의 언급이 없는 한《イロイロ憲兵分隊作命綴(部外) 昭和17年4月6日~17年6月8日》을 참조했다.

파나이의 위안소 관련 기록은 5월 12일이 가장 빠르다. 제1위안소의 위안부 7명의 검미 결과를 일로일로 환자요양소가 헌병분대에 통보한 것이다.[144] 또한 5월 29일 오전 8시 마닐라에서 파나이 서남부의 산호세를 거쳐 입항한 오키노마루(沖ノ丸)의 승선자 명단에는 "비행대 14명, 야전우편국 5명, 위안소 24명"이 확인된다.[145] 이후 12월 27일까지 [표 6-14]와 같이 총 28회의 검미 결과가 남아 있다.

위안소 관리의 주체는 군정감부 조직이었다. 비사야지부 아래의 일로일로출장소(이하 출장소)는 11월 21일자 '군정회보'에서 '위생삿쿠'가 부족하여 입수 방안을 강구하는 중이라고 알렸다.[146]

그리고 11월 22일자로 출장소가 송부한 위안소규정이 현존한다.[147] 관할 구역 내 위안소의 감독, 지도는 출장소의 업무로 명기되어 있다. 제1위안소(①)와 아세아회관(②) 2곳은 제복을 착용한 군인과 군속만 이용 가능한 '전용'위안소였다(아세아회관은 검미 결과 자료의 제2위안소로 추정). 주요 내용은 다음과 같다.

위생의 감독, 지도는 경비대 의무관이 담당하며 매주 화요일 오후 3시부터 검미를 실시했다.[148] 업자는 삿쿠의 필수와 같은 위생 철저, 매일 영업 상황을 출장소에 보고하고 위안부 외출 통제도 엄중히 해야 했다. 위안부의 외출 통제는 위안소 이용자에게 요구되는 '방첩의 절

---

144) 4월 18일 일로일로시의 세인트폴병원에 환자요양소가 설치되었다. 6월 9일부터는 일로일로 병참지부 의무실이, 11월 10일부터는 일로일로경비대 의무실이 각각 담당했다. 11월 27일과 12월 27일은 일로일로경비대가 통보의 주체로 적시되어 있다.

145) 〈月報 5月分〉,《第44碇泊場 イロイロ出張所日報綴 昭和17年5月19日~11月》.

146) 〈資料名軍政会報 昭和17年11月21日〉,《昭和17年 イロイロ派遣憲兵隊雑書綴》, WAM.

147) (財)女性のためのアジア平和国民基金 編,《資料集成》3, 187~193쪽. 이하 동일.

148) 첫 검미가 이루어진 5월 12일도 화요일이었다. 그런 정황으로 보건대 위안소규정은 새로 작성한 것이 아니라 33대대와 37대대의 교대와 11월 8일 제63병참경비대의 일로일로 주둔 개시라는 변동 상황에 맞추어 기존 내용을 송부한 것으로 추측된다.

	제1위안소	제2위안소	합계
5월 12일	7		7
19일	12		12
26일	(14)		14
29일		(19)	19
6월 9일	(13)	(19)	32
15일	(15)	(14)	29
23일	12	11	23
29일	12	13	25
7월 7일	13	10	23
13일	13	13	26
20일	16	12	28
28일	15	10	25
8월 5일	13	11	24
11일	16	12	28
18일	15	12	27
25일	15	13	28
9월 1일	14	12	26
10일	14	11	25
22일	12	11	23
29일	15	12	27
10월 5일	12	13	25
13일	15	14	29
19일	14	14	28
27일	13	16	29
11월 3일	15	18	33
10일	16	10	26
27일	16	10	26
12월 27일	15	11	26

[표 6-14] 일로일로 소재 위안소의 검미 결과

* ( )는 위안소 명칭이 기재되지 않은 것을 가리킨다.

** 6월 23일에는 '제1위안부', '제2위안부'로 분류되어 있지만 연령 구성을 바탕으로 제1위안소와 제2위안소로 추정했다.

*** 5월 26일(10대 8명[16세 2명], 20대 1명, 30대 1명, 불상 4명)과 29일(10대[15세] 4명, 20대 14명, 30대 1명)의 검미 결과 중 연령의 구성과 이후의 연속성을 근거 삼아 별도의 위안소로 판단했다.

**** 5월 29일의 19명은 당일 수송선에서 내린 위안소 관계자 24명 중 위안부의 검진 결과로 추정된다.

· 출전: (財)女性のためのアジア平和国民基金 編,《資料集成》3, 45~104쪽

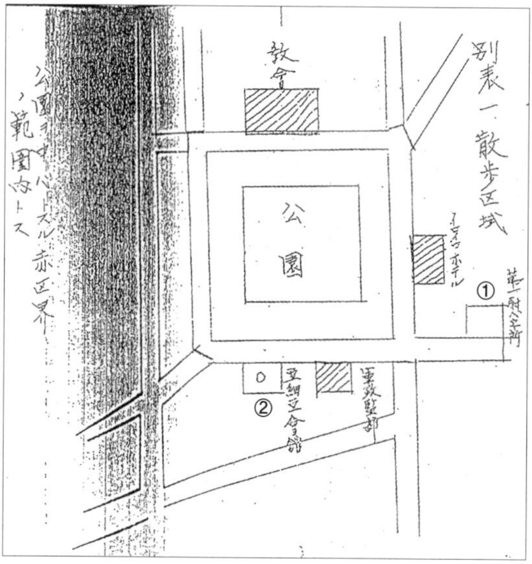

[그림 6-20] 일로일로 위안소의 외출 구역

산책 구역은 중앙의 공원(公園) 주위를 붉은색으로 표시했는데, 자료에서는 구분하기 힘들다. 도로 중간에 선이 그어진 곳의 안쪽이라고 판단된다.

· 출전: (財)女性のためのアジア平和国民基金 編, 《資料集成》3, 1923쪽

대 엄수'와 같은 맥락이었으며 위안부의 산책 또한 매일 오전 8~10시에 [그림 6-20]과 같이 정해진 구역 내에서만 허용하고 그 밖에는 출장소장의 허가를 얻도록 했다. 이는 전투가 벌어지는 일선부대의 위안소에서 공통적으로 관찰되는 특징이기도 하다.

이용시간은 병이 오전 9시~오후 4시, 하사관(군속 포함)이 오후 4~7시, 장교가 오후 7시~자정이었으며 각각 30분, 30분, 1시간이 할당되었다. 요금은 제1위안소와 아세아회관이 달랐는데, 병은 1엔과 1엔 50센, 하사관은 1엔 50센과 2엔 50센, 장교는 3엔과 6엔이었다. 현재까지 확인된 일로일로시의 위안부 피해자는 타이완인과 필리핀인이었다는 점을 토대로 보면 제1위안소는 필리핀인, 아세아회관(검미 결과에서는 제2위안소)은 타이완인이 있었던 것으로 추측된다. 외출과 산책의 엄격한 통제는 필리핀인 위안부의 기밀 탐지 및 누설을 염두에 둔 것으로 보아야 한다. 실제로 파나이섬에서는 일로일로주의 전 지사가

이끄는 게릴라 조직이 활발하게 저항 활동을 벌였다.

민다나오

루손 공략과 연동하여 민다나오의 다바오를 함락한 것은 16사단 보병 33연대 1대대를 주축으로 한 미우라(三浦)지대와 혼성 56보병단, 즉 사카구치(坂口)지대였다. 4월 중순 비사야제도와 민다나오의 점령을 본격적으로 시도했다. 다바오를 확보한 직후 인도네시아 작전에 전용된 사카구치지대를 대체할 공격부대를 새로 편성했다. 세부섬을 손에 넣은 가와구치(川口)지대는 4월 29일 라나오(Lanao)호 서남방에 상륙하여 5월 4일 민다나오에 속한 라나오의 주도 마라위(Marawi, 당시 표기는 단사란)를 점령했다. 지대는 18사단 휘하 보병 35여단(가와구치 기요타케川口清健 소장) 사령부와 보병 제124연대가 주력이었다. 상륙 다음 날인 5월 4일 5사단 소속 가와무라지대는 북부의 카가얀(Cagayan)을 확보했고, 5월 6일에는 가와구치지대도 카가얀에 입성했다. 이윽고 5월 10일 비사야·민다나오의 미군 사령관은 항복했다.

작전 종료 후 민다나오에는 10독립수비대(이하 10수비대)가 자리를 잡았다. 독립수비보병 제31~35대대로 구성된 10수비대 사령관은 이쿠타 도라오(生田寅雄, 1890~1976) 대좌로 1942년 8월에 소장으로 진급했다. 독립수비보병 35대대(이하 35대대, 대대장 요시에 야스나카吉江協中 대좌)의 대대본부와 소속중대는 루손의 링가옌만에 상륙하기 직전인 1942년 4월부터 진중일지를 남겼다(4월 관련 기사는 마닐라 부분에서 서술할 것이다).[149] 독립수비보병 31대대는 라나오호 인근에, 34대대는 서쪽의 코타바토(Cotabato)에 본부를 두었다(32대대는 세부, 33대대는 파나이).

1942년 6월 1일 10수비대 사령부와 제2중대는 카가얀, 35대대 본부와 제1중대는 북부의 부투안(Butuan), 제3중대는 내륙의 말라이발라이(Malaybalay), 제4중대는 최북단의 수리가오(Surigao)에 각각 위치했다(35대대의 총원은 737명, 각 중대는 180명 정도, 본부는 10명이었다). 6월 3일 수비대사령부가 남쪽의 다바오로 이전함에 따라 대대본부는 6월 8일 카가얀으로 옮겨갔다. 16사단에서 증파된 장갑차와 포병 등은 원대로 복귀했고, 6월 15일 이후 가와무라지대와 가와구치지대를 태운 수송선은 잇따라 다바오에서 출항했다.

이처럼 민다나오에서는 6월 중순 이후 10수비대를 주축으로 주둔 및 경비 태세 구축이 본격화되었다. 이런 부대 배치의 재편과 결부되어 외출과 위안소에 관한 사항이 진중일지에 기록되었다.

6월 5일 요시에 야스나카 대대장은 카가얀에 잔류하는 1중대장에게 3항목의 지시를 내렸고 세부 사항 9개 중 7번은 '위안소에 관한 건'이었다(1중대는 6월 5일 대대장의 지시를 접수). 6월 6일 대대본부의 회보에서는 '위안소에 관한 규정'을 제정했다고 알렸다. 내용은 다음과 같다.

이용시간은 병이 오후 1~5시, 하사관이 오후 5~8시, 장교가 오후 8시 이후였고, 요금은 병이 1엔 50센, 하사관이 2엔, 장교가 3엔이었다. 할당일은 1중대가 월요일·화요일·목요일·토요일이었고, 부투안에 배치된 4중대의 1개 소대(한다半田소대)가 수요일·일요일이었으며, 금요일은 공휴일이었다. 병의 외출은 근무에 지장이 없는 경우 소대별로 허가했으며 하사관은 소속중대와 함께 외출했다.

부투안경비대가 된 1중대의 6월 16일자 '정황 보고'는 '위안소 및

149) 35대대 본부의 진중일지는 1942년 4월, 6월, 8월, 10~12월, 1943년 1~2월, 제1중대는 1942년 4월, 6월, 10~11월, 1943년 1~2월, 제2·3·4중대는 1942년 4월, 10~11월, 1943년 1~2월이 남아 있다. 이하에서는 진중일지가 아닌 별도의 자료에 한해서만 출전을 명기하며 부대명을 표기하여 진중일지의 소재를 밝혀둔다.

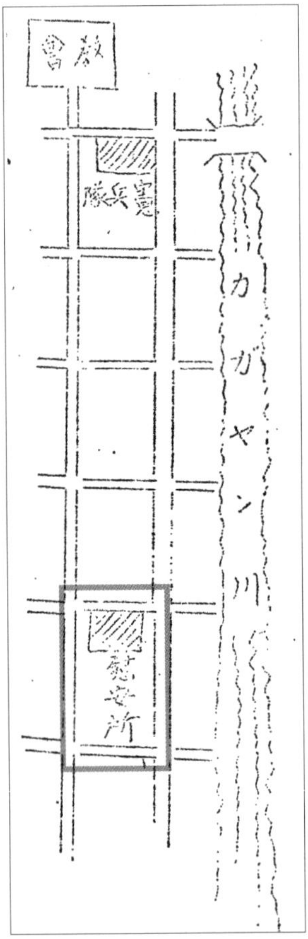

[그림 6-21] 카가얀의 위안소 지도

· 출전: 〈陣中日誌 昭和17年6月11日~6月15日〉, 《独立守備歩兵第35大隊 陣中日誌 昭17.4.1~17.6.30》

주보'에 관한 정보를 "필리핀 여성 3명으로 위안소를 개설하여 병의 위안을 제공하고 있다. 장래 여성의 증원을 계획하고 있다. 주보는 주로 과일, 커피, 우동 등을 판매하게 하여 병의 위안을 제공하고 있다. 둘 다 대체로 호성적의 경향에 있다"고 적시했다. 필리핀인 3명은 1중대와 4중대의 전용위안소 위안부였던 것이다.

35대대 본부가 옮겨간 카가얀에서도 새롭게 위안소규정이 만들어졌다. 6월 11일 대대회보는 이용방법과 위치를 담은 지도를 공지했다. 시간의 경우 병은 오후 3~6시, 하사관은 오후 6~8시, 장교는 오후 8시 이후였다. 요금은 30분에 병이 1엔, 하사관이 1엔 50센, 장교가 3엔이었고, 1시간은 각각 2엔, 2엔 50센, 4엔이었으며, 장교의 경우 야간의 전반과 후반은 6엔씩, 1박은 8엔으로 책정되었다. 위치는 [그림 6-21]과 같다. 위안소의 위치는 현재 카가얀강 서쪽의 핀마-카가얀데오로(PINMA-Cagayan de Oro)대학 인근으로 추정된다.

7월 35대대의 전시월보에 따르면 카가얀시에는 위안부가 4명 있으며 전원 건강하고 특별히 엄중한 감독, 지도를 하고 있다고 되어

요일	사용 부대
월	독립수비보병 제31대대
화	제10독립수비대 사령부, 독립수비보병 제34대대 다케시타(竹下)대
수	독립수비보병 제35대대 제3·4중대
목	독립수비보병 제31대대
금	제10독립수비대 사령부, 독립수비보병 제34대대 다케시타대
토	휴일
일	독립수비보병 제35대대 본부, 제1·2중대
비고: 이용시간은 병이 오후 4시까지, 하사관이 오후 7시까지로 한다.	

[표 6-15] 마라위에서의 제10독립수비대의 위안소 이용일 할당

* 토요일은 빗금이 쳐져 있어 휴일로 판단했다.

** 독립수비보병 제34대대는 1개 중대만 동원된 것으로 보이며 독립수비보병 제35대대와 마찬가지로 독립수비보병 제31대대도 월요일과 목요일에 2개 중대씩 할당했을 것으로 여겨진다.

· 출전: 〈自昭和17年10月1日至昭和17年10月31日 陣中日誌 独立守備歩兵第35大隊(2)〉, 《独立守備歩兵第35大隊 陣中日誌 昭和17年10月1日~17年10月31日》

있다.[150] 한편, 6월 대대본부의 휴무는 14일 오후가 유일하다.

9월 25일 35대대는 라나오호 일대의 모로족을 토벌하기 위해 주력을 마라위에 집결했다.[151] 10수비대 사령부는 물론 31대대와 34대대까지 가세한 대규모 작전이었다.

10월 5일 마라위의 사영사령관인 이쿠타 도라오 소장은 일일명령으로 마라위에서의 외출일 변경을 지시했고 세부 사항은 각 대장이 정하도록 했다. 같은 날 35대대는 외출에 관한 일일명령을 내렸다. 외출은 정오 이후로 하며, 반드시 2인 이상 동행하고, 민가에 접근하지 않으며, '외출 산책 구역'을 지도로 제시했다. 그리고 별지2의 '위안소 사용일 할당표'는 [표 6-15]와 같다.

150) 〈(別冊) 自7月1日至7月31日 戦時月報 独立守備歩兵第35大隊〉, 《独立守備歩兵第35大隊 陣中日誌 昭和17年8月1日~17年8月31日》.

151) 〈(別冊) 昭和17年10月分 戦時月報 独立守備歩兵第35大隊〉, 《独立守備歩兵第35大隊 陣中日誌 昭和17年10月1日~17年10月31日》.

요일	휴일
월	제63병참경비대 데라이(寺井)대
화	제63병참경비대 데라이대
수	제44정박장 사령부, 자동차창, 기상대
목	헌병대, 비행대
금	휴일
토	우편소, 군정감부
일	독립수비보병 제35대대 본부, 직할소대, 제2중대
비고: 지정일 이외의 외출은 미리 수비대 부관 및 헌병대에 통보할 것	

[표 6-16] 카가얀 주둔부대의 휴일 할당

* 금요일은 비어 있어 휴일로 판단했다.

** 2월 10일 진중일지에 따르면 데라이대 인원은 183명이었다.

· 출전: 〈自昭和18年1月1日至昭和18年1月31日 陣中日誌(第4号) 独立守備歩兵第35大隊(4)〉, 《独立守備歩兵第35大隊 陣中日誌 昭和18年1月1日~18年2月28日》

35대대는 10월 25일 카가얀으로 복귀했고 주변의 토벌 작전을 벌이며 주둔을 이어갔다. 12월 전시월보에 따르면 성병 예방을 위해 "월례 신체검사, 위생 지식 향상, 검미 철저, 위안소 감시에 힘썼"으며 월간 성병 환자가 없었다고 한다.[152)]

1943년 1월 4일 35대대장이 교체된다는 일일명령이 내려졌다. 전년 12월 28일자로 임명된 전 필리핀 군정감부 요원 가와카미 세이이치(川上精一) 중좌는 1월 7일 카가얀에 당도했다. 부임하자마자 35대대는 1월 15일부터 10일간 인근 지역의 작전에 투입되었고, 신임 대대장의 초도순시는 1월 21일까지 이어졌으며, 1월 23일에는 첫 경비회의가 열렸다.

부대 파악이 끝난 1월 29일 카가얀 주둔부대의 휴일을 바꾸는 10수

152) 〈(別冊) 昭和17年12月分 戦時月報 独立守備歩兵第35大隊〉, 《独立守備歩兵第35大隊 陣中日誌 昭和18年1月1日~18年2月28日》.

비대의 일일명령이 하달되었다. 부대별 할당일은 [표 6-16]과 같다.

2월 10일 10수비대 이쿠타 도라오 사령관은 2월 11일 기원절을 맞아 카가얀 포로수용소의 포로를 석방하라는 전문을 보내왔다. 가와카미 세이이치 대대장은 포로 경비를 맡았던 제63병참경비대 소속 데라이(寺井) 대위 이하 105명이 8일에 일로일로로 출발했으며 남은 병력(78명)은 포로 석방 후 35대대에 임시로 편입하겠다고 보고했다. 2월 11일 카가얀 포로수용소는 폐쇄되었다.

63병참경비대 병력이 줄어듦에 따라 카가얀에서의 휴일 조정은 불가피해졌다. 2월 13일 일일명령으로 병참경비대의 휴일은 월요일과 화요일에서 월요일로 축소되었다. 같은 날 회보도 전달되었다. 내용은 병참경비대에 배당될 공용증과 외출증을 교부하며 14일부터 하사관과 병이 이용할 제3위안소가 개업한다는 것이었다. 이용시간은 종전대로이며, 요금은 30분에 병이 1엔 50센, 하사관이 2엔이었고, 필리핀인 위안소 요금은 종전과 같다고 되어 있다. 제3위안소의 소재지도 [그림 6-22]와 같이 첨부되어 있는데, 지금의 위치는 카가얀강 동쪽의 필그림크리스티안대학 부근으로 추정된다.

또한 2월 13일 일일명령에는 [그림 6-23]과 같이 하사관의 시내 순찰 경로를 표시한 지도도 첨부되어 있다. [그림 6-22]와 겹쳐서 비교해보면 제3위안소는 1개 분대 이내의 병력이 순찰하는 경로 안에 위치한다. 위안소가 군의 부속시설이었음을 보강해주는 또 하나의 근거를 찾은 셈이다.

35대대의 작전 계획은 외출시간에 영향을 주었다. 2월 20일 35대대 작전명령을 살펴보면 22일 게릴라의 활동이 예상되므로 경계 태세를 정비하고 21일과 22일의 외출은 오후 5시까지로 제한했다.

35대대 예하중대의 외출 기록은 말라이발라이의 3중대밖에 남아

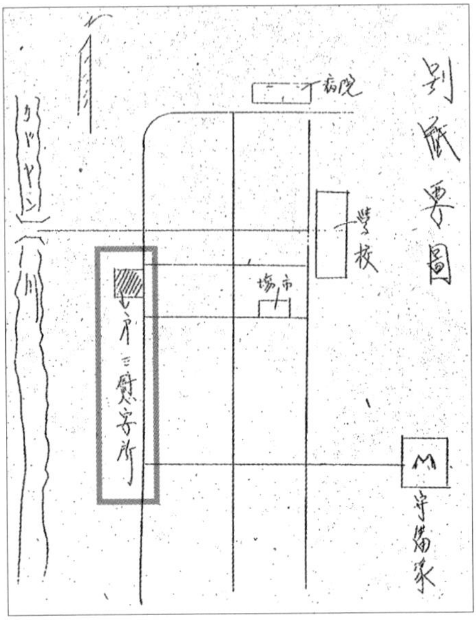

[그림 6-22] 카가얀의 제3위안소 지도

· 출전: 〈自昭和18年2月1日至昭和18年2月28日 陣中日誌(第4号) 独立守備歩兵第35大隊(4)〉, 《独立守備歩兵第35大隊 陣中日誌 昭和18年1月1日~18年2月28日》

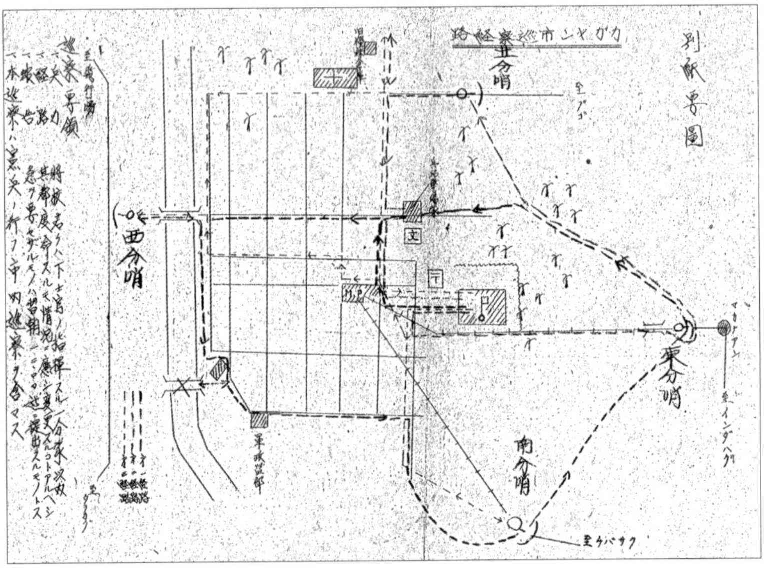

[그림 6-23] 카가얀 순찰 경로

· 출전: [그림 6-22]와 동일

있지 않다. 1943년 1월 1일과 11일에 각각 25명과 30명이 오후 1~6시에 외출했는데, 위안소 이용을 짐작하게 하는 기술은 발견되지 않는다.

민다나오의 중심지 다바오에 관한 기록은 매우 드물다. 다만 인도네시아의 수라바야에서 뉴기니로 이동하던 중 다바오에서 2개월 동안 머무른 야전고사포 제45대대(이하 45대대) 제1중대의 진중일지가 현존한다. 45대대 1중대는 수라바야에 이어 6월과 7월의 진중일지를 남겼는데, 그 안에는 해당 기간 동안 다바오에서의 외출 시스템이 어떻게 개편되었는지에 관한 정보가 들어 있다.[153] 45대대는 민다나오 경비 체계의 전환이 한창이던 1942년 6월 5일 다바오에 입항했다. 45대대는 뉴기니 방면의 작전을 총괄하게 될 제17군의 전투서열에 편입되어 8월 17일 라바울에 도착할 때까지 2개월 동안 다바오에 체재했다.[154]

6월 5일 다바오에 내린 45대대의 당초 소속은 보병 35여단, 즉 가와구치지대였다. 이튿날 대대본부는 다바오 북서부의 칼리난(Calinan)에 병영을 마련했다. 이후 45대대는 7월 초 다바오로 옮길 때까지 휴양일을 화요일과 일요일로 삼았던 것 같다. 6월 8일 대대 일일명령으로 9일(화)의 휴무가 전달되었고, 14일(일)의 휴무는 여단장, 즉 가와

---

153) 〈自昭和17年6月1日至昭和17年6月30日 陣中日誌 第14号 野戦高射砲第45大隊第1中隊〉, 〈自昭和17年7月1日至昭和17年7月31日 陣中日誌 第15号 野戦高射砲第45大隊第1中隊〉, 《野戦高射砲第45大隊第1中隊 陣中日誌 昭和17年6月1日~17年6月30日》. 이하에서는 출전을 명기하지 않는다.

154) 일본인 위안부 피해자는 "점령 직후의 다바오 시내에서 위안소를 개설하기 때문에 여자들을 데려와라"라는 방침에 따라 1942년 5월 22일 다바오에 도착했다고 증언했으며(千田夏光, 《従軍慰安婦·慶子》, 光文社, 1981, 208쪽, WAM) 한 소위는 다바오에 장교용 클럽과 하사관·병의 위안소 2곳(일본인과 조선인)이 있었다는 회상을 남겼다(御園生一哉, 《比島軍医戦記》, 図書出版社, 1983, 128쪽, WAM).

구치 기요타케 소장의 순시로 인해 취소한다는 회보가 13일에 내려졌다. 16일(화)의 외출은 15일부터 이어진 체육회로 인해 연기되어 17일 오전 9시~오후 6시에 52명이 하사관의 인솔 아래 칼리난 시내에서 이루어졌다.

6월 21일에는 대대 작전명령이 하달되었다. 17군은 작전을 일시 연기하며[155] 가와구치지대가 팔라우로 이동하게 됨에 따라 45대대는 민다나오에 잔류한 채 새로 아오바(青葉)지대에 배속된다는 것이었다. 아오바지대는 2사단의 보병 3개 대대를 기간으로 편성되었으며(나스 유미오那須弓雄, 1892~1942, 소장), 45대대와 마찬가지로 자와 공략전에 투입되었다가 6월 5일 45대대와 함께 다바오에 입항한 터였다.

칼리난에서는 6월 23일(화)과 28일(일)에 각각 오전 9시~오후 5시 75명, 오전 9시~오후 6시 76명에게 외출이 허가되었다. 6월 28일 45대대는 주력을 다바오 시내로 이동하라는 명령을 받았고, 6월 30일(화) 1중대는 조난 대비 훈련에 임했다. 7월 1일 45대대는 3일 이동을 개시하라는 명령을 받았고, 2일 1중대에서는 낮 12시~오후 6시에 85명이 외출했다.

7월 4일 1중대는 다바오에서 '사영내무규정'을 수령했다. 거기에는 일과 시한과 더불어 외출에 관한 사항이 포함되어 있었다. 외출은 수요일과 토요일에 각각 대대본부와 단열, 중대의 절반에게 실시되었으며 경축일에는 3분의 2까지 가능했다. 외출 시한은 병이 오전 8시~오후 5시, 하사관이 오전 8시~오후 8시였다. 7월 8일(수)·11일(토)·15일

---

155) 6월 5~7일 미드웨이 해전에서 참패하여 뉴칼레도니아, 사모아, 피지를 공략하려던 작전은 뉴기니의 요충지 점령으로 축소되었다.

(수) 오전 8시~오후 5시에는 하사관 인솔 아래 43명, 52명, 42명이 다바오 시내로 외출했다.

7월 16일 45대대는 회보를 통해 외출일이 일요일과 목요일로 변경되었음을 알렸고 외출 시 완장 대신 외출증을 교부하도록 했다. 7월 19일·23일·26일·30일 오전 8시~오후 5시에 하사관이 인솔하는 40명, 43명, 45명, 43명의 외출이 이루어졌다. 7월 24일 45대대는 승선에 관한 지시를 받아 준비에 들어갔다.

레이테

1942년 5월 25일 나가노지대 소속 마쓰나가(松永)부대, 즉 보병 62연대 제2대대(이하 2대대)는 레이테를 급습했다(제6중대는 전날 사마르에 상륙).[156] 이후 2대대는 레이테와 사마르를 오가며 토벌 작전에 나섰고, 9월 나카무라(中村) 대위를 새 대대장으로 맞아 10월 22일까지 주둔했다.

10월 20일 2대대와 교대할 독립수비보병 제36대대(이하 36대대)가 타클로반(Tacloban)에 상륙했다.[157] 36대대는 11독립수비대 소속 4개 대대 중 하나이며 주력을 레이테섬에 두고 일부를 사마르섬에 배치했다.[158] 대대본부가 있는 타클로반경비대 외에 남쪽에 산재한 팔로(Palo), 타나우안(Tanauan), 산타페(Santa Fe), 둘라그(Dulag), 부라우엔(Burauen)과 섬 반대편인 오르모크(Ormoc), 사마르섬에는 캇발로간

---

156) 〈昭和17年〉, 《歩兵第62連隊歴史 昭和13.4.4~21.5.13》. 이하 동일.

157) 〈昭和17年10月31日 陣中日誌 比島軍政監部ビサヤ支部 タクロバン出張所〉, 《比島軍政監部ビサヤ支部 陣中日誌 昭和17年10月1日~17年10月31日》.

158) 36대대에 관한 기술은 별도의 언급이 없는 한 《独立守備歩兵第36大隊 陣中日誌 昭和18年4月1日~18年12月14日》의 내용을 참조했으며, 이하 출전은 명기하지 않는다.

(Catbalogan), 칼바요그(Calbayog)에 각각 경비대를 배치하여 항일 게릴라와의 전투에 투입했다.

9월 들어 레이테와 사마르의 방어를 담당하게 된 16사단은 제20연대 제2대대와 일부 병력의 파견을 결정했다. 하지만 레이테와 사마르에 대한 대대적인 토벌 작전이 준비됨에 따라 11월부터 20연대장 요시오카 요리카쓰(吉岡賴勝) 대좌를 필두로 16사단의 3분의 1 정도 병력에게 레이테 이동명령이 내려졌다. 20연대장은 1944년 2월 16일 레이테 사마르지구경비의 책임자가 되었다.[159)]

한편, 1943년 11월 각 독립수비대를 주축으로 필리핀 각지를 방어할 독립혼성여단(6개 대대가 기간)이 창설되었다. 민다나오의 10수비대는 30여단으로, 세부의 11독립수비대는 31여단으로, 북부 루손의 17독립수비대는 32여단으로 바뀌었고, 65여단 휘하 보병 142연대를 주축으로 33여단이 발족했다. 36대대는 31여단 예하 독립보병 제169대대(이하 169대대)로 재편되어 타클로반 주류를 이어갔고, 169대대장은 1944년 1월 10일 타클로반지구 사영사령관에 임명되었다.[160)] 하지만 4일 뒤인 1월 14일 169대대는 사마르섬으로 이동하라는 명령을 받았고 타클로반 사영사령관은 20연대장이 승계했다.[161)]

독립혼성여단의 편성이 마무리되던 1944년 2월 말 14군은 33여단에게 레이테지구의 방위를 맡겼다. 33여단장 겐조 고하치로(見城五八郞, 1890~1975) 소장이 20연대를 비롯한 16사단 부대는 물론 31여단 소속 169대대 등 주둔부대 전체를 통솔하도록 한 것이다.

---

159) 〈吉作命第622号 'レイテ' 'サマール'地区警備隊命令 2月16日〉, 《第16師団作命綴 昭和18年》.

160) 〈垣サレ作命甲第14号 第16師団命令 1月10日〉, 《第16師団作命綴 昭和18年》.

161) 〈垣サレ作命甲第15号 第16師団命令 1月14日〉, 《第16師団作命綴 昭和18年》.

3월 당시 필리핀 방어의 핵심은 16사단과 4개 독립혼성여단이었다. 북부 루손은 32여단이, 마닐라를 포함한 남부 루손은 16사단 주력이, 비사야제도 중 레이테와 사마르는 33여단이, 나머지는 31여단이 맡았다. 그리고 민다나오는 처음부터 주둔하던 30여단이 방어 태세를 취했다.

4월 중순 레이테 주둔부대에 변동이 생겼다. 16사단과 33여단의 경비지 교체였다. 33여단은 남부 루손을 담당하고 16사단은 31여단을 지휘하며 비사야제도 전체를 관장하게 되었다(보병 33연대는 9월에 레이테로 이주). 4월 12일 사단사령부가 타클로반에서 숙영함에 따라 타클로반 사영사령관에는 사단 관리부장이 임명되었다.[162] 미군의 상륙이 임박하던 6월 4개 독립혼성여단은 각각 제100·102·103·105보병사단으로 개편되어 패전까지 운용되었다. 레이테만에 미군 선발대가 상륙한 것은 10월 17일이었다.

36대대의 진중일지는 대대본부의 1943년 4월분만 현존하며 세 번의 외출 기록이 남아 있다. 18일[163]과 25일[164] 대대본부는 오후를 휴양하고 전체 외출을 허가했다. 대대본부의 외출일은 일요일로 설정된 듯하다. 그리고 천장절인 4월 29일 오후에도 전체 휴양을 실시하고 외출을 허가했다. 36대대의 외출이 위안소 이용으로 이어졌을 것이라 추측되는 내용을 뒷받침하는 몇 개의 자료가 현존한다.

먼저 미군 측 자료는 점령 초기 타클로반 소재 위안소의 실태를 잘 말해준다. 등사판 '타클로반 위안소규정(TACLOBAN Brothel Regulations,

---

162) 〈垣作命甲第643号 第16師団命令 4月12日〉, 《タクロバン憲兵分隊作命綴 昭和19年1月2日~19年9月25日》.

163) 〈戦時月報 乙 第7号(1)〉, 《大森部隊警備(情報)旬報 昭和18年4月下》.

164) 〈戦時月報 乙 第7号(2)〉, 《大森部隊警備(情報)旬報 昭和18年4月下》.

이하 괄호 안의 영어는 원문)'이 대표적이다.[165] '마쓰나가부대', 즉 레이테를 점령한 2대대가 만들었으며, 1942년 6월 20일부터 시행한 규정의 골자는 다음과 같다.

특수위안소에는 필리핀인 위안부가 있으며, 담당 장교와 부관이 지도·감독하고, 일본인 단체가 운영을 맡는다. 검미는 군의관이 지도·감독을 담당하고, 매월 5일 오전에 실시하며, 군인·군속만 이용할 수 있다. 운영자는 콘돔 사용을 비롯하여 위생과 청결의 의무가 있고 매상고를 매일 부관에게 보고한다. 이용자는 음주가 금지되며, 요금은 군표로 선불하고, 성병 예방을 철저히 한다.

이용 내역은 다음과 같다. 병은 월요일·수요일·금요일 오후 1~6시, 하사관은 화요일·목요일·토요일 오후 1시~자정으로 할당되었다. 일요일의 경우 오후 5시까지는 병이, 오후 5~8시는 하사관이 이용했다. 요금은 1시간에 병 1엔 50센, 하사관 2엔, 장교 3엔이었다. 외출증은 필수였다.

첨부된 서류 양식도 흥미롭다. 검미 결과 보고서, 남지구 사영사령관(south sector billet commander)에게 제출하는 위안소 개설 신청서와 계약서, 4명의 위안부 명단이 있다. 위안소 개설의 주체가 주둔부대를 관장하는 사영사령관이었던 것이다.

해를 넘겨 1943년 6월 24일자로 타클로반 헌병분대가 작성한 지도([그림 6-24]) 상단에는 위안소(①)가 표시되어 있다.[166] 하단의 오모리(大森)부대(②)는 36대대를 가리킨다. 그리고 10월 14일 헌병의 순찰 경로에 웰슨가(③, ウェルソン街)의 위안소가 포함되어 있는데,[167]

---

165) WAM(K_L_RR120-2, WAM에서 붙인 자료 번호이며 이하 동일).

166) WAM(J_070).

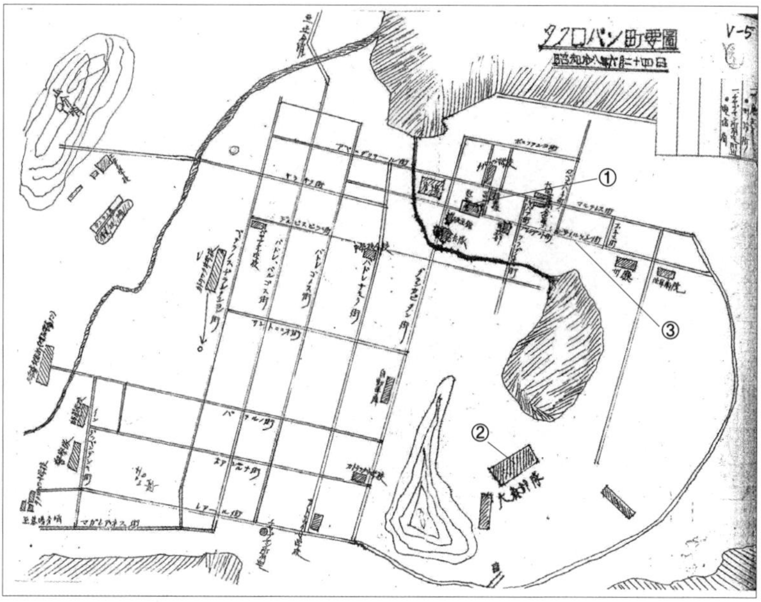

[그림 6-24] 타클로반 시내와 위안소 지도

· 출전: WAM(J_070)

위치는 [그림 6-24] 지도와 동일하다(지도에는 ウィルソン街로 표기).[167]

이듬해 1944년 1월 10일 16사단 참모장은 타클로반 헌병분대장에게 1월 11~15일에 진행될 사단장의 순시 경로와 시간대를 담은 지도를 송부했는데, [그림 6-25]와 같이 여관 3곳과 함께 위안소 1곳의 위치가 적시되어 있다.[168] 위안소(①)가 있는 지점은 [그림 6-24]와 같으며, 새롭게 여관 3곳(②)이 문을 열었다. 그림 상단의 니시무라(西

167) WAM(K_D_100).

168) 〈垣サレ参甲第2号 師団長'レイテ'島警備地区巡視ノ件通牒〉, 《タクロバン憲兵分隊作命綴 昭和19年1月2日~19年9月25日》. 1944년 5월 20일 당시 16사단이 지정한 여관의 지도에는 시장 남쪽의 2곳만 표시되어 있다(〈'タクロバン'垣部隊指定旅館宿泊規定 昭和19年5月20日 垣第6551部隊〉, 《諸規定綴 昭和19.1》).

[그림 6-25] 제16사단장의 타클로반 순시 지도

· 출전: 〈垣サレ参甲第2号 師団長'レイテ'島警備地区巡視ノ件通牒〉, 《タクロバン憲兵分隊作命綴 昭和19年1月2日~19年9月25日》

村)부대(③)는 36대대의 후신인 169대대를 가리킨다.

위안소가 있던 곳은 현재 타클로반 항구가 있는 리버타드(Libertad) 지구에 속한다. 웰슨가는 지금 세너터 에니지 스트리트(Senator Enage St.)로 바뀌었지만 두 지도에 수록된 주청사의 위치는 그대로다.

1943년 8월 시점이기는 하지만 헌병대 자료는 위안소의 내부 상황을 알려준다. 8월 2일 바기오 헌병분대장은 "이곳 병단의 의뢰가 있"어 세부 헌병분대장(다바오·타클라크 헌병분대에도 발송)에게 위안소와 오락시설의 설비 상황 조사를 요청했다.[169] 위안소의 경우 업소와 위안부(일본인, 필리핀인, 기타)의 수, 요금과 시간 등이 대상이었다. 타클로반 헌병분대는 8월 10일 세부 헌병분대의 연락을 받았고[170] 14일에 다음의 내용을 회신했다.[171] 필리핀인 위안부 9명이 있는 위안소는 1곳이며, 1시간 요금은 병이 1페소 50센타보,[172] 하사관과 군속이 2페소, 장교가 3페소, 숙박이 5페소였다. 그리고 경영자는 필리핀 여성이었고, 감독 겸 통역으로 일본인 1명이 배치되어 있었으며, 각 경비지에는 부정기적으로 '출장'을 보내기도 했다.[173]

1943년 12월 16사단 부대의 이동에 맞추어 방역급수부는 레이테의 위생 상황을 조사한 보고서를 작성했는데, 그 안에는 11월 당시 파악된 공창·사창과 '화류병', 위안소의 정황이 수록되어 있다.[174] 공창과 사창은 중국인거리에 많았으며 화류병의 만연이 심각하여 "군이 지정한 위안부 11명 중 7명은 현재 불합격인 형국"이었다. 시내에는 30명 이상의 사창이 있었고 등록된 '반(半)공창'은 8명이었는데, 사창 증가와 약품 부족으로 인해 화류병이 만연할 것이라는 전망을 내놓았다. 16사단이 레이테에 입성하기 직전까지 타클로반의 위안소는 1곳뿐이었다.

11월 이후 레이테에 상륙한 16사단 부대 중에는 제16보병단 통신반(이하 통신반)도 있었다. 통신반은 세부를 거쳐 11월 10일 레이테의 타클로반에 상륙하여 36대대의 휘하에 편입되었다.[175] 통신반의 첫

---

169) WAM(K_D_063-1). 바기오 헌병분대장이 언급한 병단은 17독립수비대로 추측되는데, 요청한 경위는 파악할 수 없다.

170) WAM(K_D_063-1).

171) WAM(K_D_063-2).

172) 자료에서 요금 단위를 比와 仙으로 표기한 것은 페소와 센타보로 고쳤다. 이하 동일.

173) 1943년 8월 2일 발생한 위안소 내의 도난 사건을 조사한 3일의 보고서에서도 필리핀인 위안부와 히라모토(平本)라는 일본인 감독자가 등장한다(WAM, K_D_102).

174) 〈レイテ島兵要衛生地誌(第1報) 昭和18年12月〉, 《第16師団命令綴 昭18.7.4~18.12》.

외출일은 업무가 궤도에 오른 뒤인 11월 28일(일요일)이었다. 오후 1시부터 근무에 지장이 없는 인원 3분의 1의 외출이 실시되었는데, 외출자는 26명이었다. 12월의 외출은 기본적으로 일요일(12일·19일·26일)과 목요일(2일·9일·23일, 16일은 전날부터 이어진 전화선 가설 작업 때문에 17일로 연기된 듯함)로 나누어 오후에 허가되었다.

20연대 제2대대 제2보병포소대의 진중일지는 타클로반 남쪽 둘라그의 상황을 담고 있다.[176] 휴양일은 일요일이었던 것 같다. 토벌 작전에 나섰던 병사들이 귀대한 다음 날인 2월 9일 오후에 대체 휴가를 시행하여 외출이 허가되었으며, 13일과 27일에도 오후를 휴무하고 외출을 허가했다(2월 11일 기원절 오후에도 외출 허가). 2대대 본부가 둘라그에 위치했으므로 외출은 위안소 이용으로 이어졌을 것으로 추측된다.

타클로반에 주둔하던 남방군 야전화물창 출장소(36명 규모)는 1944년 3월과 7월, 9월의 진중일지를 남겼다.[177] 외출은 일요일과 경축일 오후에 실시되었다. 3월의 경우 일요일은 5일·12일·26일의 3회, 경축일은 10일(육군기념일)·21일(춘계황령제)의 2회, 7월은 일요일인 2일·30일의 2회 외출이 허가되었다. 3월의 타클로반 경비책임자는 33여단장이었다. 3월 14일에는 증명서 없이 야간에 외출하는 자가 있음을 알리는 여단사령부의 회보가 적시되어 있다. 사흘 뒤인 17일자 33여단 명령에서는 16사단 소속 제4야전병원이 타클로반 사영지의

---

175) 통신반에 관한 기술은 별도의 언급이 없는 한《第16步兵团 通信班 陣中日誌 昭和18年10月16日~18年12月31日》안의 자료를 참조했으며, 이하 출전은 명기하지 않는다.

176) 〈步兵第20連隊 第2步兵砲小隊 陣中日誌 昭和19年2月1日~19年2月29日〉,《步兵第20連隊 第2步兵砲小隊 陣中日誌 昭和19年2月1日~19年2月29日》.

177) 이하 별도의 언급이 없는 한《南方軍野戦貨物廠タクロバン出張所 陣中日誌 昭和19年3月1日~19年9月30日》에 수록된 진중일지를 참조했으며, 출전은 명기하지 않는다.

육군 지정 음식점과 위안소의 위생을 지도·감독하게 됨을 알렸다.[178] 야전화물창의 업무 관계상 '위생삿쿠'의 기록도 두 차례 확인된다. 3월 12일에는 33여단 본부에 타클로반 사영지구 내 위안소의 사용분으로 700개를, 9월 2일에는 제98비행장대대(이하 98대대)에 2,750개를 각각 배급했다.

위생삿쿠의 배급 기록은 1944년 이후 타클로반 이외 지역에도 위안소가 개설되었음을 말해준다. 두 문서에는 유용한 정보가 수록되어 있다.

하나는 98대대와 함께 제34항공지구 사령부 소속인 제114비행장대대(이하 114대대)의 진중일지다.[179] 114대대는 7월 2일 타클라반 남쪽의 부라우엔과 둘라그를 잇는 도로 남쪽에 있던 산파블로(San Pablo) 비행장에 도착했다.[180] 8월 21일(월)에는 오후에 전체 휴양하여 근무자와 경비요원 3분의 1 외에 외출을 허가했으며, 8월 28일에는 일일명령으로 29일(화) 오후의 전체 휴양과 근무자의 31일 오후 휴양을 지시했다(30일에는 31일 휴양을 9월 1일로 변경). 8월 29일의 외출은 위안소 이용과 관련된 것으로 추측된다. 8월 24일자 일일명령으로 '위안소규정'을 배포했다고 되어 있기 때문이다(내용 누락). 그리고 114대대의 위안소규정이 야전화물창의 9월 2일 위생삿쿠 배급과 연결된다고 판단한다면 2,750개는 98대대뿐 아니라 34항공지구 사령부 전체의 분량으로 보아야 할 것이다.

---

178) 〈勤作命甲第18号 独立混成第33旅団命令 3月17日〉, 《タクロバン憲兵分隊作命綴 昭和19年1月2日~19年9月25日》.

179) 114대대의 상황은 별도의 언급이 없는 한《第114飛行場大隊 陣中日誌 昭和19.7.27~19.8.24》에 수록된 자료를 참조했으며, 이하 출전은 명기하지 않는다.

180) 〈7月1日~7月10日〉, 《第114飛行場大隊補給中隊 陣中日誌 昭19.7.27~19.8.8》. 산파블로는 부라우엔에서 동쪽으로 2킬로미터 떨어진 곳에 위치한다.

그리고 114대대 진중일지의 위안소규정으로 여겨지는 문서가 미군의 노획 자료에 남아 있다.[181] 114대대가 복사한(reproduced) 위안소 규정은 1944년 8월 '부라우엔지구 위안소(BURAUEN Sector Brothel)'가 작성자였다. 군이 손수 만든 위안소였던 것이다. 주요 내용은 다음과 같다.

위안소는 부라우엔 시내에 있었고, '타클로반 항공지구사령관(TACLOBAN Air Sector Commanding Officer, 34항공지구 사령관으로 추정)'이 감독(supervision), 즉 위안소 개설의 주체였다. 98대대가 운영을 책임졌으므로 관리위원회(Committee)의 장도 98대대장이었다. 지구의 경리책임자(Sector Paymaster Captain), 지구 군의관, 98대대 부관과 군의관, 제94비행장대대[182] 소위 등이 일원으로 가세했다. 이용시간은 40분 간격으로 병이 정오~오후 5시, 하사관이 정오~오후 7시, 장교가 오후 7시 30분 이후로 설정되었다. 요금은 병이 1엔 50센, 하사관이 2엔 50센, 군속이 4엔, 장교가 5엔이었다(단일 요금 체계를 감안하면 필리핀인 위안부가 있던 위안소였다). 114대대의 진중일지 등을 참조하여 각 부대별로 할당된 요일을 추정해보면 월요일은 제10항공정보연대 일부(Navigation Air Force)와 98대대, 화요일은 제8항공통신연대 일부(Air Signals Unit)와 114대대, 수요일과 일요일은 제13비행단 또는 제31비행전대(KAZE Force),[183] 목요일은 제3야전비행설정대 사령부(Airfield Survey and Construction Unit Sector Headquarters), 금요일은 114대대, 토요일은 98대대 등이었다.

---

181) WAM(K_L_RR120-2).

182) 94비행장대대는 34항공지구 사령부와 함께 제4비행사단 소속이었다.

183) 114대대의 8월 16일자 진중일지의 13비행단과 31비행전대의 담당자와 19일과 20일에 진행될 훈련에 필요한 지원 사항을 협의했다는 기록을 근거로 삼았다.

위안소규정의 이용일 할당과 114대대의 진중일지에 기재된 외출 실시가 부합된다. 위안소 이용을 허가받은 8월 29일과 9월 1일은 화요일과 금요일이었으며 위안소 영업시간에 맞추어 오후에 외출이 이루어졌다.

3) 루손과 인근 섬, 마닐라의 위안소

루손 북부

65여단(여단장 나라 아키라奈良晃, 1888~1864, 중장)은 1941년 10월 보병 제122연대, 보병 제141연대, 보병 142연대를 기간으로 창설되었다. 필리핀 공략이 일단락된 후 65여단은 루손섬 북부의 경비를 맡았으며 사령부를 고원지대인 바기오에 두고 3개 연대를 분산 배치했다. 이후 65여단 사령부와 141연대는 1942년 11월 하순 과달카날 전투에 참가하게 되어 남태평양으로 이동하여 라바울에 상륙했다. 제122·142연대를 비롯하여 공병대·통신대의 절반 등 65여단의 잔치(殘置)부대는 16사단 예하 16보병단장 다카노 나오미쓰(高野直滿, 1889~1966) 소장의 지휘를 받았다. 122연대는 1943년 8월 남태평양의 마셜제도로 이동할 때까지 본부를 본톡(Bontoc), 비간(Vigan), 산페르난도(진중일지에는 북산페르난도로 표기) 등으로 옮겨가며 치안 유지와 토벌 작전을 벌였고 142연대는 루손 북동부를 경비하다가 1943년 11월에 신설된 독립혼성 33여단의 주력으로 편입되어 레이테 결전에 투입되었다. 루손 북부 지역에 있었던 위안소에 관한 기술은 현존하는 122연대 제1대대의 진중일지를 중심으로 찾아볼 수 있다.[184] 1대대는 대대본부와 제1~3중대, 기관총중대를 거느리고 있었다.

122연대 1대대는 바탄반도 공격을 마친 후 루손 북부로 이동하여

6월 말까지 루부아간(Lubuagan) 인근 지역을 오가며 도로 개설과 보수 작업에 매진했다. 6월 12일 내내 공석이었던 대대장에 야나세 료헤이(柳瀨良平) 소좌가 취임했다. 6월 하순부터 65여단은 경비 태세 정비에 들어갔다. 7월 2일 본톡의 122연대 본부는 서쪽 해안의 비간으로 옮겨가서 서지구경비를, 1대대는 본톡으로 이동하여 중지구경비를 담당하게 되었다.

7월 10일 1대대는 '경비규정'과 함께 '본톡 부대 내무에 관한 규정'을 제정했다. 제6장의 '기거 및 용의'에는 일과 시한(석식 오후 6시)이 명시되어 있지만 외출에 대해서는 아무 언급이 없다. 외출규정은 7월 26일 중지구경비대 일일명령으로 마련되었다. 8월 2일부터 실시하며 일요일·화요일·목요일에 3조로 나누어 오전 9시~오후 6시(석식)에 시내 외출을 허가했다. 조별 부대 할당은 [표 6-17]과 같다.

8월 2일(일)에는 대대본부의 외출이 허가되었으며 오후 3~6시의 시내 순찰 장교가 임명되었다(8월에는 18일·20일·25일·27일·30일, 9월에는 4일에 임명 기록 있음). 8월 4일에는 인근 지역에 산사태가 일어나 보수 공사에 공병대가 투입되었고 공병대는 하루 늦은 8월 7일(금)에 대체 휴가를 허가받았다. 이후에도 산사태가 빈발하여 9일(일) 대대본부는 휴일 대신에 복구 작업에 투입되었으며 대체 휴가는 11일(화)에 실시했다.[185] 9월 들어 대대본부는 4일(금)과 10일(목)에 일요일 대체 휴

---

184) 현존하는 1대대의 진중일지는 1942년 4~9월, 1943년 1~9월이 아시아역사자료센터의 디렉터리에 《陣中日誌 昭和17.4.1~17.6.30》, 《陣中日誌 昭和17.7.1~17.9.30》, 《步兵第122連隊第1大隊 陣中日誌 昭和18年1月1日~18年9月30日》의 세 종류가 있으며, 1942년 7~9월의 디렉터리에는 중지구경비대와 대대장의 이름밖에 없어 주의를 요한다. 이하에서 출전은 생략한다.

185) 8월 12일(水)에는 제1기관총중대에게 일요일을 대체하는 휴가가 부여되었는데, 외출 할당표와 달라진 이유에 대한 기술은 나오지 않는다.

요일	외출부대
일	대대본부, 연대통신대, 여단통신대, K, 자동차반, 야포중대, I
화	제1기관총중대, 제3중대, 야전병원
목	연대포소대, 공병소대

[표 6-17] 본톡 주둔부대의 외출 할당

* 일본군 군대부호에서 K는 기병을 의미하는데, 진중일지에는 관련 부대가 등장하지 않으며 군대부호에서 I는 존재하지 않는다. 1대대의 7월 31일자 부대 현황표에는 군(軍)도로대, 고사(高砂)의용대 등이 기록되어 있다(〈第2次北部中部呂宋戡定作戦戦闘詳報 自昭和17年6月16日 至昭和17年7月31日 歩兵第122連隊(2)〉, 《歩兵第122連隊第1大隊 戦闘詳報 昭和17年4月12日~17年12月31日》).

· 출전: 〈陣中日誌 第9号 昭和17年7月21日~昭和17年7月31日〉, 《陣中日誌 昭和17.7.1~17.9.30》

가로 외출을 허가했으며 20(일)에는 휴일을 실시했다.

여단 공병대 제1소대는 1942년 10월 1대대에 배속되어 본톡에서 숙영했다.[186] 10월 18일(일)에는 오후 외출이 허가되었고, 20일에는 강우로 인한 휴양과 26일(월)·29일(목)에도 휴양 기록을 확인할 수 있다.

앞의 외출 기록과 위안소의 존재 및 이용을 연결하는 직접적인 증거는 찾을 수 없었다. 진중일지에 처음으로 위안소가 언급된 것은 1943년 3월이었다. 3월 6일 회보는 시내에 장티푸스 환자가 3명 발생하여 외출을 금지했음을 알렸다. 이어 3월 20일에는 장티푸스가 근절되어 전체 외출이 허가되었지만, 외출 장소는 일본인 상점, 주보, 위안소로 한정했으며, 시장이나 그 밖의 필리핀인 상점의 출입은 당분간 금지한다고 명령했다. 이로 미루어볼 때 1942년 7월 26일에 외출규정을 제정하고 8월 2일부터 외출을 허가한 것은 위안소 개설에 맞추려

186) 〈自昭和17年10月1日至昭和17年10月31日 陣中日誌 中地区警備隊(歩兵第122連隊)配属〉, 《第65旅団工兵隊 第1小隊 陣中日誌 昭和17年10月1日~17年11月17日》. 이 소대와 7월의 외출일 할당표에 나오는 공병소대의 동일성 여부는 알 수 없다.

한 것으로 판단된다.

1943년 1월 당시 1대대는 본톡에, 122연대는 산페르난도에 체류했다. 2월 14일 122연대를 포함한 다카노 병단 예하부대의 지휘는 신설된 17독립수비대의 우자와 나오노부(鵜澤尙信, 1895~1980) 소장이 맡게 되었다. 이어 3월 2일 17독립수비대장은 우자와 나오노부 소장에서 아라키 마사쓰구(荒木正二, 1892~1970) 소장으로 교체되었다(아라키 마사쓰구의 착임은 3월 18일이었다). 5월 25일 1대대는 중지구경비대를 17독립수비대 소속 독립수비보병 제62대대에게 이양하고 바기오로 이동하여 벵겟(Benguet)지구대로 근무하라는 통보를 받았다. 6월 3일 새 중지구경비대장이 본톡에 도착하여 인계 작업이 진행되었다.

한편, 새로 루손 북부의 경비를 넘겨받은 17독립수비대 사령부는 2월 25일자로 '내무규정'을 제정했다.[187] 사령부의 경계는 벵겟지구대와 밀접한 연락을 유지하도록 했다. 제9장 '휴양 및 외출'을 보면 매주 일요일이 휴양일이며 근무에 지장이 없는 하사관과 병은 외출이 가능했다. 사령부 밖으로 외출하는 경우 외출증 또는 공용증을 소지하고 2인 이상이 동행하도록 했다. 사령부에 근무하는 민간인의 통제도 명기되었다. 일본인 고용인은 하사관 이하에 준하는 내무의 이행이 부과되었으며 수원지, 하쿠운소, 영빈관, 발전소, 장교집회소 관리인은 항상 직장에서 기거하도록 했다.

6월 4일 야나세 료헤이 대대장은 142연대 1대대와 교대하여 바기오에 발을 들였고, 11일에는 1대대의 바기오 집결이 완료되었다. 6월 12일부터 1대대는 정식으로 벵겟지구경비대의 임무를 승계했다. 6월 14일 야나세 료헤이 대대장은 바기오 노영사령관을 겸하게 되었으며

---

187) 〈內務規定〉,《比島第17独立守備隊資料 (鵜澤少将時代) 昭和17~18年》.

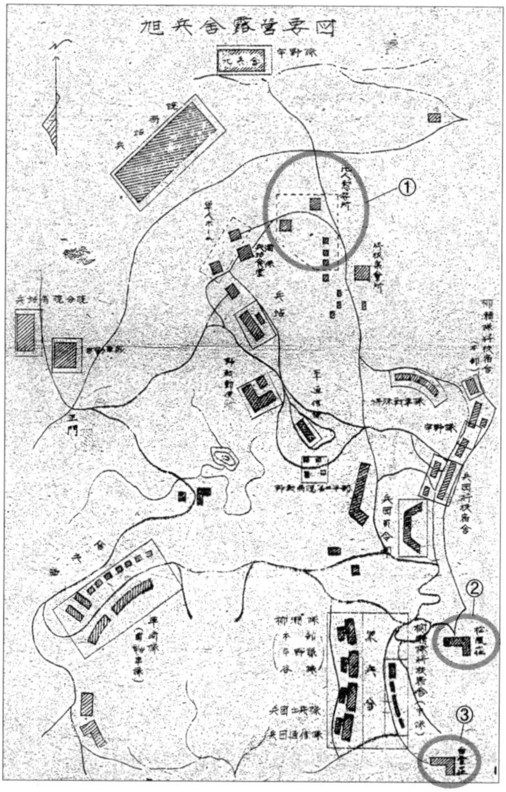

[그림 6-26] 바기오의 위안소 지도

· 출전: 〈陣中日誌 第20号/別紙 命令録〉, 《歩兵第122連隊第1大隊 陣中日誌 昭和18年1月1日~18年9月30日》

1대대는 전임 142연대 1대대의 외출일을 배당받았다. 7월 3일 진중일지에는 신임 대대장(이시이 기사부로石井義三郎 대위)의 임명명령이 기록되어 있다.

벵겟지구경비대로 바뀐 1대대의 진중일지에는 바기오 소재 위안소에 관한 정보까지 실려 있다. 먼저 6월 13일 진중일지에는 '아사히 병사 노영 요도'가 언급되어 있는데, [그림 6-26] 상단에 '비인위안소(比人慰安所)', 즉 필리핀인 위안소 5곳(①)이 명기되어 있다.[188] 지금의 위치는 바기오 중심부의 버넘(Burnham)공원 오른쪽 지역으로 추정된다.

[그림 6-26]의 오른쪽 아래에는 쇼후소(松風莊, ②)와 함께 17독립 수비대 내무규정에 나왔던 하쿠운소(③)가 표시되어 있다. 일본인의 기록에 따르면 하쿠운소는 '사령부 전용 집회소'였다.[189)]

1대대의 외출일은 목요일이었다. 6월 24일, 7월 8일·22일은 '휴일'로서 근무자 이외 전원 외출이 허가되었기 때문이다. 8월 1일 1대대는 남태평양으로 이동하기 위해 바기오를 떠났다.

루손 남부와 마스바테, 네그로스

필리핀 전투의 서전이 종식된 후 경비명령을 받고 잔류한 부대 중 최정예는 보병 16사단이었다. 16사단은 마닐라를 포함한 루손섬 중남부 지역에 기간 병력을 배치하고 비사야제도의 섬들에도 일부 부대를 파견하여 치안 확보와 토벌 작전에 들어갔다.

루손섬 남부 비콜(Bicol) 지방은 초기부터 보병 9연대가 남지구경비대로 주둔했다(8월 23일부터 비콜지구경비대로 개칭). 7월 14일 9연대 배치의 윤곽이 결정되었다. 나가에 연대본부를 중간에 두고 제1대대가 왼쪽을, 제2대대가 오른쪽을 맡았으며, 제3대대는 마스바테 경비를 책임졌다. 이후 9연대는 1944년 4월 사마르섬으로 이동할 때까지 루손 남단에 머물렀다.

한 군인의 회상은 당시 루손 남부 지역 위안소의 전체상을 축약하여 알려준다. "연대본부 소재지인 나가에 이르면 수가 대폭 적어지며, 1, 2곳에다 거의 필리핀인뿐"이고, "마스바테에는 1곳에 타 부대

---

188) 〈陣中日誌 第20号/別紙 命令録〉, 《歩兵第122連隊第1大隊 陣中日誌 昭和18年1月1日~18年9月30日》.

189) 宍倉公郎, 《続 イフガオの墓標》, 育英印刷興業, 1980. 인터넷 블로그(https://janl.exblog.jp/tags/%E6%AD%B4%E5%8F%B2/10/)에서 재인용(2020년 8월 21일 조사).

가 적으므로 모두 안면이 있"으며, "레가스피(Legaspi)의 경우에는 2대대 본부 소재지지만 해군이 주둔하기 때문인지 나가보다도 양호하여 육군이 다라가(Daraga)와 레가스피에 2곳, 해군이 레가스피에 별도로 1곳을 두어 수도 많았으며, 나가와 같이 기다리는 경우가 적었고, 위안부의 검사도 제2야전병원이 실시했으며, 위안소 건물도 훌륭했다"고 한다.[190]

위안소가 적었던 탓인지 9연대 소속부대의 진중일지 기록도 거의 없다. 1942년도의 외출 상황에 관해서는 10중대의 8월과 9월의 기록이 유일하며 1943년도는 통신중대의 6월 진중일지밖에 없다.

10중대는 3대대 소속이었지만 연대 직할로 1942년 7월 16일부터 나가에 주둔했다.[191] 8월 들어서는 4일(화)과 8일(토)이 중대 휴일 내지 휴양일로 근무자를 제외하고 외출했다고 기록되어 있다. 이와 마찬가지로 11일·15일·18일은 중대 휴양일인데, 휴양만 기록되어 있다. 18일에는 '나가'경비대의 외출은 수요일과 일요일로 정하고, 외출시간은 동일하다는 연대 일일명령이 하달되었다. 19일과 23일에는 근무할 제2종 순찰자가 통보되었다. 19일(수)은 연대 휴양일이므로 근무자 이외에는 휴양을 실시했는데, 연대 일일명령으로 외출일 중 수요일은 목요일로 변경되었고 20일의 외출은 금지되었다. 이후 10중대의 주간 교육 예정표에도 목요일과 일요일은 휴양으로 표시되고, 23일 오전에 외출에 관한 교육 실시가 포함된 것으로 보건대 외출 체계가 확립되

190) 桃陵会, 《戦記 吾等かく戦えり 比島に於ける垣兵団》, 私家版, 1971, 196쪽, WAM. 레가스피에는 16보병단 사령부도 있었다.

191) 10중대의 진중일지는 《歩兵第9連隊第10中隊 陣中日誌 昭和17年1月1日~17年12月31日》과 《歩兵第9連隊第10中隊 陣中日誌 昭和18年6月1日~18年6月30日》 디렉터리에 수록되어 있으며, 이하에서는 출전 표기를 생략한다.

었음을 짐작할 수 있다.

23일(일)은 연대 휴양일로 근무자 이외에는 휴양했다. 26일에는 다시금 목요일과 일요일을 외출일로 하고, 외출시간은 병이 조식부터 석식까지, 하사관이 조식부터 일석점호까지로 하며, 하사관 이하는 외출증을 부착한다는 일일명령이 하달되었다(영외 하사관은 제외). 이후 교육 예정표에는 목요일·일요일이 휴양일로 표시되었고 작전 출동과 훈련을 제외한 8월 27일, 9월 3일·6일·10일·13일에는 휴양했다. 9월 23일 10중대는 네그로스(Negros)섬으로 옮겨갔다.

나가에 위안소가 있었음을 증명하는 자료는 연대본부가 각 부대에 내려보낸 통보와 통첩에서 발견된다. 8월 11일 연대본부는 리브매넌(Libmanan)경비대장, 즉 1대대장에게 공용으로 나가에 출장을 온 하사관과 병이 위안소에서 유흥하고 음식점에서 만취했다는 사실과 함께 나가의 공용 출장자는 반드시 공용 완장을 차도록 통보했다.[192] 8월 21일 연대본부가 1대대장에게 보낸 통보 중에도 하사관 이하에서 '화류병' 감염자가 있다고 되어 있다.[193] 이런 현실로 인해 9월 23일 연대본부 부관은 각 경비대장에게 군기 이완의 시정을 촉구하면서 외출지에서 음주 만취하거나 성병에 걸리는 사례를 들었다.[194] 실제로 1942년 9월 16사단 소속부대별 성병 환자는 총 8명이었는데, 9연대가 4명으로 가장 많았다.[195]

통신중대의 진중일지를 보면 1942년 8월 하순에 책정된 목요일·

192) 〈昭和17年7月分(2)〉, 《垣(第16師団)部隊 関係書類綴 昭16.12~17.12》.

193) 〈昭和17年8月分〉, 《垣(第16師団)部隊 関係書類綴 昭16.12~17.12》.

194) 〈昭和17年9月分〉, 《垣(第16師団)部隊 関係書類綴 昭16.12~17.12》.

195) 〈昭和17年11月分〉, 《垣(第16師団)部隊 関係書類綴 昭16.12~17.12》.

요일	위안소 이용일	주보 이용일
일	대대본부, 행리(行李)	휴일
월	제11중대	제11중대, 탄약반, 보병단3호무선1분대
화	기관총중대, 보병포대	기관총중대, 위생대, 공병대, 6호무선1분대
수	위생대	대대본부, 보병포대, 행리, 유선대
목	공병대, 치중대, 무선분대	제11중대, 탄약반, 보병단3호무선1분대
금	체육대, 통신, 탄약반	기관총중대, 위생대, 공병대, 6호무선1분대
토	오전 검사	대대본부, 보병포대, 행리, 유선대

[표 6-18] 마스바테경비대의 위안소와 주보 이용일 할당

* 8월 22일 진중일지에는 5호무선3분대도 제3대대에 배속된 것으로 되어 있다.
· 출전: 〈軍人倶楽部規定〉, 《マスバテ島警備隊日命綴 昭17.7》; 〈昭和17年 8月5日〉, 《歩兵第9連隊第3大隊 陣中日誌 昭和17年8月1日~17年8月31日》

일요일의 외출일은 1943년 6월에도 변함이 없었다.[196] 3일(목)·10일·13일(일)·17일·20일·27일에 오전 11시나 정오부터 석식시간까지 전체 또는 반수의 외출을 실시했다. 또 교육 중이던 초년병(보충병 포함)의 오후 외출일은 수요일(제1중대, 제3중대, 제1기관총중대, 보병포중대[보충병 포함])과 토요일(제9중대, 10중대, 고바야시小林대, 통신중대)로 배분하는 연대회보가 6월 4일에 전달되었다. 수요일은 1대대, 토요일은 3대대인 셈이었다. 통신중대 초년병의 첫 외출일인 5일에는 오후 1시부터 외출이 허가되어 일직하사관의 주의 후에 상등병이 인솔하여 오후 5시에 귀대했다. 12일·19일·26일 오후에도 외출이 기록되어 있다. 통신중대의 제2종 순찰 차출은 10일, 12일, 26일 세 차례 이루어졌다.

루손 남부와 달리 마스바테섬을 경비했던 3대대는 위안소에 관한 직접적인 정보를 남겼으며 대대장은 간노 조(菅野浄, 1896~?) 중좌였

196) 통신중대의 1943년 6월분 진중일지는《歩兵第9連隊通信中隊 陣中日誌 昭和18年6月1日~18年6月30日》 디렉터리에 들어 있으며, 이하에서는 출전을 표시하지 않는다.

다.[197] 1942년 8월 5일 회보에는 6일부터 개설되는 주보의 부대별 이용일(후술)과 관련 내용이 공지되었다. 그리고 '군인구락부규정'도 남아 있다.[198] "군인(군속 포함)의 위안을 구하는 곳"으로 정의된 위안소 이용일은 [표 6-18]과 같으며 주보의 이용일을 첨가하여 표시했다. 통상 동일하게 설정되어야 할 위안소와 주보의 이용일이 다르다는 점을 기억해두자.

위안소 이용시간은 병이 오전 10시~오후 4시 30분, 하사관이 오후 5~7시 30분이었다. '위안료'는 40분을 기준으로 하사관과 병이 1페소 50센타보, 장교가 2페소 50센타보였고, 추가 40분당 1페소를 지불하도록 했다. 특이한 점은 요금을 직접 위안부에게 지불하며 5센(錢)짜리 '삿쿠'와 '예방약'을 위안부로부터 받는다는 것이었다. 성병 예방을 철저히 하기 위한 방안으로 추측된다.

외출증은 중대장(독립소대장)이 발행했으며 2인 이상 동행이 필수였다. 그런데 주보에 갈 때는 "산책 구역 내의 복장(약장)"을 하도록 했다. 진중일지 등 자료에는 남아 있지 않지만 외출 구역이 설정되어 있었음에 틀림없다.

9월 7일 3대대는 전체 외출에 관한 일일명령을 내렸다.[199] 외출일 배당은 [표 6-18]과 같다. 외출 구역은 마스바테에서 7시 방향의 밀

197) 3대대의 진중일지는《步兵第9連隊第3大隊 陣中日誌 昭16.12.1~16.12.31》,《步兵第9連隊第3大隊 陣中日誌 昭17.1.1~17.1.31》,《步兵第9連隊第3大隊 陣中日誌 昭和17年8月1日~17年8月31日》,《步兵第9連隊第3大隊 陣中日誌 昭和17年10月1日~17年10月31日》,《步兵第9連隊第3大隊 陣中日誌 昭和18年3月1日~18年3月31日》,《步兵第9連隊第3大隊 陣中日誌 昭和19年9月1日~17年9月30日》 등의 디렉터리에 수록되어 있으며, 이하에서는 출전을 표시하지 않는다

198) 〈軍人俱楽部規定〉,《マスバテ島警備隊日命綴 昭17.7》.

199) 〈营日命第71号 日々命令 9月7日〉,《マスバテ島警備隊日命綴 昭17.7》.

라그로스(Milagros)와 4시 방향의 카타인간(Catainngan)행 도로의 4킬로미터 이내였다. 지도상으로는 마스바테 시내 구역에 해당된다. 외출 시간은 병이 정오~오후 5시 30분, 하사관이 정오~오후 8시 30분이었다. 같은 날의 노영명령에는 9월 8~13일의 제2종 순찰 근무자가 11중대, 위생대, 치중대, 기관총중대, 대대본부 순으로 각각 차출할 인원이 적시되어 있는데, 위안소가 문을 닫는 토요일인 12일에는 근무자가 없다.[200] 일주일 뒤인 9월 14일의 노영명령도 마찬가지다.[201] 9월 14~20일의 제2종 순찰 근무자는 11중대, 기관총중대, 위생대, 치중대, 기관총중대, 대대본부 순으로 1명씩 차출하며 토요일인 19일은 위안소의 휴일이므로 근무자가 배당되지 않았다. 9월 15일에는 17일의 제2종 순찰 근무자를 치중대가 아니라 대대본부에서 차출하도록 했다.[202] 치중대의 근무 예정자가 출장하게 되었기 때문이다. 여기에서도 제2종 순찰 근무는 위안소 운용과 불가분의 관계였음이 확연해진다.[203]

---

200) 〈露営命令第6号 露営命令 9月7日〉, 《マスバテ島警備隊日命綴 昭17.7》.

201) 〈露営命令第7号 露営命令 9月14日〉, 《マスバテ島警備隊日命綴 昭17.7》.

202) 〈露営命令第8号 露営命令 9月15日〉, 《マスバテ島警備隊日命綴 昭17.7》.

203) 앞의 여러 자료로 보건대 《資料集成》 3(149쪽)에서 '군인구락부규정'의 제정일을 8월 16일로 비정한 것은 세 가지 측면에서 오류라고 판단된다. 먼저 아시아역사자료센터의 일련번호로 보았을 때 8월 15일의 회보와 8월 16일의 노영명령 사이에 있어 8월 16일일 개연성도 있지만 군인구락부규정이 수록된 《マスバテ島警備隊日命綴 昭17.7》 디렉터리에서 9월의 일련번호는 날짜순으로 매겨져 있지 않으므로 일련번호는 제정일 추정과 무관하다. 둘째, 8월 16일자 진중일지에는 군인구락부규정을 제정했다는 기술이 없으며 8월 내내 외출 기록과 주보 이용일 변경에 대한 언급이 나오지 않는다. 마지막으로 위안소 이용은 외출일 배당 및 제2종 순찰과 결부되는데, 관련 명령은 9월 7일부터 내려져 시행에 들어갔으므로 외출일 할당 없이 군인구락부규정만 별도로 정했다고 보기 어렵다. 다만, 9월 7일 일일명령에서 외출 종료시간을 당초 군인구락부규정과 같이 병은 오후 4시 30분, 하사관은 오후 7시 30분으로 표기했다가 수정한 사실에 주목하면 군인구락부규정은 9월 1~7일 사이에 제정되었다고 보는 것이 합리적이다.

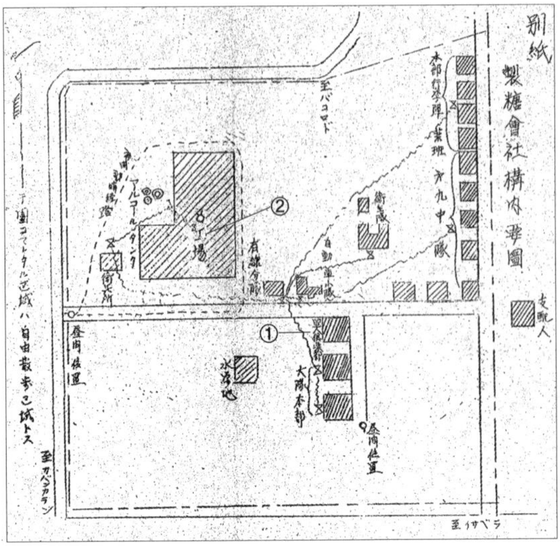

[그림 6-27] 네그로스섬의 비날바간 위안소 지도

· 출전: 〈昭和17年 10月 20日〉, 《步兵第9連隊 第3大隊 陣中日誌 昭和17年10月1日~17年10月31日》

10중대 진중일지에 따르면 3대대의 위안소 체계 가동은 단기간에 그쳤다. 9월 15일 14군은 대대본부를 포함하여 마스바테경비대 절반과 10중대에게 네그로스로 이동하여 나가노지대의 지휘를 받으라는 명령을 내렸다. 10중대의 이동 경로를 보면 9월 24일 레가스피 출항, 25일 마스바테 도착, 27일 3대대 주력과 함께 마스바테 출항, 30일 네그로스의 바콜로드(Bacolod)에 도착했다.

10월 2일 3대대 본부는 라칼로타(La Calota)로 이동하여 일과 시한을 제정했다. 10월 5일에는 대대장이 교체(후쿠다 다카지로福田鷹次郞 소좌)된다는 명령이 전달되었고(14일 도착), 7일에는 나가노지대와 11독립수비대의 담당지구 변경 소식이 전해졌다. 10월 20일 3대대 본부는 라칼로타에서 남쪽인 비날바간(Binalbagan)으로 옮겨갔다. 같은 날 비날바간경비대의 명령으로 새 일과 시한과 함께 [그림 6-27]과 같이 정사각형에 가까운 점선(---)으로 이어진 '자유 산책 구역'이 통보되었다.

그림 하단의 대대본부 바로 위에는 '군인구락부'(①)가 표시되어 있다. 10월 23일 3대대는 '위안소위원'으로 중위와 군의소위 1명씩, 조수로 병장 1명을 보임한다는 일일명령을 하달했다. 즉 군인구락부는 의심할 여지없이 위안소였음이 드러난다. 새 경비지 비날바간에서의 주둔 체계 확립과 연동하여 위안소 관리자를 임명하게 된 것이다.[204)]

3대대와 10중대의 10월 1일자 진중일지 기록을 종합하면 비날바간에는 나가노지대의 보병 62연대 제1대대(대대장 고마쓰小松 소좌)가 서부경비대로 주둔했다. 3대대는 비날바간 주둔에 즈음하여 62연대 1대대가 이용하던 군인구락부를 인계받은 것으로 판단된다. 그리고 지도 내 공장(②)을 포함한 구역 전부는 제당회사의 부지이며 현재 비날바간 도심에서 가까운 BISCOM(Binalbagan Isabela Sugar Milling Company)으로 추정된다.

후쿠다(福田)부대 본부, 즉 3대대 본부가 11독립수비대에게 보낸 문서 중에도 위안소에 관한 설명이 있다.[205)] 현재 6명인데 1명은 병에 걸렸으며, 군의소위에게 보고하도록 하겠다고 되어 있다. 앞서 서술한 위안소위원인 군의소위와 같은 이름이다.

이후 3대대의 진중일지는 1943년 3월분만 남아 있다. 3월 13일 세부섬의 상황 악화로 비날바간의 3대대는 세부로 이동하라는 명령을 받았다. 3월 16일 바콜로드에 도착한 3대대는 다음 날 외출을 허가하는 노영명령을 내렸다. 각 부대의 외출 시한은 하사관이 오전 8시~오

---

204) 10중대는 10월 4일부터 비날바간에서 남쪽으로 20여 킬로미터 떨어진 카방칼란(Kabankalan)에 주둔한 탓에 '군인구락부'에 관한 기술이 없다

205) 〈11独守甲第29号 米国軍戦法ニ関スル参考資料送付ノ件 昭和18年6月9日〉, 《第11独立守備隊 比島討伐に関する書類其1 昭和17年12月~18年4月》. 2월 21일의 군정감부 활동이 언급된 것으로 보아 작성 시기는 2월 하순~3월 초순 사이인 것으로 추정된다.

후 8시, 병이 오전 8시~오후 6시였으며 각각 2인 1조, 3인 이상 1조의 단체 행동을 지시했다. 3대대의 바콜로드 출항은 3월 19일이었다.

마닐라

1942년 1월 3일 16사단은 마닐라에 무혈 입성했다. 16사단장은 신설된 마닐라방위대의 초대 사령관이 되어 미군 사령관, 즉 맥아더가 사용하던 관사에 입주했다. 이후 마닐라방위대의 책임자는 자주 바뀌었다. 1월 하순 16사단이 바탄반도 이동을 개시하자 전차 제7연대장(소노다 세이노스케園田晟之助, 1895~1942, 대좌)이 마닐라 방위를 책임졌다. 3월 18일 바탄반도 공방전을 앞두고는 4사단 기병 제4연대장(이마무라 야스시今村安, 1891~1966, 대좌)이, 6월 상순부터는 65여단 141연대장(이마이 다케오今井武夫, 1898~1982, 대좌)이 승계했다. 1943년 1월에는 65여단의 뉴기니 이동에 맞추어 16사단 야포병 22연대장(곤도 기나오近藤喜名男 대좌)으로 교체되었다. 레이테 결전이 임박한 1944년 7월에는 105사단 보병 제82여단장(가와시마 오사무河嶋修, 1893~1958, 소장)이 마닐라경비대 사령관을 지냈고 10월 들어서는 잡다한 병력을 끌어모은 마지막 마닐라방위대(고바야시 다카시小林隆, 1893~1945, 소장)가 조직되었지만 패전을 맞았다.

마닐라는 필리핀 최대의 위안소 집결지였다. 여러 부대가 함께 주둔했고, 이동 중인 부대의 단기 숙영이 빈번하게 이루어졌으며, 마닐라 방위를 담당하는 부대의 변동이 잦았다. 게다가 마닐라에 주둔했던 부대의 진중일지는 별로 남아 있지 않을뿐더러 단편적이다. 따라서 마닐라의 위안소 현황을 체계적으로 파악하기가 어려울 수밖에 없다. 다음에서는 활용 가능한 진중일지를 총동원하여 마닐라 소재 위안소의 실태를 살펴보았다.

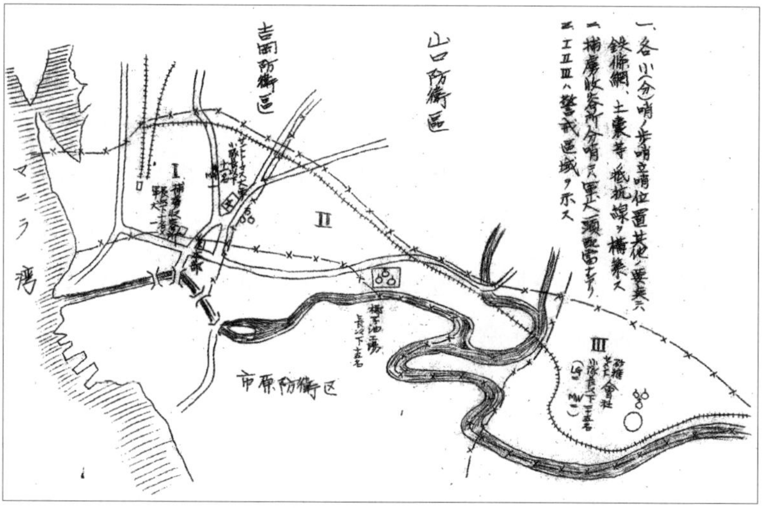

[그림 6-28] 마닐라에서의 독립수비보병 제35대대 배치도

· 출전: 〈陣中日誌 昭和17年別紙 警備詳報 4月30日〉, 《独立守備歩兵第35大隊第2中隊 陣中日誌 昭和17.4.1~18.2.28》

1942년도 자료 중에는 위안소라는 단어가 등장하지 않는 듯하다. 그래서 위안소와 연관된 사안을 좇으며 정황 증거를 살필 수밖에 없다.

먼저 마닐라 군정감부 지부는 8월 중순 일본인 접객업 허가 건수를 신규 6건, 누계 119건, 영업 중지 4건으로 보고했다.[206] 영업 중지 4건의 내역은 이어지는 8월 하순에서 '호텔' 명의를 내걸고 "필리핀 부녀자에게 매음 행위를 시켰"다는 것을 가리킨다고 추측된다.[207]

개별부대의 외출 기록은 다소 남아 있다. 가장 빠른 외출은 앞서 소개했던 독립수비보병 35대대(이하 35대대)의 진중일지에서 확인된다. 35대대는 4월 5일 마닐라에 입성하여 7일부터 북지구방위대로 주

206) 〈軍政実施概況報告〉, 《昭和17年 〈陸亜密大日記 第49号 1/3〉》.

207) 〈軍政実施概況報告 23号〉, 《昭和17年 〈陸亜密大日記 第57号 3/4〉》.

둔하다가 5월 3일 마닐라를 떠나 민다나오로 향했다. 마닐라에서의 35대대 배치도는 [그림 6-28]과 같다.

외출은 4월 5일 노영명령으로 금지되었다가 4월 10일 북지구방위대 내무규정(안) 제정을 기점으로 다시 허용된 것 같다(4월 12일에 정식으로 제정). 4월 16일에는 대대회보를 통해 외출 시 행선지와 소재지를 알리도록 지시했다. 이튿날 2중대는 오전 10~11시에 화류병 예방법에 관한 교육을 실시했다.

35대대 소속부대의 외출 기록은 일정하지 않다. 먼저 대대본부는 일요일이던 4월 26일에 전체 외출을 허가했다. 1중대는 4월 26일 경비 인원을 빼고 휴양했으며, 29일에는 오전 10시 40분부터 전체 외출을 허가하여 39명이 외출했다. 2중대는 4월 25일 오후에 휴무했고, 4중대의 외출 기록은 전혀 없다. 반면에 3중대의 외출 기록은 빈번하다. 4월 11일에는 30명, 12일에는 28명, 15일에는 32명, 17일에는 32명, 23일에는 34명, 25일에는 28명, 26일에는 31명, 29일에는 32명이 정오부터 외출했으며, 19일과 21일은 오후 휴양이 기록되어 있다. 북지구내의 외출자를 단속하는 제2종 순찰 근무자 2명을 차출하라는 35대대의 일일명령은 26일과 29일 두 차례 확인된다.

14군 통신반(18명)은 바탄 전투가 종료되고 5월 9일 마닐라로 귀환했다.[208] 5월 13일에는 '도(渡, 14군의 군대부호)집단 사령부 내무규정(잠정)'이 배포되었다. 배당된 외출일은 일요일이었던 듯하다. 5월 17일, 6월 7일·21일·28일, 7월 5일·12일·26일 정오부터 하사관과 병의 단독외출이 허가되었다.

---

208) 〈陣中日誌 自昭和17年5月1日至昭和17年5月31日〉, 《渡集団(第14方面軍)通信班 陣中日誌 昭和17.1.1~17.7.31》. 이하에서는 출전을 명기하지 않는다.

독립자동차 제63대대(이하 63대대) 재료창의 진중일지는 1942년 9~11월, 1943년 2~11월이 현존한다(8월은 비공개, 10월은 없음). 장기간에 걸쳐 마닐라에 주둔했던 터에 위안소와 외출 상황을 살피는 데 매우 유용하다. 63대대는 제1~4중대, 대대본부, 재료창, 교통반으로 편제되었으며 재료창의 총원은 84명이었다.

재료창의 9월 첫 외출은 4일에 이루어졌다.[209] 전날 3일 오후 5시 63대대 일일명령에 따라 외출을 허가하여 하사관 이하 38명이 외출하고 나머지는 영내에서 휴양했다. 이튿날 9월 5일에는 임시교육반의 교육이 종료됨에 따라 휴무 1일을 부여하여 하사관 이하 12명이 외출했다. 이후 11일·18일·24일·25일에는 각각 51명·47명·63명·22명이 외출했는데, 5일과 24일(추계황령제로 추정)을 제외하면 모두 금요일이다. 63대대의 외출일은 금요일로 할당된 것 같다.

9월 12일에는 숙영지를 9월 말까지 '사쿠라(櫻) 병영 제5병영'으로 옮긴다는 대대명령이 내려졌고(완료는 10월 6일), 14일에는 63대대의 대대장 교체가 기록되어 있다(22일 착임).[210] 숙영지 변화와 동시에 외출일도 변경되어 일요일에 외출이 실시되었다. 10월은 4일·11일·18일·25일에, 11월은 1일·3일(명치절)·8일·15일·22일·23일(신상제)·29일에 4, 50명이 외출한 것으로 되어 있다.

10월 21일의 장교회보는 내무규정의 개정 사항을 논의하는 자리였다. 그리고 11월 25일에는 "'마닐라' 외출취체규정 개정에 관한 협의가 열려 청장이 출석"했다. 10월의 장교회보가 63대대의 숙영지 변

---

209) 재료창의 1942년 9~11월 진중일지는 《独立自動車第63大隊材料廠 陣中日誌 昭和17年9月1日~17年11月30日》 디렉터리에 수록되어 있으며, 이하에서는 출전을 명기하지 않는다.

210) 전임 대대장은 1942년 8월에 사쿠라 병영에 집결했다고 위령비에 썼는데, 오류로 여겨진다(http://burari2161.fc2web.com/dokuji63daitai.htm, 2020년 8월 26일 조사).

경에 따른 내무규정의 개정이 안건이었다면, 11월의 '마닐라외출취체 규정'은 마닐라 주둔부대를 총괄하는 외출규정이 바뀐 데 따른 조치였다고 보는 것이 타당하다(후술).

재료창의 규칙적이고 빈번한 외출은 11월 들어 성병 환자의 발생으로 이어졌다. 11월 1일에는 상등병이 좌(左)임독성부고환염에, 13일에는 일등병이 연성하감에 걸렸다. 재료창의 외출이 위안소 이용과 연결되었음이 증명된다.

외출은 1943년에도 이어졌다.[211] 2월부터 외출일은 목요일로 변경되어 5월까지 매주 목요일에 13~42명의 외출이 행해졌으며, 6월 이후에는 목요일의 휴양 실시만 명기되어 있다. 육군기념일(3월 10일), 야스쿠니 임시대제(4월 24일), 야스쿠니 예대제(4월 30일), 명치절(11월 3일), 신상제(11월 23일) 등의 공휴일에도 외출과 휴양이 있었다. 다만 4월 3일(토)과 5월 7일(금), 5월 28일(금)은 예외였다. 4월 3일은 1일(목)의 영내 휴양에 대한 대체외출로, 5월은 모두 작업 때문에 이튿날 외출이 부여된 것으로 각각 판단된다. 성병 환자는 2월 1일의 우임독성부고환염과 11월 1일의 급성임독성요도염의 2건이 기록되어 있다. 7월 2일에는 개정된 내무규정 및 경비규정에 관한 협의가 실시되었다.

마닐라 지역의 위안소가 명기된 자료는 1943년부터 찾을 수 있다. 앞서 1943년 1월 마닐라방위대 사령관이 16사단 예하 야포병 22연대장으로 교체되었다고 했는데, 1월 15일자로 '마닐라 방위 지역 내 군

---

211) 재료창의 1943년도 진중일지는《独立自動車第63大隊材料廠 陣中日誌 昭和18年2月1日~18年4月30日》,《独立自動車第63大隊材料廠 陣中日誌 昭和18年5月1日~17年5月31日》,《独立自動車第63大隊材料廠 陣中日誌 昭18.7.1~18.7.31》,《独立自動車第63大隊材料廠 陣中日誌 昭和18年9月1日~17年11月30日》등의 디렉터리에 수록되어 있으며, 이하에서는 출전을 명기하지 않는다.

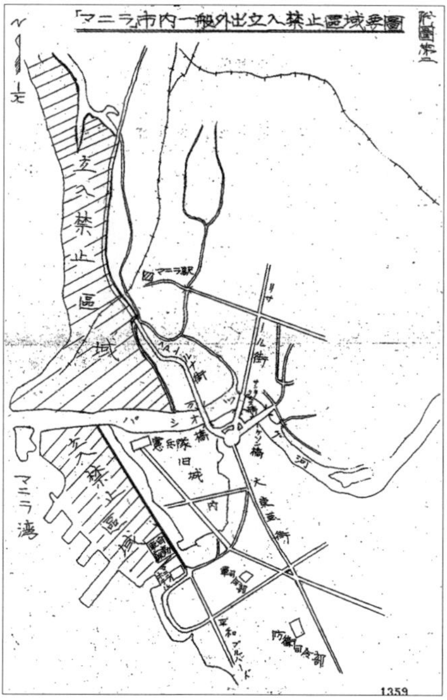

[그림 6-29] 마닐라방위사령부가 지정한 출입금지 구역

· 출전: 〈〈マニラ〉防衛地域内軍人軍属外出取締規定 〈マニラ〉防衛司令部〉,《諸規定綴 昭和17~18年》

인·군속 외출취체규정'(이하 규정1)이 개정되었다.[212] 주요 내용은 다음과 같다.

규정1은 마닐라 방위 지역에서 주둔하거나 숙영하는 군인·군속의 외출 및 군기·풍기를 단속하는 것으로 정의되며(1조) 큰 틀은 군대내무서의 조문에 따르도록 되어 있다. [그림 6-29] 지도의 빗금 그은 구역과 같이 해변 지역은 물론(5조) 댄스홀, 경마장, '사창굴'의 출입이 금지되었다(6조).

숙영부대는 14군 고급부관이, 상륙부대는 정박장사령관이, 철도

212) 〈〈マニラ〉防衛地域内軍人軍属外出取締規定 〈マニラ〉防衛司令部〉,《諸規定綴 昭和17~18年》.

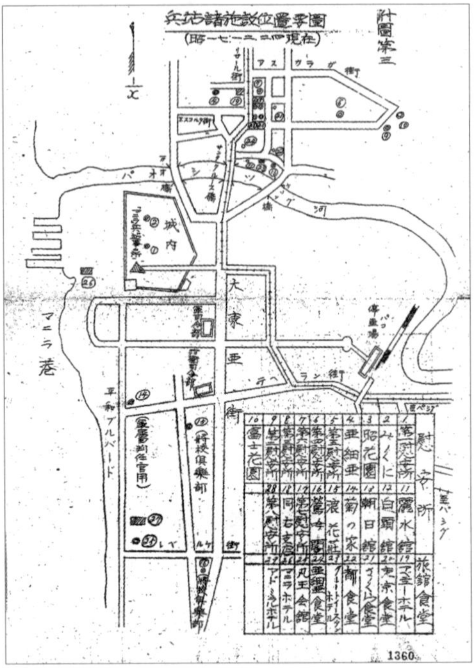

[그림 6-30] 마닐라방위사령부 관할 내의 위안소 지도(1943년 1월 15일)

· 출전: [그림 6-29]와 동일

이용 부대는 철도수송사령관이 각각 규정1의 준수를 통보하도록 한다(15조). 외출을 허가한 부대장은 순찰을 파견하고(16·17조) 외출일과 인원, 순찰자를 전날 정오까지 방위사령관에게 통보한다(18조).

규정1 말미에는 [그림 6-30] 지도가 첨부되어 있다. 지도명은 '병참제시설 위치요도'이며 현재 파시그(Pasig)강 남북의 마닐라 중심지에 해당된다. 마닐라방위사령부의 용어가 단적으로 말해주듯이 위안소는 여관, 식당과 함께 일본군에게 필수적인 '병참시설'의 하나로 자리매김되어 있다. 당연한 이야기지만 위안소 등은 [그림 6-29]의 출입금지 구역 밖에 위치한다.

규정1의 제정 이유로는 마닐라에서의 군기·풍기의 악화를 빼놓을 수 없다. 1943년 1월 8일 16사단 참모장은 보병 33연대장에게 두 차례나 통첩을 보냈다. 첫 통첩에서 거론된 것은 경례(특히 해군 장교에 대해)와 복장, 태도의 불량이었는데, 그런 사례가 발생한 장소로는 음식점, 극장 등이 열거되었다. 요컨대 외출이 계기였다. 대책으로는 경례교육, 외출 전의 복장검사와 더불어 하사관과 병의 '사창' 이용자 증가에 대한 방지책을 촉구했다.[213] "재삼 주의를 촉구했음에도 불구하고 아직 효과를 보지 못하는 것은 유감"이라고 표현했을 정도로 참모장의 상황 인식은 심각했다.[214] 같은 날 마닐라방위사령관인 야포병 22연대장도 1942년 12월 하순 마닐라에서의 군기·풍기 문제를 지적했다. 해군은 언급되지 않았지만 경례, 복장, 태도 문제를 열거하고 외출 전의 복장검사와 함께 '사창굴' 출입으로 이어지는 음주 절제를 당부했다.[215] 그리고 1월 11일 14군 참모장은 14군 헌병대장에게 군인·군속은 복장 여하를 불문하고 댄스홀(댄스가 허가된 카바레 포함) 출입을 금하는 통첩을 보냈고 2일 후 헌병대장은 각지의 헌병대에 관련 내용을 하달했다.[216] 댄스홀과 '사창굴'의 출입을 금하는 6조를 포함하여 군기·풍기의 철저를 위해 외출 단속을 강화하는 규정1의 제정이 요구되었던 것이다.

---

213) 〈垣参甲第304号 'マニラ'市ニ於ケル軍紀風紀ニ関スル件通牒 昭和18年1月8日 垣6550部隊参謀長河添連〉, 《歩兵第33連隊 関係資料 昭和18年1月5日~18年7月22日》. 유사한 지적은 1942년 12월 28일 보병 9연대 부관대리는 각 부대장에게 마닐라에서 '사창굴'에 출입한 사례가 통보되었음을 알렸다(〈昭和17年12月分〉, 《垣(第16師団)部隊 関係書類綴 昭16.12~17.12》).

214) 〈垣参甲第302号 軍紀風紀ノ取締ニ関スル件通牒 昭和18年1月8日 垣6550部隊参謀長河添連〉, 《歩兵第33連隊 関係資料 昭和18年1月5日~18年7月22日》. 바로 앞의 304호와 문서명이 뒤바뀌어 있어 주의를 요한다.

215) 〈桃防庶第54号 〈マニラ〉市内軍紀風紀ニ関スル巡察綜合所見送付ノ件通牒 昭和18年1月8日 〈マニラ〉防衛司令官 近藤嘉名男〉, 《歩兵第33連隊 関係資料 昭和18年1月5日~18年7月22日》. 통첩 말미에 보병 33연대 소속 병사 2명이 12월 27일 '사창굴'에 갔음을 통보했다.

관련 사실은 16사단 보병 20연대 소속부대의 자료에도 실려 있다.[217] 1943년 1월 16일 경비회보(연대 발행, 이하 동일)에서는 관복, 사복을 불문하고 군인·군속의 댄스홀, 카바레 출입이 금지되었음을 알렸다.[218] 2월 6일 경비회보에서는 "위안이 토벌을 둔하게 한"다면서 운동 경기나 교련으로 대체하도록 했다(2월 20일에는 경례 엄정을 강조).[219] 연대부관은 별도로 마닐라에서의 군기, 풍기에 관해 구두로 지시했는데, 1대대의 경비일보 제46호에 따르면 "병참 지정 여관, 음식점, 위안소 등에" 군인·군속 외의 민간인이 출입하여 단속에 지장이 초래되므로 민간인에게는 신분증명서를 지참하게 한다는 것이었다.[220]

마닐라 소재 위안소의 위치를 알려주는 자료는 더 있다. 1944년 8월 28일 마닐라경비사령관 이름으로 제정된 '마닐라 경비 지역 내 군인·군속 외출규정'(이하 규정2)이다.[221]

---

216) 〈比憲警第11号 軍人軍属出入場所制限に関する件達 昭和18年1月13日, 他〉,《第14軍軍法会議関係書類綴 S16.12.27~19.3.29》. 1월 11일 14군 참모장의 통첩은 16사단 참모장에게도 전달되었고 보병 33연대장은 1월 20일 소속부대에 이첩했다(〈鈴甲第5号 垣参丁第488号 渡集参甲第260号 軍人軍属出入場所制限ニ関スル件通牒 昭和18年1月20日〉,《歩兵第33連隊関係資料 昭和18年1月5日~18年7月22日》).

217) 이하는 별도의 언급이 없는 한《左警備隊.警備日報.会報綴 昭和17年10月~18年11月》디렉터리를 참조했으며, 이하 출처는 명기하지 않는다.

218) 1월 20일자 경비회보에 따르면 사단 전체의 제1차 귀환 인원 중에서 화류병 환자가 10명 발생하여 타이완에서 입원했다.

219) 2월 4일 사단 정보회의에서는 14군 사령관의 지적이 전달되었다. 각 병단에 비해 마닐라의 군 직할부대의 군기, 풍기가 더욱 불량하다면서 "위안시설 등은 뒤로 미루고 모든 힘을 치안숙정에 쏟아야 하며 위안시설이 많아지면 병의 토벌력을 약화"하므로 차라리 운동 경기를 장려하라고 지시했다(〈2月4日師団情報会報時伝達事項〉,《歩兵第33連隊 関係資料 昭和18年1月5日~18年7月22日》).

220) 경비일보 제46호에는 날짜가 누락되어 있는데, 전후 내용상 2월 6일 경비회보에서의 지시사항으로 판단했다. 그리고 5월 15일 경비회보의 주의 사항 중에는 마닐라시에서 공용증 및 외출증명서를 지니지 않은 외출자가 있으므로 출장자의 단속을 철저히 하라는 내용도 포함되어 있다.

221) 〈馬尼剌警備地域内軍人軍属外出規定 馬尼剌警備司令部〉,《諸規定綴 昭和18~19年》.

규정1에서 달라진 부분을 중심으로 규정2를 살펴보자. 부대장은 마닐라경비규정 32조에 지장이 없는 범위에서 외출을 허가할 수 있었다(3조)는 점에서 규정2는 마닐라경비규정의 하위 규범이었음을 알 수 있다. 마닐라경비사령관은 필요에 따라 외출을 제한하거나 금지할 수 있었으며(4조) "혼잡을 방지하기 위해" 외출일을 할당·통제했다(5조). 할당 내용을 보면 일요일과 수요일은 남방군 직할부대와 제4항공군에게, 월요일과 목요일은 14방면군 직할부대와 제3선박수송대에게, 화요일과 금요일은 병참부대에게 배당되었으며, 토요일은 휴무로 정해졌다. 각 사령부와 대대 이상의 부대본부는 일요일에 외출하며 각 부대는 외출 인원의 균형을 맞추도록 지시했다. 숙영부대는 마닐라병참지구사령관이, 상륙부대는 3선박수송대 마닐라지부장이, 철도 이용 부대는 철도수송사령관이 규정2의 준수를 책임졌다(16조).

내용에서부터 규정1의 취지와는 사뭇 다르다. 1943년 1월 당시 군인·군속의 외출은 군기, 풍기의 차원이 문제시되었다면 레이테에서의 결전이 임박한 상황에서는 경비와 방어라는 군사적 측면이 강조되었다. 위안소 운용이 군의 작전과 결부된다는 본질이 역력히 드러난다.

외출금지 구역은 규정1과 동일하게 설정되어 있다. 그런데 [그림 6-31]에서 보는 바와 같이 '병참제시설 위치요도'라는 명칭은 동일하지만 여러 변동이 관찰된다.

위안소에 한정하여 좀더 상세히 살펴보자. 전체 수는 19곳에서 18곳으로 1곳 줄었다. 규정1의 제1위안소가 규정2에서 호라이칸(蓬萊館)으로 명칭(업주 변경)이 바뀌었듯이 1년 6개월 동안의 변화는 작지 않다. 3곳이 신설되었고, 1곳은 폐업했으며, 1곳은 명칭과 업주가 변경되었다. 7곳은 소재지를 옮겼고 변화가 없는 곳은 6곳에 불과하다. 규정1에서 나니와소(浪花莊)는 오긴카쿠(鶯吟閣)와 함께 장교용 위안소

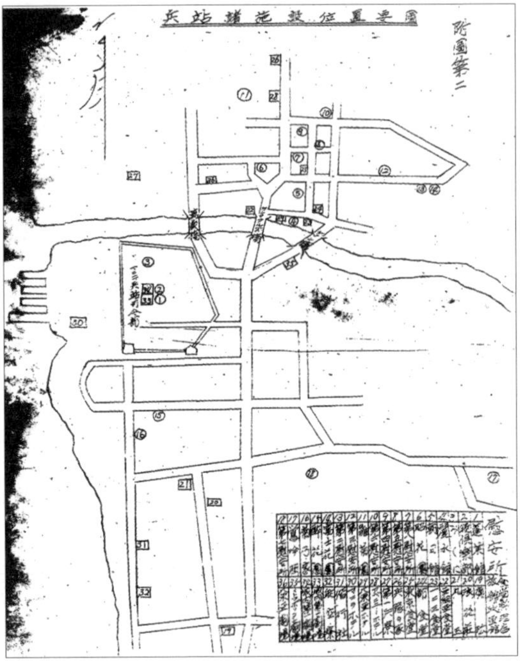

[그림 6-31] 마닐라방위사령부 관할 내의 위안소 지도 (1944년 8월 28일)

· 출전: 〈馬尼剌警備地域內軍人軍屬外出規定 馬尼剌警備司令部〉, 《諸規定綴 昭和18~19年》

였는데, 규정2에서는 요릿집으로 업태를 변경했다(후술). 관련 내용을 알기 쉽게 정리하면 [표 6-19]와 같다.

위안소 중에서 하쿠토칸(白頭館)과 레이스이칸(麗水館)은 조선인 위안부가 있었다고 판단된다. 명칭도 그렇거니와 구일본군의 회상에서도 유사한 부분을 발견할 수 있기 때문이다. "마닐라의 거기에 위안소가, 조선 사람인 곳도 있었다. ……〈白頭山〉이라는 위안소 이름, 조선 위안부들은. 필리핀, 에스파냐, 인도 사람이 섞여 있는 곳은 〈제1〉, 〈제2〉, 〈제3〉이 붙어 있었지, 위안소 이름이. 〈冷水館〉은 조선 사람인 곳. 거기까지 기억난다"와 같이 '白頭山'과 '冷水館'이라는 단어가 나오는데, 각각 하쿠토칸과 레이스이칸을 가리킨다고 추측된다.[222] 그리고 한 헌병 하사관이 "산타크루즈 다리(지금의 맥아더 다리-인용자)를

지도 번호	규정1		규정2	
1	第一慰安所	업주 변경	蓬萊館	업주 변경
2	みくに		暁俱樂部	신설
3	昭花園	위치 누락	みくに	
4	亞細亞	폐업	麗水館	그레이트이스턴 호텔 자리
5	第五慰安所	이전	朝日館	亞細亞食堂 자리
6	第四慰安所	이전	昭花園	
7	第六慰安所	이전	第八慰安所	第四慰安所 자리
8	第三慰安所		第五慰安所	대각선 이전
9	第二慰安所		第四慰安所	第六慰安所 자리
10	富士花園		第六慰安所	대각선 이전
11	麗水館	이전	雛菊園	신설
12	白頭館	위치 누락, 폐업	第三慰安所	
13	朝日館	이전	第二慰安所	
14	菊の家		富士花園	
15	浪花莊	업태 변경	醉花園	신설
16	鶯吟閣	이전	菊乃家	
17	第七慰安所	위치 누락	鶯吟閣	파코(Paco) 정차장 근처
18	第七慰安所 지점	위치 누락	第七慰安所	
19	第八慰安所	이전		

[표 6-19] 1943년 1월과 1944년 8월의 마닐라 시내 위안소 내역

* 雛菊園은 글자 판독이 어려우나 후술하는 검진 보고서와 연결하여 판단했다.

** 규정1의 菊の家와 규정2의 菊乃家는 같은 위치에 있어 규정1과 같이 군속과 판임관이 이용하는 위안소라고 상정했다.

*** 제7위안소는 규정1에서 위치가 누락되어 있지만 규정2의 위치에 있었다고 상정했다.

· 출전: 〈〈マニラ〉防衛地域内軍人軍属外出取締規定 〈マニラ〉防衛司令部〉,《諸規定綴 昭和17~18年》, 〈馬尼剌警備地域内軍人軍属外出規定 馬尼剌警備司令部〉,《諸規定綴 昭和18~19年》

건너 약간 낮은 곳에 아침부터 여는 음식점이 있으며, 오른쪽으로 돌면 산타크루즈광장이 나온다. 광장 근처에 트로카데로 댄스홀, 카바레풍의 맥줏집, 조선 여성의 위안소, 광장에서 키아포(Quiapo)교회로 통하는……"과 같이 밝힌 조선인 위안소는 규정1의 레이스이칸으로 판

단된다.[223]

1943년 2월 26일자로 작성된 마닐라 소재 남방 제12육군병원의 자료에도 위안소의 실태를 알려주는 정보가 포함되어 있다.[224] 조사 시점 당시의 성병 입원 환자 135명 중 절반이 넘는 72명이 마닐라 시내에서 발병했는데, 마닐라 시내 환자 중 80퍼센트가 넘는 59명은 '공창' 즉 위안소에서, 나머지는 '사창'에서 걸린 것으로 기재되어 있다. 사창의 이용도 적지 않았음이 드러난다.

위안소별 분류도 있는데, 제1~8위안소에 후지카엔(富士花園), 쇼와엔(昭和園, 昭花園의 오기로 추정), 아사히칸(朝日館), 레이스이칸의 명칭이 나온다. 규정1의 19곳에서 장교와 군속용 3곳을 뺀 대부분의 위안소 명칭과 일치한다.

미군이 필리핀 일대에서 노획한 자료에는 마닐라 지역의 위안소 상황을 알려주는 자료도 포함되어 있다. 가장 먼저 살펴볼 것은 마닐라 병참지구대(MANILA District Line of Communication Squad)의 오니시 중좌가 1943년 2월에 작성한 '마닐라 지정 식당과 위안소(Houses of Prostitution) 규정'이다.[225] 주요 내용은 다음과 같다.

위안소의 지정은 군사령관(army commanding general)[226]의 허가

222) 京都"おしえてください!'慰安婦'情報電話"報告集編集委員会 編,《性と侵略—〈軍隊慰安所〉84ヶ所 元日本兵らの証言》, 社会評論社, 1993, 204~205쪽, WAM.

223) 石田忠四郎,《或る憲兵下士官の雑記帳》, 雄文社出版企画室, 1990, 69쪽, WAM. 키아포 교회는 지금의 검은 나사렛 준대성전(Minor Basilica of the Black Nazarene)으로 여겨진다.

224) 〈花柳病患者罹患経路調査 昭和18年2月26日南方第12陸軍病院調〉,《歩兵第33連隊 関係資料 昭和18年1月5日~18年7月22日》.

225) WAM(K_L_RR120-1, K_L_RR120-2). 중좌의 이름은 요시미 요시아키(吉見義明)의 자료집 (《従軍慰安婦資料集》, 大月書店, 1992, 497쪽, 이하《자료집》)에 적시되어 있으며, WAM의 자료에는 삭제되어 있다. 그리고 마닐라병참지구대는 규정1의 지도에서 마닐라병참사무소로 기재되어 있다.

를 받아 마닐라지구병참장교(officer in charge of MANILA Sector Line of Communications Duties, 이하 병참장교)가 실시하며 위안소의 폐업과 영업 정지는 병참장교의 전권이었다. 위안소는 군인과 군속만 이용할 수 있었다.

위안소를 개설하려는 영업자(manager)는 일본인이어야 하며 정해진 양식의 서류(영업허가신청서, 영업계획서, 서약서, 이력서)를 제출해야 한다. 개설 허가를 받은 영업자는 피고용인 명단과 위안부 개인의 취업신청서를 제출해야 하며(양식 있음) 개설 전에 설비검사와 피고용인의 검진을 받아야 한다. 피고용인의 변동, 위안소를 그만두는 위안부는 신청서를 제출하고 허가를 받는다(양식 있음). 피고용인을 신규로 채용할 때마다 검진과 함께 관련 서류를 제출하고 허가를 받는다. 위안소의 위치는 허가를 받아야 하며 수리 시에는 병참장교에게 통보한다. 원칙적으로 미성년자는 위안부가 될 수 없고 종업원(maid)만 가능하며, 위안부나 종업원으로 미성년자를 고용하는 것은 병참장교의 허가 사항이다. 영업시간은 자정까지이며 별지에 제시된 요금은 [표 6-20]과 같다.[227]

두 번째 자료는 1944년 2월 7일 마닐라병참지구대가 작성한 '검진보고서(police report on medical inspection)'다.[228] 위안소(House of Relaxation)의 평가 기준은 방의 청결도와 체계성, 침구 상태, 대기실과 복도의 청결도와 환경, 화장실과 세면대의 청결도 등 네 가지였으며 A, B, C 세 등급으로 판정되었다. 가장 중요한 정보는 위안소의 명

226) 《자료집》에서는 병참사령관으로 번역했으나 군사령관이 적절해 보인다.

227) 앞에서 언급된 서류 외에 위안소 전체와 위안부 개인의 일일·월별 매상고, 매주 실시되는 검진 결과표 등의 서류 양식이 존재했다.

228) WAM(K_L_RR120-2).

	이용자 구분	시간	가격
일본인	병	40분	2엔
	하사관	40분	3엔
	기타	1시간(온밤)	5엔(10엔)
필리핀인	병	40분	1엔 50센
	하사관	40분	2엔 50센
	기타	1시간(온밤)	4엔(8엔)

[표 6-20] 마닐라의 위안소 요금(1943년 2월)

* 기타는 장교와 군속을 포함한다.

** 온밤은 오후 11시부터 개시된다.

· 출전: WAM(K_L_RR120-1, K_L_RR120-2)

칭과 위안부 수, 영업자의 이름(삭제됨)이다.[229] 앞의 규정1과 규정2에 나오는 위안소 명칭을 참조하여 정리한 결과는 [표 6-21]이다.

[표 6-19]에서 오긴카쿠는 이전했다고 했는데, 오긴카쿠 자리에 입주한 것이 히로마쓰(廣松)였다. [표 6-20]에 나오는 장교와 고등문관을 상대하는 특별 클럽 와이드 파인(Wide Pine)으로 판단되며 규정2에는 요릿집으로 분류되어 있다. 마찬가지로 나니와소(浪花莊)는 규정2에서 요릿집으로 업태를 변경했다고 했지만 장교와 고등문관을 상대하는 위안부가 있는 특별 클럽이었음을 알 수 있다. 그리고 '위안소'는 민간인의 출입이 가능하며 '병, 하사관(For Private and noncommissioned officer)'의 경우는 군인만 이용할 수 있던 곳으로 추측된다. 또한 위안소에서 일하는 모든 종업원이 검진 대상이었던 만큼 일정 숫자를 줄여야 하겠지만 1944년 2월 마닐라의 위안부는 최소

229) WAM에서는 '連合軍総司令部翻訳通訳部局(ATIS)調査報告No.120/日本軍隊における生活利便施設 補遺B マニラの慰安所に関する憲兵隊の報告'라는 제목으로 《자료집》을 인용하고 있는데, 영업자의 이름이 명기되어 있다(蓬莱館과 酔花園, 浪花莊와 鶯吟閣는 각각 영업자가 동일하다). 다만 자료의 발행일(1941.2.7.)과 麗水館의 위안부 수 38명은 오류다.

형태	검진 수	환자 수	위안소 명칭	
			영어	일본어
전 선박부대(Shipping Units) 병사와 선원	120	8	Dawn Club	曉俱樂部/朝日館
위안소	38	3	No.2 House of Relaxation	第二慰安所
위안소	34	4	No.3 House of Relaxation	第三慰安所
위안소	65	8	No.4 House of Relaxation	第四慰安所
병, 하사관	59	3	No.5 House of Relaxation	第五慰安所
병, 하사관	76	3	No.6 House of Relaxation	第六慰安所
병, 하사관	38	4	No.7 House of Relaxation	第七慰安所
병, 하사관	52	3	No.8 House of Relaxation	第八慰安所
병, 하사관	49	2	Chrysanthemum House	菊の家
병, 하사관	80	1	Fuji Flower Garden	富士花園
위안소	80	1	Shining Flower Garden	昭花園
위안소	48	5	MIKUNI Club	みくに
위안소	89	6	Daisy Garden	雛菊園
위안소	46	1	Coquette Club	蓬萊館
위안소	49	2	Drunkards' Flower Garden	醉花園
병, 하사관	80		Crystal Water Club	麗水館
병, 하사관	61	9	Dawn Club	曉俱樂部/朝日館
특별 클럽(장교, 고등문관)	71	1	Sea-Flower Villa	浪花莊
특별 클럽(장교, 고등문관)	32	4	Chirping Sparrow Palace	鶯吟閣
특별 클럽(장교, 고등문관)	16	1	Wide Pine	廣松
계	1,183	69		

[표 6-21] 마닐라의 위안소 명칭

* Dawn Club은 曉俱樂部, 朝日館 양쪽으로 번역될 수 있어 병기했다.

** Wind Pine 외에 특별 클럽(장교, 고등문관) Round Pear, 병·하사관 식당으로 분류된 TOKYO Restaurant, ASIA Restaurant, MIYAKO Restaurant의 명칭이 있는데, 규정1과 규정2를 참조하면 丸玉, 東京食堂, 亞細亞食堂, 都食堂으로 상정된다.

· 출전: WAM(K_L_RR120-2)

1,000명이 넘었음에 틀림없다.

마닐라 소재 위안소 명칭은 군의 문서에서도 발견된다.[230] 1943년 5월 21일 한 군속이 "M.H. 델필라르(Del Pilar)거리의 스이카엔(醉花

園) 위안소에서 눈요기를 했"으며 "해군 하사관 위안소 가이게쓰(海月) 및 병참 지정 나니와소"의 이용을 거절당했다고 되어 있다. 스이카엔은 규정1에는 없고 규정2에 표시되어 있으며, M.H. 델필라르 거리는 지금도 남아 있다. 해군 위안소와 나니와소 출입을 제지당한 것은 군속이 육군 소속으로 장교가 아니었기 때문이다.[231]

마지막은 마닐라육군항공창(MANILA Army Air Depot)의 문서 다발(1944. 8. 14~10. 14)에 있던 위안소 고쿠소(Air House, 航空莊인 듯하다)에 관한 내용이다.[232] 요금은 40분에 병이 1엔 50센, 하사관이 2엔 50센, 군속이 4엔이었다. 수요일은 사령부의 하사관 이상과 제1~4근무대(Administrative Duty Squads)의 절반, 일요일은 작업대(working units)와 취사병(Kitchen personnel)의 하사관 이상, 제5~8근무대 절반에게 할당되었다. 이용시간은 병이 정오~오후 5시, 하사관이 정오~오후 7시였다.

마닐라의 위안소는 단기간 숙영하는 부대도 이용했다. 다음에서 몇 가지 관련 사례를 검토해보자.

먼저 언급할 것은 육군의 선박부대 중 하나인 해상수송 제4대대(대대장 니시무라 진조西村仁藏 중좌, 이하 4대대)다. 모체인 수상근무 제47중대는 말레이반도와 라바울을 거쳐 1943년 5월 마닐라에 집결하

230) WAM(J_071).

231) 그 밖에 WAM이 수집한 회상기 중에서 위안소 명칭과 위치가 담겨 있는 것 두 가지만 더 소개한다. "장교는 장교 전용의 일본 요릿집 '마루타마(丸玉)'에 갔습니다"(西野瑠美子, 《従軍慰安婦－元兵士たちの証言》, 明石書店, 1992, 70쪽)와 같이 마루타마는 장교 전용 요릿집이었다. 그리고 "에스콜타(Escolta, 거리-인용자)에 병참시설로 군 위안소가 있었다. …… 다나베(田辺) 소위와 나니와소 현관에 섰을 때……."(高橋秀治, 《第四航空軍の最後 司令部付主計兵のルソン戦記》, 光人社, 2008, 114쪽, WAM)에 나오는 에스콜타거리는 규정1의 파시그강 북쪽에 표시되어 있으며 나니와소는 장교 전용이었다.

232) WAM(K_L_RR120-2). 마닐라육군항공창은 1943년 7월 대본영 직할로 설치되어 항공기와 관련된 무기의 수리 및 보급을 담당했다.

여 4대대로 개편·확충되었다(상급부대는 제4선박수송대). 6월은 마닐라에서 체재하고 7~9월 사이에는 남태평양의 뉴기니로 이동했다. 4대대는 대대본부, 제1~5중대, 재료창으로 구성되었으며 진중일지는 제1~3중대와 재료창의 1943년도 것이 단편적으로 현존한다.[233)]

5월 20일 4대대는 마닐라에 주둔하는 동안의 내무 경비는 당분간 편성을 맡았던 제2선박수송지구대의 내무규정을 준용하기로 하고 일과 시한을 정했다(2중대). 1중대의 9월 진중일지 '개요'에는 마닐라에서 주둔하는 동안 주 1회 외출을 허가했다고 기록되어 있다. 유일한 외출 기록은 9월 5일(일)인데, 뒤에서 서술하는 다른 중대와 마찬가지로 일요일은 4대대의 외출일이었다.

2중대는 5월에 25일(화)과 30일(일)에 외출을 실시했다. 화요일과 일요일로 나누는 방식은 6월에도 이어져 각각 1일·8일과 6일·13일·27일에 외출이 기재되어 있다. 15일에는 아무 언급이 없다. 20일에는 외출에 대비하는 제2종 순찰의 일일명령이 16일 하달되었으나 19일에는 제2종 순찰을 중지한다는 일일명령이 내려졌다. 19일 회보를 통해 20~23일에 선박사령관이 필리핀을 방문하는 관계로 외출을 금지했기 때문이다.

3중대의 외출 기록은 6월 27일만 남아 있으며 25일에는 제2종 순찰을 임명한다는 일일명령이 첨부되어 있다. 재료창의 6월 진중일지는 좀더 기록이 풍부하다. '개요'에는 근무자 이외에 열심히 외출했다는 기술과 함께 계획표에는 일요일인 6일·13일·20일·27일에 휴양이

---

233) 1중대는 9월·11~12월이, 2중대는 5~9월·12월이, 3중대와 재료창은 6월이 각각 남아 있으며, '해상수송 제4대대'로 검색이 가능하다. 이하에서 출처는 본문이나 말미에 부대 명칭만 밝히는 것으로 대체한다.

표시되어 있다. 실제 외출이 이루어진 것은 1일·6일·8일·13일·27일이었다. 8일의 외출은 6일의 잔여 인원임이 명기된 것으로 판단하건대 1일도 마찬가지였을 것 같다. 재료창은 2중대와 비슷한 방식을 취했던 것이다.

4대대의 진중일지에는 위안소, 위안부가 등장하지 않는다. 다만 9월 1일 일등병이 임독성요도염이 발병했다는 것으로 보아 위안소 이용을 짐작하게 한다. 4대대가 머물렀던 후지(不二) 병영은 도심 한가운데인 산티아고(Santiago) 요새여서 위안소가 지척이었다.

1944년 7월 들어서는 다양한 부대가 필리핀 각지로 이동하기 위해 마닐라에 상륙했는데, 제147비행장대대(이하 147대대)도 그중 하나였다. 7월 21일 147대대는 마닐라에 입항한 후 8월 9일 루손 남부의 나가로 이동할 때까지 머물렀다.[234]

7월 30일 147대대는 일일명령으로 30일의 전체 휴양을 실시했으며, 외출은 오전과 오후로 나누어 절반씩 허가했고, 장교가 인솔하도록 했다(대대본부, 보급중대, 경비중대). 대대본부는 30일 근무자의 외출을 다음 날인 31일에 실시했다. 보급중대는 7월 30일 오전과 오후로 나누어 각각 20명씩, 7월 31일 29명, 8월 5일 오후 26명의 외출을 허가했다. 이와 마찬가지로 경비중대도 7월 30일 오전과 오후에 34명씩, 7월 31일 39명, 8월 5일 오후 62명, 8월 6일은 5일 근무자 53명이 외출했다.

위안소 출입은 마닐라에 수일 머무는 동안에도 허용되었다. 버마

---

234) 마닐라 주둔 시기의 진중일지는 대대본부가 1944년 7월, 보급중대와 경비중대가 7월과 8월을 남기고 있으며 '제147비행장대대'로 검색이 가능하다. 이하에서 출처는 본문이나 말미에 부대 명칭만 밝히는 것으로 대체한다.

전선에 투입된 병사는 1943년 9월 다음과 같이 회상했다.

> 수송선단은 마닐라에 기항했다. …… 반나절의 외출이 허가되어 고참병들은 부산을 떨며 시내의 위안소나 식당으로 갔지만, 잡일이 많은 우리 하급 병사들은 시간이 모자라 부두에 내려 기껏 주변을 걷는 정도였다.[235]

기항 중의 위안소 출입은 어떤 절차를 거쳐 진행되었을까? 몇 가지 자료를 엮어 퍼즐을 맞춰보자.

제2선박공작창 자재정비대의 수송선 도호마루(東寶丸)는 1942년 5월 19일 인도네시아의 수라바야를 출항하여 27일 마닐라에 닻을 내렸다.[236] 정박 당일 오후 1시에 시라이시(白石) 중위는 제52정박장 사령부에 출두하여 외출에 관해 협의했다. 작업이 한산해진 5월 29일과 30일 오전 10시에 절반의 인원을 상륙시키고 외출을 허가했다. 외출 전에 하사관의 지도 아래 1시간 동안 각개 교련 및 경례 동작을 실시했으며 시라이시 중위는 외출에 관한 주의 사항을 전달했다(수라바야에서도 동일한 방식으로 외출 실시). 1943년 2월 16일이기는 하지만 역시 52정박장 사령부에 [그림 6-32]와 같은 외출 관련 서류가 접수되어 허가되었다.[237]

앞의 자료는 민간인 선원의 외출에 관한 것이다. 동남아와 태평양으로 전선이 확대됨에 따라 징용선박은 고사포와 기관총을 비롯한 대

---

235) 黒岩正幸,《インパール兵隊戦記〈歩けない兵は死すべし〉》, 光人社, 2004, 17쪽.

236) 〈7.日々の記事 5月26日~31日(1)〉,《第2船舶工作廠 陣中日誌 昭和17年5月1日~昭和17年5月31日》. 이하 동일. 참고로 4,000톤급의 도호마루는 육군의 징용선으로 1944년 1월 14일 어뢰 공격을 받아 침몰했다(http://kitabatake.world.coocan.jp/rikukaigun57.4.html, 2020년 9월 3일 조사).

237) 〈各船舶等上陸許可願綴(2)〉,《上陸許可証控綴 第10号 昭和18.2》.

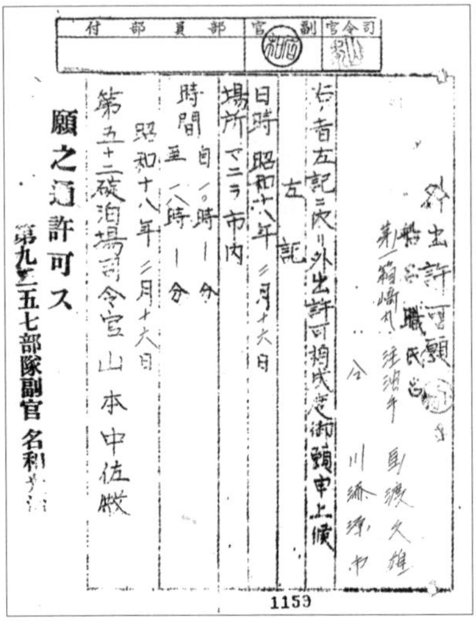
司令官 | 副官 | 部員部付

外出許可願

船舶職氏名

第一箱崎丸 注油手 馬渡久雄

仝 川添浄市

右者左記ニ依リ外出許可相成度御願申上候

左記

日時 昭和十八年二月十六日

場所 マニラ市内

時間 自一〇時一分 至一八時一分

昭和十八年二月十六日

第五十二碇泊場司令官 山本中佐殿

願之通許可ス

第九三五七部隊副官 名利

1159

[그림 6-32] 선박부대의 외출허가원-1

· 출전: 〈各船舶等上陸許可願綴(2)〉, 《上陸許可証控綴 第10号 昭和18.2》

공화기를 갖추게 되었고 이를 다루는 병사는 '비포수(備砲手)'라 불렸다. 아울러 1942년 7월에는 선박포병 제1·2연대가 창설되었다. [그림 6-33]은 그 비포수의 외출 관련 서류다.[238)]

1944년 6월 9일 아카쓰키(曉) 제2953부대, 즉 선박포병 제1연대 소속 중위(중대장인 듯하다)가 아카쓰키 제2950부대, 즉 제4선박수송 사령부 마쓰야마(松山)부대에게 하사관 9명과 병 61명의 외출 허가를 요청한 서류다. 아카쓰키 2950부대는 아카쓰키 제2944부대, 즉 제3선박수송 사령부의 오기이며 이는 다른 서류에서도 발견된다. 장소는 마닐라 시내이고 목적은 상용되는 '보건 상륙'이라고 다른 서류에도 적시되어 있다. 외출시간은 오전 9시~오후 6시지만 첨부된 외출증

---

238) 〈第3船舶輸送司令部マニラ支部庶務 備砲手外出許可綴 昭和19年6月9日〉, 《第3船舶輸送司令部マニラ支部庶務 備砲手外出許可綴 昭和19年》. 1944년 6월 9일부터 6월 14일 사이의 외출허가원이 남아 있다.

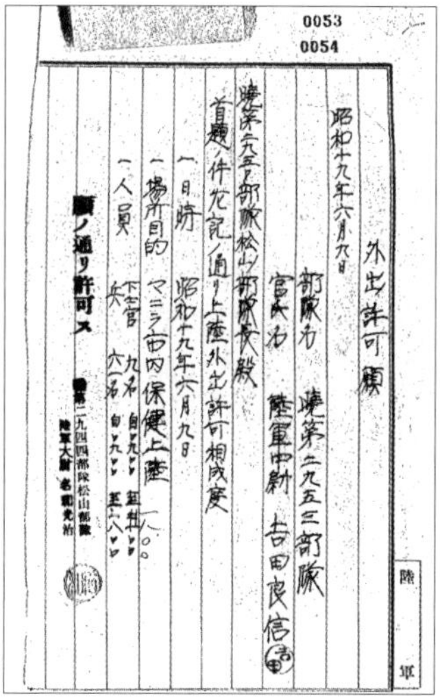
0053
0054

外出許可願

昭和十九年六月九日

部隊名 暁第二九五三部隊

官氏名 陸軍中尉 吉田良信

首題ノ件左記ノ通リ上陸外出許可相成度

一 日時 昭和十九年六月九日

一 場所目的 マニラ市内保健上陸

一 人員 下士官 九名 兵 六〇名

願ノ通リ許可ス

陸軍大尉

陸軍

[그림 6-33] 선박부대의 외출허가원-2

· 출전: 〈第3船舶輸送司令部マニラ支部庶務 備砲手外出許可綴 昭和19年6月9日〉, 《第3船舶輸送司令部マニラ支部庶務 備砲手外出許可綴 昭和19年》

명서의 군조(軍曹)는 오후 9시까지다.

이와 같이 위안부 수가 1,000명을 넘었다는 마닐라의 위안소 운영은 누가 통제했을까? 1942년 11월 17일자로 14군 사령관 다나카 시즈이치(田中靜壹, 1887~1945) 중장이 하달한 '병참 근무에 관한 규정'이 흥미로운 시사점을 제공한다.[239] '위안에 관한 사항'에는 다음과 같은 내용이 적시되어 있다.

6) 병참지 근무를 담당하는 부대장은 군의 인가를 받아 필요한 여관 또는 가옥을 병참시설로 지정하여 경영을 위탁, 해제하거나 필요한 음식점 및 위안소를 지정, 해제할 수 있다…….

8) 병참 지정 여관, 음식점 또는 위안소의 취체에 관해서는 소요 규정을 정하여 위반하지 않도록 한다. 음식품의 판매 가격 및 위안소 요금의

239) 《資料集成》 3, 195~198쪽.

공정(公定)에 관해서는 군의 인가를 요한다.

병참부대장은 14군의 인가를 거쳐 위안소 및 여관, 음식점을 '병참시설'로 지정하고 해제하는 업무를 담당했다. 앞서 미군 노획 자료에서도 확인했듯이 위안소의 관리와 통제에 관한 일상 업무가 병참부대의 관할이었던 근거는 앞의 규정에서 찾을 수 있다. 위안소는 요금까지 군의 인가를 받아야 하는 병참시설로서 개설되고 관리되었던 것이다.

관련 자료 두 가지를 살핌으로써 위안소의 본질을 더욱 명백히 해보자. 1943년 9월 19일 16사단 참모장 가와조에 무라지(河添連, 1892~1959) 대좌는 '원작명갑(垣作命甲) 제541호'를 보강하는 지시를 하달했다.[240] 10월 중 시행될 '2사단 부대'의 이동에 즈음하여 주둔지 처리 문제를 점검하는 내용이다. 그중에는 다음 구절이 있다.

8. 병참 설비 위안소 등은 2사단이 처리하는 것을 원칙으로 하고, (16-인용자)사단에서 직접 인수하지 않을 것. 단, 필요한 경우에는 별도로 검토할 것.

여기서 2사단 부대는 과달카날 공방전이 끝나고 1943년 5월 마닐라로 왔다가 10월에 싱가포르로 이동한 보병 제29연대로 추측된다. 14군 전투서열에 편입되어 보병 29연대가 임시로 주둔한 곳은 마닐라에서 200킬로미터 떨어진 북쪽의 곤잘레스(Gonzales)였다.

240) WAM(J_075). 다구판(Dagupan) 헌병분대가 곤잘레스를 관할하고 있었기 때문에 이 문서가 전달된 것으로 추측된다.

무엇보다 중요한 것은 보병 29연대의 이동에 수반된 업무 중 병참 설비와 위안소 처리가 포함되었다는 사실이다. 위안소는 해당 부대의 시설이었던 것이다. 경비를 맡은 16사단(정확히는 보병 33연대)이 직접 인계를 받지 않도록 지시한 이유는 14군 소속 병참부대가 위안소 관리와 통제를 담당했기 때문이라 여겨진다.

1944년 5월 1일 보병 33연대 3대대장은 14군 사령관에게 병참 지정 위안소의 종업원 8명의 귀국 인가를 신청했다.[241] 8명에는 영업자와 아내 외에 위안부가 6명이며 영업자의 아들도 포함되어 있었다. 이 무렵 16사단 사령부는 레이테로 옮겨간 상태였고, 33연대는 독립혼성 제32여단의 지휘 아래 루손 북부를 방어하고 있었으며, 3대대는 카바나투안(Cabanatuan)에 주둔해 있었다.

3대대장이 '가사 사정'에 따라 발생한 위안소 관계자의 귀국을 인가해주도록 14군 사령관에게 신청한 이유는 간단하다. 영업주와 위안부의 귀국은 위안소의 폐지를 의미한다. 앞의 병참규정에서 확인했듯이 위안소 개설과 폐지의 인가는 14군 사령관의 권한이었기 때문이다.

241) WAM(K_D_146). 아시아역사자료센터 소장 자료(〈33.鉄道乗車券使用状況調査報告 昭和19年5月1日 中岡隊副官瀬木俊雄〉, 《歩兵第33連隊 第3大隊報告綴 昭和19年度》)에는 해당 부분에 먹칠이 되어 있다.

5. 인도네시아의 상황

1) 전투 경과

1942년 1월 11일 일본 육군의 사카구치(坂口)지대와 해군 육전대는 인도네시아의 보르네오 북부 유전지대인 타라칸(Taracan)섬에 상륙했다. 사카구치지대는 혼성 56보병단장(사카구치 시즈오坂口靜夫, 1887~1947, 소장)이 지휘관으로서 56사단 보병 제228연대가 기간 병력이었다. 같은 날 해군은 육전대와 낙하산부대를 셀레베스(Celebes, 술라웨시Sulawesi)의 마나도(Manado)에 투입했다. 타라칸과 마나도의 서전은 네덜란드군의 항복으로 빠르게 종결되었다.

인도네시아 공격의 주목표는 수마트라의 팔렘방이었다. 2월 14일 동남아 최대의 유전을 확보하기 위해 낙하산부대와 38사단을 주축으로 한 지상 병력의 합동 작전이 전개되었다. 2월 28일과 3월 1일 일본군은 최종 목표인 자와(Jawa)의 북부 해안 3곳에 상륙했다. 3월 12일 저항하던 반둥(Bandung)수비대가 항복했고, 3월 27일 수마트라 전역의 점령이 완료되면서 인도네시아 작전은 단기간의 압승으로 막을 내렸다.

1941년 11월에 편제된 16군(이마무라 히토시 중장)은 인도네시아 점령 작전은 물론 군정의 주체였다. 전투 종료를 앞둔 3월 9일 남방군은 싱가포르 주재 25군의 수마트라 관할을 결정했고, 16군은 사령부를 자카르타(사료의 바타비아Batavia는 그대로 표기)에 두고 자와를 비롯한 나머지 인도네시아 전역을 관장했다. 1942년 9월 26일 창설된 제13·14독립수비대는 각각 반둥과 수라바야에 배치되었고 수라바야에 사령부를 두고 자와 동부의 수비와 작전을 펼치던 48사단은 9~11월에 걸쳐 티모르(Timor)로 옮겨갔다.

2) 각지의 위안소

자카르타

그 밖의 다른 지역에 비해 인도네시아 주둔부대의 진중일지는 거의 현존하지 않는다. 독립자동차 제39대대(이하 39대대, 본부, 제1~4중대, 재료창으로 구성) 4중대의 진중일지는 거의 유일한 사례다.[242] 총원 169명의 4중대는 1942년 3월 1일 자와섬 서쪽 끝의 메라크(Merak)에 상륙한 후 3월 4일 세랑(Serang)으로 이동했다. 여기서 4중대는 39대대를 벗어나 3월 9일 메라크에서 승선하여 다음 날 자카르타에서 동쪽으로 100킬로미터 떨어진 에레탄(Eretan)만에 상륙하여 수송 업무에 종사했다. 3월 22일 4중대는 자카르타의 대대본부 복귀명령을 받

242) 39대대 4중대의 진중일지는 《独立自動車第39大隊第4中隊 陣中日誌 昭和17.2.1~17.8.31》에 1942년 2월·8월이, 《独立自動車第39大隊第4中隊 陣中日誌 昭和17.3~17.9》에 3월·5월·7월이, 《陣中日誌 独立自動車第39大隊第4中隊 昭和17年6月1日~8月31日》에 6월이, 《独立自動車第39大隊第4中隊 陣中日誌 昭和17.9.1~18.9.30》에 9~12월과 1943년 9월이, 《陣中日誌 独立自動車第39大隊 昭和17年11月1日~11月30日》에 11월이 각각 수록되어 있다. 이하에서는 '행동상보'인 경우에만 출전을 명기한다.

왔고, 24일 자카르타에 도착했다. 3월 중의 외출에 관해서는 30일의 대대회보에서 4월 1일부터 시내에 15영화관이 개설되어 군인은 무료라는 것뿐이었다.

5월부터 나타나는 외출 기사는 모두 '휴양'으로 표기되어 있다. 주기는 일요일 오후와 목요일 오후로 절반씩 허용된 것으로 판단된다. 5월은 3일·7일·10일·17일·21일·28일·31일이다(27일은 해군기념일로 오후 휴양).

휴양이 외출과 위안소 출입으로 이어졌음을 뒷받침하는 근거로는 세 가지를 들 수 있다. 먼저 대대명령에 따른 제2종 순찰의 파견이다. 7일·10일(9)·14일·17일(16)·21일·24일(23)·31일에 제2종 순찰 파견이 기록되어 있다(( )는 전날 명령이 내려진 경우). 14일과 24일에 4중대는 청소와 근무로 휴양이 실시되지 않았음에도 불구하고 제2종 순찰 파견명령이 내려졌다. 따라서 일요일과 목요일은 39대대 전체에 할당된 휴양일이었음을 알 수 있다.

둘째, 성병검사다. 중대 소속 군의는 5월 9일과 10일 이틀에 걸쳐 4중대 전원을 대상으로 성병검사를 실시했다. 5월 11일 39대대는 5~7월의 위생 강화 계획을 명령으로 내렸다. 5월 4주차의 병명은 '화류병'이었는데, 4중대의 군의는 5월 21일 화류병, 5월 30일 화류병과 외상에 대한 학습을 실시했다. 그리고 5월 30일 39대대는 '화류병예방규정'을 제정하여 5월 31일부터 시행하도록 명령했다. 위안부와 접촉할 때는 '삿쿠'와 성비고를 사용하고 소독을 하며, 부대 귀영 후에는 신고부에 기재하고 당직 군의의 진찰을 받도록 했다. 검사는 매주 1회 실시하며 신고부 미기재자는 처분과 동시에 시정촌장에게 통보한다고 되어 있다. '화류병예방규정'은 39대대의 독자적인 조치로 여겨진다.

마지막은 5월 29일의 경비회보다. 장교가 무리를 지어 하사관·병의 식당을 이용하거나 하사관과 병이 장교 위안소를 출입하는 경우가 있다는 지적이 이루어졌다.

39대대의 외출이 일요일과 목요일이라는 사실은 6월 2일자 진중일지에서 재차 분명해진다. 5월 28일 개정된 일과 시한에는 '보건시간'이 오후 4~6시로 설정되어 있는데, 체조 및 수영을 하거나 휴식을 취하도록 했다. 이 보건시간의 6월 실시 예정표에 따르면 매주 일요일과 목요일에는 휴양이 표시되어 있다. 4중대의 휴양은 4일·7일·11일·14일·18일까지 확인되며(6월 21~30일은 진중일지에 없음) 대대 일일명령에 따른 제2종 순찰도 빠짐없이 시행되었다. 7월 12일을 사례로 들면 오후 2~5시에 4중대의 소위가 병 3명을 인솔하여 순찰을 진행했다.

6월부터 눈에 띄는 변화는 16군과 바타비아경비대의 회보가 언급된다는 점이다. 6월 1일 군회보에서는 '경비규정'에 정해진 외출증과 공용증을 사용할 것을 지시했다. 해당 지역을 관장하는 경비대가 정한 형식으로 외출이 이루어지도록 했던 것이다. 경비회보에서는 휴일의 인솔외출 시 인솔자가 부하를 확실히 통제하고(2일), 제2종 순찰 보고서에는 성명 대신 외출증 번호를 기재하며(5일), 하사관은 외출 시 외출증을 소지하도록 했다(9일). 이른바 '외출 군기'의 철저가 요구된 것으로 4중대장은 6월 7일의 외출에 앞서 외출지에서의 주의 사항을 훈시했다. 6월 11일 대대회보에서는 하사관 중에 외출 복장이 불량한 사례가 있음을 지적했다.

5월에 이어 성병검사는 빈번하게 이루어졌다. 6월은 6일·13일·15일(13일 미검자)에 4중대 소속 군의가 진행했다. 6월 7일 대대회보에서는 '화류병예방규정' 중 신고를 불성실하게 한 재료창과 4중대에 주의를 주었으며, 17일 대대 일일명령에는 24일 오전에 실시될 위생사열의 체크 항목 중에 '화류병의 감염 경로 및 예방법'이 포함되어 있었다. 7월은 8일·15일, 8월은 8일·28일, 9월은 9일·10일(9일 미검자)·17일·25일, 10월은 10일·22일, 11월은 14일에 이루어졌다. 6월 18일 육군성은 전체 부대에 성병 처치에 관해 통첩(陸亞密 제2112호)을 발했는데, 9월 2일 대대회보에서는 그 내용을 적극적으로 전달하고 성병 예방을 강조했다.

7월부터는 제2종 순찰 장교를 임명하는 대대명령이 2, 3주씩 묶여 한꺼번에 내려졌다. 가령 7월 9일에는 9일·12일·16일·19일·23일의 순찰장교 명단이 제시되었는데, 다른 진중일지에서는 찾아볼 수 없는 방식이었다. 자와 내에서의 전투와 작전이 드물었던 만큼 자카르타에서의 휴무와 외출은 거의 변동 없이 정기적으로 행해졌음을 반증하는 것이 아닌가 싶다.

위안소에 관한 직접적인 언급은 세 차례 등장한다. 8월 18일 경비회보에서는 '㊅군 위안소' 위치에서 8월 16일부터 조선인 7명의 위안소가 개업했음을 알렸다. 그리고 8월 24일 군회보에서는 '위안시설에 관한 의견'을 25일까지 제출하도록 요청했는데, 세부 항목은 다음과 같다. 위안소를 군인용과 군속용으로 구분할 것인가, 현재 위안소 위치는 적절한가에 더해 위안소 또는 위안부 증감, 위안소 설비와 요금, 기타 개선과 희망 사항 등이다. 각 의견에 대해서는 상당한 이유를 첨가하도록 했다. 마지막으로 9월 8일 경비회보에서는 8월 27일 '신텐(振天) 위안소' 내의 인력거 위에 유기된 분실물에 관해 공지했다. 위안소의 운영·관리 체계는 바타비아경비대는 물론 16군에서도 관여하는 공식적인 업무였음을 부정할 수 없다.[243)]

10월 20일 군회보에서는 한 병사가 네덜란드·미국·영국의 포로를 일본 본토로 이송하고 있다는 정보를 음식점 아케보노(アケボノ)의

여급에게 흘린 것을 거론했다. 이런 행동은 "방첩상 유해할 뿐 아니라 유언비어의 원인이 되"므로 경계할 것을 지시했다. 기밀이 누설되지 않도록 군이 직접 위안소 통제를 해야 하는 이유가 여기에서도 드러난다.

11월 26일 39대대의 휴양일이 매주 화요일과 토요일로 바뀌었다는 통보가 대대회보를 통해 전달되었다. 11월 28일 오후 첫 토요일 휴양이 이루어졌고, 12월에는 1일·12일·15일·19일·22일·26일·29일 오후 휴양이 기록되어 있다(8일은 영화 관람). 변경 이유로는 11월 9일자로 신임 16군 사령관이 취임한 것을 생각해볼 수 있다(12월 1일 사령관의 첫 순시). 군사령관 교체에 맞추어 휴양일을 포함한 자카르타 주둔부대의 시스템이 바뀌었을 것이라는 의미다. 빈번했던 성병검사 또한 11월 하순부터는 한 차례도 기록되어 있지 않다.

1943년 4월 39대대는 자카르타를 떠나 뉴기니로 이동했다. 현존하는 1943년 9월 진중일지에는 외출과 위안소에 관한 언급이 없다.

독립속사포 제2대대(이하 2대대)는 1942년 9월 1~20일의 진중일지를 남겼는데, 거기에는 1942년 9월 초순의 자카르타에 관한 정보가 들어 있다. 2대대는 9월 9일까지 바타비아경비대로 주류했고, 10일부터는 서부방위대로서 자카르타 서쪽의 세랑에 주둔했다.

2대대는 9월 2일(수)과 5일(토)에 전체 휴무를 실시했다.[244] 이틀 모두 제2종 순찰(부대 주변을 겸함)을 근무한 것으로 판단하건대 외출

---

243) 9월 22일 경비회보에서는 시간 외 외출을 하는 자 또는 공용증으로 음식점에 출입하는 자에 대해 향후 엄히 조치할 것임을 알렸다. 10월 18일 군회보에서는 자카르타에서 '보통 음식점'의 영업시간을 오후 11시까지로 제한하니 엄수하고 영업시간 연장을 강요하지 않도록 했으며, 음식점을 자동차로 왕복하는 사례를 지적했다.

244) 〈〈バタビヤ〉警備隊情報記録 第3号 昭和17年8月31日 警備隊本部(1)〉, 《ジャワ資料 1.第16軍命令 2.野戦高射砲第45大隊 第1中隊戦闘計画 3.バタビヤ警備隊》. 이하 동일.

이 이루어졌음에 틀림없다. 9일(수)은 이동 준비를 마치고 오후에 휴무했으며, 8일자 진중일지에는 자카르타 잔류가 결정된 1중대에서 9일 정오 이후의 주번근무와 제2종 순찰을 맡도록 했다. 2대대의 외출일이 수요일과 토요일로 책정되었다고 추정하는 대목이다.

앞서 39대대의 9월 8일 진중일지에서는 위안소에서 유실된 분실물을 알리는 경비회보를 소개했는데, 똑같은 내용이 '바타비아경비대회보'로 현존한다.[245] 그리고 성병 환자에 대한 조치를 알리는 육군성의 통첩은 39대대가 9월 2일인 데 비해, 2대대는 9월 14일 대대회보를 통해 전달했다(9월 15일 진중일지는 통첩 사본을 별지에 첨부했음을 명기).

마지막으로 2대대의 자료에는 콘돔 배급에 관한 기록이 포함되어 있다. 9월 25일 수라바야의 제24야전화물창 수라바야지창은 전용(轉用) 부대에 대한 '작전용 군수품'을 보급하기로 했다.[246] 전용 부대는 과달카날 작전에 투입될 도호(東方)지대와 2대대, 선박공병 제2연대를 가리킨다. 1개월분 '방역 재료' 중에는 도호지대에 9,700개, 2대대에 900개, 선박공병 제2연대에 700개 등 총 1만 1,300개의 '위생삿쿠'가 적시되어 있다.[247]

도호지대는 38사단 예하 제38보병단 사령부에 보병 228연대가 기간이었고 지대장은 이토 다케오(伊東武夫, 1889~1965) 소장이었다. 인

245) 〈警備規定 昭和17年9月11日 西部防衛隊〉, 《ジャワ資料 1.第16軍命令 2.野戦高射砲第45大隊 第1中隊戦闘計画 3.バタビヤ警備隊》. 이하 동일. 참고로 39대대의 9월 8일자 대대회보에는 10일부터 병참지구대가 경비를 맡는다고 기록되어 있는데, 9월 5일 2대대의 작전명령에 따르면 후임 경비대는 제48병참지구대였다.

246) 〈'バタビヤ'警備隊情報記録 第3号 昭和17年8月31日 警備隊本部(1)〉, 《ジャワ資料 1.第16軍命令 2.野戦高射砲第45大隊 第1中隊戦闘計画 3.バタビヤ警備隊》.

247) 〈'バタビヤ'警備隊情報記録 第3号 昭和17年8月31日 警備隊本部(2)〉, 《ジャワ資料 1.第16軍命令 2.野戦高射砲第45大隊 第1中隊戦闘計画 3.バタビヤ警備隊》.

도네시아 점령 작전에 참가하여 1942년 1월 31일에는 암본(Ambon), 2월 20일에는 티모르에 각각 상륙했다. 4월 중순까지 티모르의 치안을 확보한 뒤 경비에 종사했다. 선박공병 2연대는 1942년 8월 31일 싱가포르에서 편성이 완료되어 10월 자카르타에 도착하여 라바울로 이동했다. 그리고 2대대는 9월 29일 수라바야를 출항했다는 기록이 확인된다.

수라바야

[그림 6-34]는 1943년 6월 일본 해군이 제작한 수라바야 시가도의 일부다. 지면 관계상 전체를 실을 수 없어 자기르(Jagir)강의 북쪽 구역을 중심으로 위안소가 있는 곳만 옮겼다. 1943년 6월 당시 수라바야에서는 남·북 위안소, 하사관·병 전용위안소 2곳, 장교구락부 4곳, 군속위안소 1곳 등 적어도 9곳의 위안소가 영업하고 있었다.

먼저 지도 1의 중간에 '북위안소'(①)가 표시되어 있다. '북위안소' 위의 바타비아거리(②)는 현재 자카르타거리이며 '북위안소' 글자는 4개의 거리(왼쪽부터 조호르Johor, 슬랑오르Selangor, 파항Pahang, 클란탄Kelantan)에 걸쳐 있다.

지도 2에서는 중간에 쓰여 있는 '군속위안소'(③)가 눈에 들어온다. 상단의 켐방제푼(Kembang Jepun)거리(④)는 그대로이며 현재 남북을 가로지르는 스롬프레탄(Slompretan)거리와 코클랏(Coklat)거리가 만나는 지점에 해당된다. 켐방제푼거리에는 술집(吉◇居酒家, ⑤)이 있으며 하단의 수라바야역은 우에노(上野)역(⑥)으로 개칭되었다.

지도 3에는 제1·2 '하사관·병 위안소'(⑦)와 육군 장교구락부(⑧)가 표시되어 있다. 하사관·병 위안소는 현재 수라바야강 북안에 접한 아흐마드자이스(Achmad Jais)거리에 위치했으며 강 지류 건너편의 육

1

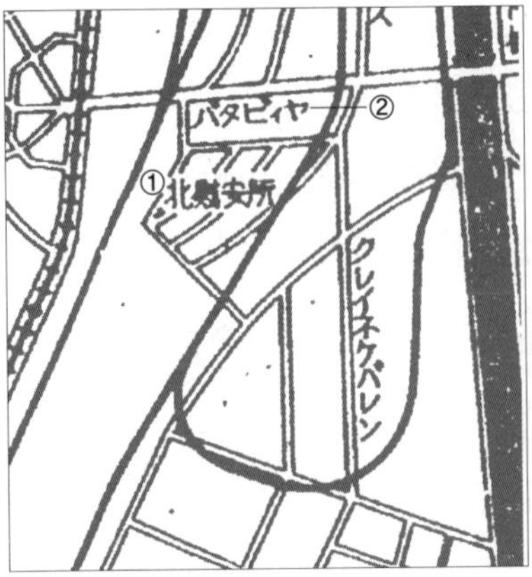

2

3

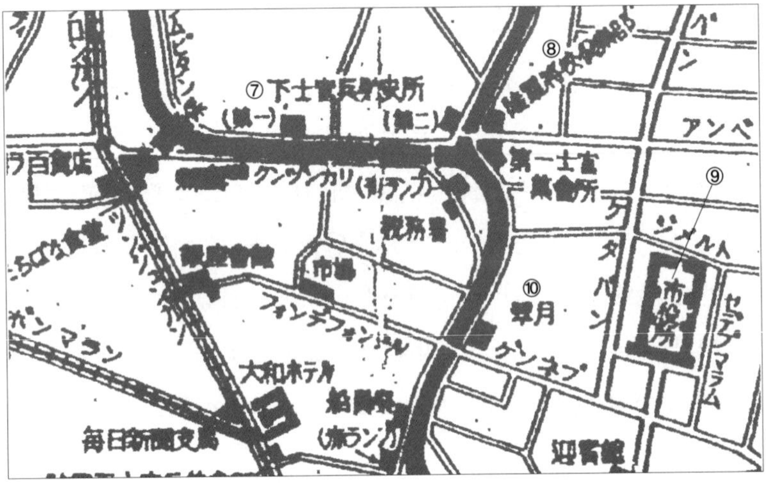

군 장교구락부 위치는 현재 트리센사(Trisensa) 도자기회사로 판단된다. 오른쪽의 시청(⑨)은 지금도 그 자리이며 시청 왼쪽의 강 근처에 위안소 또는 요릿집으로 여겨지는 스이게쓰(翠月)(⑩)도 보인다.

지도 4는 서육군 장교구락부(⑪), 중육군 장교구락부(⑫)의 위치를 알려준다. 거리 이름은 바뀌지 않았다. 케둥도로(Kedung Doro)거리와 케둥사리(Kedungsari)거리가 만나는 페르마타(Permata)은행 자리에 서육군 장교구락부가 있었으며 케둥사리거리와 마와르(Mawar)거리의

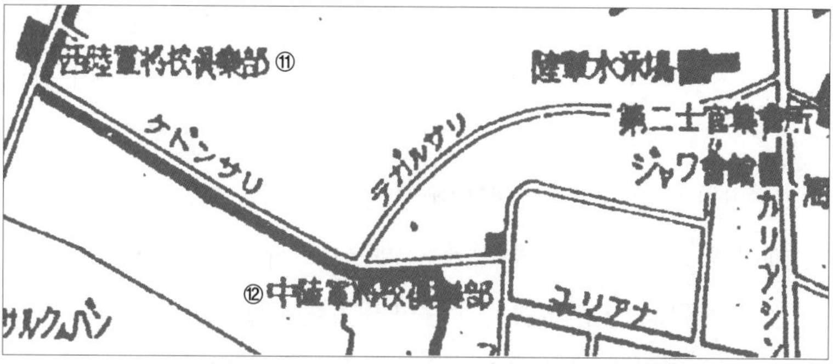

4

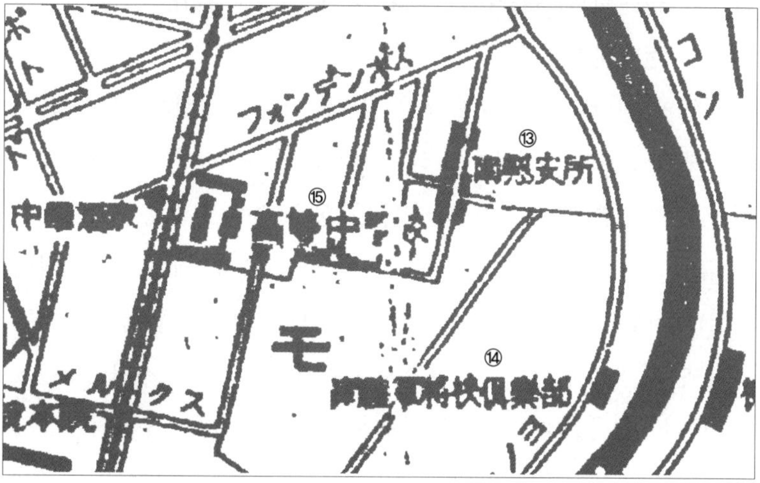

5

[그림 6-34] 수라바야의 위안소 지도

· 출전: 〈スラバヤ市街図〉, 《スラバヤ.バタビヤ(ジャワ)地図》

교차 지점 북쪽에는 중육군 장교구락부가 자리했다.

지도 5에서는 남위안소(⑬), 남육군 장교구락부(⑭)를 확인할 수 있다. 지도 중앙의 고등중학교(⑮)는 현재 산타마리아(Santa Maria)고등학교다. 남위안소는 남북을 잇는 도호(Doho)거리와 동쪽의 마타람(Mataram)거리, 서쪽의 디노요탕시(Dinoyo Tangsi)1거리의 교차로 동서남북에 세워진 큰 규모였다. 남육군 장교구락부는 같은 이름의 디노요(Dinoyo)거리 오른쪽에 세워졌다.

야전고사포 45대대(이하 45대대)는 1941년 7월에 편성되어 필리핀 공략전을 치른 뒤 1942년 3월 1일 자와의 크라간(Kragan)에 상륙했다.[248] 제1~3중대와 대대단열, 대대본부로 구성된 45대대는 전투가 종료된 3월 말 잇따라 수라바야에 입성했다. 3월 27일에는 일과 시한을 개정했고, 29일에는 1중대(총원 109명)도 시내의 숙영지에 도착했다. 이후 1중대는 5월 말까지 주둔하면서 위안소에 관한 정보를 남겼다. [그림 6-34]와 연결하면 수라바야에 개설된 위안소의 운용 실태는 더욱 선명해진다.

4월 3일 대대회보는 외출방식의 주요 사항을 전했다. 월요일과 금요일에 각 2분의 1씩 외출을 허가하며 외출 구역은 수라바야 시내로 해군 구역의 출입을 금지했다. 외출 시한은 병이 오전 9시~오후 6시, 하사관이 오전 9시~오후 9시였다. 아울러 4일부터 개설될 '위안장(慰安場)'에 대한 자세한 설명이 첨부되어 있다. 장소는 남(南)병영의 보병 47연대[249] 동편이며 요금은 1시간에 장교가 2엔, 하사관이 1엔 50센, 병이 1엔이었다. '위안공창' 40명은 위생 상태로 분류하여 하양[白]은 허가 완료지만 '위생구'를 사용해야 하며 분홍[桃]은 요주의, 빨강[赤]은 유독 환자로 불허가였다. 위안장 이용시간은 병이 오전 9시~오후 4시, 하사관이 오후 4~9시였다. 주의 사항 중에는 "언어 등 불이해로 인해 폭행하지 않을 것"이 적시되어 있어 위안부는 주로 인도네시아인이었을 것으로 추정된다. 그리고 남병영은 [그림 6-34] 지

---

248) 〈自昭和17年3月1日至昭和17年3月31日 陣中日誌 第10号／1 野戦高射砲第45大隊第1中隊〉, 《野戦高射砲第45大隊 第1中隊 陣中日誌 昭和17年》. 45대대 1중대는 1942년 4~5월, 7월 14~31일, 8~12월과 1942년 1~3월의 진중일지를 남겼으며, 이하에서는 별도의 언급이 없는 한 진중일지의 출전은 명기하지 않는다.

249) 보병 47연대는 48사단 소속으로 8월 말까지 주둔하다가 9월 1일 티모르로 떠났으며 진중일지에 언급되는 수라바야의 최상급부대는 48사단이다.

도 5의 남쪽에 위치한 동물원(미표시, 현재 수라바야동물원) 서쪽의 팔굉병사(八紘兵舍, 미표시) 또는 남위안소 옆의 고등중학교로 판단된다. 4월 4일에는 일과 시한에 관한 대대명령이 내려왔다.

1중대의 첫 외출은 4월 3일의 대대회보에 명시된 대로 4월 6일 월요일에 실시되어 낮 12시 30분~오후 7시에 하사관 인솔 아래 43명이 외출했다. 그리고 이날 대대회보에서는 병단에서 지정한 식당 5곳의 명단(ロイヤル, ヘレンドーラン, 南昌, オーロラ, 吉雲店)과 판매 품목을 알려왔다. 이후의 외출도 대대회보의 방식에 따라 이루어졌다. 4월의 남은 월요일과 금요일인 10일·17일·20일·24일·27일(13일과 14일은 작업 실시)과 5월 1일에는 오전 9시 또는 9시 30분~오후 6시 또는 7시에 41~47명의 하사관과 병사가 시내로 외출했다.

5월 3일 1중대는 작전에 동원된 2중대의 진지에 절반을 분견대로 파견했고, 17일에 다시 합류할 때까지 별도로 외출을 실시했다.[250] 따라서 5월의 남은 월요일·금요일인 4일·8일·11일·15일에 본대는 오전 9시~오후 6시에 23~25명이, 분견대는 오전 9시 30분, 오전 9시 50분, 오전 10시 30분~오후 6시에 24~25명이 각각 외출했다. 5월 11일의 외출은 분견대만 해당된다.

5월 11일 본대는 장교의 인솔 아래 26명이 낮 12시 30분~오후 5시에 영화를 관람했다. 전날 회보에서 45대대의 영화 관람일 지정을 외출일로 하도록 했기 때문이다. 영화 관람도 부대의 주둔 체계 중 일부였던 것이다. 5월 13일에도 45대대의 영화 관람 지정일이 통보되었는

---

250) 〈自昭和17年5月1日至昭和17年5月20日 陣中日誌 第12号ノ1 野戦高射砲第45大隊第1中隊〉는 1중대 본대의 진중일지이며 〈自昭和17年5月3日至昭和17年5月16日 陣中日誌 第12号ノ2 野戦高射砲第45大隊第1中隊〉는 분견대의 진중일지다.

데(1회는 14일 밤과 18일 낮, 2회는 19일 낮과 20일 낮), 1중대의 경우 5월 14일에는 오후 4시 30분~9시 30분에 중대장 이하 30명이, 외출일인 5월 18일에는 오전 11시 40분~오후 4시 30분에 소위의 인솔 아래 48명이 각각 영화를 관람했다. 그리고 5월 17일 회보에서 19일 밤(원문 대로임-인용자)은 25일 밤으로 바뀌었고, 예정된 20일에는 외출이 행해졌다.

한편, 5월 14일 45대대는 수라바야시에서 승선을 준비하라는 명령을 받은 상태였고, 17일에는 2중대의 집결이 완료되었다. 이동에 따른 준비가 본격화되면서 월요일·금요일의 외출방식에는 변화가 생길 수밖에 없었다. 5월 19일, 20~22일 사이에는 매일 외출을 허가한다는 회보가 전달되었다. 그 결과 5월 20일 오전 9시~오후 6시에 67명, 21일 낮 12시 30분~오후 6시에 79명, 22일 오전 9시~오후 6시에 83명의 외출이 실시되었다. 1중대 총원의 7, 80퍼센트 정도에 해당된다. 45대대의 승선 작업은 5월 25일 완료되었는데, 수송지휘관으로서 대대장은 출항 직전인 26일 오후 5시까지 외출을 허가했다. 1중대에서는 오전 9시~오후 5시에 85명이 외출했으며 이튿날에도 오전 9시~오후 5시에 4명의 시내 외출이 허가되었다. 45대대가 다음 목적지인 필리핀의 다바오를 향해 출항한 것은 5월 29일이었다(다바오 상황은 필리핀에서 기술).

45대대 1중대의 외출은 명백히 위안소 이용과 결부되었다. 무엇보다 4월 18일 회보에서 외출자는 병단 지정 식당, 지정 영화관, 지정 위안소 이외에 절대 출입을 금지하며, 19일부터 단속을 위한 순찰이 있으므로 주의하라고 알렸다. 5월 13일 회보에는 병참 숙박소에서 휴양 중인 '조선 위안부'를 무단으로 데리고 나간 자가 있다는 48사단 참모장의 주의가 포함되었다. 다음 날인 5월 14일에는 14일·15일 양일 동안 '남위안소'를 폐쇄하므로 출입을 금지하며 남·북 위안소의 '유독부'를 우에노역 즉 수라바야역의 남(南)지구에 수용했으므로 출입을 절대 금한다는 회보가 내려왔다.

5월 16일에는 오후 2시부터 '일본 위안부'의 영업을 개시한다는 회보가 전달되었다. '남위안소'에서는 메이게쓰쿠미(明月組) 13명, '제2장교구락부'에서는 아케보노쿠미(曙組) 10명이었으며 병의 이용 요금이 1시간에 2엔인 것 외에는 종전과 같았다. 제2장교구락부의 요금에 대해서도 세세하게 지시했다. '서비스료'는 화대[玉代]의 반으로 하며 일본인은 30분에 1엔, '현 주민'은 30분에 50센이었고, 맥주는 1병에 45센(병단 지정 식당의 맥주는 40센)으로 인상했다. '경영자규정'대로 요금을 지불하지 않는 위반자는 처벌한다는 것과 같이 위안소규정의 존재를 암시하는 구절도 있다. '별지 금지 구역(유독 위안부 격리 구역)'에는 출입을 금하지만 순찰자는 출입할 수 있도록 했다.

제2종 순찰에 관한 기록도 남아 있다. 4월 23일에는 24일의 근무자를, 5월 7일에는 8일의 근무자를, 5월 14일에는 15일의 근무자를 각각 차출하라는 대대명령이 떨어졌다. 순찰 구역은 수라바야 시내의 '외출 구역'으로 명기되어 있다. 5월 14일 명령에서는 본대와 분견대의 분리를 감안하여 15일 근무자는 본대 인근 구역을 순찰하며 분견대 인근은 분견대의 일직하사관이 맡도록 지시했다.[251)]

한편, 수라바야의 위안소는 항구에 드나드는 육군 선박부대도 이용했다. 앞서 필리핀 마닐라에서도 소개한 2선박공작창 자재정비대의

251) 분견대는 오노코로모(본대 진중일지) 또는 우노코로모(분견대 진중일지)에 위치한 것으로 여겨지는데, [그림 6-34]에서는 지면 관계상 생략했지만 원래 지도에는 자기르강 남쪽에 워노코로모(지도에는 ウォノクロモ, 지금의 워노크로모Wonokromo 경찰서 부근)역이 표시되어 있다.

선박 도호마루는 싱가포르를 떠나 1942년 5월 3일 팔렘방,[252] 5월 8일 바타비아를 거쳐 5월 13일 수라바야에 입항했다. 팔렘방에서는 5월 6일 체육회와 휴무 실시로 그쳤지만 수라바야에서는 외출을 실시했다. 입항 다음 날인 5월 14일 나카가미(中上) 군조는 외출에 관한 협의차 제45정박장 사령부에 출두했다. "작업이 비교적 한산해짐에 따라" 5월 16일과 17일 오전 10시에 절반의 인원을 상륙시켰다. 이틀 모두 45정박장 사령부 앞 광장에서 하사관 지도 아래 1시간 동안 각개교련 및 경례 동작을 실시한 다음 시라이시 중위의 주의 사항을 들은 후 외출을 허가했다. 5월 19일 수라바야를 뒤로한 자재정비대는 5월 29일과 30일에 마닐라에서도 똑같은 절차를 거쳐 외출을 실시했다.

메단

앞서 서술했듯이 인도네시아 주둔부대의 진중일지는 거의 남아 있지 않다. 특히 수마트라의 경우는 메단(Medan)에 체류했던 특설자동차 제12중대(이하 12중대)의 1943년 6~8월 진중일지가 유일하다.[253] 12중대는 근위 2사단에 배속된 것으로 보이며 장교 이하 65명 정도의 규모였다.[254] 1943년 5월 메단에서 편성된 12중대는 9월부터 타이에서 철도 건설 업무에 종사했고 해를 넘겨 1944년 2월부터는 버마 방면에 투입되었다.

진중일지의 내용은 매우 소략하지만 외출 사실은 빠짐없이 기록

---

252) 〈7.日々の記事 5月1日~5日〉, 《第2船舶工作廠 陣中日誌 昭和17年5月1日~昭和17年5月31日》. 이하에서 출전은 명기하지 않는다.

253) 《特設自動車第12中隊 陣中日誌 昭和18.6.1~18.8.31》에 수록되어 있으며, 출전은 명기하지 않는다.

254) 6월 12일부터 병보(兵補), 즉 보조 병력 내지 노동자로 동원된 인도네시아인 100명이 12중대에 증원되었다.

되어 있다. 6월 3일(목) 하사관 이하의 외출이 있은 이후 매주 월요일에는 외출이 허가되었다. 6월에는 7일·14일·21일·28일에, 7월에는 5일·12일·19일에 실시되었다. 이후에는 다시 목요일로 바뀌었다. 7월은 22일·29일, 8월은 5일·12일·19일·26일에 외출이 적시되어 있다.

월요일에서 목요일로 바뀐 이유로는 7월 23일 병사 이동 준비와 24일의 병사 이동이 시사적이다. 주둔지가 메단으로 변화가 없다는 점에서 12중대는 타지로 전용된 부대의 병사로 옮겨갔다고 추정 가능하다. 즉 메단 주둔부대의 변동에 따라 외출일이 새로 할당되었다고 보는 것이 합리적이다.

7장

오키나와 결전과 위안소

1. 일본군의 배치와 그 변화

일본 열도의 남단 오키나와는 아시아·태평양전쟁의 개시와 무관한 듯 보였다. 상황이 급변한 것은 1943년 중반에 접어들면서였다.

1942년 6월 해군은 미드웨이 해전에서 정예 항공모함은 물론 노련한 항공 전력 대부분을 잃었다. 미국과 오스트레일리아를 분단하려던 육해군의 공조는 1943년 2월 과달카날을 포기하고 철수하는 바람에 수포로 돌아갔다. 같은 해 5월에는 알류산열도 서쪽 끝 애투(Attu)섬의 수비대가 옥쇄했다. 공군력의 재건과 강화는 전쟁 속행의 필수 요건이었다. 국가총동원계획의 목표는 항공기의 급속 증산으로 정해졌다. 동시에 가고시마(鹿兒島) 남쪽에서 타이완 부근까지 산재한 난세이(南西)제도는 남방 전선의 항공부대를 지원하는 지상의 중계기지로 지목되었다. 1943년 여름 오키나와 중부의 이에(伊江)섬과 요미탄(読谷)에서 비행장 건설이 시작되었으나 공사의 진척은 더뎠다. 대신 오키나와에 불어닥친 전운이 훨씬 짙고 빨랐다. 9월에는 쿠릴열도에서 태평양, 인도네시아, 버마를 잇는 '절대국방권'이 천명되었다.

1944년 3월 22일 대본영 직속으로 출범한 제32군은 아마미(奄

美)군도에서 오키나와를 포함한 난세이제도 전역을 방위했다. 3월 29일 오키나와에 입성한 초대 사령관 와타나베 마사오(渡辺正夫, 1888~1950) 중장은 '항공 작전 준비', 구체적으로는 7월 말까지 비행장 건설을 완료해야 하는 임무를 부여받았다. 이로 인해 창설 초기 32군은 아마미군도 등 도서 지역의 수비대 외에 만주에서 급파된 제19항공지구 사령부 휘하에서 비행장 건설과 건축을 전담하는 부대가 주류를 이루었다. 5월 3일 독립혼성 제44·45여단과 독립혼성 제21연대 등의 전투부대가 32군에 편입되었고, 5월 5일 32군은 서일본 수비를 총괄하는 서부군에 들어갔다. 5월 20일 와타나베 마사오 사령관은 예하부대의 작전 임무를 하달했으며 오키나와 본섬과 인근 섬은 오키나와 수비대인 독립혼성 44여단이 맡았다(球作命第9号, 후술).

6월 15일 마리아나제도의 최북단 사이판에 미군이 들이닥쳤다. 7월 9일까지 벌어진 치열한 공방전은 일본군 수비대의 옥쇄로 막을 내렸다. 절대국방권의 요충인 사이판의 상실은 일본 본토 전역이 미군 폭격기 B-29의 출격 범위에 들어갔다는 것을 의미했다. 일본 본토의 방위가 위기 상황에 처하자 도조 히데키(東条英機, 1884~1948) 수상은 사직서를 제출했다.

사이판 함락으로 오키나와는 실질적으로 해양의 최전선이 되었다. '결전 준비'의 차원에서 만주 일대의 4개 사단에 이동명령이 떨어졌다. 7월 9사단은 오키나와 본섬에, 7월 말에는 제28사단이 미야코(宮古)섬 일대에, 8월에는 24사단과 62사단이 오키나와 본섬에 투입되었다. 이로써 육군만 18만 명인 대병력이 열도의 남쪽 끝에 집결했다.

7월 15일 32군은 서부군을 이탈하여 타이완군 사령관 예하에 편입되었다. 이 무렵부터 병마에 시달리던 와타나베 마사오를 대신하여 8월 8일 우시지마 미쓰루(牛島満, 1887~1945) 중장에게 32군 사령관의 지휘봉을 맡겼다. 9월 22일에 타이완 방면의 전력 강화를 노려 제10방면군이 창설되면서 32군은 여기에 배속되었다.

10월 10일 미국은 항모 전단을 발진시켜 오키나와를 위시한 난세이제도의 여러 거점에 대대적인 공습을 감행했다. 필리핀 상륙을 앞두고 후방기지의 전투력을 떨어뜨리겠다는 의도였다. 출격 항공기만 1,000대가 넘은 '10·10공습' 또는 '오키나와 대공습'으로 인해 나하(那覇) 시가지의 90퍼센트는 잿더미로 변했고 육해군은 물론 민간인이 입은 피해도 극심했다.

10·10공습 이후 일본 대본영은 필리핀에서의 레이테 결전에 대비하는 한편, 11월 중순 오키나와의 최정예부대인 9사단을 타이완으로 전용한다는 결정을 내렸다. 9사단의 이탈은 32군 전력의 30퍼센트가 줄어든다는 의미였다. 32군 사령부로서는 궤도 수정이 불가피했다. 남은 선택지는 지구전뿐이었다. 32군은 잔존 병력 중 정예인 24사단을 남부에 배치하여 방어 진지를 구축하는 한편, 각지의 수많은 동굴에 은신하며 끈질기게 저항한다는 작전 계획을 세웠다.

오키나와 전투에서는 군인 전사자 9만 4,136명(오키나와 출신 군인과 군속은 2만 8,228명)에 버금가는 9만 4,000명의 민간인이 목숨을 잃었다. 민간인 사망자가 격증한 이유는 오키나와 전투가 본토를 사수하는 데 시간을 벌기 위한 사실상의 '사석(捨石)'이었기 때문이다. 지구전으로의 선회는 오키나와 주민을 죽음으로 내모는 지옥문을 연 것이나 다름없었다.

9사단이 빠진 32군의 개요는 다음과 같다. 오키나와 본섬과 주변 섬은 24사단과 62사단을 주축으로 독립혼성 44여단이 배치되었으며 32군 예하의 포병대와 선박부대, 직할부대가 가세했다. 미야코섬과 다이토(大東)섬은 28사단이, 이시가키(石垣)섬 일대는 독립혼성 45여단이, 아마미오섬은 독립혼성 제64여단이 각각 수비를 맡았다.

오키나와 본섬으로 한정하여 주요부대의 배치 변화를 개괄하면 다음과 같다. 먼저 1944년 6~8월 상순에 이르는 기간 동안 남부에는 9사단이, 북부에는 독립혼성 44여단이 각각 자리했다. 8월 중순 이후 24사단은 가데나(嘉手納)에 사령부를 두고 나카가미군(中頭郡) 일대에서 진지 축성과 훈련에 종사했으며 새로 가세한 62사단은 우라소에시(浦添市)를 중심으로 병력을 전개했다. 12월 상순 이후 9사단이 떠난 남부의 방어는 24사단이 대체했으며 중북부 지역은 사실상 비워둔 채 독립혼성 44여단이 지금의 오키나와시 쪽으로 남하했다. 마지막으로 1945년 1월 말 독립혼성 44여단이 난조시(南城市)로 이동하면서 미군 상륙을 저지하기 위한 최종 방어 태세가 갖추어졌다.

오키나와 공방전은 1945년 3월 26일 게라마(慶良間)제도 상륙부터 시작되어 6월 23일 우시지마 미쓰루 사령관의 자결까지 3개월가량 이어졌다. 전투가 치열했던 만큼 32군 부대의 진중일지는 거의 망실되고 없다. 잔존 진중일지는 미군이 노획했다가 돌려받은 것이 대부분이며 부대 관계자가 소장했다가 아시아역사자료센터에 기증한 경우도 드물게 있다. 위안소 실태의 규명에 좋은 참조가 되는 것은 62사단과 독립혼성 44여단의 자료다. 62사단의 경우 사단회보가 '후방시설'이라는 이름의 위안소를 사단사령부 차원에서 체계적으로 관리했다는 사실을 알려주며 보병 제64여단의 독립보병 제15대대 소속부대의 진중일지는 부대 운용과 위안소의 개설·운용이 밀접하게 연관되었음을 웅변한다. 독립혼성 44여단에서는 독립혼성 제15연대에 소속된 부대의 진중일지가 적지 않게 남아 있어 위안소를 둘러싼 움직임을 풍부하게 재현해준다.

2. 이에섬의 위안소

1) 비행장 건설부대의 배치

관계부대의 주둔 상황

이에섬은 동서가 8.4킬로미터, 남북이 3킬로미터이며 섬 둘레는 22.4킬로미터다. 잔존 사료를 토대로 했을 때 오키나와의 위안소 중 초기에 설치된 곳에 해당된다. 앞서 언급한 난세이제도 각지의 비행장 건설에 즈음하여 관련부대가 주둔하게 된 것이 계기였다. 비행장 건설 지휘는 19항공지구 사령부(이하 19항공)가 맡았다.

19항공은 1943년 10월 만주에서 편성을 완료한 뒤 제2항공군의 비행장 정비에 종사하다가 1944년 3월 26일 32군에 편입되었다는 통보를 받았다.[1] 19항공 사령관 아오야기 도키코(青柳時香, 1896~1945) 중좌는 4월 12일 나하에 사령부를 설치했고, 4월 15일 32군 사령부

1) 19항공의 진중일지는 미군에게 돌려받은 1944년 4월과 5월이 일본 내각부 오키나와전관계자료열람실(이하 열람실, www8.cao.go.jp/okinawa/okinawasen)에 소장되어 있는데, 2020년 12월 말 당시까지 아시아역사자료센터를 통해서는 열람이 불가능했다. 이하에서 19항공 자료 중 진중일지의 출전은 명기하지 않는다.

는 19항공 사령관에게 이에섬을 비롯한 각지의 비행장 건설을 명령했다.[2] 사령부 주력을 태운 수송선은 4월 22일 나하에 입항했다.

당초 19항공은 제50비행장대대(이하 50비행), 제205비행장대대, 3비행장중대(이하 3비행)를 거느리고 있었는데, 32군의 방침에 따라 4월 22일 편제와 임무의 변경을 담은 첫 작전명령을 하달했다. 19항공은 205비행장대대를 대신하여 배치된 요새건축근무 제6중대(이하 6건축), 50비행, 3비행 등을 지휘하며 오키나와 본섬과 이에섬에서 비행장 건설을 맡았고 205비행장대대(요새건축근무 제8중대가 배속됨)는 32군 직할로 미야코섬 인근의 비행장 건설에 투입되었다. 같은 날 내려진 2호 작전명령 말미에 19항공은 "피로에 대한 위안방법을 궁리할 것"을 명시했다.

5월을 맞이한 19항공의 진용은 다음과 같다. 이에섬의 비행장 3개는 50비행 주력과 6건축 주력이 맡았고, 오키나와 본섬의 경우 우라소에 남(南)비행장은 3비행 주력과 6건축 일부, 가데나의 중(中)비행장은 50비행 일부와 6건축 일부, 니시하라(西原)로 예정된 동(東)비행장은 3비행 일부와 6건축 일부에 배당되었다. 5월 20일의 명령으로 결정된 제129야전비행장설정대의 가세는 6월 29일 수송선이 침몰되면서 무산되었다.[3]

이와 같이 32군 창설 초기 19항공이 주도한 비행장 건설 작업은 50비행(대대장 다무라 신자부로田村眞三郎 대위)이 도맡을 수밖에 없었다.[4] 50비행의 진중일지는 대대본부가 1944년 4월~8월, 경비중대가

---

2) 〈陣中日誌案 昭和19年3, 4月分(2)〉, 《陣中日誌(第32軍参謀部) 昭和19年3月27日~20年1月31日》. 4월 27일 32군 사령관 와타나베는 이에섬을 순시했다.

3) 〈陸軍航空部隊略歴(その6) 付.航空部隊の隷指揮下にあったその他の部隊/分割3〉, 《陸軍航空部隊略歴(その6) 付.航空部隊の隷指揮下にあったその他の部隊》.

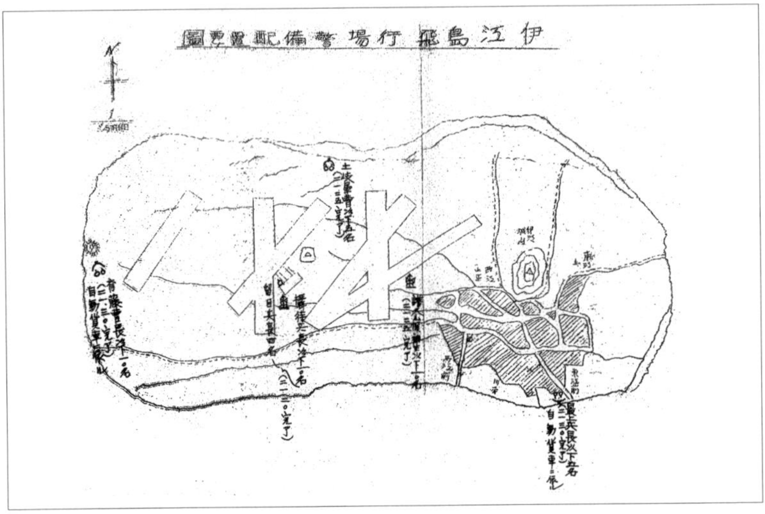

[그림 7-1] 이에섬의 비행장 지도

· 출전: 〈第50飛行場大隊陣中日誌(昭和19.6)〉, 〈嘉手納警備隊陣中日誌(昭和19.6)〉, 〈伊江島警備隊陣中日誌(昭和19.6)(6)〉, 열람실

1944년 4~6월, 보급중대가 1944년 4~7월, 이에섬경비대(경비중대의 1개 소대로 편성)가 1944년 5~7월 등이 열람실에 소장되어 있다.

대대본부, 경비중대, 보급중대의 편성은 1944년 3월 31일에 완료되었고 이후 곧바로 이동에 들어가 부산을 거쳐 요새건축근무 제7중대와 함께 4월 22일 나하에 도착했다. 다음 날 50비행은 19항공으로부터 6건축을 지휘하며 이에섬에서 3개 비행장을 건설하라는 명령을 받았다. 경비중대와 보급중대는 일부 병력을 차출하여 가데나에 파견했고 50비행 주력은 4월 29일 이에섬에 발을 들였다. 3개 비행장의 지도는 [그림 7-1]과 같다.

---

4) 진중일지의 부대별 구분은 문장 속이나 괄호 안에 기술하며, 이하에서는 출전을 명기하지 않는다.

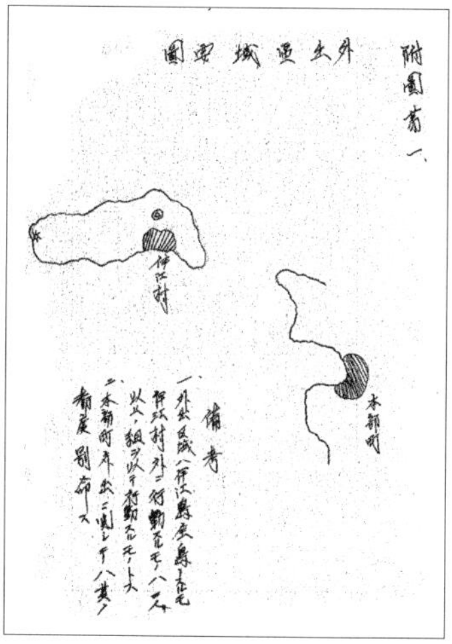

[그림 7-2] 제50비행장대대의 외출 구역

· 출전: 〈第50飛行場大隊 陣中日誌(昭和19.5)(7)〉, 열람실

왼쪽부터 서비행장, 중비행장, 동비행장이며 지금의 이에지마 공항은 동비행장이다. 서비행장 쪽은 전년부터 민간 건설회사가 공사를 하고 있었으므로 50비행의 임무는 중·동 비행장의 완성이었다. 당초 계획된 완공 예정에 따르면 중비행장이 6월 말, 동비행장이 7월 말, 서비행장이 8월 말로 잡혀 있었다.[5]

6건축은 1944년 3월 25일 편성을 완료하고, 4월 22일 나하에 정박했다.[6] 이후 가데나에 파견된 일부를 제외한 주력은 4월 30일부터 이에섬에서 숙영에 들어갔다.

외출방식의 설정

1944년 5월 1일 50비행은 '내무규정'을 제정했다. 먼저 외출 구역

5) 防衛庁防衛研修所戦史部,《沖縄·台湾·硫黄島方面陸軍航空作戦》, 朝雲新聞社, 1970, 39쪽.

6) 6건축의 진중일지는 아시아역사자료센터와 열람실에 1944년 3~6월, 10월·12월, 1945년 1월·3월이 현존하며, 이하에서는 출전을 명기하지 않는다.

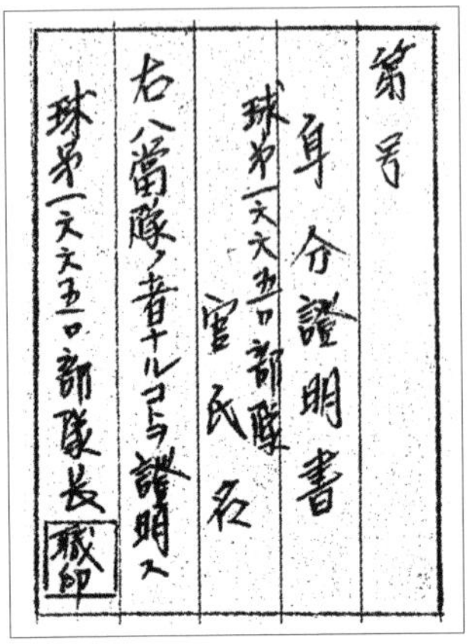

[그림 7-3] 제50비행장대대의 신분증명서

· 출전: 〈第50飛行場大隊 陣中日誌(昭和19.5)(1)〉, 열람실

은 [그림 7-2]와 같다(37조). 외출 구역은 이에섬 전역이지만 이에촌(村) 밖에서는 2인 이상 조별 행동을 취하고 본섬의 모토부정(本部町) 외출은 별도로 명령하며 조별로 행동한다(37조). 외출 시에는 [그림 7-3]의 신분증명서를 휴대한다(38조).

특기할 만한 사항으로는 경리위원이 욕실의 환자용 물통에 '화류병'은 빨강 한 줄, 트라코마는 파랑 두 줄로 표식을 해둔다는 점이다(45조). 화류병 환자의 욕실 사용 구분은 뒤에서 서술할 62사단 공병대의 내무규정에도 명기되어 있다.

50비행 예하부대 중에서는 보급중대가 6월 1일자로 설정한 '내무예절(内務ノ躾)'만 확인된다. 내무예절의 위상은 1조에 명기되어 있다. "군대내무령, 부대내무규정, 기타 제반 규정을 실시할 때 중대장이 정해야 할 사항"인 것이다. 외출의 절차는 다음과 같이 제법 상세하다. 당번 근무자는 외출자의 출발에 앞서 복장검사 및 필요한 주의를 준 후 출발을 허락한다(12조 2항). 내무반장은 전날 점심까지 '외출원출부(外出願出簿)'를 작성하여 주번하사관을 거쳐 내무계 준위에게 전달하며(35조), 내무계 준위는 외출원출부와 근무 할당을 고려하여 외

출자를 선정하고 중대장의 허가를 받는 동시에, 인원수를 주번하사관 및 부대 본부에 통보한다(36조). 내무반장은 주번사관의 외출검사에 입회하며(37조), 외출지에서의 사고(외출증 분실, 이하 판독 불능)로 귀영 시각 지연이 염려될 때는 신속히 중대장 등에게 보고한다(38조). 이와 같은 내용으로 보건대 보급중대의 내무예절 제정은 6월부터 본격적으로 외출이 시행되었음을 밝혀주는 증거나 다름없다.

5월 5일 50비행은 비행장 작업대를 편성했고 일일명령으로 7일 정오~오후 4시의 외출을 허가했다. 5월 7일 기공식이 끝난 후 정오부터 전체 휴양과 함께 외출이 실시되었다. 기공식에서 다무라 신자부로 대대장의 훈시 중 9번 항목 "덕조(德操)의 견지에 힘쓸 것"에는 다음의 내용이 포함되어 있다.

> 본 사항은 이미 나하 상륙 제1보로 주의를 준 뒤에도 재언했지만, 이번에는 특히 근로자 중에 일부 부녀자가 있어 그들과 접하며 작업을 실시하는 일이 많으므로 한층 덕조를 다져 결코 불미스러운 행위가 있어서는 안 된다. 다시 솔직히 말한다. 잠시의 성욕에 휘둘려 일반 부녀자와 성교를 하거나 성교를 요구하면 용서가 없다. 단연 엄중히 처단할 것이므로 본관이 설비하는 특수위안부 외에는 엄히 자제해야 한다. 즉 강간만큼 군대의 위신을 해치고 민심을 이반시키는 것은 없으며, 백의 선행도 한순간에 수포로 돌아간다. 서로 상하 다독이며 결코 사건이 없도록 해야 한다.

중국, 동남아와 마찬가지로 일본 본토에서도 위안소는 "군대의 위신을 해치고 민심을 이반시키는" 강간의 방지를 위해 개설되었던 것이다.

이에섬의 비행장 건설은 5월 8일부터 시작되었는데, 5월 17일 50

비행은 일일명령으로 본부와 각 부대에 18일과 19일에 '피로 회복'을 위한 반감(半減) 휴양을 실시하도록 했다. 이에 따른 휴양 기록은 대대본부, 이에섬경비대, 6건축의 진중일지에서 확인된다. 이후에도 휴양 및 외출은 대대의 일일명령에 의거하여 대체로 10일마다 2일에 걸쳐 반수씩 허가되었다.

대대본부의 경우 5월 27일 오후 휴무와 외출 허가(견습사관과 조장에게 순찰근무명령), 6월 6~7일, 7월 7~8일, 8월 6일 강우로 인한 휴무 등이 기록되어 있다. 보급중대는 5월 27일 오후, 6월 6~7일의 반감 휴양, 8일 강우로 휴양했다. 이에섬경비대는 5월 18~19일과 27일 오후, 6월은 강우로 6일을 휴양한 대신 반감 휴양인 7일에는 작업을 했고, 7월에는 7~8일과 21~22일 반감 휴양을 가졌다. 6건축의 경우 5월 27일 정오~오후 6시의 외출 허가, 6월 6~7일의 반감 휴양 등이 진중일지에 기재되어 있다.

5월 26일 대대본부의 월례 신체검사에 따른 소견 항목 중에 '화류병 환자 사실 없음'이 명기되어 있다. 6건축의 진중일지에는 5월 28일과 마찬가지로 '화류병 환자 사실 없음'이 적시되어 있다. 위안소는 6월에 설치되지만 휴일과 외출, 성병 환자의 처리 태세는 이미 완비되어 있었음을 알 수 있다.

한편, 가데나에 파견된 경비중대의 일부는 독자적으로 3회에 걸쳐 나하로 외출을 실시했다. 5월 30일은 강우로 인해 오전에 내무계인 준위가 '내무규정'을 교육한 뒤 오후 1시부터 파견대 반수인 68명이 자동화차 2대로 외출하여 오후 8시에 귀대했다. 6월 8일에는 오후 1시부터 조장 이하 55명이 자동화차 2대로 외출하고 오후 8시에 복귀했다. 6월 19일 역시 오후 1시 30분부터 조장 이하 52명이 나하로 외출하여 오후 8시 50분에 귀대했다.

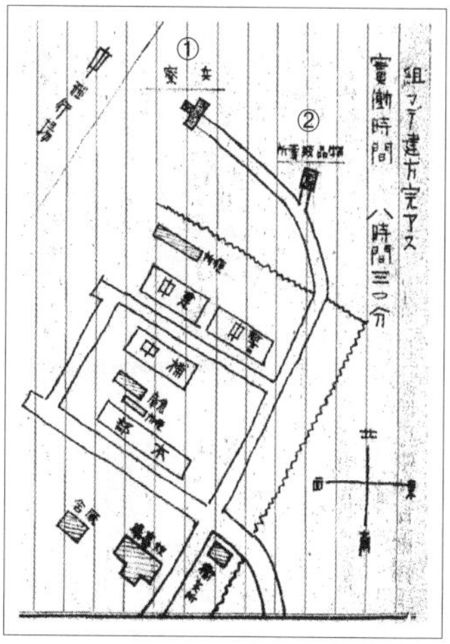

[그림 7-4] 병료와 물품판매소의 위치도

· 출전: 〈陣中日誌 第2号 自昭和19年5月1日至昭和19年5月31日(2)〉,《要塞建築勤務第6中隊 陣中日誌 (2/7) 昭和19年5月1日~19年5月31日》

2) 첫 위안소 건설

작업의 경과

6건축의 첫 임무는 비행장 건설에 징용된 노무자의 숙소 건축이었다. 5월 19일 6건축은 50비행으로부터 20일부터 병료(兵寮) 건축과 급수용 수조 제작을 명령받았다. 중대장은 병료 건축 자재를 구입하기 위해 20~21일 양일 동안 모토부정으로 출장을 갔고 중대원은 작업에 돌입했다. 5월 21일 6건축 진중일지에는 부대 숙영지와 더불어 병료(①)와 물품판매소(②)의 위치가 표시된 [그림 7-4]의 약도가 수록되어 있다. 50비행과 6건축의 숙영지는 중비행장과 동비행장 사이에 있었음을 알 수 있다. 함께 첨부된 [그림 7-5]의 설계도면에 따르면 병료는 건평 63평(208.15제곱미터), 물품판매소는 24평(79.2제곱미터) 규모였다.

5월 21일 제2소대 제3분대장(이하 2-3분대장) 이하 59명은 벌채와 병료 건축에 종사했다. 5월 22일에는 3분대장 이하 46명은 병료 건축

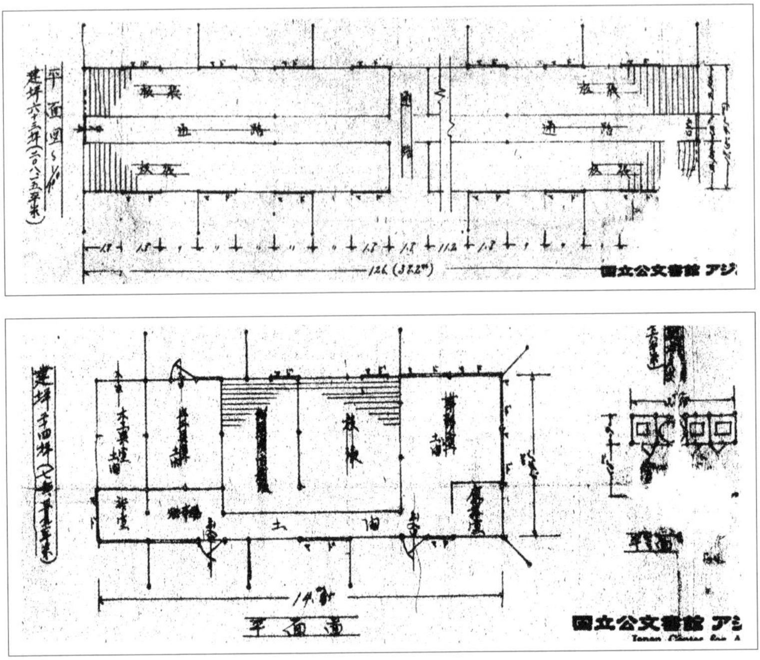

[그림 7-5] 병료와 물품판매소의 평면도(5월 21일)

· 출전: [그림 7-4]와 동일

에, 제1소대 제3분대장(이하 1-3분대장) 이하 29명은 병료의 통로 파기와 수조 제작에 임했다. 5월 23일에도 2-3분대장은 병료 건축과 부속 도로 보수를 실시했다.

그런데 5월 24일 50비행은 위안소를 건축하라는 작전명령을 6건축에 내렸다. 25일부터 건축 중인 병료를 물품판매소로 개축하고 새로 위안소 건축 작업을 실시하며 세부 사항은 현지에서 지시한다고 되어 있다. 이 명령은 32군과 19항공, 각 파견대에 보고·통보되었다. 요컨대 위안소 건축은 50비행의 상급부대인 19항공, 32군이 명령했다고 보아야 하는 것이다.

50비행의 명령이 하달된 5월 24일 6건축도 위안소 건축을 중대명령으로 내렸다. 중대장은 2소대장을 지휘관으로 1소대 3분대와 2소대 3분대를 지정했으며 소요 자재는 50비행 담당자에게 연락하도록 했다. 그런데 50비행 명령의 시각은 오후 9시이며 6건축의 명령은 낮 12시로 기재되어 있다. 정식명령서 이전에 구두 지시가 이루어졌다고 보는 것이 타당하다. 이미 6건축에서는 2-3분대장 이하 39명을 투입하여 병료의 설비를 뜯어내어 주보로 변경하는 작업(토방, 식탁, 매점 등을 설치)을 8시간 30분 동안 실시했기 때문이다.[7)]

5월 25일 50비행의 진중일지에는 "건축 중대장은 위안소 신축 작업을 실시하다"라고 쓰여 있다. 같은 날 2-3분대장 이하 47명은 병료를 주보로 고치는 작업을 10시간 동안 했고 1-3분대장은 벌채한 통나무를 쌓고 운반하는 일에 종사했다. 5월 26일 2-3분대장 이하 52명은 8시간 동안 위안소 건축에 필요한 목재를 운반하고 부지를 측량했으며, 5월 27일에는 대대명령에 따라 2-3분대장 이하 87명이 오전에 3시간 30분 동안 위안소 부지를 정비했다(오후 휴무).

6건축은 5월 27일 물품판매소 증축을 1-3분대장이 맡으라는 작전명령을 내렸다.[8)] 이어진 5월 28일 2소대장의 지휘 아래 2개의 작업이 행해졌다. 하나는 전날 명령에 따라 1-3분대장 이하 122명이 수행한 6시간 동안의 벌목과 운반이었다. 또 하나는 2-3분대장 이하 43명이 '병료 건축' 및 기둥을 만들고 벌채를 한 것이었다.

이와 마찬가지 기록은 5월 29일부터 반복된다. 2-3분대장 이하 46명은 "병료 건축을 속행"했고 1-3분대장 이하 35명은 물품판매소 증

---

7) 5월 24일부터 진중일지에는 병료, 주보, 물품판매소가 혼용되어 있는데, 일단 진중일지에 기술된 대로 인용한다.

8) 명령문에는 5월 28일로 되어 있으나 내용상 5월 27일을 오기한 것으로 판단했다.

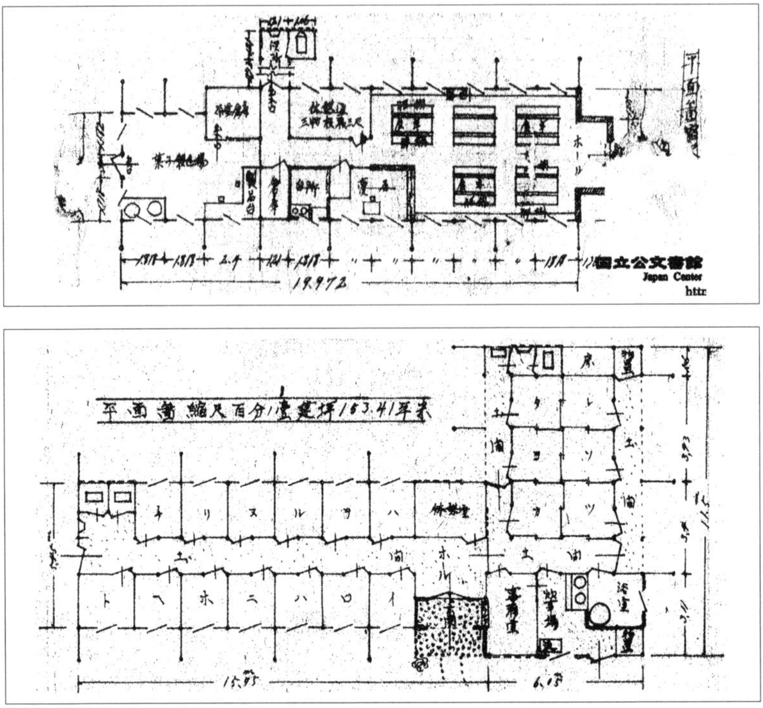

[그림 7-6] 병료와 물품판매소의 평면도(5월 29일)

· 출전: [그림 7-4]와 동일

축에 임했다(건평은 병료가 167.3제곱미터[51평], 물품판매소는 262.3제곱미터[79평]). [그림 7-6]과 같이 병료와 '주보'의 평면도까지 제시되어 있다.

5월 30일 2-3분대장 이하 46명은 병료의 기둥 작업을 속행했고 1-3분대장은 물품판매소 작업을 이어갔다. 5월 31일 2-3분대장 이하 53명은 수직 기둥 260개의 벌채 운반을 비롯한 '위안소 건축'을 실시했다. 1-3분대장 이하 36명은 물품판매소 내부 작업에 매달렸다.

5월 28~30일 진중일지의 병료는 위안소로 보는 것이 자연스럽다. 두 가지 이유를 들 수 있다. 먼저 [그림 7-6]의 병료는 4제곱미터(1.2

평) 정도의 방 19개와 입구 쪽에 사무실을 갖추었다는 점에서 전형적인 위안소의 형태를 띠고 있다. 그리고 다음에서 확인되듯이 2-3분대장이 수행한 작업 내용 측면에 비추어보아도 병료는 위안소일 수밖에 없다.

6월에 접어들어서도 위안소는 계속 병료로 표기되었다. 6월 1일 2-3분대장 이하 41명은 병료 건축을, 1-3분대장 이하 36명은 물품판매소 건축을 각각 진행했다. 6월 2일 2-3분대장 이하 47명은 "전날에 이어" 병료 건축을, 1-3분대장 이하 33명은 물품판매소 증축 및 통로 구축을 실시했다. 6월 3일에는 2-3분대장 이하 45명의 병료 건축만 기록되어 있다.

6월 4일 2-3분대장 이하 46명은 "전날에 이어 병료의 보수(도로) 및 정원 설비"에 종사했다. 이날 오후 8시에는 50비행의 작전명령이 내려왔다.[9] 소요 인원으로 되도록 빨리 가(假)위안소 설비를 실시하고, 소요 자재는 건축 중인 병료용 재료를 일시 전용하는 외에 부관에게 연락하며, 부관은 중대장과 협의하여 작업의 구처 및 자재를 준비한다는 것이었다. 이에 6건축은 5일 50비행이 지정한 가옥에 '급조'하는 가위안소 설비 작업을 2소대장에게 배당하고 대대명령과 함께 자재 조달과 연락 사항을 담은 중대의 작전명령을 오후 6시에 내렸다(5월 24일과 마찬가지로 대대명령과 중대명령 사이에 시간 차가 있다).

6월 5일 2-3분대장 이하 87명은 병료의 지붕과 가위안소 설비 작업을 실시했다. 병료 지붕은 63명이 맡아 절반 정도 완성했다. 나머지 24명은 천막과 돗자리로 방을 나누고 취사장과 변소 설비를 완료했

9) 작전명령에는 통상 1년 단위로 일련번호가 붙여지는데, 6건축의 기록상으로는 '호외(號外)'와 '구달(口達)'이 부기되어 있으며 50비행의 진중일지에는 아무런 언급이 없다.

다. 대대명령이 내려진 바로 다음 날 하루 만에 가위안소가 설치된 것이다.

6월 6일과 7일의 경우 50비행의 휴양명령에 우천까지 겹쳐 2-3분대장과 인원은 위안소 공사에 투입되지 않았다. 대신에 6월 7일 1소대 3분대 제1반장 이하 24명이 병료의 건축 자재를 운반했다. 6월 8일 2-3분대장 이하 40명이 투입된 병료의 마루 깔기는 호우 때문에 1시간 만에 중지되었다. 6월 9일 2-3분대장 이하 58명은 병료 건축과 더불어 6월 5일 급설한 가위안소를 철거했다.

6월 10일 2-3분대장 이하 47명은 병료 지붕 작업을 마무리하고 현관과 취사장·욕실 설비 및 물품판매소 청소를 했다. 6월 11일은 종일 비가 내려 2-3분대장을 비롯한 작업대는 내무규정과 내무교육을 실시했다. 6월 12일 2-3분대장 이하 48명은 병료의 외벽과 현관, 취사장 설비와 함께 차양 재료를 운반했고 1-3분대장 이하 30명은 재차 물품판매소 증축 작업에 들어갔다(22일 완료). 6월 13일 2-3분대장 이하 51명은 병료 안팎의 공사와 판재 및 시멘트를 운반했고, 6월 14일 2-3분대장 이하 52명은 병료의 칸막이와 출입구 등의 작업에 종사했으며, 6월 15일 역시 2-3분대장 이하 47명은 병료의 출입구와 창문 제작 외에 '카운터' 설치 등의 작업을 실시했다. 그리고 6월 16일 2-3분대장 이하 47명은 통로에 모래를 깔고 실내 마감 공사를 처리했다. 말미에는 "병료 전(全) 작업 완료"라는 표현이 기술되어 있다.

그런데 그 후에도 관련 공사는 이어졌다(6월 17일과 19일은 우천으로 휴양). 6월 18일 2-3분대장 이하 42명은 병료 건설의 남은 작업과 기둥 155개, 320.1제곱미터(97평)의 판자 운반에 종사했다. 6월 20일 2-3분대장 이하 45명은 수행한 병료 건설의 마감 작업을 수행했고 이후에는 관련 기술이 나오지 않는다. 그런데 마지막 작업 중 하나는 출입구가 2곳인 153미터의 '목책' 설치였다. 2일 전의 기둥과 판자는 목책에 쓸 재료였다고 보는 것이 자연스럽다. 병료라면 군이 외부와 차단하는 울타리를 칠 필요가 없기 때문이다. 이렇게 6월 20일에 이에섬의 첫 위안소 건물이 완공되었다.

위안소 건축의 목적

5월 24일에 하달된 위안소 건축명령은 다무라 신자부로 대대장이 5월 7일 훈시에서 언급했던 50비행 전용의 '특수위안부'가 아니라 이에섬 주둔이 계획된 독립혼성 44여단(이하 44여단) 소속부대와 비행단의 이용을 상정한 조치였다고 판단된다. 몇 가지 정황이 이를 뒷받침한다.

먼저 5월 17일 50비행의 일일명령에 따르면 다무라 신자부로 대대장이 "업무 연락 때문"에 18일부터 3박 4일 동안 나하의 32군 사령부와 19항공지구 사령부에 출장을 갔다. 그리고 5월 10일 임명된 44여단장(스즈키 시게지鈴木繁二, 1892~1945, 소장)은 5월 18일 19항공이 안배한 비행기를 타고 19일 오키나와에 도착했고, 22일 32군 사령부를 방문했다.[10] 5월 30일에는 비행장 작업 시찰차 50비행을 찾았다. 이 무렵 32군도 44여단과 중포병 제7연대의 주력을 남부의 시마지리(島尻) 지구에, 일부를 이에섬과 모토부반도에 배치하는 작전 방침을 세운 터였다.[11] 마지막으로 6건축 진중일지가 전하는 위안소 건물은 19개

---

10) 〈陣中日誌案 昭和19年5月分(1)〉, 《陣中日誌(第32軍参謀部)昭和19年3月27日~20年1月31日》.

11) 〈第2 作戦準備〉, 《第32軍 軍直部隊史実資料(1)》. 앞에서 소개한 5월 20일자 32군 작전명령(球作命第9号)의 내용이며 다무라 신자부로 대대장의 출장 목적도 오키나와부대 배치의 협의였던 것으로 추측된다. 원래 나카구스쿠(中城)만 요새의 주력이던 중포병 7연대는 1944년 5월 3일 포병연대로 개칭되면서 44여단 지휘 아래에 편입되었다.

의 방을 구비하고 중장기적인 가동을 염두에 둔 모양새였다. 50비행의 367명은 물론 6건축 339명을 포함해도 다소 큰 규모다.[12] 이와 같은 사실을 종합적으로 판단했을 때 5월 24일의 위안소 건축명령은 32군 및 19항공과의 협의를 거쳐 50비행의 병력을 포함하여 44여단의 주둔부대와 비행단을 위해 추진된 것으로 봄이 합리적이다.

그렇다면 한창 위안소를 짓고 있던 6월 4일에 가위안소 설치명령이 내려진 이유는 무엇일까? 하야시 히로후미(林博史)는 위안소 건물 완공 전에 위안부가 도착하여 가위안소를 만들어 이용하도록 했다고 추측했다.[13] 위안부 도착이 예상보다 빨랐다는 점은 50비행의 6월 4일 명령이 오후 8시에 구두로 발해졌다는 사실로도 짐작 가능하다. 그런데 가위안소는 취사장과 변소까지 갖추어져 있어 위안소가 완공될 때까지 사용할 수 있었는데, 왜 6월 9일에 철거했을까?

50비행의 진중일지를 통해 가위안소 설비 전후의 흐름을 정리해 보면 의문이 풀린다. 이는 6월 6~7일의 반감 휴양과 10일의 32군 사령관 및 19항공 사령관의 순시에서 실마리를 찾을 수 있다. 6월 4일 50비행은 위안부가 6월 5일 도착한다는 연락을 받은 뒤 재빨리 6건축에 가위안소 설치를 지시했고, 6월 5일에는 6일과 7일의 반감 휴양을 하달했다. 당초에는 공사 중이던 위안소 건물이 완성될 때까지 사용

---

12) 6건축과 같은 건축부대는 임시로 주둔하며 하명된 건축 임무에 종사하다가 다른 지역으로 이동하는 것이 통례였으며 실제로 6건축은 7월 말 이에섬에 2개 작업반을 남겨둔 채 주력을 본섬으로 옮겼다.

13) 林博史, 《沖縄戦と民衆》, 大月書店, 2001, 28쪽. 하야시 히로후미는 6월 6~7일의 반감 휴양에 6중대가 위안소를 이용했다고 기술했지만, 마찬가지로 반감 휴양을 실시한 50비행의 대대본부와 보급중대도 위안소를 이용했을 것으로 여겨진다. 이에섬경비대는 6월 6일만 전체 휴무했지만 오전 중에 병기와 피복 손질을 한 후 오후 4시 30분~7시 50분에는 연예회를 열었으므로 위안소 출입은 불가능했다고 판단된다.

할 작정이었는데, 6월 9일 32군 사령관의 순시 계획이 확인되었다.[14] 가위안소는 천막과 돗자리로 급조하여 열악한데다 [그림 7-4](559쪽)에서 밝혔듯이 동비행장과 중비행장 사이의 부대 숙사 가까이에 조성되어 눈에 띌 수밖에 없었다. 그 결과 6월 9일 2-3분대장은 병료 작업의 속행에 앞서 가위안소 설비를 해체하게 된 것으로 판단된다.

이에섬의 위안소가 완공된 뒤 44여단과 비행단 병력은 오키나와로 이동을 시작했다. 먼저 6월 상순 편성을 마친 44여단은 독립혼성 45여단과 함께 6월 26일 가고시마에서 출항했다. 그런데 6월 29일 미국 잠수함의 공격을 받은 수송선의 침몰로 44여단은 병력의 80퍼센트를 잃었고 잔존 병력과 보충 인원을 모아 44여단 휘하의 제2보병대를 편성했다. 32군은 독립혼성 15연대(이하 15연대)를 44여단에 급거 배속하는 한편, 7월 6~11일에 오키나와까지의 공중 수송을 실시했다. 15연대 제3대대(이하 3대대)의 1진은 8일에, 3대대장 니시무라 노부요시(西村信義) 대위는 11일에 각각 이에섬에 입성했다.

6월 하순에 접어들어 제25비행단은 타이완의 제8비행사단 예하에 편입, 오키나와 방어를 전담하게 되어 요미탄의 북비행장에 사령부를 두었다. 6월 26일 25비행단장은 휘하의 비행 제3전대(폭격기 위주)에 이에섬 중비행장의 활용을 지시했고,[15] 7월 5일 24명과 폭격기 5대(이에섬경비대)를 필두로 7월 24일까지 매일 이에섬에 착륙했다. 7월 26일에 합류한 전대장까지 집계하면 총원은 421명에 이르렀다.

---

14) 50비행의 일일명령은 6월 9일자이지만 6월 8일에 통보를 받았을 가능성도 배제할 수 없다.

15) 防衛庁防衛研修所戦史部,《沖縄方面陸軍作戦》, 朝雲新聞社, 1968, 50~51쪽.

위안소 이용

과연 3대대와 비행3전대는 6건축이 세운 첫 위안소를 이용했을까? 현존하는 자료로만 보건대 가능성은 높지 않다. 먼저 3대대의 숙사로 사용된 이에지마국민학교(지금의 이에중학교 부근)와 위안소 사이는 직선으로 2.5킬로미터 정도여서 정례적인 도보 왕래가 불가능한 것은 아니다. 그런데 기록상으로 3대대의 휴일 실시와 위안소 이용의 흔적은 10월 이후에 나타난다. 한편, 비행3전대 소속 비행기는 8월 초 당시 북비행장과 미야코섬에 분산되어 있었다.[16] 이에섬에는 소수의 인원이 상주했을 것으로 보이는데, 7월 26일 "공중부대 일부가 이에 비행장을 상주 이용"하게 되었다고 기록된 50비행의 진중일지가 이를 뒷받침한다. 이런 사실을 종합하면 동·중 비행장 사이의 위안소 이용자는 일차적으로 50비행과 비행대 일부, 6건축(7월 말 이후 3개 분대가 잔류, 후술), 그리고 이후 배치된 비행장 관련 병력이었을 것이다.[17]

주둔 이래 50비행은 순찰하사관을 이에촌에 파견했다. 민간인이 거주하는 이에촌이 주된 외출지인 점을 감안한 조치였다고 판단된다. 그런데 7월 4일부터 새로 5일씩(처음은 7월 6~10일) 근무하는 쓰바사가오카(翼ヶ丘)의 순찰하사관을 지속적으로 임명했다. 쓰바사가오카는 당시 주둔 일본군이 동·중 비행장 일대를 식별하려고 붙인 지명이었다. 6월 20일 완공된 위안소가 가동됨에 따라 풍기를 단속하는 제2종 순찰과 유사한 역할을 순찰하사관이 담당하게 된 것으로 여겨진다. 이에섬 위안소의 본격적인 이용을 짐작하게 하는 사안이다.

---

16) 防衛庁防衛研修所戦史部, 앞의 책, 89쪽.

17) 50비행의 진중일지에 따르면 7월 26일 제2항공통신연대(羽8362부대)의 대공무선 요원 8명, 8월 2일 제26항공무선대 10명과 32군 통신대 45명, 8월 9일 육군기상부 오키나와관측소 요원 13명이 주둔을 위해 도착했으며, 8월 8일에는 가데나에 주류하던 경비중대 일부가 복귀했다.

7월 4일 쓰바사가오카 순찰하사관의 임명은 직접적으로 6일 50비행이 7일과 8일의 반감 휴양을 명령한 것과 궤를 같이한다고 여겨진다. 7월 7과 8일의 반감 휴양은 50비행 본부, 이에섬경비대의 진중일지에서만 실시가 확인된다(경비중대는 7월 진중일지가 없으며 보급중대는 관련 언급이 없다). 특히 이에섬경비대의 진중일지는 7월 7일 조장 이하 32명, 8일 조장 이하 36명이 휴무했다는 기술과 더불어 7월 21일과 22일에도 조장 이하 38명과 32명이 각각 휴무했다고 밝히고 있다. 휴무 인원의 명시는 외출 허가 및 위안소 출입과 연결되었기 때문으로 보는 것이 자연스럽다.

50비행 진중일지에서 위안소의 존재를 직접적으로 기술한 곳은 8월 2일이 유일하다. 오전 10시~정오에 '특수위안부' 10명에게 '구급법'을 교육했다고 되어 있다.

3) 독립혼성 제15연대 제3대대와 위안소

초기의 주둔 상황

앞에서 기술했듯이 이에섬에 진주한 본격적인 전투부대는 3대대, 즉 15연대 3대대가 시초였다. 7월 7일 3대대는 편제상의 제7·8·9중대와 3기관총중대 외에 연대포 1개 소대(이하 연대포소대)와 함께 독립혼성 44여단(이하 44여단) 직할로 편입되면서 15연대와 분리되었다.[18] 그리고 요미탄에 본부를 둔 15연대는 나카가미지구대, 2보병대는 구

---

18) 15연대 소속부대의 진중일지는 독립혼성 제15연대로 검색할 수 있다. 3대대 소속중대의 진중일지는 1944년 6월~1945년 1월이 현존하는데, 8중대만 1944년 8월이 누락되어 있다. 연대포소대의 진중일지는 1944년 7~10월(16~24일은 누락)이 남아 있다. 이하에서는 출전을 명기하지 않는다.

니가미(國頭)지대로서 오키나와 북부를 방어했다. 다음에서는 이에섬에 주둔했던 3대대의 동향에 한정하여 대대본부의 진중일지를 중심으로 서술한다(각 중대 또는 그 밖의 다른 부대의 진중일지인 경우에는 본문이나 괄호 안에 명기한다).

7월 8일 가데나의 3대대장은 이에지마지구대의 임무를 할당받았고 3기관총중대 절반이 탑승한 수송기는 이에섬 중비행장에 착륙했다. 7월 11일 3대대장과 주력은 이에섬에 들어와 숙영지 이에지마국민학교에 합류했다.

이에지마경비대[19] 소속 각 부대에 부과된 첫 임무는 진지 구축이었으며 대대본부의 진중일지 기록상 진지 구축은 9월 1일까지 이어졌다. 9월 2일부터는 진지 구축 외에 대전차호 작업에 매달렸고, 9월 19~30일에 이르는 기간 동안 이에지마지구대는 물론 15연대 병력 대부분이 가세되어 동비행장 건설에 투입되었다.

7월 13일 경비대장은 일일명령 제1호를 내려 당분간 공용외출 외의 일반외출을 금지했다. 7월 18일에는 독립속사포 제7대대 제1중대(이하 독립속사포)가,[20] 8월 1일에는 후발대가 가세함으로써 총 병력은 640명에 이르렀다. 7월 25일에는 '이에섬지구경비규정'이 배포되었다. 내용을 보면 3대대와 연대포소대, 독립속사포는 경비대 소속이며 50비행과 이에섬의 선박부대, 재향군인방위대는 '협력부대'로 분류되어 있다. 수비부대인 이에지마지구대는 비행부대, 선박부대와는 별도

---

19) 50비행 소속인 이에섬경비대와 구별하기 위해 3대대는 이에지마경비대, 이에지마지구대, 이에지마수비대로 칭한다.

20) 독립속사포의 진중일지는 1944년 7월이 《独立混成第15連隊 陣中日誌 2/2 昭和19年7月1日~昭和19年7月31日》에, 동년 8~10월이 《独立速射砲第7大隊第1中隊 陣中日誌 昭和19年8月, 9月, 10月》에 수록되어 있다. 이하에서는 출전을 명기하지 않는다.

의 주둔 체계를 지녔음이 드러난다.

7월 27일에 작성된 '경비 상황 보고' 내 '위생'에는 "비상시를 고려하여 현지 여자청년 30명에게 구호교육을 4일간 군의가 실시하도록 했다"는 구절이 있다. 앞서 50비행이 '특수위안부' 10명에게 구급법을 교육한 것도 이에지마지구대의 요청에 따른 것으로 추측된다. 7월 30일 대대장의 명령에 따라 각 부대는 오전에 내무검사를 마쳤고 오후에는 휴양을 가졌다(제9중대, 연대포소대).[21]

8월 3일에는 내무규정편찬위원회가 조직되었다. 위원장은 7중대장이 맡았고 나머지 중대에서 1명씩 위원을 선임하는 형태였다. 내무규정 편찬을 위한 위원회 협의는 8월 7일 오전에 4시간 30분 행해진 것만 확인되며 내무규정 완성에 대한 언급은 없다.

8월 3일 3대대는 연대의 작전명령을 수령했다. 15연대는 24사단에게 나카가미 일대를 이양하고 구니가미로 이동하여 모토부지구대가 되고 이에지마경비대의 지휘까지 맡는다는 내용이었다. 연대로 복귀한 3대대는 모토부지구대 소속의 이에지마수비대가 되었다.

9월까지 이에지마수비대의 휴무는 일요일 오후를 중심으로 각 중대의 사정에 맞추어 자율적으로 실시된 듯하다. 대대본부는 7월 30일(일)과 8월 21일(월)에, 7중대는 7월 22일(토), 8월 6일·10일(목)·13일(일)·21일·31일(목), 9월 12일(화)에, 8중대는 8월 6일·21일, 9월 1일(금)·12일(화)·17일(일)에, 9중대는 7월 30일과 8월 21일에, 연대포소대는 7월 30일, 8월 6일·13일·31일에, 독립속사포는 8월 6일·21일, 9월 17일에 휴무했다. 연대포소대를 제외하고 8월 21일 오후에 휴무

---

21) 제8중대의 1944년 7월 진중일지는 없으며 연대포소대의 8월 진중일지 문서명은 〈陣中日誌 第2号 自昭和19年7月1日至7月31日 独立混成第15連隊第8中隊調製〉다.

한 것은 수비대가 20일(일)의 작업과 21일의 대체 휴가를 하달했기 때문이다. 9월 하순은 비행장 작업에 전력을 쏟은 탓에 휴무하지 못했다.

9월까지 이에지마수비대의 진중일지에는 외출이나 위안소 출입에 관한 기록이 나오지 않는다. 일요일, 그것도 오후 휴무만으로는 600명이 넘는 병사가 위안소를 다녀올 수 없다. 앞에서 반복적으로 확인했듯이 휴무와 외출을 주둔부대별로 분산하는 방식을 확립함으로써 비로소 위안소의 관리와 이용이 가능해졌다. 이에지마수비대와 15연대도 예외가 아니었다.

외출과 위안소 이용

10월 1일 3대대는 44여단의 방어 태세 재편에 관한 명령을 수령했다. 15연대는 북지구대를, 2보병대는 남지구대를 각각 구성하며 3대대는 독립기관총 제4대대 제3중대와 포병 1개 중대, 공병 1개 소대(이하 공병소대), 연대통신대 일부를 증원받아 여단 직속의 이에지마지구대가 되었다.[22] 총원 883명으로 몸집을 키우며 다시금 독자적인 주둔 태세를 취한 것이다.

10월 2일 오후 이에지마지구대는 일제히 휴무하고 새로운 일과 시한을 제정했다. 동시에 향후 요일을 나누어 휴일을 실시하며 독립속사포에게는 목요일을 배당한다는 대대회보가 전해졌다(독립속사포). 10월 5일 대대의 군의와 위생견습사관이 '위생 강화'를 실시했는데(대대본부), 세 번째 주제는 성병에 관해서였다(독립속사포). 그런데 10월 17일 대대회보에서는 10월 8일 '회보'의 실시를 취소하고, 휴양 또는

22) 신규로 증편된 부대 중에서 공병소대만 1944년 10월분 진중일지를 남겼다.

외출에 관해서는 추후 지시하지만 당분간은 실시하지 않는다고 되어 있다(8중대).

10월 2일 대대회보는 독립속사포의 진중일지만 실었고, 10월 8일과 17일 대대회보는 8중대의 진중일지만 수록했다. 따라서 10월 2일·8일·17일 회보는 다음과 같이 연결된다. 10월 2일은 3대대의 회보였는 데 비해, 10월 17일 회보에 언급된 10월 8일 회보의 주체는 3대대가 아니라 15연대였던 것이다.

혼선이 빚어진 이유는 10·10공습 때문이었다. 10월 12일 3대대장은 주간 행동을 전면적으로 금지하며 경계 강화에 힘썼다. 10월 14일 15연대장은 제1대대를 이끌고 이에섬에 도착하여 통합 이에지마지구대 사령관으로서 3대대는 물론 50비행까지 통솔했다. 이런 비상 태세는 10월 19일 해제되어 이에지마지구대는 북지구대와 분리되었다. 따라서 10월 17일자 8중대 진중일지 내 휴양·외출 중지명령은 3대대장이 아니라 15연대장이 내렸으며 3대대에게도 적용되었다고 보아야 한다(관련 내용은 후술).[23] 3대대 소속부대를 규율한 휴양·외출의 틀은 10월 2일의 회보였던 것이다.

10·10공습의 여파로 인해 이에지마지구대의 10월 휴무는 불규칙하고 횟수도 적다. 10월 2일 이후의 휴무는 7중대가 3일(화)·24일(화)·29일(일), 8중대가 3일, 3기관총중대가 28일(토), 연대포소대가 3일·8일(일), 공병소대가 3일·5일(목)·26일(목), 독립속사포가 24일 등으로 기록되어 있다. 10·10공습과 10월 17일의 휴양·외출 금지명령

---

23) 휴양·외출 금지는 이에지마지구대의 부대도 예외가 아니었다. 때마침 10월 17일 독립속사포는 내무규정에 해당되는 '내무에 관한 지시'를 제정했는데, '휴일 및 외출' 항목에는 공용외출만 언급되어 있다.

이 원인이었다고 여겨진다.

11월이 되어 명치절인 3일 오후 대대본부와 제8·9중대는 휴양을 가졌다(8중대는 영내 휴양). 11월 9일 이에지마지구대 소속부대의 휴일 할당과 외출방식, 위안소 이용에 관한 대대회보가 하달되었다(8중대). 그 내용은 다음과 같다.

- 향후 제8중대와 야포(포병중대로 추정)의 휴일은 수요일로 한다.
- 휴일에 근로봉사가 있으면 각 부대는 오전과 오후에 약 반수의 병력을 진지 구축에 차출한다.
- 중대의 휴일 오후에 진지 구축을 행하는 자에 한해 오전 9~11시 30분에 이르는 시간 동안 외출할 수 있다.
- 휴일의 외출 시각은 오후 1시부터며, 병은 오후 4시까지, 하사관은 오후 6시까지로 한다. 단, 하사관의 위안소 이용은 오후 4시 이후로 한다.
- 군료 및 위안소는 금요일을 제외한 매일 오전 9시~오후 6시에 개설한다. 단, 오전 중의 이용은 휴일 배당 중대의 병사 중에서 오후 작업에 나가는 자에 한하며, 중대에서 세부 사항을 지시한다.
- 하사관 이하는 중대의 배당 휴일에 군료와 위안소를 이용하고, 다른 날에는 외출과 이용을 엄금한다.
- 전체적으로 공용 이외의 외출을 금한다. 공용외출자는 준위 이상의 증명서 또는 공용 완장의 부착을 요한다.
- 준위 이상의 군료, 위안소 이용은 일석점호 후로 한다.

앞의 대대회보는 위안소 관리와 주둔부대의 휴일·외출이 어떻게 결부되는지를 명확히 보여준다. 통상적으로 위안소 이용은 오전 10시부터 시작되는 데 비해 이에섬의 경우는 오전 9시로 앞당겨져 있다. 그 이유는 '근로봉사' 민간인이 진지 구축에 동원되는 오키나와의 특수 상황에 맞추기 위해서다. 위안소 운용은 해당 부대의 군사적 고려와 요구에 따라 조정되는 사안이었다.

11월 9일의 대대회보로 위안소 이용의 틀이 구축되었지만 진중일지 기록상으로는 위안소 출입을 확인할 수 없다. 9중대와 3기관총중대는 휴양조차 없으며 7중대는 11월 8일(수)·13일(월) 오후에 휴양을 실시했다. 8중대는 11월 17일(금)·20일(월) 오전에 영내 휴양을 허가했으며, 20일 오전에 근로봉사대와 작업한 조에게는 오후 휴무를 부여했다. 이 무렵의 진중일지에는 매일같이 10·10공습에 따른 진지 구축 현황이 언급되어 있다. 그런 정황을 감안하면 외출과 위안소 이용에 관한 기술이 누락되었을 가능성도 배제할 수 없다.

12월에 접어들어 이에섬 주둔 병력의 물갈이가 이루어졌다. 3대대는 15연대로 복귀하여 44여단과 함께 오키나와시 인근으로 남하했고 2보병대 제1대대(이하 1대대)는 이에섬으로 이주했다. 독립속사포와 독립기관총 4대대 3중대와 포병중대는 잔류하여 1대대에 합류했다.

1대대와 잔류부대 중 어느 부대도 기록을 남기지 않았다. 다만 이에섬에서 작업 중이던 3개 분대 규모의 6건축 파견대(이하 파견대)의 진중일지에는 위안소 관련 정보가 담겨 있다.[24]

12월 내내 파견대는 50비행의 전투지휘소 작업에 몰두했다.[25] 해

---

24) 진중일지는 1944년 10월·12월, 1945년 1월이 남아 있는데, 아시아역사자료센터의 경우 1944년 10월은 《第56飛行場大隊派遣班 陣中日誌 昭和19年9月27日~19年10月31日》에 수록되어 있다.

25) 12월 3일 파견대는 50비행의 전투지휘소를 만들 재료를 확보하고자 '구(舊) 주보'의 해체 작업을 벌였다. 10·10공습 직후 파괴된 대대본부와 병사를 정리했다는 기사를 참조하면 '구 주보'는 6월에 완공된 물품판매소가 아닐까 싶다.

가 바뀌어 1월 1일 파견대와 제502특설경비공병대는 50비행 휘하에 편제되었으며 두 팀으로 나뉜 파견대는 각각 전월부터 이어지던 전투지휘소 공사와 함께 1월 3일부터 제118독립정비대(이하 정비대)의 숙사 건축에 들어갔다. 전투지휘소 공사는 1월 4일까지만 언급되는 것으로 보아 완료된 듯하다.

1월 6일 한 팀은 정비대의 병사 작업을 속행했고 병장 이하 58명은 "병료 이전 작업에 종사"했다. 작업 진도에서 병료는 길이 30미터, 폭 7미터 규모였고 당일로 해체 공사를 완료하여 재료를 200미터 반출했다. 1월 7일 병장 이하 57명은 길이 15미터와 폭 7미터의 병료 기둥 작업을 끝냈고, 8일에는 지붕과 마루 작업을 완료했다. 정비대 병사 건축도 병행되었다.

1월 9일 파견대는 제1분대만 남기고 제2·3분대는 본대에 합류하라는 명령을 받고 준비에 들어갔다. 남은 1분대는 1월 10일과 11일 각각 벽 칸막이 공사와 변소·욕탕을 지어 병료 건축을 마무리했다. 이후 정비대의 병사와 장교 숙사 공사를 시작하여 1월 24일에 완료했다.

5~6월에 걸쳐 진행된 6건축 본대의 위안소 건설 과정을 떠올린다면 병료는 위안소를 가리킨다고 보아야 한다. 이에섬의 첫 위안소는 도면상 가로세로가 각각 5.45미터·15.45미터, 6.15미터·11.5미터를 합친 ㄱ자 형태였다. 해체 전의 병료는 가로 30미터, 세로 7미터 크기였으므로 같은 건물로 보기는 어렵다. 따라서 도중에 개축되지 않았다면 별도의 위안소로 보는 것이 자연스럽다.

진중일지 기록과 증언의 비교

이제 이에섬의 위안소는 몇 곳이고, 어디에 소재했으며, 어느 부대가 이용했는지 살펴보자. 진중일지와 증언을 토대로 이미 몇 가지 견해는 제시되어 있다.

검토하기에 앞서 이에섬의 지명에 대해 알아보자. 섬은 5개의 구(원래는 字)로 나뉜다. 가장 남쪽의 해변을 따라 동서로 길게 가와히라(川平)가 있고, 섬의 상징인 구스쿠야마(城山)를 경계로 동서에 2개씩 구가 있다. 서쪽에는 동서로 길게 니시에마에(西江前)와 그 위의 니시에우에(西江上)가 있으며, 구스쿠야마 북부는 히가시에우에(東江上), 섬의 동쪽은 히가시에마에(東江前)다.

오키나와 현지 조사 결과에 따르면 이에섬의 위안소는 니시에마에에 2곳, 동비행장 즉 이에지마 공항 서쪽에 1곳 등 전부 3곳이었는데, 구체적인 위치와 서술은 첨부되어 있지 않다.[26] WAM에서는 3곳으로 상정한다. 먼저 니시에마에의 1곳은 1944년 6월 5일 우체국장 집을 활용한 가위안소와 그 인근에 세워진 나가야(長屋, 가로로 길게 지은 공동주택)식 위안소로 A로 칭한다.[27] 그런데 2보병대 1대대 3중대 병사가 회상한 오키나와 여성 5명의 위안소(우체국 앞)를 A위안소 중 가위안소였다고 판단한 것은 명백한 오류다.[28] 1944년 12월에 이에섬에 들어온 그 병사가 6월 9일 철거된 가위안소의 존재를 알았을 리 만무하기 때문이다. B위안소는 10·10공습 이후부터 지금의 시마무라야(島村屋)관광공원에 바라크 형태의 위안소가 개설되어 조선과 오키나와 출신 위안부 14, 5명이 있었다는 주민 2명의 증언이 근거로 제시

26) 沖縄国際大学総合文化学部社会文化学科2003年度2年次平和学実習(石原ゼミ), 《伊江島平和ガイドマップ解説書》, 財団法人わびあいの里, 2005, WAM.

27) 古賀徳子, 〈沖縄戦における日本軍'慰安婦'制度の展開(2)〉, 《戦争責任研究》 61号, 日本の戦争責任資料センター, 2008, 66쪽.

28) 伊江村教育委員会, 《証言資料集成 伊江島の戦中·戦後体験記録—イーハッチャー魂で苦難を越えて—》, 伊江村教育委員会, 1999, 808~809쪽, WAM. 그 병사는 1대대에 우체국 앞의 민가를 빌려 침대와 침대 사이에 천막으로 가림막을 한 위안소 1곳만 있었다고 증언했다.

되며, 50비행과 6건축의 병사가 이 위안소를 출입했다고 되어 있다.[29] WAM은 이에지마 공항 서쪽 위안소 C의 소재지를 히가시에우에로 상정하는데, 이와 관련된 자료와 증언은 없다.

진중일지 검토 결과 추출된 위안소도 3곳이다. 50비행과 6건축이 관여된 가위안소와 ㄱ자형 위안소, 11월 초순 3대대의 회보가 전하는 이에지마지구대의 위안소, 마지막으로 1945년 1월 6건축의 파견대가 기존 위안소를 허물고 지은 위안소다. 편의상 순서대로 ①, ②, ③으로 부르기로 한다. ABC와 ①②③을 결부한 이 책의 결론은 ①은 C, ②는 B, ③은 별도의 위안소라는 것이다.

앞서 밝혔듯이 ①은 50비행을 비롯한 항공부대의 이용을 목적으로 동비행장과 중비행장 사이의 병사 근처에 세워졌다. 50비행은 이에섬 주둔을 이어갔으므로 미군이 상륙할 때까지 운용되었을 것이다. 증언의 부재는 병사와 위안소의 위치가 인가가 드문 곳이었기 때문일 터다.

②가 B라는 주장을 증명하는 결정적인 증거는 찾을 수 없다. 그 점에서 10월 이후 이에지마지구대가 휴일 체계를 마련했고 11월 초 3대대의 회보에 위안소와 군료의 이용방식이 제시되었다는 사실은 이에지마지구대의 위안소가 존재했음을 웅변한다. 게다가 시마무라야관광공원과 50비행의 병사는 직선으로 2킬로미터 이상 떨어졌으며 항공부대와 보병부대라는 차이점 외에는 지휘 계통도 전혀 달랐다. 따라서 50비행, 6건축과 무관한 이에지마지구대의 위안소로 보는 것이 합

29) 賀数かつ子, 《第5回全国女性史研究交流のつどい報告集》, 全国女性史研究交流のつどい実行委員会, 1994, 18, 25쪽, WAM. 앞의 자료와 WAM은 시마무라야관광공원에 있었다는 증언을 근거로 위안소 B는 니시에우에에 있었다고 비정한다.

리적인 설명일 것이다.

③은 니시에마에 서쪽에 신설된 것으로 판단하고자 한다. 미군 상륙 직전 정비대는 중비행장 남단에 위치했고 그 북쪽에는 502특설경비공병대가 자리했다. 이미 1944년 9월 중순 이에섬에 발을 들인 정비대가 1945년 1월 들어 병사를 신축했다면 원래 주둔지에서 이동했을 공산이 크다. 1월 6일 구 병료의 자재를 200미터 옮겨 새 병료를 세웠으므로 두 건물은 지척이다. 종합해보면 50비행은 니시에마에로 이동한 정비대 등을 위해 4일 만에 기존 위안소를 헐고 새 위안소를 지은 것이다. 참고로 구 위안소는 19개의 방을 구비한 ①보다 큰 규모였는데, ①과는 별도로 항공부대가 이용하던 곳이거나 10·10공습 이후 마련된 ①의 후신일 가능성도 배제할 수 없다.

아울러 1대대 3중대 병사의 증언은 제4의 위안소가 있었음을 짐작하게 한다. 조선 여성이 이에섬에 없었다는 부분에 주목하면 ②와 동일한 위안소일 리 없다. ②의 위안부는 전원이 3대대를 따라갔거나 일부가 남은 경우를 상정할 수 있으므로, 1대대 병사는 ②의 일부 또는 새로 조달한 오키나와 여성 5명으로 급조된 위안소를 출입했을 것이다.

4) 그 밖의 비행장에서의 위안소 건축

가데나의 상황

6건축이 맡았던 위안소 건축은 이에섬에 한정되지 않았다. 다음에서 확인하겠지만 각지 비행장 건설 작업에 수반하여 6건축의 본대 또는 파견대는 위안소 건물을 세우는 임무도 수행했다. 관련된 움직임을 시간순으로 살펴보자.

먼저 짚어둘 것은 6건축 본대와 파견대의 동향이다. 6월 30일 6건축은 1개 소대를 가데나의 중비행장에 파견하라는 19항공의 명령을 받았다. 가데나파견대의 임무는 1소대가 맡았다. 7월 4일 집결을 완료한 6건축 1소대는 3개 분대로 나뉘어 활주로와 엄체호 구축에 들어갔다.[30)]

7월 9일 1분대는 진행 중이던 견인차 차고에 이어 새로 병료 건축 작업을 시작했다. 14명을 투입하여 차고의 지붕 작업과 병료에 쓸 목재의 절단을 마쳤다고 되어 있다. 7월 10일에는 16명이 병료와 부속 변소 건축을, 11일에는 14명이 병료 건축을, 13일에는 14명이 병료 및 부속 변소 건축을 작업했다. 7월 14일에는 13명이 병료 및 부속 변소 작업에 투입되어 병료의 벽과 칸막이 설치에 돌입했고, 15일에도 16명이 같은 작업을 이어갔다. 하루를 건너뛰어 7월 17일에는 13명이 15일에 운반한 짚으로 병료와 변소의 지붕 작업을 완료했다. 그리고 진중일지에는 [그림 7-7]과 같은 도면이 첨부되어 있다.

가로세로 각 2.7미터의 방 4개를 갖춘 전형적인 나가야식 위안소로 폭 1미터의 통로까지 합하면 가로 3.7미터, 세로 10.8미터의 규모였다. 7월 18일 19명이 투입되어 병료와 부속 변소의 마무리 작업에 들어가 병료의 창 6개와 문 6개를 달았다.

7월 하순 이에섬의 6건축 본대는 이동에 들어갔다. 7월 22일 19항공은 2개반을 이에섬에 남겨두고 본대의 북비행장 집결을 명령했다(28일 이동 개시, 50비행). 같은 날 북비행장과 중비행장 건설을 각각 맡을 제56비행장대대(이하 56비행)와 제44비행장대대(이하 44비행)가 나

30) 6건축 가데나파견대의 진중일지는 1944년 7월분(〈陣中日誌 (7月号) 昭和19年 要塞建築勤務第6中隊嘉手納派遣隊(1)〉과 〈陣中日誌 (7月号) 昭和19年 要塞建築勤務第6中隊嘉手納派遣隊(2)〉)가 《要塞建築勤務第6中隊 陣中日誌 (4/7) 昭和19年7月1日~19年7月31日》에 수록되어 있으며, 이하에서는 출전을 명기하지 않는다.

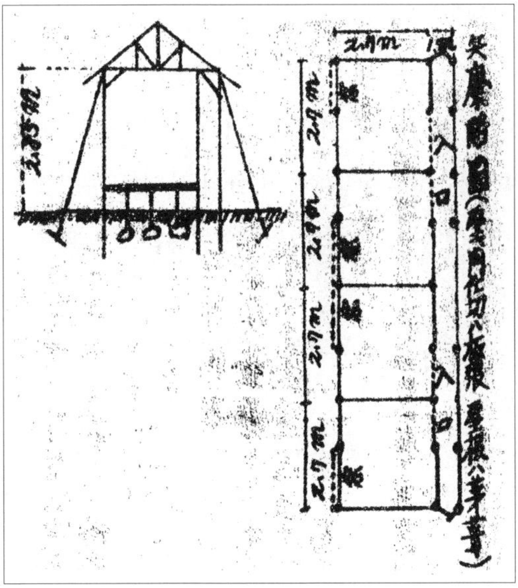

[그림 7-7] 가데나의 병료 평면도

· 출전: 〈陣中日誌 (7月号) 昭和19年 要塞建築勤務 第6中隊嘉手納派遣隊 (2)〉), 《要塞建築勤務第6中隊 陣中日誌 (4/7) 昭和19年7月1日~19年7月31日》

하에 도착했다(후술).

중비행장 주둔부대에도 변화가 생겼다. 7월 28일 6건축의 가데나파견대는 1개반을 44비행에 배속하고 나머지는 8월 2일 이후 본대에 복귀하라는 19항공의 명령을 수령했다. 아울러 6월 24일부터 가데나에 머무르던 50비행의 파견대는 8월 8일 이에섬으로 되돌아갔다(50비행).

9월 들어 19항공은 요미탄의 오완(大湾)으로 옮겨가서 북·중 비행장 건설을 진두지휘했다. 9월 26일 요미탄의 6건축은 북비행장의 56비행을 지원하는 1개반의 파견을 명령했고, 27일에는 선발대가, 10월 2일에는 시게노부(重信)분대 전체가 56비행에 합류했다.[31]

31) 시게노부분대의 진중일지는 1944년 9월 27일~10월 31일인 〈陣中日誌 自昭和19年9月27日 至昭和19年10月31日 56飛大派遣重信班〉은 《第56飛行場大隊派遣班 陣中日誌 昭和19年9月27日~19年10月31日》에, 12월분과 1945년 1월분은 6중대의 진중일지에 수록되어 있다. 이하에서는 출전을 명기하지 않는다.

10월 1일 당시 요미탄에 있던 6건축 본대는 이튿날 자탄(北谷)의 야라(屋良)를 새 숙영지로 삼았다. 10월 1일자로 6건축은 19항공 예하를 벗어나 32군 직할로 편입되었다. 이에섬의 1개 소대를 제외하고 각지에 파견된 소규모 병력은 10월 4일까지 자탄의 본대로 복귀했다. 이후 6건축은 북·중 비행장 건설은 물론 19항공이나 44·56비행과 관련된 작업을 시행해나갔다.

44비행은 1944년 3월 만주에서 편성되어 하얼빈에 주둔했다.[32)] 당초 44비행은 지시마(千島)로 가기 위해 한반도를 남하하여 모지에서 대기하던 중 32군 편입 명령을 받고 7월 22일 나하에 상륙했다. 7월 27일 44비행은 자탄의 야라에 도착하여 8월부터 50비행의 파견대가 진행하던 중비행장 건설 임무를 넘겨받았다.

6건축 본대는 몇 개의 반으로 나뉘어 중비행장과 44비행은 물론 19항공의 부속시설 건축에 돌입했다. 10·10공습 후인 10월 14일 19항공은 북비행장 쪽으로 옮겼다. 그 이틀 후인 10월 16일 6건축은 "병료 건축을 명령하고 부지 선정 및 건축 요령을 지도"했다. 책임자는 이에섬 위안소를 맡았던 2-3분대장이었으며 첫날에는 목재를 베고 운반한 뒤 가로 4미터, 세로 11미터의 건물 두 동의 기둥을 박고 연결된 다리의 판자를 깔았다. 이와는 별도로 상등병이 이끄는 2개반(이하 2반)은 19항공 사령부에 파견되어 창고 건축과 함께 54제곱미터의 병료 두 동분의 벌채와 운반에 종사했다. 병료 2곳의 건축이 동시에 시작된 것으로 보는 편이 자연스럽다.

10월 17일에도 동일한 작업이 이루어졌다. 2-3분대장은 2개반을

---

32) 44비행의 진중일지는 대대본부가 1944년 5월 14~31일, 경비중대가 5월 14일~6월, 보급중대가 6월분이 남아 있다.

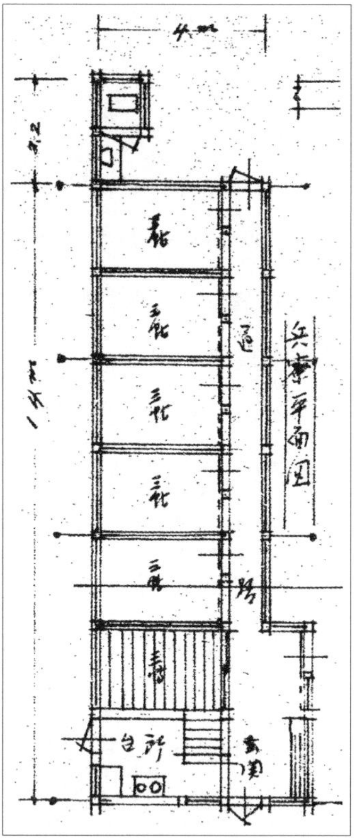

[그림 7-8] 제19항공지구 사령부의 병료 평면도

· 출전: 〈陣中日誌 自昭和19年10月1日 至昭和19年10月31日(3)〉, 《要塞建築勤務第6中隊 陣中日誌 (5/7) 昭和19年10月1日~19年10月31日》

지휘하여 지붕을 얹고 외벽을 둘렀으며 2반은 전날에 이어 창고 한 동을 완료하고 병료의 바닥 공사에 들어갔다. 18일 2-3분대장은 4개반을 지휘하여 병료 건축을 끝마쳤으며 2반은 기둥을 박고 지붕 골조 작업의 40퍼센트까지 진행했다. 19항공 사령부의 병료를 맡은 2반의 진척도는 19일에는 50퍼센트, 20일에는 바닥 공사 80퍼센트를 마쳤다. 10월 21일은 6건축의 휴양일이었다. 10월 22~26일에 2반은 19항공 사령부에 파견되어 건축과 목공, 동굴 작업을 했는데, 병료라는 단어는 없다. 10월 27일 2반은 가로 4미터, 세로 10미터 병료의 기둥을 박고 지붕 골조 공사와 목재 벌채를 했다. 10월 28일에는 우천으로 휴양한 후 29일에 병료의 내부 작업과 장교 숙사의 천장을 설치했다. 10월 30일에는 내부 작업의 80퍼센트와 지붕 작업을 완료했으며, 31일에는 목조 단층 가로 4.2미터, 세로 12미터의 바닥 공사 50퍼센트와 목공 작업을 수행했다.

10월 진중일지 말미에는 '제19항공지구 사령부 부속시설' 중 병료의 평면도가 실려 있다. [그림 7-8]과 같다.

이는 4.86제곱미터(일본식으로 3조帖) 크기의 방 6개에 부엌을 갖춘 나가야식 위안소에 해당된다.

진중일지가 없는 11월은 건너뛰고 12월에는 44비행의 부속시설 작업 중에 '군인구락부'의 건축이 등장한다. 12월 1일 오장은 4개반과 노무자를 지휘하여 군인구락부의 흙벽 바르기 30제곱미터와 배수구의 모래 깔기를 완료했다. 11월부터 군인구락부 공사가 시행되고 있었음을 말해준다. 같은 인원이 12월 2일에는 군인구락부 출입구의 문을 수리하고 달았으며, 3일에는 군인구락부 내부의 문 15곳을 다는 것으로 작업은 일단락된 것 같다.

12월 13일부터는 19항공의 장교구락부 공사가 시작되어 상등병이 이끄는 2개반이 기둥 박기 작업에 들어갔다. 이 공사 기록은 12월 15일과 1월 1일을 제외하고 27일까지 이어졌다. 12월 31일자 진중일지에 따르면 장교구락부의 명칭은 아오조라소(靑空莊)였다.

1월 7일과 8일에는 상등병이 3개반을 이끌고 6건축과 병료의 동굴용 시설 작업을 시작했다. 지구전에 대비하려는 동굴 진지에도 위안소는 필요한 군시설 중 하나였다.

요미탄의 상황

앞서 서술했듯이 1944년 9월 말 요미탄의 북비행장 작업을 위해 6건축의 시게노부분대가 파견되었다. 분대가 10월 내내 수행한 작업은 엄체호와 병사를 짓는 일이었다. 12월 들어 주된 업무는 동굴시설과 욕실, 병사의 건축이었다. 12월 24일부터 상등병이 이끄는 20명은 '군인구락부'의 개축과 목공 작업을 시작하여 내부 개조 30퍼센트의 진도를 달성했다. 이 군인구락부는 3비행을 위한 시설이었다. 12월 25일 같은 인원이 투입되어 군인구락부 개축은 50퍼센트, 26일 역시

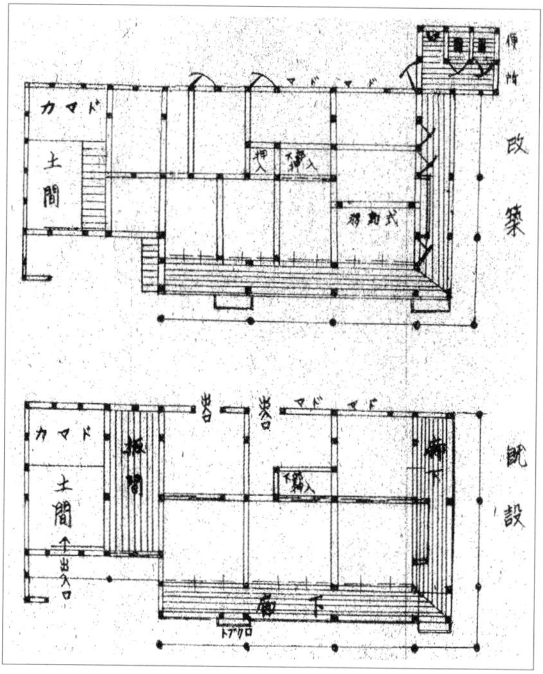

[그림 7-9] 제56비행장대대의 위안소 평면도

· 출전: 〈陣中日誌 昭和19年12月分 北飛行場56飛大派遣重信班〉, 《要塞建築勤務第6中隊 陣中日誌 (6/7) 昭和19年12月1日~19年12月31日》

20명의 인원으로 군인구락부 개축을 80퍼센트 진척했으며, 27일에는 별도의 작업을 실시했다. 12월 28일 11명은 3비행 군인구락부의 개축을 완료한 다음 56비행의 군인구락부 개축에 들어가 20퍼센트까지 진행했다. 이후 이틀을 건너뛰어 12월 31일에는 13명이 군인구락부 내부 개축을 마쳤다. 완성된 군인구락부는 [그림 7-9]와 같다.

내부의 큰 변화 없이 방 6개를 11개로 늘리는 정도여서 4일이 소요되었다. 위안부 증가에 따른 대책이라 여겨진다.

해가 바뀌어 3비행은 8비행사단에 편입되어 타이완으로 이주했다. 그리고 1월 12일부터 56비행의 군인구락부 내부를 개축하는 작업에 들어갔다. 하루에 8~10명이 동원되어 첫날 20퍼센트, 둘째 날 40퍼센트, 셋째 날 60퍼센트, 넷째 날 80퍼센트를 수행하고 1월 16일에 완공

했다. 작업 내용의 언급은 없지만 12월에 개축한 위안소의 내부를 고치는 공사가 아니었을까 싶다.

오키나와 본섬에서의 위안소에 관한 기록은 19항공의 1945년 3월 20일자 회보가 마지막이다.[33] 오완의 19항공은 헌병대의 통보를 회보에 실었다. 야간의 무단외출이 끊이지 않으므로 외출자는 반드시 증명서를 소지하도록 했다. 또 방첩과 군기의 측면에서 조심해야 할 정보가 장교로 인해 위안소에서 누설되므로 각 대장은 부하 장교의 지도를 철저히 하도록 했다. 외출과 위안소 출입은 미군의 상륙 직전까지 이루어지고 있었다.

---

33) 〈第19航空地区司令部命令·会報綴(昭和19.4.2~20.2.28)〉, 열람실.

3. 독립혼성 제44여단과 위안소

1) 독립혼성 제15연대의 상황

주둔지의 개황

독립혼성 44여단(이하 44여단)은 15연대와 함께 오키나와에서 충원된 병력으로 꾸려진 2보병대를 거느리면서 오키나와수비대로서의 임무 수행에 돌입했다. 44여단의 실질적인 주력인 15연대는 미타 지가조(美田千賀蔵, 1892~1945) 대좌가 지휘했으며 1944년 7월 6일 북비행장에 도착하여 연대본부를 가데나농림학교에 두었다. 15연대는 연대본부, 3개 보병중대와 기관총중대로 구성된 3개 보병대대, 속사포·연대포·공병 등의 독립중대를 보유했다.[34)]

7월 7일 나카가미지구대를 할당받았던 15연대는 8월이 되자 북상

---

34) 15연대의 예하부대는 1944년 6월~1945년 1월의 진중일지를 남겼다. 연대본부는 1945년 2월의 진중일지가 존재하며(〈戦闘詳報 昭和19年19月 [아시아역사자료센터의 오기로, 10월이 정확] 10日 独立混成第15連隊第1大隊〉 1-3은 15연대의 진중일지), 3월분은 초고 형태가 남아 있다(〈陣中日誌資料 球第7836部隊本部〉, 《独立混成第15連隊本部 陣中日誌 昭和20年3月5日~20年3月30日》). 그리고 속사포·연대포·공병 중대의 경우 1944년 11월분 진중일지가 빠져 있다. 이하에서는 출전을 명기하지 않는다.

명령을 접했다. 8월 3일 44여단의 구니가미지구 이동에 수반하여 15연대는 모토부지구대가 되었으며 연대본부와 1대대, 독립중대는 도구치(渡久地)지구를, 제2대대는 북서부의 나키진(今歸仁) 일대를 담당했다. 연대본부는 도구치국민학교에, 1대대 본부는 자하나(謝花)국민학교에, 2대대 본부는 나키진국민학교에 각각 자리를 잡았고 여단사령부는 나고(名護)에 위치했다. 8월 10일 15연대는 새로 배속된 독립속사포 7대대 제2중대와 가편(假編)독립중포병 제100대대의 1개 소대를 묶어 모토부지구대로 칭했으며 1대대는 모토부수비대, 2대대는 나키진수비대가 되었다.

독립중포병 100대대는 1944년 6월 편성을 완료하여 7월 21일 나하에 상륙했다.[35] 대대본부와 제2중대는 나하 시내 마와시(眞和志)와 고쿠바(國場)에서, 제1중대는 이토만(糸滿)에서 숙영했다. 7월 26일 44여단에 배속될 인원 107명이 편성되어 지휘관 히라야마 가쓰토시(平山勝敏, 1921~1996) 대위의 이름을 따서 히라야마대라고 했으며[36] 8월에 모토부지구대, 즉 15연대 휘하에 편입되어 헤나치(邊名地)에 주류했다. 참고로 도구치 인근에서 숙영하며 연대의 지휘를 직접 받는 직할부대는 속사포·연대포·공병 중대, 제5중대 제3소대(8월 14일~

35) 〈独立重砲兵第100大隊〉,《第32軍 軍直部隊史実資料(6)》. 이하 별도의 언급이 없는 한 동일.

36) 히라야마대의 진중일지는 1944년 7~8월분이《陣中日誌 (独立重砲兵第100大隊) 昭和19年7月26日~19年8月31日》》에, 1944년 9월분과 1945년 2월분은《陣中日誌 (独立重砲兵第100大隊第1中隊第2小隊) 昭和19年9月1日~20年2月28日》에 각각 수록되어 있다. 이하에서 진중일지는 출전을 명기하지 않는다. 참고로 히라야마 가쓰토시 대위는 해방 후 한국군의 '포병의 아버지'라 불리며 중장으로 예편한 신응균(申應均, 1921~1996)이었고 1940년 일본 육사 53기생으로 임관하여 소좌까지 진급했다. 그의 아버지 신태영(申泰英, 1891~1959, 창씨명 히라야마 호에이平山輔英) 또한 일본 육사 26기(1914년 졸업) 출신으로 중좌까지 올랐고 광복 후 한국군에 입대하여 한국전쟁 중에 국방부 장관을 지냈다.

9월 18일에 차출), 히라야마대 등이었다.

제1·2대대를 포함한 15연대 주력은 9월 19일부터 이에섬의 비행장 건설에 투입되었다가 10월 1일 도구치로 되돌아갔다. 비행장 공사가 마무리되던 9월 28일 44여단은 담당지구의 방어계획을 대폭 수정했다(이하 44계획). 15연대는 북지구대가 되었고 3대대는 다시 여단 직속의 이에지마지구대로 바뀌었다. 10·10공습 이후 미군 상륙에 대비하기 위해 10월 14일 미타 지가조 대좌는 1대대를 이끌고 재차 이에섬으로 들어갔다. 19일 이전 경비지구로 복귀하라는 여단의 명령이 내려졌고 각 부대는 진지 구축에 힘쓰며 경비 태세를 이어갔다.

12월 들어 44여단과 15연대는 9사단의 공백을 메우기 위해 재차 나카가미 일대로 남하했다. 여단사령부는 야기(屋宜)에, 15연대 본부는 시마부쿠(島袋)에 위치했으며 각 부대는 인근에 흩어져서 주둔했다. 요미탄의 도케시(渡慶次)국민학교에 본부를 둔 2대대는 독자적으로 북지구대를 맡았고 남지구대를 구성한 1대대와 3대대는 본부를 각각 고에쿠(越來)국민학교와 자탄의 사쿠가와(佐久川, 지금의 시모세이도下勢頭 일부)에 두었다.

해를 넘겨 1월 말 44여단 및 15연대는 마지막 주둔지 지넨(知念)반도의 난조시 일대에 집결하라는 명령을 수령했다. 44여단으로 옮겨온 2보병대 제2대대는 북지구대를, 15연대는 남지구대를 배당받았으며 여단사령부는 다카히라(高平)에, 연대본부는 다마구스쿠(玉城)국민학교에 설치되었다. 난조에 주둔하던 시기의 진중일지는 현존하지 않아 실태 파악은 사실상 불가능하다.

이렇듯 진중일지로 확인되는 15연대의 동향은 구니가미와 나카가미로 구분되며 대대를 기준 단위로 삼아 소속부대의 근무와 휴양·외출을 포함한 주둔 체계를 마련하고 경비 업무를 수행해나갔다. 다음에서는 3개 대대를 중심으로 주둔 체계의 정비와 외출 시스템, 위안소의 설치와 운영에 대해 살펴보자.

구니가미 주둔 초기의 상황

구니가미에 주둔하던 15연대는 외출과 위안소 이용의 측면에서 보았을 때 1944년 9월까지와 10월 이후로 대별된다. 결론부터 말하면 9월 이전에는 주둔 체계의 입안과 보완에 주력하다가 10월 이후에는 본격적으로 위안소의 개설과 관리에 나섰다. 모토부지구대는 연대 직할부대(이하 직할)와 제1·2대대로 구분되므로 다음에서는 필요시 셋으로 구분하여 논의를 전개한다.

15연대는 8월 8일에 8~9월의 일과 시한 제정을 필두로 주둔 체계 정립에 들어갔다.[37] 8월 12일부터는 매주 토요일 연대본부에서 주둔지회보가 실시되었다. 9월 3일의 연대명령을 살펴보면 도구치 인근에 주둔한 선박공병 제26연대, 고속수송 제1대대, 수상근무 제104중대, 병참지부 등이 9월 2일에 열린 주둔지회보에 참석했음을 알 수 있다.

주둔지규정은 신속히 제정된 것으로 보인다. 1대대는 8월 15일 '주둔지규정' 12조에 따라 각 중대는 계획표를 본부에 제출하도록 했으며, 8월 31일에는 일과 시한을 '모토부주둔지규정'에 맞추어 변경한다는 대대명령을 내렸다. 9월 12일에는 '모토부지구주둔지규정' 15조의 개정 통지가 있었다(속사포).

반면에 내무규정은 9월이 되어서야 이루어졌다. 9월 2일 주둔지

---

37) 8월 10일 15연대는 각 숙영지의 '여자청년'에게 위생법과 구급법을 교육하여 보조위생병으로 쓸 수 있도록 하라는 작전명령을 고급군의 및 각 수비대에 하달했고 연대본부에서는 군의가 8월 14~16일 3일 동안 위생과 구급 교육을 실시했다. 히라야마대의 진중일지는 8월 9일 연대본부에서 열린 군관민합동간담회에서 여성의 위생교육 보급에 관한 협의가 있었음을 전한다.

회보에서는 10일까지 내무규정의 개정 의견 제출을 지시했고(속사포) 제1·2대대는 관련 내용을 각 중대에 하달했다. 제2중대는 회보 사항으로 "내무규정안의 건"을 언급했고 제3중대는 진중일지에 '구달' 사항으로 "내무규정안에 대한 의견을 취합하여 8일 정오까지 대대본부에 제출할 것"과 배포 문서 중에 '내무규정안'을 기재했다. 제4중대와 제6중대의 진중일지에는 "내무규정안의 의견을 9월 10일까지 보고할 것"이 수록되어 있다. 모토부지구대를 지휘하는 15연대는 주둔지회보를 통해 내무규정의 초안을 제시하고 9월 10일까지 개정 의견 제출을 명령했던 것이다. 9월 10일에는 연대본부에서 '내무규정안 회동'이 개최되었다(연대포). 그 자리에서 내무규정이 확정된 것으로 보이지만 관련 언급은 없다.

직할은 주둔 개시 직후 입욕에 대한 통제를 실시했다. 8월 10일 연대회보에서는 각 부대의 입욕일과 시간을 하달했는데, 속사포와 연대포는 짝수일의 오후 4~7시로 배당받았다. 이어 8월 14일 연대회보에서는 입욕시간의 변경을 알렸다(연대포). 공병중대 잔여 41명은 연대포의 시간에, 새로 배속된 제5중대 제1소대는 반수는 속사포의 시간에, 나머지 반수는 연대포의 시간에 할당했다.

9월 초까지 내무규정이 제정되지 않은 데서 알 수 있듯이 9월까지 직할의 휴양 실시는 불규칙했다. 연대포는 8월 20일 오후, 9월 7일, 9월 16일 오후의 3회, 공병은 8월 11일 오후가 유일하다. 히라야마대도 마찬가지여서 헤나치에 도착한 8월 7일에 제정한 '내무잠행규정'에 따라 당분간 휴일에도 외출을 금지했다.[38] 9월에는 5일과 16일에 휴양을, 26일 오후에 입욕과 휴양을 실시했다.

1대대 주력은 8월 7일 도구치에서 3킬로미터 떨어진 자하나국민학교에 도착했다. 8월 8일에는 '대대경비요강'과 일과 시한을, 17일에는 입욕규정을 각각 제정했다. 8월 22일에는 매주 일요일을 휴양일로 한다는 대대명령을 하달했는데, 26일의 명령에 따라 27일 대신 28일 월요일에 첫 휴양을 실시했다. 직할이 그랬듯이 1대대도 일요일에 휴양을 하지 못했다. 진중일지상 3중대만 9월 10일에 휴양했으며 제1기관총중대는 별도로 8월 29일 오후를 휴양했다. 다만 9월 20일에 작성된 1대대의 10월 행사 예정표를 보면 일요일이 휴무일로 설정되어 있다.

2대대는 8월 8일 나키진에 당도하여 일과 시한 제정으로 주류에 들어갔다. 주력은 나키진국민학교를, 4중대와 기관총중대 일부는 가네시(兼次)국민학교를 숙영지로 삼았다. 2대대 역시 휴양일이 드물었다. 6중대와 2기관총중대의 진중일지는 8월 21일 회보를 통해 22일의 영내 휴양을 지시했음을 말해주며(대대본부, 제4·5중대는 휴양 사실만 기재), 개별적인 휴양으로는 4중대의 9월 6일 오후(혈액 검사 후)와 대대본부의 9월 7일 오후 2건만 확인된다.

구니가미에서의 위안소 개설과 이용

앞서 9월 하순의 이에섬 비행장 공사가 종료될 무렵 44여단은 부대 체계를 재편하는 44계획을 발령했다. 10월 1일 도구치로 복귀한 15연대 소속부대는 대부분 2일과 3일에 휴양을 취하고 일과 시한을 변경하며 수비 태세를 위한 재정비에 들어갔다. 아울러 9월 28일자로 중포병중대로 개편된 히라야마대는 15연대를 벗어나 여단 직할로서

38) 〈平作命第4号別冊第1内務暫行規定 球第18804部隊平山隊〉, 《陣中日誌 (独立重砲兵第100大隊) 昭和19年7月26日~19年8月31日》. 당초에는 군대내무령만 상위규정으로 언급했는데, '모토부지구주둔지규정' 제정 후 추가로 기입한 것으로 판단된다.

주둔을 이어갔다.

10월 4일 15연대는 북지구주둔지명령 2호를 하달했다(속사포).[39] 도구치에 개설된 군 위안소를 도구치 위안소로 호칭하며, 위안소 이용은 10월 5일 0시부터 허가하고 '북지구주둔지 군위안소사용규정'을 엄격히 이행하도록 했다. 주둔지명령이므로 주둔지회보에 배석한 것으로 명기된 선박공병 26연대, 고속수송 1대대,[40] 수상근무 104중대, 병참지부에도 전달되었을 터다. 수상근무 104중대, 정확히는 특설수상근무 제104중대 제2소대는 도구치에서 숙영했는데, 10월 5일자 진중일지에서는 "도구치 군 위안소 오늘 사용 허가되다"라는 기술을 찾아볼 수 있다.[41]

위안소 개설에 보조를 맞춘 움직임도 포착된다. 10월 4일 군의중위는 '위생 강화'를 실시했으며, 10월 8일 연대회보에서는 향후 당분간 매주 일요일(1대대는 수요일) 정오 이후 각 부대 반수 이하의 휴양 또는 외출이 가능함을 전했다(연대포). 1대대는 10월 7일에 각 중대별 휴양일을 통보했다. 일요일은 대대본부·2중대·1기관총중대, 수요일은 제1·3중대가 휴양하며 휴양일 오후에는 3분의 2 이하의 외출을 허

39) 주둔지명령은 10월 3일 기사에 이어 기재되어 있는데, 10월 4일 기사는 누락되어 있다. 주둔지명령 바로 앞의 15연대 일일명령 75호가 10월 4일자인 것을 근거 삼아 10월 4일로 판단했다.

40) 고속수송 1대대는 9월 초순부터 나키진 북쪽의 운텐(運天)에 주둔하다가 10월 25일 일본 본토로 되돌아갔다.

41) 〈陣中日誌 特設水上勤務第104中隊第2小隊〉, 《特設水上勤務第104中隊 陣中日誌 昭和19年9月1日~昭和20年5月8日》. 특설수상근무 104중대는 1944년 7월 15일 대구에서 편성 완료되어 8월 10일 나하에 상륙하여 32군 예하에 편입되었다(〈沖縄作戦に於ける特設水上勤務第104中隊史実資料〉, 《第32軍海上基地大隊 船舶部隊史実資料(3)》). 특설수상근무 104중대의 1944년 9월분 진중일지 서두에 "무학문맹인 조선 군부(軍夫)의 교육 훈련에 종사"라고 쓰여 있듯이 군속 신분이던 군부는 조선인이었다(〈陣中日誌 自昭和19年9月1日至昭和19年9月30日〉, 《特設水上勤務第104中隊 陣中日誌 昭和19年9月1日~昭和20年5月8日》). 중대 주력은 가데나에 있었고 2소대는 9월부터 모토부에 주둔했다.

가할 수 있도록 했다.[42] 같은 날 1대대는 32군 사령부의 '제32군 전사(부상사負傷死)자유골송환규정' 등과 함께 북지구 주둔지사령관 즉 미타 지가조 대좌가 발송한 '북지구 위안소사용규정'을 수령했다. 의문의 여지없이 휴양·외출의 할당은 위안소 이용 개시와 연동되어 행해지는 군의 공식 업무 중 하나였다.

그런데 1대대는 첫 수요일(11일)과 일요일(15일)에 외출하지 못했다. 반복해서 언급했듯이 10·10공습이 일어난 데다 1대대는 이동명령을 받았다. 그 연장선에서 10월 17일 이에섬의 미타 지가조 대좌는 10월 8일 회보의 실시 중지를 회보로 하달했다(연대포).[43]

10월 31일 연대회보에서는 단팥죽(15센), 감자튀김(20센), 어묵(30센), 돈가스(50센)를 파는 군료가 11월 1일부터 오후 5시~7시에 영업하며 해당 시간 외의 이용을 엄금한다고 통지했다(속사포). 11월 2일 15연대는 명치절의 요배식을 거행한 후 전체 휴무하고 군료의 이용을 오후 1시부터 허가하는 일일명령을 내렸다(1대대). 연대본부는 11월 3일 오후에 휴양을 했으며 이후에는 관련 서술이 없다. 연대포·속사포·공병 중대 등의 직할은 11월분 진중일지가 없어 파악할 수 없지만 11월 행사 예정표에 나타난 휴양은 연대포가 3일과 23일(목), 속사포가 19일(일) 오후였다.

연대본부와 직할중대에 비해 1대대와 2대대는 독자적으로 위안소를 설치하고 휴양·외출의 본격화에 돌입했다. 자하나 인근에 자리했던 1대대 쪽의 동정부터 살펴보자.

---

42) 10월 7일 1중대는 휴양일인 수요일 오후에 3분의 2 이하의 외출 허가가 가능하다는 것만 기재했고 3중대는 대대명령 전체를 적시했다.

43) 문구는 8중대의 진중일지와 동일하며 연대포도 당시 15연대 주력과 함께 이에섬에 주류했다.

11월 1일 1대대는 새로운 일과 시한과 함께 각 중대의 외출일을 결정했다. 제1·2중대가 월요일·수요일·금요일, 3기관총중대가 화요일·목요일·토요일에 3분의 1 이내의 인원이 오후 3~8시에 외출을 했다.[44] 또한 같은 날 1대대 부관은 연대와 군료 개설 장소를 상의했다. 연대의 일일명령에 맞추어 11월 2일 1대대도 일일명령을 하달했다. 각 중대별로 식을 치르고 전체 휴양하는 대신 11월 5일(일)에는 대전차 공격에 관한 간부교육을 실시하고 평상 복무를 지시했다.

뒤이어 위안소 설치에 관한 기록이 눈에 띈다(이하 별도의 언급이 없는 한 1대대). 11월 6일의 "대대부관 위안소 설치의 건에 관해 나키진 방면 출장"부터 시작하여 다음 날에는 "대대부관 위안부 조치의 건에 관해 나키진 방면 출장"이 이어진다.[45] 11월 9일 주계중위는 군료 개설 준비명령을 받았다. 11월 15일 오전 8시~오후 5시에 군료와 위안소의 '시설' 작업을, 17일 오전 8시~오후 5시 30분에 '설비' 작업을 각각 실시했다.

이 무렵 1대대를 포함한 15연대 전체는 통상의 진지 구축 외에 연

---

44) 대대본부의 진중일지에는 "연대본부 군료의 사용을 허가"받았다고 서술되어 있으나 제2·3중대의 진중일지에는 명백히 '외출일'과 '외출 허가'라고 표현되어 있다. 1중대와 3기관총중대의 진중일지에는 언급되어 있지 않다.

45) 나키진의 전시 상황에 관해 주민들은 아메소코(天底)국민학교의 해군 시라이시(白石)부대가 10·10공습 이전부터 오키나와 여성 10명 정도가 있는 위안소를 이용했고(賀数かつ子, 《第5回全国女性史研究交流のつどい報告集》, 全国女性史研究交流のつどい実行委員会, 1994, 18, 25쪽, WAM) "육군, 해군은 통상 따로따로 (위안소가-인용자) 있었"고 쓰지에서 온 피란민과 요정 출신이 10~15명 정도였다고 회상했다(沖縄県教育委員会, 《沖縄県史 第10巻各論編9 沖縄戦記録2》, 沖縄県教育委員会, 1975, 524쪽, WAM). 시라이시부대 즉 제27어뢰정대는 1944년 7월 15일에 동원되어 아메소코국민학교에 기지를 두고 위안소를 거느렸는데, 진중일지에 해당되는 전시일지를 남겼다(아시아역사자료센터의 디렉터리 《昭和19年7月15日~昭和20年1月31日 第27魚雷艇隊 戦時日誌》에 수록되어 있다). 8월과 9월에 3명이던 성병 환자가 10월에는 9명으로 늘어났고, 1945년 1월에는 14명까지 증가했다. 10월부터 활발하게 위안소를 이용했음을 알 수 있는데, 1대대 위안소와의 관련성을 짐작하게 하는 자료는 찾지 못했다.

일 병사 건축 작업에만 매달리던 중이었다. 북지구대는 32군의 명령을 받아 11월 7일 주민과의 혼거 상태를 11월 10일까지 해소하고 진지 부근에 병사를 세우도록 지시했다. 이후 1대대 본부와 각 중대의 진중일지에는 매일 병사 건축에 관한 언급이 되어 있으며, 12월 5일에는 이주 준비와 더불어 "군료 및 위안소를 폐쇄하다"까지 명기되어 있다. 그런 면에서 위안소와 군료의 건축은 엄연히 공식적인 주둔 행위의 일환이었고 위안소와 군료는 명백히 군의 부속시설이었다.

11월 24일 1대대는 11월 25일부터 본부와 각 대의 외출에 관한 일일명령을 내렸다.[46] 외출의 목적은 "군 위안소 및 군료를 사용하게 한다"고 명기되었다. 각 중대의 3분의 1 이내 인원의 외출을 허가하며 외출 구역은 각 중대 주둔지에서 자하나로 통하는 도로를 포함하는 자하나지구 내였다. 외출시간은 정오 이후고, 귀영시간은 군대내무령에 따르며, 복장은 '북지구주둔지규정'을 준수하도록 했다. 외출일은 일요일·화요일·목요일이 제1·2중대, 월요일·수요일·금요일이 대대본부와 3기관총중대였으며(2중대는 토요일 제외를 명기), 사정에 따라 외출일을 변경할 수 있었다. 각 중대의 내무계 준위는 외출부를 작성하여 외출 전날까지 희망자를 점검한 후 중대장의 허가를 얻으며 각 중대 주번(일직)사관은 외출 인원을 숙지하고 복장검사를 실시했다. 그리고 외출일의 영외 거주 하사관의 일석점호는 오후 8시 30분으로 늦추어졌다. 위안소 설비가 완료된 것은 11월 26일이었다.

11월 24일 대대회보에서는 11월 25일부터 자하나에서 1대대 군료가 개설됨을 알렸다. 시간은 오후 1~5시고 물품 판매는 오후 3~5시

---

46) 참고로 1중대는 일일명령이 있었다는 사실만 언급하고 기관총중대는 언급조차 하지 않은 데 비해 제2·3중대는 대대본부와 같이 명령의 전문을 수록했다.

였다. 실제로 군료는 이튿날 개설되었다.

11월 28일 1대대는 29일의 외출은 공용외출 외에 금지했다(1대대). 군관민 합동의 경비 연습이 실시되고 있었기 때문이다.

1중대는 10월 31일(화)에 이어 11월에는 일요일인 12일과 19일 오후에 휴양을 실시했다. 2중대는 11월 12일·19일 외에 28일(화) 오후에 일부가 휴양했음이 기록되어 있다. 11월 1일의 대대명령에서는 벗어났지만 24일의 대대명령은 지켜진 것으로 보인다.

3중대의 기록은 좀더 자세하다. 11월 2일(목)에는 대대명령에 따라 1소대에서 군조 이하 30명이 오후 5~8시에 외출했다. 11월 18일(토)에는 2소대에서 군조 이하 25명이 오후 4~7시에 도구치 군료에 다녀왔으며, 19일에는 휴양만 적시되어 있다. 11월 27일(월)에는 중대의 3분의 1이 자하나 군료 이용을 위해 외출했으며, 12월 1일(금)에는 오장 이하 38명의 외출이 기재되어 있다. 12월 1일의 외출은 위안소 출입으로 판단되며, 11월 1일과 24일에는 대대명령에 따라 휴양과 외출이 이루어졌다.

마지막은 3기관총중대다. 10월 29일(일), 11월 10일(금)·19일(일)에 휴양을 했음이 확인된다. 이어 11월 27일(월)에는 군조 등 17명이 외출했고, 12월 1일(금)에는 병장 이하 14명의 외출이 허가되었다. 앞의 외출은 위안소를 이용한 것으로 보아야 하며 제1·2중대와 마찬가지로 11월 24일의 대대명령은 지켜지고 있었다.

11월 24일의 대대명령을 토대로 외출이 행해진 것은 위안소 이용과 직결되기 때문이다. 물품을 판매하는 군료와 달리 위안소 이용은 전날의 인원 파악은 물론 귀대시간까지 엄수되어야 한다. 그 결과 3중대의 12월 1일 외출, 기관총중대의 12월 1일·27일 외출에 즈음해서는 인솔자인 하사관의 이름과 인원수까지 진중일지에 기재했던 것이다.

2대대도 10·10공습의 충격을 딛고 진지 구축을 위시한 수비 태세 재정비에 들어갔다. 10월 28일 2대대는 10월 30일에 병기와 피복 손질 후 휴양을 허가하는 회보를 하달했다(제4중대). 공습 이후 첫 휴양이었다(제5중대는 기술되어 있지 않으며 4중대는 영내 휴양임을 명기).

11월 3일 명치절에 각 중대는 작업을 실시하고 4일에 휴양을 실시했다. "지방 협력자와의 협조 때문"(2대대)이라는 구절은 3대대가 위안소 이용방법을 통지했던 11월 9일의 회보와 상통한다. 그런데 휴양의 내용이 제각각이다. 대대본부와 6중대는 '대체 휴가', 4중대는 '위문 연예회'에 그쳤는데, 2기관총중대는 "오늘부터 병료 개설됨", "위안장 규정 배포 동시에 개설"이 기록되어 있다. 그리고 5중대는 총원의 반수(하사관 이하 63명)가 오전 9시에 선임하사관의 인솔 아래 나카소네(仲曾根, 仲宗根의 오기로 추정) 부락에 외출하여 오후 5시 30분에 귀대했다. 5중대가 주류하던 나미자토(竝里) 옆의 야나자(屋名座)에서 나카소네까지는 직선으로 10킬로미터가 넘는다. 11월 4일 나카소네에서 개업한 위안소를 5중대가 처음으로 자동차를 이용하여 다녀온 것이라 보는 것이 자연스럽다.

11월 4일 이전에는 위안소에 관한 언급을 찾을 수 없지만 10월 29일 각 중대의 내무계를 모아 부관회동회보와 주둔지회보의 사항, 그 밖의 협의를 가졌다는 기술은 관련성이 있을지도 모른다(2대대). 무엇보다 나카소네 출신의 업자가 위안소를 경영했으며 여성 5, 6명이 있었다는 주민의 회상기는 참조할 가치가 있다.[47)]

11월 4일 이후 2대대 소속중대의 외출은 규칙적이고 빈번해졌다. 4중대는 11월 6일(월) 매주 월요일·금요일에 중대 인원 반수의 외출

---

47) 宮里真厚,《小国民のたたかい 乙羽岳燃ゆ》, 私家版, 1995, 105쪽, WAM.

이 허가되어 오늘부터 일부 외출을 허가했다고 진중일지에 기록되어 있다. 11월 10일(금)에는 강우로 인해 작업을 중지하고 하사관 이하 일부의 외출이 허가되었다. 11월 26일(일)에는 대대의 지시에 따라 휴양을 실시했다고만 쓰여 있다.

5중대는 11월 4일 이후 거듭 외출했다. 11월 7일(화)에는 하사관 이하 68명이 오전 9시부터 나카소네 부락으로 외출했다. 11월 9일에는 주민과의 혼거를 금한 32군의 명령에 따라 중대장과 3소대가 나키진으로 이주했다. 11월 11일(토)에는 하사관 이하 54명이 오전 10시에 나카소네로 외출했고, 14일(화)에는 병 37명이 나카소네 부락으로 외출했으며, 18일(토)에는 군조 이하 52명이 나카소네 부락으로 외출했다. 11월 28일(화)에는 오후에 반수의 휴양만 적시되어 있다.

6중대의 11월 5일(일) 진중일지에는 "위안소 사용규정◇◇◇" 부분에 삭제 표시를 한 후 "오늘 중대 반수 외출"이 기록되어 있다. 이후 11월 12일(일)·15일(수)·22일(수)에는 '중대 반수 외출'이 있었으며, 26일(일)에는 지휘반과 1소대 전원이 외출했다. 지휘반과 1소대는 중대의 반수에 해당되었다. 11월 29일(수) 2소대는 사열 준비 작업을 했고 3소대는 휴양을 실시했다. 11월 30일(목)에는 오전 훈련을 마치고 오후에 중대 전체가 휴양했다. 12월 3일(일) 3소대는 훈련을 실시했고 지휘반과 제1·2소대는 오후에 휴양을 가졌다.

3기관총중대의 외출은 가장 규칙적이고 빈번했다. 11월 5일(일) "인솔외출이 허가되"어 "각 분대는 반수까지 외출"했다. 이후 11월 9일(목) 정오 외출자 24명, 12일(일) 정오 외출자 24명, 16일(목) 정오 외출자 24명, 19일(일) 정오 외출자 24명, 23일(목) 정오 외출자 25명, 26일(일) 정오 외출자 25명, 30일(목) 오후 1시 외출자 20명이 각각 적시되어 있다. 중대의 총원은 장교를 포함하여 53명이므로 반수의 인원이 목요일과 일요일로 나뉘어 외출을 했음을 알 수 있다.

앞의 내용을 종합하면 4중대는 11월 6일자 진중일지에 명기된 대로 월요일과 금요일에, 5중대는 화요일과 토요일에, 6중대는 수요일과 일요일에, 2기관총중대는 목요일과 일요일에 반수의 인원이 외출하여 위안소에 출입했음이 확인된다. 대대본부의 경우에는 12월 4일(월) 진중일지의 "본부 반수 오후 외출시키다"의 기록이 유일하다. 월요일 외에 하루를 더 외출일로 할당했음은 짐작하기 어렵지 않다. 2대대의 위안소 이용은 12월에 '화류병' 환자가 1명 발생했다는 사실로 보아서도 명백하다(2대대).

나카가미 주둔과 위안소

앞에서 기술했듯이 12월 초 44여단은 9사단이 방어하던 나카가미로 이주했다. 대대별 배치는 가데나를 에워싸듯이 이루어졌다. 북쪽의 요미탄에는 2대대가 44여단 직할로서 북지구대를 맡았다. 동쪽의 현 오키나와시에는 1대대가, 남쪽의 자탄에는 3대대가 자리하여 연대 직할과 함께 남지구대를 구성했다. 2보병대의 3대대는 여단 직할의 동지구대로서 시마부쿠에 본부를 두었다. 44여단 병력은 12월 6일부터 행군을 시작하여 9일까지 숙영지에 도착했고 곧바로 병사와 진지 구축을 비롯한 통상적인 주둔 업무에 돌입했다. 지구대별로 휴양과 외출, 위안소 이용의 실태를 알아보자.

12월 말까지 남지구대의 휴양 기록은 드물며 불규칙적이다. 연대본부와 연대포는 관련 언급이 없으며 속사포는 12월 13일의 강우로 인한 영내 휴양과 예방접종 후 27일 오전 휴양을, 공병은 12월 15일 오후 휴양과 예방접종 후 26일 오전 휴양을 각각 가졌을 따름이다. 1대대에서 대대본부와 2중대는 기록이 없고 1중대는 12월 27일 오전 휴양, 3중대는 12월 12일 강우 휴양, 17일 오후 휴양, 27일 휴양을 했으며 1기관총중대는 12월 26일 오후 휴양을 실시했다. 3대대의 경우 대대본부와 3기관총중대는 전무한 데 비해 제7~9중대는 예방접종 후 휴양했다. 8중대는 12월 27일 예방접종 후 28일 오전까지 전체 휴무를, 9중대는 12월 28일 예방접종 후 휴무를 했다. 이에 비해 12월 26일 7중대는 27일 예방접종 후 휴양하고 "정오부터 복장 태도, 경례 연습 후 외출을 허가"하며 오후 6시에 외출점호를 한다는 중대명령을 발했고, 27일에는 오후 휴양이 명기되어 있다. 7중대 단독으로 숙영지인 도바루(桃原) 부근의 외출을 허가한 것으로 판단된다.

12월 28일에 수령한 연대회보에는 위안소 개설 소식이 포함되어 있다(연대포). 전문은 다음과 같다.

一. 12월 29일부터 구와에(桑江)에 위안소를 개설한다. 따라서 사용규정 작성까지는 다음에 따라 이용해야 한다.

다음

1. 이용 할당일 및 이용부대

12월 31일 연대본부 및 독립중대

1월 4일 동

1월 8일 동

기타 생략

1월 1일 및 5일은 장교단에서 이용 예정

2. 요금

Ⅰ 1시간(약 40분)

장교 5엔, 하사관 4엔, 병 3엔

Ⅱ 전반야(대략 오후 8시~자정) 10엔

후반야(대략 자정~다음 날 아침) 10엔

전후야(대략 오후 8시~다음 날 아침) 15엔

단, 준사관 이상이 이용한다.

Ⅲ 연회 시 '서비스'

대략 1시간 1엔 50센

1대대의 진중일지에도 "구와에 위안소 사용의 건"이라는 항목이 적시되어 있으므로 위안소 개설은 명백한 사실이다. 12월 31일자 연대회보에서는 1월 1일부터 군료를 개시하는데, 시간은 종전과 같으며 당분간 단팥죽만 판매한다고 전했다(연대포, 1대대).

해를 넘겨 1월 13일 제1회 '남지구주둔지회보'가 개최되었다(15연대). 시달 사항의 "1 군기의 진작에 대해" 중에는 "6) 가데나에서는 시간 외 외출, 복장 태도 불량자 많음"이 지적되어 있고 "3 위안소 문제에 대해"서는 내용이 없다. 32군에서 외출은 군대내무령에 의거하며, 임시외출은 불가하고, 위안소 이용시간을 엄수하라는 지시를 내렸다.

이제 1944년 12월 28일자 연대회보 내용과 이후의 휴양 및 외출 상황을 대조해보자. 연대본부는 아무 언급이 없다. 속사포는 12월 31일 환경 정리 후 휴양에 이어 1월에는 1~3일의 전원 휴양, 12일과 14일에는 병의 휴양이 행해졌다. 12월 31일의 휴양은 28일자 연대회보에서 연대본부와 독립중대의 위안소 이용일로 할당된 데 따른 것으로 여겨진다.

연대포 쪽은 외출이 있었음을 전해준다. 1월 3일은 휴양만 했으나 1월 4일(목)·14일(일)·21일(일)·28일(일)은 오후부터 중대 절반의 외출이 허가되었다. 1월 4일은 28일자 연대회보에서 할당된 위안소 이용일로 판단해도 될 것 같다. 그리고 1월 14일부터 연속으로 실시된 일요일 외출은 28일자 연대회보의 '사용규정'이 제정되었음을 말해준다. 1월 10일 3대대의 3기관총중대가 '남지구주둔지규정'을 수령했다는 데서 관련성을 짐작해볼 수 있다. 공병의 진중일지에는 1월 5일과 21일 오후의 휴양이 기재되어 있다.

1대대는 12월 30일 일일명령으로 1월 1일과 2일의 휴양, 3일의 작업을 지시하고 대대회보로 12월 31일의 휴양 취소를 전했다. 1월 6일자 대대회보에서는 대검 없이 외출하는 하사관과 병에게 주의를 주었으며, 7일의 휴양을 취소하고 7일부터 3일 동안 군료 설치를 위한 병의 차출을 명령했다. 1월 16일 대대회보에서는 17일부터 오후 2~5시(일요일은 정오부터)에 군료를 열며 단팥죽만 판매함을 알렸다. 각 중대의 휴양 상황을 정리하면 1중대는 1월 1일·2일과 3일 오후, 5일에 휴양했다. 12월 30일의 일일명령과 달리 1월 3일 오후에 휴양한 것은 1월 2일 대대명령이 새로 내려졌기 때문이다(제2·3중대). 2중대는 1월 1일·2일과 3일·14일 오후에 휴양했고 3중대는 1월 1일·2일과 9일 오후의 강우 휴양, 수요일인 17일과 24일 오후에 휴양했다. 1기관총중대는 1월 17일 오후 휴양만 가졌다.

3대대는 1월 16일 회보를 통해 휴일과 외출 방식을 결정했다(8중대). 각 중대는 매주 반수의 오후 휴무 2회를 허가하고 외출의 경우 전전일 회보까지 대대본부의 보고와 허락을 의무화했다. 준사관 이상은 부대장의 허가를 얻어 매주 수요일 가데나 부근의 외출이 가능했고 희망자는 전일 정오까지 부대장의 허가를 받도록 했다.

휴일과 외출 기록은 다음과 같다. 3대대 본부는 1월 2일과 3일 전원 휴양, 14일 일부 휴양을 실시했다. 7중대는 1월 1일 오후 휴양과 외출을 허가했고, 2일과 3일 전체 휴양에 이어 8일에 지휘반과 1소대 반수(근로봉사대 협력 때문)는 작업하고 나머지는 휴양했으며, 21일 오후 역시 중대의 절반이 휴양했다. 8중대는 1월 2일과 3일 전체 휴무, 4일 접종에 따른 오후 휴무, 10일 오후 절반 휴무, 17일 오후 반수 외출이 행해졌고, 21일에는 근로봉사대 협력이 없는 인원은 영내 휴양을 가졌다. 3기관총중대는 1월 1~3일 휴양했고, 1월 24일에는 '중대 휴양일'로 일부 병이 휴양했다.

북지구대인 2대대는 독립적으로 주둔 체계를 확립해나갔다. 휴양 실시는 규칙적이었다. 12월의 경우 12일에는 대대본부, 4중대(강풍이 원인), 2기관총중대가, 25일 대정천황제에는 모든 중대가 휴양했다. 12월 20일에는 오후 3시부터 본부 경리실에서 판매하는 단팥죽을 일괄 구입하도록 요일을 지정했다(2대대). 월요일은 제4·5중대, 수요일은 본부와 6중대, 금요일은 제2·4기관총중대 등이었다.

그리고 12월 31일 4중대는 위안소규정을 별지와 같이 배포하며(별지는 없음) 1월 2일부터 개업한다는 대대회보를 받았다. 이후의 휴양 및 외출 상황은 다음과 같다. 대대본부의 휴양 기록은 1월 2일 오후뿐이다. 4중대는 12월 31일 오후 휴양에 이어 1월에는 1일·2일 오후와 금요일인 12일·26일 오후에 휴양했다. 5중대는 1월 1일과 2일 휴무만, 6중대는 1월 27일 오후의 휴양만 기록되어 있다. 반면에 2기관총중대는 1월 3일 휴양에 이어 4일(목) 오전 10시 외출자 16명, 7일(일) 외출자 14명, 11일(목) 외출자 14명, 14일(일) 외출자 14명, 25일(목) 외출자 15명, 26일 오후 휴양 등이 적시되어 있다. 1월 2일부터 위안소가 문을 연 것을 감안하면 4중대에게는 금요일이, 2기관총중대에게는 목요일과 일요일이 이용일로 할당되었다고 보아도 무방할 것이다.

2보병대 3대대의 진중일지는 전무하여 상황 파악이 여의치 않다. 다만 9중대 위생병은 인터뷰에서 우루마시 해변의 구시카와(具志川)

에 민가를 이용한 위안소에 조선인 위안부가 있었음을 밝혔다.[48] 이 위안소는 장교와 하사관 전용이었다고 한다.

2) 제2보병대의 상황

나고에서의 외출과 위안소

44여단의 양대 주력 중 하나인 2보병대는 우토 다케히코(宇土武彦, ?~1945) 대좌가 지휘관이었으며 1944년 7월 16일부터 구니가미지대로서 나고 일대에 주둔하며 9월 12일 편성을 완료했다(본부는 나고 제3중학교).[49] 부대의 틀을 갖추자마자 이에섬의 비행장 건설에 가세했고 복귀 후에는 앞에서 서술한 44계획에 따라 주력인 3개 보병대대의 배치를 변경했다. 1대대는 모토부지구에, 2대대는 나고지구에, 3대대는 야에다케(八重岳) 일대에 각각 포진했으며 보병대본부는 10월 8일 이즈미(伊豆味)국민학교로 옮겨갔다.

12월에 접어들어 44여단이 남하함에 따라 2보병대의 편제도 바뀌었다. 히라야마대 등의 병력을 보강하여 32군 직할의 구니가미지대로서 가데나 이북의 넓은 지역의 수비를 맡게 되었다. 3대대가 44여단에 차출된 탓에 1대대는 이에섬에서, 2대대는 모토부지구에서 경비에 종사하다가 미군 상륙을 맞이했다.

구니가미 일대에서 치열한 전투를 치른 2보병대의 자료는 2대대 소속 일부 중대만 남아 있다. 4중대의 진중일지는 1944년 10월과

---

48) 古賀徳子, 앞의 논문, 68쪽, WAM.

49) 〈沖縄作戦に於ける独混44第2歩兵隊本部史実資料〉,《沖縄作戦に於ける独立混成第44旅団史実資料(1)》. 이하 별도의 언급이 없는 한 동일. 참고로 우토 다케히코 대좌와 15연대장 미타 지가조 대좌는 육사 27기 동기생이다.

12월, 1945년 1월분이 현존하며 기관총중대의 일일명령과 회보는 1944년 12월~1945년 2월이 보존되어 있다.[50] 여기에 히라야마대의 자료를 더하여 외출과 위안소 체계의 일단을 복원해보자.

비행장 건설로 이에섬에 머물던 4중대는 1944년 10월 2일 숙영지인 나고시 북부의 이나미네(稲嶺)국민학교로 되돌아갔다. 10월 5일 4중대는 44계획에 입각한 대대명령으로 5중대, 2기관총중대와 함께 나고제3중학교로 옮겼다. 나고 시내 주둔이 시작된 것이다.

10월 13일 4중대의 소위에게 10월 14~21일에 나고주둔지구 제2종 순찰을 근무하라는 일일명령이 내려졌다. 10월 27일에는 10월 28일~11월 4일, 12월 1일에는 12월 2일과 3일, 8일과 9일의 제2종 순찰 근무명령이 하달되었다. 10월 30일 4중대장은 일석점호 후 병의 외출을 단속하는 건에 관해 훈시했다.

반복해서 기술했듯이 제2종 순찰은 외출 실시와 위안소 순찰 등을 임무로 삼는 만큼 나고에 위안소가 있었음을 말해준다. 사실 여단사령부가 위치한 나고에서는 8월 말부터 외출은 물론 위안소의 운용까지 이루어졌다. 이에 대한 몇 가지 증거가 있다.

먼저 1944년 8월 24일 히라야마대가 수령한 '부관회동회보' 요지에는 외출 시 복장에 대해 언급되어 있다.[51] 당시 15연대는 외출이 금지된 상태였으므로 이는 나고의 여단 직할부대와 2보병대에게 내리는 지시로 보아야 한다.

---

50) 《沖縄陣中日誌 第2歩兵第2大隊第4中隊(昭和19年10月~20年1月)·独立混成第44旅団砲兵隊第1中隊(昭和20年2月)》와 《独立混成第44旅団第2歩兵隊第2大隊 機関銃中隊 日命会報録》에 수록되어 있으며, 이하에서는 출전을 명기하지 않는다.

51) 15연대 2대대 4중대의 진중일지에는 8월 25일에 수령하여 병에게 관련 교육을 실시했다고 기술되어 있다.

8월 26일 히라야마대의 진중일지에는 '부관회동회보' 요지에 이어 여단회보의 요지가 기술되어 있다.[52] 여기에서는 두 가지가 중요하다. 먼저 '나고주둔지규정'에 새로 22~25조를 추가했고 외출일이 결정되었다. 23조는 여관에서의 연회 금지, 24조는 민가 출입 금지, 25조는 기쿠스이(菊水) 출입을 금지하고, 병은 위안소를 이용하며, 위안소 외출은 주 2회로 한다고 되어 있다(22조는 외출일의 결정으로 판단됨). 그리고 외출자의 태도와 경례, 특히 야간 경례를 엄정히 하라는 지시가 뒤따랐다. 분명히 외출일 결정에 수반된 지시였다.

주민의 증언에 따르면 기쿠스이는 나고에서 영업하던 요정(料亭)으로 일본군 주둔 이후 이치라쿠(一樂), 마쓰노야(松ノ屋), 산카이로(山海樓) 등과 함께 위안소로 전용되었다.[53] 8월 말 당시 나고에 병 전용의 위안소가 개설됨에 따라 여단회보를 통해 병의 기쿠스이 출입을 금지하고 외출일 할당을 통보했던 것이다.

나고에서의 외출 개시와 위안소 출입이 빨랐음을 뒷받침하는 간접적인 증거도 있다. 15연대의 8월 환자월보에는 '화류병'의 '신환자' 1명이 적시되어 있다.[54] 선택지는 32군 사령부가 있는 나하 출장 또는 여단사령부에 차출되어 근무 중에 감염된 경우 중 하나일 것이다. 나고에서는 복수의 인원이 상주했고 기간도 길었다. 따라서 15연대 병사의 성병은 나고에서 감염되었을 가능성이 더 높다.

---

52) 역시 15연대 2대대의 4중대와 2기관총중대의 진중일지에 관련 정보가 있다. 4중대는 부관회동회보를 수령한 사실만 기록했으며 2기관총중대는 "나고주둔지규정 추가에 대해"와 "외출자의 태도 경계, 특히 야간 경례를 엄정히"라는 항목만 적시했다. 15연대는 9월 2일자 주둔지회보에서도 여단의 전달 사항 중 하나로 병의 야간 외출 시 경례 불량을 지적했다(히라야마대).

53) 古賀徳子, 〈沖縄戦における日本軍'慰安婦'制度の展開(1)〉, 《季刊 戦争責任研究》 60号, 2008, 65~66쪽, WAM.

54) 9~11월의 환자월보에 '구환자'로 적시된 사례는 8월의 '신환자'로 추정된다.

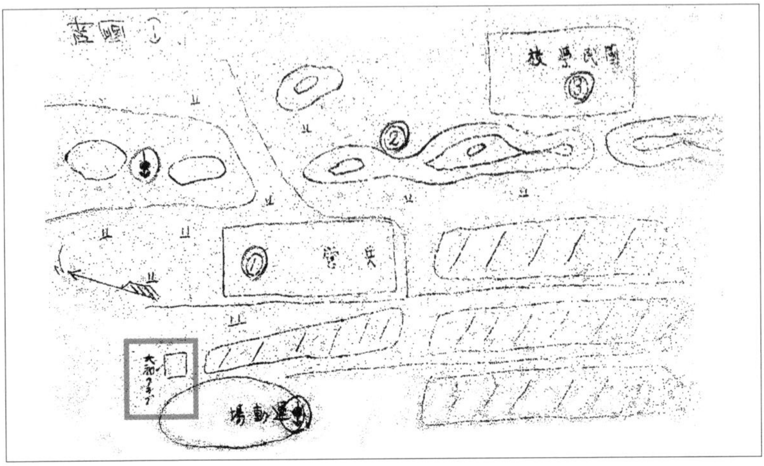

[그림 7-10] 제2보병대의 이즈미 소재 위안소

· 출전: 〈関係部隊作命綴(3)〉, 《沖縄, 国頭支隊関係部隊作命綴 昭和20年1月20日~20年4月8日》

마지막으로 11월 27일자 15연대 3대대의 진중일지에는 24일 나고에서 열린 주둔지회보의 전달 사항이 실려 있다. 그중에는 주둔지규정에 따라 금지되었던 군인·군속의 기쿠스이 출입을 향후 해제한다는 내용이 포함되어 있다. 나고주둔지규정 25조가 재개정되었던 것이다.

한편, 현존 자료에서는 2보병대 본부가 자리했던 이즈미국민학교 인근의 위안소에 관한 기록을 찾을 수 있다. 당시 방위대원의 증언에 따르면 1944년 10월부터 미군 상륙 때까지 이즈미국민학교 바로 옆에 두 동의 위안소가 개설되었고 조선인 여성 10여 명과 오키나와 여성 7, 8명이 함께 있었다.[55] 이 위안소로 추정되는 지도가 남아 있는데, [그림 7-10]에서 야마토클럽(大和クラブ)으로 표시된 곳이다.

지도는 '구미가미지구대 본부 방공계획'에 첨부되어 있다.[56] 10조

---

55) 福地曠昭, 《オキナワ戦の女たち—朝鮮人従軍慰安婦》, 海風社, 1992, 70쪽, WAM.

56) 〈関係部隊作命綴(3)〉, 《沖縄, 国頭支隊関係部隊作命綴 昭和20年1月20日~20年4月8日》.

에는 '3중대'가, 다른 별첨 지도에는 제1~3중대가 등장하는데, 모두 2보병대 1대대 소속이다. 1대대가 보병대본부와 함께 주류한 것은 44계획에 따른 1944년 10월의 배치 전환부터 12월 초 이에섬으로 이동할 때까지의 기간이다. 게다가 2보병대의 숙영지였던 국민학교는 이즈미국민학교가 유일하다.

위안소 설립의 명령 체계

2대대는 1944년 12월부터 야에다케 북쪽의 마부야마(眞部山)에 본부를 두고 모토부지구의 수비를 담당했다. 4중대는 기나바루(喜納原)에 자리를 잡았고 휴무와 외출 기록은 1945년 1월부터 나타난다. 12월 30일 대대회보는 1월 1일의 전체 휴무를 허가했고 4중대는 1월 1일 오후를 휴무했다. 외출은 일요일인 1월 7일·14일·21일·28일에 실시되었다. 1월 7일에는 정오부터 병이 오후 6시까지, 하사관이 오후 8시까지 외출 또는 휴양이 실시되었고, 14일 오후에는 병이 오후 6시까지, 하사관이 오후 8시까지 외출이 허가되었다. 1월 21일부터는 병의 경우 귀대시간이 오후 6시 30분으로 연장되었고, 28일에는 중대 인원 30퍼센트의 외출이 행해졌다. 직접적인 언급은 없지만 병과 하사관의 귀대시간에 차등을 둔 것은 위안소 이용을 관리하는 상투적인 방식 중 하나였다. 특히 1월 22일 대대회보에서는 24일 4중대의 신체검사 실시를 통보했는데, 항목 중에 '화류병검사'가 포함되어 있었다.

1945년 1월 14일 4중대는 "마부야마 진지 내에 병료를 설치하여 병의 위안시설을 강화"하려 한다는 2대대의 작전명령 제3호(이하 작명3호)를 수령했다. 작명3호를 둘러싼 일련의 움직임은 군부대의 정식 명령 체계에 입각하여 위안소 건축이 수행되는 과정을 적확하게 보여준다.

작명3호의 전문은 다음과 같다.[57]

1. 구니가미지대는 1월 14일 우(宇)작명 제6호에 따라 마부야마 진지 내에 병료를 설치하여 병의 위안시설을 증강한다.
2. 대대는 이 축조에 대해 제반의 원조를 하려고 한다.
3. 각 중대는 이 축조를 위해 1월 16일부터 약 10일간의 예정으로 다음 인원을 차출하여 지대 고급 주계의 지시를 받도록 한다.

다음

제4중대 하사관1 병3

제5중대 하사관1 병3

제6중대 장교1 병3

제2기관총중대 병2

그리고 연대포중대 병3, 후치(淵)대 병2, 히라야마대 병2, 나카가와(中川)대 병2를 차출할 것임

휴대품은 각종 토공 재료이며 매일 중식을 휴대하고 통근함

제1일은 오전 8시 운다치바시(運立橋)에 집합할 것…….

병료 건축을 위해 10일 동안 장교 1명, 하사관 2명, 병 20명 등 총 23명의 노동력을 동원하게 된 것이다. 내용 중 후치대와 나카가와대는 2보병대 직할인 속사포중대와 통신대를 가리키는 것으로 추측된다.

지대본부의 주계대위 즉 경리 책임자가 위안소 건축을 지휘한 것

57) 〈指揮下部隊作命綴(1)〉, 《沖縄, 国頭支隊関係部隊作命綴 昭和20年1月20日~20年4月8日》.

은 통상적인 처리방식이었다. 당시 2보병대 소속으로 경리부에 근무했다는 병사의 증언도 같은 맥락이다. 그는 지대본부가 소재한 이즈미의 위안소에 '삿쿠'를 전달했는데, 처음에는 군인에게 지급했지만 사용하지 않아 위안소에 직접 제공했다고 한다.[58)]

2보병대가 발한 '우작명6호'는 찾을 수 없지만 히라야마대가 내린 1월 14일의 '히라(平)작명 제5호'는 남아 있다.[59)] 지휘소대와 전포대(戰砲隊)에서 병 1명씩 차출하며 지대의 나카지마(中島) 주계대위 지시를 받아 작업에 참가한다고 되어 있다. 4중대는 1월 15일 대대의 작명3호에 따른 중대명령으로 1월 16일과 17일에 제1~3소대에서 병 1명과 2소대에서 하사관 1명을 각각 차출하도록 지시했다. 또한 1월 17일에도 중대명령으로 18일 이후 각 소대에서 병 1명을 차출하고 하사관의 이름까지 통보했다. 2기관총중대도 1월 15일에 중대명령을 내렸다. "우작명 제6호에 따른 병료 설치 사역병"으로 16~18일 2명, 19~21일 2명, 22~25일 2명의 이름을 적시했으며 사역병은 대공 감시 근무를 제외했다. 위안소는 이른바 군령의 일환으로 세워졌던 것이다.

병료 건물의 완성 시기는 불확실하지만 영업 개시일은 알 수 있다. 히라야마대의 2월 11일자 진중일지에는 오전 11시 30분에 중대장과 중위가 "병료의 개소식에 참가"했음이 기재되어 있다. 히라야마대의 중대장 히라야마 가쓰토시(신응균) 대위가 움직였다면 그 밖의 다른 중대장은 물론 2보병대장인 우도 대좌까지 개소식에 자리했음에 틀림없

58) 1986년 나고시가 증언을 채록했으며 洪玧伸, 《沖縄戦場の記憶と〈慰安所〉》, インパクト出版会, 2016, 303쪽에서 재인용했다.

59) 〈平作命第5号(宇作命第6号) 平山隊命令 1月14日1800船窪台〉(《独立重砲兵第100大隊 平山隊 作命綴 昭和19年7月27日~20年4月8日》)와 指揮下部隊作命綴(1)(《沖縄, 国頭支隊関係部隊作命綴 昭和20年1月20日~20年4月8日》) 두 군데에 실려 있다.

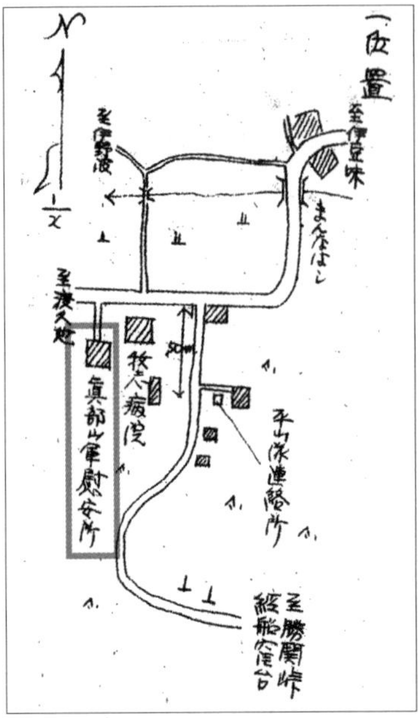

[그림 7-11] 제2보병대 제2대대의 마부야마 위안소

· 출전: 〈指揮下部隊作命綴(2)〉, 《沖縄, 国頭支隊関係部隊作命綴 昭和20年1月20日~20年4月8日》, 〈平作命第17号 平山隊命令 2月10日1400船窪台〉, 《独立重砲兵第100大隊 平山隊 作命綴 昭和19年7月27日~20年4月8日》

다. 병료 아니 위안소가 민간의 '매춘시설'이라면 가능했을까? 사실 오키나와 주둔부대의 진중일지에는 유독 '병료'라는 단어가 자주 등장한다. 군사시설로서의 위상이 높아졌다는 것을 상징하지 않을까 싶다.

한편, 히라야마대의 작전명령 2월 10일자에는 '마부야마 군 위안소'가 표기된 [그림 7-11]의 지도가 첨부되어 있다.

지금의 위치는 나미사토(竝里)와의 접경인 이노하(伊野波)2-1 부근이며 지도 속 큰 도로는 모토부와 나고를 잇는 현도(縣道) 84번으로 추정된다. 따라서 우작명6호에 따라 마부야마 진지 내에 세워진 병료로 판단하기는 어렵다.[60]

60) 홍윤신은 주민의 증언을 바탕으로 조선인 위안부가 있었던 위안소로 판단했다(洪玧伸, 앞의 책, 304쪽).

4. 제62사단의 위안소 체계

1) 중국에서의 상황

62사단은 32군이 보유한 주력 전투부대 중 하나로 1943년 5월 산시성(山西省) 타이위안(太原)에서 창설되었다. 기간 병력은 각각 4개의 독립보병대대를 거느린 보병 제63·64여단이었다. 2개 여단의 모체는 북중국 일대에서 치안과 경비에 종사하던 독립혼성 제4여단(이하 4여단)과 제6여단(이하 6여단)이었고 각각 1938년 2월과 1939년 1월에 신편되었다. 4여단 휘하의 독립보병 제11~15대대 중 제11~14대대는 63여단으로 개편되었고 15대대와 6여단의 독립보병 제21~23대대를 합쳐 64여단이 편성되었다(제24·25대대는 63사단으로 편제). 4여단장과 6여단장은 나란히 63여단장, 64여단장으로 옮겨갔다. 초대 사단장은 혼고 요시오(本郷義夫, 1892~1962) 중장이었다.

기존 연구에서는 독립보병 14대대가 중국 산시성 일대에서 여러 형태의 성폭력을 저질렀음을 밝혀냈다.[61] 위안소를 포함하여 각종 성폭력이 난무하던 중국 전선의 연장선에서 오키나와에도 위안소가 구축되었다는 것을 알 수 있다. 다음은 부족하나마 잔존 진중일지와 그 밖의 자료를 바탕으로 중국과 오키나와에서의 일본군의 행동과 위안소 운영의 상관관계를 추적한 결과다.

앞서 소개했듯이 오키나와로 이동한 뒤 62사단 소속부대의 진중일지는 64여단 15대대 쪽이 풍부한 반면, 중국에 주둔했을 때는 거의 남아 있지 않다. 예외적으로 62사단 공병대로 이어지는 4여단 공병대의 진중일지가 오키나와 주둔 초기까지 현존하여 이를 통해 중국에서의 상황을 추적하기로 한다(이하에서는 공병대로 통일).[62] 공병대장도 가나기 도쿠사부로(金木徳三郎) 대위가 끝까지 맡았다.

공병대의 병영은 4여단 사령부가 위치한 산시성 양취안(陽泉)에 있었다. 1941년 7월 공병대의 휴일로 설정된 일요일에는 일부 인원의 외출이 허가되었다. 진중일지 기록상으로는 7월 6일의 영내 휴양을 제외하고 13일·20일·27일 오후에 외출이 실시되었다. 8월에는 토요일인 9일(이튿날은 출동 준비) 이후 17일·24일·31일, 9월에는 7일·14일·23일(추계황령제)·28일 오후에 각각 외출했으며, 9월 21일은 영내에서 휴양했다.

---

61) 石田米子·内田知行 編,《黄土の村の性暴力—大娘(ダーニャン)たちの戦争は終わらない》, 創土社, 2004.

62) 공병대의 진중일지는 4여단 소속 시절의 경우 1941년 7~9월, 1942년 1~6월과 9월, 1943년 1월과 5~6월이 남아 있으며《独立混成第4旅団工兵隊陣中日誌 1/2 昭和16年7月1日~昭和16年7月31日》,《独立混成第4旅団工兵隊陣中日誌 2/2 昭和16年8月1日~昭和16年8月31日》,《独立混成第4旅団工兵隊 陣中日誌 昭和17年1月1日~17年4月30日》,《独立混成第4旅団工兵隊 陣中日誌 昭和17年5月1日~17年9月31日》,《独立混成第4旅団工兵隊 陣中日誌 昭和18年1月1日~18年1月31日》,《独立混成第4旅団工兵隊 陣中日誌 昭和18年5月1日~18年5月31日》,《独立混成第4旅団工兵隊 陣中日誌 昭和18年6月1日~18年6月27日》에서 찾을 수 있다. 62사단으로 옮겨가서는 1943년 7월~1944년 11월이 현존하는데,《第62師団工兵隊 陣中日誌 昭和18年6月28日~18年12月31日》,《第62師団工兵隊 陣中日誌 昭和19年1月1日~19年4月30日》,《第62師団工兵隊 陣中日誌 昭和19年5月1日~19年7月20日》,《陣中日誌(第62師団工兵隊) 昭和19年8月1日~8月31日》에 수록되어 있다. 이하에서는 출전을 명기하지 않는다.

앞의 기록에서 7~9월 사이에 외출한 병사들이 위안소를 이용했다는 직접적인 언급은 발견되지 않는다. 다만 7월의 '위생월보'에 적시된 이월 환자 중 화류병이 1명 있었다는 사실은 주목을 끈다. 그리고 9월 11일 퇴원한 병장의 병명은 '잠복매독'으로 나타나 있는데, 위생월보의 환자로 추정된다.

1942년에 이르러 휴일은 토요일로 변경되었다. 1월 1일·2일·5일 오후의 임시외출을 제외하면 3일·10일·17일·24일·31일 오후에 전체 휴양과 일부 인원의 외출이 명기되어 있다. 2월은 11일 기원절을 빼고 14일·21일·28일, 3월은 10일의 육군기념일 외에 7일·14일·21일 오후, 5월은 2일·9일·23일·30일, 6월은 6일·13일·20일·27일에 각각 휴양과 외출이 이루어졌다. 4월은 공병 제37연대가 주최하는 훈련에 내내 참가한 탓에 휴양과 외출이 실시되지 않았다.

토요일의 휴일과 외출은 4월 1일 제정된 공병대의 '경비 및 내무에 관한 규정'에 근거하고 있다.[63] 제11장 '휴일 및 외출'에 세부 내용이 담겨 있다. 외출증명서와 외출증 양식(48조), 복장(49조)이 지정되어 있고 사영사령관이 지정한 공병대의 휴일은 매주 토요일로 3분의 1 인원은 영내에서 휴양하도록 했다(50조).[64] 다수의 외출이 허가된 부대의 일직 장교는 군기·풍기 단속을 위해 시가지를 순찰하도록 했다(52조). 제12장 '위생'에서 전염병 환자의 세면기에 관해 화류병은 청색(결막염은 적색, 피부병은 백색)으로 구별하도록 했고(53조) 앞서 50비행에서도 확인했던 바다. 화류병은 주둔부대의 내무규정에서 특기

63) 〈内務規定 昭和17年4月1日 独立混成第4旅団工兵隊/警備及内務に関する規定〉, 《独立混成第4旅団工兵隊 陣中日誌 昭和17年1月1日~17年4月30日》.

64) 외출 구역은 '부도 제9'에 표시했다고 되어 있지만(51조) 부도 제9는 보존되어 있지 않다.

해야 할 사안 중 하나였던 것이다.

1943년 1월 공병대는 신년 휴일로 1일과 3일, 5일 오후 외출을 가졌으며 토요일인 9일·16일 오후 외출을 허가했다. 23일에는 천연두로 인해 영내에서 휴양했으며, 30일에는 사영 일일명령에 따라 외출이 허가되어 공병대도 오후에 외출을 허가했다.

1월 진중일지에는 외출 후 위안소에서 성병에 감염된 병사를 처벌한 사례가 2건 수록되어 있다. 먼저 1월 22일에는 전년 12월 6일(일)에 외출하여 '양취안 홈'에서 음주한 후 오후 3시 무렵 '지나 화가(華街) 제1의순하(第1義順下)'에서 연성하감에 걸린 일등병에게 중영창 5일을 부과했다. 1월 31일에는 전년 9월 20일(일) 안후이성 벙부(蚌埠)에서 훈련(7~9월) 중이던 일등병이 '화가(花街)' '벙부14클럽(蚌埠十四クラブ)'에서 성병(黴毒性兩側横痃兼第四性病)에 감염되었다는 이유로 역시 중영창 5일의 처분을 받았다.

5월과 6월에도 휴일은 토요일이었고 각각 1일·8일·15일·22일·29일과 12일·19일 오후의 전체 외출이 허가되었다. 성병 감염자를 처벌한 데서 알 수 있듯이 상급부대는 성병 방지에 신경을 곤두세웠다. 작전 종료 후 1군 군의부장 이시이 시로(石井四郎, 1892~1959, 초대 731부대장)의 이름으로 하달된 검역 조치를 보면 주둔지로 귀환한 후에 실시하는 2차 검역 항목 중에는 임질이 포함되어 있으며(5월 9일) 4여단도 2차 검역에서 '화류병' 구제에 힘쓰도록 명령했다(5월 22일).

1943년 6월 27일 4여단은 물론 공병대도 해체되어 62사단 소속으로 바뀌었다. 7월 5일 공병대는 타이위안 오른쪽의 위츠(楡次, 지금은 진중시晉中市 소속)로 이주했다. 위츠에는 사단사령부와 독립보병 12대대(이하에서는 대대명으로 약칭) 등이 위치했으며 그곳은 오키나와로 이동할 때까지 공병대의 주둔지였다.

위츠에서의 휴일은 금요일로 정해졌다. 7월의 경우 9일·16일은 영내 휴양이었으나 23일·30일은 오전에 내무규정의 설명이 있은 후 오후 전체 외출이 실시되었다.[65] 8월에는 6일·13일(전염병으로 영내 휴양)·27일, 9월에는 10일(경마 관람)·17일·24일, 10월에는 1일·7일(목)·15일(영내 휴양)·16일(야스쿠니 임시대제)·17일(야스쿠니 임시대제)·22일·29일·31일(29일 작업 병력 외출), 11월에는 3일(명치절)·5일·12일·19일, 12월에는 3일·11일(10일은 위령제 거행)·17일·24일·31일(영내 휴양)이 기록되어 있다.

1944년이 되어 1월에는 1일·2일(영내 휴양)·3일·7일·14일·21일·28일, 2월에는 11일(기원절)·18일·25일에 외출이 허가되었다. 2월 말부터 공병대 주력은 오키나와로 이동할 때까지 훈련과 토벌에 종사했다. 유수대의 경우 3월에는 2일(토)·10일(육군기념일)·17일·21일(화)·24일·31일, 4월에는 3일(월)·14일·21일·29일(천장절, 영내 휴양)·30일(야스쿠니 대제)로 외출일이 다소 불규칙하지만 이후부터는 5월의 5일·12일·19일·26일, 6월의 2일·9일·23일·28일(수, 이동 준비에 따른 변동)로 규정에 따른 외출이 이루어졌다. 7월부터 공병대를 비롯한 62사단 부대는 허난성의 카이펑에 집결하여 오키나와 이동에 들어갔다.

62사단에 소속된 공병대에서 위안소 이용을 가리키는 직접적인 기술은 3건 확인된다. 2건은 성병 감염이고, 1건은 제2종 순찰에 관한 것이다. 1943년 10월 11일 급성임독성요도염에 걸린 일등병은 퇴원

65) 8월 들어 공병대에서 차출된 일부 병력은 11월 중순까지 진지 구축에 종사했으며 이후에도 병력을 나누어 토벌과 훈련에 참가했다. 이로 인해 진중일지는 본대와 유수대(留守隊)로 나뉘어 작성되었는데, 여기에서는 공병대의 휴일 및 외출 상황을 파악하고자 위츠의 유수대 진중일지만 언급할 것이다.

하여 복귀한 후 11월 6일 중영창 5일의 처분을 받았다. 11월 6일의 기술에 따르면 일등병은 벙부 부근(정확히는 린화이관臨淮關)에서 훈련 도중 감염되어 1942년 11월~이듬해 10월에 이르는 기간 동안 입원하여 군무를 이탈했다고 한다. 앞의 1943년 1월 31일의 사례와 유사하다.

또 하나는 위츠에서 발생한 성병 환자다. 1943년 10월 15일 한 일등병이 급성임독성요도염에 걸려 입원했으며 퇴원과 처벌에 관한 기록은 확인되지 않는다.

마지막으로 1943년 12월 30일 위츠주둔지경비대(12대대)는 신년 1월 1~5일에 군기와 풍기를 철저히 하며 제2종 순찰을 파견한다는 명령을 내렸다. 5일 동안의 제2종 순찰은 공병대, 통신대, 12대대, 12대대, 통신대에서 차출하도록 정해졌고, 12월 31일 공병대는 조장 1명에게 1월 1일에 제2종 순찰을 근무하도록 명령했다.

앞의 내용을 통해 공병대는 4여단에서 62사단 소속으로 옮겨가면서 양취안과 위츠에서 휴일과 외출을 활용하여 위안소에 출입했다는 사실을 짐작할 수 있다. 중국 전선에서의 위안소 이용 체계는 오키나와에서도 변함없이 작동되었다.

2) 오키나와 주둔과 사단사령부의 위안소 통제

부대의 배치와 이동

1944년 7월 25일 62사단은 12군 예하를 벗어나 타이완군 사령관 예하로 들어감과 동시에 32군 전투서열에 편입될 것이라는 명령을 수령했다.[66] 우시지마 미쓰루가 32군 사령관을 맡게 된 것도 같은 맥락이다. 사단사령부가 상하이를 출발한 것은 8월 16일, 나하에 입항한 것은 8월 19일이었다.

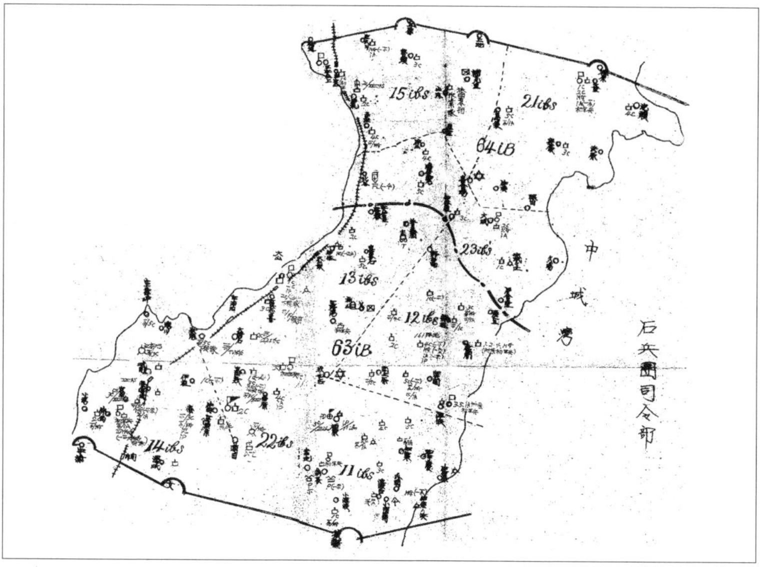

[그림 7-12] 第62사단 배치도(1944년 8월 22일)

· 출전: 〈昭和19年度 師団歴史〉, 《第62師団歴史·歩兵第63旅団歴史·歩兵第64旅団歴史》

앞에서 소개했듯이 오키나와 본섬의 일본군 병력 배치는 1944년에 크게 두 차례 변경되었다. 8월 중순 이후 북부의 독립혼성 44여단부터 남쪽으로 제24·62·9사단이 포진한 형국이었다. 9사단이 타이완으로 전용된 12월 이후에는 중남부에 병력을 집중하여 북쪽에서부터 44여단, 62사단, 24사단이 각각 방어 진지를 구축했다.

오키나와 주둔 이래 62사단은 9사단과 24사단의 방어 구역 일부를 넘겨받아 주둔지를 마련했다. 62사단은 [그림 7-12]와 같이 후텐마(普天間)강을 경계로 북쪽에는 64여단(64iB, 사령부는 기타나카구스쿠北中城의 기샤바喜舎場)을, 남쪽에는 63여단(63iB, 사령부는 기노완宜野湾, 10·10

---

66) 이하의 내용은 별도의 언급이 없는 한 《第62師団歴史·歩兵第63旅団歴史·歩兵第64旅団歴史》에 수록된 문서를 참조했으며, 개별 출전은 명기하지 않는다.

공습 이후 가네코我如古로 이전)과 사단사령부(우라소에 나카마仲間)를 배치했다.

이 시기에 62사단은 22대대(64여단), 공병대, 통신대, 치중대, 야전병원, 병마창 외에 독립보병 제272·273대대, 전차 제27연대, 야전작정(作井) 제14중대를 직할부대로 거느렸다. 여단에도 신규 부대가 편입되었다. 63여단에는 독립기관총 제4대대와 독립속사포 제22대대가 배속되었고 64여단에는 야전중포병 제7연대, 독립기관총 제14대대, 독립속사포 제32중대가 가세했다.[67)]

24사단이 9사단 주둔지를 승계한 12월 6일 이후 62사단 부대의 배치도는 [그림 7-13]과 같이 바뀌었다. 64여단은 기존의 방어 구역을 44여단에게 인계하고 9사단이 관할하던 난조시 일대로 이동했다(사령부는 다카히라高平).

12월부터 독립보병 273대대는 62사단 직할에서 64여단의 휘하로 편입되었으며 63여단 소속부대는 변화가 없었다. 64여단에서는 야전중포병 7연대가 빠진 대신 독립속사포 22대대 제2중대와 해군 일부가 배속되었다.[68)]

1945년 1월 18일 사단사령부는 슈리(首里)로 옮겨갔고 63여단 사령부는 이튿날 나카마로 이전했다. 2월 1일 64여단은 방위 구역을 다시금 44여단에게 이양한 후 우라소에시의 다쿠시(澤岻)에 사령부를 두고 방어 태세를 구축했다. 우지구대는 21대대가, 중지구대는 15대대가, 좌지구대는 23대대가 맡았으며 여단 직할로는 독립보병 273대

---

67) 〈作戦準備期(第1期)(昭和19年8月~19年11月)第1次配備変更迄〉,《沖縄作戦に於ける第62師団戦闘経過の概要 昭和19年8月20日~20年6月22日》.

68) 〈作戦準備期(第2期)(昭和19年12月~20年1月)第2次配備変更迄〉,《沖縄作戦に於ける第62師団戦闘経過の概要 昭和19年8月20日~20年6月22日》.

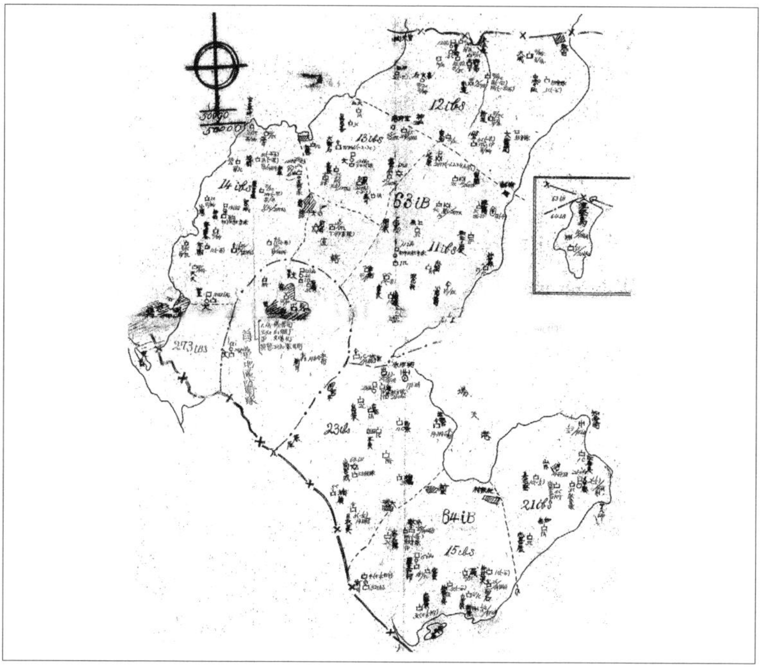

[그림 7-13] 제62사단 배치도(1944년 12월 6일)

· 출전: [그림 7-12]와 동일

대를 두었다. 3월 1일자로 혼고 요시오 중장 대신에 후지오카 다케오(藤岡武雄, 1891~1945) 중장이 새 사단장에 보임되었고 1개월 후 미군과의 전투에 돌입했다.

62사단 소속부대의 위안소 개설과 이용은 앞과 같은 부대 배치 변경과 맞물리며 행해졌다. 다음에서는 오키나와 주둔 개시부터 위안소 개설까지의 경과를 살펴보고 이어 부대 운용과 위안소 관리의 실태에 대해 알아보자.

위안소 개설

앞서 간략히 소개했듯이 62사단은 '이시(石)병단회보'(이하 62회보)[69]라는 명칭으로 부대 운영 전반에 관한 지시를 부정기로 하달했다.[70] 62회보는 사단 차원에서 위안소의 개설 및 이용을 어떻게 통제·관리했는지를 알려주는 동시에 군회보, 즉 32군 관여에 관한 정보까지 담고 있다.

남아 있는 62회보 중 가장 오래된 1944년 9월 7일자 49호에서 사단은 조만간 외출이 허가될 것임을 밝혔다. 외출 구역은 여단에서 결정하고, 사단이 지휘하는 22대대 및 직할부대는 사단사령부가 정하며, 관련 의견은 다음 회보 시까지 통보하도록 했다. 군회보에 따르면 32군 해행사 집회소(이치미테이一味亭)는 9월 1일부터 군 직할로 독립하여 영업하며 일반 연회는 자정까지로 1명에게 청주 2홉을 배당했다.[71] 소규모 부대는 숙영 시 위병 없이 자유롭게 외출했으며, 본섬에서는 강간 사건이 많아졌고, 1박 예정으로 군사령부로 출장을 간 조장은 나하 해변 쪽의 쓰지(辻)에서 4박을 유흥했다. 이와 관련하여 9월 14일자 53호의 군회보에는 '쓰지 유곽'에 자동차를 이용하거나 대기시키는 군기 문제에 관한 사례가 적시되어 있다.[72]

53호와 같이 9월 14일에 내려진 54호에는 외출 실시와 위안소 이

---

69) 1944년도의 49~101호까지는《第62師団会報綴 (独立連射砲第22大隊受領)》에, 1945년도의 3호·13호·14호는〈陣中日誌(昭和20年1月1日~1月31日陣日第19号)第62師団副官部(1)〉(《第62師団副官部陣中日誌 昭和20年1月1~20年2月28日》)에 수록되어 있다. 이하에서 62회보의 출전은 명기하지 않는다.

70) 공병대 진중일지의 9월 행사 예정표에 따르면 62회보는 매주 목요일에 실시하는 것이지만 이후 확인할 수 있듯이 수시로 개최되었다. 1945년 1월 5일의 경우 "10시부터 사령부에서 여단, 대대, 직할의 지휘 아래 각 부의 부관, 서무장교가 집합하여 참모장 및 차급부관 사회 아래 병단회보를 실시"했다(〈陣中日誌(昭和20年1月1日~1月31日陣日第19号)第62師団副官部(1)〉,《第62師団副官部 陣中日誌 昭和20年1月1~20年2月28日》).

71) 10월 5일(65호)에는 해행사에 예약한 10여 명이 회식에 나타나지 않거나 1인당 청주 2홉의 규정을 위반하고 술을 지참하여 취하는 사례가 실려 있다. 참고로 11월 중순이기는 하지만 "군회보 중 필요 사항은 병단도 군 예하인 이상 당연히 실행"해야 한다고 되어 있다(11월 23일 86호).

용에 대한 언급이 직접적으로 등장한다. 하사관과 병의 연장외출은 불허하며 여단의 방위 구역을 외출 구역으로 하고 외출일과 그 밖의 사항은 적절히 여단에서 통제하도록 했다. 사단 직할부대의 외출 구역 및 외출일은 별지(없음)와 같으며 외출 허가 시기는 별도로 제시했다. 위안소 요금은 다음과 같이 잠정적으로 정해졌다. 1시간에 병은 4엔, 하사관은 5엔, 장교는 6엔이며 오후 11시 이후 다음 날 아침까지는 장교가 15엔, 좌관이 20엔이었다. 위안소는 당분간 '이용권' 방식으로 출입하며 위안부 1인에 대해 병은 2매, 하사관은 1매, 장교는 1매로 산정했다. 위안소 이용 인원을 직접 통제하고자 한 것이며 각 부대는 사단 및 여단의 통제 아래 외출을 허가하도록 했다. 오키나와 상륙 후 거의 한 달쯤인 9월 14일에 62사단은 외출과 위안소 이용의 틀을 만들었다.

흥미롭게도 위안소 요금에는 20퍼센트의 세금이 포함된다고 명시되어 있다. 세금은 당초 지방세로 도입되었다가 1939년부터 국세로 승격된 유흥음식세, 통칭하여 유흥세를 가리킨다. 일본 본토인 오키나와에서 위안소를 개설함에 따라 공창제와 같은 세법을 적용한 모양새다. 다만 징세방식은 변형되었다. 국세 전환 초기 세율은 20퍼센트였다가 1944년에 '화대'의 경우 300퍼센트까지 급등했는데, 오키나와의 위안소 경우에는 20퍼센트를 상정했다. 위안소 이용 요금은 공창제의 화대와는 별도의 범주로 간주했던 것이다.

사흘 뒤인 9월 17일(56호) 사단사령부가 있는 나카마의 '후방시설'

72) 9월 28일(62호)에는 술에 취해 쓰지를 배회하는 장교가 많다고 적시되어 있다. 10월 5일(65호)에는 쓰지를 찾은 장교들의 태도가 불량하며 63연대 11대대 일등병이 공무를 칭하여 쓰지를 배회하다 군 순찰에 적발되었다고 전했다.

이 9월 20일부터 영업을 개시한다고 공지되었다. 아하차(安波茶)의 미하루테이(見晴亭), 군인회관(軍人會館), 교즈카(經塚)의 간게쓰테이(觀月亭) 등 3곳이며 사령부 및 직할부대의 외출은 20일부터 실시하도록 했다. 아울러 각 부대는 위안소 개설에 즈음하여 '후방시설담임위원'(전원 보고는 불필요), 영업 개시일, 영업장소(주소 외에 가옥 형태 기록), 경영자 이름, '기녀' 수, 경영 내규 등을 신속히 보고하도록 했다.

9월 19일의 57호는 군인회관의 영업 개시일이 9월 25일로 변경되었음을 전했다. 일등병이 군인회관으로 외출했다는 76호(10월 21일), 가네코 소재 63여단 사령부 일등병이 공용증이나 외출증 없이 군인회관에 출입했다는 94호(12월 14일) 등의 기술에 주목했을 때 군인회관은 병과 하사관 전용이었던 것 같다.

9월 21일(58호) 사단은 후방시설에 관한 주의 사항을 하달했다. 영업자는 세액 결정에 대비하여 미리 저금한다, 검미 때는 기녀가 불쾌하지 않도록 하며 경영자와 기녀의 관계를 조사하고 배분방식을 연구한다, 초등학생이 엿보지 않도록 시설을 잘 배치하고 촌민의 불평을 사지 않도록 기녀의 산책에 유의한다, 나하에 다녀오려는 기녀 등에게는 위원이 증명서를 발행하고 자동차를 제공하며(조수석에 태우면 안 됨) 담배를 꺼려 하는 기녀에게는 배려한다, 28일 이후부터는 병 1매, 하사관 1매의 이용권을 추가한다, 배당된 외출이 불가능해진 부대는 전날 정오까지 신고하고 무단으로 이용하지 않은 부대는 후방시설 이용을 금지시킨다 등등이었다. 덧붙여 참모장은 강간했을 시 극형에 처하고 직속상관까지 처분하겠다는 우시지마 미쓰루 사령관의 '결심'을 알렸다.

앞과 같이 62사단은 세세하고 치밀하게 위안소를 관리하고 이용을 장려했다. 특히 유흥세의 세율은 방침이 확정되지 않은 듯 업자에게 저금을 지시했다.

9월 22일(59호)에 사단사령부는 군기와 풍기, 특히 대민 군기에 대해 주의를 환기했다. 그리고 후방시설의 공휴일은 이틀로 정했는데, "종래의 예도 있어" 8일을 첫 휴일로 했다. '종래의 예'는 중국에서의 위안소 운영방식 외에는 생각할 수 없다. 위안소 체계의 연속성을 함의하는 결정적인 문구로 보아야 한다.

이와 같이 62사단 소속부대의 위안소 이용은 사단사령부의 직접적인 통제 아래 9월 20일부터 시작되었다. 오키나와에 도착한 지 1개월만의 일이었다. 62회보 경과와 연동된 움직임은 64여단 예하의 15대대 일일명령에서 확인된다.

먼저 9월 1일 15대대의 엔도 요이치(遠藤與一) 중위는 64여단에서 개최된 '후방주임자회동'에 참석했다.[73] 여단 차원에서 휴일과 외출이 논의되었을 것이며 그에 따라 9월 7일 62회보에서는 외출 실시 천명으로 이어지지 않았을까 싶다.

위안소 이용이 대강 결정된 9월 14일 15대대는 야기모토 유사쿠(八木本友作) 소위를 사단회보에, 엔도 요이치 중위를 사단사령부에서 열리는 후방주임자회동에 각각 파견했다. 9월 17일에는 야기모토 유사쿠 소위가 "후방시설에 관한 협의를 위해" 나하에 1박 2일로 출장을 갔다. '후방시설'의 영업 개시를 앞둔 9월 19일 야기모토 유사쿠 소위는 재차 "후방 주임자회동 출석을 위해" 나하에 다녀왔다.

9월 17일의 62회보 내용에 따라 15대대는 9월 22일 '후방시설위

---

73) 〈独歩15日々命令 第58号 独立歩兵第15大隊日々命令〉, 《大隊日々命令録(沖縄独立歩兵第15大隊) 昭和19年度》. 15대대의 일일명령은 오키나와 상륙 이후 12월 27일까지 남아 있으며, 8월 27일까지는 〈独歩15日々命令第48号~53号 独立歩兵第15大隊日々命令〉에, 이후는 9월 1일처럼 개별적으로 문서명이 매겨져 있다. 이하에서 출전은 명기하지 않는다.

원'을 임명했다. 위원장은 대위로 진급한 엔도 요이치가 맡았으며 위원은 야기모토 유사쿠 소위 외에 중위 1명, 군의중위 1명, 주계소위 1명 등이 선정되었고 조장, 위생조장, 주계군조 등 3명은 조수(助手)로 가세했다. 동시에 '휴일 및 외출에 관한 규정'과 '구와에군대 특설위안소규정'을 제정했다(내용 없음). 구와에는 대대본부가 있던 자탄의 마을 이름이기도 하다. 사단사령부의 방침에 입각하여 15대대는 후방시설인 위안소를 보유하게 되었다(후술).

후방시설을 관장하는 위원은 62사단과 32군에도 있었다. 62사단의 경우 1월 4일 경리부원인 주계소좌를 '병단후방시설위원'에 임명했음이 드러난다.[74] 뒤에서 서술할 62호(9월 28일) 62회보에는 나하해행사의 이용자가 급증한 것을 거론하면서 공사를 막론하고 이용 전날에 군 관리부(통상 군 사령부의 설비와 경계, 회계 처리를 담당)에 연락하고, 군인이 아닌 자와 회식하려는 경우에는 "부위원장(32군 고급부관)의 허가"를 받도록 하라는 군회보의 지시가 첨부되어 있었다. 32군 고급부관은 관리부장을 겸했던 구즈노 다카이치(葛野隆一, 1896~1945) 중좌였으며 위원을 정해 후방시설을 관리하는 방식은 오키나와 주둔 일본군의 정점인 32군도 마찬가지였다.

위안소 관리와 이용의 실태

62회보는 위안소가 설치된 후의 실상에 관한 정보까지 제공한다. 9월 28일(62호)에는 후방시설에 관해 '삿쿠'의 적절한 지급을 당부하고 경영자와 기녀의 관계를 구체적으로 조사하여 보고하도록 지시했

74) 〈陣中日誌(昭和20年1月1日~1月31日陣日第19号)第62師団副官部(1)〉, 《第62師団副官部陣中日誌 昭和20年1月1日~20年2月28日》.

다. 또한 외출자 중 수통에 술을 넣어 위안소에서 마시는 사례를 들면서 해당 부대는 이용을 금지한다는 방침을 알렸다. 이용권을 분실하고도 위안소에 가는 자와 이용권을 제시하지 않고 여러 방을 기웃거리는 병사가 있다고 하면서 향후 이용시간은 낮 12시 30분부터 대략적으로 지정하고 이용권은 관리인(조바, 帳場)에게 즉시 제시하도록 했다. 등화 재료의 배급은 주의를 기하라는 내용과 함께 다음 구절이 이어진다.

> 등화관제는 군시설이라면 예외가 없어야 하므로 주의할 것

위안소를 후방시설로 불렀던 이유는 통상의 성매매업소가 아니라 '군시설'로 인식했기 때문이다. 주목하지 않을 수 없는 대목이다.

'삿쿠'의 배분방식은 10월 2일(64호)에 바뀌었다. 후방시설 담당부대에 일괄적으로 교부하여 직접 위안소에 비치하도록 했다. 10월 5일자 65호는 54호에서 전했던 외출규정의 일부를 알려준다. 직할부대의 외출과 관련하여 공병대와 치중대는 63여단의 구처를 받도록 했고 야전병원은 64여단의 구처를 받도록 했다. 니시하라정(西原町) 오나가(翁長)의 공병대와 자탄 소재 야전병원의 외출은 제63·64여단에서 통제했는데, 새로이 나하에 있던 치중대가 주력을 63여단 담당인 후텐마로 옮기면서 관련 내용이 회보에 적시된 것이다(10월 9일 67호에 공중전화 번호 공지).

10월 19일자 74호는 62호의 지적 사항을 재차 언급하고 있다. 병사가 이용권을 제시하지 않은 채 방을 엿보거나 기녀의 손을 잡고 강요하며, 야간 이용권을 지참하지 않아 관리자가 거절하자 행패를 부렸다는 것이다. 그리고 경영자와 기녀의 관계를 보고하지 않은 부대에게는 제출을 명령했다. 향후 경영자와 기녀의 이익 배분은 3:7로

하며 경비를 경영자가 부담하도록 한 것도 시사점이 크다(위안소 이전부터 경영자와 기녀의 관계였던 경우는 제외). 위안부와 업자의 이익 배분까지 강제당하는 위안소, 일본군 위안소 제도가 도달한 하나의 귀결점으로 보아야 하지 않을까 싶다.

11월 12일(84호)에 포함된 지시는 매우 시사적이다. 공습으로 피란한 위안부를 신규로 채용한 부대는 원래 32군과 위안부 '계약'을 맺었는지 여부를 조사하여 11월 14일까지 보고하도록 했다. 첨부된 보고서 항목에는 원래의 주소와 옥호(屋號), 이름, 연령 등이 제시되어 있다. 내용으로 보건대 조사 요구의 주체를 32군 외에는 생각할 수 없다. 오키나와의 위안소 설치는 최상급부대인 32군의 주도 아래 추진되었음을 짐작하게 한다.

앞서 서술했듯이 12월에 접어들어 9사단 전출이 가시화되면서 오키나와 주둔부대 배치에도 변화가 일기 시작했다. 위안소 관리 체계에도 이와 연동한 움직임이 관찰된다.

12월 4일(90호)에는 위안소에 관한 사항의 개정이 공지되었다. 먼저 54호(9월 17일)에 공시되었던 위안소 요금은 12월 5일부터 인하되었다. 1시간에 병은 2.5엔, 하사관은 3(3.6)엔, 장교와 준사관은 5(6)엔으로 결정되었고 새롭게 장교와 준사관에게 국한된 반야(半夜)는 10(12)엔, 일야(一夜)는 25(30)엔이 책정되었다. ( ) 안의 숫자는 "예기 또는 특별히 타 부현에서 초치한 자"에 해당되며 전(前)반야부터 후(後)반야까지 연속한 경우 15엔을 더 지불하도록 했다. 병은 석식 1시간 전까지, 하사관은 일석점호 1시간 전까지로 함에 따라 위안소 개시시간도 앞당겨졌다. 이용권의 방식은 유지하고 매수는 적절히 각 지구에서 정하도록 했다.

한편, 58호(9월 21일)에서 통보한 세금, 즉 유흥세 20퍼센트의 저금

지시는 12월 5일 이후 폐지하고 면세로 하며 종래의 저금은 위안소의 수입으로 돌릴 예정임을 밝혔다. 요금 할인이라는 결과는 표피적인 측면에 지나지 않는다. 세법의 영역이기는 하지만 공창제와 무관하다는 일본군 위안소 제도의 본질이 현재화되었다는 쪽에 주목해야 한다. 그리고 면세가 결정된 시점도 중요하다. 9사단의 타이완 전출에서 촉발되는 32군의 실질적인 '결전 배치' 개시와 맞물려 내려졌기 때문이다(후술).

90호에서 특기할 것은 나카마의 구군의부 자리에서 12월 5일 영업을 개시한다는 제3위안소에 관한 정보다. 62사단은 '나카마위안소 내규'에 따라 이용일을 할당했지만 이용권은 발행하지 않고 앞에서 기술한 ( ) 안의 가격을 책정했다. 제3위안소는 "예기 혹은 특별히 타부현에서 초치한 자"로 채워졌다는 것이므로 장교용 위안소로 보는 편이 합리적이며[75] 요금 개정은 제3위안소 개설에 맞추어 이루어졌다.

관련 내용은 뒤이은 91호(12월 7일)에서도 찾을 수 있다. 타이완으로 이동하는 9사단의 '후방시설'은 일단 각 부대에서 수용한 후 명령(石師副庶第195號)을 토대로 보고하고 그 결과를 바탕으로 사단사령부의 다음 조치를 정하겠다는 부분이다. 보고에는 종래의 경영방법, 영업 성적, 경영자와 위안부와의 관계, 62사단의 관리방법과 다른 사항 등도 부기하도록 했다. 난조시 일대로 옮겨간 64여단 소속부대는 후방시설인 위안소의 인수까지 떠맡아야 했다. '군시설'이라는 발상

75) 제3위안소의 개설은 자야마우둔(茶山御殿)이 일본 본토의 여성이 있는 장교용 위안소로 사용되었다는 증언(比嘉有吉,《沖縄戦を顧みて手記》, WAM)과 관련된 것으로 여겨진다. 류큐 왕부의 별장이던 자야마우둔은 현재 3동의 자야마아파트(茶山アパート)로 주소는 나카마3-5의 5호·6호·12호이며(https://nami5963.exblog.jp/20838915/, 2021년 1월 10일 조사), 새 군의부가 옮겨간 우라소에소학교도 지척이다(11월 24일의 87호).

없이는 불가능하다.[76]

위안소 설치는 주민에게 달가운 일이 아니었다. 98호(12월 21일) 군회보에서 헌병대는 나하시의 고쿠바 부근 주민들이 위안소 설치를 꺼려 하여 고충을 호소하고 있다고 전했다. 다른 지역에서도 좋게 보지 않으므로 신설할 경우에는 촌장 등과 협의하도록 했다.

98호 군회보에는 다른 소식도 실려 있다. 군의부에는 검미 불합격자를 슈리시 다이라(平良)병원에 입원시킬 것, 정원 15명인데 현재 만원이라는 내용과 쓰카잔나가도(津嘉山長堂)에 "제32군 부대 내 장교와 고등문관의 친목을 도모하고 전력을 앙양"하기 위해 열었다는 해행사 요리부에 관한 소식이 상세하다.[77] 50명까지 연회가 가능한데, 10명 규모가 2실, 2, 3명 규모가 약간 있었다. 10명 이상의 연회는 2일 전까지 해행사 요리부 경영소에 신청하며(군 회선 전화도 개통 예정) 필요한 작부와 게이샤의 인원수도 신청하도록 했다. 요리와 술값은 추후 인쇄·배포하며 "가구와 기구의 수집에는 공습 후인 탓에 매우 곤란을 겪어 향후 입수 전망이 없"으므로 주의를 당부했다.

12월 28일의 101호 군회보에는 위안소 이용에 관한 정황이 실려 있다. 한 위안소에서 음주 후 관리실에서 수면하는 동안 지갑을 도난

76) 별도로 군회보에는 "반도 출신인 군인·군속의 취급에 주의하여 조선인, 반도인 등으로 부르지 않"도록 지시했는데, 해군에서 언쟁 끝에 살상 사건이 발생했다고 첨언되어 있다.

77) 32군 군의는 쓰카잔 부락에 장교를 위안할 해행사를 설립하라는 32군 사령부 부관의 명령을 받아 요리사 1명, 회계 1명, 종업원 1명, 게이샤 14명을 오이타현(大分縣)의 벳푸(別府)에서 모집하여 오키나와까지 비행기로 수송했다는 회고록을 남겼다(古賀徳子, 〈沖縄戦における日本軍'慰安婦'制度の展開(3)〉, 《季刊戦争責任研究》 62号, 2008, 30쪽). 32군 군의의 회고록을 인용하여 2021년 1월 6일 《류큐신보(琉球新報)》(〈沖縄戦, 32軍司令部に〈特殊軍属〉 留守名簿に記載 本土の女性ら動員, 識者〈慰安婦〉と指摘〉)는 32군 사령부의 유수명부에서 해행사의 게이샤를 '특수군속'으로 분류했고, 처음에는 나가도의 남부농림고교에 있다가 슈리성 지하의 32군 사령부 방공호로 옮겨갔다고 전했다. 62회보 49호에 나오는 32군 해행사 집회소(이치미테이一味亭)와의 관련성은 불확실하다.

당한 것을 소개하면서 "유흥도 규정을 엄수하고 규정 외의 장소 등에서 유흥, 수면을 하지 않"도록 하며, 음주 후 위안소에서 폭행을 한 사건을 들어 "위안소에서는 재미있게 놀도록 하"고 "옛말에도 '놀 때는 바보가 되라'고 했다"는 것이다. 지휘관이 위안소를 어떤 시선으로 바라보고 있었는지를 잘 보여준다.

군의부는 각 부대에서 실시하는 검미의 소요 약품을 32군 군의부에 개별적으로 청구하는 사례를 들면서 관련 약품은 입수가 어려운 탓에 인근 부대와 협의하여 일괄적으로 요청하라는 당부를 남겼다.

또한 101호에는 나카마위안소의 연말연시 휴업 소식까지 실려 있다. 미하라시테이와 간게쓰테이는 12월 31일~1월 2일(3일 아침까지) 3일간, 제3위안소는 1월 1일(2일 아침까지)만 문을 닫는다는 안내였다.

해가 바뀌어 1945년 1월 5일의 62회보 3호에서는 전년 90호의 '유흥세'에 관한 조치를 예정대로 시행하도록 지시했다. 1월 20일의 13호에는 54호에 따른 외출 구역을 [그림 7-14]와 같이 재설정하고 외출 구역 내 각 부대 외출일 배당은 별도로 제시한다고 되어 있다.

외출 구역과 외출일 배당 변경은 1월 18일 사단사령부가 슈리성으로 이전했기 때문이다. 이튿날인 1월 21일에는 [표 7-1]과 같이 새 외출일 배당을 알리는 14호 62회보가 슈리지구 부대에만 하달되었다.

한편, 부관부는 사단사령부 이전에 앞서 슈리에서의 위안소 이용을 위한 준비 작업에 들어갔다.[78] 1월 15일 관리반의 군조 이하 5명이 "슈리위안소 설비 작업"을 실시했다. 1월 31일~2월 6일, 2월 8~10일,

78) 이하의 내용은 《第62師団副官部 陣中日誌 昭和20年1月1日~20年2月28日》의 부관부 진중일지를 참조했으며, 출전은 명기하지 않는다.

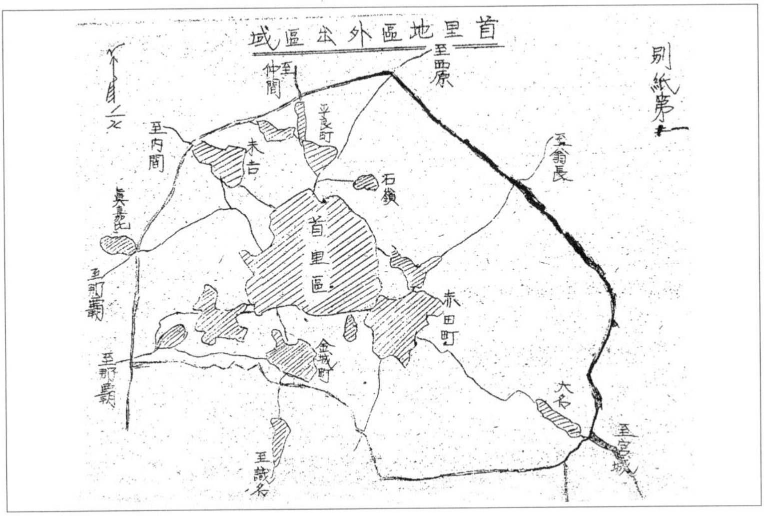

[그림 7-14] 슈리지구에서의 第62사단 외출 구역

· 출전: 〈陣中日誌 (昭和20年1月1日~1月31日陣日第19号) 第62師団副官部(2)〉, 《第62師団副官部 陣中日誌 昭和20年1月1~20年2月28日》

	일	월	화	수	목	금	토
할당 부대	막료부	제22대대	막료부 외	제22대대 특설경비 제223중대	제22대대	통신대	임시 지정부대

[표 7-1] 슈리지구 부대의 외출일 할당

* 막료부는 참모부와 부관부를 합친 용어다.

· 출전: [그림 7-14]와 동일

2월 12~13일 관리반 소속 10~13명은 후방시설의 대피호 작업을 실시, 완료했다. 후방시설이 위안소라는 직접적인 언급은 없지만 흥미로운 대목이 아닐 수 없다.

사단사령부 차원에서는 앞의 14호 외출일 배당에 맞추어 외출을 허가했는데, 두 차례가 기록되어 있다. 먼저 1월 23일 부관부의 '부내 회보'를 보면 막료부의 외출일인 1월 21일(일) 사령부와 군인회관 사이에서 분실된 외출증 제40호를 무효로 한다는 부분이 있다. 막료부 소속 군인이 군인회관을 다녀오다 잃어버린 것이다. 그리고 2월 18일(일)에도 주력은 진지 공사를 하고 일부는 외출을 실시했다.

3) 독립보병 제15대대와 위안소

자탄에서의 상황

사단사령부가 세운 방침에 입각하여 위안소를 개설하고 운용한 흔적은 15대대의 자료에서 확인 가능하다. 당초 15대대장은 야마모토 노부테루(山本信輝, 1892~?) 대좌였는데, 12월 접어들어 이즈카 도요사부로(飯塚豊三郎, 1896~?) 소좌로 교체되었다. 62사단의 핵심 전력인 8개 독립보병대대의 기본 편제는 제1~5중대와 기관총중대, 보병포중대 등이었는데, 15대대의 경우 앞서 소개했던 일일명령 외에도 대대본부와 각 중대의 진중일지가 부분적으로 남아 있다.[79]

10월 13일 일일명령은 15대대가 9월 22일의 외출규정을 폐지하고 새로 '야마모토(信)지구 방위 담임지구 내의 질서·군기·풍기의 유지, 감시, 감독 및 외출에 관한 규정'(이하 외출규정)을 배포했음을 말해준다(야마모토 시게카즈山本重一가 23대대장이어서 信을 부기).[80] 주요 내용을 살펴보자.

---

79) 대대본부, 제1~5중대, 기관총중대, 보병포중대 외에 통신반, 작업소대, 초년병교육대, 15대대에 배속된 중포병 제7연대 제2중대 제2소대의 진중일지는 1944년 12월분과 1945년 1월분이, 직할소대는 1944년 12월분이 활용 가능하다. 《陣中日誌 (沖縄独立歩兵第15大隊本部) 昭和19年12月1日~20年1月30日》, 《陣中日誌 (第62師団独立歩兵第15大隊第1中隊) 昭和19年12月1日~20年1月31日》, 《陣中日誌 (独立歩兵第15大隊各反中隊·小隊) 昭和19年12月1日~19年12月31日》, 《陣中日誌 (独立歩兵第15大隊第2中隊及び第3.第4.第5各中隊) 昭和20年1月1日~20年1月31日》에 수록되어 있고, 이하에서 진중일지의 경우 출전은 명기하지 않는다.

80) 〈独歩15日々命令 第99号 独立歩兵第15大隊日々命令〉, 《大隊日々命令録(沖縄独立歩兵第15大隊) 昭和19年度》.

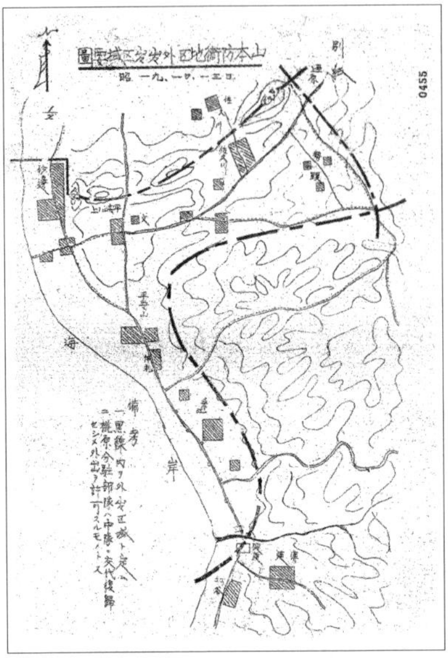

[그림 7-15] 독립보병 제15대대의 자탄에서의 외출 구역

· 출전: 〈独歩15日々命令 第99号 独立歩兵第15大隊日々命令〉, 《大隊日々命令録(沖縄独立歩兵第15大隊) 昭和19年度》

위수근무령에 근거하여 순찰장교는 외출 구역을 매일 순찰하고 결과를 여단에까지 보고하며(2조) 이와 별도로 순찰하사관을 매일 파견하고, 휴양일에 외출을 허가한 중대는 외출 구역 내에 순찰을 파견한다(3조). 외출 구역은 스나베(砂邊) 해안부터 구와에 터널[81]에 이르며 [그림 7-15]와 같다(4조).

[표 7-2]에 따라 구분된 전체 휴양일에 외출을 허가한다(5조).

외출은 '정(丁)호 전비'에 한해 2분의 1 이내로 허가하며 하사관과 병의 연장외출은 불허한다(7조). 외출 중 각종 경보 및 정호 이외의 전비가 발령되면 즉시 귀대, 분주(分駐)한 독립소대는 중대 복귀 후에 외출을 허가한다(8조). 외출 시에는 항상 2, 3명씩 조를 짜서 행동한다(9조).[82]

81) 구와에 터널은 남북을 가르는 국도 58호선 자가루(謝苅) 교차로 부근에 있다가 없어진 자탄 터널을 가리킨다고 추측된다.

	할당 부대
일	대대본부, 보병포중대
월	제1중대, 작업소대
화	제2중대, 통신반
수	제3중대, 기관총중대
목	제4 · 5중대
금	제62사단 야전병원

[표 7-2] 독립보병 제15대대의 자탄에서의 외출일 할당

· 출전: [그림 7-15]와 동일

왜 15대대는 20일 만에 외출규정을 개정했을까? 20일 동안 주둔지 변경이나 지휘관 교체는 없었다. 추측건대 7조의 '정호 전비'가 실마리를 제공해준다.

9월 29일 32군은 전비를 갑을병정 4단계로 나누어 시행한다는 명령(球作命甲第49號)을 내렸다.[83] 갑(甲)호는 전투 개시 직전이며 정호가 가장 평온한데, 이 명령은 시차를 두고 각 부대에 전달되었다. 15연대 연대포중대는 '여단수비계획'을 개정한 작전명령을 10월 1일 수령했는데,[84] 2보병대 2대대 4중대에는 10월 15일에 당도했다.[85] 6건축은 9월 30일자 19항공 사령부의 명령을 10월 7일에 받았다.[86]

---

82) 군대내무령 185조의 단서 조항은 인정하지 않는다(10조)고 되어 있는데, 해당 내용은 확인하지 못했다.

83) 〈陣中日誌案 昭和19年9月分〉, 《陣中日誌(第32軍参謀部) 昭和19年3月27日~20年1月31日》.

84) 〈陣中日誌 自昭和19年10月1日至昭和19年10月31日 独立混成第15連隊連隊砲中隊(1)〉, 《独立混成第15連隊関係 陣中日誌 昭和19年10月1日~昭和19年10月31日》.

85) 〈陣中日誌 自昭和19年10月1日至昭和19年10月31日(1)〉, 《沖縄陣中日誌 第2歩兵第2大隊第4中隊(昭和19年10月~20年1月)·独立混成第44旅団砲兵隊第1中隊(昭和20年2月)》.

15대대가 32군 명령을 언제 전달받았는지를 적시한 자료는 남아 있지 않다. 다만 전비 단계의 신설에 부응하여 관련 규정을 개정해야 했고 외출규정도 10월 13일에 새로 배포되었다고 판단된다. 위안소 출입은 군의 작전계획과 무관하지 않은 사안이기 때문이다.

11월 15일 15대대는 앞의 외출규정에 새로 "토요일 오가사와라(小笠原)중대"를 추가한다는 일일명령을 내렸다. '구처부대'인 오가사와라중대, 즉 독립속사포 22대대 2중대의 장교 이하는 "야마모토(信)지구 외출에 관한 규정에 근거하여 규정일에 외출할 수 있"게 된 것이다.[87] 오키나와 도착 이후 22대대 전체는 63여단에 배속되어 가네코에서 숙영했는데(후술), 11월 중순 2중대만 15대대 소속이 되어 새로 외출을 할당받은 것이다.[88]

11월까지의 진중일지가 없어 [표 7-2]와 같이 외출이 허가되었는지 여부는 알 수 없으나 12월부터 새 주둔지 난조에서의 외출규정이 제정될 때까지는 확인된다. 월요일이 할당된 1중대는 12월 4일·11일·18일·25일(예정표에만 기록)에, 2중대는 화요일인 12월 5일·12일에, 3중대는 수요일인 6일·20일에 각각 오후 휴양을 했다. 4중대는 23일과 28일(목)만 확인되는데, 28일에는 '휴양일'이 명기되어 있다. 기관총중대는 할당된 수요일이 아니라 목요일인 14일 오후의 휴양만

86) 〈陣中日誌 自昭和19年10月1日至昭和19年10月31日(2)〉, 《要塞建築勤務第6中隊 陣中日誌 (5/7) 昭和19年10月1日~19年10月31日》. 참고로 32군 명령이 29호로 기재된 것은 오류일 터다.

87) 2중대의 진중일지는 1944년 9월, 1945년 1월·2월(《独立速射砲第22大隊第2中隊 陣中日誌 昭和19年9月, 昭和20年1月, 2月》)밖에 남아 있지 않아 11월의 정황은 알 수 없다.

88) 1944년 12월 9일 2중대는 22대대와 같이 주둔한 것으로 확인된다(陣中日誌 自昭和19年12月1日至昭和19年12月31日〉, 《独立速射砲第22大隊第1中隊 陣中日誌 自昭和19年9月, 12月 至昭和20年1月, 2月》). 그 점에서 15대대의 2중대 구처는 단기간에 그친 것으로 판단된다.

적혀 있고 보병포중대는 일요일 휴양을 12월 3일·24일 두 차례 실시했다.

외출 사실이 남아 있는 것은 작업소대와 통신반뿐이다. 작업소대는 12월 4일(월) 오후 1시부터 전원 휴양하고 외출을 허가했다. 화요일이 배당된 통신반의 진중일지에는 12월 5일과 1945년 1월 2일 두 차례의 외출이 기재되어 있다. 12일(화)은 영내 휴양, 27일(토)은 휴양만 했다.

난조에서의 상황

1944년 12월 2일 대대본부는 64여단 전체가 난조시 일대로 이동한다는 명령을 하달했다. 이동지의 전염병 발생으로 인해 12월 6일 대대본부와 통신반은 후나코시(富名腰, 지금의 지도에는 船越로 표기), 작업소대와 교육대는 이토카즈(糸數), 5중대는 다마구스쿠(玉城)에서 각각 숙영하는 것으로 바뀌었다. 12월 7일 야간에 시작된 행군 끝에 대대본부는 이튿날 후나코시에 당도했다. 12월 9일에는 배속된 독립속사포 32중대가, 10일에는 중포병 7연대 2중대 2소대가 도착했다.

12월 11일 15대대장은 이즈카 도요사부로 소좌로 교체되었다. 12월 14일 당분간 휴양일의 외출을 금지하고 영내 휴양을 취한다는 회보가 하달되었다. 12월 15일 착임한 신임 대대장은 다음 날 12월 말까지 진지 구축을 비롯한 시설 정비를 지시했다. 전염병이 수습됨에 따라 대대본부는 12월 23일 당초 계획대로 야카부(屋嘉部)의 다마구스쿠국민학교에 들어갔다. 12월 26일에는 담당지구의 방위계획이 성안되었다.

1945년 1월 8일 15대대는 일일명령으로 '이즈카지구 방위담당지구 내의 질서, 군기·풍기의 유지, 감시, 감독 및 외출에 관한 규정'(이하 외출규정)을 제정했다. 주둔지 이전에 부응하여 전년 10월 13일의 규정을 전면적으로 고친 것이다. 같은 날의 대대회보에서는 '후방시설에 관한 내규'(이하 내규)의 설정을 통보하는 한편, 후나코시에 주둔하게 될 독립중포병 100대대의 오쿠야마(奥山)대의 외출은 화요일로 정하고 후나코시의 '후방시설'을 이용하도록 했다. 후방시설 야마토(大和)회관을 후사토(富里)의 중앙 3차로 및 시키시마(敷島)회관을 후나코시 중앙에 설치하여 10일부터 영업하고 외출규정 및 내규는 10일부터 준용한다는 것이었다.

4중대의 진중일지에 따르면 시키시마회관은 1월 10일에 개업했다. 4중대장은 "후나코시위안소 시키시마회관의 개설 피로(披露)"에 즈음한 부대장과 위원의 회식에 맞추어 오후 5시에 출발하여 10시에 귀대했다고 쓰여 있다. 15대대장과 담당'위원', 중대장들까지 모인 개설 기념 회식은 위안소가 민간 성매매업소와 다르다는 명징적인 증거 중 하나일 터다.

외출규정은 달라진 내용에 한해 적시한다. 휴양일과 외출 구분은 [표 7-3]과 같다(5조).

외출은 정호 전비에만 허용되지만 부대장의 판단에 따라 병호 전비에도 외출할 수 있도록 했다(7조). 순찰에 관한 세부 지시가 새롭게 명문화되었으며(3조) 외출 구역은 [그림 7-16]으로 제시되었다(4조).

외출규정과 연동되는 내규의 중요 내용은 다음과 같다. 후방시설은 야마토회관과 그 분관 시키시마회관이며 15대대(배속부대 포함)와 "특히 지정한 협동부대"가 이용한다(2조). '회관'의 이용 구분은 [표 7-4]와 같다(3조).

견습사관, 초년병, 부대장이 불허한 자 등은 출입이 허용되지 않는다(4조). 이용은 외출 시한 내로 하며 정오부터 병은 석식 1시간 전까

	1회 외출일	2회 외출일	1회 외출일	2회 외출일
월	제1중대	제5중대	제4중대	기관총중대
화	제3중대	보병포중대	제2중대	통신반
수	독립기관총 제14대대 제2중대	중포병 제7연대 제2중대 제2소대	독립속사포 제32중대	독립기관총 제14대대 제3중대 일부
목	제5중대	대대본부	작업소대	제4중대
금	보병포중대	제1중대	기관총중대	제2중대
토	중포병 제7연대 제2중대 제2소대	독립기관총 제14대대 제2중대	독립기관총 제14대대 제3중대 일부	독립속사포 제32중대
일	대대본부	제3중대	통신반	작업소대

[표 7-3] 독립보병 제15대대의 난조에서의 외출일 할당

* 사료에 독립기관총 제14대대 제2중대는 이데무라(出村)대로, 독립기관총 제14대대 제3중대 일부는 후루세(古瀬)대로 표기되어 있다.

** 제32군 잔무정리부가 작성한 자료에 따르면 독립기관총 제14대대의 제2중대가 이데무라대, 제3중대 소대 중에 후루세대가 포함되어 있다(〈独立機関銃第14大隊〉, 《第32軍 軍直部隊史実資料(3)》).

· 출전: 〈1月8日 陣中日誌〉, 《陣中日誌 (沖縄独立歩兵第15大隊本部) 昭和19年12月1日~20年1月30日》

[그림 7-16] 독립보병 제15대대의 난조에서의 외출 구역

· 출전: [표 7-3]과 동일

야마토회관	본부, 제1중대, 제3중대, 제5중대, 보병포중대, 중포병 제7연대 제2중대 제2소대, 독립기관총 제14대대 제2중대, 환자요양소
시키시마회관	제2중대, 제4중대, 기관총중대, 독립속사포 제32중대, 작업소대, 통신반, 독립기관총 제14대대 제3중대 일부

	1회 외출일	2회 외출일	1회 외출일	2회 외출일
월	제1중대	제5중대	제4중대	기관총중대
화	제3중대	보병포중대	제2중대	통신반
수	독립기관총 제14대대 제2중대	중포병 제7연대 제2중대 제2소대	독립속사포 제32중대	독립기관총 제14대대 제3중대 일부
목	제5중대	대대본부	작업소대	제4중대
금	보병포중대	제1중대	기관총중대	제2중대
토	중포병 제7연대 제2중대 제2소대	독립기관총 제14대대 제2중대	독립기관총 재14대대 제3중대 일부	독립속사포 제32중대
일	대대본부	제3중대	통신반	작업소대

[표 7-4] 난조 소재 위안소의 이용 구분

· 출전: [표 7-3]과 동일

지, 하사관은 일석점호 1시간 전까지다(5조). 전반을 총괄하는 위원장과 갑(군기·풍기), 을(경리·일반), 병(위생·일반) 등의 위원이 업무를 분담한다(6조). 회관에서 장교는 하사관과 회식할 수 없으며 하사관은 병과 회식할 수 없다(7조). 회식장 이용은 부대장이 장교단의 단결 또는 필요상 지방 요인을 초대하는 경우에 한하며 별도의 경우는 전날 정오까지 위원장을 통해 부대장의 인가를 받는다(8조). 회관의 휴일은 매월 8일과 23일이며 '종업원'의 신체검사는 매주 토요일 오전에 군의가 실시한다(9조).

'화대'는 다음과 같이 공시되었다(11조). 1시간에 병은 2.5엔, 하사관은 3엔, 장교와 준사관은 5엔, 장교와 준사관에 국한된 반야는 전후

(오후 11시가 경계) 모두 10엔, 오전 3시까지의 일야는 15엔이었다. 62회보의 90호(1944년 12월 4일)와 비교하여 일야 요금을 제외하고 동일하다는 사실은 지나칠 수 없다. 당분간 종업원 1인당 이용권은 하루에 하사관 2매, 병 3매 이내로 하며 [그림 7-17]과 같은 양식의 이용권은 대대본부가 발행한다(12조).

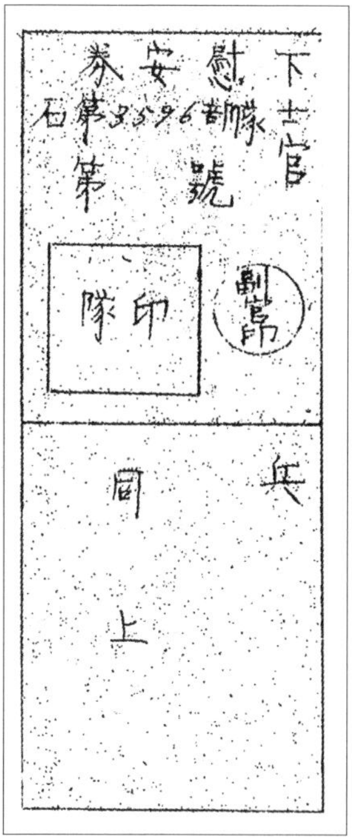

[그림 7-17] 독립보병 제15대대의 난조에서의 위안소 이용권

· 출전: [표 7-3]과 동일

경영자는 이용권(원문은 위안권)을 휴대하지 않은 자를 출입시키지 않는다(14조).

1월 9일 대대회보에서는 내규 7조의 '협동부대'에 관한 소식을 전했다. 32군 직할 포병대의 박격포대대 소속 소네(曾根)대와 와타나베(渡邊)대가 1월 7일 도착했는데, 소네대는 일요일, 와타나베대는 토요일을 외출일로 할당하고 후나코시의 '후방시설'을 외출 규정과 내규에 따라 이용하도록 한다는 것이었다. 1월 13일 대대회보에서는 62사단 야전병원 소속 환자요양소의 하사관과 병의 외출을 일요일과 목요일에 실시하며 후사토의 후방시설을 배당했다. 병마창 일부(12명)의 하사관과 병은 수요일 외출을 배정받았으며 후사토의 후방시설 이용을 지정받았다.

후방시설의 위치는 영외주보의 개설을 알리는 1월 26일 대대회보에 첨부되어 있으며 [그림 7-18]과 같다.

야마토회관은 민가 2곳을 접수하여 개설했고 후나코시에는 시키

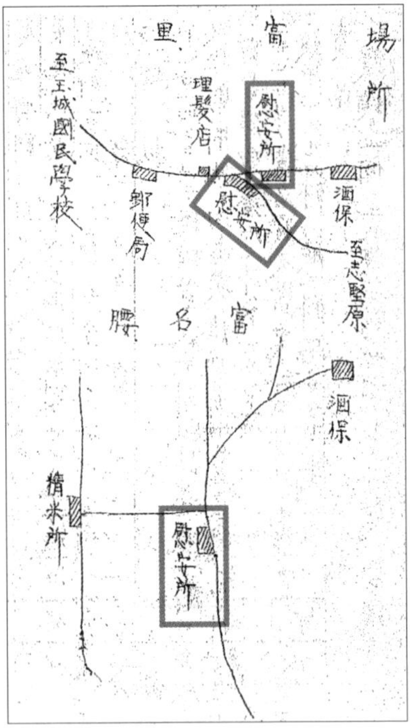

[그림 7-18] 독립보병 제15대대의 난조에서의 위안소 위치

· 출전: 〈1月26日 陣中日誌〉, 《陣中日誌(沖縄独立歩兵第15大隊本部) 昭和19年 12月1日~20年1月30日》

시마회관 외에 장교용 위안소도 있었다고 한다.[89)]

1월 27일 대대본부의 진중일지에는 이주 준비가 개시되었음이 기록되었다. 이틀 뒤인 1월 29일 64여단은 방어 구역을 독립혼성 44여단에게 이양하고 새 작전지구로 이동했는데, 15대대는 독립혼성 15연대에게 인계하고 1월 31일 행군에 들어가서 여단의 중지구대를 맡게 되었다.

---

89) 玉城村史編集委員会, 《玉城村史 第6巻 戦時記録編》, 玉城村役場, 2004, 96쪽, WAM. 나칸다카리(仲村渠)와 이토카즈(糸数)에도 위안소가 있었다고 하는데(이토가즈는 조선인 위안부), 이들 위안소는 15대대의 앞뒤에 주둔했던 9사단이나 독립혼성 44여단 소속부대가 설치하고 이용한 것으로 보아야 할 것 같다.

각 중대의 실태

15대대 휘하 중대의 휴양과 외출은 1945년 1월 8일 개정된 외출규정과 내규에 따라 이루어졌다. 먼저 1중대에게는 월요일과 금요일의 외출이 할당되었으나 진중일지에는 월요일인 1월 15일·29일 오후에 휴무가 적시되어 있다. 22일은 행사 예정표에 휴양으로 표시되어 있지만 오전 6시 30분 공습경보와 함께 발령된 을호 전비로 인해 취소될 수밖에 없었다(오후 6시 30분에 공습경보 해제, 7시 재발령, 8시 55분 해제).

2중대의 휴무는 화요일과 금요일이었다. 첫 화요일인 1월 9일은 을호 전비로 인해 영내 휴양을 했다. 외출 여부가 명기되지 않은 오후 휴양은 1월 16일(화)·24일(수)·26일(금)·30일(화)에 실시되었다. 1월 24일의 경우에는 1중대와 마찬가지로 22일 을호 전비로 인해 하루 늦은 23일에 수시 검열을 받고 다음 날 휴양했다.

3중대의 외출은 화요일과 일요일에 가능했다. 하지만 진중일지에 기록된 것은 1월 23일(화) 오후 휴양, 1월 30일(화) 오전 11시 30분의 외출 허가뿐이다.

4중대는 월요일과 목요일이 휴양일이었는데, 다른 중대에 비해 위안소 관련 내용을 누락하지 않았으며 외출도 규칙적이고 잦았다. 1월 8일(월)에는 외출규정을 수령했으며 휴일이어서 오후에 휴양을 실시했다. 이후 1월 11일·15일·18일·25일·29일 오후에는 각각 9명·18명·5명·23명·18명에게 외출을 허가했다. 25일에 가장 많은 23명의 외출자가 나온 것은 24일에 월급이 지급된 것과 무관하지 않아 보인다. 1중대와 같이 22일의 외출은 미군 전투기의 슈리 공습으로 무산되었다.

5중대 역시 월요일과 목요일이 휴양일로 배당되었지만 12월과 마찬가지로 휴양과 외출 기록은 전혀 찾아볼 수 없다. 오키나와 현지에서 징집된 병사의 위로 휴가와 복귀 소식만 적시되어 있다. 월요일과 금요일이 휴무일인 기관총중대는 1월 19일(금) 오후 휴양이 유일하다. 화요일과 금요일을 쉬는 보병포중대는 1월 12일·19일·26일 오후에 금요일만 세 차례 휴무를 했다. 목요일과 일요일이 할당된 작업소대는 1월 8일(월) 오후 2시 휴양을, 1월 18일(목) 역시 오후 2시에 휴양하고 외출을 허가했다.

화요일과 일요일이 휴양일인 통신반은 1월 9일(화)·14일(일)·23일·28일·30일 오후 1시부터(30일은 정오부터) 휴양을 실시했고, 14일에는 외출까지 허가했다. 16일(화) 오후에는 15대대장의 내무 순시가 있었다. 21일의 경우 오전 11시 30분의 공습경보, 낮 12시 30분의 해제 후에 병호 전비로 이행하여 오후 5시 30분에 경계경보가 해제되었다.

15대대의 난조 이전과 동시에 배속된 중포병 7연대 2중대 2소대(이하 2소대)는 1944년 12월에 15일(금)·19일(화) 오후와 1945년 1월 2일(화)에 휴무했다.[90] 외출규정과 내규의 제정 이후 2소대는 수요일과 토요일을 할당받았다. 1월 10일(수)·17일(수)의 '일부 휴양', 13일(토) 휴무, 20일(토) 오후 휴무, 27일(토)의 휴무가 적시되어 있고, 1월 24일(수)은 작업을 실시했다. 독립속사포 32중대(이하 32중대) 역시 수요일과 토요일에 휴양할 수 있었지만 진중일지가 소략하여 휴무와 외출 관련 기술은 전혀 없다.[91]

마지막으로 짚어볼 것은 [표 7-4] 내용의 검토다. 야마토회관과 시키시마회관의 이용부대를 어떻게 나누었는지를 규명하는 작업이다.

---

90) 중포병 7연대 2중대 2소대의 진중일지는《陣中日誌 (重砲兵第7連隊第2中隊第2小隊) 昭和19年12月1日~19年12月31日》에 1944년 12월과 1945년 1월이 수록되어 있으며, 이하에서 출전은 명기하지 않는다.

91)《独立速射砲第32中隊 陣中日誌 昭和20年1月》에 1945년 1월·2월분이 수록되어 있다.

외출규정과 내규가 제정되었을 무렵 [표 7-4]에 열거된 부대들의 숙영지는 진중일지에서 다음과 같이 확인된다. 1중대는 나칸다카리(仲村渠), 2중대와 기관총중대는 이토카즈, 3중대는 시켄바루(志堅原), 4중대는 마에카와(前川), 5중대는 후사토, 보병포중대는 나카에마(仲榮眞, 지금의 나카야마中山), 작업소대·통신반·2소대·32중대는 다마구스쿠 등이었다. 독립기관총 14대대 소속부대와 환자요양소의 진중일지는 현존하지 않지만 [그림 7-13](621쪽)에 따르면 2중대는 나칸다카리, 3중대 일부는 이토카즈, 환자요양소는 미바루(新原)에 주류했다.

할당 기준은 위안소까지의 거리와 부대의 규모로 판단된다. 대대본부가 있는 야카부를 중심으로 그 서쪽에 해당되는 마에카와, 이토카즈의 제2·4·기관총중대는 후나코시가 지척이다. 그래서 내규에서는 다마구스쿠의 작업소대·통신반·2소대·32중대까지 합쳐 시키시마회관을 이용하도록 안배했다. 마찬가지 요령으로 대대본부를 비롯한 동남부의 부대들에게는 인원수가 많은 탓에 후사토의 야마토회관 2곳을 배당했을 것이다.

4) 그 밖의 부대의 상황

독립보병 제13대대

63여단에 배속된 부대의 진중일지는 거의 망실되고 없다. 주력인 독립보병 4개 대대 중 12대대 5중대(1945년 1월)와 13대대 3중대(후술)만이 진중일지를 남겼을 뿐이다. 그리고 63여단에 배속된 독립속사포 22대대의 진중일지 일부가 61사단 회보와 함께 현존한다.

독립보병 13대대(이하 13대대)는 1944년 8월 20일 나하에 상륙하여 이튿날부터 기노완의 오야마(大山) 인근에 주류하며 경비 태세에 들어갔다.[92] 9사단의 타이완 전출에 맞추어 12월 6일 대대본부를 마에하라(眞榮原) 소재 가카즈(嘉數)국민학교로 옮겼다. 당초 13대대의 주력은 오야마에, 2중대는 이사하마(伊佐浜)에, 3중대는 마시키(眞志喜)에, 5중대는 기유나(喜友名)에,[93] 기관총중대는 이사(伊佐)에 각각 자리했다. 유일하게 진중일지를 남긴 3중대는 줄곧 마시키에 체재했다.[94]

10월 6일(금) 3중대는 전원 휴양을 했고,[95] 20일(금)에는 오후가 휴양이었다. 10월 22일 오후에는 휴양과 더불어 일부 외출이 허가되었다. 10월 마지막 금요일인 27일에는 전체 휴양과 일부 외출이 이루어졌다. 11월 3일(금) 명치절에는 식 종료 후 휴양했고 이후 29일(수)에도 휴양이 기재되어 있다.

11월 5일 일등병은 위안소 사역으로 대대본부에 갔다가 오후 10시(숫자 누락인 듯)에 귀대했다. 이들은 6~9일, 13~14일 오전 7, 8시~오후 5, 7시 대대본부에서 "위안소 설치 사역(병)"으로 근무했다. 대대본부와 3개 중대, 2개 소대는 당초 오야마에서 '천막 노영'을 했다고 기록되어 있다. 그 점에 착안하면 13대대 주력이 이용할 위안소 공사가

92) 13대대의 동향에 관한 내용은 〈標題 : 独立歩兵第13大隊歴史 昭和19年度〉, 《独立歩兵第13大隊歴史 昭和18年6月28日~20年2月28日》을 참조했으며, 별도의 언급이 없는 한 이하에서 출전은 생략한다.

93) 기노완시의 기록에 따르면 1944년 8월 무렵 기유나에 150명 규모의 '이시(石)부대'가 주둔했으며 빈집에는 쓰지의 여성으로 구성된 위안소가 있었다(宜野湾市史編集委員会, 《宜野湾市史 第三巻 資料編二 市民の戦争体験記録》, 宜野湾市, 1982, 631쪽, WAM). 13대대의 편성 정원은 보병중대가 124명이었으므로 5중대가 관리하고 이용한 위안소로 추정되며, 12월 6일 5중대는 가카즈로 옮겨갔다.

94) 3중대의 진중일지는 《沖縄眞志喜 警備中隊陣中日誌 (第62師団 独立歩兵第13大隊第3中隊) 昭和19年10月1日~20年3月26日》에 1944년 10월~1945년 3월 26일이 담겨 있으며, 이하에서 출전은 명기하지 않는다. 진중일지 규격 용지를 사용하지 않은 것으로 보아 초안인 듯하다.

95) 10월 2일에도 휴양이 있었는데, 앞뒤 글자가 희미하여 판독하기 어렵다.

이루어졌음을 짐작해볼 수 있다.

12월이 되어 13일에 상등병은 "위안소 설치 요원"으로 대대본부 경리실에 가서 오후 5시에 귀대했다. 이어 14일·16일·17일에도 앞의 상등병은 오전 7시 30분에 출발하여 대대본부 경리실에 갔다가 오후 6시에 돌아왔다. "본부 위안소 설치 요원"이라는 16일의 기록을 토대로 했을 때 12월 6일 가카즈국민학교로 이전한 13대대 주력(대대본부, 3개 중대)의 위안소 개설 작업으로 추정된다.[96)]

3중대의 12월 휴양은 대정천황제인 25일(월) 오후밖에 없다. 해가 바뀐 1월의 휴양도 불규칙하다. 1~3일 오후 또는 일부 휴양, 6일(토) 오후 휴양이 확인된다. 1월 24일(수)은 외출이 허가되어 오전 9시 30분부터 외출자가 정렬하여 오전 10시부터 실시했다.

2월의 휴양일은 일요일이 많다. 4일은 칙유봉대식을 마친 후 휴양했고, 11일 기원절에는 오후에 외출했다. 2월 25일에도 휴양과 외출이 부기되어 있다. 3월에는 휴양도, 외출도 발견되지 않는다.

독립속사포 제22대대

독립속사포 22대대(이하 22대대)의 경우 대대본부와 제1~3중대의 진중일지가 단편적으로 현존한다.[97)] 22대대는 1944년 8월 30일 나하에 도착한 후 62사단의 명령에 따라 9월 4일 가네코로 이동했다. 대대본부, 1중대와 별도 행동을 취한 제2·3중대는 9월 9일 나하에 도착하여 12일에 가네코에 있던 대대와 합류했다.

---

96) 당시 구장은 매주 토요일과 일요일 이틀 동안 30명 이상의 조선인 위안부가 가카즈 북쪽 헛간에서 병사들을 상대했다고 증언했다(石原ゼミナール·戦争体験記録研究会 著, 石原昌家 監修, 《大学生の沖縄戦記録》, ひるぎ社, 1985, 21~22, 55~57쪽, WAM). 이런 이동형 위안소와 3중대 차출 상등병의 작업과의 관련성은 명확하지 않다.

가네코에서의 첫 휴양은 9월 23일 추계황령제였다. 진중일지에는 모든 훈련을 중지하고 영내 휴양을 허가했다고 기록되어 있다. 9월 진중일지는 대대본부와 제1~3중대 모두 현존하지만 직접적으로 위안소를 가리키는 서술은 없다. 다만 [그림 7-19]는 주목할 만하다.

지도 중 위의 2개는 9월 초 각 중대의 가네코에서의 숙영지를 나타낸 것으로 1중대와 2중대의 진중일지에 들어 있다. 아래는 2중대를 대신하여 가네코로 되돌아온 1중대가 12월 11일에 작성한 숙영도다. 눈여겨보아야 할 곳은 각 지도의 하단에 있는 '⚐ クラブ'와 '倶樂部'다. 깃발(⚐)은 대대본부를 가리키므로 '대대클럽'을 의미할 것이다.

대대 전체가 함께 숙영하던 9월 시점이라면 대대주보일 수도 있다. 하지만 12월 2일 63여단의 명령에 따라 2중대 외의 대대 주력은 니시하라 일대로 이주했고, 12월 10일에는 가네코 잔류 중대를 2중대에서 1중대로 바꾸라는 명령이 내려졌다(1중대). 그런 면에서 '倶樂部'는 위안소로 보는 것이 타당하며[98] 현재 지도상으로 '오도리(大通)'는 현도 34번이며 위치는 가네코1정목(町目) 부근으로 추측된다.

12월 초 구스쿠마 주둔 시절 2중대는 6일(수)·7일(목)에 중대 절반씩 휴양했다. 주간 일정표상으로는 6일·7일 모두 "외출자의 심득[週士]"이 적혀 있다. '週士'는 주번사관을 가리키며 외출에 즈음하여 주

97) 대대본부는 1944년 8월·9월분과 1945년 1월분이, 제1·2중대는 1944년 9월분과 1945년 1월·2월분이, 3중대는 1944년 9월분과 1945년 1월분이, 3중대 제2소대는 1945년 1월분이 남아 있다. 각각《独立速射砲第22大隊大隊本部 陣中日誌 昭和19年8月, 9月, 昭和20年1月》,《独立速射砲第22大隊第1中隊 陣中日誌 自昭和19年9月, 12月 至昭和20年1月, 2月》,《独立速射砲第22大隊第2中隊 陣中日誌 昭和19年9月, 昭和20年1月, 2月》,《独立速射砲第22大隊第3中隊 陣中日誌 自昭和19年9月 至昭和20年1月》에 들어 있으며, 필요시 ( )에 간략히 중대명을 달아 출전 표시에 갈음한다.

98) 가네코에는 63여단 사령부까지 주류했음에도 불구하고 WAM에서 위안소의 설치와 운용을 전하는 주민의 증언은 찾을 수 없다.

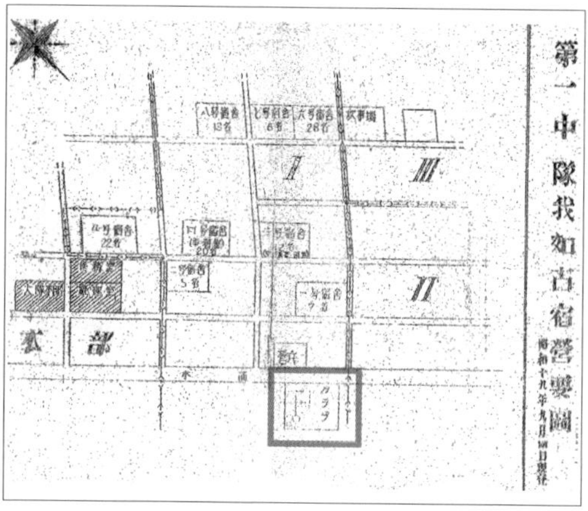

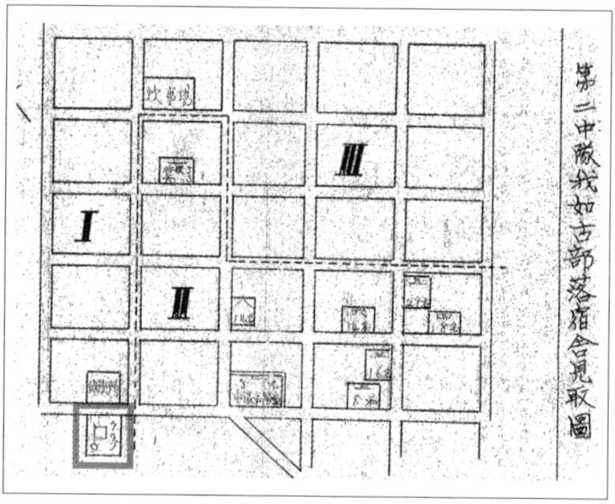

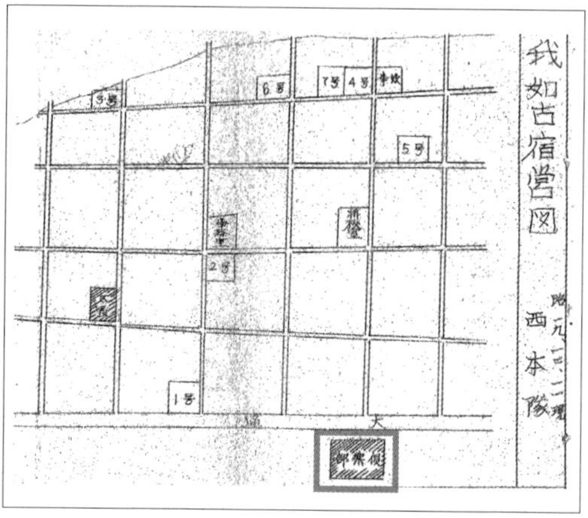

[그림 7-19] 독립속사포 제22대대의 가네코에서의 '구락부'

· 출전: 〈速22露命第3号 独立速射砲第22大隊舍営命令 9月1日 他4件〉, 《独立速射砲第22大隊第1中隊 陣中日誌 自昭和19年9月, 12月 至昭和20年1月, 2月》; 〈陣中日誌 第2号 自昭和19年9月1日至昭和19年9月30日〉, 《独立速射砲第22大隊第2中隊 陣中日誌 自昭和19年9月, 12月 至昭和20年1月, 2月》; 〈別綴 自第1号至第15号〉, 《独立速射砲第22大隊第1中隊 陣中日誌 自昭和19年9月, 12月 至昭和20年1月, 2月》

번사관의 주의 사항을 하달한 것으로 판단된다. 가네코로 옮긴 후에도 1중대는 수요일에는 가네코 병력이, 목요일에는 구스쿠마 병력이 각각 휴양을 했다. 12월 13일·14일은 진중일지와 주간 일정표 모두에서, 20일·21일은 주간 일정표에서만 휴양이 확인되며, 주간 일정표의 28일·29일 전체 휴양은 29일만 실시된 것으로 진중일지에 나와 있다.

1945년 1월 진중일지는 22대대 소속중대 모두 현존한다. 대대본부는 1월 2일과 3일에 휴무한 데 이어 일요일인 7일·14일·21일·28일에 모두 휴양했다. 니시하라에서 22대대 본부의 휴양일은 일요일이었다.

1중대의 경우 전월과 마찬가지로 주간 일정표상으로는 10일·11일, 17일·18일, 25일(구스쿠마)과 같이 수요일과 목요일 휴양일이 계획되어 있었으나 진중일지에는 전혀 기록이 없다. 2월의 진중일지에는 주간 일정표조차 없으며 4일 '부대내무규정'을 조장이 전원에게 교육했다는 기록 정도만 눈에 띈다.

대대본부와 함께 니시하라에 체류하던 2중대 역시 휴양 기록은 1월 2일밖에 없다. 1월 30일 64여단의 방어 구역 변경에 따라 2중대는 우지구대인 독립보병 제21대대의 지휘 아래 들어가서 구스쿠마에 주둔했다.

1945년 1월 3중대는 가카즈에 주둔했다. 1월 2일은 숙사 내에서 휴양했지만 이후에는 외출 기록이 빈번하다. 1월 5일(금)에는 휴양하고 전체 외출을 허가하여 하사관 이하 15명이 오전 8시 30분~오후 4시에 외출했다. 이후 토요일인 13일·20일·27일에는 각각 28명, 21명, 16명의 외출이 실시되었다. 토요일의 외출이 독립보병 13대대에서 토요일·일요일에 운영했던 조선인 위안소와의 관련 여부는 판가름할 수 없다.

3중대 2소대는 1945년 1월 독립보병 제14대대에 배속되어 나하시의 후루지마(古島)에 체류했다. 1월 1일 영내 휴양, 9일 우천 휴양 외에 외출이 기록되어 있다. 목요일인 1월 11일과 18일에는 휴양하고 외출자가 10명씩 있었으며, 25일에는 작업을 속행했고, 26일(금)에는 11명이 외출했다.

제62사단 공병대

62사단 공병대는 1944년 8월 19일 나하에 도착하여 8월 22일 니시하라정 오나가로 옮겨가서 주둔했다. 인근 니시하라정 경비는 63여단 11대대의 담당이었다. 공병대의 휴양 및 외출 기록은 10월과 11월에 기재되어 있으며 위안소 이용에 관한 직접적인 언급은 없다.

10월 5일(목) 오후의 일부 인원 외출이 첫 기록이다. 이후 토요일인 10월 21일·28일 오후에 휴양하고 외출이 이루어졌다. 이런 공병대의 외출은 앞서 검토했던 62회보 10월 5일자(65호)에서 63여단의 구처를 받아 실시한다는 내용과 관련이 있겠지만 더 이상의 기술은 발견되지 않는다.

11월에는 외출과 더불어 제2종 순찰 임명이 시작되었다. 11월 3일 명치절은 오후 휴양만 기록되어 있으나 일요일인 12일·19일 오후에는 전체 휴양과 더불어 외출을 허가하고 각각 소위와 견습사관에게 제2종 순찰 복무의 일일명령을 내렸다. 11월 20일 부대 창립일에는 휴양 실시만 확인된다. 11월의 마지막 일요일인 26일에는 준위를 27일의 제2종 순찰에 임명한다는 일일명령이 있었고, 27일 오후에는 전체 휴양과 외출이 허가되었다. 제2종 순찰 활동에 주목하면 공병대의 11월 외출지 중 하나는 위안소였음에 틀림없다.

마지막으로 언급할 것은 15대대가 떠난 뒤에도 다마구스쿠 지역에서 위안소 이용이 이루어졌다는 사실이다. 독립 제29대대(모체는

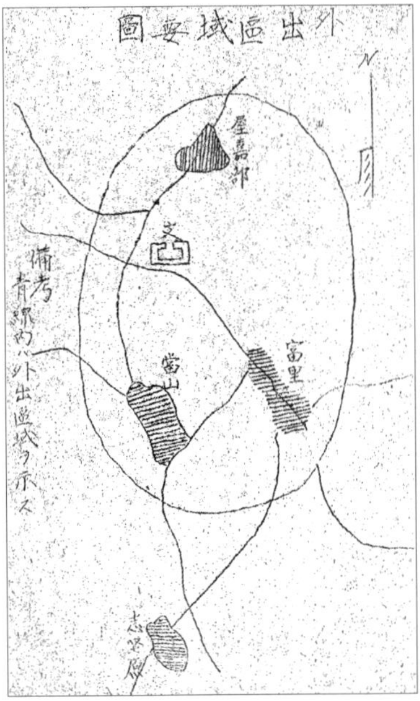

[그림 7-20] 독립 제29대대의 외출구역

원문에는 외출 구역이 푸른색 선으로 그려져 있는데, 여기에서는 남북으로 그려진 긴 타원 구역으로 추정된다.

· 출전: 〈陣中日誌 自昭和20年2月17日至昭和20年2月28日(2)〉, 《独立第29大隊(海上挺進基地第29隊)本部 陣中日誌 昭和20年2月17日~20年2月28日》

해상정진기지 제29대대, 이하 29대대)의 진중일지가 그런 정황을 말해준다.[99] 29대대는 자탄에서 독립대대로 편성된 뒤 1945년 2월 20일 15연대의 지휘 아래 본부를 다마구스쿠국민학교에 두고 인근에 병력을 전개했다. 2월 22일 대대의 작전명령으로 주둔간의 부대주류규정을 제정했다. 휴업 실시 및 하사관 이하의 외출은 그때마다 지시하며 [그림 7-20]과 같은 외출 구역을 설정했다. 24일 대대본부는 최근 위안소에서 폭행을 저지른 자가 있어 주의하라는 지시를 회보를 통해 내렸다. 이는 29대대 병사들이 다마쿠스쿠 지역의 위안소를 출입했다는 증거인 것이다.

99) 《独立第29大隊(海上挺進基地第29隊)本部 陣中日誌 昭和20年2月17日~20年2月28日》에 수록되어 있으며, 출전은 명기하지 않는다.

5. 제24사단과 위안소

1) 오키나와에서의 주둔 체계

24사단(山)은 1939년 10월 만주 하얼빈에서 창설되어 5군 예하에서 오랫동안 국경 경비를 담당했다. 보병 제22·32·89연대를 기간으로 야포병 제42연대, 수색·공병·치중병 제24연대, 통신대, 야전병원 등으로 편성되었다. 사단사령부는 둥안(東安)에 자리했다.

1944년 2월 24사단은 3개 보병연대에서 1개 대대씩을 차출하고 일부 야포병을 보충한 부대를 편성하여 사이판 전투에 투입했으나 전멸했다. 이윽고 7월이 되어 24사단 주력은 오키나와로 전용되어 32군 예하로 편입되라는 명령을 받았다. 마지막 사단장은 아마미야 다쓰미(雨宮巽, 1892~1945) 중장이었다.

먼저 사단사령부의 족적을 좇으며 오키나와에서의 움직임을 확인해보자.[100] 8월 5일 나하에 상륙한 사단사령부는 8일부터 가데나에 위

---

100)〈沖縄作戦に於ける第24師団司令部史実資料〉,《第24師団司令部史実資料 昭和22年3月25日》. 이하 동일.

치했다. 이후 나카가미군에서 경비와 진지 구축, 훈련에 종사했다. 앞서 설명했듯이 9사단이 타이완으로 전출함에 따라 24사단은 오키나와 남부를 주류지로 삼았다. 이윽고 미군과 맞닥뜨리게 될 24사단 사령부는 12월 11일 이토만시의 요자(與座)에 설치되었다.

보병 22연대는 8월 7일 오키나와에 입성하여 곧바로 자탄에서 방위 임무에 들어갔으며, 12월 11일 북지구방비대로 편성되어 나하시의 오로쿠(小祿)지구에 자리를 잡았다.[101] 보병 32연대는 8월 1일 도구치(渡具知)에 들어온 뒤 온나촌(恩納村)의 남단 야마다(山田)에서 야마다지구방비대로서 경비 및 진지 구축을 실시했으며, 10월 15일에는 독립기관총 제3대대(가네다金田 소좌, 본부와 1중대)에 배속되었다.[102] 12월 11일에는 이토만 부근에 도착하여 서지구방비대로서 주둔 태세에 들어갔다. 마지막으로 보병 89연대는 8월 5일 나하에 도착하여 우루마시의 다이라가와(平良川)에서 경비와 훈련을 거듭하다가 12월 10일 야에세정(八重瀬町)의 고친다(東風平)에 본부를 두고 동지구방비대로서 진지 구축과 방위에 돌입했다.[103]

24사단 주력 3개 보병연대의 배치도는 [그림 7-21]과 같다.

지금의 나하 공항 일대와 도미구스쿠시(豊見城市), 야에세정을 잇는 선 안쪽이 24사단이 담당한 방어 지역이었다. 1개 사단을 훌쩍 넘는 대병력이 동서 10킬로미터, 남북 12킬로미터 정도의 지역에 밀집하여 주둔하게 된 형국이었다.

---

101) 〈沖縄作戦に於ける歩兵第22聯隊史実資料〉, 《第24師団司令部史実資料 昭和22年3月25日》.

102) 〈沖縄作戦に於ける歩兵第32聯隊史実資料〉, 《第24師団司令部史実資料 昭和22年3月25日》. 이하 동일.

103) 〈沖縄作戦に於ける歩兵第89聯隊史実資料〉, 《第24師団司令部史実資料 昭和22年3月25日》.

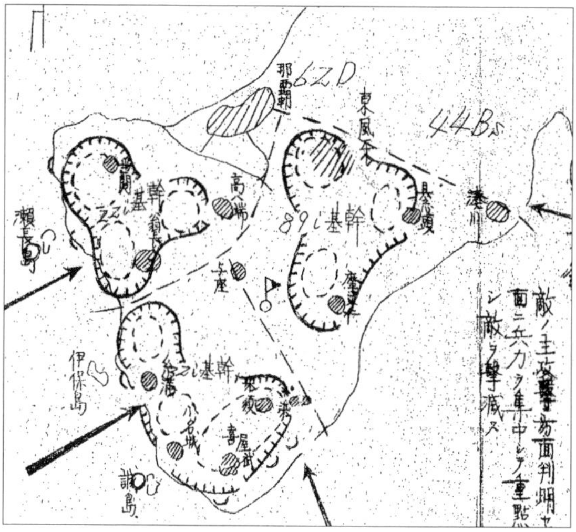

[그림 7-21] 제24사단의 배치도(1944년 12월)

· 출전: 〈第2篇·第2章/第3.島尻地区到着より敵来攻迄〉, 《沖縄作戦記録(改訂版) 昭和24年11月》

24사단 예하부대의 진중일지는 거의 남아 있지 않다. 보병 89연대의 제2대대 본부와 제2·5·7중대, 치중병 24연대 5중대의 진중일지가 현존할 따름이다.[104)] 그럼에도 불구하고 보병 32연대가 이토만에서 작성한 '내무규정'은 외출과 위안소 이용에 대한 귀중한 정보를 제공한다.[105)]

내무규정을 본격적으로 소개하기에 앞서 맨 마지막에 첨부된 문서 '방위관구 내 군기·풍기 취체에 관한 규정'(이하 사단규정)을 검토해보자. 사단규정은 24사단 차원에서 설정한 주둔 체계의 틀을 압축적으로 보여주는 문건이다. 32군의 지시(球副庶甲第110號)를 바탕으로 사

---

104) 보병 89연대 소속부대의 진중일지는 2대대 본부가 1945년 4월 20~24일, 2중대가 1941년 7~11월과 1944년 7월~1945년 2월, 치중병 24연대 5중대가 1944년 7~12월과 1945년 3월을 각각 남겼다. 이하에서 진중일지의 출전은 명기하지 않는다.

105) 내무규정의 전문은 현재 류큐(琉球)대학 박사과정에 재학 중인 조은지 씨의 도움으로 나하시역사자료실에서 입수했으며 이 자리를 빌려 감사를 표한다. 이하에서는 출전을 명기하지 않는다.

1일	2일	3일	4일	5일
북지구방비대	동지구방비대	보병 제32연대 야포병 제42연대 서지구 분(分)	북지구방비대	사단사령부 수색 제24연대 통신대 제독(除毒)대
6일	**7일**	**8일**	**9일**	**10일**
북지구방비대	동지구방비대		공병 제24연대 병기근무대	보병 제32연대 배속부대

[표 7-5] 제24사단 예하부대의 이토만 지구에서의 외출일 할당

* 북·동 지구방비대는 할당일에 외출하는 부대를 사단장에게 보고한다.

** 8일은 외출을 금지하며 18일과 28일은 예비일로 한다.

· 출전: 〈內務規定〉, 나하시역사자료실

단사령부에서 작성한 것으로 판단되는데, 사단규정의 주요 내용은 다음과 같다.

각 지구방비대장은 담당지구를 몇 개의 노영구로 구분하여 노영근무를 총괄하고 군기·풍기의 감시, 감독에 임한다(3). 지구방비대장은 보병 22연대장, 보병 32연대장, 보병 89연대장으로 한다(5). 외출은 정호 전비 동안에 허가하며 근무자를 제외하고 병력의 2분의 1 이내로 한다(9). 외출은 통상 오후부터 실시하며 외박은 인정하지 않는다(10). 외출은 각 지구방비대 구역 내가 원칙이지만 이토만에 '특별지역'을 두고 타 방비지구의 외출을 허가하며 그 할당표는 [표 7-5]와 같다(11).

매순 8일 오후 2시부터 사단사령부에서 장교회보를 실시하며 출석자는 독립부대의 부관(서무주임장교)으로 한다(12).

보병 32연대의 서술에서 더욱 명확해지겠지만 이토만 특별 지역의 외출은 위안소 이용을 말하는데, 이들 위안소는 전임 9사단이 개설한 것으로 보아야 한다. 앞서 62회보, 즉 62사단 이시(石)병단회보 91

호(12월 7일)에서 9사단의 '후방시설'을 일단 각 부대에서 수용하라고 명령한 사실은 물론, 이토만정(지금의 아자이토만字糸滿)에 오키나와와 조선인으로 구성된 위안소 5곳이 있어 9사단과 24사단 병사들이 출입했다는 주민들의 증언이 이를 뒷받침한다.[106)]

앞서 확인했듯이 실제로 보병 제22·32·89연대는 사단규정에 입각하여 각각 북·서·동 지구방비대를 책임지는 동시에 지구 내를 몇 개의 노영구로 구분하는 주둔 태세를 구축해나갔다. 다음에서는 현존 진중일지에 수록된 내용과 비교 검토한 뒤 보병 32연대의 내무규정을 상세히 분석해보자.

2) 보병 제89연대와 치중병 제24연대의 휴양과 외출

보병 89연대 소속중대의 진중일지는 내용이 소략하고 휴양과 외출에 대한 언급도 드물다. 2중대의 경우 10월에는 7일 오후 3시의 휴양과 10일의 휴양이 10·10공습으로 취소되었다. 우루마시의 우켄(宇堅)에서 숙영하던 11월 5일에 휴양이 실시되어 오장 이하 16명이 외출한 것이 유일했으며, 16일에는 일일명령으로 휴양만 했다. 12월 7일에는 마부니(摩文仁, 대대본부는 나카자仲座)에 도착했으며, 17일에는 내무계의 집합명령을 받고 조장이 연대본부로 출장을 갔으며, 25일에는 휴양이 행해졌다.

5중대도 간단히 휴양 사실만 적시해놓았다. 첫 주둔지인 히가시온나(東恩納)에서는 8월 15일(화)·22일 전체 휴양을, 나카하라(仲原)에

106) 糸満市史編集委員会, 《糸満市史 資料編7 戦時資料 下巻—戦災記録·体験談—》, 糸満市役所, 1998, 43~44쪽, WAM.

서는 11월 5일 오후 휴양을, 히가시온나로 복귀한 후에는 11월 16일 오후에 휴양을 실시했다. 12월 7일 5중대는 야에세정의 구시찬(具志頭)에 도착하여 일요일인 12월 10일·24일·31일과 1월 14일 오후, 3월 4일 휴양했으며, 3월 10일(토)과 16일(금) 오후에도 휴양한 것으로 기록되어 있다.

7중대의 경우 나카가미에서는 10월 25일 오후 1시와 11월 5일·16일·22일·23일 휴양을 했다고만 기록되어 있으나 12월 7일 야에세정의 아라구스쿠(新城)에 도착한 이후에는 기술 내용이 풍부하다. 12월 15일·26일 조장은 동(東)노영구의 제2종 순찰에 종사했으며 일요일인 12월 17일·24일에는 오후 1시부터 휴양이 실시되었다. 특히 12월 17일·24일·29일에는 내무계의 집합명령으로 조장이 연대본부로 출장을 갔다고 되어 있다. 2중대의 12월 17일에도 같은 기록이 있다는 점에서 주목할 가치가 있다.

해를 넘겨 1월부터 일요일 휴양이 이어졌다. 1월 7일 조장은 동노영구 제2종 순찰을 했고, 7중대는 휴양했으며, 14일과 28일에는 오후 1시부터 휴양을 실시했다(21일은 휴양이 불가능한 병호 전비 발령). 2월은 4일·25일, 3월은 5일(월)·11일 오후 1시부터 휴양이 허가되었다.

치중병 24연대는 8월 5일 나하에 발을 들인 뒤 줄곧 요미탄의 기나(喜名)에 주류하다가 12월 10일 이후 야에세정의 도모리(富盛)를 주둔지로 삼았다. 이제 치중병 24연대 5중대의 족적을 따라가보자.

9월 3일부터 후루겐(古堅)국민학교에 주둔하던 5중대는 8일 제2대대명령(山83Ⅱ作命 第57號)을 수령했다. 각 중대는 '가데나군인구락부' 개축을 위해 병력(2대대 3명, 4중대 1명, 5중대 1명, 6중대 병장)을 차출하여 연대본부 중위의 지휘를 받고, 기간은 9월 11~20일이며, 목공 경험자를 우선시한다고 되어 있었다. 앞에서 확인했듯이 가데나에는 사단사령부가 위치했다. 9월 10일에는 가데나군인구락부 건설을 위해 2소대에서 병 1명을 차출한다는 중대명령이 내려졌다.

10일 1일부터 가데나 북단의 우쿠다(宇久田)국민학교로 이동한 5중대는 11월 16일 오후 휴양과 더불어 16명의 외출을 허가했다. 진중일지 속 유일한 외출 기록이다. 11월 20일에는 훈련 참가자의 위로 휴가로 오후의 휴양이 실시되었다.

마지막으로 거론하고 싶은 것은 12월 18일 진중일지에서 오후 1시부터 조장이 사단사령부에서 개최된 내무계 조장 회동에 출석했다는 부분이다. 앞서 확인한 대로 보병 89연대 제2·7중대의 조장이 12월 17일 연대본부에 소집되었다는 기록과 결부하여 추측하면 24사단 전체 차원의 위안소 관련 협의가 진행되었을 가능성도 배제할 수 없다. 왜냐하면 앞서 소개한 내무규정의 사단규정에 따르면 매순 8일에 장교 회보를 실시하며, 뒤에서 서술할 보병 32연대에서는 12월 20일부터 군인구락부에 관한 규정의 실시, 즉 위안소 이용을 개시했기 때문이다.

이후 1945년 1월 행사표(11월 진중일지에 삽입)에 1일·2일 오후의 연말연시 휴양에 이어 월요일인 8일·15일·21일(22일은 작업) 오후에도 휴양이 적시된 것도 주목된다. 다만 1945년 1월분 진중일지가 없어 실행 여부는 알 수 없다.

3) 보병 제32연대의 외출과 위안소

외출규정

앞서 서술했듯이 보병 32연대(이하 32연대)는 다른 보병연대와 마찬가지로 1개 대대를 사이판 전투에 파견한 탓에 당초 기간 병력으로 보병 제1·2대대와 보병포대대, 통신중대를 거느렸다. 이토만 주둔에 즈음해서는 기존의 독립기관총 3대대에 더해 새로 독립기관총 제17대대와 독립속사포 제3대대 제1중대, 야포병 42연대 제1중대가 배속되었다. 사단사령부의 명령에 따라 32연대는 서지구방비대로서 진지를 결정하고 이듬해 1월부터 전력을 다해 진지 구축에 들어갔다.

32연대 소속부대의 진중일지는 전혀 남아 있지 않지만 내무규정은 흥미로운 정보를 가득 담고 있다. 총칙부터 잡칙까지 14장에 부록으로 '일반외출규정'을 위시한 9개의 규정이 딸려 있다. 다음에서 주요 내용을 살펴보자.

내무규정은 작전요무령, 군대내무령에 준거하여 필요한 사항을 규정한다(1, 내무규정의 번호이며 이하 동일). 각 소지구대장은 필요 사항이 있을 때 연대장의 허가를 얻어 독자규정을 만든다(2). 서지구방비대의 노영구는 북·중·남의 세 노영구로 구분되며(6) 이것은 각각 북소지구대. 중소지구대, 남소지구대에 해당된다. 앞서 사단규정에서 기술했듯이 32군-24사단-32연대-각 대대의 순으로 하달되는 수직적인 명령을 토대로 전체적인 주둔 체계가 갖추어지는 것을 알 수 있다.

'제8 휴일 및 외출'에는 항목이 2개뿐이다. 특별히 지정한 휴양일 이외에 일반 휴일과 경축일은 휴무하지 않는다(32). 휴양일의 외출은 '일반외출규정'에, 공용외출은 '공용외출규정'에 따른다(33).

그러면 부록의 '일반외출규정'(이하 외출규정)부터 알아보자. 외출규정 이외에는 군대내무령, 사단내무규정에 준거한다(1, 외출규정의 번호이며 이하 동일). 외출 구역, 출입 금지 구역, 이토만정까지의 외출 왕복 경로는 [그림 7-22]와 같다(2).

외출일은 매순 3일, 7일, 10일이다(3). 외출은 각자 매월 대략 1회이며 본부 각 중대, 각 작업대, 배속부대 및 각 독립중대별로 [표 7-6]의 구분에 따라 1일에 9분의 1 이내에서 외출을 허가한다(4).

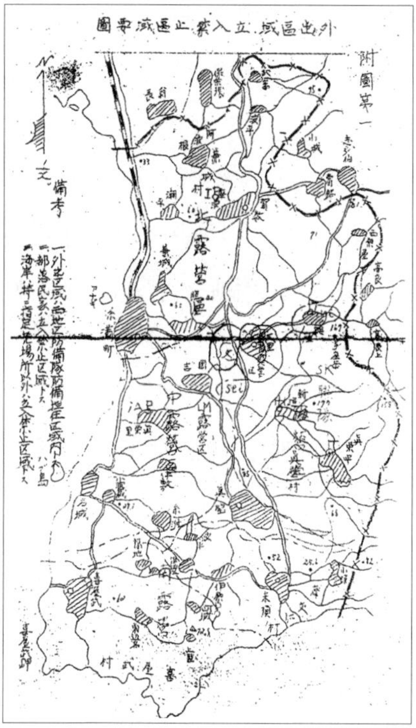

[그림 7-22] 보병 제32연대의 외출 구역, 출입 금지 구역, 왕복 경로

· 출전: [표 7-5]와 동일

	외출일	외출 구역	외출일	외출 구역
1순	3일, 10일	이토만지구	7일	방비지구
2순	13일, 20일		17일	
3순	23일, 30일		27일	
비고	방비지구로의 외출로 대체 가능		이토만지구로의 외출은 불가	

[표 7-6] 보병 제32연대의 외출일과 외출 지역 할당표

· 출전: [표 7-5]와 동일

이 외출일 설정은 앞서 소개한 사단규정에 입각하고 있음은 물론이다. 그리고 방비지구로의 외출도 위안소 이용과 직결된다. WAM이 수집한 주민 증언과 지방사에 따르면 보병 89연대의 방비지구인 기타나미히라(北波平), 보병 22연대가 주둔한 이라하(伊良波)는 물론

32연대가 담당한 미나미나미히라(南波平)·고메스(米須)·야마구스쿠(山城) 등지에도 위안소가 있었고, 9사단에 이어 24사단의 병사가 이용했기 때문이다.

외출은 정호 전비 중에만 가능하다(6). 외출은 3인 이상 조를 편성하며, 대장과 부관은 조장을 지명한다(7). 외출 시한은 정오부터 병이석식까지, 하사관이 일석점호까지다(8). 외출 시에는 외출증 및 신분증명서(구락부 이용자는 허가증)를 소지한다(9). 외출 시한의 시작은 일직장교가 복장검사와 주의 하달이 끝난 시각이며, 귀영은 일직하사관이 외출증을 반납하는 시각이고, 일직하사관은 귀영 시각 30분 후까지 외출증을 내무계에 반납한다(10). 외출증, 외출증명서, 신분증명서 양식은 [그림 7-23]과 같다(12).

준사관 이상의 외출자는 각 대장이나 본부 부관의 허가를 얻으며 장교는 부관에게 통보한 후 외출한다(12). 군인구락부 이용에 관해서는 군인구락부에 관한 규정에 따른다(13).

위안소규정

이제 '군인구락부에 관한 규정'(이하 위안소규정)을 살펴보자. 먼저 위안소규정에 언급되어 있지 않은 사항은 사단의 규정에 따른다(2, 위안소규정의 번호이며 이하 동일). 방비지구 내 군인구락부는 군 전용이며, 군인·군속의 '지방위안소' 이용을 엄금한다(3). 방비지구 내 군인구락부에 관한 사항은 방비대장이 맡아서 취체와 협력을 행한다(4). 군인구락부의 배치와 이용부대는 부표1과 같다(5, 부표1은 없음). 위안소의 개설·운용도 주둔 체계와 마찬가지로 군의 상명하달이라는 틀에 입각하여 이루어졌다.

이후의 조항은 위안소 내부의 상황이다. 군인구락부에서 음식과

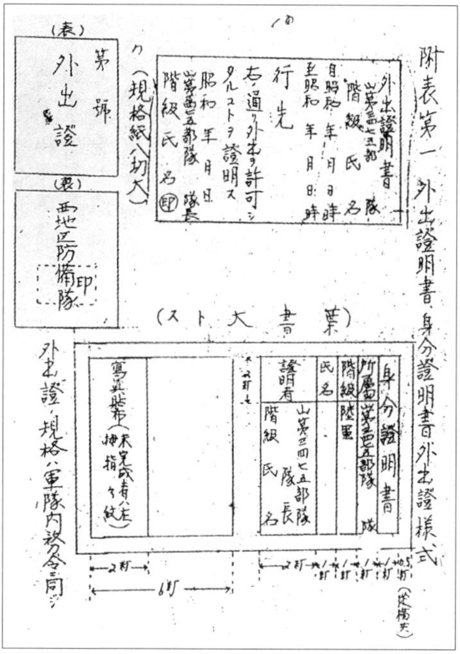

[그림 7-23] 보병 제32연대의 외출증, 외출증명서, 신분증명서

· 출전: [표 7-5]와 동일

연회는 실시하지 않는다(6). 군인구락부의 유흥세는 면제한다(7). 유흥비는 현금 지불이며 외상은 금한다(8). '업부'의 검미는 군의관이 매순 1회 실시하고 결과는 회보를 통해 통보하며, 검사일은 통상 매월 8일·18일·28일이고, 시각은 별도로 지정하며 헌병이 입회한다(9). 검사 불합격자는 완치까지 접객을 금하며 검사를 받지 않으면 불합격자로 간주한다(10). '위안부'의 치료는 지방의사에게 위탁하며 영업주가 부담한다(12). 군인구락부 건물의 임대료는 영업주가 부담하며 필요에 따라 부대가 협력한다(14).

요금은 40분에 장교가 3엔, 하사관이 2엔 50센, 병이 2엔이다(15). 영업시간은 정오부터 자정까지로 숙박은 불가하며, 매월 8일은 휴업일이다(16). 하사관과 병은 규정에 따른 허가증을 소지하며(17), 양식

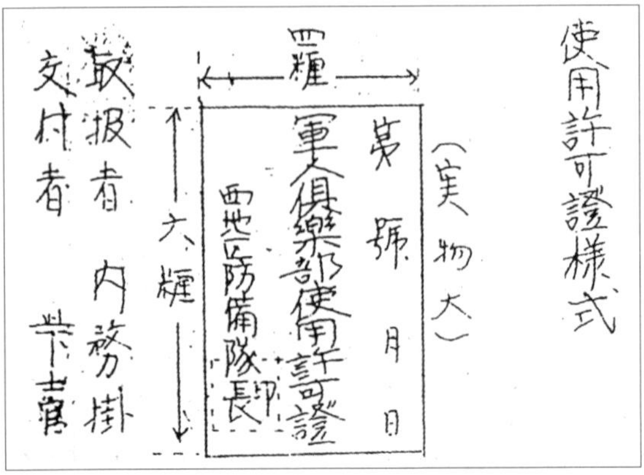

[그림 7-24] 보병 제32연대의 군인구락부 허가증
· 출전: [표 7-5]와 동일

은 [그림 7-24]와 같다.

이용시간은 병이 정오~오후 5시, 하사관이 오후 5~8시, 장교가 오후 8시~자정이다(18). 이용은 선착순이며 병은 영업주에게 허가증을 제시하고 요금을 선불한다(22).

영업주는 귀영 시각이 임박하거나 지난 경우에는 이용을 거절할 수 있다(23). 영업주는 방첩에 관해 책임을 진다(24). 구락부 내에서 군사에 관한 대화를 금한다(25). 영업주는 폭리를 탐하거나 군기 위반을 조장하지 않도록 유의한다(26). 상황에 따라 이용자 수를 제한할 수 있다(27). 위안소규정을 위반하고 군부에 협력하지 않는 영업주와의 계약을 해지하고 영업소를 폐쇄한다(28). 구락부에 관한 업무 분담은 [표 7-7]과 같다(29).

필요에 따라 구락부의 운영 및 그 밖에 관한 '업무회보'를 실시하여 구락부의 개선과 향상에 힘쓰며 일시와 집합 범위는 별도로 제시한다(30). 영업주는 각 위안부(원문은 各人)의 매상고를 명기한 장부를 비치하고 적시에 검인을 받도록 한다(31).

군사시설로서의 위안소라는 측면은 3개의 부칙 중 '군기·풍기의

연대 부관	군인구락부에 관한 전반 업무를 처리한다.
각 대대(독립부대) 부관(서무주임)	주로 구락부 내의 내무 및 이용 상황을 심사하고 널리 각 대의 의견을 청취하여 구락부의 개선과 향상에 힘쓴다.
주계장교	경리에 관한 협력 사항을 처리한다.
군의장교	주로 검미, 그 밖의 위생에 관한 사항을 처리한다.

[표 7-7] 군인구락부의 업무 분담표

· 출전: [표 7-5]와 동일

유지 및 취체에 관한 건'(이하 군기취체)과 '영업주의 영업 및 부대의 협력에 관한 건'(이하 영업자협력)에서 반복적으로 강조되어 있다. 주요 내용은 다음과 같다.

군기취체는 '이용자'(원문은 사용자)와 '영업자'를 대별하여 항목을 제시하고 있다. 이용자, 즉 군인·군속에 대한 주문이다. 먼저 '영업부'의 '공유 관념'을 철저히 하고 '점유 관념'을 엄금한다(1, 이용자의 번호이며 이하 동일). 군인이라는 긍지를 가지고 구락부 부근을 배회하여 "지방주민의 존경, 신뢰감을 실추"시키는 행동을 금하며 울타리 안이나 대기소에서 기다린다(2). 이용자는 영업주의 지시에 따르도록 한다(5). 이용자는 반드시 '위생삿쿠'로 성병을 예방해야 하며 사용하지 않고 성병에 걸린 경우는 처벌한다(6). 만약 군기와 규정을 어기는 행위가 있을 때는 해당 부대의 외출을 금지한다(10).

이어 영업자 즉 위안소에 대한 지시다. 영업주 이하는 성의를 다해 명랑하게 영업에 임한다(1, 영업자의 번호이며 이하 동일). 설비를 완비하여 발병·전염을 근절한다(2). '업부'는 이용자의 입장을 이해하고 누구에게나 공평하게 대하고 이용자에게 최대의 봉사를 다하며 몸을 다쳐 봉사가 불가능한 일이 절대 없도록 세심한 주의를 기울인다(3). '영업부'는 마음대로 울타리 밖으로 산책하거나 막사 또는 작업장에 출입하는 것을 금한다(4). 병으로 휴업 중인 경우에는 방 입구에 적색 표식을 걸어둔다(5).

영업자협력의 내용은 다음과 같다. 건물 임대료는 영업주가 경찰관을 통해 소유자와 직접 교섭하지만 필요에 따라 부대의 관계자가 협력한다(1, 영업자협력의 번호이며 이하 동일). 영업주가 수리와 개축의 자재와 인력을 감당하기 어려운 경우에 한해 부대장이 원조한다(2). 2항의 재료는 영업주가 후일 변제한다(3). '영업부'의 생필품은 자력 충당이 불가능한 경우에 한해 부대장이 협력한다(4).

세 번째 부칙은 위안소규정의 시행일로서 12월 20일로 명기되어 있다. 즉 위안소규정은 24사단이 남하한 후 10일이 지난 시점에 시행에 들어갔던 것이다.

12월 4일자 62회보 90호와 같이 위안소규정에서는 처음부터 위안소의 유흥세를 면제했다. 32연대를 포함한 24사단 병력의 주둔 개시 시점이 12월 10일 전후였던 것을 고려하면, 유흥세 면제는 32군의 지시에 따른 조치였음에 틀림없다. 2개의 부칙에서 명문화된 영업주와 위안부에 대한 통제는 미군 상륙이 임박했다는 시기적 특성 때문인지 매우 구체적이며 강압적이다. 군 '본위', 군 '우선'이라는 고압적인 시선과 태도가 최고조에 달한다.

루거우차오 이후 8년에 이르는 전쟁의 마지막 무대였던 오키나와에서 바야흐로 일본군 위안소는 제도적 완성을 맞이했다. 군의 부속시설을 넘어 사실상 군사시설이라는 위상을 정립하게 된 것이다. 그리고 후술하는 태평양 절해고도의 위안소에서 위안부들은 군과 함께 죽으라는 명령까지 받게 된다.

6. 오키다이토섬의 위안소

1) 부대 배치 상황

1944년 6월 하순 사이판 상실이 결정적으로 굳어진 시점에 대본영은 오키나와 본섬과 다이토제도의 방어 보강을 서둘렀다. 만주의 9사단과 28사단을 32군에 편입하고 병력과 물자 수송에 총력을 기울였다. 9사단은 오키나와 본섬으로 향했고 28사단은 미야코제도와 다이토제도를 할당받았다.

만주 치치하얼에 주둔하던 28사단의 주력은 보병 제3·30·36연대였다. 28사단 주력의 이동에 앞서 36연대는 단독으로 사이판 탈환을 위해 파병되었다. 6월 22일 치치하얼을 출발하여 부산을 거쳐 7월 4일 구레(呉)에 도착했다. 하지만 수비대의 옥쇄로 사이판으로 가야 할 이유가 사라졌다. 최종 목적지는 오키나와의 태평양 쪽 전진기지였던 다이토제도로 변경되었다.

다이토제도는 오키나와 본섬에서 동쪽으로 약 360킬로미터 떨어져 있다. 약 8킬로미터를 사이에 두고 기타다이토(北大東)섬과 미나미다이토(南大東)섬이 위치하며 면적은 미나미다이토섬이 기타다이토섬의 3배 정도 크고 인구도 많다. 미나미다이토섬에서 약 160킬로미터 떨어진 남쪽에는 현재 무인도인 오키다이토(沖大東)섬이 있다. 19세기 초 발견 당시 붙여진 지명인 라사(Rasa)섬으로 오랫동안 통용되었으며 20세기에 접어들어서는 인광석의 산지로 각광을 받아 라사지마 광업소가 설립되어 영업을 벌였다.

오키다이토섬의 군사적 가치에 먼저 주목한 쪽은 해군이었다. 기상 관측의 거점으로 활용하다가 1942년에는 망루를 세웠고 최종적으로는 해안포를 맡은 인원까지 상주시켰다. 이와 별도로 중앙기상대는 1940년 오키다이토섬에 '측후소' 즉 기상대를 설치했다. 1944년에 이르러 육군이 1개 중대를 파견하면서 태평양의 절해고도는 일약 전쟁일보 직전의 긴장감에 휩싸였다. 마지막까지 잔류하던 광업소 종업원과 도민은 1945년 1월 22일 오키다이토섬에서 전원 퇴거했다.

28사단 36연대 선발대의 미나미다이토섬 상륙은 7월 19일, 후발대의 기타다이토섬 상륙은 7월 25일이었다. 그리고 28사단 사령부는 7월 20일 미야코섬에 진출했다. 사단 주력을 태운 수송선단이 미야코섬에 당도한 것은 8월 16일이었다. 36연대는 기타다이토섬에 2대대를, 미나미다이토섬에 연대본부와 제1·3대대를 각각 배치했다.

36연대가 발을 들이기 이전에 다이토제도에는 소수의 해군 병력 외에 제85병참경비대를 주축으로 편성된 다이토지마(大東島)지대가 주둔해 있었다. 1944년 3월 25일 동원명령이 내려진 85병참경비대는 곧바로 32군 휘하로 들어가서 4월 3일 편성을 완결했다.[107] 이후 이

107) 다이토지마지대에 관한 서술은 〈大東島支隊歷史〉(《沖縄部隊史実資料 昭和21年1月9日》에 수록)를 참조했으며 출전은 별도로 명기하지 않는다. 편성 완료 직후의 85병참경비대에는 제1~4중대에 기관총중대, 보병포소대 외에 특별경비 제211중대와 무선 2개 분대가 배속되었다.

동하여 4월 24일 미나미다이토섬에 상륙했으며, 5월 15일 다이토지마지대로 명칭이 바뀌었다. 다이토지마지대는 본부와 주력을 미나미다이토섬에 두고 기타다이토섬에 2중대, 오키다이토섬에 4중대를 파견했으며 4중대는 패전까지 오키다이토섬에 계속 머물렀다. 7월 25일 다이토지마지대는 36연대장이 지휘하는 다이토지마수비대 휘하에 편입되어 서(西)지구대가 되었다. 85병참경비대의 편성 직후 4중대는 라사지마수비대로 지칭되었다.

미야코섬 일대에 포진했던 28사단 예하부대는 육상 전투를 치르지 않고 항복했지만 진중일지는 거의 남아 있지 않다. 36연대는 기타다이토섬의 2대대의 진중일지 1945년 1월분이 현존하지만 체계적인 외출은 물론 위안소 출입의 흔적은 전혀 찾아볼 수 없다. 대조적으로 오키다이토섬을 수비했던 4중대의 진중일지는 드물게도 동원 제1일인 1944년 3월 27일부터 시작하여 패전 후인 1945년 9월 30일까지 잔존하는데, 1944년 5월·6월과 1945년 7월은 누락되어 있다.[108] 아울러 4중대장 모리타 요시오(森田芳雄, 1912~2003) 중위가 집필한 수기도 활용할 만하다. 다음에서는 4중대의 진중일지를 중심으로 위안소 개설과 운용, 군의 관여 실태를 살펴보자.

---

108) 4중대의 진중일지는 일부가 열람실, 즉 내각부의 '오키나와전관계자료열람실'에 있으며 아시아역사자료센터는 전체를 소장하고 있다. 아시아역사자료센터의 경우 '다이토지마지대'로 검색하면 2쪽을 한 장에 담은 것과 1쪽을 한 장에 담은 것 두 종류의 자료 파일이 나오는데, 내용의 차이는 없다. 후자의 경우 1944년도는《陣中日誌 自昭和19年3月27日 至12月31日(5月, 6月欠)》에, 1945년도는《陣中日誌 自昭和20年1月1日 至昭和20年9月30日(7月欠)》에 각각 수록되어 있다. 이하에서는 진중일지에 한해 출전을 명기하지 않는다.

2) 위안소와 위안부의 실태

초기의 주둔 상황

85병참경비대는 상륙을 앞두고 미군 잠수함의 어뢰 공격으로 부대장이 전사하는 사건을 겪으며 1944년 4월 24일 미나미다이토섬에 도착했다. 총원 221명인 4중대가 오키다이토섬에 당도한 것은 4월 26일이었다. 4월 29일 4중대는 일과 시한 설정을 필두로 본격적인 숙영에 들어갔다.

미나미다이토섬을 비롯한 그 밖의 다른 지역과의 연락은 전적으로 무선통신을 통해 이루어졌다. 4중대의 진중일지에는 무선통신으로 주고받은 내용이 꼼꼼히 적시되어 있다. 36연대는 다이토수비대, 85병참경비대는 다이토지대로 적혀 있다. 그리고 4중대의 경우 7월부터는 오키수비대, 1945년 1월 28일부터는 오키다이토섬지구대로 각각 표기되어 있으며 전문의 내용별로 구분되어 일련번호까지 매겨져 있다. 또 주요 문서의 수발, 병기를 포함한 물자 수급과 인적 왕래는 부정기적으로 왕래하는 군용선에 의존해야 했으며 관련 기록도 충실히 기재되어 있다.

5월(날짜 없음)에는 '수비대규정'이 제정되었다.[109] 15번째 항목 '휴일외출'에서는 정기적인 휴일을 폐지하고 연속근무로 휴양이 필요하면 중대장이 명령하는 것으로 정해졌다. 그리고 외출이 가능한 구역은 [그림 7-25]의 실선 내로 한정했다.

외출 구역 밖에서의 자유행동은 휴양일에만 허용되었으며 하사관 등이 인솔하는 단체 행동과 증명서 소지자 등의 경우에는 가능했다.

---

109) 〈守備隊規定 昭和19年5月 森田隊〉, 《陣中日誌 自昭和19年3月27日 至12月31日(5月, 6月欠)》.

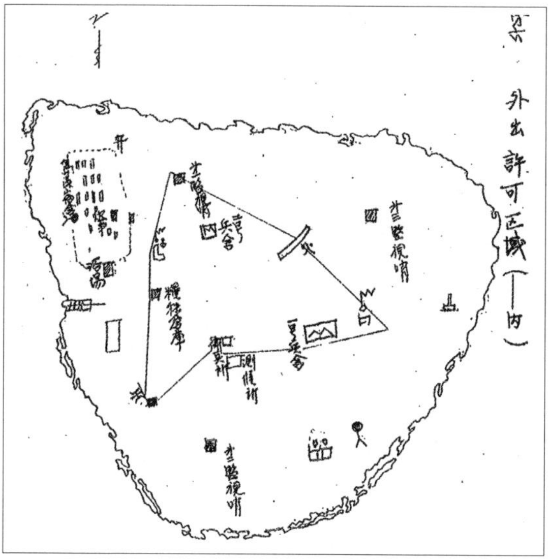

[그림 7-25] 오키다이토 섬에서의 외출 구역

· 출전: 〈附表〉, 《陣中日誌 自昭和19年3月27日 至12月31日(5月, 6月欠)》

상륙 2일째인 4월 27일 물자 양륙을 위해 62명의 근로봉사가 있은 이래 11월까지 도민, 즉 라사광업소 측의 노동력 동원은 빈번하게 이루어졌다. 방어에 필수적인 진지 구축, 통로 개설 등의 작업은 광업소의 인원은 물론 다이너마이트까지 제공받으며 수행되었다.

라사광업소의 협력은 근로봉사에 그치지 않았다. 7월 19일 모리타 요시오 중위는 해군 지휘관, 순사부장, 측후소장, 광업소장을 소집하여 "방어 태세에 관해 협의"했다. 다이토지대와 다이토수비대에게 보낸 '상황 보고'에는 상세한 내역이 포함되어 있다.[110] 물과 양말(糧秣)에 관한 지시에 이어 다음 항목이 눈에 띈다.

110) 〈附錄(1)〉, 《陣中日誌 自昭和19年3月27日 至12月31日(5月, 6月欠)》. 이하 동일. 〈附錄(1)〉과 〈附錄(2)〉(《陣中日誌 自昭和19年3月27日 至12月31日(5月, 6月欠)》에 수록)에는 6월 15일, 7월 15일, 9월 7일자로 작성된 상황 보고, 9월 20일자 수비계획 등이 첨부되어 있다.

3. 전투간 특히 군역에 복무할 자의 결정

육군

보급 사역	25명
야포 견인 이동 사역	20명
토목 공작	약간 명
위생부 보조원 여자	10명

해군

포대원의 보조	10명(현재 포대원은 2문에 대해 하사관 이하 5명)

이상에 대해 평시 기회 있을 때마다 군에서 교육을 실시할 것

상급부대로부터의 지시 여부는 알 수 없으나[111] 오키다이토섬의 수비대는 민간인을 실제 전투 상황에 끌어들이는 계획을 세웠다. 9월 20일자 수비계획에 따르면 민간인의 "지도는 어디까지나 친절하게 하며 '죽을 때는 군과 같이'의 경지로 지도하도록 힘쓴다"고 되어 있다.[112] 국민의 생명을 아랑곳하지 않았던 오키나와 전투의 본질은 여기에서도 확인된다.

관련 조치는 곧바로 실행에 옮겨졌다. 7월 26일에는 비상시 '위생보조원'이 될 '지방 여성' 10명에 대한 위생법과 구급법 교육을 실시한다는 중대명령이 내려졌다. 위생견습사관의 지휘 아래 조교 2명과 조수 2명이 가세하며 기간은 7월 27일부터 2주 동안이었다. 7월 27일에 개시된 위생부 보조원의 교육은 8월 13일 종료되어 사열까지 행

111) 모리타 요시오의 회상기에는 7월 18일에 당도한 "편선에 탁송되어온 자료를 바탕으로" 방어태세 강화를 역설했다고 쓰여 있다(森田芳雄,《ラサ島守備隊記》, 光人社NF文庫, 2011, 143쪽).

112) 〈附録(2)〉,《陣中日誌 自昭和19年3月27日 至12月31日(5月, 6月欠)》.

해졌다. 9월 10일에는 '군역 보조원' 30명에 대한 교육이 시작되어 17일· 19일 교육 검열까지 마쳤다.

9월 29일 미군 항공기의 첫 내습으로 발령된 갑호 전비는 10월 1일까지 이어졌고 동굴생활을 개시할 태세를 취한다고 기술되어 있다. 10월 12일에도 갑호 전비가 내려졌고, 13일에는 상시 동굴생활을 개시한다는 중대명령이 하달되었다.

4중대의 진중일지에서 처음으로 나오는 휴양 기록은 11월 3일이다. 명치절 요배식을 거행한 후 오전 9시~오후 4시에 전원 휴양을 가졌다. 그리고 11월 23일 오키다이토섬에 업자 1명과 위안부 7명이 도착했다.[113)]

> 11월의 선편으로 돌연 불청객이 찾아왔다. 업주인 우라베(卜部) 모라는 자가 데려온 한국인 7명의 위안부를 말한다. 물론 승선 전에 알았다면 거절했지만 섬을 향해 출발했다니 손쓸 방도가 없다. 위안부 파견에 대해서는 원래 일본 본토를 출발할 때 부대 본부에서도 얘기가 나왔다. 나는 불결하니까 섬에는 들이지 말라고 말해두었다. 그 때문에 지참했던 콘돔도 본래 용도를 벗어나 시계나 기타 금속의 습기 방지용 등으로 썼다. …… 후에 그들로부터 사정을 들어보니 진위는 알 수 없지만 남방에 가려고 오키나와까지 왔을 때 32군의 어느 참모로부터 라사섬은 녹색 천국에 별천지라는 얘기를 듣고 솔깃하여 왔다고 한다. …… 그런데

113) 공교롭게도 1944년 11월 중순 무렵 게라마제도의 자마미(座間味)섬과 아카(阿嘉)섬에도 7명의 조선인 위안부가 보내졌다(座間味村史編集委員会, 《座間味村史 上巻》, 座間味村役場, 1989, 341쪽, WAM). 배봉기가 있었던 도카시키(渡嘉敷)섬의 위안소에도 위안부 7명 모두 조선인이었다. 이를 종합하여 추측하면 조선인으로 큰 규모의 위안부 집단이 꾸려졌고 11월 들어 오키나와의 부속 섬에 일제히 분산, 파견된 것이 아닐까 싶다.

육해군 모두 금전 보급이 없으니 노는 데도 돈이 부족해졌다. 그 때문에 2개월 정도 만에 개점 휴업 상태가 되고 말았다. 그래서 내게 가장 골칫거리였던 존재도 자연히 소멸되었다. 장사는 되지 않는데 돌아갈 배는 오지 않는다. 어쩔 도리가 없어진 불쌍한 일행은 이후 군의 사역. 죽을 때는 군과 같이, 지독히도 운이 없는 일행이었다.[114]

4중대장 모리타 요시오가 기술한 위안부의 도착과 이후의 정황이 간략하게 묘사되어 있다. 그런데 모리타 요시오의 회상은 대부분 사실과 부합하지만 위안소의 성격과 위안부에 관해서는 중차대한 오류를 지니고 있다. 다음에서는 진중일지 기록과 세밀히 대조하면서 오키다이토섬의 위안소·위안부와 군의 관련성을 차근차근 해부해보자.

위안부의 도착과 위안소 개설

11월 21일 오전 9시 45분 다이토수비대가 보낸 435호 전문이 도착했다. 내일 아침 오키다이토섬에 도착할 기범선으로 "위안부(경영자 포함 8명)"가 왔으므로 관련된 '위안소규정'을 송부한다는 내용이었다.

435호에 앞서 오간 전문의 시작은 11월 18일 오후 9시 50분에 수신된 다이토수비대의 429호 전문부터였다. 오키다이토섬과 나하를 잇는 정보 무선용 2호의 무선 요원으로 이가키(井垣) 오장 이하 12명을 태운 선박(이하 429선편)이 19일 오후 나하를 출발하여 22일 오후에 오키다이토섬에 도착할 예정이라는 것이었다. 이에 오키수비대는 자정의 178호 답신에서 11월 5일 발신한 167호[115]에서 요청한 대로 광업소의 양말 15톤이 나하에 있으면 429선편에 탁송하도록 수배를 부

114) 森田芳雄, 앞의 책, 255~256쪽.

탁했다(후술). 다음 날인 11월 19일 오전 10시 20분에 수신된 431호 전문에서 다이토수비대는 22일 아침 도착할 429선편(원문은 육군 기범선)의 양륙 작업에 유의하고 탑승 예정인 피란자의 조치를 취하도록 지시했다. 그리고 이틀이 지나 4중대는 앞의 435호 전문을 수령했다. 앞의 내용으로 보건대 모리타 요시오가 회상기에 썼듯이 위안부 파견은 명백히 그가 요청하지 않았다.

435호에 이어 429선편의 정황을 알리는 전문이 빈번하게 날아들었다. 11월 21일 오전 9시 50분에 수신한 다이토지대 60호에는 429선편이 오전 6시 20분에 미나미다이토섬에 도착했다는 것과 32군의 암호서 관련 지시가 함께 담겨 있었다. 오후 1시 다이토수비대 439호는 22일 아침에 오키다이토섬에 도착할 429선편의 양륙 준비 철저와 암호서 관련 지시를 전해왔고 이어진 다이토수비대 440호(오후 1시 15분 수신)는 암호서 관련 준비를 재차 언급했다. 미나미다이토수비대는 오후 3시 45분의 438호 전문에서 429선편이 미나미다이토섬에서 하역을 마치고 오후 5시에 출발할 예정이므로 엄한 대공 경계를 지시해왔다. 오후 4시에 4중대는 선단 입항에 맞추어 각 장교가 맡을 임무를 지정하는 작전명령을 하달했다. 그리고 오키수비대는 429선편의 선박 수를 시급히 알려 달라는 182호 전문을 보냈다. 오후 10시 50분에 수신된 다이토수비대의 답신 449호는 21일 오후 7시 출항 예정이던 429선편이 파도 때문에 연기되었고 출항하면 전보한다고 알려왔다.

11월 22일 다이토수비대 451호(8시 45분 수신)는 429선편이 21일

115) 11월 5일 모리타 요시오 중대장은 양말 15톤을 가고시마에서 나하를 경유하여 탁송하고 싶다는 광업소의 요청을 받고 "군수 선편 적송의 수배를 부탁"한다고 타전했다.

오후 10시에 출발했음을 전했다. 뒤이어 10시 20분에 수신한 다이토수비대 정전(情電, 정보 전문으로 추정) 167호(267호의 오기로 추정)는 429선편이 21일 오후 10시에 출항했는데, 도착했는지 여부의 회신을 요청했다. 오키수비대는 양륙 준비 및 도민 철수 때문에 선박의 총수를 알려 달라는 184호와 다이토수비대 정전 167호의 답신으로 정오가 되어도 선박이 보이지 않는다는 답신 185호를 발송했다. 오후 2시 45분에 접수된 다이토수비대 정전 268호는 파도가 높아 429선편이 미나미다이토섬으로 회항했고 새 출발 시한은 통보하겠다고 알려왔으며, 오후 4시 20분의 정전 270호는 429선편이 오후 7시에 출발할 예정이라는 소식을 전했고, 오후 10시 40분의 정전 273호에는 429선편 총 6척이 오후 7시 10분에 미나미다이토섬을 출항했다고 되어 있었다.

11월 23일 4중대는 6시 30분 동북 방향에서 접근하는 선박 6척을 포착했으며, 오전 7시 45분에 입항한 후 양륙 작업에 들어갔다. 4중대는 수비대와 지대의 명령서를 받았고 거기에는 "배속된 2호 무선분대 이가키 오장 이하 12명, 위안부와 경영자 이하 8명 상륙"했음이 기재되어 있었다. 429선편은 오후 5시 30분에 도민 97명을 태우고 출항했다. 오키수비대는 429선편의 포착과 입항, 출항을 세 차례의 전문으로 통보했다.

4중대의 진중일지는 6척의 군용선에 실렸던 병기와 탄약, 피복, 진중용품, 양말의 상세한 내역을 알려준다. 위안부 7명과 경영자 1명은 군의 명령서와 군수물자를 만재한 수송선을 타고 무선분대와 함께 오키다이토섬에 당도했다. 그들은 부대 운용에 불가결한 사실상의 '군수품'이나 다름없는 존재였다.

1944년 12월 3일 9시 40분에 받은 다이토수비대의 전문 507호에는 다음 사항을 조사하여 보고하라는 지시가 있었다.

위안부에 대해 다음을 조사 보고할 것

1. 경영책임자의 주소, 이름

2. 위안부의 본적, 이름, 예명(芸名), 나이, 구업소명, 개업 연월일

오키수비대는 12월 4일 22호로 답신을 보냈다. 아시아역사자료센터는 답신 내용을 전부 삭제했지만《오키나와현사(沖縄県史)》에는 일부 정보를 제외하고 수록되어 있다.[116)] 명단 뒤에 "11월 26일부터 서해안 부락 북단의 빈집에서 영업을 개시했다. 규정은 귀대 것을 쓴다"는 구절이 부기되어 있다. 오키다이토섬의 위안소는 귀대(貴隊) 즉 다이토수비대가 11월 21일의 전문 431호에서 송부한다고 했던 위안소 규정(정식으로는 미나미다이토지마수비대 위안소규정, 후술)을 바탕으로 영업 중이었다. 위안부의 수송과 함께 위안소를 운영하는 규정의 전달은 군의 명령 체계에 입각하여 이루어졌음이 명확하다.

앞의 전문 507호는 모리타 요시오 회상기의 "남방에 가려고 오키나와까지 왔을 때 32군의 어느 참모로부터 라사섬은 녹색 천국에 별천지라는 얘기를 듣고 솔깃하여 왔다"라는 구절 분석의 실마리를 제공한다. 32군은 8명을 오키다이토섬으로 보낸 주체였다는 사실이다.

앞에서 기술했듯이 62사단은 오키나와 본섬에서 주둔했다. 11월 12일 62사단은 "공습(1944년 10·10공습-인용자)으로 피란 온 위안부를 새로 채용한 자 중에 이미 32군과 위안부로 계약한 경우라면 조사하여 11월 14일까지 다음 양식에 따라 보고할 것"을 지시했다.[117)] 보고

---

116) 강정숙, 〈일제 말기 오키나와 다이토(大東)제도의 조선인 군'위안부'들〉,《한국민족운동사연구》40, 2004, 274쪽; 沖縄県教育庁文化財課資料編集班,《沖縄県史 資料編23 沖縄戦日本軍資料 沖縄戦6》, 沖縄県教育委員会, 2012, 798~799쪽 ; 洪玧伸, 앞의 책, 64~65쪽에서 재인용.

사항은 원래 주소, 구업소명, 이름, 나이, 기타 등이었으며, 12월 3일 36연대가 송신한 전문 507호와 유사하다. 11월 19일 무선정보 요원 12명을 태우고 나하를 출항하는 기범선에 위안부 7명을 딸려 보냈다는 사실까지 고려하면 우라베 일행은 10·10공습 이후 각지로 흩어진 위안부의 조사와 재배치의 일환으로 오키다이토섬으로 파견되었다고 보는 것이 합리적이다.

관여 여부와 관련 증거는 불확실하지만 32군 참모의 '개입'은 우라베 일행을 오키다이토섬으로 향하게 한 결정적 요인이었다. 중요 물자를 생산하는 광업소의 선편마저 1944년 3월 29일 이후 두절된 판국에 민간인 신분인 우라베가 32군의 조력 없이 임의로 선편을 마련하기란 불가능하다. 게다가 전문 507호의 발신은 다이토수비대 즉 36연대의 단독 행위일 리가 만무하다. 상급부대인 28사단 그리고 32군의 계통을 밟아 하달되었다고 보아야 한다.

또한 4중대장 모리타 요시오는 위안소가 2개월 만에 '개점 휴업' 상태로 변했다고 회상했다. 오키다이토섬에서의 위안소 이용 정황은 진중일지 기록에서 찾아볼 수 없다. 통상의 경우라면 휴양과 외출이 위안소 출입과 결부되지만 4중대의 휴양 기록은 총 5회밖에 없다. 위안소가 영업을 개시한 11월 26일 4중대는 오전 7시 30분~오후 5시에 전원 휴양을 했다. 명치절 이후의 첫 휴양일은 공교롭게도 위안소가 영업을 개시한 당일이었다. 그다음의 전체 휴양은 12월 26일이었다. 12월 27일 다이토수비대는 606호(오후 10시 30분 수신) 전문에서 연말연시에 12월 31일 오후, 1월 1일·3일(2일·5일은 휴무하지 않음)에 휴양하라는 일일명령을 보냈는데, 4중대는 1월 1일 오후 1시부터만 휴

117) 〈第84号 石兵団会報綴〉, 《第62師団会報綴 (独立連射砲第22大隊受領)》.

양했다. 1월 1일을 포함하여 1945년의 휴양은 2월 11일 오후 2~7시, 6월 26일 오전 7시 30분~오후 5시로 총 3회 실시되었다.

그런데 오키수비대의 진중일지에서는 잦은 '내무 실시'가 눈에 띈다. 위안소가 설치된 이후로 국한하여 정리하면 다음과 같다. 12월의 경우 4일·14일의 3소대, 17일·28일·30일 전체 등이 확인된다(5일 전체, 13일 오전 전체는 병호 전비 발령에 따름). 1945년에 접어들어서는 일반적으로 일요일로 고정된 듯 보이며 시간은 제각각이지만 대체로 오전 8시 전후부터 오후 5시까지였다. 1월에는 3일·7일·14일·21일·28일, 2월에는 4일·19일·25일, 3월은 전무(초순의 미군 공습이 원인으로 추정됨), 4월 8일·15일·29일, 5월 5일·8일·13일·20일·26일, 6월 3일·5일·8일·24일과 8월 1일·5일 등이 확인된다.

앞의 휴양과 '내무 실시'가 위안소 이용과 직결된다고 속단할 수는 없다. 다만 1월 8일 오키수비대는 9호(오전 11시 30분 송신) 전문에서 차기 보급에서 담배와 '위생삿쿠'에 관해 "특히 고려를 청"한다고 밝힌 것은 참고할 가치가 있다. 1월 8일이 '2개월'에 미달한다면 1월 25일의 기록은 어떨까? 오키수비대는 35호(오후 2시 송신) 전문에서 32군 경리부로 출장 중이던 다이토지대(원문은 미나미다이토지대) 본부의 주계오장에게 통보를 요청했다. 내용은 향후 담배(보유량 1월 말)와 '위생삿쿠'를 긴급히 보급해달라는 것이었다. 콘돔의 추가 배급을 거듭 독촉하는 4중대장에게 위안부는 '불청객'이기는 했어도 결코 '골칫거리'는 아니었을 터다.

준군사시설인 위안소

1944년 12월 하순에 접어들어 위안소의 식량 문제가 불거졌다. 12월 20일 다이토수비대는 경전(經電, 경리 전문으로 추정) 41호(오후 7시 20

분 수신)를 통해 12월부터 매월 20일 현재의 급양 인원과 양말의 재고를 22일까지 보고하도록 명령했다(답신은 22일 송신). 그런데 41호 전문을 받은 오키수비대는 곧바로 239호(오후 8시 15분 송신)를 보내 의견을 구했다. '지방'에 양말이 없어서 위안소의 식량(원문은 食飼)을 오키수비대에서 급양할 수 있는지 물은 것이다. 이에 다이토수비대는 12월 23일 경전 50호(오후 5시 25분 수신)로 회신했다. 1킬로그램당 33센에 양도할 수 있는데, 대금은 다이토수비대(원문은 수비대)의 출납관리 앞으로 납부해야 하며 1인당 배급량을 하루 350그램으로 한정했다.

쌀을 유료로 양도받았다는 사실에 근거하면 위안부의 법적 신분은 명백히 군인이나 군속과 차별성을 지닌다. 게다가 4중대의 상부인 다이토지대는 1월 6일 경전 1호(오후 8시 50분 수신)에서 앞으로 위안부에게 쌀을 불하하지 말라고 지시했다. 애초 오키수비대는 1월 1일의 전문에서 광업소의 물자를 구매해도 되는지를 물었을 뿐인데, 다이토지대의 답신은 위안소의 식량 문제까지 거론한 모양새였다. 군수품 사용에 관해서 위안소와 위안부는 다르다는 원칙을 되짚은 것으로 판단된다.

위안소에 쌀을 제공하는 문제는 1944년 12월 22일자 상황 보고에서도 재론되었다.[118] '군기·풍기' 항목에는 "위안소 개설 이후에도 아무런 근심할 사항 없음"으로 기술되어 있으며 '부외(部外)와의 관계' 항목에는 해군과 광업소의 상황을 서술한 후 다음 구절이 명시되어 있다.

118) 1945년 1월분 진중일지(〈陣中日誌 自昭和20年1月1日至昭和20年1月31日 大東島支隊第4中隊[2]〉, 《陣中日誌 自昭和20年1月1日 至昭和20年9月30日(7月欠)》) 말미에 첨부되어 있다. 이하 동일.

11월 23일 내도한 위안부 7, 경영자 1은 부락 북단의 광원 숙사에 거주, 개업하게 했으며 급양은 미나미다이토지마수비대 위안소규정에 따르면 지방물자에 의존하게 되어 있다. 본도에서는 육해군 이외의 모든 지방인은 회사 단체에서 회사 노동자용 양말을 나누어 받도록 했는데, 군 위안소라는 견지에서 수비대의 양말로 충당하는 것은 불가한지 지시를 청한다.

상황 보고는 12월 22일에 작성되었으므로 12월 23일 다이토수비대가 하달한 유료 양도의 지침은 반영되어 있지 않다.

물자 수급 측면에서 지방인 즉 민간인은 육해군과 계통을 달리하는 것이 당연지사다. 이 때문에 앞서 11월 18일 오키수비대는 178호 전문에서 광업소 양말의 탁송 수배와 선편을 다이토수비대에 요청하며 협조를 아끼지 않았다. 이와 관련하여 '미나미다이토지마수비대 위안소규정'에서는 위안소의 생활필수품을 '지방물자'로 마련하도록 정했다. 즉 자체 조달하라는 의미였다. 그런데 위안소는 광업소와 달리 독자적인 연락 체계도, 수단도 없었다. 따라서 4중대는 "군 위안소라는 견지"에서 수비대의 식량을 배급해도 되는지를 문의한 것이다. 오키수비대의 진중일지에서 위안소 앞에 '군'이 첨가된 첫 사례다.

1월 6일 다이토지대가 오키다이토섬의 위안부에게 쌀 불하를 금지함으로써 논의는 일단락된 듯했다. 1월 12일자로 4중대장은 12월 23일 이후의 상황을 추가로 보고했다.[119] '부외와의 관계' 항목에는 위안소 양말의 처리 결과가 포함되어 있다.

---

119) 〈陣中日誌 自昭和20年1月1日至昭和20年1月31日 大東島支隊第4中隊[3]〉, 《陣中日誌 自昭和20年1月1日 至昭和20年9月30日(7月欠)》.

군 위안소는 국민적 자각 아래 전황을 진지하게 이해하고 장병 일동을 위해 진지하게 행동하고 있어 바람직하다. 다른 섬에 비해 수익이 크지 않은 것은 일면 동정의 여지가 있다. 이로 인해 본 단체 책임자에게 해당 단체원에게 전폭(원문은 全副)적인 이해를 구하도록 함과 동시에 되도록 유리한 수지 방안을 부여하는 등의 고려를 청한다.

위안소의 양말은 1월 상순까지는 회사로부터 확보된 터였다. 본도 회사의 실정에 따라 오키수비대 239호와 같이 군 양말의 불하를 신청해 허가를 얻었지만, 도민 퇴거가 진척됨으로써 다이토지대 경전 1호에 따라 1년분의 양말을 구입하게 했고, 이제 군의 양말과는 아무 관계가 없다.

퇴거하게 된 광업소의 식량 1년분을 위안소 측이 구입하도록 안배함으로써 문제가 해결되었다고 알린 것이다.

어쨌든 식량 문제는 처리되었다. 그런데 앞의 내용을 읽어보면 새로운 의문이 생긴다. "도민 퇴거가 진척"되었는데 위안부는 왜 남았을까? 이유는 간단하다. 다이토수비대는 오키다이토섬에 거주하는 '민간인'의 피란을 결정하면서 위안부를 배제했기 때문이다. 여기서 기억해야 할 것은 모리타 요시오 중위 또한 앞에서 기술한 9월 20일의 수비계획과 함께 전후 회상에서 '죽을 때는 군과 같이'라는 표현을 썼다는 사실이다. 군과 함께 죽어야 했던 위안부의 운명은 다음과 같은 경과를 거쳐 결정되었다.

1944년 12월 27일 오후 1시 30분 다이토수비대의 602호 전문이 도착했다.

오키다이토섬 주민의 처리에 관해 중앙의 군수성, 농상성과 연락한 결과 〈인광〉 채굴을 중지하며 오키다이토섬 이동(以東)의 전면적 귀환에

> 이견이 없다는 회답을 받았다. 다음 선편이 마련되는 대로 〈기상부〉 근무자 및 〈위안소〉를 제외하고 전면적 귀환방법을 지도할 것…….

32군이나 28사단의 관여는 불확실하나 다이토수비대, 즉 36연대는 위안소의 위안부를 잔류시키라는 명령을 내렸다. 기상부는 측후소를 가리키는데, 1944년 7월 1일자로 해군 소속으로 바뀐 상태였다.[120] 위안소는 해군 소속 측후소와 동격으로 간주되었음이 분명하다.

해가 바뀌어 1월 4일 오키수비대는 작전명령 2호를 내렸다. 미군 기동부대가 내습할 가능성이 커짐에 따라 주번사관에게 '지방인'의 처리 방침을 지시했다. "군 위안소는 오후 10시 이후 제1호 병사 하사관실에 취침(침구는 각자 휴대)"하게 했으며 "회사 측은 각자 분산소 내에서 취침(분산소가 없는 자는 제2호 병사 이용)"하라는 것이었다. 1월 15일 작전명령 4호에서는 '부외자(部外者)'의 대피 장소로 '군 위안소'는 1호 병사, 회사 측은 2호 병사를 이용할 수 있도록 했다.

1월 21일 다이토수비대 65호(낮 12시 수신)는 22일 아침에 도착할 해군 선편으로 도민을 퇴거시키라는 명령을 전했다. 1월 22일 오키수비대는 남성 56명과 여성 37명이 승선했다는 전문 29호를 발송했다. "돌아갈 배는 오지 않는다"는 모리타 요시오 중위의 회상은 사실이 아니었다.

1월 24일 다이토수비대는 79호를 송신하여 22일(원문은 23일) 퇴거한 인원 및 아직 퇴거를 요하는 자의 수, 잔류한 군인 이외의 수와 내역을 보고하도록 했다. 오키수비대는 퇴거를 요하는 자는 없으며, 군인 이외에는 "사세보(佐世保) 해군 공창의 용인(전탐시설원) 6명, 측

---

120) 〈附録[1]〉, 《陣中日誌 自昭和20年1月1日 至昭和20年9月30日(7月欠)》.

후소 복무원(해군 군속) 9명, 군 위안소 8명"이라는 33호 회신을 보냈다. 전탐(電探)은 전파탐신의(電波探信儀)의 약칭으로 레이더를 가리키며 해군 공창의 용인(傭人)은 군속에 해당된다. 지난해 12월 27일 다이토수비대가 602호 전문에서 잔류 대상자로 지목했던 '기상부 근무자' 역시 해군징벌령(1883년 제정)의 적용을 받는 군속임이 명기되어 있다.[121] 요컨대 일본군은 전장을 자의로 이탈할 수 없는 인원인 군인과 군속의 범주에 위안부까지 포함시켰던 것이다. 일본군 위안소의 본질이 무엇인지는 명명백백하다.

위안소의 식량 문제 처리 또한 되짚어볼 지점이 있다. 12월 29일 오후 3시 모리타 요시오 중위는 광업소 직원과 광원을 모아 퇴거를 주지시켰다.[122] 질병 등 부득이한 경우 외에는 전원 퇴거가 원칙이었고 군 방침에 반하는 행동은 이적 행위로 간주하여 "단호히 처벌"한다는 강압적인 분위기였다. 양말을 비롯한 회사의 소유물은 남겨놓아 수비대가 사용할 것이므로 관련 협의를 진행하겠다는 이야기도 덧붙였다.

뒤이어 앞서 소개한 전문의 왕래가 이루어졌다. 1945년 1월 1일 오키수비대는 광업소 물자의 구매 가능성을 문의했고 1월 6일 다이토지대는 쌀과 닭, 그 밖의 다른 물품 구입을 허가했다. 아울러 위안부의 쌀 불하를 금지했다. 1월 9일 오키수비대는 13호(오후 11시 송신) 전문으로 구매 물품 목록과 단가를 보고했는데, 현미의 경우 1만 5,240킬로그램이 구입 가능하며 그 대금으로 5,181.6엔을 계상했다. 1월 13일 다

121) 모리타 요시오에 따르면 측후소장은 나하의 해군 근거지 사령부 소속 해군 중위였다(森田芳雄, 앞의 책, 254쪽).

122) 4중대장이 광업소 근무자에게 하달했던 훈시의 골자는 〈陣中日誌 自昭和20年1月1日至昭和20年1月31日 大東島支隊第4中隊[3]〉(《陣中日誌 自昭和20年1月1日 至昭和20年9月30日(7月欠)》)의 말미에 첨부되어 있다.

이토지대는 경전 5호(오전 11시 10분 수신)로 13호의 신청을 허가했다.

이제 1월 12일 추가 상황 보고의 맥락이 분명해진다. "동정의 여지"가 있는 군 위안소에 "유리한 수지 방안을 부여"하는 차원에서 광업소의 쌀 구입을 안배함으로써 4중대장은 "군의 양말과는 아무 관계가 없다"고 단정할 수 있게 된 것이다.

1월 28일 다이토수비대는 전문 89호를 발신했다. 오키다이토지마수비대를 오키다이토지마지구대로 개칭하며 다이토지마수비대장의 직할로 편입한다는 내용이었다. 전운이 임박해졌음을 상징하는 대목이다. 다음에서는 오키지구대, 다이토수비대 그리고 다이토지대로 칭한다.

위안부는 군의 요원

일본군을 구성하는 인적 요소의 기본은 군인이며 군인이 아닌 자는 군속으로 총칭되었다. 군속은 "육해군 문관, 동 대우자, 군속독법(軍屬讀法)에 따라 선서하고 육해군의 근무에 임하는 고원(雇員)·용인을 총칭"하는 범주였으며[123] 비전투원이라는 점에서 군인과 차별성을 갖는다. 그런데 군인도, 군속도 아닌 위안부는 미군 공격이 임박한 오키다이토섬에, 즉 전장에 남아야 했다. 그 이유는 무엇이었을까?

앞에서 긴급 보급품으로 위생삿쿠를 요청하는 1월 25일자 오키수비대의 35호 전문을 소개한 바 있다. 미군과의 결전을 앞둔 4중대원들에게 '성적 위안'을 계속 제공하라는 의미였으며 그것이 위안부를 잔류시킨 첫 번째 이유였다.

123) 秦郁彦 編,《日本陸海軍総合事典》, 東京大学出版会, 1991, 691쪽. 군속독법은 복무 내용을 풀어낸 맹세문으로 1882년 군인독법과 함께 제정되었는데, 1934년 12월 1일부터 문면이 개정되었다.

두 번째 이유는 기밀 누설 방지였다. 앞에서 서술한 1944년 9월 20일자 수비계획에서 모리타 요시오 중위는 수비대는 물론 "도민의 방첩에 대해서도 특히 통제를 행"한다면서 다음의 사례를 들었다.

> 부외자의 서한은 특히 주의를 요하므로 순사부장으로 하여금(월권 비위 행위에는 충분히 유의하게 함) 우체국에서 일괄적으로 본인 승낙 아래 점검, 날인할 정도로 철저히 한다.[124]

광업소의 전면 퇴거에 즈음해서는 "퇴도자(退島者)의 금후 행동에 대해서는 방첩상 만전을 기해주길 바란다"는 요청을 상급부대에 전했다.[125] 부대 배치와 무기를 비롯한 현황 등을 속속들이 파악하는 위안부의 퇴거는 논외의 사안이었음이 틀림없다.

세 번째 이유는 위안부가 전쟁 수행에 필요한 행위를 제공해야 하는 일본군의 '제3요원'이었기 때문이다. 2월 10일 4중대는 작전명령 9호를 하달했다. 주요 부분만 발췌하면 다음과 같다.

> 3. 전투 준비는 일단 2월 20일까지 완료하고 이후 점차 증강한다.
> 4. 해군부대에서도 이에 연계할 계획이다. 위안소원은 군의 작업에 봉사한다…….
> 11. 다카라다(寶田) 군조는 위안소원을 지도해 급양의 원활을 기할 것.
> 12. 군의는 업무간을 이용하여 위안소원에게 위생법·구급법 교육을 실

---

124) 〈附錄(2)〉, 《陣中日誌 自昭和19年3月27日 至12月31日(5月, 6月欠)》. 9월 15일자 상황 보고에 등장한다.

125) 〈陣中日誌 自昭和20年1月1日至昭和20年1月31日 大東島支隊第4中隊[3]〉, 《陣中日誌 自昭和20年1月1日 至昭和20年9月30日(7月欠)》.

시할 것.

13. 위안소원은 당분간 제2병사에 기거할 것.

영업에 관해서는 별도로 명령한다.

작전명령은 "군대의 작전행동을 규정하는 것"으로 정의되며('작전요무령' 19조), 생략한 5~10의 항목은 실제 전투에 대비한 조치들이다. 오키다이토섬의 위안부는 "군의 작업에 봉사"하며, 군조의 지시 아래 급양(취사로 여겨짐)을 담당하고, 군의로부터는 위생법과 구급법의 교육을 받아야 했다. 이렇게 임무와 역할까지 명문화된 위안부는 이제 '위안소원'으로 칭해지며, 기거 장소도 제2병사로 지정되었다. 영업에 관한 것도 '명령'에 따라야 했다. 군인과 군속 외에 일본군을 구성하는 제3의 요원, 그것이 바로 오키다이토섬의 위안부에게 부여된 특별한 신분이었다. 모리타 요시오가 표현한 "군의 사역. 죽을 때는 군과 같이"는 결코 과장도, 허언도 아니었다.

2월 17일 다이토수비대는 150호 전문으로 오전 9시 50분에 정호전비 이행을 지시했다. 이와 관련하여 오키지구대는 작전명령 11호를 하달했는데, 4개 항목 중 마지막은 "군 위안소는 내일 아침 이후 평상시대로 기거할 것"이었다.

3월 1일 미군 함재기는 오전과 오후 한 차례씩 미나미다이토섬을 폭격했다. 그리고 심야에는 오키다이토섬에 미군의 함포 사격이 가해졌다. 3월 2일 관련 전문이 빈번하게 오가는 가운데 오키지구대도 작전명령 12호와 13호를 잇따라 하달하며 대응에 나섰다. 오후 5시의 13호 작전명령은 총 8항목이다(9번 항목에서는 중대장의 위치를 명기했다).

7. 위안소원은 당분간 본부 옆의 구피복 창고에서 기거할 것.

8. 위 태세 철수 시기는 피해지 정리 및 급수 설비의 완료로 하며 따로 명령한다.

2월이 되어 오키다이토섬의 위안소와 위안소원의 행동과 임무는 오키지구대가 작전명령 속에 포괄해야 할 요소로 간주되었다. 관련 정황은 물자의 보급에서도 찾아볼 수 있다.

3월 9일 오키지구대는 정전 78호를 송신했다. 3월 11일 오전 5시에 해군 선단이 오키다이토섬에 입항할 것이라는 통보를 받았는데, 그 선단이 미나미다이토섬에 기항하면 7개 항목의 물품 탁송을 요청한 것이다. 첫 번째 항목인 담배와 성냥부터 피복, 양말, 사무용품 등이 나열되어 있으며, 마지막 일곱 번째가 '위안소 일용품'이었다. 부대의 임무 수행에 불가결한 물자 속에 위안소에서 사용할 물품이 언급된 것이다.

3월 10일 다이토수비대의 정전 248호로 군수품 적재 사실을 파악한 오키지구대는 작전명령 15호를 하달하여 자정에 입항 예정인 해군 선단의 양륙 작업과 대공 경계를 지시했다. 실제 입항은 3월 11일 오전 4시 15분에 이루어졌다. 그런데 탁송된 군수품의 상세한 목록에서 '위안소 일용품'의 항목은 없었다. 위안소에서 사용할 식재료를 '위안소 일용품'으로 기재했을 수도 있지만 쌀을 확보한데다 군의 급양을 받고 있었으므로 가능성은 희박하다. 만약 콘돔이었다면 정전 248호에 기술된 "일부 수비대의 불정비품을 제외", 즉 재고 부족으로 인해 누락된 것으로 여겨진다.

3월 23일 오전 오키다이토섬 상공에 미군의 그러먼(Grumman) 전투기가 나타나 공격을 감행했다. 3월 26일에는 미나미다이토섬의 미군기의 내습과 게라마제도의 미군 상륙 소식이 전해졌고, 27일 밤에는 미군 소형 함정 8척이 미나미다이토섬에 함포 사격을 가했다.

3월 28일 오키지구대는 작전명령을 네 차례나 발령했다. 오전 3시의 작전명령 20호에서는 3, 4항목에서 대응 지시를 한 후 5항목에서 '부외자'에게 동굴을 배당했다. 해군 감시소는 제6동굴, 해군 기관총대는 제6동굴과 제1동굴 등이 언급된 뒤 말미에 '위안소 제5동굴'이 기재되어 있다. 오전 10시의 21호에서는 동굴 전투를 준비하기 위해 각 소대도 동굴에서 대기하도록 했다. 중대본부 제1동굴, 1소대 제6동굴 등이 이어지며 위안소에는 제4동굴과 제5동굴이 지정되었다. 오후 6시에는 22호와 23호를 잇따라 하달했다. 23호에는 미군이 미나미다이토섬에 상륙할 가능성이 크므로 각 소대는 출격을 준비하도록 했다. 15개 중 11항목에 "군 위안소는 제5동굴에 있을 것"을 적시했다. 오후 9시 4중대장은 "육군·해군 및 부외 간부를 집합"시켜 육상 전투의 지휘 방침을 설명했다.[126] '부외 간부' 속에 위안소 경영자가 빠졌을 리는 만무할 것이다.

4월 9일 오전 5시 20분 오키지구대는 작전명령 26호를 하달했다. 미군 함선이 동쪽 해상에 나타난 데 따른 조치였다. 각 소대의 배치에 관해 언급한 뒤 6번 항목에서는 "전탐, 망루, 측후소 및 군 위안소는 소정의 동굴 대기소에 있을 것"을 지시했다. 작전명령에서 위안소가 거론된 마지막 사례다.

4월 중순 이후 오키다이토섬에는 전투기나 폭격기의 공격, 간헐적인 함포 사격이 이어졌을 뿐 미군의 상륙은 없었다. 마지막 고비는 6월 상순이었다. 6월 7일부터 시작된 전투기의 급습은 6월 10일까지 계속되었고, 9일에는 함포사격으로 1명이 전사했다. 6월 상순의 전투

---

126) 모리타 요시오 중위는 3월 29일 오전 8시 육해군 및 부외 간부를 모아 정보를 설명했으며 오후 6시 30분에는 참모총장과 32군 사령관의 훈령을 전달하고 훈시했다.

를 제외하고 패전까지는 매일같이 '자활 강화 작업 실시'가 기록되어 있으며, 병사들의 주된 일과는 개간과 채소 재배, 어로 등이었다. 8월 15일 당시 개간지 총면적은 육군이 6,932평, 해군이 3,121평이었고, 고구마를 심은 면적은 육군이 1,729평, 해군이 507평이었다.

이후의 위안소와 위안부

5월 3일 다이토지대는 경전 14호로 두 가지 사항을 지시했다. 지시 사항은 32군에서 4월분 봉급 전액(가족 송금은 제외)을 국방비로 헌금하기로 결정했으므로 이를 징수한 다음 현금은 5월분 전도자금으로 충당한 뒤 금액을 보고할 것과 3월 말의 전도자금 잔액을 보고할 것이었다. 오키지구대는 곧바로 104호로 회신했다. 회신 내용을 보면 장교 583엔 9센, 하사관 1,095엔 32센, 병 3,873엔을 합친 5,551엔 41센은 국방헌금 총액이었고 전도자금 잔액은 9,848엔 62센이었다. 이와 더불어 오키지구대는 담배 구입 대금 1,905엔 40센을 5월분 전도자금으로 충당해도 되는지와 연말 상여(4월)가 어떻게 되었는지를 문의했다. 5월 7일의 경전 15호에서 다이토지대는 담배 구입 대금을 전도자금으로 전용하지 말라고 통보했다. 담배 구입 대금은 전도자금과는 별도의 자금이었던 것이다. 상여에 대한 언급은 없었는데, 아마 지불 불가가 통보되었을 것이다.

1945년 5월 초 오키다이토섬에서의 봉급과 회계 문제를 거론한 것은 앞의 모리타 요시오의 회상기 즉 "육해군 모두 금전 보급이 없으니 노는 데도 돈이 부족해졌다"는 부분을 검증하기 위해서다. "육해군 모두"의 표현은 4중대는 물론 해군도 위안소에 출입했음을 암시한다는 점에서 눈길을 끈다. 어쨌든 4중대장은 위안소가 2개월 만에 개점 휴업에 이르게 된 이유를 금전 보급의 두절로 설명했다.

진중일지의 기록상 3월 11일의 해군 어선단 3척은 오키다이토섬에 기항한 마지막 보급선이었다. 7월은 진중일지가 남아 있지 않지만 오키지구대는 적어도 1945년 3월 11일~6월 말에 이르는 기간 동안 상급부대로부터 물자를 포함한 금전 보급을 받을 수 없었을 것이다.

5월 3일 다이토지대의 경전 14호와 오키지구대의 104호 회신은 해군을 제외한 4중대의 재정 현황을 알려준다. 국방헌금 5,551엔 41센은 가족 송금 액수를 제외하고 4중대원이 실제로 받은 4월 봉급의 총액이었으며 3월 말까지 쓰고 남은 전도자금은 9,848엔 62센이었다. 담배 구입 대금을 제외해도 국방헌금과 전도자금 잔액을 합친 금액은 4중대 전원이 오키다이토섬에서 수령하는 봉급의 약 3배가 된다.

4중대원이 봉급을 수령하지 못했다는 기록은 1945년 5월이 처음이므로 3월까지는 아무 문제 없이 지불되었다. 따라서 병의 금전 부족으로 위안소가 '2개월 만에' 휴업 상태에 이르게 되었다는 모리타 요시오의 회상은 명백히 오류다. 사실 상급부대로부터 전도자금을 받지 못하더라도 5월과 6월 봉급의 지불은 불가능하지 않았다.

6월 2일 오키지구대는 112호 전문을 발송하여 봉급의 전도자금으로 위안소 경영자에게 현금을 수령하고 그 상당액을 다이토지대 본부가 위안소 경영자의 가족에게 전신환으로 보낼 수 있는지를 문의했다. 위안소 경영자가 가족에게 송금할 액수를 전도자금에 포함하겠다는 의미였다. 하지만 6월 4일 다이토지대에게 전도자금으로 받는 것은 불가하다는 16호 회신이 도착했다. 위안소 식량 문제의 연장선에서 위안소가 보유한 금전 또한 군대의 전도자금으로 계상할 수 없었던 것이다.

진중일지에서 패전의 첫 언급은 8월 16일에 기록되었다. 오후 7시 30분 4중대장은 전원을 집합시키고 전쟁의 종결에 대해 훈시했다. 다음 날에는 다이토수비대로부터 종전 조서와 함께 전투 행동을 중지하라는 전문이 내려왔다. 그리고 8월 25일 다이토수비대장은 작전 임무 해제와 위수근무령에 준거한 치안경비에 임하라는 작전명령 32호를 하달했다. 다이토제도의 전쟁은 정식으로 막을 내렸다.

8월 20일 위안부에 관한 마지막 기술이 진중일지에 등장한다. 오키지구대는 정전 136호에서 오키다이토섬의 "지방인(측후소원, 위안부) 중에 적의 포격과 폭격으로 인해 피복류를 손실하여 일상의 기거가 곤란한 자에게 군용 피복을 급여하거나 불하하는 정식 방도가 있는지"를 물었다. 회신은 8일이 지나서야 받을 수 있었는데, 8월 28일 다이토지대는 17호 전문에서 군용 피복을 불하할 수 없으므로 대여하길 바란다고 답했다.

6월 초 위안소 경영자의 송금을 불허하고 종전 후 군용 의류의 대여를 지시한 다이토지대의 결정은 위안부가 군대의 구성원인 군인, 군속과는 다른 신분임을 다시금 확인하게 해준다. 다시 이야기하지만 그렇다고 해서 위안부는 결코 민간인이 아니었다. 그런 애매함은 뒤에서도 이어진다.

군용 피복의 대여 결정이 내려진 8월 28일 다이토수비대는 28사단 참모부의 519호 전문에 따라 정전 520호를 보냈다. 병기와 군수품의 처리 지침에 관한 내용이었다. 민수로 전용할 수 있도록 준비를 서두르고(1항), "민에서 징용하거나 구입한 것"은 반환하라는 것(2항) 등이었다(기밀 서류의 신속한 처분도 지시). 이튿날 오키지구대는 정전 154호를 보내 28사단 참모부의 519호에 관한 지침을 질의했다. 1항과 2항의 '민'에 관한 다음의 두 가지였다.

1) 본도에는 목하 민 없음. 지방인 귀직(歸職)◇ 개도(開島)할 예정인

가?(◇는 판독 불능-인용자)

2) 본도 측후소는 종래 해군 오키나와 근거지대 소속인데, 민으로 대처하라는 것인가?

다이토수비대의 답신은 실려 있지 않으므로 '민 없음'의 내실은 추측할 수밖에 없다. 가능성은 두 가지다. 먼저 군수품의 민간 활용이라는 측면에서의 민, 즉 섬의 주민은 없다는 의미다. 다른 하나는 경영자와 위안부는 오키다이토섬을 떠나고 없는 상태다. 뒤에서 밝혀지겠지만 위안부와 경영자는 아직 오키다이토섬에 머물고 있었다.

9월 2일 다이토수비대는 육해군 부대 병력을 장교, 준사관, 하사관, 병, 군속으로 구분하여 보고하라는 535호 전문을 보내왔다. 당일 오키지구대는 166호로 회신했다. 육군은 총원 222명에서 일본 본토에 입원한 5명을 제외한 217명이고, 해군은 군인 78명에 군속 13명(측후소원 8명과 공창 공원 5명)이라고 보고했다. 군인과 군속의 현황 파악이었던 만큼 위안부와 경영자에 관한 언급은 없었다.

9월 7일에는 다이토수비대의 569호(원문은 69호) 전문이 도착했다. 8월 30일 현재 오키다이토섬의 육해군 양말의 보유고, 급양하는 병력의 수, '민의 인구'와 곡류 보유고 등을 보고하라는 내용이었다. 9월 8일 오키지구대는 173호 회신을 통해 급양 병력은 217명이고 민은 8명이며, 민이 보유한 곡류는 현미 1,170킬로그램이라고 통지했다.

급양 병력 217명은 9월 2일 오키지구대가 164호로 답신한 육군의 인원과 일치한다. '민 8명'은 위안부와 경영자일 수밖에 없다.

또 한 가지 흥미로운 점이 있다. 9월 8일의 173호 회신에는 보유 양말로 군은 238일을, 민은 300일을 버틸 수 있는데 군도 민도 똑같이 하루에 510그램의 배급을 상정하고 있다. 앞에서 언급했듯이 1944년

12월 23일 다이토수비대는 위안소에 하루 350그램의 배급을 명령했는데, 1945년 4월 2일의 경전 34호에는 군인의 하루 배급을 510그램으로 지정한 바 있다. 직접적인 언급은 없지만 오키지구대는 4월 이후 군인과 같은 배급을 실시해온 것으로 보아도 무방하다.

9월 11일 다이토수비대 616호 전문은 각 섬의 지방인과 관리의 이름, 일할 수 있는 남녀 인원의 보고를 지시했고, 오키지구대는 곧바로 193호에서 '해당 없음'을 회신했다. 9월 17일 다이토수비대는 652호 전문을 하달하여 소속부대의 '반도인'을 군인과 군부(軍夫), 군속으로 구분하여 보고하도록 했다. 9월 18일 오키지구대 211호는 '해당자 없음'이라는 답신을 보냈다.

8월 15일 패전 이후부터 진중일지가 작성된 9월 30일까지 오키다이토섬에 선박이 입항한 적은 없다. 자력으로 섬을 벗어날 수 있는 길은 없었다.

10월 12일 미군의 상륙용 주정 1척이 상륙하여 무기와 탄약을 폭파하고 돌아갔으며, 14일 4중대원 217명은 일본 군함으로 섬을 떠나 이튿날 미나미다이토섬에 도착한 다음 17일 사세보로 귀환했다.[127] 10월 13일 다이토수비대는 "일반 도민도 승선할 수 있다"고 타전했으므로 위안소 경영자와 위안부도 동승했을 것이라 여겨지지만 모리타 요시오는 아무 언급도 남기지 않았다.[128]

---

127) 森田芳雄, 앞의 책, 280~282, 286~287쪽. 오키지구대는 10월 15일 복원을 위해 귀환하여 22일 사세보에 도착했다는 기록도 있으며, 85경비대의 본대는 11월 8일과 24일의 두 차례에 걸쳐 미나미다이토섬을 출발하여 우지나(宇品)에서 복원을 완료했다(〈大東島支隊歷史〉, 《沖縄部隊史実資料 昭和21年1月9日》).

128) 森田芳雄, 앞의 책, 282쪽. 4중대원 외에 측후소원, 위안부 등을 합친 320명이 미나미다이토섬에 도착했으며(洪玧伸, 앞의 책, 75쪽), 위안부 중 1명은 규슈 모지에 정착했다고 한다(강정숙, 앞의 논문, 286쪽).

맺음말

1991년 8월 14일 한일관계의 새로운 지평이 열렸다. 일본군 '위안부'(이하 위안부) 피해자 김학순(1924~1997)이 기자회견장에 모습을 드러냈다. 광복 후 46년 만의 일이다.

포털 사이트로 8월 말까지의 기사를 검색해보니 신문 보도는 다음 날인 8월 15일부터 이루어졌다(《경향신문》, 《동아일보》, 《조선일보》, 《한겨레》, 《매일경제신문》에 한함). 주로 사회면에서 김학순의 증언을 요약하여 소개하는 정도였다. 사설에서 다룬 것은 《조선일보》(8월 16일)뿐이었다.

또 위안부를 검색어로 입력해보았다. 1990년에는 42건, 1991년에는 159건이었다가 1992년에는 958건으로 폭증했다. 같은 기간 정신대(挺身隊) 역시 각각 146건, 320건, 1,439건을 기록했다. 김학순의 외침은 서서히 한일관계의 틀을 뿌리째 뒤흔드는 사자후로 바뀌어갔던 것이다.

때마침 유학 중이던 필자 또한 이따금 위안부 관련 소식을 접했다. 일본의 텔레비전과 신문은 주요한 사건이 있을 때마다 보도와 기사를 쏟아내며 지대한 관심을 보였다. 그런데 정작 유학생 시절을 떠올리면 특별한 느낌을 가진 기억은 없다. 일본은 으레 '그런' 나라였고, 한반도의 민초라면 피할 수 없던 고통 중의 '하나'였다고나 할까.

귀국 후 3년이 지날 무렵인 1998년 필자는 위안부 문제를 시민이 직접 심판하는 '일본군성노예전범국제법정'(이하 2000년법정)의 준비팀에 합류했다. 일본 근대사 전공자가 많지 않던 시절이었지만 박사논문 주제였던 전시노동력정책은 위안부와 지근거리의 연구 분야이기도 했다. 그렇게 필자는 한일관계의 역사적 '현장'에 발을 들여놓았다.

2000년법정이 막을 내리자마자 역사 교과서 문제가 불거졌다. 꼬리를 물듯 독도 문제까지 전면화되었다. 바야흐로 21세기의 한일관계는 광복 이후 묵혀두었던 숙제와 일기장을 뒤적이며 20세기 전반의 고난을 재음미하는 새로운 국면 속에 어지럽게 펼쳐졌다. 일본 근대사 연구자인 필자도 그 속에서 20년이 넘는 시간을 보냈다.

이 책의 글머리에서 진중일지를 찾고 읽는 작업이 어떻게 시작되었는지를 기술했다. 통상적이라면 몇 편의 논문을 발표하는 것으로 마무리했을 텐데 왜 단행본 출간을 결심했을까? 코로나 '방학'이 큰 계기가 되었음은 틀림없지만 그것이 핵심은 아닐 터다. 이 물음을 다시금 되짚어보면서 이 책의 마침표를 찍고자 한다.

코로나의 시작은 공교롭게도 2019년 들어 첨예화된 한일관계의 경색과 맞물린다. 2018년 10월 강제 동원 피해자에게 배상하라는 한국 대법원의 판결, 2019년 8월 일본의 수출 규제와 한국의 한일군사정보보호협정 종료 발표. 그 기세를 몰아 2020년은 한일 양국이 격돌하는 나날로 점철되었다. 하지만 코로나로 빚어진 접촉과 관계의 감소와 중단은 한일관계 또한 예외일 수 없었다. 싸우려고 해도 맞붙을 링이 마련되지 못하는 형국이었다. 급기야 일본은 도쿄올림픽 개최를

1년 미룬 뒤 관중 없는 경기로 매듭을 지었다.

초유의 사태가 현실화되어감에 따라 필자는 이번 기회에 진중일지 탐구의 승부를 보자고 마음먹었다. 당시 품었던 생각은 이런 정도였으나 글쓰기가 궤도에 오르면서 작업의 의미도 조금씩 채울 수 있었다. 위안부 문제가 한일관계의 뜨거운 감자로 존재해왔음에도 불구하고 한국이 자체적으로 발신하는 '메시지'는 빈약하다, 위안부 '피해자'의 증언과 실재를 새롭게 벼려낼 수 있는 여지는 없을까, 피해자가 존명하지 않는 시점에서 과연 어떤 활동이 가능하고 필요할까 등이었다. 나름의 결론은 위안부가 아니라 위안소를 부각함으로써 일본 정부와 국민의 각성을 촉구하고 우리의 자세를 가다듬을 새로운 무기를 갈아보는 것으로 정해졌다.

어느덧 제법 두터운 분량의 글이 완성되었고 출간 준비에 들어가려던 참이었다. 여기서 새삼스럽게 부메랑처럼 1년 전, 아니 20년 전의 물음이 뇌리를 스쳤다. 나는 왜 이 책을 썼고 이 문제를 떠나지 못하나?

지금 이 부분을 쓰는 시점은 2021년 6월 30일이다. 때마침 어제와 오늘, 즉 6월 29일과 30일《중앙일보》에 게재된 2개의 칼럼이 눈길을 끌었다. 두 글을 발판으로 필자의 흉중을 펼쳐 보이면 다음과 같다.

6월 29일의 칼럼은 김규항의 "콤플렉스 민족주의와 역사 청산"이다. '콤플렉스 민족주의'는 "일본에서 역사 관련 발언이라도 나오면 다짜고짜 발끈하기부터 하는" 피해의식을 가리킨다. 그는 나눔의 집과 정의기억연대가 '앵벌이 집단'으로 '변질'된 원인을 "역사를 민족 전체의 일로 만들어내"는 '지배 수법'과 '지배 계급'에 대한 무비판성에서 구한다. 또한 그렇게 '변질'된 나눔의 집과 정의기억연대에 대한 '사회적 존경'이 무너진 만큼 과거 '학문적 견해'로 인해 "갈등을 빚고 마녀

사냥을 당했던 박유하 씨"에게 "지식사회의 재평가가 없다"는 사실에 대해서도 비판의 날을 세운다. 그의 결론은 "보편성을 잃은 민족주의는 언제나 예외 없이 악용된다"로 축약된다.

6월 30일 베트남 대사를 역임한 이혁은 "일본에 과거사 배상 강요 않겠다고 천명하자"라는 제목의 칼럼을 내놓았다. 그는 외교 관료의 입장에서 거듭된 한일관계의 갈등과 대립은 한국 측에 책임이 있다고 주장한다. "우리 사법부의 강제징용 피해자 배상 판결과 위안부 합의에 대한 현 정부의 대응"으로 인해 일본 정부가 반발하고 우익이 목소리를 높였으며 수정주의적 역사관이 부각되고 말았다는 것이다. 현재는 "우리가 원하는 방향으로 문제를 해결하기 어려"운 형국이므로 '특별히' 베트남을 본받아 "과거사 피해자로서의 관용을 보여"주고 "일본에 배상을 강요하지 않겠다고 천명할 필요가 있다"고 역설한다.

두 주장 모두 무거운 울림을 지닌다. 한국의 오늘을 통타하는 식견임에 틀림없다. 최악을 연일 갱신하는 한일관계의 현실을 눈앞에 둔다면 더욱 그러할 터다. 그런데 앞의 두 칼럼에 대해 한 사람의 역사 연구자로서 필자는 한국의 지식인(오피니언 리더?)에게서 공통적으로 발견되는 역사의 '빈곤'과 '왜곡'을 지적하지 않을 수 없다.

빈곤은 한국의 근현대사에 대한 몰이해에서 기인한다. 베트남은 세계 최강의 미군과 싸웠고 그 이전에는 프랑스군을 물리치고 지금의 베트남사회주의공화국을 건설했다. 중국도 마찬가지다. 두 나라의 정치 지도자 중에는 경제 건설을 견인하고 한일협정 체결을 강행한 일본군 중위 출신의 박정희와 같은 존재가 전무하다. 따라서 베트남과 중국의 경우 서구 제국주의 혹은 일본과의 과거사 문제에 관한 한 국내적인 쟁점이 없거나 최소화할 수 있다.

왜곡은 직접적으로 김규항의 언설과 대응한다. 그는 "위안부의 가장 주요한 정체성은 빈곤과 여성"이라고 설파했다. 사실 "위안부는 '가난한 집 딸들'이었다"고 형상화하면 "딸을 파는 가난한 아버지들이 많았다"는 결론을 도출하는 것은 어렵지 않다. 그런데 위안부가 살았던 '역사'로 눈을 돌리면 가난한 아버지에게 팔린 딸은 위안소를 구성하는 '부분'이었을 뿐 '전체'가 아니었다. '충분조건'이 아니라 '필요조건'의 하나였을 따름이다. 총포탄이 난무하는 최전선에서 민간인 성매매업자가 독자적으로 자유롭게 위안소를 만들 수 있었을 리 만무하며, 신원이 불확실한 위안부에게 병사들을 외출시킬 부대의 지휘관 또한 상상할 수조차 없다. 평시의 성매매업소와 전시의 위안소는 전혀 다른 별개였다.

'가난한 집 딸들'이라는 언설은 역사수정주의자에게 전가의 보도나 다름없었다. 그런데 김학순의 커밍아웃 이래 일본 정부에게 사죄와 배상을 요구한 위안부 문제의 핵심은 가부장적 인신매매를 뛰어넘는 지점에서 부상하고 부각된다. 그것은 식민지배의 질곡과 전시 여성 성폭력이 덧씌워진 구조화되고 제도화된 가해 시스템이다. 아울러 필자가 기억하는 한 정의기억연대는 박유하 씨의 견해를 '비판'했을지언정 '고소'한 적은 없으며, 만약 '앵벌이 집단'이었음이 사실로 밝혀진다면 비난받아 마땅하다.

또한 앞의 두 칼럼이 공히 일차적으로 도마 위에 올린 것은 우경화와 역사수정주의로 내닫는 일본이 아니다. '그런' 일본에 제대로 효과적으로 대처하지 못하는 한국 정부와 국민을 겨냥하고 있다. 위안소와 위안부를 바라보는 시각과 판단은 각자의 자유이며 한국 정부와 국민의 언행을 비판할 여지 역시 충분하다. 하지만 부디 역사를 외면하는 일본의 '그런' 모습은 어쩔 수 없으니 방치하자는 것만은 아니길 바란다. 우리가 위안부 문제를 제기하는 것은 '그렇지 않은' 일본이야말로 한일관계와 동아시아의 바람직한 미래를 같이 고민하고 씨름하는 친구가 될 수 있다고 확신하기 때문이다. 시선을 조금만 돌리면 좋은 일본인을 찾는 일은 그리 어렵지 않다.

물론 현 정부(이제는 아니지만)가 역사 문제를 올바로 풀어가고 있는지를 묻는다면 답은 '아니요'다. 한 가지만 지적하면 2015년 한일위안부합의의 뒤처리에 관한 부분이다. 합의를 '동면' 상태로 바꾸는 '국내'적인 방편은 성사되었지만 다음 단계인 10억 엔의 처분에 대해서도 해법을 마련하고 실행하려 했는지는 알려진 바 없다. 사실 일본과의 '국제'적인 협의가 시도되었는지조차 의심스럽다. 게다가 위안부 문제를 연구하는 기구를 설립하겠다며 '국내'를 향해 던진 약속마저 유야무야인 채로 임기를 끝내고 말았다.

두 칼럼은 필자에게 묘한 기시감을 안겨주기도 했다. 역사 교과서 문제를 둘러싸고 한일 간에 긴장이 고조되던 2001년 5월 8일《중앙일보》의 한 논설위원은 다음과 같은 칼럼을 썼다.

> 역사 교과서 문제로 인해 확인한 것은 일본 국민은 이미 우경화되어 있다는 것이다. 그렇다고 일본의 소수 좌파나 교원노조와 연대할 수는 없다. 문제는 우경화된 일본 국민과의 관계를 어떻게 설정하느냐는 것이다.

이미 우경화된 일본 국민을 되돌릴 방도란 없으니 우리가 맞춰나갈 수밖에 없지 않느냐며 스스로를 타박하는 모양새다. '실용적 접근법'의 뿌리는 이렇듯 깊다.

현실은 다르다. 우리는 20여 년 내내 바로 그 '일본의 소수 좌파나 교원노조'를 위시한 좋은 일본인과 어깨를 나란히 하며 역사 교과서, 위안부 등의 현안을 놓고 치열하게 싸워왔다. 그 과정에서 우리는 '안'

으로도, '밖'으로도 역사 화해를 향한 공감과 연대를 넓혀가야 한다는 책무를 절감하게 되었다. 역사 화해의 여정에서 한국 정부와 국민에 대한 비판적 시선은 등한시될 수 없다. 그렇다고 해서 일본 정부와 국민의 우경화·역사왜곡을 체념하거나 용인할 수는 없지 않은가.

한국의 과도한 민족주의와 정부의 무능함이 '티끌'이라면 일본의 역사수정주의는 '들보'다. 청산되지 않은 역사로 인해 지워진 무게감은 다를 수밖에 없기 때문이다. 제 눈의 티끌을 들추어내는 예리함을 지녔다면 역사적 부정의(不正義)를 강 건너 불구경하듯 방관하는 이웃 나라의 들보를 향해서는 더욱 날카롭게 벼려야 한다. 그것이 역사의 교훈이다.

앞에서 밝혔듯이 이 책을 집필하는 내내 되새겼던 부분은 위안부 문제를 우리가 주도적으로 바라보고 해법을 모색하는 전기를 찾아보자는 것이었다. 이는 자칫 한국과 한국인으로만 좁혀지기 쉬운 위안부를 넘어 전 세계의 '과거'뿐 아니라 '미래'에도 닥칠지 모르는 전시 여성 성폭력의 구조와 제도를 포착하는 뼈아픈 계기로서 위안소를 궁구하기 위함이었다. 더구나 피해자가 존명할 시간은 그리 길지 않다.

포털 사이트에서 김학순을 검색해보니 '대한민국의 여성운동가'라고 나온다. 그렇다. 그는 한일관계의 새로운 지평을 연 선각자였다. 김학순의 외침을 따르듯 30년 넘게 격투한 지금 우리는 다음 베이스캠프를 갈고닦는 과제와 맞닥뜨리고 있다. 이 책 또한 그 험로를 헤쳐나가는 작은 길라잡이가 될 수 있기를 바란다.

찾 아 보 기

인명·지명·일반

ㄱ

ㄴ

ㄷ

ㅂ

ㅇ

ㅈ

ㅊ

ㅋ

ㅌ

ㅍ

ㅎ

군 기구 및 부대

ㄱ

ㄴ

ㄷ

ㅅ

ㅇ

ㅈ

ㅊ

ㅌ·ㅎ

진중일지로 본 일본군 위안소

일본군 '위안부' 문제 해결의 돌파구를 찾다

1판 1쇄 발행일 2023년 1월 30일

지은이 하종문

발행인 김학원
발행처 (주)휴머니스트출판그룹
출판등록 제313-2007-000007호(2007년 1월 5일)
주소 (03991) 서울시 마포구 동교로23길 76(연남동)
전화 02-335-4422 **팩스** 02-334-3427
저자·독자 서비스 humanist@humanistbooks.com
홈페이지 www.humanistbooks.com
유튜브 youtube.com/user/humanistma **포스트** post.naver.com/hmcv
페이스북 facebook.com/hmcv2001 **인스타그램** @humanist_insta

편집주간 황서현 **편집** 최인영 박민영 **디자인** 박진영
조판 홍영사 **용지** 화인페이퍼 **인쇄** 삼조인쇄 **제본** 해피문화사

ISBN 979-11-6080-959-6 93910